기본 개념에서 파이썬 기반의 최신 알고리즘 구현까지

심층 강화학습 인 액션
Deep Reinforcement Learning in Action

DEEP REINFORCEMENT LEARNING IN ACTION

Original English language edition published by Manning Publications.
Copyright © 2020 by Manning Publications.
Korean edition copyright © 2020 by J-Pub Co., Ltd. All rights reserved.

심층 강화학습 인 액션

1쇄 발행 2020년 11월 17일

지은이 알렉스 짜이, 브랜던 브라운
옮긴이 류광
펴낸이 장성두
펴낸곳 주식회사 제이펍

출판신고 2009년 11월 10일 제406-2009-000087호
주소 경기도 파주시 회동길 159 3층 3-B호 / **전화** 070-8201-9010 / **팩스** 02-6280-0405
홈페이지 www.jpub.kr / **원고투고** submit@jpub.kr / **독자문** help@jpub.kr / **교재문** textbook@jpub.kr

편집팀 김정준, 이민숙, 최병찬, 이주원 / **소통·기획팀** 민지환, 송찬수, 강민철, 김수연 / **회계팀** 김유미
진행 장성두 / **교정·교열** 오현숙 / **내지디자인 및 편집** 최병찬
용지 신승지류유통 / **인쇄** 해외정판사 / **제본** 광우제책사

ISBN 979-11-90665-61-2 (93000)
값 30,000원

제이펍은 독자 여러분의 아이디어와 원고 투고를 기다리고 있습니다. 책으로 펴내고자 하는 아이디어나 원고가 있는
분께서는 책의 간단한 개요와 차례, 구성과 저(역)자 약력 등을 메일(submit@jpub.kr)로 보내 주세요.

기본 개념에서 파이썬 기반의 최신 알고리즘 구현까지

심층 강화학습 인 액션
Deep Reinforcement Learning in Action

알렉스 짜이, 브랜던 브라운 지음 | 류 광 옮김

제이펍

차례

옮긴이 머리말

머리말에서 저자들은 심층 강화학습이 주목받기 시작한 계기로 아타리 게임을 위한 2015년 딥마인드의 연구 성과를 언급했지만, 우리의 피부에 좀 더 와닿는 사건은 2016년 (역시 딥마인드의) 알파고가 바둑 세계 최고수인 이세돌 9단을 5전 4승 1패로 꺾은 일일 것입니다. 바둑이 체스보다 훨씬 복잡한 게임이라는 점에서 이 사건을 1997년에 체스 세계 챔피언 게리 카스파로프가 IBM의 딥블루에 패한 사건보다도 충격적으로 받아들인 사람들이 많았지만, 지금 생각하면 인간이 바둑에서 기계를 다만 한 게임이라도 이긴 게 신기할 정도입니다. 강화학습과 심층 신경망의 조합인 '심층 강화학습'이 무서울 정도로 강력한 기계학습 기술이라는 점은 알파고와 그 후속작 알파제로의 화려한 성과들이 입증합니다. 그리고 덜 화려할 수는 있겠지만, 심층 강화학습은 자율주행차 등의 좀 더 실용적인 분야에서도 주목할 만한 성과를 내고 있습니다.

그토록 강력한 심층 강화학습의 이론과 실제를 모두 다루는 이 책을 독자 여러분께 소개해 드리게 되어서 무척 기쁩니다. 이론을 충실하게 설명하긴 하지만 어떻게 써먹으면 되는지는 알려주지 않는 책이 있는가 하면, 예제 코드를 실행해 보면 잘 돌아가긴 하지만 왜 그렇게 되는지는 말해주지 않는 책이 있습니다. 다행히 이 책은 이론과 실제의 균형이 잘 잡혀 있습니다. 이를 상징적으로 보여주는 예가 표 2.1(p.26)인데, 이런 접근방식에는 "관련된 모든 수학 공식을 프로그래머라면 누구나 읽고 이해할 수 있는 코드로 옮길 수 있다"(저자 머리말 참고)는 저자들의 깨달음이 깔려 있습니다. 또한, 이론을 설명할 때 수학 공식뿐만 아니라 끈 그림(제2장 참고)을 적극적으로 활용한 것도 큰 특징인데, 참신할 뿐만 아니라 아주 효과적이라고 생각합니다. 번역하면서 저자들이 열과 성을 다해 책을 썼다는 느낌을 강하게 받았는데, 번역서의 독자도 그렇게 느낀다면 정말 기쁘겠습니다.

저자들의 열성은 예제 코드에서도 잘 드러납니다. 이 책을 위한 깃허브 저장소(http://mng.bz/JzKp)를 보면 각 장의 예제 코드가 Jupyter Notebook 파일로 마련되어 있어서, 적절한 환경을 갖춘 독자라면 실습하기가 아주 편합니다. 물론, 어떤 프로그래밍 책이라도 그렇듯이 예제 실행 환경 구성이나 기반 소프트웨어의 변화 때문에 이 책의 예제들이 100% 잘 돌아간다는 보장은 없습니다. 다행히 저자들은 독자들이 깃허브 저장소에 제출한 이슈나 PR도 성실하게 처리하고 있습니다. 혹시 잘 돌아가지 않는 예제가 있다면 우선은 역자 웹사이트를 확인하되, 원서 깃허브 저장소의 Issues 페이지와 Pull requests 페이지도 참고하시길 권합니다. 역자 웹사이트 http://occamsrazr.net의 '번역서 정보' 페이지에 이 책을 위한 페이지로 가는 링크가 있습니다. 거기서 예제 실행 오류를 알려 주시면 최대한 살펴보겠습니다. 오타, 오역 보고도 환영합니다.

감사의 글로 옮긴이의 글을 마무리하고자 합니다. 무엇보다도 5년여 전 《인공지능: 현대적 접근방식(제3판)》을 시작으로 이 책까지 여러 뜻깊은 인공지능 학술서와 개발서의 번역을 제게 맡겨 주신 제이펍 장성두 대표님께 감사드립니다. 그리고 다양한 도식과 수식을 조판하느라 고생이 많았을 조판 디자이너인 최병찬 과장님을 비롯해 이 책의 탄생에 기여한 모든 분께 감사드립니다. 끝으로, 2020년 코로나19 대유행 시기에 가족의 건강과 원고의 건강을 모두 지켜낸 교정 전문가 오현숙에게 사랑과 감사의 마음을 전합니다.

재미있게 읽으시길!

— 옮긴이 **류광**

류광

커누스 교수의 《컴퓨터 프로그래밍의 예술》 시리즈(한빛미디어)를 포함하여 60여 종의 다양한 IT 전문서를 번역한 전문 번역가이다. 인공지능 관련 번역서로는 이 책 외에도 《인공지능: 현대적 접근방식(제3판)》(제이펍, 2016), 《심층 학습》(제이펍, 2018), 《신경망과 심층 학습》(제이펍, 2019), 《파이썬으로 배우는 자연어 처리 인 액션》(제이펍, 2020)이 있으며, 《인공지능: 현대적 접근방식》의 제4판을 준비 중이다.

번역과 프로그래밍 외에 소프트웨어 문서화에도 많은 관심이 있으며, 수많은 오픈소스 프로젝트의 표준 문서 형식으로 쓰이는 DocBook의 국내 사용자 모임인 닥북 한국(http://docbook.kr)의 일원이다. 홈페이지 occam's Razor(http://occamsrazr.net)와 게임 개발 사이트 GpgStudy(http://www.gpgstudy.com)를 운영하고 있다.

심층 강화학습은 2015년 딥마인드^{DeepMind}가 다수의 아타리 2600용 게임들을 사람을 능가하는 수준으로 플레이하는 알고리즘을 발표하면서 주목받기 시작했다. 우리(두 필자)는 인공지능이 드디어 실질적인 진보를 이룬 것으로 평가하고, 이 분야에 뛰어들기로 마음먹었다.

두 필자 모두 소프트웨어 공학을 공부했고 신경과학에 관심이 있었다. 또한 오래전부터 인공지능 전반에 관심을 두고 있었다. 사실 우리 중 한 명은 벌써 고등학교 시절에 C#으로 신경망을 작성한 경험이 있다. 그런 초기 경험이 있었지만 인공지능 분야를 본격적으로 공부하지는 않았는데, 왜냐하면 그때는 아직 심층학습의 혁명이 일어나기 전이었기 때문이다. 2012년 경에 심층학습이 놀라운 성과를 보여주기 시작하면서 인공지능에 대한 우리의 관심이 되살아났다. 이 흥미롭고 급성장하는 심층학습 공동체의 일원이 되기로 결심한 우리는 경력을 쌓아나가면서 어떤 식으로든 기계학습 기술을 도입했다. 알렉스는 기계학습 공학자로 직업을 바꾸고 아마존 같은 기업들에서 일했으며, 브랜던은 학술적인 신경과학 연구에서 기계학습을 사용하기 시작했다. 심층 강화학습에 몰두하면서 우리는 수많은 교과서와 1차 연구 논문들을 읽었는데, 난해한 고급 수학과 기계학습 이론을 해독하느라 고생이 많았다. 그렇지만 우리는 심층 강화학습의 기본을 소프트웨어 공학 분야의 사람들도 그리 어렵지 않게 파악할 수 있다는 점을 발견했다. 특히, 관련된 모든 수학 공식을 프로그래머라면 누구나 읽고 이해할 수 있는 코드로 옮길 수 있음을 깨달았다.

우리는 기계학습 세계에서 배운, 그리고 우리의 직업과 연구에서 사용한 프로젝트에서 배운 것들을 블로그에 쓰기 시작했는데, 다행히 블로그 글들에 좋은 평이 많이 달려서 아예 책을 쓰면 어떨까 하는 생각까지 하게 되었다. 우리는 어려운 주제의 학습을 위한 자료의 대부분이, 쉽게 쓰려다 보니 어렵지만 가장 중요한 부분을 생략해서 실제로는 학습에 도움이 되지 않거나, 반대로 고급 수학 지식이 없는 사람에게는 너무 어렵다고 생각한다. 이 책은 전문가를 위한 문헌을 프로그래밍에 관한 지식과 경험은 비교적 풍부하지만 신경망은 기본만 알고 있는 사람들에게 맞는 강좌 형태로 이식하고자 우리가 노력한 결과이다. 우리는 비슷한 주제의 다른 책들과는 차별화되는, 그리고 독자가 책의 내용을 좀 더 빠르게 이해하게 하는 우리만의 참신한 교육 기법을 이 책에 도입했다. 이 책은 심층 강화학습의 기초부터 시작하지만, 끝까지 읽어 나가면 딥마인드나 OpenAI 같은 업계 기반 연구진은 물론이고 버클리 인공지능 연구소(Berkeley Artificial Intelligence Research, BAIR)와 유니버시티 칼리지 런던 같은 최고급 학술 연구진이 고안한 최신의 알고리즘들도 구현하게 될 것이다.

— 지은이 **알렉스 짜이, 브랜던 브라운**

감사의 글

이 책의 저술은 우리가 예상하는 것보다 훨씬 오래 걸렸다. 그 과정에서 편집자 캔디스 웨스트와 수재너 클라인의 신세를 많이 졌다. 이들은 책을 만드는 과정의 모든 단계에서 우리를 도왔으며, 우리가 옆길로 새지 않게 해주었다. 책을 쓰려면 챙겨야 할 세부 사항이 아주 많은데, 전문성을 갖추고 적극적으로 도운 편집진이 없었다면 많은 곤란을 겪었을 것이다.

또한 시간을 들여 우리의 원고를 읽고 귀중한 피드백을 제공한 기술 편집자 마크-필립 휴겟과 앨 크링클러, 그리고 모든 리뷰어에게 감사의 마음을 전한다. 구체적으로, 리뷰어 알 라히미, 아리엘 가미뉴, 클라우디오 베르나르도 로드리게스, 데이비트 크리프, Dr. 브렛 페닝턴, 에즈라 조엘 슈로더, 조지 L. 게인즈, 갓프레드 아사모아, 헬무트 하우실트, 아이크 오콘쿼, 조너선 우드, 칼리얀 레디, M.에드워드(에드) 보라스키, 마이클 홀러, 나디아 누리, 사트야짓 사랑기, 토비아스 카츠에게 감사한다. 또한, 이 프로젝트에서 일한 매닝^{Manning} 출판사의 모든 이에게 고마움을 전한다. 개발 담당자 캐런, 리뷰 담당자 이반 마르티노비치, 프로젝트 담당자 디어드리 하이엄 교정 담당자 앤디 캐럴, 감수 담당자 제이슨 에버릿에게 감사한다.

요즘에는 다양한 온라인 서비스에서 자가 출판으로 책을 내는 사람들도 많다. 사실 우리도 처음에는 그쪽을 고려했다. 그러나 매닝과 저술 및 출판 전 과정을 경험해 보니, 전문적인 편집진이 얼마나 도움이 되는지 실감할 수 있었다. 특히 통찰력 있는 피드백으로 문장의 명료함을 극적으로 개선하는 데 도움이 된 교정 담당자 앤디 캐럴에게 감사한다.

알렉스는 학부생 시절 일찌감치 기계학습을 자신에게 소개해 준 지도교수 제이미에게 감사한다.

브랜던은 밤늦게까지 글을 쓰고 가족과 시간을 보내지 않은 자신을 참아준, 그리고 멋진 두 자녀 이슬라와 아빈을 자신에게 선사한 아내 신주^{Xinzhu}에게 감사한다

이 책에 대하여

대상 독자

본서 《심층 강화학습 인 액션》은 강화학습의 기본 개념에서 출발해서 최신 알고리즘의 구현까지 독자를 이끄는 하나의 강좌(course)이다. 이 책은 하나의 강좌인 만큼, 각 장은 그 장의 주제 또는 개념을 보여주는 주요 예제 프로젝트 하나를 중심으로 구성된다. 각 장의 주요 예제는 현세대 소비자용 노트북 컴퓨터에서도 실행할 수 있는 규모인데, 이는 값비싼 GPU나 클라우드 컴퓨팅 자원에 접근할 수 없는 독자들을 위한 결정이다(물론 그런 자원이 있으면 예제들을 좀 더 빠르게 실행할 수 있다).

이 책은 프로그래밍 배경지식이 있으며 신경망(심층학습)을 기본적으로 이해하는 사람을 위한 책이다. 좀 더 구체적으로, 이 책은 독자가 파이썬을 능숙하게 다루며 간단한 신경망을 파이썬으로 구현해 본 적이 있다고(비록 그 내부 작동 방식을 완전히 이해하지는 못했다고 해도) 가정한다. 이 책에서 신경망은 기본적으로 강화학습 알고리즘의 구현을 위한 수단으로만 쓰이지만, 강화학습 이외의 문제에도 적용할 수 있는 좀 더 일반적인 심층학습 개념과 기법도 설명한다. 따라서 꼭 심층학습 전문가가 아니라도 이 책으로 심층 강화학습을 배울 수 있다.

로드맵: 이 책의 구성

이 책은 2부 11개 장으로 구성되어 있다.

제1부는 심층 강화학습의 기초를 설명한다.

- 제1장에서는 심층학습과 강화학습을 개괄하고, 그 둘의 조합인 심층 강화학습을 소개한다.

- 제2장에서는 이 책 전체에 계속 등장하는 강화학습의 기본 개념들을 설명한다. 또한 이 책의 첫 실용적 강화학습 알고리즘도 구현해 본다.

- 제3장에서는 심층 강화학습 알고리즘의 두 가지 주요 범주 중 하나인 심층 Q 학습을 소개한다. 심층 Q 학습은 2015년에 딥마인드가 여러 아타리 2600용 게임을 초인적인 수준으로 플레이하는 데 사용한 알고리즘이다.

- 제4장에서는 심층 강화학습의 또 다른 주요 범주인 정책 기울기 방법을 설명한다. 이를 이용해서 간단한 게임을 플레이하는 강화학습 에이전트를 훈련한다.

- 제5장에서는 제3장의 심층 Q 학습과 제4장의 정책 기울기 방법을 조합해서 행위자-비평자 알고리즘이라고 부르는 부류의 혼성 알고리즘을 만드는 방법을 설명한다.

제2부에서는 제1부에서 닦은 토대에 기초해서 최근 심층 강화학습 분야의 주요 성과들을 소개한다.

- 제6장에서는 생물학적 진화의 원리들을 이용해서 신경망을 훈련하는 진화 알고리즘을 구현해 본다.

- 제7장에서는 확률 개념을 도입해서 심층 Q 학습의 성능을 크게 개선하는 방법을 설명한다.

- 제8장에서는 강화학습 에이전트에 일종의 호기심을 부여해서 외부의 단서 없이도 환경을 좀 더 적극적으로 탐험하게 만드는 방법을 소개한다.

- 제9장에서는 하나의 에이전트를 훈련하는 강화학습 알고리즘을 다수의 에이전트가 상호작용하는 시스템에 맞게 확장한다.

- 제10장에서는 주의 메커니즘을 이용해서 심층 강화학습 알고리즘의 해석성과 효율성을 높이는 방법을 설명한다.

- 이 책의 결론에 해당하는 제11장에서는 그동안 배운 내용의 핵심을 정리하고, 지면 관계상 다루지 않았지만 독자가 관심을 가질 만한 심층 강화학습의 흥미로운 주제들을 소개한다.

제1부의 각 장은 그 이전 장에서 배운 내용에 기초하므로 모두 순서대로 읽는 것이 좋다. 제2부의 장들은 아무 순서로 읽어도 크게 문제는 없지만, 그래도 가능하면 순서대로 읽기를 권한다.

예제 코드

앞에서 언급했듯이 이 책은 하나의 강좌인 만큼, 예제 프로젝트를 실제로 실행하는 데 필요한 모든 코드를 본문에 수록해 두었다. 예제 스크립트를 구성하는 주요 코드는 '목록 1.1' 형태의 번호 붙은 제목과 함께 개별적인 코드 목록(listing)으로 제시하고, 간단히 실행할 만한 몇 줄 정도의 코드는 제목 없이 제시했다(보통의 경우 파이썬 콘솔 프롬프트 >>>와 함께). 개별 코드 블록과 본문 안의 코드 모두 env.reset()처럼 고정폭 글꼴로 표시했다.

이 책을 출간하는 시점에서 본문에 수록된 모든 예제 코드는 잘 작동함이 확인된 것이다. 그러나 심층학습 분야와 관련 라이브러리들이 빠르게 발전하는 만큼, 언제까지라도 예제 코드가 의도대로 작동하리라는 보장은 없다. 본문의 예제 코드는 또한 프로젝트가 돌아가는 데 필요한 최소한의 형태로만 작성된 것일 뿐이므로, 원서 깃허브 저장소 http://mng.bz/JzKp에 있는 좀 더 완전한(그리고 갱신된) 소스 코드를 참고하길 강력히 권한다. 우리 필자들은 이 저장소를 적어도 한동안은 계속 갱신할 것이다. 깃허브 저장소에는 예제 프로젝트들의 코드가 편리한 Jupyter Notebook 파일 형태로 수록되어 있고 코드의 주석도 더 상세하다. 또한 이 책의 여러 그림을 생성하는 데 사용한 추가적인 코드도 수록되어 있다. 결론적으로, 해당 장에 대한 Jupyter Notebook들을 참고하면서 이 책을 읽으면 학습이 훨씬 원활할 것이다.

우리 필자들은 이 책에서 여러분이 단지 심층 강화학습 알고리즘을 파이썬으로 구현하는 방법을 피상적으로 배우는 것에서 그치지 않고 심층 강화학습의 핵심 개념들을 충실하게 배우게 되리라고 믿는다. 심지어 언젠가 파이썬이 이 세상에서 사라진다고 해도, 기본을 이해한다면 다른 어떤 언어나 프레임워크로도 이 책의 모든 알고리즘을 구현할 수 있을 것이다.

저자 소개

알렉스 짜이^{Alex Zai}는 심화 코딩 부트캠프인 Codesmith의 CTO를 역임했고, 현재는 기술 자문으로 일한다. 또한 그는 우버^{Uber}의 소프트웨어 기술자이자 Banjo와 아마존의 기계학습 공학자이며, 오픈소스 심층 강화학습 프레임워크인 아파치 MXNet에도 기여한다. 그는 또한 두 개의 기업을 공동 창업한 기업가인데, 그중 한 회사는 Y-combinator에 참여했다.

브랜던 브라운^{Brandon Brown}은 어려서부터 프로그래밍을 해왔고 대학 시절에는 파트타임으로 소프트웨어 개발 일도 했지만, 결국은 의학으로 진로를 잡았다. 보건 기술 분야의 소프트웨어 기술자로 일한 적도 있는 그는 현재 의사이며, 심층 강화학습에 영감을 얻은 계산 정신 의학(computational psychiatry)의 연구에 관심이 있다.

표지 그림 소개

이 책의 앞표지에 나온 인물화에는 "Femme de l'Istria", 즉 "이스트라의 여인"이라는 제목이 붙어 있다. 이 그림은 1797년 프랑스에서 출판된 *Costumes de Différents Pays*라는 화집의 일부인데, 이 화집에는 자크 그라세 드 생소뵈르^{Jacques Grasset de Saint-Sauveur}(1757-1810)가 여러 나라의 복식을 손으로 세밀하게 그리고 채색한 그림들이 수록되어 있다. 드 생소뵈르의 화집이 보여주는 다양성은 200년 전만 해도 세계 여러 도시와 마을의 문화가 서로 얼마나 달랐는지를 실감케 한다. 지리적으로 분리된 사람들은 서로 다른 언어와 방언을 사용했다. 도시의 거리이든 시골 마을에서든, 옷차림만 봐도 그 사람이 사는 곳이나 직업, 지위를 어렵지 않게 짐작할 수 있었다.

시간이 지나면서 복식이 변하고 그토록 풍부했던 지역별 다양성도 사라졌다. 이제는 옷차림만으로는 어느 마을은커녕 어느 대륙에 사는 사람인지조차 알기 어려울 때가 많다. 어쩌면 우리는 문화적 다양성을 개인 차원에서의 좀 더 다채로운 생활 방식과 맞바꾼 것일지도 모른다. 물론 다수의 독자에게 그것은 다채로운, 그러나 숨 가쁘게 돌아가는 기술 의존적 생활 방식일 것이다.

고만고만한 컴퓨터 책들이 쏟아져 나오는 요즘, 매닝은 두 세기 전 여러 지역의 다채로운 생활상을 보여주는 그라세 드 생소뵈르의 그림 중 하나를 표지에 실어서 IT 업계의 독창성과 진취성을 기리고자 한다.

공민서(이글루시큐리티)

강화학습 알고리즘을 빠르게 적용할 수 있는 gym 환경에서 코드와 사례 설명을 함께 수록한 책의 구성이 실행하며 배운다는 관점에서 좋은 것 같습니다. '인 액션' 시리즈들은 코드를 실행해 보며 배우는 저에겐 잘 맞는 구성인 것 같습니다. 다만, 강화학습 번역서가 없던 때에 영어로 강화학습 용어들을 접해서 그런지 번역된 단어가 한 번에 와닿지는 않았습니다.

 김용현(마이크로소프트 MVP)

수학 및 통계 관련 이론이 많이 포함되어 있어 입문자용 서적은 아닙니다. 하지만 최근 각광을 받고 있는 파이토치와 gym을 이용하여 강화학습 코드를 만들어 보고, 사용된 코드에 대한 이론을 충실히 설명하고 있습니다. 이론에만 치우쳐 교재 같은 책과 코드만 강조하여 배경을 이해하기에 설명이 부족한 책의 중간을 유지하면서 강화학습을 이야기합니다. 더불어 일관성 있는 역자분의 깔끔한 문체와 번역은 도서 내용 이외에 번역체를 읽는 데서 오는 스트레스가 없어 즐거운 독서가 되었습니다.

 사지원(현대엠엔소프트)

한 마디로 이야기하자면, '코드로 이해하는 강화학습 전문서'입니다. 수학의 어려움으로 강화학습 공부를 주저했던 분들에게 큰 도움이 될 것 같습니다. 수학을 완전히 배제하진 않았지만, 책에서 소개된 수학적 내용과 이를 파이썬 코드로 옮기면서 독자들 스스로 강화학습을 보다 심층적으로 학습할 수 있도록 도와줍니다. 제이펍에서 펴낸 《단단한 강화학습》과 같이 보면 더 좋을 것 같습니다. 다만, 용어 선정은 독자들에게 조금 더 익숙한 표현으로 변경되었으면 좋겠습니다.

송헌(규슈대학교 대학원)

책을 받고 나서 내용이 굉장히 좋아서 많이 놀랐습니다. 그동안 봐왔던 '인 액션' 시리즈 중에서도 이해하기 쉽고 응용 쪽으로도 너무 치우치지 않게 균형을 잘 잡았다는 느낌이었습니다. 번역도 상당히 읽기 편하고 역자분의 코멘트도 적절해서 읽는 데 많은 도움이 되었습니다. 강화학습의 기본을 익힌 후에 더 최신 내용을 배우고 싶고 실전에서 사용하고 싶은 분들에게 추천합니다. 책은 수식과 이론보다는 코드와 간결한 설명으로 최신 기술을 설명하고 있어서 빠르게 익히고 따라 할 수 있게 구성되어 있습니다. 개인적으로는 《단단한 강화학습》을 읽고 이 책을 읽으면 주요 내용 이외에도 정말 많은 인사이트를 배울 수 있다고 생각합니다.

 양민혁(현대모비스)

강화학습의 이론과 예제를 쉽고 자세하게 설명하고 있어서 강화학습에 입문하시는 분들에게 좋은 책입니다. 다만, 기본 지식이 있으신 분들에게는 상세한 용어 번역이 낯설 수 있습니다.

이요셉(지나가는 IT인)

지적으로 도전이 되는 책이었습니다. 읽기가 쉽지는 않지만 강화학습의 구성 및 동작 방식에 대한 개념을 잡는 데 큰 도움이 되었습니다. 다양한 분야의 예제를 들어서 설명해 주는 점도 좋았고, 수학 수식과 파이썬 스타일의 코드를 병기한 점도 이해에 많은 도움을 주었습니다.

이태환

강화학습 이론에 대해서는 수학적으로 엄밀히 설명하면서 파이썬 코드로 구현해 볼 수 있는 기회였습니다. 또한, 최근 트렌드인 파이토치를 기반으로 하고 있어서 더욱 친근하게 개발도 하면서 강화학습에 대해 깊이 학습할 수 있었습니다.

 조원양(하이트론씨스템즈)

이 책은 강화학습의 기본 내용부터 최신 이론까지 이해하기 쉽게 설명되어 있습니다. 특히 파트 II는 다른 책에서는 찾아보기 힘든 만큼 귀중한 내용으로 가득합니다. 강화학습을 폭넓게 공부하려는 엔지니어에게 도움이 될 것 같습니다.

황시연(데이터 저널리스트)

심층 강화학습은 마치 소비자의 행동을 분석해 목표하는 결과로 이끄는 마케팅과 비슷한데요. 목표하는 곳으로 가기 위해서는 다양한 경로가 있는 복잡한 환경에서 가장 큰 효과를 발휘합니다. 이때 큰 장점은 실수를 통해 학습하고 빠른 속도로 다시 최적화를 하는 것입니다. 그러나 실제 프로그램으로 구현하기 위해서는 피나는 노력이 필요합니다. 하지만 대부분의 사람은 수학적 지식이 출중하거나 아니면 프로그래밍 능력만 갖춰져 있습니다. 이 책은 수학적 수식을 쉽게 이해할 수 있도록 끈 그림을 활용해 도식화해서 심층 강화학습을 쉽게 이해하는 데 큰 도움을 줍니다. 심층 강화학습의 큰 틀을 이해하고 싶은 분들이나 처음 접하는 분에게 추천합니다.

제이펍은 책에 대한 애정과 기술에 대한 열정이 뜨거운 베타리더의 도움으로
출간되는 모든 IT 전문서에 사전 검증을 시행하고 있습니다.

I

기초

다섯 장(chapter)으로 이루어진 제1부는 심층 강화학습의 가장 기초적인 측면을 가르친다. 제1부의 장들을 차례로 읽고 나면, 제2부의 장들은 아무 순서로나 읽어도 이해할 수 있을 것이다.

제1장은 심층 강화학습을 개괄적으로 소개한다. 심층 강화학습의 주요 개념과 용도를 배우게 될 것이다. 제2장부터는 구체적인 예제 프로젝트들을 통해서 강화학습의 기본 개념들을 설명한다. 제3장에서는 심층 Q 신경망을 구현한다. 심층 Q 신경망은 초인적인 실력으로 아타리 게임을 플레이하는 모습을 보여주어서 세상을 놀라게 한 딥마인드가 사용한 것과 같은 종류의 알고리즘이다.

제4장과 제5장은 가장 널리 쓰이는 두 강화학습 알고리즘인 정책 기울기 방법과 행위자-비평자 방법을 소개한다. 심층 Q 신경망에 비한 그 두 접근 방식의 장단점을 살펴볼 것이다.

PART I

Foundations

1

강화학습이란?

이번 장의 내용

- 기계학습의 개요
- 기계학습의 한 분야로서의 강화학습 소개
- 강화학습의 기본 틀

미래의 컴퓨터 언어에서는 컴퓨터가 수행할 구체적인 절차를 서술하는 것보다 컴퓨터가 수행했으면 하는 목표를 서술하는 것이 더 중요해질 것이다.

—마빈 민스키[Marvin Minksy], 1970년 ACM 튜링상 수상 기념 강연에서

이 책을 선택한 독자는 이미지 분류나 예측 문제에 심층 신경망이 어떤 식으로 쓰이는지 어느 정도 잘 알고 있을 것이다(그렇지 않은 독자라면 부록 A의 심층학습 관련 내용을 읽어 보기 바란다). 기계학습의 한 분야인 **심층 강화학습**(deep reinforcement learning, DRL)은 심층학습 모형(즉, 심층 신경망)을 이용해서 강화학습(reinforcement learning, RL) 과제를 해결하려 한다(강화학습 과제가 구체적으로 어떤 것인지는 §1.2절에서 정의할 것이다). 이미지 분류 문제에서는 여러 범주(category)의 이미지들, 이를테면 다양한 동물 이미지들을 기계학습 모형[역주1]이 분석해서 각 이미지가 구체적으로 어떤 동물인지를 분류한다(그림 1.1).

[역주1] 모델이라고도 부르지만, 이 책에서는 통계학, 제어이론 등 기계학습에 큰 영향을 미친 분야에서 쓰이는 전문용어와의 연관성을 고려해서 '모형'을 사용한다.

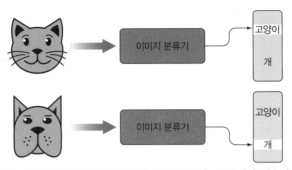

그림 1.1 이미지 분류기는 이미지 하나를 입력받고 그 이미지의 분류명, 즉 유한한 개수의 범주 또는 부류(class) 중 그 이미지가 속한 부류의 이름을 돌려주는 함수 또는 학습 알고리즘이다.

1.1 심층 강화학습에서 '심층'의 의미

심층학습 모형(deep learning model)은 이미지를 분류하는 데 사용할 수 있는 여러 기계학습 모형의 하나일 뿐이다. 일반화해서 말하면, 분류 문제란 어떤 입력 하나(그림 1.1의 예에서는 이미지)를 받고 그 입력의 분류명(그림 1.1의 예에서는 이미지가 묘사하는 동물의 종류)을 돌려주는 함수 또는 모형을 구하는 것일 뿐이다. 보통의 경우 그런 함수에는 고정된 개수의 조정 가능한 **매개변수**(parameter; 또는 모수)들이 있다. 이런 종류의 모형을 **매개변수 모형**(parametric model; 또는 모수적 모형)이라고 부른다. 처음에는 모형의 매개변수들을 난수(무작위한 값)로 초기화한다. 따라서, 이 상태의 모형에 이미지를 입력하면 무작위한 분류명이 나온다. 모형이 좀 더 정확한 분류명을 출력하도록 매개변수들을 반복해서 조정해 나가는 과정을 **훈련**(training)이라고 부른다. 훈련을 거듭하다 보면 언젠가는 모형의 매개변수들이 최적의 값들에 도달하며, 그때부터는 훈련을 더 반복해도 분류 결과가 나아지지 않는다. 이런 매개변수 모형은 **회귀**(regression)에도 쓰인다. 간단히 말하자면, 회귀는 모형을 일단의 데이터^data^(자료)에 적합시킴으로써 모형으로 미지의(이전에는 보지 못한) 데이터를 예측하는 것을 말한다(그림 1.2). 매개변수가 더 많거나 내부 구조가 더 정교한 모형을 이용해서 좀 더 복잡한 회귀 문제를 푸는 것도 가능하다.

　심층 신경망은 주어진 과제(이를테면 이미지 분류 등)를 푸는 여러 매개변수적 기계학습 모형 중 가장 정확한 것이 심층 신경망일 때가 많다는 점에서 인기가 높다. 이러한 심층 신경망의 위력은 대체로 데이터를 표현하는 방식에서 비롯된다. 심층 신경망은 수많은 층(layer; 또는 계층)으로 이루어진다('심층'이라는 말은 그래서 붙은 것이다). 이러한 다수의 층 덕분에 심층 신경망은 입력 데이터의 계층적 표현(layered representation)을 학습할 수 있다. 계층적 표현은 **합성성**(compositionality; 또는 조합성, 구성성)을 가진다. 간단히 말하면, 계층적 표현은 복잡한 데이터를 좀 더 기본적인 구성요소들의 합성으로 표현한 것이며, 그러한 구성요소들은 각각 더욱 더 간단한 구성요소들로 분할되어서 결국에는 더 쪼갤 수 없는 원자적 단위들에 도달한다.

　자연어(인간의 언어)에도 그런 합성성이 있다(그림 1.3). 예를 들어 한 권의 책은 여러 장(chapter)으로 구성되며, 각 장은 여러 문단으로, 각 문단은 여러 문장으로 구성된다. 그런 식으로 나아가다 보면 가장 작은 의미 단위인 단어에 도달한다. 이러한 각각의 분할 수준에 나름의 의미가 있음을 주의하기 바란다. 한 권의 책은 저자가 전달하고자 하는 어떤 의미를 담고 있으며, 각 문단은 전체 의미에 일조하는 작은 규모의 요점을 담고 있다. 심층 신경망이 데이터의 합성 표현을 배우는 것도 그와 비슷하다. 예를 들어 심층 신경망은 이미지를 일단의 기본적인 윤곽선들과 재질(텍스처)들로 표현할 수 있으며, 그런 기본 요소들을 좀 더 완전한 형상으로 조합함으로써 급기야는 복잡한 이미지 전체를 파악한다. 대체로 심층 신경망의 위력은 이처럼 합성적 표현으로 복잡성을 처리하는 능력에서 비롯한다.

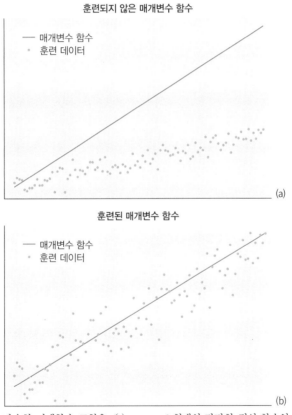

그림 1.2 아마도 가장 단순한 기계학습 모형은 $f(x) = mx + b$ 형태의 간단한 직선 함수일 것이다. 이 직선 함수에는 기울기에 해당하는 매개변수 m과 절편에 해당하는 매개변수 b가 있다. 이들은 조정 가능한 매개변수들이므로, 이 직선 함수는 하나의 매개변수 함수 또는 매개변수 모형에 해당한다. 2차원 점으로 표현할 수 있는 데이터가 있다고 할 때, 두 매개변수를 무작위로 초기화한 후(이를테면 [$m = 3.4$, $b = 0.3$]) 그 자료점(data point)들로 훈련 알고리즘을 돌려서 직선이 그 훈련 데이터에 잘 적합하도록 매개변수들을 조정한다. (b)는 두 매개변수가 최적값 [$m = 2$, $b = 1$]에 가깝게 조정된 모습이다.

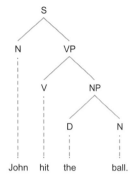

그림 1.3 "John hit the ball" 같은 문장을 개별 단어 수준에 이를 때까지 거듭 분해해서 일종의 위계구조(트리)를 얻을 수 있다. 그림의 예에서 문장 (sentence, S)은 주어 역할을 하는 명사(noun, N)와 술어 역할을 하는 동사구(verb phrase, VP)로 분해되며, 동사구는 다시 동사 "hit"와 명사구(noun phrase, NP)로 분해된다. 명사구는 개별 단어 "the"와[역주2] "ball"로 분해된다.

1.2 강화학습

문제와 그 해법을 구분하는 것이 중요하다. 다른 말로 하면, 우리가 해결하고자 하는 과제 (task)와 과제를 해결하는 데 사용할 알고리즘을 구분해야 한다. 심층학습 알고리즘은 다양한 종류의 문제와 과제에 적용할 수 있다. 심층학습 알고리즘의 흔한 적용 대상은 이미지 분류 및 예측 과제이다. 심층학습 이전의 자동 이미지 처리 기법들은 복잡한 이미지를 제대로 처리 하지 못했기 때문에 용도가 아주 제한적이었다. 그런데 이미지 처리 외에도 자동화가 유용한 과제들은 많이 있다. 예를 들어 운전(차량 주행)이나 주식 및 투자 포트폴리오 구성 등도 자동 화할 수 있으면 좋을 것이다. 차량 자율주행에도 이미지 처리가 어느 정도 포함되지만, 자율 주행에서는 시각 정보를 분류하거나 예측하는 것을 넘어서 어떻게 **행동**할 것인지 결정하는 것 이 더 중요하다. 주어진 조건에서 어떤 동작을 취해야 할지 결정하는 문제들을 통틀어 **제어 과제**(control task)라고 부른다.

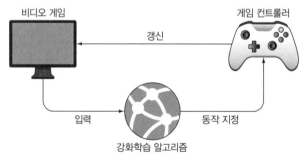

그림 1.4 이미지 분류 알고리즘과는 달리 강화학습 알고리즘은 데이터와 동적으로 상호작용한다. 강화학습 알 고리즘은 끊임없이 데이터를 소비하면서 다음에 취할 동작을 결정한다. 그 동작(행위)에 따라 이후에 입력되는 데이터가 달라질 수 있다. 그림의 예에서는 비디오 게임이 입력이고, 강화학습 알고리즘은 다 음에 취할 동작을 결정해서 게임 컨트롤러를 움직인다. 그러면 게임이 갱신된다(플레이어 캐릭터가 이 동하거나 무기를 발사하는 등).

[역주2] 참고로 그림의 D는 definite article, 즉 정관사를 뜻한다.

강화학습(reinforcement learning)은 제어 과제의 표현 및 해결을 위한 일반적인 틀(프레임워크)이다. 강화학습의 틀을 벗어나지 않는 한에서, 주어진 구체적인 과제(그림 1.4의 비디오 게임 플레이 등)에 맞는 특정한 알고리즘을 임의로 선택할 수 있다. 강화학습을 위한 알고리즘으로는 심층학습 알고리즘이 흔히 쓰이는데, 이는 심층학습에 복잡한 데이터를 효율적으로 처리하는 능력이 있기 때문이다. 심층학습 알고리즘을 이용한 강화학습을 심층 강화학습이라고 부른다. 이 책은 **심층** 강화학습에 초점을 두지만, 여러분은 제어 과제를 위한 일반적인 강화학습의 틀에 관해서도 많은 것을 배우게 될 것이다. 그림 1.5는 일반적인 강화학습의 틀에서 심층학습이 어디에 자리하는지 보여준다. 강화학습의 일반적인 틀을 소개한 후에는 그 틀에 맞는 적절한 심층학습 모형을 설계하고 과제를 해결하는 방법을 살펴본다. 그 과정에서 강화학습에 관해 많은 것을 배우게 될 것이며, 심층학습에 관해 잘 몰랐던 것들도 배우게 될 것이다.

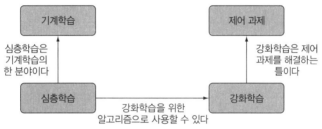

그림 1.5 심층학습은 기계학습의 한 분야이다. 심층학습 알고리즘을 강화학습을 위한 학습 알고리즘으로 사용해서 제어 과제를 풀 수 있다.

이미지 처리에서 제어 과제의 영역으로 넘어가면 시간이라는 요소가 도입되어서 문제가 복잡해진다. 일반적으로 이미지 처리에서는 고정된 이미지들을 이용해서 심층학습 알고리즘을 훈련한다. 훈련을 충분히 반복하면 새로운 미지의 이미지들을 분류 또는 예측하는 고성능 알고리즘이 만들어진다. 이때 훈련에 사용한 데이터 집합(data set)을^{역주3} 일종의 데이터 '공간 (space)'으로 생각할 수 있다. 이 추상적인 공간에서 비슷한 이미지들은 서로 가까이 있고, 구별되는 이미지들은 멀리 떨어져 있다(그림 1.6).

제어 과제에서도 이와 비슷한 데이터 공간을 처리하지만, 각 데이터 조각에 시간이라는 추가적인 차원이 존재한다는 점이 다르다. 즉, 제어 과제에서는 데이터가 시공간에 존재한다. 이는 알고리즘이 주어진 한 시점에서 내리는 결정에 그 이전 시점의 상황이 영향을 미친다는 뜻이다. 통상적인 이미지 분류나 그와 유사한 문제에는 이런 특징이 없다. 시간의 존재 때문에 훈련은 동적으로 변한다. 즉, 알고리즘의 훈련에 쓰이는 데이터가 고정된 것이 아니라 알고리즘이 내린 결정에 따라 변할 수 있다.

역주3   데이터 세트라고도 하지만, 부분집합, 합집합, 교집합 등 집합(또는 중복집합)의 개념 및 연산을 적용할 수 있는 대상이라는 점에서 이 책에서는 '데이터 집합'을 사용한다.

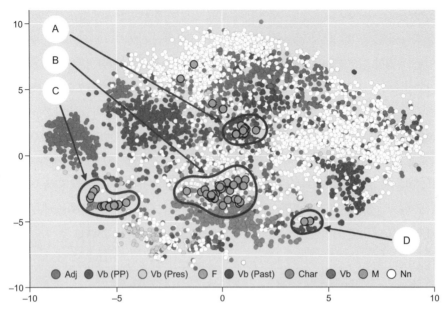

그림 1.6 단어들을 2차원 공간의 점으로 표현한 그래프. 점의 색은 단어의 품사를 나타낸다. 비슷한 단어들은 뭉쳐 있고 그렇지 않은 단어들은 떨어져 있다. A, B, C, D는 뜻이 비슷한 단어들의 군집들이다. 다른 종류의 데이터들도 이처럼 비슷한 것끼리 모이는 군집화 특성을 보일 때가 많다.

통상적인 이미지 분류와 비슷한 과제들은 대부분 **지도학습**(supervised learning)의 범주에 속한다. 지도학습에서는 학습 알고리즘(학습 모형)을 훈련할 때 '정답'을 제시해서 알고리즘을 올바른 방향으로 이끈다. 학습 알고리즘은 처음에는 무작위로 분류 또는 예측 결과를 산출하되, 훈련 데이터에 포함된 정답과 자신의 결과를 비교해서 점차 매개변수들을 조정해 나간다. 따라서 지도학습을 위해서는 정답이 포함된 훈련 데이터, 소위 분류된 데이터(labeled data)를 사람이 만들어야 하는데, 상황에 따라서는 그런 데이터를 만들기가 번거롭거나 어려울 수 있다. 다양한 식물 이미지를 정확하게 분류하도록 심층학습 알고리즘을 훈련하려면 수천, 수만 장의 식물 이미지를 확보해야 할 뿐만 아니라 그 이미지들 각각에 적절한 분류명(식물 종 이름)을 붙이고 기계학습 알고리즘이 이해할 수 있는 형식(흔히 행렬 형태)으로 변환해서 훈련 데이터를 준비해야 한다.

반면 강화학습에서는 각 단계의 '정답'을 제공하지 않는다. 최종적인 목표(goal)와 피해야 할 상황을 지정하고, 행동의 결과에 따라 적절한 보상을 제공하기만 하면 된다. 개에게 묘기를 가르칠 때 잘했으면 잘했다고 간식을 주는 것과 비슷하게, 강화학습에서는 알고리즘이 어떤 상위 목표(고수준 목표)를 달성하면 보상을 제공한다. 또한, 바람직하지 않은 행동을 했을 때는 벌점을 줄 수도 있다. 예를 들어 자율주행 과제라면 "충돌 사고 없이 A 지점에서 B 지점으로 간다"를 상위 목표로 삼으면 될 것이다. 만일 차량이 B 지점에 좀 더 가까워지는 동작을 취했다면 보상을 제공하고, 뭔가와 충돌하면 벌점을 제공한다. 이런 훈련 과정을 실제 도로에서 실행한다면 피해가 클 것이므로, 먼저 시뮬레이터 안에서 충분히 훈련을 반복한다.

> **팁** 일상 언어에서 '보상(reward)'은 항상 긍정적인 뭔가를 의미하지만, 강화학습에서는 그냥 알고리즘의 학습에 쓰이는 부호 있는 수치이다. 즉, 보상은 양수일 수도 있고 음수일 수도 있다. 보상이 양수일 때는 일상 언어의 보상과 부합하지만, 음수일 때는 일상 언어의 '벌점(penalty; 또는 벌칙)'에 해당한다.

강화학습 알고리즘의 주된 목적은 보상을 최대화하는 것이다. 보상을 최대화하려면 알고리즘은 상위 목표를 달성하기 위한 기본 능력들을 배워야 한다. 알고리즘이 적절한 행동을 취했을 때 양의 보상을 제공하는 것과 더불어, 뭔가 부적절한 동작을 취했을 때 음의 보상을 제공할 수도 있다. 그러면 알고리즘은 좋은 동작들을 배울 뿐만 아니라 피해야 할 동작들도 배우게 된다. 이처럼 보상과 벌점을 통해서 모형의 행동 방식을 긍정적으로 또는 부정적으로 강화한다는 점에서(그림 1.7) **강화학습**이라는 이름이 붙었다. 이는 동물이 뭔가를 배우는 과정과 상당히 비슷하다. 동물은 기분이 좋아지거나 만족감을 주는 행동을 하는 방법과 고통을 주는 행동을 피하는 방법을 배운다.

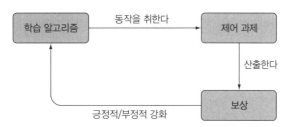

그림 1.7 강화학습의 틀에서 특정 종류의 학습 알고리즘은 주어진 제어 과제(로봇 청소기 운행 등)를 풀기 위한 동작들을 결정한다. 그 동작에 따라 양 또는 음의 보상이 산출되며, 그 보상은 알고리즘의 행동 방식을 긍정적으로 또는 부정적으로 강화한다. 이런 과정을 통해 알고리즘은 제어 과제를 푸는 방법을 배우게 된다.

1.3 동적 계획법과 몬테카를로 방법

앞에서 우리는 과제를 완료했을 때 높은 보상(긍정 강화)을 제공하고 바람직하지 않은 일을 했을 때는 벌점(부정 강화)을 주어서 알고리즘을 훈련한다는 강화학습의 기본 원리를 배웠다. 이를 구체화하기 위해, 로봇 청소기가 집 안의 한 방에서 부엌에 있는 충전 단자까지 가는 것이 상위 목표인 문제를 생각해 보자. 이 예에서 로봇 청소기가 취할 수 있는 동작은 왼쪽으로 이동, 오른쪽으로 이동, 전진, 후진 총 네 가지이다. 각 시점(time point)에서 로봇 청소기는 네 동작 중 하나를 선택한다. 충전 단자에 도달하면 로봇은 +100의 보상을 받고, 뭔가와 부딪히면 -10의 보상을 받는다. 로봇은 집 전체의 완전한 3차원 지도를 가지고 있으며 충전 단자의 위치도 정확하게 알지만, 충전 단자에 도달하는 일련의 기본 동작들을 구체적으로 알지는 못한다고 가정한다.

이 문제를 푸는 접근 방식 중 하나로 **동적 계획법**(dynamic programming, DP)이라는 것이 있다. 1957년에 리처드 벨먼$^{Richard\ Bellman}$이 정식화한 동적 계획법은 복잡한 고수준 문제를 점점 더 작은 부분 문제들로 분해하고, 추가 정보 없이 풀 수 있을 정도로 작은 부분 문제들에 도달하면 그것들을 풀어서 전체적인 해답을 조립한다. 그런 면에서 동적 계획법보다는 **목표 분해**(goal decomposition)가 더 나은 이름일 것이다.

이 문제에 동적 계획법을 적용한다면, 충전 단자까지 가는 길고 긴 동작 목록을 한꺼번에 만드는 대신, 전체 문제를 "이 방을 벗어나지 않는다"를 달성하는 문제와 "이 방에서 나간다"를 달성하는 문제로 분할하고 둘 중 어떤 문제를 풀 것인지 선택해야 한다. 현재 충전 단자는 이 방에 있지 않으므로, "이 방에서 나간다" 문제를 선택해야 마땅하다. 그런데 방에서 나가는 동작들의 목록은 아직 알지 못하므로, "이 방에서 나간다" 문제 역시 좀 더 분해해야 한다. 이를테면 "문으로 간다" 문제와 "문에서 멀어진다" 문제로 분할할 수 있을 것이다. 문이 충전 단자에 더 가까우므로, 그리고 문에서 충전 단자까지의 경로가 존재하므로, 로봇은 "문으로 간다" 문제를 풀기로 한다. 이 문제는 추가 분해 없이 좌, 우, 전, 후 이동 동작들로 풀 수 있으므로, 로봇은 문과 자신의 상대적인 위치와 방향에 기초해서 적절한 이동 동작들을 선택한다. 그러다 보면 "이 방에서 나간다" 문제를 해결할 수 있다. 이후에도 비슷한 방식으로 문제들을 분해하고 해답들을 조립해서 충전 단자에 도달한다.

이상이 동적 계획법의 핵심이다. 동적 계획법은 더 작은 부분 문제들로 분해할 수 있는 성격의 문제들에 적용 가능한 일반적인 접근 방식으로, 컴퓨터 과학은 물론이고 생물정보학이나 경제학 등 다양한 분야에서 쓰이고 있다.

벨먼의 동적 계획법을 적용하려면 주어진 문제를 부분 문제들(해법을 아는)로 분해해야 한다. 그런데 실제 응용에서는 문제를 분해한다는 게 생각보다 어렵거나 불가능할 수 있다. 예를 들어 "충돌 없이 A 지점에서 B 지점까지 간다"라는 자율주행차의 상위 목표를 더 작은 충돌 회피 부분 문제들로 분해하는 방법이 머릿속에 바로 떠오르지는 않을 것이다. 또 다른 예로, 아이가 걸음을 배울 때 보행 문제를 더 작은 '부분 보행' 문제들로 나누어서 풀지는 않는다. 강화학습에서는 무작위한 요소들을 포함할 수도 있는, 그래서 동적 계획법을 애초에 벨먼이 서술한 그대로 적용하기가 그리 간단하지 않은 상황을 자주 접한다. 사실 동적 계획법은 다양한 문제 해결 기법들의 스펙트럼에서 한쪽 끝에 위치한 기법이라 할 수 있다(반대편 끝은 무작위한 시행착오 기법).

앞에서 언급한 문제 해결 스펙트럼을, 한쪽 끝은 주변 환경을 완벽하게 파악한 상태에 해당하고 반대편 끝은 환경에 대해 아는 것이 거의 없는 상황이라고 이해할 수도 있다. 두 상황에 적용할 전략은 당연히 달라야 한다. 예를 들어 여러분이 집 안의 어떤 방에 있다가 욕실에 간다고 하자. 여러분은 현재 위치(이를테면 침실)에서 욕실로 가는 데 필요한 일련의 근육 운동 동작들을 정확히(적어도 무의식적으로) 안다. 이 상황에서 여러분은 자신의 집을 대단히 잘 알고 있다. 즉, 집에 관한 어느 정도 완벽한 **모형**(model)이 머릿속에 갖추어져 있다. 이는 동적 계획법이 적합한 상황에 해당한다. 그러나 처음 가본 건물에서 화장실을 찾아갈 때는 그 건물에 대한 모형이 제대로 갖추어져 있지 않으므로 시행착오가 필요하다.

그러한 시행착오 전략은 크게 보아 **몬테카를로 방법**(Monte Carlo method)의 범주에 속한다. 몬테카를로 방법은 본질적으로 환경의 무작위 표집(random sampling; 또는 확률표집)에 해당한다. 실제 문제들에서 우리는 환경을 아예 모르지는 않으므로, 시행착오 전략과 동적 계획법 전략(환경에 관해 알고 있는 지식을 활용하는)을 적절히 섞은 접근 방식을 사용하게 된다.

이런 혼합 전략의 예로, 다소 작위적이지만 이런 시나리오를 생각해 보자. 여러분이 자신의 집 안 어딘가에서 눈을 가리고 출발해서 욕실까지 가야 한다. 출발 위치가 정확히 어딘지는 알지 못한다. 눈을 가린 채로 길을 찾기 위해 여러분은 작은 조약돌을 던져서 그 소리를 듣고 주변 환경을 파악해야 한다. 이때 상위 목표(욕실을 찾는다)를 좀 더 해결하기 쉬운 부분 목표들로 분해할 필요가 있다. 중요한 부분 목표 하나는 지금 자신이 있는 곳이 어떤 방인지 알아내는 것이다. 이 부분 목표를 달성하기 위해, 무작위한 방향들로 조약돌 몇 개를 던져서 방의 크기를 가늠한다. 충분한 정보가 모이면 현재 위치가 어떤 방인지 알 수 있을 것이다. 예를 들어 현재 위치가 침실임을 알아냈다고 하자. 침실에서 나가서 복도를 따라가면 욕실에 도달한다. 따라서 다음으로 해결할 문제는 침실에서 나가는 것이며, 이를 위해서는 문의 위치를 알아내야 한다. 이 문제도 조약돌들을 던져서 해결할 수 있다. 단, 이전에 방의 크기를 가늠하기 위해 조약돌들을 던진 정보가 있으므로, 이전과는 달리 대략 어느 방향으로 조약돌을 던져야 할지도 알 수 있다. 이런 식으로 부분 문제를 해결하다 보면 결국에는 욕실에 도달할 것이다. 이 예에서 우리는 큰 문제를 작은 문제로 분해하는 동적 계획법을 적용했을 뿐만 아니라, 무작위 표집(시행착오)을 이용한 몬테카를로 방법도 적용했다.

1.4 강화학습의 틀

리처드 벨먼은 특정 부류의 제어 문제 또는 결정 문제를 푸는 일반적인 방법으로 동적 계획법을 소개했지만, 지금 우리의 관점에서 동적 계획법은 강화학습 알고리즘 스펙트럼의 한쪽 끝에 위치한 기법에 해당한다. 어쩌면, 이 분야에 대한 벨먼의 기여는 강화학습 문제에 대한 표준적인 틀을 개발하는 데 도움을 주었다는 점이 (동적 계획법 자체보다) 더 중요할 것이다. 여기서 말하는 강화학습의 틀은 모든 강화학습 문제의 서술에 사용할 수 있는 핵심 용어와 개념의 총합에 해당한다. 이 틀은 다른 기술자나 연구자와 의사소통을 할 때 사용할 표준적인 어법을 제공할 뿐만 아니라, 동적 계획법과 비슷한 문제 분해 기법(국소적인 부분 문제들을 반복적으로 최적화함으로써 전역적인 상위 목표를 달성하는 방식의)을 적용하기 좋게 문제를 공식화하도록 강제하는 역할도 한다. 다행히도 이러한 강화학습의 틀은 간단하기까지 하다.

이해를 돕기 위해, 대형 데이터 센터의 전력 사용량을 최소화하는 방법을 배우는 강화학습 알고리즘을 만드는 예를 생각해 보자. 컴퓨터가 제대로 작동하려면 냉각이 필요하다. 그래서 대형 데이터 센터들은 냉방 시스템에 상당한 비용을 치른다. 간단한 냉방 전략은 그냥 그 어떤 서버도 너무 뜨거워지지 않도록 에어컨을 일정 수준으로 계속 돌리는 것이다. 그러나 이는 비효율적이다. 서버마다, 그리고 시간대마다 계산량이 다를 수 있으므로 에어컨을 항상 같은 수준으로 돌릴 필요는 없다. 뜨거운 서버와 시간대를 파악해서 냉방 수준을 동적으로 조절한다면 더 적은 비용으로도 같은 결과를 얻을 수 있을 것이다.

강화학습의 틀을 적용하려면 우선 전체적인 목표 또는 목적(objective)을 정의해야 한다. 지금 예에서 우리의 전체적인 목적은 데이터 센터의 그 어떤 서버도 특정 온도 이상 올라가지 않는다는 조건으로 냉방 비용을 최소화하는 것이다. 사실 이 정의에는 두 개의 목적이 있지만, 이 둘을 묶어서 하나의 **목적함수**(objective function)를 만드는 것이 가능하다. 이 함수는 현재 냉각 비용과 서버들의 온도 데이터를 입력받고 우리의 시도가 두 목적에서 얼마나 벗어났는지를 반영한 오차 값을 돌려준다. 이 목적함수가 돌려주는 구체적인 수치 자체가 중요하지는 않다. 중요한 것은 그 수치를 가능한 한 최소화하는 것이다. 이 책의 주제인 강화학습 알고리즘은 입력 데이터에 대한 이 목적함수(오차함수)의 값을 최소화하는 수단이다. 이때 입력 데이터는 기본적으로 냉방 비용과 서버 온도들로 구성되며, 그 밖에 알고리즘이 데이터 센터의 서버 가동 상황을 예측하는 데 도움이 되는 다른 여러 문맥 정보도 포함될 수 있다.

입력 데이터는 **환경**(environment)이 생성한다. 일반적으로 강화학습 과제(또는 제어 과제)의 환경에는 목적 달성과 관련된 데이터를 산출하는 모든 동적 과정이 포함된다. 이 책에서 '환경'은 하나의 전문용어이지만, 일상에서 말하는 환경과 동떨어진 것은 아니다. 사실 우리 인간은 아주 진보된 강화학습 알고리즘의 하나이다. 우리는 항상 어떤 환경 안에서 살아가며, 일상의 목적들을 달성하기 위해 우리는 환경을 눈과 귀로 끊임없이 관찰한다. 환경은 하나의 **동적 과정**(dynamic process), 즉 시간의 함수이므로, 크기와 형식이 다양한 데이터를 끊임없이 산출한다. 알고리즘 구현의 편의를 위해서는 연속적인 환경 데이터 스트림을 일련의 이산적인(discrete) 조각들로 나누고 묶을 필요가 있다. 그런 개별 데이터 조각을 (환경의) **상태**(state)라고 부른다. 강화학습 알고리즘은 이산적인 시간 단계들에서 이산적인 상태 데이터를 입력받는다. 상태는 특정 시점에서 환경에 관한 우리의 지식을 반영하는데, 이는 디지털카메라로 풍경이나 피사체의 순간적인 모습을 갈무리한 것과 비슷하다(또한, 디지털카메라가 이미지를 항상 특정 형식으로 저장하는 것과 비슷하듯이, 상태 역시 항상 일관된 형식으로 표현된다).

지금까지 우리는 서버가 너무 뜨거워지지 않는 한에서 냉방 비용을 최소화한다는 목적을 정의했으며, 그 목적을 환경(데이터 센터 및 관련 공정) 상태(현재 비용과 온도 데이터)의 함수인 목적함수로 표현할 수 있음을 이야기했다. 이제 필요한 것은 그러한 목적함수를 최소화하는 강화학습 알고리즘이다. 반드시 심층학습 알고리즘을 강화학습 알고리즘으로 사용해야 하는 것은 아니다. 훈련 데이터에 기초해서 매개변수들을 수정함으로써 목적함수를 최소화 또는 최대화하는 방법을 배울 수 있는 매개변수적 알고리즘이라면 **그 어떤 것도** 강화학습 알고리즘으로 사용할 수 있다. 강화학습은 특정 학습 알고리즘에 종속되지 않는, 그 자체로 기계학습의 한 분야이다.

앞에서 언급했듯이, 강화학습(좀 더 일반적으로는 제어 과제)과 통상적인 지도학습의 중요한 차이점 하나는 강화학습에서는 예측이나 분류에서 그치지 않고 어떤 행동 또는 동작을 결정하고 실행한다는 것이다. 알고리즘이 취한 동작은 환경에 영향을 주어서 미래의 입력이 달라지게 만든다. "동작을 취한다"는 것은 강화학습의 핵심 개념 중 하나이다. 동작을 취한다는 것 자체의 의미는 일상에서 말하는 것과 그리 다르지 않다. 중요한 것은, 강화학습 알고리즘이 취하는 모든 동작은 환경의 현재 상태를 분석하고 그 분석 정보에 기초해서 최선의 결정을 내리고자 하는 시도의 결과라는 점이다.

강화학습 틀의 나머지 조각은 동작을 취한 후 학습 알고리즘에 제공되는 **보상**(reward)이다. 이 보상은 전체적인 목표를 향해 학습 알고리즘이 얼마나 잘 나아가고 있는지를 말해주는 (국소적인) 신호에 해당한다. 이때 보상은 긍정적인 신호("잘하고 있어, 계속 그렇게 하면 돼")일 수도 있고 부정적 신호("그러면 안 돼")일 수도 있지만, 둘 다 그냥 '보상'이라고 부른다.

환경의 다음 상태에 대해 더 나은 동작을 취하도록 알고리즘이 자신을 갱신하는 데 활용할 수 있는 신호는 이 보상이 유일하다. 지도학습과는 달리 '정답'은 주어지지 않는다. 데이터 센터의 예라면, 취한 동작 덕분에 오차 값이 감소할 때마다 +10의 보상을 제공하면 될 것이다

(10은 그냥 임의로 정한 수치이다). 또는, 오차의 감소 폭에 비례해서 보상을 제공하는 것이 더 합리적일 것이다. 만일 오차가 증가하면 음의 보상 또는 '벌점'을 제공한다.

마지막으로, 강화학습 알고리즘에 **에이전트**^{agent}(대행자)라는 좀 더 그럴듯한 이름을 붙이기로 하자. 강화학습에서는 동작을 취하거나 결정을 내리는 모든 학습 알고리즘을 에이전트라고 부른다. 그림 1.8은 지금까지 설명한 전체적인 틀을 도식화한 것이다.

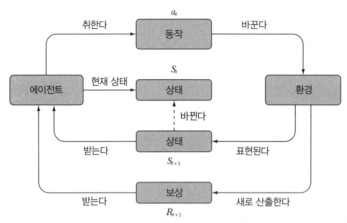

그림 1.8 강화학습 알고리즘의 표준 틀. 에이전트는 환경 안에서 동작(체스 말을 움직이는 등)을 취한다. 그 동작은 환경의 상태를 바꾼다. 동작을 취할 때마다 에이전트는 보상을 받는다(예를 들어 게임에서 이기면 +1, 지면 -1, 그 외는 0). 에이전트는 장기적인 보상을 최대화하기 위해 이 과정을 반복하며, 그러다 보면 결국에는 환경이 어떤 식으로 작동하는지 배우게 된다.^{역주4}

데이터 센터의 예에서 에이전트는 냉방 비용을 줄이는 방법을 배우려 한다. 우리가 환경에 관한 완전한 지식을 제공하지 않는 한, 에이전트는 어느 정도 시행착오를 거치게 된다. 운이 좋아서 에이전트의 학습이 아주 잘 되었다면, 에이전트는 원래 훈련한 환경과는 다른 환경에서도 냉방 비용을 줄일 수 있을 것이다. 에이전트는 하나의 학습자 또는 학습 모형이므로, 에이전트를 구현하려면 어떤 종류이든 학습 알고리즘이 필요하다. 그리고 이 책은 **심층** 강화학습에 관한 책인 만큼, 이 책의 에이전트는 **심층 신경망**(deep neural network; 그림 1.9 참고)이라고도 부르는 **심층학습** 알고리즘을 사용한다. 그렇긴 하지만 강화학습은 특정 학습 알고리즘에 관한 것이 아니라 문제와 그 해법의 유형에 관한 것임을 기억하기 바란다. 심층 신경망 이외의

역주2 이 도식은 제2장에서 소개하는 '끈 그림' 또는 '선도'의 예이다. 안타깝게도 이 도식화는 한국어 어순과 맞지 않지만, 영문 문구를 그대로 두는 것보다는 그래도 이런 식으로라도 표현하는 게 낫다고 판단했다. 상자와 끈을 따라가면서 의미를 파악하려면 단어 순서를 바꾸고 조사를 적절히 삽입할 필요가 있는데, 조금만 연습하면 예를 들어 [에이전트_취한다_동작]을 "에이전트는 동작을 취한다"로, [동작_바꾼다_환경]을 "동작은 환경을 바꾼다"로 읽는 데 익숙해질 것이다. 필요한 경우에는 명사_동사_명사 대신 명사_명사_명사 형태로, 이를테면 [에이전트_수행_동작]처럼 표현하기도 하겠다.

학습 알고리즘도 강화학습 에이전트에 사용할 수 있다. 실제로 제3장에서는 아주 단순한 비非 신경망 알고리즘으로 시작한다. 신경망은 그 장의 끝부분에서 도입된다.

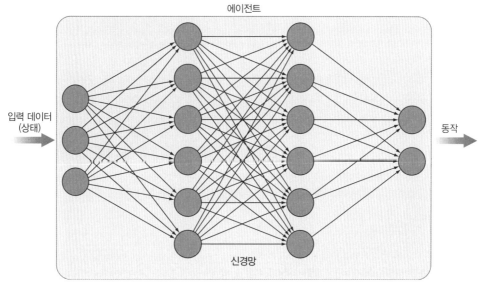

그림 1.9 입력 데이터(특정 시점에서 환경의 상태)가 주어지면 에이전트(이 책에서는 심층 신경망으로 구현된다) 는 그 데이터를 평가해서 적절한 동작을 결정한다. 실제 과정은 좀 더 복잡하지만, 그래도 이 그림은 실제 과정의 본질을 포착하고 있다.

에이전트의 유일한 목적은 장기적인 기대 보상을 최대화하는 것이다. 에이전트는 상태 정 보를 처리하고, 적절한 동작을 결정해서 취하고, 그에 따른 보상을 받고, 다시 새 상태 정보를 처리하고, 동작을 취하고, 등등의 과정을 반복한다. 이 모든 과정이 잘 진행된다면 에이전트 는 환경을 이해하게 되고, 매 단계에서 좋은 결정을 내리게 된다. 이러한 일반적인 메커니즘이 자율주행차나 챗봇, 로봇, 전산매매(자동 주식 거래), 보건 등 다양한 분야에 적용된다. 그런 응 용 중 몇 가지를 다음 절에서, 그리고 이 책 전반에서 살펴볼 것이다.

이 책의 대부분은 주어진 난제를 강화학습의 틀에 맞게 조직화하고 적절히 강력한 학습 알고리즘(에이전트)을 구현해서 해결하는 방법을 다룬다. 그런데 그런 에이전트를 훈련할 환경 을 매번 직접 만들어야 한다면 부담이 상당히 클 것이다. 다행히 미리 만들어 둔 환경들(게임 엔진이나 기타 API 등)에 에이전트를 집어넣어서 훈련하는 것이 가능하다. 이 책의 여러 예제는 OpenAI가 개발한 파이썬 Gym 라이브러리의 기존 환경들을 활용한다. 그림 1.10의 왼쪽 코드 에서 보듯이, 기존 환경을 설정하고 사용하는 것은 대단히 간단하다. 자동차 경주 게임을 준 비하는 데 코드 다섯 줄이면 된다.

```
import gym
env = gym.make('CarRacing-v0')
env.reset()
env.step(action)
env.render()
```

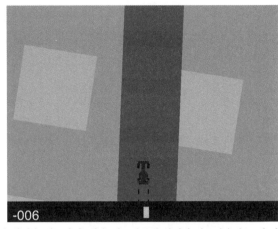

그림 1.10 OpenAI의 Gym 라이브러리는 다양한 환경을 제공하며, 학습 알고리즘이 환경과 상호작용하는 데 필요한 편리한 인터페이스도 제공한다. 코드 몇 줄만으로 자동차 경주 게임 환경을 만들어 낼 수 있다.

1.5 강화학습으로 할 수 있는 일

이번 장의 도입부에서 이미지 분류 같은 통상적인 지도학습 알고리즘을 간단히 소개했다. 지도학습의 최근 성과가 중요하고 유용하긴 하지만, 지도학습 접근 방식으로는 인공 일반 지능(artificial general intelligence, AGI; 또는 범용 인공지능)에 도달하기 어렵다. 우리의 궁극적인 목표는 사람의 지도나 개입이 (거의) 없어도 다양한 문제들을 해결하는, 그리고 자신의 지식과 능력을 다른 문제 영역에도 전달할 수 있는 범용 학습 기계를 만드는 것이다. 풍부한 데이터를 확보한 대기업들은 지도학습 접근 방식에서 이득을 얻을 수 있지만, 소규모 기업과 조직은 데이터 부족 때문에 기계학습의 위력을 충분히 활용하기 어렵다. 범용 학습 알고리즘은 그런 불평등한 상황을 해소해 줄 것이며, 그런 범용 학습 알고리즘을 만드는 접근 방식으로 현재 가장 유망한 것이 바로 강화학습이다.

   강화학습의 연구와 응용은 아직 무르익지 않았지만, 최근 몇 년 사이에 고무적인 성과가 많이 나왔다. 구글^{Google}의 딥마인드^{DeepMind} 연구진은 몇 가지 인상적인 결과를 제시해서 국제적으로 주목을 받았다. 첫 번째는 2013년에 발표한, 다양한 아타리^{Atari} 게임들을 초인적인 수준으로 플레이하는 알고리즘이다. 그런 게임 문제를 풀고자 만들어진 기존 에이전트들은 주로 **특징 공학**(feature engineering; 특성 공학)이라고 부르는 접근 방식을 사용했는데, 간단히 말하면 게임의 구체적인 규칙을 이해하기 위한 바탕(underlying; 바탕에 깔린, 기반이 되는) 알고리즘을 사람이 세밀하게 조율하는 방식이었다. 특징 공학 접근 방식은 한 가지 게임에는 잘 작동할 수 있지만 에이전트가 배운 지식이나 능력을 다른 게임이나 다른 영역으로 전달하지 못한다.

딥마인드의 DQN(deep Q-network; 심층 Q 신경망) 알고리즘은 사람이 개별 게임에 맞게 뭔가를 조율하지 않아도 일곱 가지 게임에 대해 잘 작동했다(그림 1.11). 이 알고리즘은 그냥 화면을 구성하는 원본 픽셀들을 입력받고 점수를 최대화하기 위해 매개변수들을 조정할 뿐이지만, 결국에는 전문 게임 플레이어를 훨씬 뛰어넘는 수준으로 게임을 플레이하는 법을 배우게 된다.

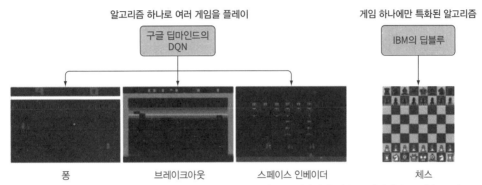

알고리즘 하나로 여러 게임을 플레이   게임 하나에만 특화된 알고리즘

구글 딥마인드의 DQN   IBM의 딥블루

퐁   브레이크아웃   스페이스 인베이더   체스

그림 1.11 딥마인드의 DQN 알고리즘은 원본 픽셀들을 입력받고 플레이어의 점수를 최대화하는 것을 목적으로 학습을 진행해서 일곱 가지 아타리 게임의 플레이 방법을 배웠다. IBM의 딥블루$^{Deep\ Blue}$ 같은 예전 알고리즘들은 특정 게임에 맞게 플레이 방법을 사람이 조율해야 했다.

좀 더 최근에는 딥마인드의 알파고^{AlphaGo}와 알파제로^{AlphaZero}가 세계 정상급 프로 바둑 기사들을 이겼다. 그전까지 전문가들은, 바둑에는 알고리즘이 제대로 다루기 힘든 특성이 있기 때문에 인공지능이 사람과 견줄 정도로 바둑을 잘 두게 되려면 적어도 십 년은 걸리리라 예측했다. 바둑 기사는 주어진 자신의 차례에서 무엇이 최선의 수인지 알지 못하며, 게임이 끝나 봐야 자신의 동작(수)들에 대한 피드백을 받을 수 있다. 바둑 고수 중에는 자신이 계산적인 전략가가 아니라 예술가라고 생각하는 사람이 많으며, 승리의 수를 아름답다거나 우아하다고 묘사한다. 유효한 바둑판 구성이 10^{170}개가 넘기 때문에 전수조사(brute force) 알고리즘(IBM의 딥블루가 체스에서 이기는 데 사용한)을 적용하는 것은 비현실적이다. 알파고는 모의 바둑 게임을 수백만 번 반복하면서 보상을 최대화하는 동작(수)들을 배워 나갔다. 아타리의 경우와 비슷하게, 알파고는 사람 기사에게 주어지는 것과 같은 정보만으로, 즉 바둑판에 놓인 돌들의 위치만으로 훈련했다.

사람보다 게임을 잘하는 알고리즘들이 놀랍긴 하지만, 강화학습의 가능성과 잠재력은 더 나은 게임 봇을 만드는 것을 훨씬 뛰어넘는다. 딥마인드는 구글의 데이터 센터 냉방 비용을 40% 정도 줄이는 모형을 만들어 냈다(앞에서 든 예제는 여기서 착안한 것이다). 자율주행차들은 강화학습을 이용해서 승객을 목적지에 제시간 안에 사고 없이 수송하는 일련의 동작들(가속, 방향 전환, 제동, 깜빡이 켜기 등)을 배운다. 그리고 연구자들은 복잡한 근육 운동 능력을 명시적으로 프로그래밍하지 않고도 로봇이 달리기 같은 행동을 수행하게 하는 데 강화학습을 사용한다.

이런 응용 사례 중에는 훈련 과정의 위험도가 큰 것이 많다. 자율주행차가 대표적인 예이다. 실제 차량으로 시행착오 기반 기계학습 알고리즘을 훈련할 수는 없는 일이다. 다행히, 무해한 시뮬레이터 안에 학습 알고리즘을 풀어 놓고 충분히 훈련을 마친 후에 실제 세상에서 실제 기계를 시험해서 좋은 성과를 얻은 예가 점점 늘고 있다. 이 책에서도 살펴볼 전산매매 또는 자동 주식 거래가 그중 하나이다. 이런 알고리즘 기반 거래 프로그램들은 대부분 수십억 달러 규모의 자금을 운용하는 대형 헤지펀드 회사들이 사용한다. 그러나 최근 몇 년 사이에는 개인 투자자들이 파이썬으로 거래 알고리즘을 작성해서 수익을 올리는 예가 늘고 있다. Quantopian 사는 사용자가 파이썬으로 작성된 거래 알고리즘을 안전한 모의 환경에서 시험해 볼 수 있는 플랫폼을 제공한다. 알고리즘이 잘 작동한다면 진짜 돈으로 거래하는 데 사용할 수도 있다. 실제로, 간단한 발견법(heuristics)과 규칙 기반 알고리즘으로도 비교적 큰 수익을 올린 투자자들이 존재한다. 그렇지만 주식 시장은 동적이고 예측불가능한 환경이라서, 고정된 규칙 기반 접근 방식보다는 계속해 학습하는, 변화하는 시장 조건에 실시간으로 적응하는 능력을 갖춘 강화학습 알고리즘이 좀 더 유리하다.

이번 장 앞부분에서 언급한 광고 배치(placement) 문제도 강화학습의 실제 용도 중 하나이다. 웹 기반 사업의 수익에는 광고가 큰 영향을 미치는데, 그 수익은 광고 클릭 횟수와 관련될 때가 많다. 따라서 사용자들이 좀 더 많이 클릭하도록 적절한 광고를 배치하는 것이 중요한 문제이다. 최적의 광고 배치를 결정하는 유일한 근거는 사용자에 대한 지식이지만, 일반적으로 사용자의 어떤 특성들이 적절한 광고 선택과 관련되는지는 미리 알 수 없다. 강화학습이 이 문제에 돌파구를 제공한다. 강화학습 알고리즘에 사용자에 관한 어떤 잠재적으로 유용한 정보(이를 환경 또는 환경의 상태라고 부를 수 있을 것이다)를 제공하고 광고 클릭 횟수를 최대화하도록 학습시키면 강화학습 알고리즘은 주어진 입력 데이터를 목적함수와 연관시키는 방법을 배우게 되며, 결과적으로 주어진 사용자가 가장 많이 클릭할 광고가 어떤 것일지 알아내게 된다.

1.6 왜 심층 강화학습인가?

지금까지 강화학습을 소개하고 그 장점을 이야기했지만, **심층**이 붙은 강화학습에 대해서는 아직 구체적으로 이야기하지 않았다. 강화학습은 심층학습이 인기를 끌기 훨씬 전부터 있었다. 사실 초창기 강화학습 방법들(이후에 배경 지식을 쌓는 차원에서 살펴볼 것이다)은 그냥 에이전트의 경험들을 저장하는 참조표(파이썬의 사전 객체 같은)를 알고리즘을 반복할 때마다 갱신하는 수준이었다. 이 접근 방식에 깔린 착안은, 에이전트가 환경에서 다양한 시도를 하면서 그 경험을 일종의 데이터베이스에 저장해 두고, 나중에 그 데이터베이스를 사람이 분석해서 유익한 시도와 그렇지 않은 시도를 구분한다는 것이었다. 여기에는 신경망 같은 그럴듯한 알고리즘이 전혀 관여하지 않는다.

아주 단순한 환경이라면 이런 접근 방식도 아주 잘 작동한다. 예를 들어 틱택토$^{\text{Tic-Tac-Toe}}$ (삼목)의 유효한 게임판 구성(board position)^{역주5}은 255,168가지이다. 따라서 틱택토용 **참조표**(lookup table$^{룩업 테이블}$; 또는 순람표)도 그만큼의 항목들로 구성된다. 특정 상태로 이 참조표를 조회하면 그 상태에 연관된 특정 동작(그림 1.12 참고) 및 그에 대한 보상(그림에는 나와 있지 않음)을 얻게 된다. 훈련 도중 알고리즘은 이 참조표를 이용해서 게임을 좀 더 유리하게 이끄는 동작을 찾고, 그 결과에 따라 참조표의 해당 항목을 갱신한다.

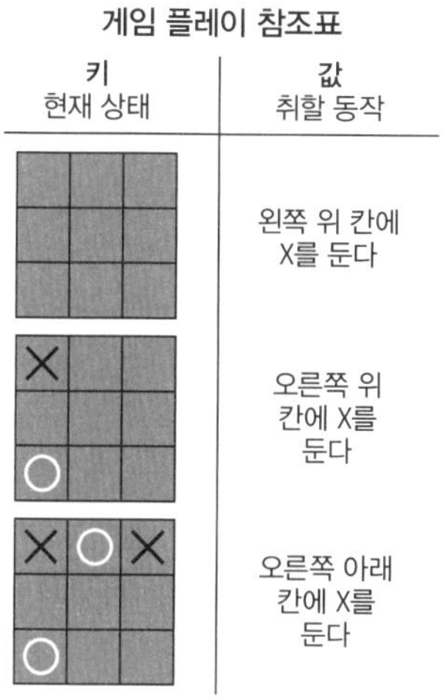

그림 1.12 틱택토 게임용 동작 참조표. 실제 참조표에는 모든 가능한 게임 상태에 대한 항목이 있지만, 여기서는 지면 관계상 세 항목만 표시했다. '플레이어'(알고리즘)가 X를 둔다. 하나의 게임판 구성을 입력하면 플레이어는 참조표를 보고 다음 수를 결정한다.

그러나 환경이 더 복잡해지면 모든 연관 관계를 이런 참조표에 담는 것이 사실상 불가능해진다. 예를 들어 비디오 게임이라면 서로 다른 모든 화면 상태를 개별적인 게임판 구성으로 간주해야 한다(그림 1.13). 비디오 게임의 화면에 나타나는 모든 유효한 픽셀 조합을 담는 것은 비현실적이다. 아타리 게임들을 플레이한 딥마인드의 DQN의 경우 각 단계의 입력은 84×84 픽셀 회색조(grayscale) 이미지였다. 따라서 고유한 화면 상태는 총 256^{28228}가지이다(픽셀당 가능한 회색조 값이 256이고 픽셀 수가 4×84×84=28228이므로). 컴퓨터 메모리에 이런 크기의 표를 만드는 것은 현실적으로 불가능하다(사실 이 수는 관측 가능한 우주의 원자 수보다도 크다). 용량 축소를 위해 원 게임의 210×160 화면을 84×84로 줄였는데도 이 정도이다.

역주5 직역하면 게임판의 '위치'이지만, 그 의미가 직접 와닿지 않을뿐더러 특정 게임말(체스의 퀸 등)의 위치와 혼동할 여지가 있어서 '구성'으로 옮기기로 한다. 특정한 하나의 게임판 구성(현재 말들의 위치와 기타 게임 진행 상태를 아우르는)을, 주어진 게임에서 벌어질 수 있는 모든 가능한 구성을 담은 게임 트리 안의 한 노드의 위치로 나타낼 수 있다는 점을 생각하면 board position이라는 용어가 수긍이 갈 것이다.

그림 1.13 브레이크아웃 게임의 일련의 세 프레임. 프레임마다 공(작은 정사각형)의 위치가 조금 다르다. 참조표를 사용한다면 이런 서로 다른 모든 화면 프레임을 개별적인 항목으로 표에 담아야 한다. 가능한 화면 구성이 대단히 많으므로, 그 모든 항목을 참조표에 담는 것은 비현실적이다.

모든 가능한 상태를 담는 것이 불가능하다면, 가능한 상태들을 줄이면 어떨까? 브레이크아웃^{Breakout} 게임(소위 '벽돌깨기')에서 플레이어는 화면 하단의 패들을 좌우로 이동한다. 게임의 목적은 패들로 공을 튕겨서 화면 위쪽의 블록 또는 '벽돌'들을 최대한 많이 깨는 것이다. 이 경우 공이 화면 상단에서 돌아다니는 상황은 그리 중요하지 않으므로 공이 패들로 돌아오는 상황의 상태들만 취급하면 될 것이다. 또는, 화면 픽셀들을 그대로 입력하는 대신 공과 패들의 위치 및 남은 블록 수만으로 이루어진 고유한 특징을 정의해서 입력할 수도 있다. 그렇지만 이런 접근 방식을 위해서는 프로그래머가 구체적인 게임의 바탕 전략을 이해해야 하므로, 다른 환경으로는 잘 일반화되지 않는다.

여기서 '심층'이 등장한다. 심층학습 알고리즘(심층학습 모형)은 픽셀 조합의 세부 사항을 추상화하고 상태의 중요한 특징들만 추출하는 방법을 배울 수 있다. 심층학습 알고리즘의 매개변수 개수는 유한하므로, 심층학습 알고리즘을 이용해서 모든 가능한 상태를 에이전트가 효율적으로 처리할 수 있는 뭔가로 압축하고 그 압축된 표현을 이용해서 에이전트가 결정을 내리게 만드는 것이 가능하다. 실제로 딥마인드의 DQN은 매개변수가 1,792개뿐이었다(8×8 필터 16개, 4×4 필터 32개, 그리고 노드 256개짜리 전결합(완전 연결) 은닉층 하나로 이루어진 합성곱 신경망). 이는 모든 가능한 상태 공간을 담는 데 필요한 참조표 항목 개수 256^{28228}과 너무나 대조적인 크기이다.

브레이크아웃 게임의 경우 심층 신경망은 참조표 접근 방식을 위해 사람이 직접 파악했을 고수준 특징들을 스스로 알아낸다. 즉, 심층 신경망은 공, 패들, 블록들의 위치 및 공의 방향을 파악한다. 단지 원본 픽셀 데이터만 입력해도 그런 특징들을 추출할 수 있다는 것은 상당히 놀라운 일이다. 더욱 흥미로운 것은, 그런 학습된 고수준 특징들을 다른 게임이나 환경으로 전이할 수 있다는 점이다.

최근 강화학습의 성공 사례는 모두 심층학습 덕분이다. 현재 심층학습보다 표현력, 효율성, 유연성이 뛰어난 알고리즘은 없다. 게다가 심층 신경망은 사실 상당히 간단하다!

1.7 이 책의 주요 설명 수단: 끈 그림

강화학습의 기본 개념들은 수십 년 전에 확립된 것이지만, 이 분야 자체는 아주 빠르게 변하고 있다. 최신 연구 결과도 순식간에 구식 정보가 된다. 그래서 이 책은 반감기가 짧은 구체적 세부 기법을 알려주기보다는 여러분의 학습 및 문제 해결 능력을 기르는 데 초점을 둔다. 물론 이 책에서도 이 분야의 몇 가지 최근 성과를 다루긴 하지만, 이는 그것이 오래 살아남을 기술이라고 판단해서가 아니라(어차피 그리 머지않은 미래에 다른 기술로 대체될 가능성이 크다) 단지 여러분의 능력을 키우기 위한 것일 뿐이다. 이 책의 여러 예제는 언젠가 구식이 되겠지만, 이 책에서 배운 강화학습 문제 해결 능력은 오랫동안 살아남을 것이다.

게다가 강화학습은 배울 것이 아주 많은, 방대한 분야이다. 한 권의 책에서 그 모든 것을 다룰 수는 없는 노릇이다. 우리의 저술 목표는 상세한 강화학습 참고서를 만드는 것이 아니라 독자에게 강화학습의 기초를 학습시키고 최근 가장 주목할 만한 분야의 발전 사례 몇 가지를 소개하는 것이다. 이 책에서 배운 것이, 여러분이 강화학습의 다른 여러 분야에 좀 더 빠르게 익숙해지는 데 도움이 되길 기대한다. 또한 제11장에서는 이 책을 다 읽은 후 더 공부할 거리들도 제시한다.

이 책은 또한 엄밀성을 중시한다. 강화학습과 심층학습에는 수학이 깔려 있다. 이 분야의 1차 연구 논문을 찾아서 읽어 보면 생소한 수학 표기와 공식을 만나게 될 것이다. 무엇이 사실인지, 이것과 저것이 어떻게 연관되는지를 정확하게 서술하려면 수학이 필요하다. 또한 수학은 뭔가의 작동 방식과 그 이유를 오해의 여지 없이 엄밀하게 설명하는 수단이기도 하다. 수학 없이 그냥 파이썬만으로 강화학습을 설명할 수도 있었지만, 그러면 여러분의 향후 학습 능력에 그리 도움이 되지 않으리라 판단했다.

수학이 중요하긴 하지만, 출판사의 담당 편집자가 지적했듯이 출판계에는 "책에 수학 공식이 하나 나올 때마다 독자 수가 반으로 준다"라는 말이 있다. 이 경구는 사실을 어느 정도 반영한다고 본다. 수학 논문을 매일 읽고 쓰는 전문 수학자가 아닌 이상 복잡한 수학 공식을 파악하려면 인지적으로 부담이 되는 것은 사실이다. 심층 강화학습을 정확하고 엄밀하게 서술하면서도 좀 더 많은 독자에게 다가가기 위해 우리는 이 책의 두드러진 특징이라고 할 만한 방안을 하나 떠올렸다. 사실 전문 수학자 중에도 수많은 기호가 난무하는 전통적인 수학 표기법에 진력을 내는 사람들이 있다. **범주론**(category theory)이라고 하는 고등 수학의 한 분야를 연구하는 수학자들은 **끈 그림**(string diagram; 또는 선도)이라고 하는 순수한 시각적 언어를 고안했다. 공학에서 쓰이는 순서도(flowchart)나 회로도(circuit diagram)와 모습이 아주 비슷한 끈 그림은 그리스 글자와 영문자, 각종 연산 기호를 이용한 전통적인 수학 표기법만큼이나 엄밀하고 정확하면서도 그림의 의미를 상당히 직관적으로 파악할 수 있다.

그림 1.14는 끈 그림의 한 종류로, 층이 두 개인 신경망을 고수준에서 나타낸 것이다. 기계 학습(특히 심층학습)에는 행렬 연산과 벡터 연산이 많이 관여하는데, 끈 그림은 그런 종류의 연산에 특히나 잘 맞는다. 끈 그림은 또한 복잡한 과정(프로세스)을 서술하는 데도 탁월한데, 하나의 프로세스를 여러 추상 수준에서 묘사할 수 있기 때문이다. 예를 들어 그림 1.14에서 위쪽의 두 상자는 심층 신경망의 두 층을 나타내지만, 아래쪽은 심층 신경망 층 하나를 "확대"해서 그 안쪽을 들여다본 모습이다.

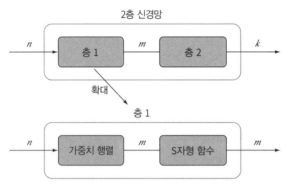

그림 1.14 2층 신경망의 끈 그림. 위쪽은 신경망 전체를, 아래쪽은 신경망의 한 층을 나타낸다. 신경망의 층 1은 입력된 n차원 벡터에 $n{\times}m$ 행렬을 곱해서 m차원 벡터를 얻고, 그 벡터의 각 성분에 비선형 S자형 (sigmoid) 활성화 함수에 적용해서 m차원 벡터를 산출한다. 이 벡터가 층 2의 입력이 된다. 층 2도 같은 종류의 연산을 수행해서 k차원 벡터를 산출한다. 그것이 신경망 전체의 출력이 된다.

이 책은 복잡한 수학 공식에서부터 심층 신경망의 구조에 이르기까지 다양한 대상을 이런 끈 그림으로 서술한다. 제2장에서 이 도식화 방법의 문법을 소개하고, 그 후에도 계속해서 문법을 좀 더 세밀하게 설명, 갱신해 나갈 것이다. 단, 이런 도식화를 사용하는 것이 닭 잡는 데 소 잡는 칼을 쓰는 격일 때도 있는데, 그런 경우에는 문장과 파이썬 코드 또는 의사코드를 사용한다. 그리고 대부분의 경우에는 전통적인 수학 공식도 함께 제공하기 때문에, 수학에 익숙한 독자라면 바탕 수학 개념을 수학 공식으로 직접 파악하면 될 것이다.

1.8 앞으로의 여정

다음 장인 제2장에서는 강화학습의 실질적인 내용으로 들어가서, 탐험과 활용의 절충, 마르코프 결정 과정, 가치 함수, 정책 같은 여러 핵심 개념을 설명한다. 또한, 제2장의 도입부에서는 이 책 전체에 쓰이는 몇 가지 설명 수단을 소개한다.

제3장부터는 최신 연구 성과가 바탕으로 하는 핵심 심층 강화학습 알고리즘들을 소개하

는데, 우선 심층 Q 신경망을 논의한 후 정책 기울기 접근 방식들과 모형 기반 알고리즘들로 나아간다. 비선형 동역학의 이해와 로봇 제어, 게임 플레이(그림 1.15) 관련 예제 알고리즘들을 훈련하는 모의 환경으로는 주로 OpenAI의 Gym(나중에 좀 더 자세히 소개하겠다)을 사용한다.

각 장은 그 장의 주요 개념과 기법을 설명하는 데 사용할 주요 문제 또는 프로젝트를 소개하는 것으로 시작해서, 문제를 심화하거나 세부 사항을 추가해 가면서 원리들을 설명한다. 예를 들어 제2장은 카지노 슬롯머신의 보상을 최대화하는 문제로 시작해서, 그 문제를 풀면서 강화학습의 기초 개념들을 설명한다. 그런 다음 그 문제를 좀 더 복잡하게 만들고 설정을 카지노에서 광고 클릭 횟수를 최대화하는 웹 사업으로 바꾸어서 몇 가지 개념들을 더 소개한다.

이 책은 독자가 심층학습에 관한 기본 지식을 어느 정도 갖추고 있다고 가정하지만, 재미있고 유익한 강화학습 기법들을 배우는 과정에서 여러분의 심층학습 관련 기술도 더욱 제련될 것이다. 좀 더 어려운 프로젝트들을 해결하기 위해서는 심층학습의 최신 성과 몇 가지도 동원할 필요가 있다. 이를테면 GAN(생성 대립 신경망 또는 생성적 적대 신경망), 진화적 방법들, 메타 학습, 전이학습이 그런 예이다. 물론 이들은 모두 독자의 추후 학습 능력을 증진한다는 기본적인 목적하에서 언급되는 것일 뿐, 그런 최신 성과의 기술적인 세부 사항에 초점들을 두지는 않는다.

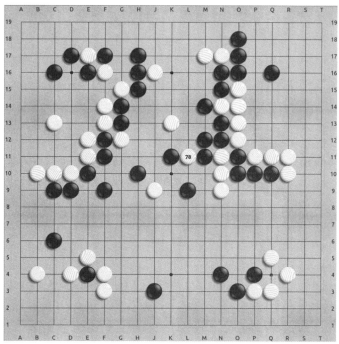

그림 1.15 바둑판의 예. 바둑은 구글 딥마인드가 알파고 강화학습 알고리즘을 시험하는 데 사용한, 고대 중국에서 기원한 보드게임이다. 알파고와 대국한 5명의 세계 정상급 프로 기사 중 1승이라도 거둔 사람은 이세돌 9단뿐이다. 예전부터 바둑은 체스에 적용한 종류의 알고리즘적 추론 기법이 통하지 않는다고 여긴 만큼, 알파고의 성과는 강화학습의 한 전환점이 되었다. 출처: http://mng.bz/DNX0

요약

- 강화학습은 기계학습의 한 종류이다. 환경 안에서 보상을 최대화함으로써 학습 대상을 배우는 강화학습 알고리즘은 결정을 내리거나 동작을 취해야 하는 문제에 유용하다. 원칙적으로 강화학습에는 그 어떤 통계적 학습 모형도 적용할 수 있지만, 최근 들어 가장 효과적이고 인기 있는 모형은 심층 신경망이다.

- 모든 강화학습 문제의 핵심은 에이전트이다. 강화학습 틀의 한 구성요소인 에이전트는 입력을 처리해서 다음에 취할 행동을 결정한다. 이 책은 기본적으로 심층 신경망으로 구현되는 에이전트에 초점을 둔다.

- 환경은 에이전트가 그 안에서 행동하는, 잠재적으로 동적인 조건들의 집합이다. 좀 더 일반화하자면, 에이전트를 위해 입력 데이터를 생성하는 모든 과정을 환경이라고 간주할 수 있다. 예를 들어 비행 시뮬레이터에서 비행기를 조종하는 에이전트의 경우 그 시뮬레이터가 환경이다.

- 상태는 특정 순간에서의 환경의 스냅숏으로, 에이전트는 주어진 상태에 기초해서 결정을 내린다. 환경은 끊임없이 변하는 조건들의 집합일 때가 많지만, 효과적인 처리를 위해 이산적(불연속적)인 순간들에서 환경에서 표본을 추출하고 그 표본을 환경의 한 상태로서 에이전트에게 입력한다.

- 에이전트는 환경에 대해 수행할 동작을 결정하며, 동작은 다시 에이전트의 환경을 바꾼다. 체스에서 말을 하나 움직이는 것이 하나의 동작이며, 자율주행차에서 가속 페달을 밟는 것도 하나의 동작이다.

- 에이전트가 동작을 취하면 환경은 에이전트에게 긍정적 또는 부정적 강화 신호로서의 보상을 제공한다. 보상은 에이전트가 받는 유일한 학습 신호이다. 그리고 모든 강화학습 알고리즘(에이전트)의 목적은 보상을 최대화하는 것이다.

- 모든 강화학습 알고리즘은 에이전트가 입력 데이터(환경의 상태)를 받고, 그것을 평가하고, 그에 기초해서 현재 상태에서 가능한 동작 중 하나를 선택하고, 그 동작을 수행해서 환경을 바꾸고, 환경이 보상 신호와 다음 입력 데이터를 에이전트에게 제공하는 루프가 계속 반복되는 구조로 일반화된다. 에이전트를 심층 신경망으로 구현한 경우 이 루프는 보상 신호에 기초해서 손실함수를 평가하고 그것을 신경망을 따라 역전파해서 신경망의 매개변수들을 갱신하는(보상이 더 커지도록) 형태이다. 이 과정을 반복함으로써 에이전트의 성능이 점점 개선된다.

2

강화학습 문제의 모형화: 마르코프 결정 과정

이번 장의 내용

- 끈 그림과 이 책의 설명 방식
- PyTorch 심층학습 프레임워크
- n-팔 강도 문제
- 탐험과 활용의 균형
- 강화학습 문제를 마르코프 결정 과정(MDP)으로 모형화하기
- 광고 선택 문제를 푸는 신경망 구현

이번 장은 모든 강화학습 문제에서 가장 근본적인, 그리고 이 책 나머지 부분의 토대가 될 개념 몇 가지를 소개한다. 그 개념들로 들어가기 전에, 제1장에서 언급한 끈 그림을 비롯해서 이 책 전반에서 쓰이는 교육 방식 및 설명 수단 몇 가지를 소개하고자 한다.

2.1 끈 그림과 이 책의 교육 방식

뭔가 복잡한 것을 가르칠 때 사람들은 해당 주제가 발전한 과정의 역순으로 개념들을 설명하는 경향이 있다. 그러니까, 수많은 정의, 용어, 서술을(그리고 분야에 따라서는 여러 가지 정리^{定理}들도) 나열한 후 "자, 지금까지 모든 이론을 살펴보았으니 이제 실제 문제로 넘어가자"라고 말

하는 식이다. 우리 필자들은 그와 정반대의 접근 방식이 유효하다고 생각한다. 대부분의 좋은 착안은 누군가가 어떤 실질적인 문제(현실의 문제 또는 구체적인 가상의 문제)의 해결책을 고민하다가 떠올린 것이다. 문제 해결자는 잠재적인 해법을 고안하고, 시험하고, 개선해 나가다가 결국에는 그것을 형식화하고, 분야에 따라서는 수학 공식을 만들어서 정리한다. 용어와 정의는 문제에 대한 해법을 얻은 **후에** 나오는 것이다.

우리는 학습자가 그런 독창적인 아이디어 메이커, 즉 구체적인 문제의 해법을 고민하는 사람의 역할을 할 때 학습이 가장 재미있고 효과적이라고 생각한다. 해법이 충분히 확고해지면 형식화(formalization; 또는 공식화) 단계로 넘어간다. 해법의 정확성을 검증하려면, 그리고 분야의 다른 사람들과 신뢰성 있게 의사소통할 수 있으려면 형식화가 꼭 필요하다.

사실 이 책을 쓰면서 우리도 뭔가를 그 발전 역사의 역순으로 설명하려는 유혹에 빠지곤 했는데, 최선을 다해 저항했지만 어쩔 수 없는 경우도 있었다. 이 책에는 종종 새로운 용어와 정의, 수학 표기법이 등장하는데, 그런 경우 다음 예처럼 본문의 흐름과 구별되는 글 상자로 제시한다.

> 정의 **신경망**(neural network)은 기계학습 모형의 한 종류로, 하나 이상의 '층(layer)'들로 이루어진다. 각 층은 행렬·벡터 곱셈 후에 비선형 '활성화' 함수를 적용하는 연산을 수행한다. 여기서 행렬들은 흔히 신경망의 '가중치'들이라고 부르는, 모형의 학습 가능 매개변수들로 이루어진다.

이런 글 상자는 정의마다 한 번씩만 제공하지만, 독자의 이해와 암기를 돕기 위해 같은 정의를 본문에서 다른 방식으로 되풀이해서 제공하기도 한다. 이 책은 강화학습 교과서나 참고서가 아니라 일종의 강의록 형태이므로, 기억해야 할 중요한 개념은 여러 번 반복해서라도 확실하게 주지시키고자 한다.

수학 공식을 소개할 때는 다음과 같이 왼쪽 열에 수식이, 오른쪽 열에는 그 수식을 구현하는 파이썬 비슷한 의사코드(pseudocode)가 있는 표를 사용한다. 수식과 코드 중 어느 것이 더 이해하기 쉬운지는 상황마다, 독자마다 다를 것이다. 가능하면 둘 다 익숙해지길 권한다. 아주 간단한 예로, 표 2.1은 직선방정식을 소개하는 예이다.

표 2.1 **수식과 의사코드를 병기한 표의 예**

수식	의사코드

$y = mx + b$	```
	def line(x,m,b):
	    return m*x + b
	``

이 책에는 완전한 예제 프로젝트 코드뿐만 아니라 짧고 긴 예제 코드 조각도 많이 등장한다. 이 책의 깃허브^{GitHub} 저장소(http://mng.bz/JzKp)에는 이 책의 모든 예제 코드가 장별로 주피터^{Jupyter} 노트북 형태로 정리되어 있다. 이 책의 예제들을 충실히 따라 할 독자라면 본문의 코드보다는 깃허브 저장소의 코드를 사용하기 바란다. 본문의 코드는 관련 파이썬 라이브러리들이 갱신됨에 따라 제대로 실행되지 않을 수 있는데, 깃허브의 코드는 그런 일이 없도록 자주 갱신할 예정이다. 또한, 깃허브의 코드가 본문의 코드보다 좀 더 완전하다(예를 들어 본문에 나오는 그래프를 생성하는 코드도 포함되어 있다). 반면 본문의 코드는 그 부분에서 논의하는 개념을 보여주는 것이 목적이라서 여분의 코드는 생략되어 있다.

강화학습에는 다양한 개념들이 얽히기 때문에 그냥 말로만 설명하면 헷갈리기 쉽다. 그래서 우리는 다양한 종류의 도식과 그림을 포함했다. 가장 중요한 도식은 **끈 그림**(string diagram; 또는 선도)이라는 것이다. 다소 생소한 이름이겠지만, 핵심 개념 자체는 간단하다. 제1장에서 언급했듯이 끈 그림은 범주론이라는 수학 분야에서 비롯된 것으로, 범주론 연구자들은 전통적인 기호 기반 수학 표기법 대신 다양한 종류의 도식을 즐겨 활용한다.

그림 2.1은 제1장에서 강화학습의 일반적인 틀을 소개할 때 이미 본 끈 그림이다. 이 예에서 보듯이, 끈 그림에는 명사 또는 명사구가 있는 상자들이 있고, 그런 상자들을 동사 또는 동사구가 부여된 '끈'이 연결한다. 전형적인 순서도(흐름도)와는 조금 다르지만, 두 상자의 명사구와 그사이의 끈에 부여된 동사구로 하나의 문장을 형성하고 그로부터 해당 끈 또는 화살표의 **기능** 또는 동작을 이해하는 것이 그리 어렵지 않을 것이다.[역주1] 끈 그림은 여러 종류로 나뉘는데, 그림 2.1은 **온톨로지 로그**$^{ontology\ log}$, 줄여서 **올로그**^{olog}라고 부르는 종류에 해당한다. 올로그에 관해 좀 더 알고 싶은 독자는 웹을 검색해 보기 바란다.

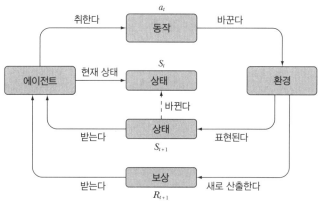

그림 2.1 강화학습 알고리즘의 표준 틀. 에이전트는 환경 안에서 동작(체스 말을 움직이는 등)을 취하고, 그 동작은 환경의 상태를 바꾸며, 그에 따른 보상이 에이전트에게 제공된다.

[역주1] 관련해서, 혹시 못 보고 넘어왔다면 제1장의 그림 1.8에 붙인 역주를 참고하기 바란다.

좀 더 일반화하면, 끈 그림은 형식 있는 데이터가 다양한 처리 상자(계산, 함수, 변환 같은 어떤 과정 또는 공정을 나타내는)를 거쳐 가는 상황을 끈(방향이 없는 선 또는 방향이 있는 화살표)으로 표현한, 순서도 비슷한 도식이다. 여러 요소가 끈 또는 선으로 연결된다는 점에서 배선도(wiring diagrams)라고 부르기도 한다. 다른 여러 순서도 비슷한 도식에 비한 끈 그림의 주된 특징은 데이터의 형식(이를테면 [10, 10] 형태의 NumPy 배열이나 부동소수점 수 등)이 끈에 명시된다는 점과 도식의 합성성이 좋다는 것이다. 여기서 합성성이 좋다는 것은 도식의 특정 상자를 확대해서 그 상자의 계산 방식을 세세하게 표현하거나 도식의 영역들을 개별 상자로 축소해서 전체적인 구조를 보여줄 수 있다는 뜻이다.

연결된 다수의 처리 상자를 하나의 상자로 축소해서 전체적인 구조를 보여주거나 특정 상자를 확대해서 세부적인 내부 처리 과정을 보여줄 수 있다는 것은, 한 끈 그림을 다른 끈 그림에 포함하거나 여러 끈 그림을 합쳐서 더 큰 끈 그림을 만들 수도 있음을 뜻한다. 물론 그러려면 연결된 모든 끈의 형식이 서로 호환되어야 한다. 다음은 신경망의 한 층을 끈 그림으로 나타낸 것이다.

왼쪽에서 오른쪽으로 읽을 때, 이 그림은 n 형식의 어떤 데이터가 '신경망 층'이라는 이름의 처리 상자에 들어가며, 그 처리 상자는 m 형식의 데이터를 산출함을 말해준다. 일반적으로 신경망의 입력과 출력은 벡터이므로, 이 형식들은 각각 입력 벡터와 출력 벡터의 차원(성분 개수)을 규정한다. 다른 말로 하면, 이 신경망 층은 n차원 벡터를 받아서 m차원 벡터를 산출한다. 신경망의 종류와 구성에 따라서는 $n = m$일 수 있다.

이 예처럼 해당 형식들의 의미를 문맥에서 추론할 수 있을 때는 위와 같이 형식을 간단하게만 지정하면 된다. 그렇지 않을 때는 좀 더 구체적인 형식을 지정해야 할 필요가 있다. 예를 들어 실수(프로그래밍 언어에서는 부동소수점 수로 표현되는) 집합을 명시할 필요가 있을 때는 수학 기호 $\mathbb{R}$을 사용한다. 다음은 입력이 n차원 실수(부동소수점 수) 벡터임을 명시한 예이다.

이제는 입력 벡터와 출력 벡터의 차원뿐만 아니라 벡터의 성분들이 어떤 형식인지도 알 수 있다. 대부분의 경우에는 이 예처럼 실수/부동소수점 수를 사용하지만, 종종 이진값이나 정수

를 사용하기도 한다. 입출력 형식 외에 처리 상자 자체를 좀 더 구체적으로 표현할 수도 있다. 지금 예의 신경망 층 상자는 그냥 하나의 입력을 받아서 하나의 출력을 산출한다는 점만 보여줄 뿐, 그 안에서 무슨 일이 일어나는지는 보여주지 않는다. 다음은 상자의 내부를 확대해서 내부 처리 과정을 좀 더 구체적으로 표현한 예이다.

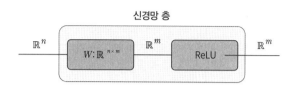

이 끈 그림은 원래의 신경망 층 상자가 또 다른 두 처리 상자로 구성되어 있음을 보여준다. 신경망 층 처리 상자는 n차원 입력 벡터에 $n \times m$ 행렬을 곱해서 m차원 벡터를 구하고, 그것을 "ReLU"라는 이름의 또 다른 처리 상자에 입력한다. 심층학습을 공부한 독자라면 알겠지만 ReLU는 신경망 활성화 함수로 흔히 쓰이는 정류 선형 단위(rectified linear unit)이다. 필요하다면 이 ReLU 처리 상자를 확대해서 그 내부를 표현할 수도 있다. 일반화하자면, **끈 그림**으로 서술하는 대상은 다양한 추상화 수준으로 확대, 축소할 수 있어야 하며, 모든 수준에서 끈의 **형식**들이 잘 지정되어야 한다(즉, 처리 상자들로 들어가고 나가는 데이터의 **형식 지정**이 의미 있고 서로 호환되어야 한다. 예를 들어 정렬된 목록을 출력하는 처리 상자를 정수 하나를 입력받는 처리 상자에 연결하면 안 된다).

끈들의 형식 지정이 유효하기만 하면, 다수의 처리 상자들을 끈으로 연결해서 좀 더 복잡한 시스템을 만들 수 있다. 이미 만들어진 구성요소들을 재사용해서 새로운 시스템을 손쉽게 구성할 수 있음을 뜻한다. 예를 들어 앞에서 본 신경망 층 상자들을 이용해서 다음과 같이 간단한 2층 순환 신경망(recurrent neural network, RNN)을 표현할 수 있다.

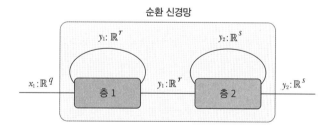

이 순환 신경망 상자는 q차원 실수 벡터를 받아서 s차원 실수 벡터를 산출한다. 상자 안에는 두 개의 신경망 층이 있는데, 둘 다 그 기능이 동일함을 그림에서 알 수 있다. 둘 다 벡터 하나를 받아서 벡터 하나를 산출한다. 단, 이전과는 달리 각 층의 출력이 다시 그 층의 입력으로 '순환'된다. 그래서 순환 신경망이라는 이름이 붙었다.

끈 그림은 대단히 범용적이다. 신경망이 아니라 예를 들어 케이크를 굽는 방법을 끈 그림으로 표현할 수도 있다. 특별한 종류의 끈 그림으로 **계산 그래프**(computational graph)가 있는데, 계산 그래프의 모든 처리 상자는 컴퓨터가 수행할 수 있는, 다른 말로 하면 파이썬 같은 프로그래밍 언어로 서술할 수 있는 구체적인 계산 작업을 나타낸다. TensorFlow의 TensorBoard로 계산 그래프를 시각화해 본 독자라면 무슨 말인지 알 것이다. 설명에 끈 그림을 사용하는 목표는 어떤 알고리즘이나 기계학습 모형을 고수준에서 개괄할 뿐만 아니라, 필요하다면 끈 그림에 있는 정보만으로도 알고리즘을 실제로 구현할 수 있을 정도까지 개별 처리 상자를 확대해서 그 세부 사항을 명확하게 보여주는 것이다.

필자들이 준비한 여러 수식과 간단한 파이썬 코드, 끈 그림을 잘 활용하면 상당히 복잡한 기계학습 모형도 무리 없이 구현할 수 있으리라 믿는다.

2.2 여러 팔 강도 문제의 해법

그럼 실제 강화학습 문제 하나를 풀면서 강화학습의 기본 개념과 기법을 익혀 보자. 지금 당장 알파고 같은 본격적인 알고리즘을 구현하기는 무리이므로, 간단한 문제로 시작하는 것이 좋겠다. 여러분이 카지노에 갔다고 상상해 보자. 여러분 앞에는 "공짜로 플레이하세요! 최고 상금은 $10입니다!"라는 광고판이 번쩍이는 슬롯머신$^{slot\ machine}$ 열 대가 있다. 구미가 당긴 여러분이 근처 직원에게 이게 정말이냐고 묻자 이렇게 답한다. "예, 맞습니다. 얼마든지 공짜로 플레이하시고요. 각 슬롯머신은 $0에서 $10까지의 상금을 제공합니다. 아, 그런데 평균 상금이 슬롯머신마다 다르다는 점은 주의하세요. 그러니까 평균 상금이 제일 높은 슬롯머신을 찾아낸다면 꽤 큰 돈을 벌 수 있습니다!"

정말로 이런 카지노가 있겠냐마는, 어쨌거나 같은 시간에 돈을 제일 많이 벌 수 있는 방법을 찾아보기로 하자. 여담으로, 슬롯머신에 외팔이 강도(one-armed bandit)라는 별명이 있다는 점을 아시는지? 슬롯머신의 팔(레버)이 하나라서 '외팔이'이고, 결국 돈을 빼앗으므로 '강도'이다. 우리가 푸는 문제처럼 슬롯머신이 여러 개일 때는 여러 팔(multi-armed) 강도 또는 n-팔 강도라고 부르면 될 것이다. 차차 보겠지만, 이 여러 팔 강도 문제의 해법은 몇몇 분야에서 실제로 응용된다.

문제를 좀 더 공식적으로 서술해 보자. 한 시행에서 에이전트는 n개의 슬롯머신 중 하나를 선택해서 레버를 당긴다(지금 예에서는 $n = 10$). 즉, 한 시행에서 에이전트가 할 수 있는 동작은 총 n가지이다. 이러한 시행을 총 k번 반복한다. k번째 시행의 동작 a에서 받는 보상을 R_k로 표기하자. 슬롯머신들의 상금(보상) 확률분포는 각자 다르다. 예를 들어 3번 슬롯머신의 평균 보상이 \$9이고 1번 슬롯머신의 평균 보상이 \$4라고 하자. 물론 각 시행의 보상은 확률적이므로 1번 슬롯머신의 레버(이하 간단히 1번 레버)를 한 번 당겼을 때 \$9의 상금이 나올 수도 있다. 그렇지만 게임을 여러 번 하다 보면 1번 슬롯머신의 평균 보상이 3번 슬롯머신의 것보다 낮으리라고 예상할 수 있다.

이 문제를 푸는 한 가지 전략은 이렇다. 처음 몇 번은 서로 다른 레버를 당겨서 그 보상을 관찰한다. 그런 다음에는 관찰된 보상이 가장 큰 레버를 계속 당긴다. 이 전략을 위해서는 특정 동작의, 이전 시행들에 기초한 '기대 보상(expected reward)'이라는 개념이 필요하다. k번째 시행에서 동작 a의 기대 보상을 수식으로 $Q_k(a)$라고 표기하기로 하자. 즉, 기대 보상은 동작의 함수이며, 이 함수는 주어진 동작을 취했을 때 기대할 수 있는 보상의 양을 돌려준다. 표 2.2는 이를 공식화한 것이다.

표 2.2 **기대 보상 계산 공식 및 의사코드**

수식	의사코드
$$Q_k(a) = \frac{R_1 + R_2 + \ldots + R_k}{k_a}$$	```def exp_reward(action, history): rewards_for_action = history[action] return sum(rewards_for_action) / len(rewards_for_action)```

말로 하자면, k번째 시행에서 동작 a의 기대 보상은 그때까지 a의 모든 보상의 산술평균이다. 따라서 이전 동작들과 관찰은 이후 동작에 영향을 미친다. 이를, 이전 동작들이 현재 동작과 미래의 동작들을 **강화한다**(reinforce)고 말할 수도 있는데, 이 점은 나중에 좀 더 이야기하겠다. 뭔가의 '가치'를 말해준다는 점에서, 함수 $Q_k(a)$를 **가치 함수**(value function)라고 부른다. 지금 예의 경우 이 함수는 특정 동작의 가치를 말해 준다는 점에서 **동작 가치 함수**에 해당한다. 그리고 이 함수를 흔히 Q로 표기하기 때문에 **Q 함수**라고 부르기도 한다. 나중에 좀 더 정교한 가치 함수들이 나오겠지만, 일단 지금은 이 산술평균 가치 함수로 충분하다.

2.2.1 탐험과 활용

해법의 초반에는 여러 슬롯머신을 시험해서 보상들을 관찰해야 한다. 이는 동작들의 결과를 무작위로 탐험해 보는 것이므로, 이 전략을 **탐험**(exploration; 또는 탐사, 탐색)이라고 부른다. 이와 대조되는 전략은 탐험으로 수집한 지식에 기초해서 보상이 가장 큰 슬롯머신을 결정하고 그 슬롯머신만 계속해서 시도하는 것인데, 이를 **활용**(exploitation)이라고 부른다. 우리의 전체적인 탐험(무작위로 슬롯머신을 선택해서 지식을 수집하는 것)과 활용(그때까지 배운 가장 가치 있는 슬롯머신을 계속 선택하는 것)을 적당한 비율로 섞는 것이다. 보상을 최대화하려면 탐험과 활용의 적절한 균형점을 찾아야 한다.

우선, 탐험의 결과에 기초해서 평균 보상이 제일 큰 슬롯머신을 찾는 알고리즘부터 생각해 보자. 가장 간단한 방법은 그냥 Q 함수가 가장 큰 동작을 선택하는 것이다.

표 2.3 기대 보상에 근거해서 최선의 동작을 선택하는 방법

수식	의사코드

$\forall a_i \in A_k$	```def get_best_action(actions, history):```
	``` exp_rewards = [exp_reward(action, history) for action in```
	``` actions]```

$a^* = \text{argmax}_a\ Q_k(a_i)$	``` return argmax(exp_rewards)```

다음은 이를 실제로 구현한 파이썬 3 코드이다.

목록 2.1 기대 보상에 근거해서 최선의 동작을 찾는 파이썬 3 코드

```
def get_best_action(actions):
    best_action = 0
    max_action_value = 0
    for i in range(len(actions)):                          ❶
        cur_action_value = get_action_value(actions[i])    ❷
        if cur_action_value > max_action_value:
            best_action = i
            max_action_value = cur_action_value
    return best_action
```

❶ 모든 가능한 동작을 훑는다.

❷ 현재 동작의 가치를 구한다.

이 파이썬 함수는 모든 동작에 대해 $Q_k(a)$ 함수를 계산하고, 가치(기대 보상)가 가장 큰 동작을 선택한다. 현재의 $Q_k(a)$는 전적으로 이전 동작 보상들에 의존하므로, 아직 시도하지 않은 동작들은 절대로 선택되지 않는다. 예를 들어 이 방법은 1번 레버와 3번 레버를 당긴 경험에 기초해서 3번이 더 나은 동작임을 알려주긴 하지만, 아직 시도한 적이 없는, 그리고 어쩌면 기대 보상이 더 클 수도 있는 다른 레버를 선택하는 일은 없다. 이처럼 지금까지의 경험에만 근거해서 최선의 것을 선택하는 접근 방식을 **탐욕법**(greedy method)이라고 부른다.

2.2.2 엡실론 탐욕 전략

진정으로 최선의 동작을 발견하려면 다른 레버들도 탐험해 보아야 한다. 앞의 알고리즘을 조금 수정하면 소위 엡실론 탐욕 알고리즘이 된다. 엡실론 탐욕 알고리즘은 $\varepsilon^{엡실론}$의 확률로 무작위 선택(탐험)을 적용하고 $1 - \varepsilon$의 확률로 탐욕법(활용)을 적용한다. ε을 충분히 작게 잡으면 알고리즘은 대부분의 경우에는 탐욕적으로 행동하되, 가끔 무작위로 레버를 당기는 모험을 강행한다. 그리고 가끔씩 수행하는 무작위 선택은 이후의 탐욕적 선택에 영향을 미친다. 목록 2.2는 이를 파이썬으로 구현한 코드이다.

목록 2.2 엡실론 탐욕 전략에 따른 동작 선택

```python
import numpy as np
from scipy import stats
import random
import matplotlib.pyplot as plt


n = 10                          ❶
probs = np.random.rand(n)       ❷
eps = 0.2                       ❸
```

❶ 팔의 수(슬롯머신 개수)

❷ 각 팔과 연관된 (미지의) 확률

❸ 엡실론 탐욕 동작 선택에 사용하는 엡실론 값

지금 카지노 예제에서는 슬롯머신이 10대이므로 $n = 10$이다(❶). ❷에서는 슬롯머신에서 최대 상금 $10가 나올 확률들을 무작위로 설정한다. probs 배열의 각 항목은 해당 슬롯머신의 보상을 계산하는 데 쓰이는 확률이다. 파이썬의 배열은 색인이 0번부터 시작하므로, 이 배열의 0번 항목은 첫 슬롯머신의 확률, 1번 항목은 둘째 슬롯머신의 확률, 등등이다.

슬롯머신의 보상(상금)을 계산하는 방법은 여러 가지겠지만, 여기서는 0에서 1사이의 부동소수점 난수를 구해서 그것이 슬롯머신의 확률보다 작으면 보상에 1을 더하는 과정을 10회 반복하는 방법을 사용한다(목록 2.3). 반복이 끝나면 그때까지 누적된 보상이 최종 상금이다. 예를 들어 슬롯머신의 확률이 0.7이라고 하자. 첫 반복에서 난수가 0.4가 나왔다면, 0.4는 0.7보다 작으므로 보상에 1을 더한다. 그다음 반복에서 0.6이 나왔다면, 역시 0.7보다 작으므로 보상에 1을 더한다. 이런 과정을 10회 반복하면 보상은 0에서 10 사이의 값이 된다. 확률이 0.7이므로, 이 과정을 무한히 반복하면 **평균** 보상이 7이 되겠지만, 10회 반복 정도로는 그보다 작거나 큰 값이 나올 수 있다.

목록 2.3 보상 함수

```
def get_reward(prob, n=10):
    reward = 0
    for i in range(n):
        if random.random() < prob:
            reward += 1
    return reward
```

이를 2,000번 반복하면 실제로 평균 보상 7에 가까운 값이 나온다.

```
>>> np.mean([get_reward(0.7) for _ in range(2000)])
7.001
```

그림 2.2는 관찰(시행) 반복 횟수와 보상의 관계를 보여주는 히스토그램이다.

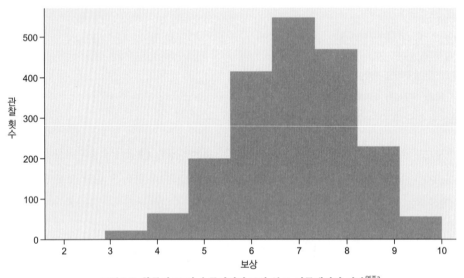

그림 2.2 확률이 0.7인 슬롯머신의 보상 분포 시뮬레이션 결과[역주2]

다음으로, 지금까지 경험에서 가장 나은 레버를 선택하는 탐욕법을 구현해 보자. 이를 위해서는 어떤 레버를 당겼고 그 보상이 얼마였는지를 기록해야 한다. 간단한 방법은 파이썬 목록(list)에 (레버, 보상) 형태의 튜플을 추가해 나가는 것이다. 예를 들어 (2, 9)는 2번 레버를 당겨서 $9의 상금을 얻었음을 뜻한다. 이 목록은 시행을 거듭함에 따라 점점 길어진다.

역주2 이 그림을 비롯해 이 책에 나오는 여러 그래프는 원서 GitHub 저장소의 예제 코드로 직접 생성할 수 있다. 한글 문구(x, y축 이름표 등)는 독자의 이해를 돕기 위해 배치한 것이다.

그런데 더 간단한 접근 방식이 있다. 잘 생각해 보면, 기존의 모든 역사를 기록할 필요가 없이 그냥 각 레버의 평균 보상만 기억하면 됨을 알 수 있다. 수들의 산술평균을 구하는 공식을 기억할 것이다. 수들이 총 k개이고 i번째 수가 x_i라고 할 때, 그 수들의 산술평균(흔히 그리스 소문자 μ로 표기한다)은 다음과 같이 정의된다.

$$\mu = \frac{1}{k}\sum_i x_i$$

그리스 대문자 $\Sigma^{\text{시그마}}$는 합산(summation) 연산을 뜻 한다. 시그마 아래의 i는 개별 요소 x_i들을 합산한다는 뜻이다. 이런 합산 연산은 기본적으로 다음과 같은 `for` 루프에 대응된다.

```
sum = 0
x = [4,5,6,7]
for i in range(len(x)):
    sum = sum + x[i]
```

그런데 한 레버의 평균 보상 μ를 구한 상태에서 그 레버를 다시 당겨서 새 보상을 얻었을 때 새 평균을 구하기 위해 기존의 모든 보상을 다시 합산할 필요는 없다. 그냥 현재 평균을 총합으로 되돌린 후 다시 평균을 계산하면 된다. μ에 기존 보상 개수 k를 곱하면 총 보상이 된다. 물론 이렇게 한다고 해서 각각의 보상이 복원되는 것은 아니지만, 각각의 보상을 다시 복원할 필요는 없다. 그냥 총 보상에 새 보상을 더하고 $k + 1$로 나누어서 새 평균을 구하면 된다. 다음은 이를 수식으로 표현한 것이다.

$$\mu_{new} = \frac{k \cdot \mu_{old} + x}{k + 1}$$

레버를 당겨서 새 보상을 받을 때마다 이 공식을 이용해서 평균을 갱신하는 접근 방식에서는 레버당 두 개의 데이터, 즉 보상 개수 k와 이동 평균(running average; 현재까지의 평균) μ만 기억하면 된다. 결론적으로, 레버가 총 10개라고 할 때 다음과 같은 10×2 NumPy 배열 하나면 충분하다.

```
>>> record = np.zeros((n,2))
array([[0., 0.],
       [0., 0.],
       [0., 0.],
       [0., 0.],
```

```
          [0., 0.],
          [0., 0.],
          [0., 0.],
          [0., 0.],
          [0., 0.],
          [0., 0.]])
```

이 record 배열의 각 항목은 두 개의 수치로 이루어지는데, 첫 수치(제1열)는 해당 레버(0번 항목이 첫 슬롯머신의 레버, 등등)를 당긴 횟수이고 둘째 수치(제2열)는 현재까지의 이동 평균이다. 그럼 새 동작과 그 보상으로 이 배열을 갱신하는 함수를 살펴보자.

목록 2.4 보상 기록 갱신

```
def update_record(record,action,r):
    new_r = (record[action,0] * record[action,1] + r) / (record[action,0] + 1)
    record[action,0] += 1
    record[action,1] = new_r
    return record
```

이 함수는 갱신할 record 배열과 동작, 그리고 그 동작에 대한 보상을 받는다. 이 예에서 동작은 당긴 레버의 색인이다. 함수는 앞에서 말한 공식을 이용해서 해당 레버의 평균 보상을 갱신한다. 또한 레버를 당긴 횟수도 갱신한다.

다음으로, 에이전트가 당길 레버를 탐욕적으로 선택하는 함수로 넘어가자. 현재까지 평균 보상이 가장 큰 레버를 선택하려면 record 배열에서 둘째 수치가 가장 큰 항목을 찾아야 한다. 다행히 NumPy의 argmax 함수가 딱 그런 기능을 제공한다. 이 함수는 배열에서 가장 큰 항목을 찾고 그 항목의 색인을 돌려준다.

목록 2.5 최선의 동작 선택

```
def get_best_arm(record):
    arm_index = np.argmax(record[:,1],axis=0)    ❶
    return arm_index
```

❶ record의 제1열에 대해 NumPy의 argmax를 적용한다.

이제 이상의 함수들을 이용해서 n-팔 강도 문제를 푸는 코드를 볼 차례이다. 이 코드는 먼저 난수 하나를 발생해서 그것이 엡실론보다 크면 get_best_arm 함수를 이용해서 최선의 동작(레버)을 선택하고, 크지 않으면 탐험을 위해 무작위로 동작을 선택한다. 동작을 선택한 다음에는 get_reward 함수로 그 보상을 구하고 그것으로 record 배열을 갱신한다. 이러한 과정을 충분히 반복한 후 record 배열을 조사해 보면 평균 보상이 가장 큰 레버를 파악할 수 있다.

목록 2.6은 앞에서 설명한 과정을 500회 반복한 후 matplotlib를 이용해서 평균 보상의 산점도(scatter plot)를 그린다. 시행 횟수가 증가함에 따라 평균 보상이 증가하는 추세가 보인다면 성공인 것이다.

목록 2.6 여러 팔 강도 문제의 해법

```
fig, ax = plt.subplots(1,1)
ax.set_xlabel("Plays")
ax.set_ylabel("Avg Reward")
record = np.zeros((n,2))                                        ❶
probs = np.random.rand(n)                                       ❷
eps = 0.2
rewards = [0]
for i in range(500):
    if random.random() > eps:                                  ❸
        choice = get_best_arm(record)
    else:
        choice = np.random.randint(10)
    r = get_reward(probs[choice])                              ❹
    record = update_record(record,choice,r)                    ❺
    mean_reward = ((i+1) * rewards[-1] + r)/(i+2)              ❻
    rewards.append(mean_reward)
ax.scatter(np.arange(len(rewards)),rewards)
```

❶ record 배열의 모든 항목을 0으로 초기화한다.

❷ 각 레버의 보상 확률을 무작위로 초기화한다.

❸ 20%의 확률로 탐험(무작위 선택)을, 80%의 확률로 활용(최선의 동작 선택)을 적용한다.

❹ 선택된 동작(레버)의 보상을 계산한다.

❺ 동작에 대한 보상으로 record 배열을 갱신한다.

❻ 전체적인 성과를 평가하기 위해 지금까지의 보상 이동 평균을 갱신한다.

그림 2.3에서 보듯이, 시행 횟수가 늘어남에 따라 평균 보상이 실제로 증가한다. 이는 이전의 좋은 선택들이 이 알고리즘을 강화한다는 뜻이다. 다른 말로 하면, 비록 단순하지만 이 알고리즘은 실제로 **학습** 능력을 갖춘 강화학습 알고리즘이다.

지금까지 살펴본 여러 팔 강도 문제에서 각 팔의 보상 확률은 시간이 지나도 변하지 않는다. 이런 성격의 문제를 **시불변 문제**(stationary problem; 또는 정상定常 문제)라고 부른다. 만일 보상 확률이 시간에 따라 변한다면 시변 문제(nonstationary problem)가 된다. 앞의 해법을 조금 수정하면 시변 여러 팔 강도 문제의 해법을 만들 수 있다. 핵심은 평균 보상을 갱신할 때 좀 더 최근의 관찰에 무게가 실리도록 가중평균을 적용하는 것이다. 그렇게 하면 시간에 따른 상황의 변화를 반영할 수 있다. 시변 문제는 이 책에서 나중에 다시 만날 것이므로, 여기서 이 해법의 구체적인 구현 코드를 제시하지는 않겠다.

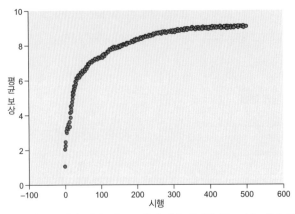

그림 2.3 시행 반복에 따른 평균 보상의 변화. 평균 보상이 계속 증가한다는 것은 예제 알고리즘이 실제로 n-팔 강도 문제의 해법을 배워 나간다는 뜻이다.

2.2.3 소프트맥스 선택 정책

여러 팔 강도 문제의 한 변형으로 이런 문제가 있다. 심장마비 치료를 전문으로 하는 한 의사가 새로 개업했다고 하자. 의사가 선택할 수 있는 치료법은 총 열 가지며, 환자당 하나의 치료법만 적용할 수 있다. 열 가지 치료법의 효능과 위험도는 각자 다르며, 아쉽게도 이 의사는 어떤 것이 최고인지 알지 못한다. 따라서 기본적으로는 여러 팔 강도 문제와 동일하다. 그러나 이전처럼 엡실론을 작게 잡아서 엡실론 탐욕 정책을 적용할 수는 없다. 이전 예제에서는 무작위로 선택한 동작이 그리 효과적이지 않아도 상금이 줄어들 뿐이지만, 지금 문제에서는 무작위로 선택한 치료법 때문에 환자가 죽을 수도 있기 때문이다. 최선의 치료법을 찾기 위해서는 어느 정도 탐험이 필요하지만, 최악의 치료법이 선택되는 사태도 피해야 한다.

이 문제는 **소프트맥스**^{softmax} 선택 정책이 적합한 예이다. 소프트맥스 선택에서는 탐험 시 무작위로 하나의 동작을 선택하는 대신, 소프트맥스 함수를 이용해서 선택 가능한 옵션들의 확률분포를 얻는다. 확률이 가장 큰 옵션을 선택하는 것은 이전 해법에서 최선의 레버 하나를 선택하는 것과 같다. 그러나 이 확률분포는 이를테면 무엇이 두 번째, 세 번째로 좋은 옵션인지도 말해준다. 이 확률분포를 이용해서 최악의 옵션(확률이 0에 가까운)들을 피한다는 것이 이번 문제에 대한 해법의 핵심이다. 소프트맥스 함수는 다음과 같이 정의된다.

표 2.4 **소프트맥스 함수**

수식	의사코드
$$\Pr(A) = \frac{e^{Q_k(A)/\tau}}{\sum_{i=1}^{n} e^{Q_k(i)/\tau}}$$	```def softmax(vals, tau): softm = pow(e, vals / tau) / sum(pow(e, vals / tau)) return softm```

Pr(*A*)는 동작 가치 벡터(배열)를 받고 동작들에 대한 확률분포를 돌려주는 함수인데, 가치가 큰 동작일수록 확률도 크다. 예를 들어 네 동작의 가치가 모두 10인 벡터 A = [10, 10, 10, 10]에 대해 Pr(A) = [0.25, 0.25, 0.25, 0.25]이다. 이것은 하나의 확률분포이므로, 모든 확률의 합은 반드시 1이다.

표 2.4의 수식에서 분자는 벡터 성분별 거듭제곱 연산이다. 즉, 분자는 동작 가치 벡터의 각 성분을 매개변수 $\tau^{\text{타우}}$로 나눈 값을 지수로 해서 오일러 상수 e를 거듭제곱한 결과들로 이루어진 벡터(동작 가치 벡터와 같은 길이의)이다. 그리고 분모는 그러한 벡터 성분들(e 거듭제곱들)을 모두 합한 것이며, 따라서 하나의 스칼라이다.

동작 확률들의 비례 계수로 작용하는 매개변수 τ를 **온도**(temperature)라고 부른다. 온도가 높으면 확률들이 서로 비슷해지고, 온도가 낮으면 확률들의 차이가 커진다. 이 매개변수의 값은 나름의 근거로 초기치를 선택한 후 시행착오를 거쳐 조율해 나가는 식으로 설정해야 한다. 지수함수 e^x는 NumPy np.exp(…) 함수로 구현할 수 있다. 이 함수는 주어진 입력 벡터의 각 성분으로 e를 거듭제곱한 결과를 담은 벡터를 돌려준다. 목록 2.7에 소프트맥스 함수를 파이썬으로 구현한 코드가 나와 있다.

목록 2.7 소프트맥스 함수

```
def softmax(av, tau=1.12):
    softm = np.exp(av / tau) / np.sum( np.exp(av / tau) )
    return softm
```

앞의 여러 팔 강도 문제에 이 softmax를 적용한다면 get_best_arm 함수는 필요하지 않다. softmax는 모든 가능한 동작들에 대한 가중 확률분포를 돌려주므로, 해당 확률들에 따라 무작위로 동작을 선택하면 된다. 최선의 동작은 확률이 가장 높으므로 가장 많이 선택되며, 보상이 작은 동작들은 확률이 낮아서 덜 선택된다.

이 해법의 구현을 간략히 이야기하면 다음과 같다. 각 시행에서 해법은 softmax 함수를 record 배열의 제2열에 적용한다. 각 항목의 둘째 수치가 동작의 현재 평균 보상임을 기억할 것이다. softmax 함수는 그 보상들의 크기를 반영한 확률분포를 돌려준다. 그런 다음에는 NumPy의 random.choice 함수를 이용해서 확률분포에 따라 한 레버를 선택한다. 이전과는 달리 모든 레버가 같은 확률로 선택되는 것이 아니라, 평균 보상을 반영한 확률에 따라 선택된다는 것이 핵심이다. 이 함수의 첫 인수는 선택할 값들(지금 예에서는 레버 색인)로 이루어진 배열이고 둘째 인수는 그 값들의 선택 확률들로 이루어진 배열이다. 초기에는 record 배열의 모든 항목이 0이므로 softmax는 모든 레버의 선택 확률이 동일한 하나의 고른 분포(균등분포)

를 돌려준다. 그러나 시행이 반복됨에 따라 softmax는 보상이 클수록 확률이 높은 확률분포를 돌려주게 된다. 다음은 softmax 함수와 NumPy의 무작위 선택 함수(random.choice)의 사용법을 보여주는 예제 코드이다.

```
>>> x = np.arange(10)
>>> x
array([0, 1, 2, 3, 4, 5, 6, 7, 8, 9])
>>> av = np.zeros(10)
>>> p = softmax(av)
>>> p
array([0.1, 0.1, 0.1, 0.1, 0.1, 0.1, 0.1, 0.1, 0.1, 0.1])
>>> np.random.choice(x,p=p)
3
```

우선 NumPy의 arange 함수를 이용해서 0에서 9까지의 값을 담은 배열을 만든다. 이 값들은 각 레버의 색인에 해당한다. 이 배열을 random.choice 함수의 첫 인수로 사용하므로, 결과적으로 random.choice는 둘째 인수로 주어진 확률분포에 따라 하나의 레버를 선택하게 된다. 목록 2.8은 이상의 조각들로 구현한 심장마비 의사 문제의 해법이다. get_best_arm 대신 softmax를 사용한다는 점과 엡실론 탐욕 전략을 확률분포에 기초한 무작위 선택의 형태로 암묵적으로 적용한다는 점이 이전 해법과 다르다.

목록 2.8 소프트맥스 동작 선택을 이용한 여러 팔 강도 문제의 해법

```
n = 10
probs = np.random.rand(n)
record = np.zeros((n,2))

fig,ax = plt.subplots(1,1)
ax.set_xlabel("Plays")
ax.set_ylabel("Avg Reward")
fig.set_size_inches(9,5)
rewards = [0]
for i in range(500):
    p = softmax(record[:,1])                              ❶
    choice = np.random.choice(np.arange(n),p=p)          ❷
    r = get_reward(probs[choice])
    record = update_record(record,choice,r)
    mean_reward = ((i+1) * rewards[-1] + r)/(i+2)
    rewards.append(mean_reward)
ax.scatter(np.arange(len(rewards)),rewards)
```

❶ 현재 동작 가치로 각 레버의 소프트맥스 확률을 갱신한다.

❷ 소프트맥스 확률분포에 따라 하나의 레버를 무작위로 선택한다.

그림 2.4에서 보듯이, 이 문제의 경우 소프트맥스 동작 선택이 엡실론 탐욕법보다 잘 작동한다. 그래프를 보면 최적의 동작에 좀 더 빨리 수렴함을 알 수 있다. 소프트맥스 접근 방식의 단점은 τ 매개변수를 사람이 직접 설정해야 한다는 것이다. 소프트맥스는 τ에 대단히 민감하며, 시행착오를 거쳐 적당한 값을 찾으려면 시간이 좀 걸린다. 엡실론 탐욕법에서도 엡실론을 사람이 설정해야 하긴 하지만, τ에 비하면 설정이 훨씬 직관적이다.

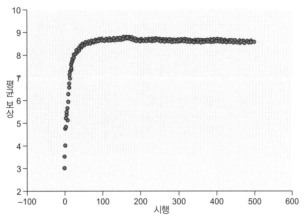

그림 2.4 소프트맥스 정책을 사용한 여러 팔 강도 알고리즘은 최적의 평균 보상에 좀 더 빠르게 수렴하는 경향이 있다.

2.3 여러 팔 강도 문제를 광고 배치 최적화에 적용

슬롯머신 예제가 현실의 문제들에 그리 유용해 보이지 않겠지만, 한 가지 요소만 바꾸면 광고 배치 최적화 같은 실질적인 업무 문제가 된다. 광고 배치 최적화란 사용자가 웹사이트의 광고를 클릭할 확률이 최대화되도록 광고를 선택하는 것을 말한다.

컴퓨터, 신발, 장신구 등 각자 다른 범주의 소매 상품들을 파는 쇼핑몰 사이트 10개를 운영한다고 하자. 전체적인 판매 촉진을 위해, 한 사이트에 접속한 고객에게 그 고객이 관심을 둘 만한 다른 범주의 상품을 파는 다른 쇼핑몰 사이트로 가는 광고를 현재 사이트에 배치하고자 한다. 또는, 현재 사이트에서 파는 다른 상품으로 가는 광고를 배치할 수도 있다. 그냥 무작위로 광고를 선택하기보다는 고객의 입맛에 맞는 광고를 선택하는 것이 더 효과적일 것이다.

2.3.1 문맥적 강도 문제

눈치챘겠지만, 이 문제는 앞에서 살펴본 여러 팔 강도 문제의 일종이다. 이전에는 n개의 레버 중 하나를 선택했지만, 이번에는 n개의 광고 중 하나를 선택한다. 더 나아가서, 이번에는 고객이 현재 어떤 사이트에 접속해 있느냐에 따라 최적의 광고가 달라진다는 점도 고려해야 한다. 예를 들어 장신구 쇼핑몰을 둘러보는 고객은 아마 새 다이아몬드 목걸이와 잘 어울리는 신발에 더 관심이 있을 것이며, 따라서 디지털 상품 쇼핑몰보다는 신발 잡화 쇼핑몰로 가는 광고가 더 효과적일 것이다. 따라서, 이 문제를 푸는 알고리즘은 각 사이트와 각 광고의 연관 관계를 배워야 한다.

이러한 착안은 **상태 공간**(state space)이라는 개념으로 이어진다. n-팔 강도 문제에서는 모든 가능한 n개의 동작으로 이루어진 **동작 공간**(action space)이라는 개념을 사용했지만, 상태라는 개념은 없었다. 다른 말로 하면, 그 문제의 해법은 환경의 정보를 사용하지 않고 그냥 시행착오를 통해서 최선의 레버를 찾았다. 그러나 광고 최적화 문제에서는 고객이 어떤 사이트에 있는지가 광고 선택에 영향을 미친다. 즉, 현재의 '문맥(context)'이 알고리즘의 결정에 영향을 미치는 것이다. 그러한 문맥적 정보가 바로 환경의 **상태**(state)에 해당하며, 문맥적 정보를 고려하는 여러 팔 강도 문제를 **문맥적**(contextual) 강도 문제라고 부른다(그림 2.5).

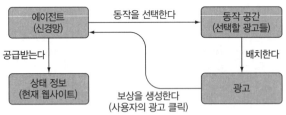

그림 2.5 광고 배치를 위한 문맥적 강도 해법의 개요. 에이전트(신경망 알고리즘)는 상태 정보를 받아서 여러 광고 중 하나를 선택한다. 사용자가 그 광고를 클릭하느냐에 따라 보상이 결정되며, 그 보상은 에이전트의 학습을 위한 긍정적 또는 부정적 강화 신호로 쓰인다.

> 정의 게임의(좀 더 일반적으로는 임의의 강화학습 문제의) 상태(state)는 환경에서 얻을 수 있는 에이전트의 동작 결정에 활용할 수 있는 정보의 집합이다.

2.3.2 상태, 동작, 보상

더 나아가기 전에, 지금까지 소개한 여러 용어와 개념을 정리해 보자. 기본적으로 강화학습 알고리즘은 세상을 컴퓨터가 이해하고 계산할 수 있는 방식으로 모형화(modeling)하려 한다. 좀 더 구체적으로, 강화학습 알고리즘은 세상이 **상태**(환경에 관한 특징들로 이루어진)들의 집합

S(상태 공간)와 각 상태에서 취할 수 있는 **동작**들의 집합 A(동작 공간)만으로 구성된다고 간주한다. 어떤 한 상태에서 어떤 한 동작을 취한다고 할 때, 그러한 상태와 동작의 조합을 **상태-동작 쌍**(state-action pair)이라고 부르고 (s, a)의 형태로 표기한다.

> **참고** 모든 강화학습 알고리즘의 목적은 전체 실행 과정에서 보상을 최대화하는 것이다.

원래의 여러 팔 강도 문제에는 상태 공간이 없고 동작 공간만 있었기 때문에 동작들과 보상들 사이의 관계만 배우면 되었다. 우리의 해법은 참조표에 각 동작의 기존 보상을 저장하는 식으로 그러한 관계를 학습했다. 즉, k번째 시행에서 동작 a_k를 실행했을 때의 보상 n_k로 이루어진 동작-보상 쌍 (a_k, n_k)들을 기억함으로써 문제를 풀었다.

예제 n-팔 강도 문제에서는 n이 10이었다. 즉, 선택 가능한 동작이 10개뿐이었으며, 따라서 참조표는 10개의 행으로 이루어졌다. 그 정도면 메모리나 실행 속도 면에서 별 부담이 없다. 그러나 문맥적 강도 문제에는 상태 공간이 도입되며, 그러면 가능한 상태-동작-보상 조합의 수가 폭발적으로 증가한다. 예를 들어 상태 공간의 상태가 100가지이고 각 상태에 10개의 동작이 연관된다면 총 1,000개의 데이터 조각을 저장하고 갱신해야 한다. 이 책에서 다루는 대부분의 문제는 상태 공간이 처리 불가능할 정도로 크기 때문에 단순한 참조표 접근 방식은 통하지 않는다.

여기서 심층학습이 등장한다. 적절히 훈련된 신경망은 별로 쓸모없는 세부 사항들을 제거하고 중요한 본질 또는 추상들만 배우는 데 탁월하다. 신경망은 데이터에 존재하는 조합 가능한 패턴과 규칙성을 잘 배우며, 그 덕분에 대량의 데이터를 중요한 정보는 유지하면서 효과적으로 압축할 수 있다. 따라서, 신경망을 이용하면 모든 가능한 상태-동작-보상 조합들을 일일이 메모리에 저장하지 않고 상태-동작 쌍들과 보상들 사이의 복잡한 관계를 배우는 것이 가능하다. 전체 강화학습 알고리즘 중 어떤 정보에 기초해서 결정을 내리는 부분을 흔히 **에이전트**라고 부른다. 지금 논의하는 문맥적 강도 문제를 풀려면 신경망에게 에이전트의 역할을 맡겨야 한다.

실제 구현으로 들어가기 전에, 이 책에서 신경망 구축에 사용하는 심층학습 프레임워크인 PyTorch를 잠깐 소개하고자 한다.

2.4 PyTorch로 신경망 만들기

심층학습 프레임워크는 많이 있다. 아마 가장 유명한 것은 TensorFlow, MXNet, PyTorch 정도일 것이다. 이 책에서는 단순함이 장점인 PyTorch를 사용한다. PyTorch를 이용하면 파이썬 고유의 스타일로 심층학습 코드를 작성할 수 있다. 그러면서도 PyTorch는 미분이나 최적화 기능 등 좋은 프레임워크가 갖추어야 할 모든 편의 수단들도 제공한다. 여기서는 PyTorch를 간단하게만 소개하고, 이후 진도를 나가면서 좀 더 설명하겠다. 심층학습의 기초가 약하다 싶은 독자는 심층학습을 상당히 상세하게 개괄하는 부록 A를 먼저 읽어보기 바란다. 부록 A는 PyTorch도 좀 더 자세하게 다룬다.

NumPy의 다차원 배열에 익숙한 독자라면 PyTorch에 쉽게 적응할 수 있을 것이다. 예를 들어 다음은 NumPy로 2×3 행렬을 만드는 코드이다.

```
>>> import numpy

>>> numpy.array([[1, 2, 3], [4, 5, 6]])

array([[1, 2, 3],
       [4, 5, 6]])
```

같은 행렬을 PyTorch로는 다음과 같이 만들 수 있다.

```
>>> import torch

>>> torch.Tensor([[1, 2, 3], [4, 5, 6]])
tensor([[1., 2., 3.],
        [4., 5., 6.]])
```

이 예에서 보듯이, NumPy와 PyTorch가 행렬을 다루는 방식은 기본적으로 같은 형태이다. 단, PyTorch는 다차원 배열을 **텐서**(tensor)라고 부른다. 텐서는 TensorFlow(이름에서도 알 수 있듯이)나 다른 프레임워크에서도 쓰이는 용어이므로, 다차원 배열을 텐서라고 부르는 데 익숙해지기 바란다. 또한, 다차원 배열의 차원 수(색인 개수)를 텐서에서는 **차수**(order)라고 부른다. 벡터의 경우에는 벡터의 길이, 즉 성분들의 개수를 차원 또는 차수라고 부르지만(예를 들어 3차원 벡터는 성분이 세 개인 벡터이다), 텐서의 차수는 성분들의 개수가 아니라 색인(첨자)의 개수임을 주의하기 바란다. 벡터의 색인은 하나이다. 즉, 벡터의 모든 성분은 하나의 색인 값으로 접근할 수 있다. 따라서 벡터는 차수가 1인 텐서이며, 이를 1차 텐서 또는 1-텐서라고 표기한다. 행렬은 색인이 두 개이므로 2차 텐서 또는 2-텐서이다. 일반화하면, 차수가 k인 텐서를 k차 텐서 또는 k-텐서라고 부르는데, 이때 k는 음이 아닌 정수이다. 보통의 수는 색인이 없으므로 0-텐서이다. 이를 **스칼라**[scalar]라고 부르기도 한다.

2.4.1 자동 미분

우리에게 필요한, 그리고 NumPy에는 없는 PyTorch의 가장 중요한 기능은 자동 미분과 최적화이다. 어떤 데이터의 예측을 위해 간단한 선형 회귀 모형(직선방정식)을 만든다고 하자. 다음은 PyTorch로 선형 회귀 모형을 위한 계산 그래프를 형성하는 예이다(입력에 대한 정답이 변수 y_known에 설정되어 있다고 가정).

```
>>> x = torch.Tensor([2,4]) # 입력 데이터
>>> m = torch.randn(2, requires_grad=True) # 매개변수 1
>>> b = torch.randn(1, requires_grad=True) # 매개변수 2
>>> y = m*x+b # 선형 회귀 모형
>>> loss = (torch.sum(y_known - y))**2 # 손실함수
>>> loss.backward() # 기울기들이 계산된다.
>>> m.grad
tensor([  0.7734, -90.4993])
```

requires_grad=True는 해당 노드에 대해 기울기를 계산해야 한다는 뜻이다. 계산 그래프의 마지막 노드에 대해 backward 메서드를 호출하면 PyTorch는 requires_grad=True가 지정된 모든 노드의 기울기를 계산해서 역전파함으로써 모형의 매개변수들을 갱신한다. 자동으로 계산된 이 기울기들로 경사 하강법을 적용해서 모형을 훈련할 수 있다.

2.4.2 모형의 구축

이 책에 나오는 대부분의 예제는 자동 기울기 계산과 역전파, 경사 하강법 메커니즘을 명시적으로 다루는 대신, PyTorch의 nn 모듈을 이용해서 표준적인 순방향 신경망 모형을 구축하고 PyTorch에 내장된 최적화 알고리즘들을 이용해서 자동으로 신경망을 훈련하는 접근 방식을 사용한다. 다음은 간단한 2층 신경망을 만들고 최적화기(optimizer; 특정 최적화 알고리즘을 구현한 객체)를 설정하는 예이다.

```
model = torch.nn.Sequential(
    torch.nn.Linear(10, 150),
    torch.nn.ReLU(),
    torch.nn.Linear(150, 4),
    torch.nn.ReLU(),
)

loss_fn = torch.nn.MSELoss()
optimizer = torch.optim.Adam(model.parameters(), lr=0.01)
```

이 코드는 활성화 함수가 ReLU(정류 선형 단위)이고 손실함수는 평균제곱오차인 2층 신경망을 만들고 최적화기도 설정해서 심층학습 모형을 구축한다. 분류된 훈련 데이터가 있다고 할 때, 이 모형을 훈련시키는 루프는 다음과 같은 형태이다.

```
for step in range(100):
    y_pred = model(x)
    loss = loss_fn(y_pred, y_correct)
    optimizer.zero_grad()
    loss.backward()
    optimizer.step()
```

여기서 x는 모형에 입력하는 훈련 데이터이고 y_correct는 분류된 데이터, 즉 정답에 해당하는 데이터이다. 입력 x에 대해 모형이 예측(또는 분류)한 결과인 y_pred와 정답 y_correct로 손실값을 계산하고, 계산 그래프의 마지막 노드(거의 항상 손실함수)에 대해 backward 메서드를 호출해서 기울기들을 계산한다. 그런 다음 최적화기의 step 메서드를 호출해서 경사 하강법 (gradient descent method)의 한 단계를 수행한다. 이런 순차적인 모형보다 더 복잡한 구조의 신경망 모형을 구축해야 한다면 다음 예처럼 PyTorch의 Module 클래스를 상속해서 새로운 클래스를 정의하면 된다.

```
from torch.nn import Module, Linear

class MyNet(Module):
    def __init__(self):
        super(MyNet, self).__init__()
        self.fc1 = Linear(784, 50)
        self.fc2 = Linear(50, 10)

    def forward(self, x):
        x = F.relu(self.fc1(x))
        x = F.relu(self.fc2(x))
        return x

model = MyNet()
```

지금 단계에서는 PyTorch에 관해 이 정도만 알아두면 된다. 진도를 나가면서 PyTorch에 관해 좀 더 배우게 될 것이다.

2.5 문맥적 강도 문제의 해법

그럼 문맥적 강도 알고리즘을 위한 시뮬레이션 환경을 살펴보자. 이 시뮬레이션 환경은 10가지 쇼핑몰 사이트에 대응되는 0에서 9까지의 상태들과 보상 생성 수단(광고 클릭), 그리고 동작(열 가지 광고 중 하나)을 선택하는 수단으로 구성된다. 다음은 이 환경에 해당하는 파이썬 클래스인데, 이후의 내용은 이 클래스를 어떻게 사용하는지에 초점을 두므로 이 클래스의 구현 방식 자체는 크게 신경 쓰지 말기 바란다.

목록 2.9 문맥적 강도 문제의 환경

```
class ContextBandit:
    def __init__(self, arms=10):
        self.arms = arms
        self.init_distribution(arms)
        self.update_state()

    def init_distribution(self, arms):                          ❶
        self.bandit_matrix = np.random.rand(arms,arms)

    def reward(self, prob):
        reward = 0
        for i in range(self.arms):
            if random.random() < prob:
                reward += 1
        return reward

    def get_state(self):
        return self.state

    def update_state(self):
        self.state = np.random.randint(0,self.arms)

    def get_reward(self,arm):
        return self.reward(self.bandit_matrix[self.get_state()][arm])

    def choose_arm(self, arm):                                   ❷
        reward = self.get_reward(arm)
        self.update_state()
        return reward
```

❶ 단순한 해법을 위해, 상태의 개수를 팔(레버)의 개수와 같게 두었다. bandit_matrix 행렬의 각 행은 특정 상태에, 각 열은 특정 레버에 대응된다.

❷ 이 메서드는 선택된 레버에 해당하는 보상을 구해서 상태를 갱신하고 보상을 돌려준다.

다음은 이 환경을 사용하는 방법을 보여주는 코드이다. 대체로 환경은 기존 **API**를 활용해서 입력과 출력에 적절한 데이터를 연결하는 정도로 비교적 수월하게 구축할 수 있으므로 개발자는 에이전트(모든 강화학습 문제의 핵심인)의 구축에 노력을 집중할 수 있다.

```
env = ContextBandit(arms=10)
state = env.get_state()
reward = env.choose_arm(1)
print(state)
>>> 2
print(reward)
>>> 8
```

ContextBandit 클래스는 시뮬레이션 환경을 대표한다. 코드는 레버의 개수를 지정해서 이 클래스의 객체 env를 생성한다. 단순함을 위해 동작(레버 또는 광고)의 개수와 같은 개수의 상태들을 사용하지만, 일반적으로는 상태 공간이 동작 공간보다 훨씬 클 때가 많다. 이 클래스에는 두 개의 메서드가 있다. 인수를 받지 않는 get_state()는 고른 분포에서 무작위로 추출(선택)한 상태를 돌려준다. 대부분의 실제 강화학습 문제에서는 훨씬 복잡한 확률분포로부터 상태를 추출한다. 또 다른 메서드는 choose_arm이다. 특정 동작(레버 또는 광고)에 해당하는 번호로 호출하면 이 메서드는 해당 동작에 대한 보상(이를테면 광고 클릭 수에 비례한 어떤 값)을 계산해서 돌려준다. 이후 이 get_state와 choose_arm을 차례로 호출해서 새 훈련 데이터를 얻는 식으로 훈련 과정을 진행할 것이다.

ContextBandit에는 소프트맥스 함수와 **원핫**one-hot 부호화를 위한 보조 수단들도 있다. 원핫 부호화 방식으로 부호화된 벡터, 줄여서 원핫 벡터는 성분 하나만 1이고 나머지 모든 성분은 0이다. 원핫 벡터는 다수의 대상 중 하나를 표현하는 용도로 쓰인다. 예를 들어 지금 예에서 세 번째 성분만 1인 원핫 벡터는 열 개의 상태 중 세 번째 상태(웹사이트)를 나타낸다.

원래의 여러 팔 강도 문제에서는 n개의 동작에 대해 동일한 보상 확률분포를 사용했지만, 문맥적 강도 시뮬레이터는 각 상태의 동작들에 대해 서로 다른 보상 확률분포를 사용한다. 구체적으로 말하면, n가지 상태 각각의 동작에 대해 서로 다른 소프트맥스 보상 확률들을 사용한다. 따라서 이 문제의 해법은 그 상태들과 해당 보상 확률분포 사이의 관계를 배워야 한다. 그런 다음에는 주어진 상태에서 보상 확률이 가장 큰 동작을 선택하면 된다.

이 책의 다른 모든 예제 프로젝트처럼 이 예제에서도 PyTorch를 이용해서 신경망을 구축한다. 이번 예제의 신경망은 정류 선형 단위를 활성화 함수로 사용하는 2층 순방향 신경망(feedforward neural network)이다. 이 신경망의 첫 층은 환경의 상태를 부호화한 10차원 원핫 벡터(즉, 10개의 성분 중 하나만 1이고 나머지는 모두 0인 벡터)를 입력받는다. 신경망의 마지막 층은 주어진 상태에서 각 동작의 기대 보상들을 담은 10차원 벡터를 출력한다.

그림 2.6은 이 신경망의 예측 단계에 해당하는 순전파 과정(forward pass)을 나타낸 것이다.

참조표 접근 방식과는 달리 이 신경망 에이전트는 주어진 상태에서 각 동작의 보상이 얼마나 될 것인지 예측하는 방법을 배운다. 신경망의 예측 결과는 소프트맥스 함수로 전달된다. 소프트맥스 함수는 그로부터 동작들의 확률분포를 산출한다. 그 확률분포에 따라 하나의 동작(레버 또는 광고)을 선택한다. 이후 그 동작의 보상은 신경망을 훈련하는 데 쓰인다.

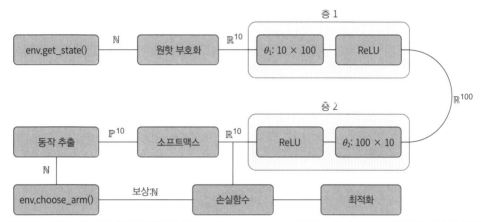

그림 2.6 간단한 10-레버 문맥적 강도의 계산 그래프. get_state 메서드는 현재 상태에 해당하는 번호를 돌려준다. 그것을 원핫 벡터로 부호화해서 2층 신경망에 입력한다. 신경망은 각 동작의 기대 보상들로 이루어진 벡터를 출력한다. 그 벡터에 소프트맥스를 적용해서 각 동작의 선택 확률들로 이루어진 확률분포를 산출하고, 그 확률분포를 이용해서 하나의 동작을 선택(추출)한다. 그 동작으로 choose_arm 메서드를 호출해서 보상을 구하고 환경의 상태를 갱신한다. 그림에서 θ_1과 θ_2는 신경망 층들의 가중치 매개변수들이다. $\mathbb{N}$, $\mathbb{R}$, $\mathbb{P}$는 각각 자연수(0, 1, 2, 3, ...), 실수(실제 구현에서는 부동소수점 수), 확률을 나타낸다. 위 첨자는 해당 벡터의 길이이다. 따라서 $\mathbb{P}^{10}$은 10개의 확률값으로 이루어진 벡터이다(또한, 이것은 하나의 확률분포이므로 그 확률들의 합은 반드시 1이다).

처음에는 신경망이 상태 0에 대해 [1.4, 50, 4.3, 0.31, 0.43, 11, 121, 90, 8.9, 1.1]처럼 무작위한 값들로 이루어진 벡터를 산출한다. 이 벡터에서 6번 성분(첫 성분이 0번이므로 일곱 번째 성분)이 가장 크므로, 소프트맥스 함수로 확률분포를 얻어서 동작을 추출하면 0에서 9까지의 상태 중 6번 상태가 선택될 확률이 높다. 6번 동작을 선택해서 얻은 보상이 8이라고 하자. 이에 기초해서, [1.4, 50, 4.3, 0.31, 0.43, 11, 8, 90, 8.9, 1.1] 벡터를 산출하도록 신경망을 훈련한다. 6번 동작의 보상만 8로 바뀌고 다른 보상들은 그대로임을 주목하기 바란다. 이렇게 훈련된 신경망은 이후 상태 0의 동작 6에 대해 8에 가까운 보상을 예측할 것이다. 다른 여러 상태와 동작에 대해서도 이런 식으로 신경망을 훈련하다 보면 언젠가는 신경망이 주어진 상태의 각 동작에 대해 정확한 보상을 예측하는 법을 배우며, 결과적으로 강화학습 알고리즘은 매번 최선의 동작을 선택해서 보상을 최대화하게 된다.

다음 코드는 필요한 라이브러리들을 도입하고 몇 가지 **초매개변수**(hyperparameter: 모형의 구조를 명시하는 매개변수)를 설정한다.

```
import numpy as np
import torch

arms = 10
N, D_in, H, D_out = 1, arms, 100, arms
```

이 코드에서 N은 배치^{batch} 크기이고 D_in은 입력 벡터의 차원, H는 은닉층의 차원, D_out은 출력 벡터의 차원이다.

다음으로, 신경망 모형을 구축한다. 앞에서 설명한 것과 같은, 간단한 2층 순차(순방향) 신경망이다.

```
model = torch.nn.Sequential(
    torch.nn.Linear(D_in, H),
    torch.nn.ReLU(),
    torch.nn.Linear(H, D_out),
    torch.nn.ReLU(),
)
```

신경망의 손실함수로는 다음과 같이 평균제곱오차(mean squared error, MSE) 함수를 사용하지만, 다른 종류의 손실함수를 사용해도 비슷한 결과를 얻을 것이다.

```
loss_fn = torch.nn.MSELoss()
```

이제 ContextBandit 클래스로 시뮬레이션 환경을 만든다. 그냥 동작 개수를 인수로 해서 ContextBandit 객체를 생성하면 된다. 이 예제에서는 동작의 개수가 곧 상태의 개수임을 기억할 것이다.

```
env = ContextBandit(arms)
```

학습(훈련)을 진행하는 for 루프는 원래의 여러 팔 강도 알고리즘과 비슷하되, 신경망으로 예측을 수행하고 그 출력으로 동작을 선택하는 단계가 추가된다. 목록 2.10은 그러한 for 루프로 훈련을 진행하는 train 함수이다. 이 함수는 환경 객체(앞에서 생성한)와 훈련 반복 횟수(epoch), 학습 속도를 받는다.

이 함수는 먼저 현재 상태에 해당하는 PyTorch 텐서 객체 cur_state를 설정한다. 이 텐서는 현재 상태를 부호화한 원핫 벡터로 초기화되는데, 원핫 부호화 자체는 다음과 같은 one_hot(...) 함수가 수행한다.

```
def one_hot(N, pos, val=1):
    one_hot_vec = np.zeros(N)
    one_hot_vec[pos] = val
    return one_hot_vec
```

이제 for 루프를 보자. 이 루프의 각 반복에서는 현재 상태를 입력으로 해서 신경망 모형으로 예측을 수행한다. 신경망은 현재 상태에서 각 동작의 가치로 이루어진 벡터를 돌려준다. 처음에는 모형이 아직 훈련되지 않았으므로 그냥 무작위한 가치들을 담은 벡터가 반환된다.

모형의 출력을 얻은 다음에는 그것을 소프트맥스 함수에 넣어서 동작들의 확률분포를 생성하고, 그 확률분포에 기초해서 하나의 동작을 결정한다. 그런 다음 그 동작으로 환경의 choose_arm(...) 메서드를 호출해서 보상을 계산하고 현재 상태를 갱신한다. 그 메서드가 돌려준 보상을 원핫 벡터로 변환해서 훈련 데이터로 사용한다. 그 보상 원핫 벡터로 역전파를 한 단계 수행해서 현재 상태에 대한 신경망의 동작 예측 성능을 개선한다. 이 해법은 신경망 모형을 동작 가치 함수로 사용하므로, 이전 "경험"들을 어떤 동작 가치 배열에 따로 저장해 두지는 않는다. 모든 것은 신경망의 가중치 매개변수들에 부호화된다. 목록 2.10에 train 함수의 전체 코드가 나와 있다.

목록 2.10 주 훈련 루프

```
def train(env, epochs=5000, learning_rate=1e-2):
    cur_state = torch.Tensor(one_hot(arms,env.get_state()))         ❶
    optimizer = torch.optim.Adam(model.parameters(), lr=learning_rate)
    rewards = []
    for i in range(epochs):
        y_pred = model(cur_state)                                   ❷
        av_softmax = softmax(y_pred.data.numpy(), tau=2.0)          ❸
        av_softmax /= av_softmax.sum()                              ❹
        choice = np.random.choice(arms, p=av_softmax)              ❺
        cur_reward = env.choose_arm(choice)                         ❻
        one_hot_reward = y_pred.data.numpy().copy()                ❼
        one_hot_reward[choice] = cur_reward                        ❽
        reward = torch.Tensor(one_hot_reward)
        rewards.append(cur_reward)
        loss = loss_fn(y_pred, reward)
        optimizer.zero_grad()
        loss.backward()
        optimizer.step()
        cur_state = torch.Tensor(one_hot(arms,env.get_state()))    ❾
    return np.array(rewards)
```

❶ 환경의 현재 상태로 PyTorch 텐서를 만든다.

❷ 신경망을 실행해서 보상들을 예측한다.

❸ 소프트맥스를 이용해서 예측 보상들을 확률분포로 변환한다.

❹ 확률들의 합이 1이 되도록 정규화한다.

❺ 확률분포에 기초해서 무작위로 동작을 선택한다.

❻ 해당 동작의 보상을 얻는다.

❼ PyTorch 텐서를 NumPy 배열로 변환한다.

❽ 보상을 원핫 벡터(분류된 훈련 데이터로 사용할)로 변환한다.

❾ 현재 환경 상태를 갱신한다.

그림 2.7은 이 함수를 5,000번 반복 호출해서 얻은 성과를 나타낸 그래프이다(이 그래프를 생성하는 데 사용한 코드는 원서 깃허브 저장소에 있다). 그래프의 형태를 보면 신경망이 이 문맥적 강도 문제의 상태, 동작, 보상 관계를 상당히 잘 학습했음을 알 수 있다. 최고의 평균 보상은 8.5 정도인데, 이는 이 특정한(이론적인 최대 보상이 10인) 문맥적 강도 문제에 대한 수학적 최적값에 근접하는 수치이다. 우리의 첫 번째 심층 강화학습 알고리즘이 잘 작동했음을 축하하자. 아주 깊은 신경망은 아니지만, 그래도 의미 있는 예제였다.

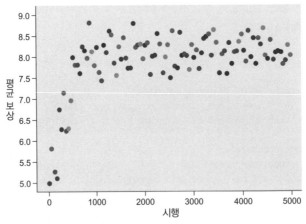

그림 2.7 2층 신경망을 동작 가치 함수로 사용하는 강화학습 알고리즘의 훈련 성과 그래프. 문맥적 강도 시뮬레이터를 반복 시행해서 얻은 평균 보상들이다. 훈련 초반부터 평균 보상이 급상승했음을 알 수 있다. 이는 신경망의 학습이 성공적이었음을 뜻한다.

2.6 마르코프 성질

문맥적 강도 문제의 해법에서 신경망은 그 어떤 이전 상태도 참조하지 않고 현재 상태에서 최선의 동작을 선택하는 방법을 학습했다. 그냥 현재 상태를 입력하면 신경망은 가능한 동작들의 기대 보상들을 산출한다. 강화학습에서 중요시되는 이러한 성질을 **마르코프 성질**(Markov property)이라고 부르고, 마르코프 성질을 지닌 게임(또는 제어 과제)을 가리켜 **마르코프 결정 과**

정(Markov decision process)이라고 부르고 MDP로 줄여서 표기한다. MDP는 향후 보상(미래의 보상)들을 최대화하는 최적의 동작들을 오직 현재 상태의 정보만으로 결정한다. 강화학습을 위해서는 주어진 제어 과제를 하나의 MDP로 표현할 필요가 있다.

강화학습 문제를 MDP로 모형화하면 해법이 아주 단순해진다. MDP는 이전의 모든 상태나 동작을 고려할 필요가 없기 때문에, 그 모든 것을 기억하고 갱신할 필요가 없다. 그냥 현재 상황만 분석하면 된다. 따라서 강화학습 문제를 풀 때 가장 먼저 할 일은 문제를 하나의 마르코프 결정 과정으로 모형화하는 것이다(적어도 근사적으로라도). 예를 들어 카드 게임 중 하나인 블랙잭(21 게임이라고도 한다)은 그냥 현재 상태(자신의 손에 있는 카드들과 딜러가 펼친 카드 한 장)만으로도 성공적으로 플레이할 수 있으므로 하나의 MDP로 형식화할 수 있다.

마르코프 성질의 이해 정도를 스스로 평가하고 싶은 독자라면, 다음 제어 문제 또는 결정 과제가 마르코프 성질을 지녔는지 판단해 보기 바란다.

- 자동차를 운전한다.
- 주어진 주식에 투자할 것인지 결정한다.
- 환자에 적합한 치료법을 선택한다.
- 환자의 질병을 진단한다.
- 축구 경기에서 어느 팀이 이길지 예측한다.
- 어떤 목적지로의 최단 경로를 선택한다.
- 멀리 있는 목표물에 총을 겨눈다.

다음은 해답과 간단한 설명이다.

- 일반적으로 자동차 운전은 마르코프 성질을 충족한다고 간주된다. 10분 전에 어떤 일이 있었는지 기억하지 않고도 차를 최적으로 주행할 수 있기 때문이다. 목적지가 어디인지 안다고 할 때, 그냥 현재 상황을 제대로 파악하기만 하면 된다.
- 하나의 주식을 살 것인가 말 것인가를 결정하는 문제는 마르코프 성질의 조건에 맞지 않는다. 적절한 결정을 내리려면 그 주식의 과거 거래 내역을 알아야 하기 때문이다.
- 환자의 인생사를 모두 알 필요는 없다는 점을 생각하면, 환자의 구체적인 증상에 대한 치료법 선택은 마르코프 성질을 갖추었다고 할 수 있다.
- 그러나 **진단**(diagnosis)을 위해서는 환자의 과거 상태들이 꼭 필요하다. 진단을 내리려면 지금까지 환자의 증상이 어떻게 변했는지를 아는 것이 대단히 중요하다.

- 어떤 팀이 이길지 예측하는 것은 마르코프 성질의 조건을 벗어난다. 주식의 예처럼, 승리 팀을 맞추려면 각 팀의 과거 성적을 알아야 한다.
- 목적지로 가는 최단 경로를 선택하는 문제는 MDP이다. 과거에 어떤 일이 있었는지 알 필요 없이 그냥 목적지로 가는 여러 경로를 평가하기만 하면 된다.
- 총을 겨누는 문제는 마르코프 성질을 지녔다. 목표의 위치, 현재 풍향과 풍속, 현재 총의 방향 등 현재 상황만 파악하면 될 뿐, 어제 바람이 어디로 얼마나 불었는지는 알 필요가 없기 때문이다.

몇몇 해답은 논의의 여지가 좀 있을 것이다. 예를 들어 환자를 진단하려면 과거의 병력이 필요하지만, 병력을 담은 문서가 있다면 그것을 '현재 상태'로 간주할 수도 있으며, 그러면 진단 문제도 MDP가 된다. 이 예처럼, 어떤 문제가 **원래부터** 마르코프 성질을 지니지는 않더라도 더 많은 정보를 상태에 주입함으로써 MDP로 만들 수도 있음을 명심하기 바란다.

딥마인드의 심층 Q 학습 알고리즘(심층 Q 신경망)은 원본 픽셀 데이터와 현재 스코어(게임 점수)만으로 여러 아타리 게임의 플레이 방법을 배웠다. 그렇다면 아타리 게임들에 마르코프 성질이 있을까? 꼭 그렇지는 않다. 팩맨^{Pacman} 게임에서 현재 화면 프레임 하나의 원본 픽셀만 상태로 둔다면, 몇 타일 떨어져 있는 유령(적 캐릭터)이 팩맨을 향해 다가오는지 아니면 멀어지는지 알 수 없다. 유령이 다가오는지 멀어지는지는 다음 동작의 선택에 큰 영향을 미친다. 이 때문에 딥마인드의 구현은 게임 플레이의 최근 네 프레임을 입력으로 사용했다. 결과적으로 비MDP가 MDP로 바뀌었다. 최근 네 프레임을 제공받은 덕분에 에이전트는 모든 캐릭터의 방향과 속도를 파악할 수 있었다.

그림 2.8은 지금까지 논의한 모든 개념을 갖춘 비교적 간단한 MDP의 예이다. 그림에서 보듯이, 이 MDP는 3성분 상태 공간 S = {우는 아기, 자는 아기, 웃는 아기}와 2성분 동작 공간 A = {(음식을)먹인다, 먹이지 않는다}로 구성된다. 한 상태는 각자 다른 확률로 다른 상태들로 전이되며, 현재 상태가 어떤 상태로 전이되느냐에 따라 동작의 보상이 결정된다(이러한 확률적 상태 전이에 관해서는 이번 장에서 나중에 다시 이야기한다). 물론 실생활에서 **에이전트**는 전이 확률들의 값을 알지 못한다. 만일 전이 확률들을 모두 알게 된다면, 우리는 이 환경의 **모형**을 확보한 것이다. 나중에 보겠지만, 에이전트가 실제로 환경의 모형에 접근할 수 있는 경우도 있다. 그러나 에이전트가 환경의 모형에 접근할 수 없을 때는 학습을 통해서 모형을 배워야 한다(그것이 실제 바탕 모형과 완전히 같지는 않은 근사적인 모형일지라도).

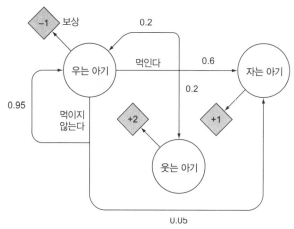

그림 2.8 상태 세 개와 동작 두 개로 이루어진 단순화된 MDP의 끈 그림. 유아를 돌보는 결정 과정을 모형화한 것이다. 예를 들어 아기가 우는 상태일 때 에이전트는 아기에게 음식(젖이나 분유 등)을 먹이거나 먹이지 않는 동작을 선택한다. 그러면 아기는 어떤 확률로 다른 어떤 상태로 전이하며, 그 상태(아기의 만족도를 나타내는)에 따라 에이전트는 -1, +1, +2의 보상을 얻는다.

2.7 향후 보상의 예측: 가치와 정책 함수

이번 장에서 여러분은 알게 모르게 상당히 많은 지식을 쌓았다. 여러 팔 강도 해법과 문맥적 강도 해법은 단순한 두 개의 예가 아니라 표준적인 강화학습 방법들이며, 그런 만큼 다양한 용어와 어법, 그리고 수학적 성과가 확립되어 있다. 상태 공간이나 동작 공간 같은 몇 가지 용어는 앞에서 소개했지만, 대부분은 그냥 말로 풀어서 설명했을 뿐이다. 여러분이 강화학습 분야의 최신 연구 논문을 이해하는 데 도움이 되도록, 그리고 이후의 장들에서 논의를 좀 더 간결하게 진행하기 위해, 이번 절에서는 몇 가지 용어와 수학 표기법 및 개념을 소개하겠다.

우선 지금까지 배운 것을 되새기고 공식화해 보자(그림 2.9 참고). 본질적으로 하나의 강화학습 알고리즘은 어떤 **환경**에서 행동하는 **에이전트**를 구축한다. 환경은 어떤 게임일 때가 많지만, 좀 더 일반적으로는 상태들과 동작들이 있고 보상들을 산출하는 과정이면 어떤 것이라도 환경이 될 수 있다. 에이전트는 환경의 현재 상태를 입력받는데, 이때 하나의 상태 $s_t \in S$는 특정 시점(t)에서 환경에 관한 모든 데이터의 집합이다. 에이전트는 이 상태 정보를 이용해서 어떤 동작 $a_t \in A$를 취한다. 그 동작은 환경을 결정론적으로 또는 확률적으로 변경하며, 그러면 환경의 현재 상태가 s_{t+1}로 바뀐다.

한 상태에서 다른 상태로의 전이는 특정한 확률로 일어나는데, 이를 **전이 확률**(transition probability)이라고 부른다. 상태 s_t에서 에이전트가 동작 a_t를 취해서 상태 s_{t+1}로 전이하면 에이전트는 그에 따른 보상 r_t를 받는다. 에이전트(강화학습 알고리즘)의 궁극의 목표는 이 보상들을 최대화하는 것이다. 사실 보상을 만들어 내는 것은 동작의 선택 자체가 아니라 그에 따른 상태 전이 $s_t \rightarrow s_{t+1}$이다. 같은 동작이라도 확률에 따라 서로 다른 상태로 이어질 수 있기 때문이다. 예를 들어 액션 영화에서 주인공이 한 지붕에서 다른 지붕으로 건너뛸 때, 주인공은 다른 지붕에 안착할 수도 있고 건물 아래로 떨어질 수도 있다. 중요한 것은 건너뛰는 동작을 선택한 것 자체가 아니라 새 상태(안착 또는 추락)이다.

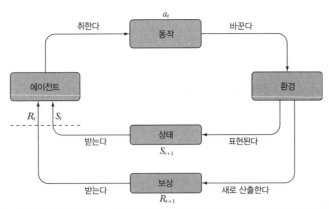

그림 2.9 강화학습 알고리즘의 일반적인 작동 과정. 환경은 상태와 보상을 산출한다. 시점 t에서 에이전트는 주어진 상태 s_t에 따라 동작 a_t를 취하고 보상 r_t를 받는다. 에이전트의 목표는 주어진 상태에서 최선의 동작들을 배워서 보상들을 최대화하는 것이다.

2.7.1 정책 함수

그럼 현재 상태 정보를 이용해서 다음 동작을 선택하는 문제로 넘어가자. 이때 중요한 개념이 **가치 함수**(value function)와 **정책 함수**(policy function; 또는 방침 함수)이다. 둘 다 앞에서 조금 접했지만, 여기서 좀 더 구체적으로 살펴보겠다.

우선 정책 함수부터 이야기하면, 하나의 정책 π는 주어진 환경에서 에이전트가 사용하는 전략을 대표한다. 예를 들어 블랙잭 게임의 딜러는 흔히 카드들의 합이 17 이상이 될 때까지 항상 '히트^{hit}(새 카드를 받는 것)'를 선택하는 전략(정책)을 사용한다. 여러 팔 강도 문제에서 우리의 정책은 엡실론 탐욕 전략이었다. 일반적으로 하나의 정책은 상태를 그 상태에서 가능한 동작들에 대한 확률분포로 사상(mapping)하는 하나의 함수이다.

표 2.5 정책 함수

수식	설명
$\pi: s \rightarrow Pr(A \mid s)$, 여기서 $s \in S$	정책 π는 각 상태를 그 상태에서 최선의(확률적으로) 동작으로 사상하는 함수이다.

수식에서 s는 상태이고 $P_s(A \mid s)$는 상태 s가 주어졌을 때의 동작들의 집합 A에 대한 조건부 확률 분포이다. 이 동작에서 각 동작의 확률은 그 동작이 최대의 보상을 산출할 확률에 해당한다.

2.7.2 최적 정책

강화학습 알고리즘에서 정책은 현재 상태에서 최선의 동작을 선택하는 역할을 한다. **최적 정책**(optimal policy), 즉 보상을 최대화하는 전략을 다음과 같이 공식화할 수 있다.

표 2.6 최적 정책

수식	설명
$\pi^* = \operatorname{argmax} E(R \mid \pi)$	임의의 정책 π를 따를 때 받을 수 있는 기대 보상을 알고 있다고 할 때, 최적 정책 π^*는 기대 보상이 최대가 되는 정책이다.

기대 보상은 정책에 의존하므로, 정책은 기대 보상 함수의 한 매개변수라 할 수 있다. 최적 정책은 사용 가능한 여러 정책 중 기대 보상 함수의 값이 최대가 되는 정책이므로, 기대 보상에 대한 argmax(함숫값이 최대가 되는 인수를 선택하는 연산)의 결과가 곧 최적 정책이다.

다시 말하지만 강화학습 알고리즘(에이전트)의 궁극의 목적은 기대 보상이 최대가 되는 동작들을 선택하는 것이다. 이를 위해 에이전트를 훈련하는 방법은 크게 두 가지로 나뉜다.

- **직접** 방식: 주어진 상태에서 최선인 동작들을 직접 배우게 한다.
- **간접** 방식: 먼저 가치가 큰 상태들이 무엇인지 배우게 하고, 그런 다음 그런 고가치 상태들로 전이되게 하는 동작들을 배우게 한다.

간접 방식은 가치 함수라는 개념으로 이어진다.

2.7.3 가치 함수

가치 함수(value function)는 상태 또는 상태-동작 쌍을 그 상태에서의 **기대 가치**로 사상하는 함수이다. 여기서 상태의 기대 가치는 에이전트가 그 상태에 있을 때 또는 그 상태에서 어떤 동작을 취할 때 기대할 수 있는 보상에 해당한다. 통계학적으로 한 상태의 기대 보상은 그 상태에 있거나 그 상태에서 어떤 동작을 취해서 에이전트가 받은 보상들의 평균이다. 일반적으로 강화학습의 문맥에서 별다른 수식어 없이 그냥 '가치 함수'라고 말하는 것은 상태 가치 함수를 뜻한다(이를테면 상태-동작 쌍에 대한 가치 함수가 아니라).

표 2.7 **상태 가치 함수**

수식	설명
$V_\pi: s \rightarrow E(R \mid s, \pi)$	가치 함수 V_π는 상태 s를 그 상태에서 시작해서 정책 π에 따라 동작을 취했을 때 얻을 수 있는 기대 보상으로 사상한다.

이 함수는 상태 s를 받고 그 상태에서 정책 π에 따라 동작을 취했을 때의 기대 보상을 돌려준다. 그런데 가치 함수가 왜 정책의 함수인지, 즉 정책이 왜 가치 함수의 한 인수(독립변수)인지 이해가 잘 안 될 수도 있다. 문맥적 강도 문제를 생각해 보자. 만일 전적으로 무작위로 동작 하나를 선택하는(즉, 모든 동작의 선택 확률이 동일한) 정책을 사용한다면, 주어진 상태에 대한 최선의 동작이 더 자주 선택되지 않을 것이므로 상태의 가치(기대 보상)가 상당히 낮을 것이다. 그러나 모든 동작이 같은 확률로 선택되는 고른 분포 대신, 더 나은 동작이 더 자주 선택되는 확률분포를 사용하는 정책을 적용한다면 상태의 가치가 더 커질 것이다. 이처럼 정책은 관측된 보상에 영향을 미치므로, 가치 함수는 정책의 함수이다.

이번 장에서 여러 팔 강도 문제를 논의할 때 상태-동작 가치 함수를 소개했다. 이런 함수들을 흔히 **Q 함수**(Q function)라고 부르고, Q 함수의 값을 **Q 가치**(Q value; 또는 Q 값)라고 부른다. 다음 장에서는 심층학습 알고리즘을 Q 함수로 사용하는 '심층 Q 학습'을 만난다.

표 2.8 **동작 가치 함수(Q 함수)**

수식	설명
$Q_\pi: (s \mid a) \rightarrow E(R \mid a, s, \pi)$	Q_π는 상태 s와 동작 a의 쌍 (s, a)를 상태 s에서 정책('전략') π에 따라 동작 a를 취했을 때의 보상으로 사상한다.

사실 앞에서 본 문맥적 강도 문제의 해법도 일종의 심층 Q 학습에 해당한다. 그 해법에서 사용한 신경망이 Q 함수의 역할을 한다. 우리는 주어진 상태에서 특정 동작을 취했을 때의 보상을 정확하게 추정하도록 그 신경망을 훈련했다. 그리고 신경망의 출력에 대한 소프트맥스 함수가 정책 함수이다.

이번 장에서는 여러 팔 강도 문제와 문맥적 강도 문제를 예로 들어서 강화학습의 여러 근본 개념을 소개했다. 또한 심층 강화학습도 조금 맛보았다. 다음 장에서는 이번 장에서 배운 것들에 기초해서, 딥마인드가 아타리 게임을 초인적인 수준에서 플레이하도록 에이전트를 학습시킨 데 사용한 것과 비슷한 심층 Q 신경망 알고리즘을 좀 더 본격적인 형태로 구현해 볼 것이다.

요약

- 상태 공간은 하나의 환경 또는 시스템이 가질 수 있는 모든 상태의 집합이다. 예를 들어 체스의 상태 공간은 모든 유효한 체스판 구성의 집합이다. 동작은 상태 s를 새 상태 s'으로 사상하는 함수이다. 동작 함수는 결정론적일 수도 있고 확률적일 수도 있다. 확률적 동작은 주어진 상태를 일정한 확률분포(전이 확률들로 이루어진)에 따라 여러 상태 중 하나로 사상한다. 동작 공간은 주어진 상태에서 취할 수 있는 모든 가능한 동작의 집합이다.

- 환경은 상태들과 동작들, 보상들의 원천이다. 게임을 플레이하는 강화학습 알고리즘을 구축하는 경우 게임이 곧 환경이다. 환경의 모형은 실제 상태 공간과 동작 공간, 상태 전이 확률들을 근사적으로 표현한 것이다.

- 환경은 보상을 산출한다. 보상은 주어진 상태에서 취한 동작의 상대적 효과 또는 가치를 나타낸다. 기대 보상은 통계학에서 말하는 기댓값 $E[X]$, 즉 확률변수 X(지금 예에서는 보상)의 장기간 평균에 해당한다. 예를 들어 n-팔 강도 문제에서 $E[R|a]$는 동작 a의 장기간 평균 보상이다. 가능한 동작들의 확률분포를 안다고 할 때, 게임을 N회 시행했을 때의 기대 보상은 정확히 $E[R|a_i] = \sum_{i=1}^{N} a_i p_i \cdot r$이다. 여기서 p_i는 동작 a_i가 선택될 확률이고 r은 가능한 최대의 보상이다.

- 주어진 환경에서 최적의 동작들을 배우는 강화학습 알고리즘을 에이전트라고 부른다. 에이전트는 흔히 심층 신경망으로 구현된다. 에이전트의 목적은 기대 보상을 최대화하는 것, 다른 말로 하면 가치가 가장 큰 상태로 나아가는 것이다.

- 에이전트가 사용하는 구체적인 전략을 정책이라고 부른다. 공식적으로 정책은 상태를 받고 하나의 동작을 산출하거나 모든 동작에 대한 확률분포를 산출하는 함수이다. 흔히 쓰이는 정책 중 하나인 엡실론 탐욕 전략은 ε의 확률로 탐험(동작 공간에서 무작위로 동작을 선택)을 적용하고 $1 - \varepsilon$의 확률로 활용(지금까지 알아낸 최선의 동작을 선택)을 적용한다.

- 일반적으로 가치 함수는 주어진 관련 데이터에 기초해서 기대 보상을 돌려주는 임의의 함수이다. 특별한 문맥이 없는 한, 강화학습에서 가치 함수라고 하면 상태 가치 함수를 말한다. 상태 가치 함수는 상태를 받고 그 상태에서 시작해서 어떤 정책에 따라 동작을 취했을 때 받을 수 있는 기대 보상을 돌려준다. 주어진 상태-동작 쌍의 기대 보상을 Q 가치라고 부르고, 상태-동작 쌍을 해당 Q 가치로 사상하는 함수를 Q 함수라고 부른다.

- 흔히 MDP로 줄여서 표기하는 마르코프 결정 과정은 이전 상태들을 참고하지 않고 현재 상태만으로 최선의 결정을 내릴 수 있는 문제들을 통칭하는 용어이다.

3

가장 나은 동작의 선택: 심층 Q 신경망(DQN)

이번 장의 내용

- Q 함수를 신경망으로 구현한다.
- PyTorch로 심층 Q 신경망을 구축하고 Gridworld를 플레이한다.
- 파국적 망각 문제를 경험 재현으로 처리한다.
- 목표망을 이용해서 학습의 안정성을 개선한다.

이번 장은 심층 강화학습의 혁신이 시작된 지점인 딥마인드의 심층 Q 신경망(deep Q network, DQN)에서 시작한다. 아타리 게임들의 플레이를 학습하는 데 쓰인 것이 바로 이 심층 Q 신경망이다. 그런데 실제로 아타리 게임들을 예제로 사용하는 것은 아직 무리이므로, 그 대신 Gridworld^{그리드월드}라고 하는 간단한 콘솔 기반 게임을 환경으로 사용한다. 비록 단순화된 게임 환경이긴 하지만, 기법 자체는 딥마인드가 사용한 것과 사실상 동일하다.

Gridworld는 하나의 특정한 게임이 아니라 일단의 비슷한 게임들이 속한 하나의 틀이다. Gridworld의 게임들은 모두 하나의 격자(grid) 형태의 게임판에서 벌어진다. 모든 Gridworld 게임에는 플레이어(에이전트)와 목적 타일(게임의 목표)이 있다. 또한, 게임에 따라서는 에이전트의 이동을 방해하는 타일이나 에이전트에게 긍정적/부정적 보상을 제공하는 특별한 타일을 사용할 수도 있다. 플레이어는 정사각 격자 위에서 상하좌우로 이동하면서 목표 타일에 도달하거나 긍정적 보상을 받으려 한다. 플레이어의 궁극적인 목적은 단지 목표 타일에 도달하는 것만이 아니라, 장애물들을 피해서 최대한 짧은 경로로 목표 타일에 도달하는 것이다.

3.1 Q 함수

이번 장의 예제들은 원서 깃허브 저장소(http://mng.bz/JzKp)에 있는 아주 간단한 Gridworld 엔진을 사용한다. 필요한 파일들은 깃허브 저장소의 *Chapter 3* 폴더에 있다.

그림 3.1은 첫 번째 예제에서 사용할 간단한 Gridworld 게임을 묘사한 것이다. 이후 예제들은 점점 더 어려운 버전을 사용한다. 이번 게임에서 우리의 목표는 심층 강화학습 에이전트가 게임판 위에서 최대한 효율적인 경로를 따라 목표에 도달하도록 훈련하는 것이다. 자세한 구현으로 들어가기 전에, 이전 장들에서 배운 것 중 이번 장에서도 계속 사용할 몇 가지 핵심 용어와 개념을 정리해 보자.

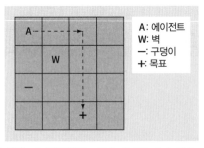

그림 3.1 간단한 Gridworld 게임 설정. 에이전트(A)는 최단 경로를 따라 목표 타일(+)에 도달해야 한다. 도중에 구덩이(-)에 빠지면 안 된다.

상태는 환경이 에이전트에 제공하는 정보이다. 에이전트는 상태를 이용해서 자신이 취할 동작을 결정한다. 비디오 게임의 원본 픽셀, 자율주행차의 감지기(센서) 데이터가 그러한 상태이고, Gridworld의 경우에는 격자(게임판) 위의 모든 물체의 위치를 나타내는 텐서가 하나의 상태이다.

π로 표기하는 **정책**은 에이전트가 주어진 상태에 기초해서 동작을 선택하는 데 사용하는 전략이다. 예를 들어 블랙잭 플레이어가 자신의 손패와 딜러의 패(이 둘의 조합이 하나의 상태이다)와는 무관하게 무작위로 히트 또는 스테이stay(카드를 더 받지 않는 것)를 결정하는 전략도 하나의 정책이다. 물론 이는 아주 비효율적인 정책이지만, 어쨌든 에이전트의 동작을 결정하는 것이면 무엇이든 정책이 될 수 있다는 것이 핵심이다. 물론, 블랙잭의 경우에는 카드 수치가 19가 될 때까지는 항상 히트를 선택하는 것이 더 나은 정책일 것이다.

보상은 동작을 취한 후 에이전트가 받는 신호 또는 피드백이다. 동작을 취하면 환경은 새 상태로 변하며, 그 상태의 가치에 따라 보상이 결정된다. 예를 들어 체스에서 에이전트의 한 수가 상대방에 대한 체크메이트로 이어진다면 에이전트는 +1의 보상을 받고, 반대로 그 수 때문에 에이전트가 체크메이트 상태가 되면 –1의 보상을 받는 식이다. 그 외의 상태에 대한 보상은 0으로 두면 될 것이다(에이전트가 유리한지 불리한지 모르므로).

에이전트는 현재 상태와 정책 π에 기초해서 동작을 취하고, 그에 대한 보상을 받는 과정을 게임이 끝날 때까지 반복한다.

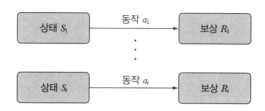

시작 상태 S_1에서 시작해서 정책에 따라 일련의 동작을 수행해서 얻은 보상들의 가중합(weighted sum), 즉 기대 보상을 그 상태의 **가치**(value)라고 부른다. 주어진 상태 s의 가치를 돌려주는 **가치 함수**를 $V_\pi(s)$로 표기한다.

$$V_\pi(s) = \sum_{i=1}^{t} w_i R_i = w_1 R_1 + w_2 R_2 + \ldots + w_t R_t$$

이 식에서 보듯이, 가치는 가중치 w_1, w_2 등을 보상들에 곱하고 모두 합산한 것이다. 보상들을 그냥 합하는 대신 가중합을 사용하는 것은 먼 미래의 보상보다 최근의 보상이 가치에 더 크게 반영되게 하는 것이 바람직할 때가 많기 때문이다. 이 가중합은 여러 정량적 분야에서 흔히 쓰이는 통계량인 기댓값(expected value)으로, $E[R \mid \pi, s]$라고 표기한다. 이 표기는 "정책 π와 시작 상태 s가 주어졌을 때의 기대 보상"을 뜻한다. 이와 비슷하게, $Q_\pi(s, a)$는 상태 s에서 정책 π에 따라 동작 a를 취했을 때의 가치를 뜻하는 **동작-가치 함수**(action-value function)이다. 이는 곧 $E[R \mid \pi, s, a]$이다. 저자에 따라 선호하는 표기법이 다르니, 둘 다 기억해 두면 강화학습 관련 문헌들을 읽을 때 도움이 될 것이다.

§2.7.2에서 직접 훈련 방식과 간접 훈련 방식을 이야기했는데, 간접 방식(최선의 동작들을 직접 배우는 것이 아니라 가치가 큰 상태들을 먼저 배우는 것)을 사용할 때는 상태의 가치가 정책 π에 따라 완전히 달라질 수 있음을 주의해야 한다. 예를 들어 블랙잭에서 현재 카드 합이 20인 상태일 때, 가능한 두 동작 히트와 스테이 중 스테이를 선택해야 이 이 상태의 가치가 높게 유지된다. 카드 합이 20일 때 히트를 선택한다면 버스트(카드 합이 21을 넘는 것)가 되어서 게임에 질 위험이 있다. 그러면 상태의 가치가 낮아진다. 다른 말로 하면, 상태의 가치는 그 상태에서 취할 수 있는 최선의 동작에 대응된다.

3.2 Q 학습 개요

2013년에 구글의 딥마인드 팀은 "Playing Atari with Deep Reinforcement Learning"(심층 강화학습을 이용한 아타리 게임 플레이)이라는 제목의 논문에서 일곱 가지 Atari 2600 게임 중 여섯 개에서 게임 점수 신기록을 세울 정도로 기존 강화학습 알고리즘을 개선하는 새로운 접근 방식을 소개했다. 특히, 딥마인드의 알고리즘은 게임의 원본 픽셀 데이터에만 의존한다는(사람이 화면만 보고 플레이하는 것과 마찬가지로) 점이 특징이었다. 심층 강화학습 분야는 바로 이 논문에서 출발했다고 해도 과언이 아니다.

그들이 개선한 기존 알고리즘은 수십 년 전에 만들어진 **Q 학습**(Q-learning)이라는 것이었다. 유의미한 발전이 있기까지 수십 년의 시간이 걸린 이유는 무엇일까? 주된 원인은 지난 몇십 년간 인공 신경망 분야 자체가 죽어 있었다는 점이다. 새로운 알고리즘과 저렴하고 강력한 GPU 덕분에 좀 더 큰 신경망을 좀 더 효율적으로 훈련할 수 있게 되면서 심층학습의 붐이 일어난 것은 비교적 최근의 일이다. 거기에 더해, 딥마인드 팀은 기존 강화학습 알고리즘을 괴롭히던 몇 가지 문제점을 참신한 기법으로 해결했다. 그럼 Q 학습이 무엇이고 딥마인드가 이를 어떻게 개선했는지 좀 더 자세히 살펴보자.

3.2.1 Q 학습이란?

명민한 독자라면 Q 학습이라는 용어에서 이전에 설명한 동작-가치 함수 $Q_\pi(s,a)$를 떠올릴 것이다. 그러나 그 함수 자체가 Q 학습을 고유하게 특징짓는 것은 아니다. Q 학습은 최적의 동작 가치들을 학습하는 한 방법인데, 동작 가치들을 학습하는 방법은 Q 학습 외에도 여러 가지이다. 가치 함수와 동작-가치 함수는 강화학습의 일반적인 개념들이라서 다양한 곳에 등장한다. Q 학습은 두 개념을 활용하는 여러 학습 알고리즘 중 하나일 뿐이다.

사실 여러분은 Q 학습 알고리즘을 이미 맛보았다. 제2장의 광고 배치 최적화 예제에 적용한 것이 다름 아닌 Q 학습이다. Q 학습의 핵심은 상태-동작 쌍의 가치를 예측하고, 그 예측 가치를 몇 시점 이후에 그때까지 관찰된 누적 보상과 비교해서 알고리즘의 매개변수들을 갱신함으로써 다음번에 더 나은 가치를 예측한다는 것이다. 이는 광고 배치 최적화 예제에서, 주어진 상태에서 각 동작의 기대 보상(가치)을 예측하고 그에 따라 신경망을 갱신한 것과 동일한 접근 방식이다. 제2장 예제의 알고리즘은 좀 더 일반적인 Q 학습 알고리즘 부류의 구체적이고 간단한 하나의 사례였다. Q 학습에 속하는 알고리즘들은 일반적으로 다음과 같은 갱신 규칙을 사용한다.

표 3.1 Q 학습 갱신 규칙

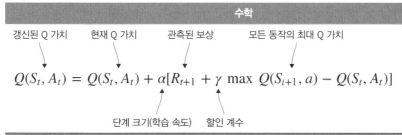

수학

갱신된 Q 가치　　현재 Q 가치　　관측된 보상　　모든 동작의 최대 Q 가치

$$Q(S_t, A_t) = Q(S_t, A_t) + \alpha[R_{t+1} + \gamma \max Q(S_{t+1}, a) - Q(S_t, A_t)]$$

단계 크기(학습 속도)　　할인 계수

의사코드

```
def get_updated_q_value(old_q_value, reward, state, step_size, discount):
    term2 = (reward + discount * max([Q(state, action) for action in
            actions]))
    term2 = term2 - old_q_value
    term2 = step_size * term2
    return (old_q_value + term2)
```

설명

시점 t의 Q 가치를 현재 Q 가치와 향후 기대 가치(현재 상태에서 에이전트가 최적으로 플레이할 때 기대할 수 있는 가치)의 합으로 갱신한다.

3.2.2 Gridworld 해법

그럼 Q 학습 갱신 공식을 Gridworld 문제에 어떻게 적용하면 될지 생각해 보자. 이 예제에서 우리의 목표는 이번 장의 간단한 Gridworld 게임 환경에서 에이전트가 목표에 도달하는 방법을 배우게 만드는 것이다. 사람이 플레이할 때와 마찬가지로, 에이전트는 게임판(격자)이 어떤 모습이고 어떤 물체가 어디에 배치되어 있는지만 알 수 있다. 훈련되지 않은 상태의 에이전트는 이 게임의 작동 방식에 관해 아무 지식도 없다. 단지 목표 타일에 도달하면 보상을 받는다는 점만 알 뿐이다. 아무 사전 지식도 없는 학습 알고리즘이 강화학습을 통해서 게임 플레이 방법을 배울 수 있다는 점은 상당히 인상적이다.

연속적인(적어도 체감상으로) 시간의 흐름 속에서 사는 인간과는 달리, 알고리즘은 이산적인 세계에서 살아간다. 즉, 알고리즘은 불연속적인 시간 단계(time step) 또는 시점(time point)들에서 작동한다. 시간 단계 1에서 알고리즘은 게임판을 "살펴보고" 어떤 동작을 취할 것인지 결정하며, 그 동작은 게임판을 변경한다. 이러한 과정이 이후의 시간 단계들에서 계속 반복된다.

그럼 이 과정을 좀 더 상세히 서술해 보자. 다음은 Gridworld 게임에서 벌어지는 일련의 사건들이다.

1. 에이전트는 게임의 한 상태에서 게임을 시작한다. 주어진 한 시점 t에서 게임의 상태 S_t는 게임에 관한 모든 정보를 포함한다. Gridworld의 게임 상태(게임판 구성)는 하나의 4×4×4 텐서로 표현된다. 게임판과 그 구성에 관해서는 잠시 후에 알고리즘을 구현할 때 좀 더 자세히 살펴보겠다.

2. S_t에서 취할 수 있는 각 동작을 S_t와 함께 심층 신경망(또는 다른 어떤 그럴듯한 기계학습 알고리즘)에 넣는다. 신경망은 주어진 상태에서 주어진 동작을 취했을 때의 가치를 예측한다(그림 3.2).

상태 ──→ [Q 함수] ──→ 동작 가치
동작 ──→

그림 3.2 상태와 동작을 받고 그 상태에서 그 동작을 취했을 때의 가치(기대 보상)를 돌려주는 함수면 어떤 것이라도 Q 함수로 사용할 수 있다.

알고리즘이 동작에 대한 보상 자체를 예측하는 것이 아니라, 그 동작을 취했을 때의 가치의 기댓값(기대 보상)을 예측한다는 점을 주의하기 바란다. 기대 보상은 주어진 상태에서 주어진 동작을 취한 후 에이전트가 계속해서 정책 π에 따라 행동한다고 가정했을 때의 장기적인 평균 보상이다. 주어진 상태에서 취할 수 있는 모든 동작(또는 좀 더 가망 있는 일부 동작들)에 대해 이러한 기대 보상을 계산한다.

3. 선택된 동작(신경망이 가장 가치가 큰 동작이라고 예측한 것이든, 또는 탐험을 위해 무작위로 선택한 것이든)을 수행한다. 그러면 게임은 새 상태로 전이한다. 시점 t에서 취한 동작을 A_t로 표기하고 새 상태를 S_{t+1}, 그에 대한 보상을 R_{t+1}로 표기하기로 하자. 이 보상은 학습 알고리즘이 좀 더 나은 예측을 하도록 훈련하는 데 쓰인다. 여기까지의 과정이 그림 3.3에 나와 있다.

4. S_{t+1}을 입력으로 삼아 알고리즘을 실행해서 가치가 가장 큰 동작을 찾는다. 알고리즘이 예측한 가치 $Q(S_{t+1},a)$는 상태 S_{t+1}의 모든 동작에서 얻을 수 있는 가장 큰 기대 가치에 해당한다.

5. 이제 알고리즘의 매개변수들을 갱신하는 데 필요한 모든 데이터가 갖춰졌다. 평균제곱오차 같은 어떤 손실함수를 이용해서, 알고리즘이 예측한 가치와 목표 예측 가치 $Q(S_t,A_t) + \alpha[R_{t+1} + \gamma maxQ(S_{t+1},A) - Q(S_t,A_t)]$의 차이가 최소가 되도록 훈련을 한 주기(epoch) 실행한다.

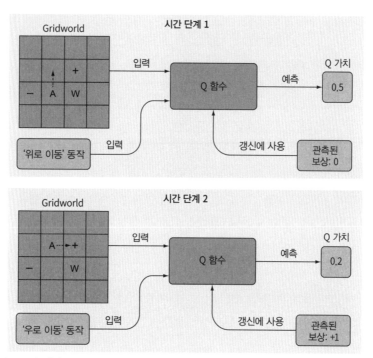

그림 3.3 Gridworld에 대한 Q 학습의 구조. Q 함수는 상태와 동작을 받고 그 상태-동작 쌍의 기대 보상(가치)을 돌려준다. 더 나은 그 동작을 취해서 나온 실제 보상(관측된 보상)과 Q 학습 갱신 공식으로 Q 함수의 매개변수들을 갱신해서 예측 능력을 향상한다.

3.2.3 초매개변수

앞의 단계 5에 나온 공식에 있는 γ와 α는 실제 학습에는 관여하지 않고 알고리즘의 학습 방식에 영향을 주는 매개변수이다. 이런 매개변수를 **초매개변수**(hyperparameter)라고 부른다. 매개변수 α^{알파}는 **학습 속도**(learning rate; 또는 학습률)에 해당한다. 다른 여러 기계학습 알고리즘에도 학습 속도 초매개변수가 있다. 학습 속도는 훈련의 각 단계에서 알고리즘이 얼마나 빠르게 학습하는지를 결정한다. 이 초매개변수를 작게 잡으면 각 단계에서 매개변수들이 조금만 갱신되고, 크게 잡으면 크게 갱신된다.

3.2.4 할인 계수

매개변수 γ^{감마}는 **할인 계수**(discount factor)이다. 할인 계수는 에이전트가 결정을 내릴 때 향후 보상들의 영향을 얼마나 감소('할인')할 것인지에 해당하는 0에서 1 사이의 값이다. 간단한 예로 설명해 보겠다. 현재 상태에서 에이전트가 취할 수 있는 동작이 두 개인데, 한 동작은 보상 0과 보상 +1로 이어지고 다른 동작은 보상 +1과 보상 0으로 이어진다(그림 3.4).

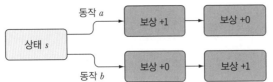

그림 3.4 총 보상은 같지만 할인 계수 때문에 기대 가치가 달라지는 예. 일반적으로 최근 보상이 향후 보상보다 기대 가치에 더 큰 영향을 준다.

그림 3.4에 나온 두 동작 경로의 보상 총합은 +1로 같다. 그러나 한 동작 경로의 기대 가치를 계산할 때는 향후 보상들에 할인 계수가 곱해진다는 점을 생각해야 한다. 따라서 만일 γ가 1보다 작다면 향후 보상이 최근 보상보다 가치에 덜 반영된다. 지금 예에서 γ가 0.8이라고 할 때, 동작 b의 향후 보상은 +1에서 +0.8로 감소하지만 동작 a의 향후 보상은 변함이 없다. 따라서 이 예에서는 동작 a를 선택하는 것이 바람직하다.

이 할인 계수 개념은 강화학습뿐만 아니라 실생활에도 볼 수 있다. 예를 들어, 누군가가 여러분에게 지금 당장 100만 원을 주거나 한 달 후에 110만 원을 주겠다고 하면 어느 쪽을 고르겠는가? 아마 지금 당장의 100만 원이 한 달 후의 110만 원보다 더 가치가 있다고 판단하는 독자가 많을 것이다. 이는 미래의 보상에 암묵적으로 할인을 적용한 것에 해당하는데, 미래가 불확실하다는(다음 주에 그 사람이 죽을 수도 있다) 점을 생각하면 합리적인 선택이다. 이때 할인율 또는 할인 계수는 두 가치의 비율에 해당한다. 예를 들어 지금 당장 100만 원을 받는 것과 한 달 후에 200만 원을 받는 문제에서 할인 계수는 100/200 = 0.5(1개월당)이다. 따라서, 만일 지금 당장 100만 원을 받는 대신 두 달 후에 x의 금액을 받는 쪽을 선택하려면 x가 400만 원보다 커야 할 것이다. 한 달의 할인 계수가 0.5이므로 두 달이면 0.5×0.5 = 0.25이고, 100 = 0.25x로 두면 x = 400이다. 이 예는 할인 계수가 시간에 대해 지수적으로(거듭제곱으로) 적용됨을 보여준다. 즉, 이산적인 시간 단계 t에서 가치는 γ^t에 비례한다.

초매개변수 γ는 [0,1), 즉 0보다 크거나 같고 1보다 작은 실수(부동소수점 수)이다. 할인 계수가 1이면 할인이 적용되지 않으므로, γ는 반드시 1보다 작아야 한다. 할인이 적용되지 않으면 무한히 먼 미래의 보상들을 고려해야 할 수 있는데, 이는 현실적으로 불가능한 일이다. 할인 계수를 0.99999로만 잡아도 언젠가는 반드시 향후 보상이 0이 되므로, 무한히 많은 향후 보상을 고려해야 하는 상황을 피할 수 있다.

실제로 Q 학습 알고리즘을 구현할 때는 Q 가치의 예측 방법을 배우기 위해 얼마나 많은 향후 보상들을 고려해야 할지 결정해야 한다. 안타깝게도 이에 대한 궁극의 답은 없다. 사실 할인 계수를 비롯해 대부분의 초매개변수는 어떤 명확한 설정 방법이 없다. 그냥 그럴듯한 값으로 시작해서 시행착오를 거쳐 조율할 수밖에 없다.

여기서 잠깐, 대부분의 게임은 **일화적**(episodic)임을 기억하기 바란다. 일화적이라는 것은 게임의 최종 승리 또는 패배가 한 번의 동작이 아니라 여러 번의 동작으로 결정됨을 뜻한다. 게임 시작에서 최종 승리 또는 패배까지의 과정을 '일화' 또는 '에피소드'라고 부른다. 한 에피소드의 동작들 각각에 대해 개별적으로 점수를 얻거나 잃는 게임도 있지만, 체스처럼 최종 승패 말고는 어떤 점수도 배정되지 않는, 즉 하나의 에피소드 전체에 대해서만 점수가 부여되는 게임도 많다. 그런 게임들에서는 보상 신호가 극히 적기 때문에, 시행착오에 기초한 학습 기법들(빈번하게 보상을 받아야 하는)로는 게임 플레이 방법을 제대로 배우기가 어렵다.

Gridworld 게임에서는 게임 승리(목표 타일 도달)로 이어지지 않는 모든 동작(타일 이동)에 대해 -1의 보상이 주어지고, 게임 승리로 이어지는 동작에 대해 +10의 보상이, 게임 패배(구덩이 타일 등)로 이어지는 동작에 대해서는 -10의 보상이 주어진다. 게임의 승리 또는 패배로 이어지는 마지막 이동의 보상 절댓값이 그 이전 보상들보다 훨씬 큼을 주목하기 바란다. 따라서 학습에 크게 영향을 미치는 것은 마지막 보상이다. 이는 체스처럼 보상 신호가 희소함을 뜻한다. Gridworld 게임은 승리하기까지의 이동 횟수가 그리 많지 않으므로 큰 문제가 되지 않지만, 하나의 에피소드가 비교적 긴 다른 게임들에서는 강화학습 알고리즘이 인간 수준의 성과를 내는 데 이것이 큰 걸림돌이 된다(심지어 아주 진보된 강화학습 알고리즘이라도 그렇다). 한 가지 해결책은 기대 보상을 최대화하는 목적에만 전념하는 대신 알고리즘이 뭔가 참신한 시도를 통해서 환경을 좀 더 파악하게 만드는 것인데, 제8장에서 좀 더 자세히 이야기하겠다.

3.2.5 신경망 구축

그럼 이 게임을 위한 심층학습 알고리즘을 구축하는 방법을 좀 더 구체적으로 살펴보자. 신경망마다 그 구조 및 연결 관계가 다르다. 신경망을 구축할 때는 신경망을 구성하는 층의 개수와 각 층의 매개변수 개수(이를 층의 '너비(width)'라고 부르기도 한다), 그리고 층들의 연결 방식을 결정해야 한다. Gridworld는 아주 간단한 게임이라서 거창한 신경망을 만들 필요는 없다. 그냥 층 몇 개로 이루어진, 그리고 전형적인 ReLU를 활성화 함수로 사용하는 보통의 순방향 신경망이면 충분하다. 우리가 신경 쓸 부분은 입력 데이터와 출력층의 표현 방법뿐이다.

그럼 출력층(output layer)부터 보자. 앞에서 Q 학습을 소개할 때 말했듯이, Q 함수 $Q(s,a)$는 상태 s와 동작 a를 받고 그 상태-동작 쌍의 가치를 계산하는 함수이다. 이것이 원래의 Q 함수이다(그림 3.5). 제2장에서는 흔히 $V_\pi(s)$로 표기하는 상태-가치 함수도 소개했다. 이 함수는 정책 π에 따라 동작들을 선택했을 때 기대할 수 있는 상태 s의 가치를 계산한다.

일반적으로 우리가 Q 함수를 이용하는 이유는 이 함수가 주어진 상태에서 어떤 동작을 취했을 때의 가치(Q 가치)를 말해주기 때문이다. 그런 상태-동작 가치들을 알면 기대 보상이 가장 큰 동작을 선택할 수 있다. 그런데 주어진 상태에서 취할 수 있는 모든 동작에 대해 개별적으로 Q 가치를 계산하는 것은 상당히 비효율적일 수 있다(애초에 Q 함수가 그런 식으로 정의되긴 했지만). 효율을 높이기 위해 딥마인드는 Q 함수를 하나의 벡터값 함수로 다시 정의해서 사용했다. 재정의된 Q 함수는 하나의 상태-동작 쌍에 대한 하나의 Q 가치를 계산하는 대신, 주어진 상태의 모든 동작에 대한 Q 가치들을 계산하고 그 Q 가치들로 이루어진 하나의 벡터를 돌려준다. 모든 가능한 동작의 집합이 A라고 할 때, 이러한 새 Q 함수를 $Q_A(s)$로 표기하겠다 (그림 3.5).

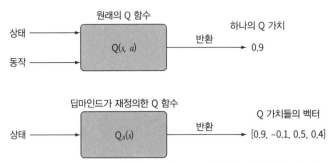

그림 3.5 원래의 Q 함수는 상태-동작 쌍을 받아서 그 상태-동작 쌍의 가치(하나의 스칼라)를 돌려준다. 딥마인드는 이를 상태 하나를 받고 상태-동작 가치 벡터(주어진 입력 상태에서 취할 수 있는 모든 동작의 가치로 이루어진)를 돌려주는 벡터값 Q 함수로 수정했다. 모든 동작에 대해 함수를 한 번만 계산하면 되므로 이 벡터값 Q 함수가 좀 더 효율적이다.

$Q_A(s)$ 형태의 Q 함수는 벡터를 산출하므로, Q 함수 역할을 하는 신경망의 출력층도 벡터를 돌려주어야 한다. 이 벡터는 모든 가능한 동작의 Q 가치들로 이루어진다. 따라서 벡터의 차원(길이)은 동작의 개수와 같다. Gridworld 게임에서 가능한 동작은 네 가지(상하좌우 이동)이므로 출력층은 4차원 벡터를 출력해야 한다. 학습 알고리즘은 이 신경망의 출력을 그대로 사용해서 동작을 선택한다. 동작 선택 시 간단한 엡실론 탐욕 접근 방식을 따를 수도 있고 소프트맥스 선택 정책을 따를 수도 있는데, 여기서는 딥마인드가 했던 것처럼 엡실론 탐욕 접근 방식을 따르기로 한다(그림 3.6). 단, 이전 장에서처럼 고정된 ε 값을 사용하는 대신, 처음에는 1로 잡아서(그러면 동작들이 완전히 무작위로 선택된다) 훈련을 몇 번 반복하고, 그런 다음에는 점차 줄여나가다가 일정한 값이 되면 계속 유지한다. 이렇게 하면 알고리즘이 처음에는 동작들을 진취적으로 탐험하다가 어느 정도 시간이 지나면 그때까지 배운 것들을 활용하는 단계로 넘어가게 된다. 이 접근 방식이 탐험과 활용의 균형을 잘 맞추길 기대하지만, 정말로 그런지는 통계학적으로 검증해 봐야 할 것이다.

그림 3.6 엡실론 탐욕 동작 선택법에서는 엡실론 매개변수를 0 이상 1 이하의 값, 이를테면 0.1로 설정하고, 그 확률로 어떤 동작을 무작위로 선택하거나(예측된 Q 가치들은 전혀 활용하지 않고) 1 - 엡실론(이를테면 0.9)의 확률로 지금까지 예측된 가장 큰 가치에 해당하는 동작을 선택한다. 엡실론을 고정하는 대신, 처음에는 1 같은 큰 값으로 시작해서 훈련이 반복됨에 따라 점차 감소하는 기법도 유용하다.

이제 출력층은 결정이 되었고 나머지 층들만 결정하면 된다. 이번 장의 예제에서는 입력층 하나와 은닉층 하나, 출력층 하나로 된 간단한 신경망을 사용한다. 입력층의 너비는 64이고 은닉층의 너비는 150, 출력층의 너비는 방금 보았듯이 4이다. 보통의 최종 소비자용 컴퓨터에서도 독자가 신경망을 충분히 훈련할 수 있도록 비교적 얕은 구조를 선택했는데(Intel Core i7 1.7 GHz와 램 8GB의 맥북 에어에서 몇 분이면 훈련이 끝난다), 여건이 된다면 이 예제에 은닉층을 더 추가하거나 은닉층의 너비를 더 키워서 실험해보기 바란다.

입력층과 은닉층을 살펴보기 전에, 예제에 사용할 Gridworld 게임 엔진을 소개하겠다. 이 게임 엔진은 이 책의 예제를 위해 필자들이 개발한 것으로, 깃허브 저장소의 Chapter 3 디렉터리에 있다.

3.2.6 Gridworld 게임 엔진 소개

원서 깃허브 저장소의 Chapter 3 디렉터리를 보면 *Gridworld.py*라는 파일이 있다. 이 파일을 여러분 컴퓨터의 적당한 디렉터리에 복사한 후 from Gridworld import *로 모듈을 도입하면 된다. 이 Gridworld 모듈에는 Gridworld 게임 인스턴스의 실행을 위한 여러 클래스와 보조 함수가 있다. 목록 3.1은 하나의 Gridworld 게임 인스턴스를 생성하는 방법을 보여준다.

목록 3.1 **Gridworld 게임 생성**

```
from Gridworld import Gridworld
game = Gridworld(size=4, mode='static')
```

Gridworld 게임판은 항상 정사각 격자 형태이며, size 인수는 정사각 격자 한 변의 크기이다. 위의 예는 4×4 격자를 만든다. 게임판을 초기화하는 방법은 세 가지이다. 첫째로, 목록 3.1처럼 mode='static'을 지정하면 게임판이 정적 모드로 초기화된다. 둘째로, mode='player'를 지정하면 정적 모드와 같되 플레이어의 위치가 무작위로 설정된다. 마지막으로, mode='random'

을 지정하면 플레이어와 벽을 포함한 모든 게임 객체가 무작위로 배치된다(그러면 알고리즘의 학습이 더 어려워진다). 나중에 둘째 옵션과 셋째 옵션도 살펴볼 것이다.

그럼 게임을 진행하는 방법을 간단히 소개해 보겠다. 게임 인스턴스에 대해 display 메서드를 호출하면 게임판이 출력된다. 플레이어를 움직일 때는 makeMove 메서드를 사용하는데, 이 메서드는 이동 방향을 뜻하는 영문자 하나를 받는다. *u*는 위로, *l*은 왼쪽으로, *r*은 오른쪽으로, *d*는 아래로 이동을 뜻한다. 이동 후 다시 display 메서드를 호출하면 게임판 구성이 변했음을 확인할 수 있다. 또한, 이동 후 reward 메서드를 호출하면 해당 이동(동작)의 보상이 출력된다. Gridworld에서 게임 승리(목표 도달)로 이어지는 동작의 보상은 +10, 게임 패배(구덩이에 빠짐)로 이어지는 동작의 보상은 -10이고 그 외의 모든 동작은 보상이 -1이다.

```
>>> game.display()
array([['+', '-', ' ', 'P'],
       [' ', 'W', ' ', ' '],
       [' ', ' ', ' ', ' '],
       [' ', ' ', ' ', ' ']], dtype='<U2')
>>> game.makeMove('d')
>>> game.makeMove('d')
>>> game.makeMove('l')
>>> game.display()
array([['+', '-', ' ', ' '],
       [' ', 'W', ' ', ' '],
       [' ', ' ', 'P', ' '],
       [' ', ' ', ' ', ' ']], dtype='<U2')
>>> game.reward()
-1
```

그럼 게임의 상태가 어떤 식으로 표현되는지도 살펴보자. 게임 상태는 신경망의 입력으로 쓰이므로 어떤 형태인지 알 필요가 있다. 다음은 게임 상태를 출력하는 예이다.

```
>>> game.board.render_np()
array([[[0, 0, 0, 0],
        [0, 0, 0, 0],
        [0, 0, 1, 0],
        [0, 0, 0, 0]],

       [[1, 0, 0, 0],
        [0, 0, 0, 0],
        [0, 0, 0, 0],
        [0, 0, 0, 0]],

       [[0, 1, 0, 0],
        [0, 0, 0, 0],
        [0, 0, 0, 0],
```

```
       [0, 0, 0, 0]],

      [[0, 0, 0, 0],
       [0, 1, 0, 0],
       [0, 0, 0, 0],
       [0, 0, 0, 0]]], dtype=uint8)
>>> game.board.render_np().shape
(4, 4, 4)
```

이 예에서 보듯이, 게임의 상태는 하나의 3차 텐서로 표현된다. 지금 예에서는 4×4×4 텐서인데, 첫 차원(색인)을 통해서 네 개의 4×4 행렬에 접근할 수 있다. 각 행렬을 **높이×너비** 크기의 평면 **프레임**^frame으로 간주하면 이해에 도움이 될 것이나. 각 행렬 또는 '프레임'은 다수의 0과 하나의 1로 이루어진 하나의 4×4 격자인데, 1은 특정 게임 객체이다. 어떤 게임 객체인지는 어떤 프레임이냐에 따라 다른데, 첫 프레임(0)은 플레이어이고 둘째 프레임(1)은 목표, 셋째 프레임(2)은 구덩이, 넷째 프레임(3)은 벽(장애물)이다. 위의 게임 상태를 앞에서 display 메서드로 출력한 게임판과 비교해 보면 실제로 첫 프레임의 1이 게임판의 플레이어(P), 둘째 프레임의 1이 게임판의 목표 타일(+), 셋째 프레임의 1이 구덩이(-), 마지막이 벽(W)에 대응됨을 확인할 수 있다.

다른 말로 하면, 이 3차 텐서의 첫 차원은 네 개의 서로 다른 격자 평면을 지칭하며, 각 평면은 특정 객체의 위치를 표현한다(그림 3.7 참고). 격자의 특정 칸(타일)을 (**행번호**, **열번호**)로 표기한다고 할 때, 앞의 텐서(game.board.render_np()의 출력)는 플레이어가 격자 칸 (2,2)에 있고 목표가 (0,0), 구덩이가 (0,1), 벽이 (1,1)에 있는 게임 상태(게임판 구성)를 나타낸다.

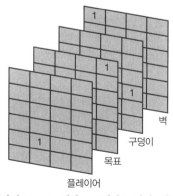

그림 3.7 Gridworld 게임 상태를 하나의 NumPy 배열로 표현하는 방식. 게임 상태는 4×4 격자 형태의 '조각' 또는 '프레임' 네 개로 이루어진 하나의 4×4×4 텐서이다. 각 격자 조각은 게임판에서 특정 객체의 위치를 나타내는데, 값이 1인 성분이 그 객체에 해당한다. 그 밖의 성분은 모두 0이다.

이 4×4×4 텐서를 직접 처리하는 신경망을 만드는 것도 이론적으로 가능하지만, 그보다는 이 3차 텐서를 하나의 1차 텐서(벡터)로 변환해서 신경망에 입력하는 것이 더 간단하다. 4×4×4 텐서의 성분은 총 64개이므로, 신경망의 입력층은 적어도 64차원의 벡터를 받아야 한다. 신경망은 이 입력 데이터의 의미를 파악하고 그것을 보상 최대화와 연관시키는 방법을 배워야 한다. 처음에는 학습 알고리즘이 게임에 관해 아무것도 모른다는 점을 기억하기 바란다.

3.2.7 Q 함수 역할을 하는 신경망

그럼 Q 함수로 사용할 신경망을 구축해 보자. 이전에 언급했듯이 이 책의 모든 예제는 PyTorch를 이용해서 심층학습 모형을 구현한다. TensorFlow나 MXNet이 더 익숙한 독자도 있겠지만, 예제들을 해당 라이브러리로 이식하는 것이 별로 어렵지 않을 것이다.

그림 3.8은 우리가 구축할 심층학습 모형(심층 Q 신경망)의 전반적인 구조이고, 그림 3.9는 이를 형식들이 지정된 끈 그림으로 표현한 것이다.

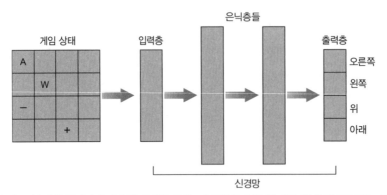

그림 3.8 Gridworld 게임 플레이에 사용할 신경망 모형. 이 모형은 64차원 게임 상태 벡터를 받는 입력층 하나와 다수의 은닉층(이번 장의 예제는 은닉층이 하나뿐이지만, 일반적인 구조를 보여주기 위해 그림에는 두 개를 배치했다), 그리고 주어진 상태에서 취할 수 있는 동작들에 대응되는 4차원 Q 가치 벡터를 산출하는 출력층 하나로 구성된다.

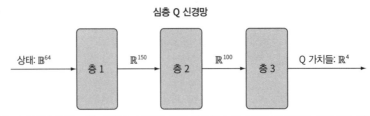

그림 3.9 심층 Q 신경망의 끈 그림. 입력은 64차원 이진 벡터이고 출력은 Q 가치들로 이루어진 4차원 실수 벡터이다.

목록 3.2는 nn 모듈을 이용해서 이 신경망을 정의하는 코드이다. 텐서플로에 대한 케라스와 비슷하게, nn은 PyTorch에 대한 고수준 인터페이스이다.

목록 3.2 심층 신경망 Q 함수

```python
import numpy as np
import torch
from Gridworld import Gridworld
import random
from matplotlib import pylab as plt

l1 = 64
l2 = 150
l3 = 100
l4 = 4

model = torch.nn.Sequential(
    torch.nn.Linear(l1, l2),
    torch.nn.ReLU(),
    torch.nn.Linear(l2, l3),
    torch.nn.ReLU(),
    torch.nn.Linear(l3,l4)
)
loss_fn = torch.nn.MSELoss()
learning_rate = 1e-3
optimizer = torch.optim.Adam(model.parameters(), lr=learning_rate)

gamma = 0.9
epsilon = 1.0
```

이 코드는 신경망 모형 하나를 생성하고, 손실함수와 학습 속도를 설정하고, 최적화기를 설정하고, 마지막으로 초매개변수 두 개를 설정한다. 간단한 분류용 신경망이라면 이것으로 모형의 구축이 거의 끝난다. 그냥 최적화기를 실행해서 입력에 대한 모형의 오차를 최소화하는 for 루프를 추가하기만 하면 된다. 그러나 강화학습에서는 상황이 조금 더 복잡하다(아마 그것이 여러분이 이 책을 읽는 이유일 것이다). 그럼 이전에 소개한 강화학습의 반복 과정을 이번 예제에 맞게 좀 더 구체적으로 살펴보자.

목록 3.3은 알고리즘의 주 루프이다. 이 루프가 하는 일을 개괄적으로 설명하자면 다음과 같다.

1. 훈련 반복 횟수(epochs 변수)만큼 for 루프를 돌린다.

2. 루프 안에 또 다른 while 루프(여기서 게임이 진행된다)가 있다.

3. while의 각 반복에서, 우선 Q 신경망을 실행(순전파)한다.

4. 엡실론 탐욕 접근 방식에 따라, ε의 확률로 무작위로 동작을 하나 선택하고 $1 - \varepsilon$의 확률로 지금까지 신경망이 산출한 최고의 Q 가치에 해당하는 동작을 선택한다.

5. 앞 단계에서 선택된 동작 a를 수행하고, 게임의 새 상태 s_{t+1}과 보상 r_{t+1}을 얻는다.

6. s_{t+1}을 입력해서 신경망의 순전파를 실행하고, 신경망의 출력으로 현재까지 최고의 Q 가치를 갱신한다. 현재까지 최고의 Q 가치를 max Q로 표기하겠다.

7. 신경망 훈련을 위한 목푯값 $r_{t+1} + \gamma \max Q_A(s_{t+1})$을 계산한다. 여기서 γ는 값이 0과 1 사이인 하나의 초매개변수이다. 동작 a_t에 의해 게임이 끝나면(승리 또는 패배) 유효한 s_{t+1}은 존재하지 않으므로 $\gamma \bullet \max Q_A(S_{t+1})$도 유효하지 않다. 이 경우에는 이 항을 0으로 둔다. 즉, 목푯값은 그냥 r_{t+1}이다.

8. 출력 벡터의 성분이 네 개이고 방금 취한 동작과 연관된 출력만 갱신(훈련)한다고 할 때, 목표 출력 벡터는 첫 실행의 출력 벡터에서 동작과 연관된 출력 성분 하나만 Q 학습 공식에 따라 계산한 값으로 바꾼 것에 해당한다.

9. 이 하나의 표본으로 모형을 훈련한다. 단계 2~9를 게임이 끝날 때까지 반복한다.

신경망 첫 실행 시 산출된 동작 가치 벡터가 다음과 같다고 하자.

```
array([[-0.02812552, -0.04649779, -0.08819015, -0.00723661]])
```

다음은 이에 대한 목표 벡터의 예이다.

```
array([[-0.02812552, -0.04649779, 1, -0.00723661]])
```

갱신할 성분 하나만 달라졌음을 주목하기 바란다.

실제 코드로 들어가기 전에 한 가지만 더 짚고 넘어가자. Gridworld 게임 엔진의 makeMove 메서드는 u 같은 문자를 받지만, Q 학습 알고리즘은 수치만 다룬다. 이를 위해, 다음과 같이 정수 동작 번호를 해당 동작 문자로 사상(대응)하는 맵을 하나 만들어 둔다.

```
action_set = {
    0: 'u',
    1: 'd',
    2: 'l',
    3: 'r',
}
```

그럼 훈련 반복 루프의 코드를 보자.

목록 3.3 Q 학습: 주 훈련 루프

```
epochs = 1000
losses = []                                              ❶
for i in range(epochs):                                  ❷
    game = Gridworld(size=4, mode='static')              ❸
    state_ = game.board.render_np().reshape(1,64) \
            + np.random.rand(1,64)/10.0                  ❹
    state1 = torch.from_numpy(state_).float()            ❺
    status = 1                                           ❻
    while(status == 1):                                  ❼
        qval = model(state1)                             ❽
        qval_ = qval.data.numpy()
        if (random.random() < epsilon):                  ❾
            action_ = np.random.randint(0,4)
        else:
            action_ = np.argmax(qval_)

        action = action_set[action_]                     ❿
        game.makeMove(action)                            ⓫
        state2_ = game.board.render_np().reshape(1,64) +
    np.random.rand(1,64)/10.0
        state2 = torch.from_numpy(state2_).float()       ⓬
        reward = game.reward()
        with torch.no_grad():
            newQ = model(state2.reshape(1,64))
        maxQ = torch.max(newQ)                           ⓭
        if reward == -1:                                 ⓮
            Y = reward + (gamma * maxQ)
        else:
            Y = reward
        Y = torch.Tensor([Y]).detach()
        X = qval.squeeze()[action_]                      ⓯
        loss = loss_fn(X, Y)
        optimizer.zero_grad()
        loss.backward()
        losses.append(loss.item())
        optimizer.step()
        state1 = state2
        if reward != -1:                                 ⓰
            status = 0
    if epsilon > 0.1:                                    ⓱
        epsilon -= (1/epochs)
```

❶ 손실값들을 담을 목록. 나중에 추세 그래프를 그리는 데 사용한다.

❷ 주 훈련 루프.

❸ 각 훈련 주기에서 새 게임을 시작한다.

❹ 게임 인스턴스를 생성한 후 상태 정보를 추출해서 약간의 잡음(무작위 요소)을 추가한다.

❺ NumPy 배열을 PyTorch 텐서로 변환해서 새 변수에 설정한다.

❻ status 변수는 게임이 아직 진행 중인지를 나타낸다.

❼ 하나의 게임 에피소드가 끝날 때까지 진행하는 내부 루프이다.

❽ Q 신경망의 순전파 단계를 실행해서 모든 동작의 Q 가치를 예측한다.

❾ 엡실론 탐욕법을 이용해서 하나의 동작을 선택한다.

❿ 선택된 동작의 번호를 Gridworld 게임이 이해하는 동작 문자로 변환한다.

⓫ 실제로 동작을 수행한다.

⓬ 게임의 새 상태를 얻는다.

⓭ 새 상태로 Q 가치를 얻고 최대 Q 가치를 갱신한다.

⓮ 목표 Q 가치를 계산한다.

⓯ qval 배열(가치 벡터)의 성분 중 현재 동작에 해당하는 성분만 갱신한 배열을 새 변수에 담는다.

⓰ 보상이 –1이 아니면 게임이 끝난 것이다(승리 또는 패배).

⓱ 한 에피소드가 끝날 때마다 엡실론을 감소한다.

참고 게임의 초기 상태에 잡음을 추가한 이유는 소위 '죽은 뉴런'이 생기지 않게 하기 위한 것이다. 정류 선형 단위(ReLU)를 활성화 함수로 사용하는 신경망에서는 일부 뉴런이 "죽을" 수 있다. 이 예제의 게임 상태처럼 대부분의 성분이 0인 배열은 0에서 미분이 불가능하기 때문에 ReLU와 잘 맞지 않는다. 상태 배열의 그 어떤 성분도 정확히 0이 되지 않도록 초기에 약간의 잡음을 추가하면 문제가 해결된다. 또한, 모형이 훈련 데이터의 추상적인 특징들을 배우기보다는 별로 중요하지 않은 세부 사항을 '암기'해서 생기는 **과대적합**(overfitting)을 피하는 데도 초기 잡음 추가가 도움이 된다. 세부 사항을 그대로 암기한 모형은 새 데이터로 잘 일반화되지 않는다.

이 코드에는 이전에 이야기하지 않은 사항이 몇 가지 있다. 우선, 다음 상태 Q 가치를 계산할 때 with 키워드를 이용해서 torch.no_grad()를 하나의 문맥으로 지정했음을 주목하자. 어떤 입력으로 PyTorch 모형을 실행하면 암묵적으로 하나의 계산 그래프가 만들어진다. 각 PyTorch 텐서는 텐서 성분들 외에 그 성분들을 산출하는 데 쓰인 계산들도 기억한다. 그러나 torch.no_grad() 문맥 안에서는 PyTorch가 계산 그래프를 생성하지 **않는다**. 계산 그래프가 필요하지 않을 때는 이처럼 계산 그래프 생성을 아예 생략해서 메모리를 절약할 수 있다. state2에 대한 Q 가치들은 그냥 훈련을 위한 목푯값을 계산하는 데 필요한 것일 뿐 계산 그래프를 통해서 역전파를 수행하기 위한 것이 아니므로 이처럼 torch.no_grad 문맥을 지정해서 계산 그래프가 생성되지 않게 했다. 계산 그래프를 통한 역전파는 model(state1)로 구한 Q 가치들에만 적용한다(신경망의 매개변수들은 state2가 아니라 state1에 대해 훈련해야 하므로).

PyTorch의 계산 그래프와 역전파에 익숙하지 않은 독자를 위해, 간단한 선형 모형(linear model)의 예를 살펴보자.

```
>>> m = torch.Tensor([2.0])
>>> m.requires_grad=True
>>> b = torch.Tensor([1.0])
>>> b.requires_grad=True
>>> def linear_model(x,m,b):
>>>     y = m @ x + b
>>>     return y
>>> y = linear_model(torch.Tensor([4.]), m,b)
>>> y
tensor([9.], grad_fn=<AddBackward0>)
>>> y.grad_fn
<AddBackward0 at 0x128dfb828>
>>> with torch.no_grad():
>>>     y = linear_model(torch.Tensor([4]),m,b)
>>> y
tensor([9.])
>>> y.grad_fn
None
```

이 코드에서 m과 b는 훈련을 통해 갱신할 두 매개변수이다. 둘 다 requires_grad 특성(attribute)을 True로 설정했기 때문에, PyTorch는 이들을 계산 그래프의 노드로 간주하고 이들에 대해 수행된 계산들을 기억해 둔다. 이후 m과 b를 인수로 해서 생성된 모든 새 텐서(y 등)도 자동으로 requires_grad가 True로 설정되며, 따라서 계산 내역이 메모리에 저장된다. 선형 모형을 실행해서 얻은 변수 y를 출력하면 해당 텐서의 성분(들)을 확인할 수 있을 뿐만 아니라 이 텐서에 grad_fn=<AddBackward0>라는 특성이 있음도 알 수 있다. 이 특성은 y.grad_fn으로 직접 확인할 수 있다. 이 특성은 이 텐서(계산 그래프의 한 노드)의 기울기 함수를 뜻하는데, 지금 예에서 Add는 이 텐서가 덧셈 연산으로 만들어졌음을 말해주고, Backward는 이 텐서가 실제로는 덧셈 함수의 미분을 저장함을 말해준다.

하나의 입력으로 이 기울기 함수를 호출하면 두 개의 출력이 나온다. 이는 두 값을 받아서 하나의 값을 산출하는 덧셈 연산과는 반대이다. 덧셈 함수는 변수가 둘인 함수이므로, 첫 변수에 대한 편미분과 둘째 변수에 대한 편미분이 존재한다. $y = a + b$의 m에 대한 편미분은 $\frac{\partial y}{\partial a} = 1$과 $\frac{\partial y}{\partial b} = 1$이다. 또는, $y = a \cdot b$로 둔다면 편미분은 $\frac{\partial y}{\partial a} = b$와 $\frac{\partial y}{\partial b} = a$이다. 이는 기본적인 미분 규칙을 따른 것이다. 주어진 한 노드에서 역전파를 수행할 때는 그 노드의 모든 편미분이 필요하다. 그래서 기울기 함수 AddBackward0은 주어진 한 입력에 대해 두 개의 출력을 산출한다.

이제 y에 대해 backward 메서드를 호출하면 PyTorch는 실제로 계산 그래프에 대해 역전파를 수행해서 기울기들을 계산한다.

```
>>> y = linear_model(torch.Tensor([4.]), m,b)
>>> y.backward()
>>> m.grad
tensor([4.])
>>> b.grad
tensor([1.])
```

종이와 연필로 편미분들을 실제로 계산해 보면 위와 같은 결과를 얻을 수 있을 것이다. 효율적인 역전파를 위해 PyTorch는 모든 순전파 계산과 해당 편미분들을 기억해 둔다. 순전파 이후 계산 그래프의 출력 노드에 대해 backward 메서드를 호출하면 입력 노드에 도달할 때까지 노드들을 거꾸로 되짚어가면서 각 노드의 기울기 함수로 구한 편미분 값을 역전파한다. 결과적으로 모형의 모든 매개변수의 기울기가 계산된다.

다시 주 루프(목록 3.3)로 돌아가서, 텐서 Y에 대해 detach 메서드를 호출했다는 점도 주목하기 바란다. 지금 예제에서는 newQ 계산 시 torch.no_grad() 문맥을 사용했으므로 꼭 이럴 필요가 없지만, 이처럼 계산 그래프에서 노드를 떼어내는(detach; 탈착) 코드가 이 책의 여러 예제에 반복해서 나오기 때문에, 그리고 노드들을 제대로 떼어내지 않는 것은 모형 훈련 시 흔히 볼 수 있는 버그의 원인이기 때문에 이처럼 명시적으로 detach 메서드를 호출했다. Y에는 훈련 가능한 매개변수들이 있고 개별적인 계산 그래프도 연관되어 있으므로, 만일 loss.backward(X,Y)를 호출하면 Y와 X **둘 다**에 대한 역전파가 일어나며, 따라서 모형은 X 그래프와 Y 그래프 모두의 훈련 가능 매개변수들을 갱신함으로써 손실값을 최소화하는 방법을 배우게 된다. 그러나 우리가 갱신하고자 하는 것은 X 그래프뿐이다. 이 예제에서 Y는 계산 그래프의 한 노드가 아니라 그냥 하나의 데이터로만 쓰이므로 이처럼 모형의 계산 그래프에서 **떼어내는** 것이 합당하다. 관련된 세부 사항들을 일일이 파악할 필요는 없겠지만, 그래프의 어떤 부분에서 실제로 역전파가 일어나야 하는지, 엉뚱한 노드들로 역전파가 진행되지는 않는지는 신경을 쓸 필요가 있다.

주 훈련 루프를 충분히(예제처럼 1,000회면 충분하고 남는다) 반복한 후 손실값들을 그래프로 그려 보면 훈련이 잘 진행되었는지 확인할 수 있다. 훈련이 반복됨에 따라 손실값이 점점 감소해서 낮은 값으로 수렴하면 훈련이 잘 진행된 것이라 할 수 있다. 그림 3.10은 필자들이 얻은 결과이다.

이 손실 그래프는 다소 들쭉날쭉하지만, 그래도 이동 평균이 0으로 향한다는 추세는 뚜렷하다. 따라서 훈련이 잘 진행되었다고 어느 정도 확신할 수 있다. 그러나 모형을 실제로 시험해 보지 않고서는 훈련 성공을 장담할 수 없다. 목록 3.4는 이 모형으로 Gridworld 게임의 한 에피소드를 실행하는 함수이다.

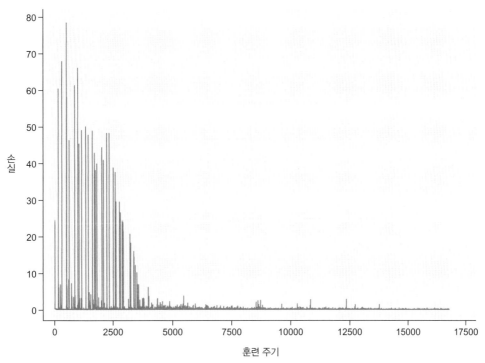

그림 3.10 첫 Q 학습 알고리즘의 손실 그래프. 훈련이 반복됨에 따라 손실값이 확실하게 줄어들었다.

목록 3.4 Q 신경망 시험용 함수

```
def test_model(model, mode='static', display=True):
    i = 0
    test_game = Gridworld(mode=mode)
    state_ = test_game.board.render_np().reshape(1,64) +
        np.random.rand(1,64)/10.0
    state = torch.from_numpy(state_).float()
    if display:
        print("Initial State:")
        print(test_game.display())
    status = 1
    while(status == 1):                        ❶
        qval = model(state)
        qval_ = qval.data.numpy()
        action_ = np.argmax(qval_)             ❷
        action = action_set[action_]
        if display:
            print('Move #: %s; Taking action: %s' % (i, action))
        test_game.makeMove(action)
        state_ = test_game.board.render_np().reshape(1,64) +
            np.random.rand(1,64)/10.0
        state = torch.from_numpy(state_).float()
        if display:
```

```
                print(test_game.display())
        reward = test_game.reward()
        if reward != -1:
            if reward > 0:
                status = 2
                if display:
                    print("Game won! Reward: %s" % (reward,))
            else:
                status = 0
                if display:
                    print("Game LOST. Reward: %s" % (reward,))
        i += 1
        if (i > 15):
            if display:
                print("Game lost; too many moves.")
            break
    win = True if status == 2 else False
    return win
```

❶ 게임이 끝날 때까지 반복한다.

❷ Q 가치가 가장 높은 동작을 선택한다.

이 시험용 함수는 손실 계산과 역전파를 수행하지 않는다는 점만 빼면 훈련 루프와 거의 같다. 즉, 이 함수는 그냥 신경망을 실행(순전파)해서 가치를 예측하고 그에 따라 동작을 선택해서 실행할 뿐이다. 다음은 이 모형이 실제로 게임에 승리한 예이다.

```
>>> test_model(model, 'static')
Initial State:
[['+' '-' ' ' 'P']
 [' ' 'W' ' ' ' ']
 [' ' ' ' ' ' ' ']
 [' ' ' ' ' ' ' ']]
Move #: 0; Taking action: d
[['+' '-' ' ' ' ']
 [' ' 'W' ' ' 'P']
 [' ' ' ' ' ' ' ']
 [' ' ' ' ' ' ' ']]
Move #: 1; Taking action: d
[['+' '-' ' ' ' ']
 [' ' 'W' ' ' ' ']
 [' ' ' ' ' ' 'P']
 [' ' ' ' ' ' ' ']]
Move #: 2; Taking action: l
[['+' '-' ' ' ' ']
 [' ' 'W' ' ' ' ']
 [' ' ' ' 'P' ' ']
 [' ' ' ' ' ' ' ']]
Move #: 3; Taking action: l
```

```
[['+' '-' ' ' ' ' ' ']
 [' ' 'W' ' ' ' ' ' ']
 [' ' 'P' ' ' ' ' ' ']
 [' ' ' ' ' ' ' ' ' ']]
Move #: 4; Taking action: l
[['+' '-' ' ' ' ' ' ']
 [' ' 'W' ' ' ' ' ' ']
 ['P' ' ' ' ' ' ' ' ']
 [' ' ' ' ' ' ' ' ' ']]
Move #: 5; Taking action: u
[['+' '-' ' ' ' ' ' ']
 ['P' 'W' ' ' ' ' ' ']
 [' ' ' ' ' ' ' ' ' ']
 [' ' ' ' ' ' ' ' ' ']]
Move #: 6; Taking action: u
[['+' '-' ' ' ' ' ' ']
 [' ' 'W' ' ' ' ' ' ']
 [' ' ' ' ' ' ' ' ' ']
 [' ' ' ' ' ' ' ' ' ']]
Reward: 10
```

이 정도면 우리의 Gridworld 플레이어에게 박수를 보내도 좋지 않을까? 에이전트는 벽을 피해서 능숙하게 목표로 나아갔다.

그러나 너무 흥분하지는 말자. 이것은 게임의 '정적' 모드, 즉 가장 쉬운 버전이었다. mode='random'으로 다시 시험해 보면 실망스러운 결과가 나온다.

```
>>> testModel(model, 'random')
Initial State:
[[' ' '+' ' ' 'P']
 [' ' 'W' ' ' ' ' ' ']
 [' ' ' ' ' ' ' ' ' ']
 [' ' ' ' ' '-' ' ' ' ']]
Move #: 0; Taking action: d
[[' ' '+' ' ' ' ' ' ']
 [' ' 'W' ' ' 'P']
 [' ' ' ' ' ' ' ' ' ']
 [' ' ' ' ' '-' ' ' ' ']]
Move #: 1; Taking action: d
[[' ' '+' ' ' ' ' ' ']
 [' ' 'W' ' ' ' ' ' ']
 [' ' ' ' ' ' ' ' 'P']
 [' ' ' ' ' '-' ' ' ' ']]
Move #: 2; Taking action: l
[[' ' '+' ' ' ' ' ' ']
 [' ' 'W' ' ' ' ' ' ']
 [' ' ' ' ' 'P' ' ' ' ']
 [' ' ' ' ' '-' ' ' ' ']]
Move #: 3; Taking action: l
```

```
[[' ' '+' ' ' ' ']
 [' ' 'W' ' ' ' ']
 [' ' 'P' ' ' ' ']
 [' ' ' ' '_' ' ']]
Move #: 4; Taking action: l
[[' ' '+' ' ' ' ']
 [' ' 'W' ' ' ' ']
 ['P' ' ' ' ' ' ']
 [' ' ' ' '_' ' ']]
Move #: 5; Taking action: u
[[' ' '+' ' ' ' ']
 ['P' 'W' ' ' ' ']
 [' ' ' ' ' ' ' ']
 [' ' ' ' '_' ' ']]
Move #: 6; Taking action: u
[['P' '+' ' ' ' ']
 [' ' 'W' ' ' ' ']
 [' ' ' ' ' ' ' ']
 [' ' ' ' '_' ' ']]
Move #: 7; Taking action: d
[[' ' '+' ' ' ' ']
 ['P' 'W' ' ' ' ']
 [' ' ' ' ' ' ' ']
 [' ' ' ' '_' ' ']]

# ... 지면 관계상 마지막 몇 이동은 생략했음 ...

Game lost; too many moves.
```

실망스럽지만 흥미로운 결과이다. 신경망이 선택한 이동 동작들을 자세히 살펴보기 바란다. 플레이어는 목표에서 오른쪽으로 몇 타일 떨어진 곳에서 출발한다. 플레이어가 게임 플레이 방법을 **정말로** 알고 있다면 그냥 왼쪽으로 직진해서 목표에 도달했을 것이다. 그러나 플레이어는 정적 모드에서처럼 아래로 내려가기 시작한다. 이 결과를 보면 신경망이 훈련에 사용한 정적 모드의 게임 플레이를 그냥 암기했을 뿐, 배운 것을 일반화하지는 못했다고 봐야 할 것이다.

무작위 모드로 신경망을 훈련하면 게임을 제대로 배울 수 있을지도 모른다. mode=random 으로 두고 신경망을 다시 시험해 보기 바란다. 안타깝게도 필자들은 그림 3.11과 같은 결과를 얻었는데, 아마 독자도 비슷할 것이다. 그림에서 보듯이, 무작위 모드로 훈련을 20,000회 반복해도 손실이 낮은 값으로 수렴하지 않았다. 즉, 무작위 모드에서 신경망은 배운 것이 거의 없다. (한편, 여기에 결과를 제시하지는 않겠지만, 플레이어의 위치만 무작위로 설정하는 '플레이어' 모드에서는 신경망이 어느 정도 학습에 성공했다. 직접 시도해 보기 바란다.)

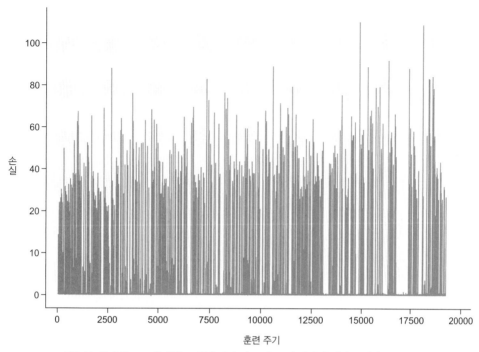

그림 3.11 무작위 모드에 대한 Q 학습의 손실 그래프. 손실값이 전혀 수렴되지 않았다.

이는 큰 문제이다. 신경망이 그저 특정 게임 에피소드를 암기하거나 학습을 제대로 하지 못하면 심층 강화학습은 쓸모가 없다. 사실 딥마인드도 이런 문제를 겪었는데, 다행히 그들은 해결책을 찾았다.

3.3 파국적 망각 방지: 경험 재현

첫 시도에서 아주 그럴듯할 결과를 얻었지만, 알고 보니 정적 모드에서 훈련한 신경망은 그냥 특정 게임 플레이를 암기할 뿐이었다. 그리고 무작위 모드(각 게임 에피소드에서 모든 게임 객체가 격자 위에 무작위로 배치되는)에서 훈련하면 신경망은 거의 아무것도 배우지 못했다. 우리가 원하는 것은 게임판의 초기 구성이 어떻든 플레이어가 구덩이에 빠지는 일 없이 벽을 피해 최단 경로를 따라 목표로 이동하는 것이다. 이를 위해서는 게임 환경을 좀 더 정교하게 표현할 수 있어야 한다.

3.3.1 파국적 망각

앞에서 무작위 모드에서 모형을 훈련할 때 우리가 겪은 문제는 소위 **파국적 망각**(catastrophic forgetting; 또는 재앙적 망각) 문제에 해당한다. 사실 이 문제는 **온라인**^online 학습 방식의 경사 하강법 기반 훈련 방법들에서 아주 중요한 문제이다. 여기서 온라인 학습이란 앞에서처럼 한 에 피소드를 끝낼 때마다 바로 역전파를 수행하는 방식을 말한다.

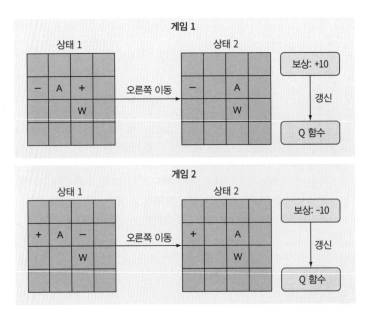

그림 3.12 파국적 망각은 서로 아주 비슷하지만 그 결과는 상당히 다른 두 게임 상태에 대해 Q 함수가 "혼동을 일으켜서" 학습이 제대로 일어나지 않는 상황을 말한다. 그림의 예에서, 게임 1에서 Q 함수는 오른쪽 으로 이동하면 +10의 보상을 얻게 됨을 배우고, 게임 1과 거의 비슷한 게임 2에서는 오른쪽으로 이동 해서 −10의 보상을 얻게 됨을 배운다. 결과적으로 알고리즘은 게임 1에서 배운 것을 망각하므로, 의미 있는 학습은 일어나지 않는다.

　　신경망 모형 학습(Q 가치들을 배우기 위한)의 첫 훈련 주기에서 그림 3.12의 게임 1과 같은 게 임판 구성이 주어진다고 생각해 보자. 첫 상태에서 에이전트(플레이어; 그림의 A)는 왼쪽의 구덩 이와 오른쪽의 목표 타일 사이에 있다. 엡실론 탐욕 전략에서 에이전트는 일정 확률로 무작위 동작을 선택한다. 운 좋게 오른쪽 이동이 선택된다면 에이전트는 바로 목표에 도달한다. 높은 승리 보상 덕분에, 역전파 과정(목푯값과 좀 더 가까운 출력이 나오도록 매개변수들을 조정하는)을 통해 신경망은 이 특정한 상태-동작 쌍을 높은 가치와 연관시키게 된다.

　　다음으로, 두 번째 훈련 주기에서 그림 3.12의 게임 2가 주어진다고 하자. 이번에도 플레이 어는 구덩이와 목표 사이에 있지만, 이번에는 목표 타일이 **왼쪽**이고 구덩이가 오른쪽이다. 우 리의 단순한 학습 알고리즘이 보기에 이 상황은 이전 에피소드와 아주 비슷하다. 이전에는 오른쪽으로 이동해서 높은 긍정적 보상을 얻었으므로, 에이전트는 이번에도 오른쪽 이동을 선택한다. 그러나 보상은 -10이다. 아마 에이전트는 "어라? 이전 경험에 따르면 오른쪽 이동이 최선의 선택인데?"라고 생각할 것이다. 다시 역전파를 수행해서 이 상태-동작 쌍의 가치를 갱신하게 되겠지만, 이 상태-동작 쌍은 이전에 배운 상태-동작 쌍과 아주 비슷하기 때문에, 이전에 배운 가중치들이 새 가중치들로 대체된다. 즉, 모형은 이전에 배운 것들은 모두 잊는다('망각').

이상이 바로 파국적 망각이다. 이처럼 서로 아주 비슷한(그러나 가치는 다른) 상태-동작 쌍들이 서로의 경험을 상쇄하면 신경망은 아무것도 제대로 배우지 못한다. 일반적으로 지도학습에서는 온라인 학습 접근 방식 대신 훈련 데이터의 한 부분집합으로 신경망을 실행하고 그 부분집합 전체에 대한 합 또는 평균 기울기를 계산한 후에야 가중치들을 갱신하는 배치^{batch}(일괄 처리 단위) 접근 방식을 사용하기 때문에 이런 문제가 잘 생기지 않는다. 그처럼 일정 단위의 데이터에 대한 평균을 사용하면 학습이 안정해진다.

3.3.2 경험 재현

모든 것이 고정된 Gridworld 게임의 정적 모드에서는 파국적 망각을 걱정할 필요가 없다. 실제로 모형은 정적 모드를 승리하는 방법을 잘 학습했다. 그러나 무작위 모드에서는 파국적 망각 때문에 모형이 아무것도 배우지 못했다. 이에 대한 해결책으로 **경험 재현**(experience replay)이라는 기법이 있다. 기본적으로 경험 재현은 온라인 학습에 배치 훈련 방식을 도입하는 것인데, 구현하기도 그리 어렵지 않다.

다음은 경험 재현 기법의 작동 방식이다(그림 3.13 참고).

1. 상태 s에서 동작 a를 취하고 새 상태 s_{t+1}과 보상 r_{t+1}을 관측한다.

2. 이 '경험'을 하나의 튜플 (s, a, s_{t+1}, r_{t+1})로 묶어서 목록에 추가한다.

3. 미리 정해 둔 길이(개발자가 정하기 나름이다)의 목록이 다 찰 때까지 단계 1과 2를 반복한다.

4. 경험 목록이 다 차면, 일부 경험들을 무작위로 선택해서 하나의 부분집합을 만든다(이 부분집합의 크기 역시 개발자가 정하기 나름이다).

5. 그 부분집합의 경험들로 가치들을 계산해서 개별 배열(Y라고 하자)에 저장하고, 경험들의 상태 s들을 또 다른 배열(X라고 하자)에 저장한다.

6. 이제 X와 Y를 하나의 미니배치^{mini-batch}로 두어서 배치 훈련을 실행한다. (여기까지가 하나의 훈련 주기이다. 훈련을 반복해서 경험 재현 목록이 꽉 차면, 그때부터는 목록의 기존 경험들이 새 경험들로 대체된다.)

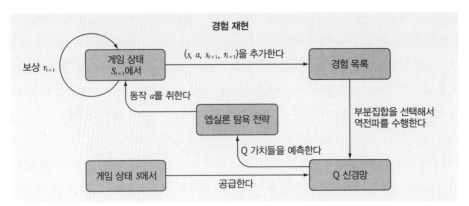

그림 3.13 경험 재현의 개요. 경험 재현은 온라인 학습 접근 방식의 주요 문제인 파국적 망각을 완화하는 한 방법으로, 간단히 말하면 기존 훈련 방법에 미니배치 방식을 도입한 것이다. 즉, 가장 최근의 경험 하나만으로 Q 신경망을 갱신하는 대신, 지난 경험들을 저장하고 그중 일부를 무작위로 선택해서 Q 신경망을 갱신한다.

요약하면, 방금 취한 동작의 가치만 훈련에 사용하는 것이 아니라 지난 경험들의 일부를 무작위로 추출해서 훈련에 사용함으로써 파국적 망각을 피하는 것이 경험 재현 기법이다.

목록 3.5는 목록 3.4의 훈련 알고리즘에 경험 재현 기법을 추가한 코드이다. 이 훈련 알고리즘은 모든 것이 게임판에 무작위로 배치되는 무작위 모드를 위한 것임을 기억하기 바란다.

목록 3.5 경험 재현이 추가된 심층 Q 신경망

```
from collections import deque
epochs = 5000
losses = []
mem_size = 1000                                        ❶
batch_size = 200                                       ❷
replay = deque(maxlen=mem_size)                        ❸
max_moves = 50                                         ❹
h = 0
for i in range(epochs):
    game = Gridworld(size=4, mode='random')
    state1_ = game.board.render_np().reshape(1,64) + np.random.rand(1,64)/100.0
    state1 = torch.from_numpy(state1_).float()
    status = 1
    mov = 0
    while(status == 1):
        mov += 1
        qval = model(state1)                           ❺
        qval_ = qval.data.numpy()
        if (random.random() < epsilon):                ❻
            action_ = np.random.randint(0,4)
        else:
            action_ = np.argmax(qval_)
```

```
            action = action_set[action_]
            game.makeMove(action)
            state2_ = game.board.render_np().reshape(1,64) + np.random.rand(1,64)/100.0
            state2 = torch.from_numpy(state2_).float()
            reward = game.reward()
            done = True if reward > 0 else False
            exp = (state1, action_, reward, state2, done)          ❼
            replay.append(exp)                                     ❽
            state1 = state2

            if len(replay) > batch_size:                           ❾
                minibatch = random.sample(replay, batch_size)      ❿
                state1_batch = torch.cat([s1 for (s1,a,r,s2,d) in minibatch])   ⓫
                action_batch = torch.Tensor([a for (s1,a,r,s2,d) in minibatch])
                reward_batch = torch.Tensor([r for (s1,a,r,s2,d) in minibatch])
                state2_batch = torch.cat([s2 for (s1,a,r,s2,d) in minibatch])
                done_batch = torch.Tensor([d for (s1,a,r,s2,d) in minibatch])

                Q1 = model(state1_batch)                           ⓬
                with torch.no_grad():
                    Q2 = model(state2_batch)                       ⓭

                Y = reward_batch +                                 ⓮
                        gamma * ((1 - done_batch) * torch.max(Q2,dim=1)[0])
                X = Q1.gather(dim=1,index=action_batch.long().unsqueeze(dim=1)) \
                    .squeeze()
                loss = loss_fn(X, Y.detach())
                optimizer.zero_grad()
                loss.backward()
                losses.append(loss.item())
                optimizer.step()

            if reward != -1 or mov > max_moves:                    ⓯
                status = 0
                mov = 0
    losses = np.array(losses)
```

❶ 경험 재현 목록의 길이를 설정한다.

❷ 미니배치의 크기를 설정한다.

❸ deque 객체를 경험 재현 목록으로 사용한다.

❹ 게임을 포기하기까지의 최대 이동 횟수를 설정한다.

❺ 현재 상태의 Q 가치(동작 선택에 사용할)를 계산한다.

❻ 엡실론 탐욕 전략을 이용해서 하나의 동작을 선택한다.

❼ 현재 상태, 동작, 보상, 다음 상태를 튜플로 묶는다. 이것이 하나의 '경험'이다.

❽ 경험을 경험 재현 목록에 추가한다.

❾ 경험 재현 목록이 미니배치 크기보다 크면 미니배치 훈련을 시작한다.

❿ 경험 재현 목록에서 무작위로 하나의 부분집합을 추출한다.

⑪ 경험의 구성 성분들을 종류별로 개별 미니배치 텐서에 넣는다.

⑫ 현재 상태들의 미니배치로 Q 가치들을 재계산해서 기울기들을 계산한다.

⑬ 다음 상태들의 미니배치로 Q 가치들을 재계산하되 기울기들은 계산하지 않는다.

⑭ 심층 Q 신경망이 배워야 할 목표 Q 가치들을 계산한다.

⑮ 게임이 끝났으면 현재 학습 상태와 이동 횟수를 초기화한다.

이 코드는 파이썬 내장 collections 라이브러리의 deque 자료 구조에 에이전트의 경험들을 저장한다. 기본적으로 이 자료 구조는 최대 길이가 유지되는 목록이다. 꽉 찬 deque의 끝에 새 항목을 추가하면 deque의 첫 항목이 제거된다. 이는 새로 추가된 경험이 제일 오래된 경험을 대체한다는 뜻이다. 경험 재현 목록 replay에 추가되는 경험 자체는 (state1, reward, action, state2, done) 형태의 튜플이다.

이전의 훈련 방식과 경험 재현 훈련의 주된 차이점은, 경험 재현 훈련에서는 경험 재현 목록이 꽉 차면 비로소 데이터를 여러 미니배치로 만들어서 훈련을 진행한다는 것이다. 경험 재현 목록이 꽉 차면 일부 경험을 무작위로 선택해서 하나의 부분집합을 얻고, 그 경험들의 성분들을 분리해서 종류별 미니배치 state1_batch, reward_batch, action_batch, state2_batch를 만든다. 예를 들어 state1_batch는 100×64(여기서 100은 batch_size) 텐서이고 reward_batch는 정수 100개로 이루어진 벡터이다. 훈련 방법 자체는 이전의 온라인 학습 기반 훈련과 동일하되, 미니배치들을 사용한다는 점이 다르다. 텐서 Q1에 대한 gather 메서드는 그 텐서의 한 부분집합을 추출하는데, 동작 번호들을 색인으로 지정했으므로 앞에서 선택된 부분집합의 동작들에 대한 Q 가치들만 수집된다. 결과적으로 이 메서드는 하나의 100차원 벡터를 산출한다.

목표 Q 가치 Y = reward_batch + gamma * ((1 - done_batch) * torch.max(Q2,dim=1)[0])의 done_batch는 게임 종료 여부를 뜻하는 변수이다. 만일 현재 동작에 의해 게임이 끝났다면 done_batch는 1로 평가되며, 결과적으로 Y는 그냥 reward_batch로 설정된다. 현재 동작에 의해 게임이 끝나면 게임은 **종료 상태**(terminal state; 또는 말단 상태)가 되며, 종료 상태의 다음 상태는 없으므로 최대 Q 가치도 구할 수 없다. 따라서 그냥 보상 자체(r_{t+1})가 목표 가치가 된다. done_batch는 부울 형식의 변수이지만 산술 표현식 안에서는 참이냐 거짓이냐에 따라 1 또는 0으로 평가된다. 즉, 만일 done_bath == True이면 1 - done_batch == 0이며, 결과적으로 + 연산자 우변 전체가 0이 된다.

에이전트가 학습하기가 더 어려운 게임이라서 목록 3.5는 훈련을 총 5,000회 반복한다. 그러나 Q 신경망 모형 자체는 이전 예제와 동일하다. 훈련된 신경망으로 게임을 실행해 보면 대부분의 에피소드에서 에이전트가 목표에 잘 도착한다. 목록 3.6은 경험 재현 기법으로 훈련된

Q 신경망으로 게임을 1,000회 실행하는 스크립트이다.

목록 3.6 경험 재현의 성능을 시험하는 스크립트

```
max_games = 1000
wins = 0
for i in range(max_games):
    win = test_model(model, mode='random', display=False)
    if win:
        wins += 1
win_perc = float(wins) / float(max_games)
print("Games played: {0}, # of wins: {1}".format(max_games,wins))
print("Win percentage: {}".format(win_perc))
```

필자들은 5,000회 반복으로 훈련된 모형으로 목록 3.6을 실행해서 약 90%의 정확도(accuracy)를 얻었다. 여러분의 결과는 그보다 약간 더 높을 수도 있고 낮을 수도 있다. 에이전트가 게임 플레이 방법에 관해 **뭔가**를 배웠음은 분명하지만, 에이전트가 정말로 게임을 이해했다고는 말할 수 없다(훈련 횟수를 늘리면 정확도가 더 개선되긴 하겠지만). 에이전트가 이 게임을 정말로 이해했다면 모든 게임 에피소드에서 이겨야 한다.

게임판을 무작위로 초기화하다 보면 도저히 이길 수 없는 게임이 만들어질 수도 있으므로, 어떻게 해도 승률이 100%에 도달하지는 못할 여지가 있다. 예를 들어 목표 타일이 격자의 한 귀퉁이에 있고 그 목표 타일을 구덩이와 벽이 가로막고 있으면 에이전트는 게임에 승리할 수 없다. Gridworld 게임 엔진에는 그런 승리가 불가능한 게임판 구성을 최대한 피하는 장치가 마련되어 있지만, 그래도 드물게 그런 게임판 구성이 만들어진다. 이는 에이전트가 모든 게임을 이기지는 못한다는 뜻일 뿐만 아니라, 에이전트의 학습이 조금 훼손된다는 뜻이기도 하다. 대다수의 경우에 잘 통하는 전략을 따랐는데도 게임에 이기지 못하는 상황이 벌어지면 학습이 흐트러질 수 있다. 필자들은 개념들을 설명하는 데 사용할 비교적 단순한 게임을 원했을 뿐, 반드시 이길 수 있는 게임이 만들어지도록 게임 엔진을 정교하게 다듬지는 않았다.

정확도가 95%를 넘기 어려운 이유가 또 있다. 그림 3.14를 보자. 이것은 훈련 반복에 따른 이동 평균 손실값을 그래프로 그린 것이다(여러분의 결과는 이와 크게 다를 수 있다).

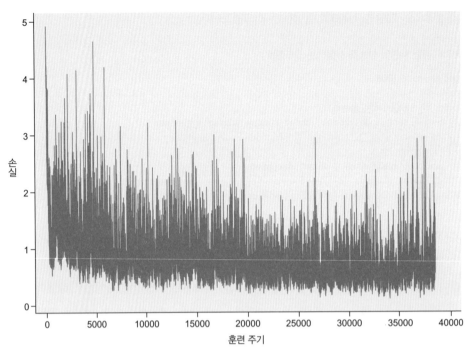

그림 3.14 경험 재현 기법을 이용한 심층 Q 신경망 훈련의 손실 그래프. 손실 감소 추세가 뚜렷하긴 하지만 그래도 잡음이 대단히 많다.

그림 3.14는 손실값들이 대체로 줄어들긴 하지만 여전히 들쭉날쭉함을 보여준다. 지도학습에서는 이런 형태의 손실 그래프를 보기 힘들지만, 단순한 형태의 심층 강화학습 응용에서는 흔히 볼 수 있다. 파국적 망각을 줄여주는 경험 재현 메커니즘이 훈련의 안정화에 도움이 되나, 파국적 망각이 이런 불안정성의 유일한 원인은 아니다.

3.4 목표망을 이용한 안정성 개선

지금까지 우리는 결정론적인 정적 초기화 모드와 플레이어만 무작위로 배치하는 조금 더 어려운 모드의 Gridworld 게임을 플레이하도록 심층 강화학습 알고리즘을 훈련하는 데 성공했다. 그러나 두 모드의 경우 가능한 4×4 게임판 구성이 아주 많지는 않으므로, 학습 알고리즘이 정말로 플레이 방법을 배우기보다는 그냥 모든 가능한 게임판 구성을 암기했을 가능성도 있다. 각 게임에서 플레이어와 목표, 구덩이, 벽을 모두 무작위로 초기화하는 모드에서는 가능한 게임판 구성이 그보다 훨씬 많으므로 알고리즘이 그 모든 구성을 암기하기는 힘들다. 따라서 게임을 이기려면 알고리즘은 게임 플레이 방법을 실제로 배워야 한다. 그러나 앞에서 본 잡음 많은 손실 그래프가 말해 주듯이, 현재 우리의 심층 강화학습 모형은 Gridworld의 무작위 모드를 그리 잘 학습하지 못한다. 그럼 가치 갱신량들을 좀 더 고르게 만드는 또 다른 기법을 살펴보자.

3.4.1 학습 불안정성

심층 Q 신경망 논문에서 딥마인드 팀은 개별 동작마다 Q 신경망의 매개변수들을 갱신하다 보면 학습이 불안정해질 수 있음을 지적했다. Gridworld 게임처럼 보상이 희소한 환경, 즉 게임에 승리하거나 패배해야 큰 보상이 주어지고 그 밖의 대부분의 동작에서는 보상이 없거나 아주 작은 환경에서 단계마다 신경망을 갱신하면 알고리즘이 이상하게 행동할 수 있다.

예를 들어 Gridworld의 한 에피소드의 한 상태에서 에이전트가 '위로' 동작을 취해서 목표에 도달했다고 하자. 그러면 Q 신경망은 그 상태-동작 쌍에 대해 +10의 보상을 받았다는 경험이 반영되도록 갱신된다. 그다음 에피소드에서 비슷한 상태에 도달했을 때 Q 신경망은 그 상태에서 '위로' 동작의 가치가 높다고 예측할 것이다. 그러나 위쪽 타일이 구덩이면 에이전트는 -10의 보상을 받게 되며, 따라서 Q 신경망은 그 상태에서 위로 가는 것이 나쁜 결정임을 배운다. 그러나 몇 에피소드 이후에 또다시 위로 이동해서 게임에 이기게 될 수도 있다. 즉, 신경망의 Q 가치 예측이 적절한 값으로 수렴하지 않고 계속해서 진동하는 상황이 벌어지는 것이다. 이러한 학습 불안정성은 앞에서 이야기한 파국적 망각과 아주 비슷하다.

이것이 단지 이론상의 문제는 아니다. 딥마인드 팀도 심층 Q 신경망을 훈련하면서 이런 문제를 겪었다. 그들이 고안한 해결책은 Q 신경망의 복제본을 만들어서 두 신경망의 매개변수들을 따로 갱신한다는 것이었다. 원래의 Q 신경망에서 복제한 신경망을 목표 신경망, 줄여서 **목표망**(target network)이라고 부르고 $\hat{Q}$('큐 햇^{hat}'으로 읽는다)으로 표기한다. 훈련을 시작하기 전에는 목표망이 원래의 Q 신경망(주 Q 신경망)과 동일하지만, 훈련이 시작되면 목표망의 매개변수들은 주 Q 신경망보다 몇 단계 뒤처져서 갱신된다.

목표망을 도입한 심층 강화학습 알고리즘의 훈련 과정은 다음과 같다(목표망에 집중하기 위해 경험 재현 기법과 관련된 사항은 생략했다).

1. Q 신경망을 초기화한다. 이 Q 신경망의 매개변수들(가중치들)을 θ_Q로 표기하겠다.
2. Q 신경망을 매개변수들까지 그대로 복사해서 목표망을 만든다. 목표망의 매개변수들은 θ_T로 표기한다. 지금은 $\theta_T = \theta_Q$이다.
3. 엡실론 탐욕 전략에 따라 Q 신경망의 Q 가치를 이용해서 동작 a를 선택한다.
4. 보상 r_{t+1}과 새 상태 s_{t+1}을 관측한다.

5. 동작 a에 의해 이번 에피소드가 끝났다면(즉, 게임에 이겼거나 졌다면) 목표망의 Q 가치를 r_{t+1}로 설정하고, 그렇지 않으면 $r_{t+1} + \gamma \max Q_{\theta_T}(S_{t+1})$로 설정한다(여기서 목표망이 실행된다).

6. 목표망의 Q 가치를 주 Q 신경망(목표망이 아니라)으로 역전파한다.

7. C회 반복마다 $\theta_T = \theta_Q$로 설정한다(즉, 목표망의 매개변수들이 Q 신경망의 것과 같아지게 한다).

그림 3.15에서 보듯이, 목표망 $\hat{Q}$은 Q 신경망에 대한 역전파를 위한 목표 Q 가치를 계산하는 데에만 쓰인다. 이 기법에 깔린 착안은, 주 Q 신경망의 매개변수들을 매번 갱신하더라도, 가끔씩만 매개변수들이 갱신되는 목표망으로 예측한 가치를 주 Q 신경망의 훈련에 사용함으로써 최근 갱신들이 동작 선택에 미치는 영향을 줄이자는, 그럼으로써 학습의 안정성을 개선하자는 것이다.

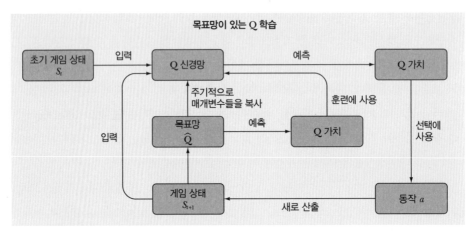

그림 3.15 목표망을 이용한 Q 학습의 개요. 보통의 Q 학습 알고리즘에 목표망이라고 하는 두 번째 Q 신경망을 도입했다. 주 Q 신경망은 이 목표망으로 예측한 Q 가치를 역전파에 사용한다. 목표망의 매개변수들은 훈련되지 않으며, 대신 주기적으로 주 Q 신경망의 매개변수들이 목표망에 복사된다. 이처럼 매개변수들이 가끔씩만 갱신되는 목표망의 Q 가치로 주 Q 신경망을 훈련함으로써 학습의 안정성 개선을 꾀한다.

경험 재현에 목표망까지 도입하면 학습 알고리즘 구현이 꽤 길어진다. 여기서는 주요 부분만 제시한다. 전체 코드는 원서 깃허브 저장소의 Chapter 3 디렉터리에 있다.

다음은 모형들을 초기화하는 코드이다. 기본적으로 목록 3.2와 같되 목표망을 위한 코드 몇 줄이 추가되었다.

목록 3.7 목표망 초기화

```
import copy

model = torch.nn.Sequential(
```

```
        torch.nn.Linear(l1, l2),
        torch.nn.ReLU(),
        torch.nn.Linear(l2, l3),
        torch.nn.ReLU(),
        torch.nn.Linear(l3,l4)
)

model2 = copy.deepcopy(model)                    ❶
model2.load_state_dict(model.state_dict())       ❷

loss_fn = torch.nn.MSELoss()
learning_rate = 1e-3
optimizer = torch.optim.Adam(model.parameters(), lr=learning_rate)

(... 생략 ...)    ❸
```

❶ 주 Q 신경망을 그대로 복제해서 목표망을 만든다.

❷ 주 Q 신경망의 매개변수들을 복사한다.

❸ 초기화 과정의 나머지 부분은 목록 3.2와 동일하다.

목표망은 주 Q 신경망의 복제본으로, 매개변수들이 가끔씩만 갱신된다. PyTorch의 모든 모형 객체에는 매개변수들을 담은 사전(dictionary) 객체를 돌려주는 state_dict라는 메서드가 있다. 파이썬 내장 모듈 copy를 이용해서 주 Q 신경망(model)을 목표망(model2)으로 복사하고, 목표망의 load_state_dict 메서드를 이용해서 주 Q 신경망의 매개변수들을 목표망에 복사한다.

다음은 전체 훈련 루프이다. 목록 3.5와 같되, 다음 상태의 최대 Q 가치를 목표망으로(주 Q 신경망이 아니라) 예측한다는 점과 500회 반복마다 주 Q 신경망의 매개변수들을 목표망에 복사한다는 점이 다르다.

목록 3.8 경험 재현과 목표망을 이용한 심층 Q 학습 알고리즘

```
from collections import deque
epochs = 5000
losses = []
mem_size = 1000
batch_size = 200
replay = deque(maxlen=mem_size)
max_moves = 50
h = 0
sync_freq = 500                                  ❶
j=0
for i in range(epochs):
    game = Gridworld(size=4, mode='random')
    state1_ = game.board.render_np().reshape(1,64) + np.random.rand(1,64)/100.0
    state1 = torch.from_numpy(state1_).float()
    status = 1
    mov = 0
```

```
while(status == 1):
    j+=1
    mov += 1
    qval = model(state1)
    qval_ = qval.data.numpy()
    if (random.random() < epsilon):
        action_ = np.random.randint(0,4)
    else:
        action_ = np.argmax(qval_)

    action = action_set[action_]
    game.makeMove(action)
    state2_ = game.board.render_np().reshape(1,64) +
        np.random.rand(1,64)/100.0
    state2 = torch.from_numpy(state2_).float()
    reward = game.reward()
    done = True if reward > 0 else False
    exp = (state1, action_, reward, state2, done)
    replay.append(exp)
    state1 = state2

    if len(replay) > batch_size:
        minibatch = random.sample(replay, batch_size)
        state1_batch = torch.cat([s1 for (s1,a,r,s2,d) in minibatch])
        action_batch = torch.Tensor([a for (s1,a,r,s2,d) in minibatch])
        reward_batch = torch.Tensor([r for (s1,a,r,s2,d) in minibatch])
        state2_batch = torch.cat([s2 for (s1,a,r,s2,d) in minibatch])
        done_batch = torch.Tensor([d for (s1,a,r,s2,d) in minibatch])
        Q1 = model(state1_batch)
        with torch.no_grad():
            Q2 = model2(state2_batch)            ❷

        Y = reward_batch + gamma * ((1-done_batch) * \
                torch.max(Q2,dim=1)[0])
        X = Q1.gather(dim=1,index=action_batch.long() \
                .unsqueeze(dim=1)).squeeze()
        loss = loss_fn(X, Y.detach())
        print(i, loss.item())
        clear_output(wait=True)
        optimizer.zero_grad()
        loss.backward()
        losses.append(loss.item())
        optimizer.step()

        if j % sync_freq == 0:                   ❸
            model2.load_state_dict(model.state_dict())
    if reward != -1 or mov > max_moves:
        status = 0
        mov = 0

losses = np.array(losses)
```

❶ 목표망 갱신 주기를 설정한다. 주 루프는 훈련 500회마다 model의 매개변수들을 model2에 복사한다.

❷ 목표망을 실행해서 다음 상태의 최대 Q 가치를 얻는다.

❸ 주 Q 신경망의 매개변수들을 목표망에 복사한다.

그림 3.16은 경험 재현에 목표망까지 도입해서 훈련한 Q 신경망의 손실 그래프이다. 여전히 잡음이 섞인 모습이지만, 그래도 감소 추세가 뚜렷하고 이전보다 훨씬 안정적이다. 경험 재현 목록 길이나 배치 크기, 목표망 갱신 주기, 학습 속도 같은 초매개변수들을 조정해 가면서 전체 훈련 과정을 여러 번 반복해 보기 바란다. 훈련의 성과가 이 초매개변수들에 따라 크게 달라질 수 있다.

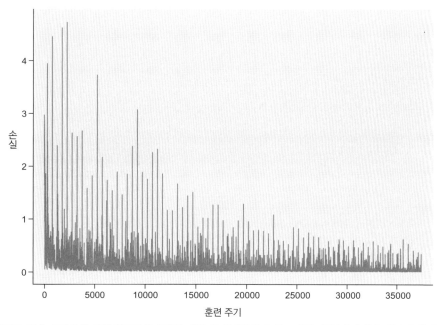

그림 3.16 학습 안정화를 위해 목표망을 도입한 심층 Q 신경망의 손실 그래프. 목표망이 없을 때보다 훨씬 빠르게 낮은 값으로 수렴하긴 했지만, 여전히 오차가 급등한 지점들이 끼어 있다. 아마도 목표망을 주 Q 신경망과 동기화하는 지점들일 것이다.

훈련된 모형으로 게임을 1,000회 실행해 보니 목표망을 사용하지 않을 때보다 승률이 약 3% 증가했다. 가장 높게 나온 정확도는 약 95% 정도였는데, 승리가 불가능한 게임판 구성이 존재하는 환경의 제약을 고려하면 이것이 아마 최고의 정확도일 것이다. 훈련은 5,000회 밖에 반복하지 않았다(한 반복이 한 에피소드). 가능한 게임판 구성의 수가 약 16×15×14×13 = 43,680(16은 4×4 격자에 플레이어를 놓을 수 있는 타일의 수, 15는 그 타일을 제외하고 벽을 놓을 수 있는 타일의 수, 등등)이므로, 가능한 전체 게임 초기 상태 중 약 $\frac{5,000}{43,680}$ = 0.11 = 11%만 표본으로 추출해서 훈련한 셈이다. 만일 모형이 이전에 본 적이 없는 게임판 구성에서도 목표에 도달할 수 있다면, 모형이 잘 일반화되었다고 할 수 있다. 4×4 게임판에서 좋은 결과를 얻었다면 5×5 나 그보다 큰 게임판에서 에이전트를 훈련해 보기 바란다. 다음은 6×6 크기의 게임판을 사용 하도록 Gridworld 인스턴스를 생성하는 예이다.

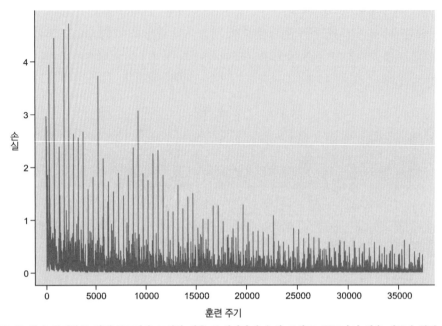

그림 3.17 학습 안정화를 위해 목표망을 도입한 심층 Q 신경망의 손실 그래프. 목표망이 없을 때보다 훨씬 빠르게 낮은 값으로 수렴하긴 했지만, 여전히 오차가 급등한 지점들이 끼어 있다. 아마도 목표망을 주 Q 신경망과 동기화하는 지점들일 것이다.

```
>>> game = Gridworld(size=6, mode='random')
>>> game.display()

array([[' ', '+', ' ', ' ', ' ', ' '],
       [' ', ' ', ' ', ' ', ' ', ' '],
       [' ', ' ', 'W', ' ', ' ', ' '],
       [' ', '-', ' ', ' ', ' ', ' '],
       [' ', ' ', ' ', ' ', 'P', ' '],
       [' ', ' ', ' ', ' ', ' ', ' ']], dtype='<U2')
```

딥마인드의 심층 Q 신경망

믿거나 말거나, 이번 장에서 우리가 구축한 심층 Q 신경망(DQN)은 딥마인드가 2015년에 소개한, 구식 아타리 게임들을 초인적인 수준으로 플레이하는 방법을 배운 바로 그 심층 Q 신경망과 본질적으로 같은 것이다. 이번 장의 예제처럼 딥마인드의 심층 Q 신경망도 엡실론 탐욕 동작 선택 전략과 경험 재현, 목표망을 사용했다. 물론 세부적인 구현은 이번 장의 예제와 다르다. 우리는 커스텀 Gridworld 게임을 플레이한 반면 딥마인드는 실제 비디오 게임의 원본 픽셀들로 신경망을 훈련했다. 구현 측면에서 주목할 만한 차이점 하나는, 그들은 게임의 마지막 네 프레임을 Q 신경망에 입력했다는 점이다. 이는 비디오 게임의 한 프레임만으로는 게임 객체들의 위치와 방향을 추론하기가 불가능하기 때문이다(객체들의 위치와 방향은 동작 선택에 중요한 정보이다).

딥마인드가 사용한 심층 Q 신경망의 구체적인 사항은 그들이 발표한 논문 "Human-level control through deep reinforcement learning"에 자세히 나와 있다. 한 가지 주목할 점은, 그들은 합성곱 층 두 개에 전결합(완전 연결) 층 두 개가 붙은 구조의 신경망을 사용했다는 것이다. 이번 장의 신경망은 전결합 층 세 개로 이루어졌다. 합성곱 층이 있는 모형을 만들어서 Gridworld 게임 플레이를 학습해 보기 바란다. 합성곱 층의 주된 장점은 입력 텐서의 크기에 제약을 받지 않는다는 것이다. 전결합 층만 사용하는 우리의 예제에서는 입력 텐서의 첫 차원의 크기가 64로 고정된다. 첫 층의 매개변수 행렬이 64×164였음을 기억할 것이다. 그러나 합성곱 층은 임의의 길이의 입력 데이터에 적용할 수 있다. 따라서, 4×4 격자에 대해 훈련한 모형이 5×5나 그 이상의 격자들에도 잘 일반화되는지 시험하는 등의 응용이 가능하다. 실제로 시도해 보기 바란다.

3.5 정리

이번 장에서 우리는 많은 것을 이야기했으며, 은연중에 강화학습의 기본 개념들도 많이 소개했다. 개념들의 엄밀한 학술적 정의와 서술로 이번 장을 채울 수도 있었지만, 우리 필자들은 실제 코드를 이해하는 데 충분한 정도만 소개하고 예제들을 통해서 점차 이해도를 높여나가는 접근 방식을 취했다. 이번 장을 마무리하기 전에, 이번 장에서 배운 내용을 정리하고 제대로 언급하지 않은 사항 몇 가지를 보충하고자 한다.

이번 장에서 우리는 강화학습 알고리즘의 하나인 Q 학습을 소개했다. Q 학습이 그 자체로 심층학습이나 신경망과 관련된 것은 아니다. Q 학습은 하나의 추상적인 수학적 틀이다. Q 학습은 Q 함수라고 하는 함수를 학습함으로써 제어 과제를 푸는 기법이다. Q 함수는 하나의 상태(이를테면 게임판의 특정 구성)를 입력받고 그 상태에서 취할 수 있는 모든 동작의 가치를 추정(예측)한다. 그런 가치를 Q 가치라고 부른다. 그러한 Q 가치들을 어떻게 활용할 것인지는 개발자 마음이다. 예를 들어 그냥 가장 큰 Q 가치에 해당하는 동작을 다음 동작으로 선택할 수도 있고, 그보다 좀 더 정교한 선택 방법을 사용할 수도 있다. 제2장에서 배웠듯이 강화학습에서는 탐험(새로운 동작을 시도하는 것)과 활용(지금까지 배운 최선의 동작을 취하는 것)의 균형을 맞추는 것이 중요하다. 이번 장에서 우리는 표준적인 엡실론 탐욕 접근 방식으로 동작을 선택했다. 즉, 초반에는 동작들을 무작위로 선택하는 탐험에 주력하고, 그 후에는 가장 가치가 큰 동작을 선택하는 활용의 비율을 점차 높여 나간다.

Q 함수는 반드시 데이터로부터 배워야 한다. 좀 더 구체적으로, Q 함수는 상태들의 Q 가치들을 좀 더 정확하게 예측하는 방법을 데이터로부터 배워야 한다. Q 가치들을 추정할 수 있다면, 지능 없는 데이터베이스에서부터 복잡한 심층학습 알고리즘에 이르기까지 어떤 것이라도 Q 함수로 사용할 수 있다. 그러나 현재 우리가 아는 최상급의 학습 알고리즘은 바로 심층학습이므로, 심층 신경망을 Q 함수로 사용하는 것이 당연한 선택이다. 이 경우 "Q 함수의 학습"은 곧 역전파로 신경망을 훈련하는 것에 해당한다.

Q 학습의 중요한 개념이지만 이번 장에서 이야기하지 않은 것으로 **정책 외**(off-policy) 학습과 **정책 내**(on-policy) 학습의 구분이 있다. 제2장에서 배웠듯이, 알고리즘이 장기적으로 보상을 최대화하기 위해 사용하는 전략을 정책 또는 방침이라고 부른다. 사람이 Gridworld 게임의 플레이 방법을 배운다고 하면, 아마 목표로 가는 모든 경로 중 가장 짧은 것을 선택하는 정책을 사용할 것이다. 그와 정반대의 정책은 그냥 목표에 도달할 때까지 각 동작을 무작위로 선택하는 것이다.

이번 장에서 소개한 Q 학습은 정책 외 강화학습 알고리즘에 속한다. 여기서 '정책 외'는, Q 신경망이 정확한 Q 가치들을 배우는 능력은 동작 선택 정책과는 무관하다는 뜻이다. 실제로, 이번 장의 Q 신경망은 동작을 그냥 무작위로 선택한다고 해도 여전히 Q 가치들을 정확하게 예측하는 법을 배울 수 있다. 동작을 어떤 식으로 선택하든, 게임 승리 보상과 패배 보상을 통해서 언젠가는 Q 신경망이 상태와 동작의 가치를 추론하게 된다. 물론 그 과정이 엄청나게 비효율적이긴 하겠지만, 어쨌든 정책 자체는 학습 능력과는 무관하다. 단지, 정책이 좋으면 더 적은 데이터로 더 빨리 학습의 성과를 낼 수 있다. 반대로, 학습 능력이 정책에 명시적으로 의존하거나 애초에 정책을 데이터로부터 배우는 것을 목표로 하는 알고리즘들을 '정책 내' 학습 알고리즘이라고 부른다. 심층 Q 신경망을 훈련하려면 환경으로부터 데이터(경험)를 수집해야 하는데, 데이터 수집 자체는 그 어떤 정책으로도 가능하다. 따라서 심층 Q 학습 알고리즘은 정책 외 알고리즘이다. 그와는 대조적으로, 정책 내 알고리즘은 정책을 배우려 함과 동시에 바로 그 정책을 이용해서 훈련을 위한 경험을 수집한다.

이번 장에서 언급하지 않은 또 다른 주요 개념은 **모형 기반**(model-based) 알고리즘과 **모형 없는**(model-free) 알고리즘의 구분이다. 이를 이해하려면 모형이라는 것이 무엇인지 이해해야 한다. 이번 장까지 모형은 주로 신경망을 가리키는 용어였지만, 좀 더 넓은 의미로 모형은 통계 모형을 뜻할 때가 많다. 이를테면 선형 회귀 모형이나 베이즈 그래프 모형은 통계 모형의 예이다. 더욱 넓은 의미로, 모형은 '현실 세계'에 존재하는 어떤 것의 정신적 또는 수학적 표현이다. 우리가 어떤 대상의 작동 방식을 이해한다는 것은 그 대상에 대한 모형이 머릿속에 만들어져 있다는 뜻일 때가 많다. 그리고 실제 대상의 모형을 구축할 수 있으면, 우리가 직접 경험한 데이터를 설명하는 것은 물론이고 아직 보지 못한 데이터도 예측할 수 있다.

예를 들어 기상 전문가는 수많은 관련 변수들을 고려해서 기후에 관한 대단히 정교한 모형을 구축하며, 현실 세계의 데이터를 끊임없이 측정한다. 기상 전문가는 자신의 모형을 이용해서 미래의 날씨를 어느 정도 정확하게 예측할 수 있다. 통계학자들이 종종 언급하는 "모든 모형은 틀렸다, 그러나 어떤 모형은 유용하다" 같은 다소 진부한 말처럼, 현실과 100% 부합하는 모형을 구축하는 것은 불가능하다. 어떤 모형이든 특정 데이터나 관계가 누락되어 있기 마련이다. 그렇긴 하지만, 우리가 관심을 두는 시스템에 관한 진실을 충분히 잘 반영하는, 그래서 설명과 예측에 유용하게 사용할 수 있는 모형도 많이 있다.

Gridworld의 작동 방식을 배울 수 있는 알고리즘을 만든다면 그 알고리즘은 Gridworld의 한 모형을 구축해 낼 것이며, 그러면 그 알고리즘은 Gridworld 게임을 완벽하게 플레이하게 될 것이다. Q 학습에서 우리가 Q 신경망에 제공하는 것은 그냥 NumPy 텐서 하나이다. Q 신경망이 Gridworld에 관한 어떤 **선험적**(a priori) 모형을 가지고 출발하지는 않는다. 그런데도 Q 신경망은 시행착오를 거쳐서 플레이 방법을 배우게 된다. 여기서, 우리가 Q 신경망에게 명시적으로 Gridworld의 작동 방식을 파악하라는 과제를 부여하지는 않았음을 주의하자. Q 신경망의 목표는 그저 기대 보상을 좀 더 잘 예측하는 것이다. 이런 의미에서 Q 학습은 '모형 없는' 알고리즘에 속한다.

주어진 과제에 관해 인간 전문가가 알고 있는 어떤 영역 지식(domain knowledge)을 이용해서 모형을 최적화하고(과제를 좀 더 잘 풀 수 있도록), 그 모형으로 학습 알고리즘을 실행해서 세부 사항을 배우게 만들 수도 있다. 이는 모형 기반 알고리즘에 해당한다. 예를 들어 대부분의 체스 플레이 알고리즘은 모형 기반이다. 그런 알고리즘들은 체스 규칙들과 각 체스 말의 고유한 이동 방식도 알고 있다. 알고리즘의 초점은 게임에 이기기 위해 어떤 말들을 어떤 순서로 움직여야 할지를 학습하고 추론하는 것이다. 즉, 이런 부류의 알고리즘들은 주어진 모형에 기초해서 자신의 목적을 달성하기 위한 장기적인 계획을 짜는 데 주력한다.

실제 응용에서는 모형이 없는 알고리즘에서 출발해서 모형을 가지고 계획을 수립하는 단계로 나아갈 때가 많다. 예를 들어 로봇 보행 문제의 경우 처음에는 시행착오(모형 없는 알고리즘)를 통해서 기본적인 보행 방법을 익히고, 그런 다음에는 A에서 B로 나아가는 일련의 걸음들을 계획한다(모형 기반 알고리즘). 정책 내와 정책 외, 모형 없는 알고리즘과 모형 기반 알고리즘의 구분은 이 책의 나머지 부분에서도 계속 만나게 될 것이다. 다음 장에서는 정책 함수를 근사(approximation)하는 신경망을 구축하는 데 도움이 되는 알고리즘 하나를 살펴본다.

요약

- **상태 공간**은 환경의 모든 가능한 상태의 집합이다. 일반적으로 상태는 텐서로 표현되므로, 상태 공간은 $\mathbb{R}^n$ 형식의 벡터 또는 $\mathbb{R}^{n \times m}$ 형식의 행렬이 된다.

- **동작 공간**은 주어진 상태에서 취할 수 있는 모든 가능한 동작의 집합이다. 예를 들어 체스의 동작 공간은 주어진 체스판 구성에서 둘 수 있는 모든 유효한 수의 집합이다.

- **상태 가치**는 주어진 상태에서 어떤 정책에 따라 동작들을 선택했을 때 받을 할인된 보상들의 합의 기댓값이다. 어떤 상태의 상태 가치가 높다는 것은 그 상태에서 출발하면 높은 보상을 얻게 될 확률이 크다는 뜻이다.

- **동작 가치**는 주어진 상태에서 한 동작의 취했을 때 받을 보상의 기댓값(기대 보상)이다. 이 기대 보상은 곧 해당 상태-동작 쌍의 가치이다. 주어진 상태의 모든 가능한 동작의 동작 가치를 안다면, 동작 가치가 가장 큰 동작을 선택함으로써 최고의 보상을 받을 수 있다.

- **정책 함수**는 상태를 동작으로 사상하는, 다시 말해 상태를 받고 동작을 돌려주는 함수이다. 주어진 상태에 대해 취해야 할 동작을 "결정하는" 함수가 이 정책 함수이다.

- **Q 함수**는 상태-동작 쌍을 받고 동작 가치를 돌려주는 함수이다.

- **Q 학습**은 강화학습의 한 형태로, Q 함수의 모형을 구축하는 것을 목적으로 한다. 다른 말로 하면, Q 학습에서는 주어진 상태에서 각 동작의 기대 보상을 예측하는 방법을 배우려 한다.

- **심층 Q 신경망**(DQN)은 심층 신경망을 Q 학습의 Q 함수로 사용하는 것을 말한다.

- **정책 외 학습**은 데이터를 수집하는 데 사용한 것과는 다른 정책을 배우는 것을 말한다.

- **정책 내 학습**은 어떤 정책을 배움과 동시에 그 정책으로 학습을 위한 데이터를 수집하는 것을 말한다.

- **파국적 망각**은 작은 크기의 데이터로 조금씩 온라인 학습을 진행할 때 생기는 문제로, 새 데이터가 이전에 배운 것을 지우거나 왜곡하기 때문에 학습이 잘 이루어지지 않는 것을 말한다.

- **경험 재현**은 온라인 강화학습에 배치 훈련을 도입함으로써 파국적 망각을 완화하고 학습의 안정성을 개선하는 기법이다.

- **목표망**은 주 Q 신경망의 한 복사본으로, 주 Q 신경망의 훈련을 위한 매개변수 갱신을 안정화하는 데 쓰인다.

CHAPTER

4

정책 기울기 방법

이번 장의 내용

- 정책 함수를 하나의 신경망으로 구현한다.
- OpenAI의 Gym API를 소개한다.
- REINFORCE 알고리즘을 OpenAI의 CartPole 문제에 적용한다.

제3장에서 심층 Q 신경망을 소개했다. 심층 Q 신경망은 Q 함수를 하나의 신경망으로 근사하는 정책 외 알고리즘이다. 기억하겠지만, Q 함수 역할을 하는 신경망인 Q 신경망은 주어진 상태에서 취할 수 있는 각 동작의 Q 가치들로 이루어진 벡터를 출력한다(그림 4.1). 각 Q 가치는 해당 동작으로 얻을 수 있는 보상의 기댓값(가중평균), 즉 기대 보상이다.

그림 4.1 Q 신경망은 하나의 상태를 받고 동작들의 Q 가치(동작 가치)들을 돌려준다. 그 동작 가치들은 다음 동작을 선택하는 데 사용할 수 있다.

  Q 신경망이 예측한 Q 가치들은 특정 정책에 따라 다음 동작을 선택하는 데 쓰인다. 동작을 선택하는 정책은 다양한데, 제3장에서는 엡실론 탐욕 접근 방식을 이용했다. 엡실론 탐욕 전략에서는 ε의 확률로 탐험(무작위 동작 선택)을, $1 - \varepsilon$의 확률로 활용(지금까지 알아낸 최고 Q 가치에 해당하는 동작 선택)을 적용한다. 그 외에도 Q 가치들에 소프트맥스 층을 적용해서 하나의 동작을 선택하는 등 다양한 정책이 가능하다.

그런데 신경망과 정책을 따로 두고 동작을 선택하는 대신, 신경망이 직접 동작을 선택하도록 훈련하면 어떨까? 이 경우 신경망은 **정책 함수**(policy function)의 역할을 한다. 이런 신경망을 정책 신경망, 줄여서 **정책망**(policy network)이라고 부른다. 제3장에서 보았듯이 정책 함수 π: *State* → *P(Action|State)*는 하나의 상태를 받고 최선의 동작을 돌려준다. 좀 더 구체적으로, 정책 함수는 주어진 상태에서 가능한 모든 동작의 선택 확률들로 이루어진 확률분포를 돌려주며, 알고리즘은 그 확률분포에 따라 하나의 동작을 무작위로 선택한다. 확률분포가 무엇인지 잘 기억이 나지 않아도 걱정할 필요는 없다. 이번 장과 이 책의 나머지 부분에서 좀 더 이야기할 것이다.

4.1 신경망을 이용한 정책 함수 구현

이번 장에서는 가치 함수 $V_π$ 또는 Q가 아니라 정책 함수 π(*s*)를 근사하는 학습 알고리즘들을 소개한다. 다른 말로 하면, 이런 부류의 알고리즘은 동작 가치들을 출력하도록 신경망을 훈련하는 것이 아니라 동작(의 확률) 자체를 출력하도록 신경망을 훈련한다.

4.1.1 정책 함수로서의 신경망

Q 신경망과는 달리 정책망은 주어진 상태에서 취해야 할 동작을 명시적으로 말해준다. 즉, 또 다른 동작 결정 과정은 필요하지 않다. 그냥 정책망이 산출한 확률분포 *P(A|S)*에 대해 무작위로 표집(표본추출)을 실행하면 동작이 나온다(그림 4.2). 기대 보상이 큰 동작일수록 확률이 높으므로, 무작위 표집을 적용하면 기대 보상이 큰 동작들이 더 자주 선택된다.

그림 4.2 정책망은 상태를 받고 모든 가능한 동작들의 확률분포를 돌려주는 함수이다.

확률분포 *P(A|S)*라는 것을, 각 동작의 번호가 적힌 종이쪽지들이 가득 들어 있는 항아리라고 생각해 보자. 가능한 동작이 네 가지인 게임이라면 1에서 4까지의(또는, 파이썬 배열 색인으로는 0에서 3까지의) 번호가 적힌 종이쪽지들이 항아리에 있을 것이다. 만일 정책망이 2번 동작의 보상이 가장 크리라 예측한다면, 정책망은 2번이 적힌 쪽지들을 제일 많이 항아리에 채운다. 보상이 작은 동작일수록 해당 쪽지의 수가 적다. 이제 알고리즘은 항아리에서 무작위

로 쪽지 하나를 뽑는다(무작위 표집). 2번 쪽지가 제일 많으므로 2번이 나올 가능성이 제일 크지만, 때에 따라서는 다른 번호가 나오기도 할 것이다. 그런 경우는 '탐험'에 해당한다. 동작에 의해 환경의 상태가 변하며, 정책망은 새 상태에 기초해서 다시 항아리를 채운다. 그러면 알고리즘은 다시 무작위로 쪽지 하나를 뽑아서 동작을 적용한다.

이런 부류의 알고리즘들을 통칭해서 **정책 기울기 방법**(policy gradient method; 또는 정책 경사법)이라고 부른다. 이 접근 방식은 이전에 본 심층 Q 신경망과 몇 가지 점에서 다른데, 이번 장에서 중요한 차이점들을 차차 살펴볼 것이다. 심층 Q 신경망에 비한 정책 기울기 방법의 장점하나는 엡실론 탐욕 전략 같은 동작 선택 정책을 따로 둘 필요가 없다는 것이다. 그냥 정책망의 출력에서 직접 동작을 추출하면 된다. 또한, 정책망은 학습 안정성 면에서도 장점이 있다. 제3장에서 심층 Q 신경망의 훈련 안정성을 높이기 위해 경험 재현과 목표망을 도입하는 등의 노력을 기울여야 했다. 학계에는 그 외에도 여러 학습 안정성 개선 기법들이 있다. 정책망에서는 학습의 안정성을 높이기가 좀 더 수월하다.

4.1.2 확률적 정책 기울기 방법

구체적인 정책 기울기 방법은 여러 가지인데, 앞에서 설명한 것은 **확률적 정책 기울기**(stochastic policy gradient) 방법에 해당한다. 확률적 정책 기울기 방법에서는 신경망(정책망)이 동작 선택을 위한 확률분포에 해당하는 하나의 벡터를 산출한다(그림 4.3).

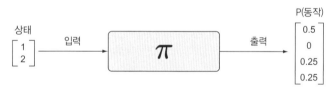

그림 4.3 확률적 정책 함수. 확률적 정책 함수는 상태를 받고 동작들의 확률분포를 돌려준다. 결정론적인 하나의 동작을 돌려주는 것이 아니라 이처럼 동작들의 선택 확률들로 이루어진 확률분포를 돌려주기 때문에 '확률적' 정책 함수라는 이름이 붙었다.

정책망이 돌려준 확률분포를 무작위로 표집하면 동작이 선택된다. 이는 같은 상태가 주어져도 항상 같은 동작이 나오지는 않음을 뜻한다. 그림 4.3은 (1,2)라는 상태를 정책망에 입력한 예이다. 이에 대해 정책망은 네 개의 확률로 이루어진 확률분포를 산출한다. Gridworld 게임에서 동작들이 순서대로 상, 하, 좌, 우 이동이라고 할 때, 이 확률분포에 따르면 플레이어가 위로 이동할 확률은 0.5이고, 아래로 이동할 일은 없고, 왼쪽으로 이동할 확률과 오른쪽으로 이동할 확률은 둘 다 0.25이다.

환경이 시불변(stationary)이라면, 즉 상태들과 보상들의 분포가 고정되어 있다면, 그리고 결정론적인 전략을 사용한다면, 정책 함수가 산출하는 확률분포들은 점차 하나의 퇴화

(degenerate) 확률분포로 수렴하게 된다(그림 4.4). **퇴화 확률분포**란 모든 확률질량(probability mass)에 동일한 하나의 결과가 배정된 확률분포를 말한다. 이 책에서처럼 이산 확률분포를 다룰 때는 확률분포의 모든 확률의 합이 반드시 1이어야 한다. 이 경우 퇴화 확률분포는 한 항목의 확률만 1이고 나머지는 모두 확률이 0인 확률분포이다.

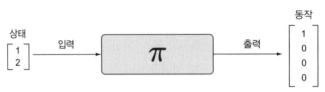

그림 4.4 동작들의 확률분포를 돌려주는 확률적 정책 함수와는 달리, 결정론적 정책 함수는 상태를 받고 구체적인 하나의 동작을 돌려준다. 그림에서처럼 결정론적 정책 함수는 흔히 그리스 글자 π로 표기한다.

전체 훈련 과정의 초반부에서는 적극적인 탐험이 필요하므로, 정책망이 상당히 균등한 확률분포를 산출하는 것이 좋다. 그러나 어느 정도 훈련이 진행된 후에는 확률분포가 최선의 동작이 더 자주 선택되는 쪽으로 수렴해야 한다. 주어진 상태에서 최선의 동작이 단 하나인 경우에는 정책망이 퇴화 확률분포(해당 동작의 확률만 1인)로 수렴해야 할 것이다. 가치가 비슷한 동작이 두 개 있다면, **모드**가 두 개인 확률분포가 나와야 할 것이다. 확률분포의 모드는 그냥 '봉우리', 즉 확률분포를 그래프로 그렸을 때 불쑥 솟은 부분의 또 다른 이름이다.

확률분포에 관해

Gridworld에서 가능한 동작은 상하좌우 이동 네 가지이다. 이 네 동작으로 이루어진 집합 A= {상, 하, 좌, 우}는 Gridworld의 동작 공간에 해당한다. (기억하겠지만 수학에서 집합은 그냥 특정 조건을 만족하는 원소들의 순서 없는 모임으로, 교집합이나 합집합 같은 고유한 연산들이 정의된다.) 이 동작 집합에 대해 확률분포를 적용한다는 것이 어떤 의미일까?

확률은 익숙하면서도 생소한, 그리고 논쟁거리가 많은 주제이다. **확률**이 정확히 무엇을 의미하는지에 관해 다양한 철학적 의견이 존재한다. 흔히 확률이라고 하면, 동전 하나를 아주 많이(수학적으로는 무한히) 던졌을 때 앞면이 나온 횟수와 뒷면이 나온 횟수가 같다는 예를 떠올리는 사람이 많을 것이다. 예를 들어 동전을 100만 번 던졌을 때 절반의 경우에는 앞면이 나오고 나머지 절반의 경우에는 뒷면이 나온다. 그러한 비율이 곧 확률이다. 이런 해석을 빈도주의자(frequentist) 또는 빈도론자 해석이라고 부른다. 빈도주의에서 확률은 뭔가를 여러 번 반복했을 때의 빈도(도수)에 관한 것이다.

또 다른 관점은 확률이 그냥 확신도(degree of belief; 믿음의 정도)라는 것이다. 즉, 확률은 사람이 어떤 사건의 발생 가능성을 자신이 가진 지식에 근거해서 주관적으로 평가하는 것과 관련된다. 확신도를 **신빙성**(credence)이라고 부르기도 한다. 동전을 던졌을 때 앞면이 나올 확률이 0.5 또는 50%라는 것은, 우리가 동전에 관해 알고 있는 바에 근거할 때 앞면이 뒷면보다 더 자주 나오거나 뒷면이 앞면보다 더 자주 나올 이유가 전혀 없으므로 두 사건의 발생 가능성이 같으며, 따라서 절반의 경우에서 앞면이 나온다고 믿는 것에 해당한다. 이러한 해석에서, 뭔가를 결정론적으로(즉, 확률이 1 아니면 0이고 그 사이의 확률은 없는) 예측하지 못하는 것은 단지 지식의 부족 때문이다.

두 해석 중 어떤 것을 선택하든 이 책에 나오는 수식이나 구현 코드가 달라지지 않지만, 이 책의 설명 방식에는 기본적으로 확신도 해석이 깔려 있음을 유념하기 바란다. Gridworld의 동작 집합 A= {상, 하, 좌, 우}에 대해 확률분포를 적용한다는 것은 각 동작에 확신도로서의 확률(0에서 1까지의 실수)을 배정한다는 것이다. 그 확률들의 합은 반드시 1이어야 한다. 각 확률은 주어진 상태에서 해당 동작이 기대 보상을 최대화하리라고 얼마나 강하게 믿는지에 해당한다.

좀 더 구체적으로, 동작 집합 A에 관한 확률분포를 $P(A)$: $A_i \rightarrow$ [0,1]로 표기하는데, 이는 $P(A)$가 각각 동작 $a_i \in A$를 0에서 1까지의 실수로 사상하는 함수라는 뜻이다. 확률분포의 정의에 의해 그 실수들의 합은 반드시 1이다. Gridworld의 경우에는 이 함수를 그냥 각 동작의 확률로 이루어진 4차원 벡터로 표현할 수도 있다(이를테면 [상, 하, 좌, 우] → [0.25, 0.25, 0.10, 0.4]). 이런 함수를 **확률질량함수**(probability mass function, PMF)라고 부른다.

앞의 예에서는 동작 집합이 이산적이므로(즉, 동작의 수가 유한하므로) 해당 확률분포는 **이산** 확률분포(줄여서 이산분포)이다. 그러나 동작 집합이 무한하다면, 예를 들어 속도 같은 연속 변수로 동작을 표현한다면, 동작 집합에 관한 확률분포는 **연속** 확률분포(줄여서 연속분포)이고 동작 집합을 확률분포로 사상하는 함수는 **확률밀도함수**(probability density function, PDF)이다. 확률밀도함수의 가장 흔한 예는 바로 정규분포(가우스 분포 또는 종형 곡선이라고도 하는)이다.

동작이 연속인 문제, 이를테면 자동차 게임에서 자동차의 속도를 0에서 어떤 최댓값 사이의 연속 변수로서 제어하는 문제에 정책망을 어떤 식으로 적용해야 할까? 확률분포라는 개념을 아예 폐기하고 하나의 속도 값을 산출하도록 정책망을 훈련할 수도 있지만, 그러면 탐험이 부족해질 위험이 생긴다(게다가 정책망을 그런 식으로 훈련하기란 어렵다). 약간의 무작위성을 도입하면 학습의 위력이 커진다. 이 책에서 사용하는 신경망들은 벡터(좀 더 일반적으로는 텐서)만 산출하므로, 신경망에서 연속 확률분포를 얻으려면 추가적인 단계가 필요하다. 정규분포 같은 확률밀도함수는 두 개의 매개변수로 정의되는데, 하나는 평균(mean)이고 다른 하나는 분산(variance)이다. 그 둘이 정해지기만 하면 해당 정규분포에서 확률들을 추출할 수 있다. 따라서 신경망이 평균과 분산(또는 그 제곱근인 표준편차)을 산출하도록 훈련하고, 그 값들로 정규분포를 정의해서 표본을 추출하면 된다.

이상의 내용이 지금 당장 잘 이해되지 않아도 걱정할 필요는 없다. 이런 개념들은 강화학습에서, 좀 더 일반적으로는 기계학습 전반에서 자주 등장하므로, 계속 접하다 보면 점차 이해될 것이다.

4.1.3 탐험

제3장에서, 훈련 도중 에이전트가 새로운 상태들을 방문하려면 어느 정도의 무작위성을 정책에 도입해야 한다고 했었다. 이전에 심층 Q 신경망에 적용한 엡실론 탐욕 전략은 일정 확률로 탐험을 시도한다. 즉, 항상 기대 보상이 최대인 동작을 선택하는 것이 아니라, 가끔씩은 무작위로 동작을 선택한다. 매번 최대 기대 보상으로 이어지는 동작만 선택한다면 더 나은 동작과 상태를 발견할 수 없다. 확률적 정책 기울기 방법에서는 신경망이 확률분포를 출력하므로 모든 공간을 탐험할 기회가 적게나마 생긴다. 정책망이 최선의 동작 하나만 선택되는 퇴화 확률분포로 수렴하려면 탐험이 충분히 일어나야 한다. 또는, 환경 자체에 어느 정도 무작위성이 존재한다면, 확률분포는 각 동작에 대해 특정한 확률질량을 유지할 것이다. 훈련 시작 전에

모형을 초기화할 때는 정책망이 고른 분포(균등분포)를 산출하도록 설정하는 것이 바람직하다. 훈련을 시작하기 전에 모형은 최선의 동작에 대해 아는 것이 전혀 없으므로, 모든 동작이 동일 확률로 선택되게 해야 마땅하다.

확률적 정책 기울기 방법과 대조되는 정책 기울기 방법으로 **결정론적 정책 기울기**(deterministic policy gradient, DPG) 방법이 있다. 이 방법은 항상 에이전트가 취할 하나의 동작을 산출한다(그림 4.4). 예를 들어 Gridworld에 대한 결정론적 정책 함수는 에이전트가 취할 동작에 해당하는 성분만 1이고 나머지는 모두 0인 4차원 원핫 벡터를 산출할 것이다. 여기에는 확률적 요소가 없으므로, 만일 에이전트가 항상 이 정책 함수만 따른다면 탐험이 부족해진다. 또한, 이산적인 동작 집합에 대한 결정론적 정책 함수의 출력은 이산적인 값들이므로, 미분이 필요한 심층학습 기법을 적용하기 어렵다. 따라서 이 책에서는 확률적 정책 기울기 방법에 초점을 둔다. 사실 모형에 어느 정도의 불확실성을 도입하는(이를테면 확률분포를 이용해서) 것은 일반적으로 좋은 일이다.

4.2 좋은 동작의 강화: 정책 기울기 알고리즘

앞에서 우리는 동작들에 관한 확률분포를 출력하는 정책 함수를 이용해서 동작을 선택할 수 있다는 점과 그러한 정책 함수 $\pi(s)$를 신경망으로 근사할 수 있다는 점을 이야기했다. 이번 절에서는 그런 접근 방식을 따르는 알고리즘들을 실제로 구현하고 훈련(최적화)하는 방법을 살펴본다.

4.2.1 목적함수 정의

기억하겠지만, 신경망을 훈련하려면 신경망의 가중치(매개변수)들에 대해 미분 가능한 목적함수가 필요하다. 제3장에서 우리는 예측된 Q 가치와 목표 Q 가치의 평균제곱오차(mean squared error, MSE) 손실함수가 최소가 되도록 심층 Q 신경망을 훈련했다. 관측된 보상에 기초해서 목표 Q 가치를 계산하는 공식도 살펴보았다. Q 가치는 하나의 평균 보상(기댓값)이므로, 심층 Q 신경망의 훈련 방법은 지도학습 방식으로 심층 신경망을 훈련할 때 사용하는 방법과 그리 다르지 않았다.

주어진 상태에서 가능한 동작들에 관한 확률분포 $P(A|S)$를 산출하는 정책망은 어떤 식으로 훈련해야 할까? 동작을 취한 후 관측된 보상들을 $P(A|S)$의 갱신에 대응시키는 어떤 자명한 방법은 없다. 심층 Q 신경망의 훈련이 지도학습 문제의 경우와 그리 다르지 않았던 것은 Q 신경망이 예측 Q 가치들의 벡터를 산출한다는 점과 정해진 공식에 따라 목표 Q 가치 벡터를 산

출할 수 있다는 점 덕분이었다. 예측값과 목푯값만 있으면, 통상적인 심층학습 방법에 따라 오차를 최소화하는 식으로 신경망을 훈련할 수 있다.

반면 정책망은 동작(의 확률)들을 직접 예측하며, 최대 가치로 이어지는 바람직한 '목표' 동작들의 벡터를 구하는 공식은 없다. 우리가 아는 것은 그냥 동작이 긍정적 보상 또는 부정적 보상으로 이어지는지 뿐이다. 사실 최선의 동작은 암묵적으로 가치 함수에 의존하지만, 애초에 정책망 접근 방식은 그런 동작 가치들을 직접 계산하지 않아도 동작을 선택할 수 있도록 고안된 것이다.

그럼 정책망을 훈련(최적화)하는 방법을 구체적인 예제를 통해서 살펴보자. 우선 몇 가지 표기법부터 정의하겠다. 정책망은 π로 표기하되, 정책망의 모든 매개변수(가중치)를 닮은 벡터 θ를 아래 첨자로 붙인다. 물론 신경망의 매개변수들은 가중치 행렬의 형태이지만, 표기와 논의의 편의를 위해 신경망 매개변수들이 그냥 하나의 긴 벡터 θ라고 간주한다.

정책망의 순전파 과정에서 매개변수 벡터 θ는 고정된다. 변수(독립변수)는 정책망에 입력되는 데이터(즉, 게임의 상태)이지 θ가 아니다. 이 점을 나타내기 위해 θ를 아래 첨자로 두어서 정책망을 π_θ로 표기한다. θ가 고정되지 않고 매번 변할 수 있는 입력이라면 $\pi(x,\theta)$처럼 θ를 괄호 안에 표기했을 것이다. 이 표기는 입력 데이터 x와 함께 θ도 함수의 한 변수임을 나타낸다. 그러나 순전파 과정에서 θ는 하나의 고정된 매개변수이므로 π_θ처럼 아래 첨자로 표기해야 한다.

아직 훈련되지 않은 정책망 π_θ에 Gridworld의 초기 게임 상태 s를 입력해서 정책망을 실행하면 $\pi_\theta(s)$가 평가(계산)된다. 이 함수는 네 가지 동작에 관한 확률분포를 돌려준다. 초기에는 모든 확률이 동일한 [0.25, 0.25, 0.25, 0.25] 같은 분포를 돌려줄 것이며, 이 확률분포를 표집하는 것은 그냥 네 동작 중 하나를 무작위로 선택하는 것과 같다(그림 4.5). 이처럼 정책망으로 확률분포를 산출하고 동작을 추출하는 과정을 한 에피소드가 끝날 때까지 반복한다.

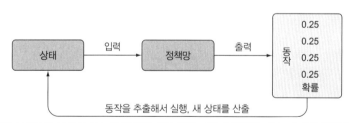

그림 4.5 네 가지 이산적인 동작이 가능한 환경에 대한 정책 기울기 방법의 개요. 상태를 정책망에 입력해서 동작들에 관한 확률분포를 얻고, 그 분포에서 하나의 동작을 추출해서 새 상태를 산출한다.

Gridworld 같은 일화적 게임들에서 게임의 한 에피소드(일화)의 시작과 끝이 명확히 정의된다. Gridworld의 한 에피소드는 어떤 초기 상태에서 시작하며, 플레이어가 구덩이에 빠지거나, 목표에 도달하거나, 최대 이동 횟수를 초과하면 게임이 끝난다. 하나의 에피소드는 시작 상태에서 종료 상태(게임 승리 또는 패배)에 도달할 때까지의 (상태, 동작, 보상) 튜플들의 순차열(sequence; 또는 수열)로 간주할 수 있으며, 그래서 하나의 에피소드 ε을 다음과 같이 표기한다.

$$\varepsilon = (S_0, A_0, R_1), (S_1, A_1, R_2) \dots (S_{t-1}, A_{t-1}, R_t)$$

이 순차열에서 각 튜플('경험')은 Gridworld 게임의(좀 더 일반적으로는 마르코프 결정 과정의) 한 시간 단계에 해당한다. 시간 t에서 에피소드의 끝에 도달했을 때 이 에피소드 순차열은 에피소드 전체의 역사를 담은 상태가 된다. 정책망을 따라 동작을 선택해서 단 세 번의 이동 만에 목표에 도달했다고 하면, 에피소드는 다음과 같은 모습이 될 것이다.

$$\varepsilon = (S_0, 3, -1), (S_1, 1, -1), (S_2, 3, +10)$$

네 가지 동작을 0에서 3까지의 정수(동작 벡터의 배열 색인에 해당)로 표현했음을 주목하자. 상태는 64차원 벡터이지만, 간결함을 위해 그냥 그 기호로만 표기했다. 이 에피소드에서 무엇을 배울 수 있을까? 마지막 튜플의 보상이 +10이라는 것은 에이전트가 게임에서 승리했음을 뜻한다. 따라서 이 에피소드의 동작들은 어느 정도 "좋은" 동작들일 것이다. 따라서, 이와 비슷한 상태들에서 정책망이 이 에피소드의 동작들에 좀 더 높은 확률에 부여하도록 훈련해야 한다. 다른 말로 하면, 긍정적인 보상으로 이어지는 동작들을 '강화'해야 한다. 에이전트가 게임에서 패배한(마지막 보상이 -10인) 에피소드에서 무엇을 배울 수 있는지는 이번 장에서 나중에 이야기하겠다. 일단 지금은 긍정적 강화에 집중하자.

4.2.2 동작 강화

정책망을 훈련하는 과정은 미래에 승리로 이어지는 동작들에 대해 좀 더 높은 확률을 배정하도록 정책망의 매개변수들을 조금씩 매끄럽게 갱신하는 과정이다. 앞의 승리 에피소드의 예에 마지막 튜플(상태 S_2)을 생각해 보자. 정책망이 아직 충분히 훈련되지 않았으므로, 이 상태에 대해 정책망은 [0.25, 0.25, 0.25, 0.25] 같은 고른 확률분포를 산출한다. 이 확률분포에서 운 좋게 동작 3이 선택되었고, 그 동작 덕분에 플레이어는 목표에 도달해서 +10의 보상을 받았다. 이는 S_2에서 동작 3(네 번째 동작)이 좋은 선택임을 뜻하므로, 이후에도 S_2 또는 그와 비슷한 상태가 주어졌을 때 정책망이 동작 3에 좀 더 높은 확률을 부여하게(다른 식으로 표현하면, 동작 3이 좋은 선택임을 좀 더 강하게 믿도록) 만들어야 한다. 이를 두고 동작 3을 "긍정적으로 강화한다"라고 말한다.

한 가지 간단한 접근 방식은, [0, 0, 0, 1]을 목표 동작 분포로 두고 경사 하강법을 실행해서 [0.25, 0.25, 0.25, 0.25]가 [0, 0, 0, 1]과 좀 더 가까워지게 만드는 것이다. 그러면 정책망은 다음번에 예를 들어 [0.167, 0.167, 0.167, 0.5] 같은 확률분포를 산출할 것이다(그림 4.6). 이는 지도학습 문제에서 흔히 쓰이는 방법과 비슷하다. 예를 들어 소프트맥스 기반 이미지 분류에 이런 방법이 쓰이는데, 이미지 분류 과제에는 '정답'(이미지의 정확한 분류명)이 존재하며 각 예측 사이에 시간적인 연관 관계가 없다. 그러나 강화학습에서는 그렇지 않기 때문에 매개변수 갱신 과정을 좀 더 정교하게 만들어야 한다. 무엇보다도 각 갱신량이 작고 매끄러워야 한다. 이는 환경을 제대로 탐험하려면 동작 표집에 약간의 확률성(불확실성)이 남아 있어야 하기 때문이다. 또한, 최근 동작들과 시간이 좀 지난 동작들이 갱신에 미치는 영향을 서로 다르게 설정할 수 있어야 한다. 이 두 문제는 표기법들을 마저 설명한 후 다시 살펴보겠다.

동작 확률분포를 산출하는 순전파 과정에서는 매개변수 벡터 θ가 고정되므로 정책망을 π_θ로 표기한다는 점을 기억할 것이다. 따라서 $\pi_\theta(s)$라는 표기는 어떤 상태 s에 대해 고정된 정책망 매개변수들로 정책망을 실행해서 확률분포를 산출하는 것 또는 그 확률분포를 뜻한다. 반면, 정책망을 훈련할 때는 고정된 입력에 대해 매개변수들을 달리 두어서, 목적함수가 최적화되는(즉, 손실이 최소화되거나 유용도 함수가 최대화되는) 일단의 매개변수들을 찾는다. 이 경우에는 상태가 고정되고 θ가 변수이므로 $\pi_s(\theta)$로 표기한다.

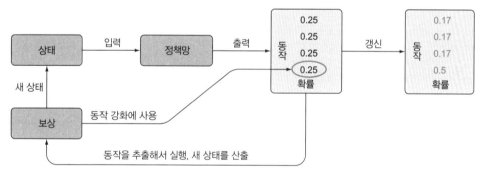

그림 4.6 정책망의 확률분포에서 동작을 하나 추출, 실행해서 보상과 새 상태를 산출한다. 보상은 해당 동작을 긍정적 또는 부정적으로 강화하는 신호로 쓰인다. 즉, 만일 보상이 긍정적이면 해당 상태에서 해당 동작의 확률을 증가하고, 보상이 부정적이면 해당 상태에서 해당 동작의 확률을 감소한다. 강화를 위해 주어지는 보상 신호는 동작 하나(그림의 경우 네 번째 동작)에 대한 것이지만, 그 동작의 확률만 갱신하는 것으로 끝내면 안 된다. 모든 확률의 합이 1이어야 하므로, 한 동작의 확률을 증가 또는 감소하면 다른 동작 확률들도 그에 맞게 감소 또는 증가해야 한다.

정의 정책망 매개변수들이 주어졌을 때 동작의 확률을 $\pi_s(a|\theta)$로 표기한다. 이 표기는 한 동작 a의 확률이 정책망의 매개변수에 명시적으로 의존함을 잘 보여준다. $P(x|y)$ 형태의 표기는 "y가 주어졌을 때의(y를 조건으로 한) x의 확률"에 해당하는 **조건부 확률**(conditional probability)을 뜻한다.

동작 3(a_3으로 표기)을 강화하려면 확률 $\pi_s(a_3|\theta)$가 증가하도록 정책망 매개변수 벡터 θ를 갱신해야 한다. 목적함수는 그냥 $\pi_s(a_3|\theta)$를 최대화하려고 한다. 훈련 전에는 $\pi_s(a_3|\theta) = 0.25$이지만, 훈련으로 θ를 갱신해서 $\pi_s(a_3|\theta) > 0.25$가 되게 해야 한다. 동작 확률들의 합이 반드시 1이어야 하므로 $\pi_s(a_3|\theta)$를 최대화하면 다른 동작 확률들은 최소화된다. 그런데 구현의 편의를 위해서는 목적함수를 최대화하는 것이 아니라 최소화하도록 해야 한다. 그래야 PyTorch의 내장 최적화 모듈과 잘 연동되기 때문이다. 이를 위해, $\pi_s(a_3|\theta)$를 최대화하는 것이 아니라 $1 - \pi_s(a_3|\theta)$를 최소화하도록 한다. 이 손실함수는 $\pi_s(a|\theta)$가 1에 접근함에 따라 0에 접근하므로, 결과적으로 훈련 과정에서는 주어진 동작에 대해 $\pi_s(a|\theta)$가 최대가 되도록 기울기들이 갱신된다. 이제부터, 동작을 지칭할 때 아래 첨자(동작 번호)를 생략하겠다. 어떤 동작을 말하는지 문맥으로 충분히 구별할 수 있을 것이다.

4.2.3 로그 확률

지금까지의 설명이 수학적으로는 정확하지만, 실제 구현을 위해서는 조금 수정이 필요하다. 계산 정밀도 문제 때문에 앞의 공식들을 그대로 사용하면 훈련이 불안정해진다. 특히, 수학적으로 0에서 1 사이의 실수로 정의되는 확률값이 문제가 된다. 실수의 부동소수점 표현은 그 정밀도(유효자릿수)가 유한하므로, 0에서 1 사이의 작은 범위 안에 있는 서로 아주 비슷한 값들은 잘 구분되지 않는다. 확률들의 "동적 범위"를 늘리기 위해 흔히 쓰이는 것이 음의 로그 확률, 즉 $-\log \pi_s(a|\theta)$이다(여기서 log는 자연로그). 음의 로그는 범위가 $(-\infty, 0)$이라서 부동소수점 계산 시 수치적 불안정성이 적다. 또한, 로그 연산에는 $\log(ab) = \log(a) + \log(b)$라는 편리한 성질이 있다. 즉, 연산 대상들에 로그를 씌우면 곱셈을 덧셈으로 바꿀 수 있는데, 부동소수점 계산에서 곱셈보다 덧셈이 훨씬 안정적이다. $1 - \pi_s(a|\theta)$ 대신 이 $\pi_s(a|\theta)$를 목적함수로 두어도 $\pi_s(a|\theta)$가 1에 접근함에 따라 손실함수가 0에 접근한다는 점은 마찬가지이므로, 역전파와 경사 하강법이 그대로 적용된다. 즉, a가 "좋은" 동작이라고 할 때, 훈련 과정에서 기울기들은 $\pi_s(a|\theta)$가 1에 가까운 확률이 되는 쪽으로 갱신된다.

4.2.4 기여도 배정 문제

앞에서 우리는 좀 더 나은 목적함수 $-\log\pi_s(a|\theta)$를 선택했다. 그런데 이 목적함수를 그대로 사용하면 에피소드의 모든 동작이 동일한 비중으로 매개변수들의 갱신에 영향을 미친다. 즉, 첫 동작을 산출한 가중치들이 마지막 동작을 산출한 가중치들과 같은 정도로 갱신되는 것이다. 그러나 Gridworld에서는 목표 타일에 도달한 마지막 동작이 에피소드의 첫 동작보다 게임 승리에 더 많이 기여했다고 해석해야 마땅하다. 예를 들어 먼저 오른쪽으로 한 칸 갔다가 다시 왼쪽으로 한 칸 돌아온 후 아래 한 칸 내려가서 목표에 도달했다면, 첫수는 사실 피해야 할 수였던 것이다. 이런 사례를 생각하면, 각 동작이 얼마나 "좋은지"에 관한 확신도는 보상 시점에서 멀어질수록 줄어들어야 마땅하다. 체스 플레이 강화학습에서도 첫수보다는 마지막 수의 기여도가 더 크다고 인정한다. 즉, 승리로 직접 이어지는 수가 좋은 수임은 확실하게 믿을 수 있지만, 과거로 돌아갈수록 확신도가 감소한다. 다섯 단계 이전의 수가 승리에 어느 정도나 기여했는지를 가늠하기란 사실 어려운 일이다. 이처럼 과거의 동작들을 어느 정도나 중요시할 것인지 고민하는 문제를 **기여도 배정**(credit assignment) 문제라고 부른다.

제3장에서는 0에서 1 사이의 할인 계수를 갱신량에 곱해서 이런 과거 동작의 불확실성을 반영했다. 에피소드의 마지막 동작에는 1의 계수를 곱해서 그 경험을 온전히 반영하되, 과거 동작들에서는 점차 낮은 계수를 곱해서 갱신량이 작아지게('할인') 만든다.

이러한 개념을 우리의 목적함수(손실함수)에 도입해 보자. 최소화할 최종적인 목적함수는 $-\gamma_t G_t \log\pi_s(a|\theta)$이다. 여기서 θ_t는 할인 계수인데, 시간 단계에 따라 할인 계수가 달라져야 하므로(과거로 갈수록 0 쪽으로 감소) 아래 첨자 t를 붙였다. G_t는 시간 단계 t에서의 소위 **총 수익**(total return) 또는 **미래 수익**(future return)인데, 시간 단계 t에서 에피소드 끝까지 나아갔을 때 받을 전체 보상이다. 이 값은 주어진 상태에서 에피소드 끝까지의 보상들의 합으로 근사할 수 있다.

$$G_t = r_t + r_{t+1} \ldots + r_{T-1} + r_T$$

보상을 받은 시점에서 먼 과거에 취한 동작들은 좀 더 가까운 시점의 동작들보다 비중이 작아야 한다. 예를 들어 최종 승리 보상이 1인 게임에서 시작 상태에서 종료 상태까지의 할인된 보상들은 이를테면 [0.970, 0.980, 0.99, 1.0] 같은 모습일 것이다. 승리로 이어진 마지막 동작은 +1의 보상이 전혀 할인되지 않았지만, 그 이전 동작에는 해당 시간 단계의 할인 계수 γ_{t-1} (0.99라고 가정)이 곱해져서 1보다 작은 값이 되었다.

시간 단계 t에서의 할인 계수는 $\gamma_t = \gamma_0^{(T-t)}$으로 정의된다. 여기서 T는 에피소드의 길이(전체 시간 단계 수)이다. 예를 들어 기본 할인 계수가 0.99라고 할 때(즉, $\gamma_0 = 0.99$), 마지막 시간 단계에서는 $T - t = 0$이므로 $\gamma_t = 0.99^0 = 1$이고 끝에서 세 번째 시간 단계에서는 $T - t = 2$이므로 γ_t

$= 0.99^2 = 0.9801$이다. 이처럼 과거로 갈수록 할인 계수는 점차 감소하며, 따라서 과거로 갈수록 동작이 매개변수들의 갱신에 미치는 영향이 줄어든다.

예를 들어 에이전트가 상태 S_0(즉, 시간 단계 $t = 0$에서의 상태)에서 동작 a_1을 취해서 보상 $r_{t+1} = -1$을 받았다고 하면, 목표 갱신량은 $-\gamma^T \times -1 \times \log\pi(a_1|\theta, S_0) = \gamma^T\log\pi(a_1|\theta, S_0)$이다. 이는 곧 정책망이 출력한 로그 확률이다(그림 4.7).

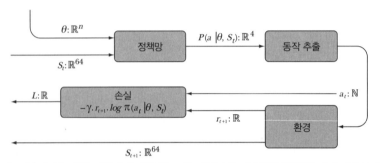

그림 4.7 Gridworld 게임을 위한 정책망 훈련의 흐름 그림. 정책망은 θ(가중치 집합)를 매개 변수로 하는 하나의 신경망으로, 64차원 벡터를 입력받고 동작들에 관한 이산 확률분포에 해당하는 4차원 벡터를 출력한다. **동작 추출** 상자는 그 확률분포에서 동작을 하나 추출해서 환경과 손실함수에 입력한다. 환경은 그 동작을 실행해서 새 상태를 산출한다. 손실함수에는 동작과 함께 환경이 제공한 보상도 입력되며, 그 손실이 최소화되도록 정책망의 매개변수들을 갱신함으로써 동작이 강화된다.

4.3 OpenAI Gym 다루기

지금까지는 제3장에서 다루어 본 Gridworld를 이용해서 정책망을 설명했다. 그러나 정책 기울기 알고리즘을 구현하는 방법을 설명하려면 다른 게임 환경을 사용하는 것이 더 나을 것이다. 다양성을 위해, 그리고 다른 곳에서도 자주 만나게 될 OpenAI Gym을 소개하는 취지에서, 이제부터는 OpenAI Gym 환경을 사용한다.

오픈소스 프로젝트인 OpenAI Gym은 공통의 API를 따르는 다양한 환경들의 집합으로, 강화학습 알고리즘을 시험해 보는 데 아주 적합하다. 언젠가 여러분이 새로운 심층 강화학습 알고리즘을 고안했을 때, 이 Gym의 여러 환경에서 알고리즘을 시험해 보면 알고리즘의 성능을 가늠할 수 있을 것이다. Gym에는 간단한 선형 회귀로 "깰" 수 있는 쉬운 환경에서부터 정교한 심층 강화학습 접근 방식이 필요한 것까지 다양한 환경이 있다(그림 4.8). 게임뿐만 아니라 로봇 제어 문제 등 다른 여러 환경도 있다. 아마 그중에 여러분의 관심을 끄는 환경이 몇 개 있을 것이다.

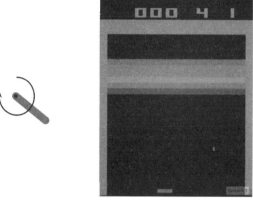

그림 4.8 OpenAI Gym 환경의 두 가지 예. OpenAI Gym은 강화학습 알고리즘을 시험해 보는 데 아주 유용한
수백 개의 환경을 제공한다.

OpenAI Gym이 현재 지원하는 환경들은 https://gym.openai.com/envs/에서 볼 수 있
다. 이 글을 쓰는 현재 Gym 환경들은 다음 일곱 범주로 분류된다.

- Algorithms(기본적인 알고리즘들)
- Atari(아타리 게임들)
- Box2D
- Classic control(고전적 제어 문제들)
- MuJoCo
- Robotics(로봇 제어 문제들)
- Toy text(간단한 텍스트 환경들)

또한, 파이썬 코드로도 Gym의 환경들을 볼 수 있다. 다음은 OpenAI 레지스트리에 등록된
환경들을 모두 나열하는 코드이다.

목록 4.1 OpenAI Gym 환경 나열

```
from gym import envs
envs.registry.all()
```

선택할 수 있는 환경은 수백 개이다(Gym 버전 0.9.6은 797개). 안타깝게도 일부 환경은 사용
허가가 필요하거나(MuJoCo) 외부 의존 모듈을 따로 설치해야 해서(Box2D, Atari) 준비하는
데 시간이 좀 필요하다. 여기서는 별다른 준비 없이 바로 시험해 볼 수 있는 간단한 환경인
CartPole을 예로 들겠다.

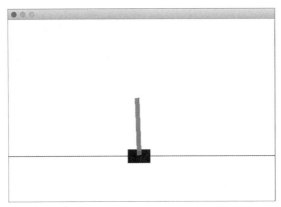

그림 4.9 OpenAI Gym이 제공하는 CartPole 게임 환경의 한 장면. 좌우로 이동할 수 있는 카트(검은 사각형) 위에 막대가 있다. 목표는 카트를 좌우로 잘 움직여서 막대가 쓰러지지 않도록 균형을 잡는 것이다.

4.3.1 CartPole

CartPole은 OpenAI의 고전적 제어 문제 범주에 속하는 환경으로, 목표는 간단하다. 막대(장대)가 쓰러지지 않게 하면 된다. 이를테면 손바닥 위에 빗자루를 세워 놓고 균형을 잡는 것과 같은 문제이다. 균형을 잘 잡기 위해서는 카트를 좌우로 적절히 조금씩 움직여야 한다. 이 환경에서 가능한 동작은 두 가지, 즉 카트를 왼쪽으로 약간 이동하는 것과 오른쪽으로 약간 이동하는 것이다.

OpenAI Gym API에서 이산적인 동작 공간의 동작들은 모두 0에서 시작하는 정수 번호로 표현된다. 따라서 CartPole의 가능한 동작은 0(카트 왼쪽 이동)과 1(카트 오른쪽 이동)이다. 환경의 상태는 카트 위치, 카트 속도, 막대 각도, 막대 속도로 이루어진 4차원 벡터이다. 각 시간 단계에서 막대가 쓰러지지 않으면 +1의 보상을 받는데, 막대의 각도가 12°를 넘거나 카트가 창밖으로 나가면 막대가 쓰러진 것으로 간주한다. 시간 단계마다 +1의 보상을 받으므로, 보상을 최대화하려면 막대를 최대한 오랫동안 세워 두어야 한다. 이 환경에 관한 좀 더 자세한 정보는 OpenAI Gym의 깃허브 위키 페이지(https://github.com/openai/gym/wiki/CartPole-v0)에 있다. Gym의 모든 환경이 CartPole처럼 깔끔한 문서화를 제공하지는 않지만, Gym의 다른 환경을 사용하는 이후의 예제들에서는 가능한 한 문제의 범위를 명확히 정의한 후 해법으로 나아간다.

4.3.2 OpenAI Gym API

모든 환경을 나열하는 예(목록 4.1)에서 보듯이, OpenAI Gym의 API는 사용하기가 아주 쉽다. 여러분이 일상적으로 사용할 메서드는 대여섯 개 정도이다. 가장 기본적인 메서드는 특정 환경(의 인스턴스)을 생성하는 make이다.

목록 4.2 OpenAI Gym의 환경 생성

```
import gym
env = gym.make('CartPole-v0')
```

일단 환경 객체(지금 예에서 env)를 얻은 후에는 그 객체의 메서드들과 속성들만 사용하면 된다. 다음은 환경의 기본적인 사용법을 보여주는 코드이다.

목록 4.3 동작 선택 및 실행

```
state1 = env.reset()
action = env.action_space.sample()
state, reward, done, info = env.step(action)
```

reset 메서드는 환경을 초기화한다. 반환값은 초기 상태이다. 동작을 선택하는 방법은 여러 가지이지만, 위에서는 env.action_space 객체의 sample 메서드를 이용해서 무작위로 동작 하나를 추출했다. 나중에 훈련된 정책망(강화학습 에이전트 역할을 하는)에서 동작을 추출하는 방법을 보게 될 것이다.

step 메서드는 주어진 동작을 실행해서 환경을 한 단계 진행한다. 이 메서드는 네 개의 값을 돌려주는데, 이들은 모두 훈련 루프에서 중요하게 쓰인다. 첫 반환값(위의 예제에서 state)는 주어진 동작에 의해 새로 산출된 새 상태이고 둘째 반환값(reward)은 보상(CartPole 문제의 경우 막대가 쓰러지지 않았으면 1), 셋째 반환값(done)은 종료 상태 도달 여부를 뜻하는 부울 값이다. CartPole 문제의 경우 막대가 쓰러지거나 카트가 창 바깥으로 나가면 true, 그렇지 않으면 false이다. 마지막 반환값(info)은 디버깅에 유용한 진단 정보를 담은 하나의 사전 객체인데, 이 책의 예제들에서는 사용하지 않는다. 대부분의 OpenAI Gym 환경들은 이상의 메서드들만으로도 충분히 다룰 수 있다.

4.4 REINFORCE 알고리즘

지금까지 우리는 정책 기울기 알고리즘이 대략 어떤 것인지 파악했고, OpenAI Gym 환경을 다루는 기본적인 방법도 익혔다. 그럼 정책 기울기 알고리즘을 실제로 구현해 보자. 앞에서 설명한 정책 기울기 방법은 나온 지 수십 년 된(사실 심층학습과 강화학습의 알고리즘들 대부분이 그렇다) REINFORCE라는 한 알고리즘에 기초한 것이었다. 이 REINFORCE는 두문자어라서 영문 대문자로 표기해야 한다.[역주1] 이번 절에서는 CartPole 예제를 위한 REINFORCE 알고리즘

역주1 참고로 REINFORCE는 "REward Increment = Nonnegative Factor × Offset Reinforcement × Characteristic Eligibility"를 줄인 것이다.

을 실제로 구현한다. 그 과정에서 이전에 논의한 것을 정리, 공식화할 뿐만 아니라 그것을 파이썬 코드로 바꾸는 방법도 배우게 될 것이다.

4.4.1 정책망 구축

우선, 정책망으로 작용할 신경망을 정의하고 초기화한다. 정책망은 상태 벡터를 입력받고 가능한 동작들에 관한 (이산) 확률분포를 산출한다. 정책망을 구현하고 나면, 강화학습 에이전트는 그 정책망의 확률분포에서 동작을 추출하고 실행하는 간단한 형태로 완성할 수 있다. 강화학습의 에이전트는 상태를 받고 환경에서 실행할 동작을 돌려주는 하나의 함수 또는 알고리즘일 뿐임을 기억할 것이다.

다음은 정책망으로 사용할 신경망을 정의하고 초기화하는 코드이다.

목록 4.4 정책망 구축

```
import gym
import numpy as np
import torch

l1 = 4                                    ①
l2 = 150                                  ②
l3 = 2                                    ③

model = torch.nn.Sequential(
    torch.nn.Linear(l1, l2),
    torch.nn.LeakyReLU(),
    torch.nn.Linear(l2, l3),
    torch.nn.Softmax()                    ④
)

learning_rate = 0.0009
optimizer = torch.optim.Adam(model.parameters(), lr=learning_rate)
```

① 입력 데이터의 길이(성분 개수)는 4이다("l1"은 layer 1, 즉 신경망의 첫 번째 층을 뜻한다).
② 중간층은 150차원 벡터를 산출한다.
③ 최종 출력은 두 동작(좌 이동, 우 이동)의 확률들을 담은 2차원 벡터이다.
④ 출력층은 소프트맥스 함수를 이용해서 동작들에 관한 확률분포를 산출한다.

이전 장들을 잘 공부했다면 이 코드를 이해하는 데 무리가 없을 것이다. 이 예제의 모형은 두 개의 층으로 이루어지는데, 첫 층은 누출 ReLU(leaky ReLU) 활성화 함수를 사용하고 둘째 층 (출력층)은 소프트맥스 함수를 사용한다. PyTorch nn 모듈의 Softmax 함수는 제2장에서 이미 보았다. 이 함수는 주어진 수들을 0에서 1 범위의 값으로 줄이되 그 값들의 합이 반드시 1이 되게 한다. 결과적으로 이 함수는 원래는 확률이 아닌 수치들을 하나의 이산 확률분포로 바꾸는 역할을 한다. 예를 들어 softmax([-1,2,3]) == [0.0132, 0.2654, 0.7214]이다. 당연하겠지만, Softmax는 큰 수치일수록 더 큰 확률로 변환한다.

4.4.2 에이전트와 환경의 상호작용

강화학습의 에이전트는 상태를 받고 하나의 동작을 산출한다. 지금 예에서 에이전트는 현재 상태를 정책망에 입력해서 현재 매개변수들과 상태를 조건으로 한 동작들의 조건부 확률분포 $P(A|\theta,S_t)$를 얻는다. 여기서 대문자 A는 특정한 하나의 동작이 아니라 주어진 상태에서 취할 수 있는 모든 동작의 집합임을 주의하기 바란다. 특정한 동작을 나타낼 때는 a처럼 소문자를 사용한다.

지금 예에서 정책망의 출력은 2차원 벡터이다. 이 벡터의 첫 성분은 카트를 왼쪽으로 이동하는 동작(동작 0)의 확률이고 둘째 성분은 카트를 오른쪽으로 이동하는 동작(동작 1)의 확률이다. 예를 들어 정책망이 [0.25, 0.75]를 출력했다면, 이는 동작 0이 최선의 동작일 확률(확신도)이 25%이고 동작 1이 최선의 동작일 확률이 75%라고 정책망이 예측했다는(predict) 뜻이다. 코드에서 이 출력 벡터를 pred라는 변수에 담기로 한다.

목록 4.5 **정책망을 이용한 동작 선택**

```
pred = model(torch.from_numpy(state1).float())              ❶
action = np.random.choice(np.array([0,1]), p=pred.data.numpy())   ❷
state2, reward, done, info = env.step(action)              ❸
```

❶ 정책망을 실행해서 동작 확률들을 예측한다.

❷ 정책망이 산출한 확률분포에서 동작을 하나 추출한다.

❸ 동작을 실행해서 새 상태와 보상을 받는다. info 변수에는 환경이 제공한 정보가 담기는데, 이 예제에서는 사용하지 않는다.

동작을 실행하면 환경은 새 상태 s_2와 보상 r_2를 돌려준다. 에피소드가 끝난 후 정책망을 갱신할 때 이들을 사용하려면 이들을 적절한 배열에 추가해 두어야 할 것이다. 이런 식으로 새 상태를 얻어서 다시 모형을 실행하고 동작을 선택하는 과정을 에피소드가 끝날 때까지(즉, 막대가 쓰러지거나 카트가 창밖으로 나갈 때까지) 반복한다.

4.4.3 모형의 훈련

정책망을 훈련한다는 것은 목적함수(손실)가 최소가 되도록 매개변수들을 갱신하는 것을 말한다. 훈련은 다음 세 단계로 이루어진다.

1. 각 시간 단계에서 취한 동작의 확률을 계산한다.

2. 그 확률에 할인된 총 수익(보상들의 합)을 곱한다.

3. 확률 가중 총 수익(확률이 곱해진 수익)으로 역전파를 실행해서 손실값이 최소가 되도록 매개변수들을 갱신한다.

그럼 각 단계를 차례로 살펴보자.

동작 확률 계산

동작의 확률을 계산하는 것은 간단하다. 저장해 둔 상태 전이 기록에 있는 각 상태로 정책망을 실행해서 확률분포를 얻고, 그중 그 상태에서 취한 동작의 확률만 추출하면 된다. 이 확률을 $P(a_t|\theta, s_t)$로 표기한다. 이것은 확률분포가 아니라 0.75 같은 하나의 확률값이다.

구체적인 예로 이런 시나리오를 생각해 보자. 상태 s_5(시간 단계 5의 상태)를 정책망에 입력해서 확률분포 $P_\theta(A|s_5) = [0.25, 0.75]$가 나왔다. 이 확률분포에 따라 무작위로 동작을 추출했더니 동작 $a = 1$(동작 집합의 두 번째 동작)이 선택되었다. 이 동작을 취하자 아쉽게도 막대가 쓰러져서 에피소드가 끝났다. 그러면 에피소드의 전체 길이는 $T = 5$이다. 다섯 개의 시간 단계 각각에 대해 확률분포 $P_\theta(A|s_t)$를 산출하고 그로부터 하나의 동작을 선택해서 그 동작의 확률 $P_\theta(a|s_t)$를 따로 목록에 추가해 두었다면, 최종적으로 그 확률 목록은 [0.5, 0.3, 0.25, 0.5, 0.75]처럼 다섯 개의 항목을 담은 모습일 것이다. 훈련 과정에서는 이 확률들을 할인된 보상들에 각각 곱해서 합한 후 -1을 곱한다. 그것이 이 에피소드의 전체 손실값이다. Gridworld와는 달리 CartPole에는 승리라는 것이 없다. 마지막 동작은 항상 에피소드의 패배로 이어진다. 따라서, CartPole에서는 마지막 동작을 가장 크게 할인해야 한다. 그래야 나쁜 동작을 부정적으로 강화할 수 있다. 반대로 Gridworld에서는 에피소드의 첫 동작이 게임의 승패에 영향을 가장 적게 미치므로, 첫 동작을 가장 크게 할인했다.

이 목적함수를 최소화하면, 할인된 보상에 곱해지는 확률 $P_\theta(a|s_t)$들이 커지는 경향이 생긴다. 모든 에피소드에서 $P_\theta(a|s_t)$가 증가하긴 하지만 특히나 긴 에피소드에서는 $P_\theta(a|s_t)$가 좀 더 크게 증가한다. 따라서, 다수의 에피소드에서 평균적으로 좋은 동작이 강화되고 나쁜 동작은 억제된다. 확률들의 합이 반드시 1이어야 하므로, 좋은 동작의 확률을 증가하면 덜 좋을 것으로 간주되는 다른 동작들의 확률질량이 자동으로 감소한다. 확률들의 이러한 재분포 성질이 없다면 좋은 동작과 나쁜 동작 모두 확률이 증가할 것이므로 이런 강화학습 방법이 통하지 않는다.

향후 보상의 계산

확률 $P(a_t|\theta, s_t)$는 주어진 상태에 대한 총 보상(총 수익)에 곱해진다. 앞에서 언급했듯이, 이 총 보상은 지금까지의 보상들을 그 시간 단계에 따라 적절히 가중해서 합한 것이다. 간단하게는 그냥 일련의 정수를 가중치들로 사용할 수도 있다. 예를 들어 CartPole은 첫 동작이 더 중요하므로(마지막 동작은 게임의 패배로 직접 이어지지만 첫 동작은 게임 패배의 주된 원인으로 보기 어렵다는 해석에서), 에피소드의 길이가 5라고 할 때 [5,4,3,2,1]처럼 1씩 감소하는 가중치들을 사용하면 될 것이다. 이들을 해당 보상에 곱해서 합하면 총 보상이 나온다. 그러나 이처럼 선형으로 감소하는 가중치들은 너무 단순하다. 이보다는 지수적으로 감소하는 할인 계수들을 적용하는 것이 낫다.

지수적으로 감소하는 보상들을 계산하는 한 가지 방법은 이렇다. 우선 각 시간 단계의 할인 계수 γ_t들을 모두 1보다 작은 값, 이를테면 0.99로 초기화해서 gamma_t = [0.99, 0.99, 0.99, 0.99, 0.99]라는 배열에 담아 둔다. 그런 다음에는 점차 증가하는 지수 배열 exp = [1,2,3,4,5]를 정의하고, 두 배열로 torch.power(gamma_t, exp)를 호출한다. 그러면 할인 계수 배열 [1.0, 0.99, 0.98, 0.97, 0.96]이 나오는데, 이 할인 계수들을 각 보상에 곱하면 된다.

손실함수

할인된 보상들을 구한 다음에는 그것들로 손실을 계산해서 정책망을 훈련한다. 앞에서 논의했듯이 손실은 주어진 상태에서의 동작의 음의 로그 확률을 해당 총 수익으로 비례한 것이다. 파이썬에서는 이 손실을 PyTorch를 이용해서 -1 * torch.sum(r * torch.log(preds))로 계산할 수 있다. 에피소드 전체에 대한 손실값을 계산한 후에는 PyTorch의 최적화기를 실행해서 손실이 최소화하도록 매개변수들을 갱신한다. 그럼 실제 구현 코드를 보자.

목록 4.6 할인된 보상 계산

```
def discount_rewards(rewards, gamma=0.99):
    lenr = len(rewards)
    disc_return = torch.pow(gamma,torch.arange(lenr).float()) * rewards    ❶
    disc_return /= disc_return.max()                                       ❷
    return disc_return
```

❶ 지수적으로 감소하는 보상들을 계산한다.

❷ 수치 안정성을 위해 보상들을 [0,1] 구간으로 정규화한다.

이 코드는 [50,49,48,47,...] 같은 보상 배열을 받아서 할인된 보상들을 계산하는 discount_rewards 함수를 정의한다. 이 함수는 주어진 보상들을 지수적으로 감소하는 보상들(이를테면 [50.0000, 48.5100, 47.0448, 45.6041, ...])로 변환한다. 그런 다음 각 보상을 최대 보상으로 나누어서 모든 보상이 [0,1] 구간의 값이 되게 한다.

마지막의 정규화 단계는 학습의 효율성과 안정성을 위한 것이다. 다양한 크기의 원래 보상들을 그대로 훈련에 사용하는 것보다는 이처럼 항상 구간의 값들로 정규화하는 것이 좋다. 예를 들어 훈련 초기에는 총 보상이 50이었지만 훈련 막바지에 보상이 200이 되었다면 기울기가 이전보다 열 배 정도 더 큰 폭으로 갱신되며, 그러면 학습이 불안정해진다. 정규화가 없어도 학습이 일어나긴 하겠지만, 정규화를 도입하는 것이 학습의 안정성에 도움이 된다.

역전파

목적함수와 관련 변수들을 모두 정의했으니, 이제 손실을 계산하고 역전파해서 매개변수들을 갱신할 수 있게 되었다. 다음은 앞에서 설명한 손실함수를 그대로 파이썬으로 옮긴 것이다.

목록 4.7 손실함수 정의

```
def loss_fn(preds, r):                              ❶
    return -1 * torch.sum(r * torch.log(preds))     ❷
```

❶ 이 함수는 취한 동작들의 확률들을 담은 배열과 할인된 보상들을 담은 배열을 받는다.

❷ 각 동작의 로그 확률에 할인된 보상을 곱한 값들을 모두 합한 후 부호를 바꾼 것이 손실값이다.

4.4.4 전체 훈련 루프

전체 훈련 루프는 환경을 초기화하고, 에피소드를 진행해서 경험들을 수집하고, 그 경험들로 손실을 계산해서 역전파하는 과정을 반복한다. 다음은 이 REINFORCE 에이전트의 전체 훈련 루프이다.

목록 4.8 REINFORCE 훈련 루프

```
MAX_DUR = 200
MAX_EPISODES = 500
gamma = 0.99
score = []                                                          ❶
for episode in range(MAX_EPISODES):
    curr_state = env.reset()
    done = False
    transitions = []                                                ❷

    for t in range(MAX_DUR):                                        ❸
        act_prob = model(torch.from_numpy(curr_state).float())            ❹
        action = np.random.choice(np.array([0,1]), p=act_prob.data.numpy())  ❺
        prev_state = curr_state
        curr_state, _, done, info = env.step(action)                ❻
        transitions.append((prev_state, action, t+1))              ❼
```

```
        if done:                                                    ❽
            break

    ep_len = len(transitions)                                       ❾
    score.append(ep_len)
    reward_batch = torch.Tensor([r for (s,a,r) in transitions]).flip(dims=(0,))  ❿
    disc_rewards = discount_rewards(reward_batch)                   ⓫
    state_batch = torch.Tensor([s for (s,a,r) in transitions])     ⓬
    action_batch = torch.Tensor([a for (s,a,r) in transitions])    ⓭
    pred_batch = model(state_batch)                                ⓮
    prob_batch = pred_batch.gather(dim=1,index=action_
        batch.long().view(-1,1)).squeeze()                         ⓯
    loss = loss_fn(prob_batch, disc_rewards)
    optimizer.zero_grad()
    loss.backward()
    optimizer.step()
```

❶ 에피소드 길이들의 목록.

❷ 상태, 동작, 보상 튜플들의 목록.

❸ 게임 종료 또는 최대 시간 단계까지 반복한다.

❹ 동작 확률들을 얻는다.

❺ 확률적으로 동작 하나를 선택한다.

❻ 환경에서 그 동작을 실행한다.

❼ 현재 상태, 동작, 보상 튜플을 해당 목록에 저장한다.

❽ 게임에서 패배하면 루프를 벗어난다.

❾ 에피소드 길이를 해당 목록에 저장한다.

❿ 에피소드의 보상들을 모아서 하나의 텐서에 담는다.

⓫ 할인된 보상들을 계산한다.

⓬ 에피소드의 상태들을 모아서 하나의 텐서에 담는다.

⓭ 에피소드의 동작들을 모아서 하나의 텐서에 담는다.

⓮ 에피소드의 모든 상태에 대한 동작 확률들을 다시 계산한다.

⓯ 각 상태에서 실제로 취한 동작의 확률들만 모은다.

전체 루프는 정해진 횟수만큼 에피소드를 실행한다. 하나의 에피소드를 실행하는 안쪽 for는 정책망으로 동작을 선택하고, 새 상태와 동작, 보상을 기록하는 과정을 에피소드가 끝날 때까지 반복한다. 하나의 에피소드가 끝나면, 에피소드의 모든 상태 전이(상태, 동작, 보상 튜플)를 기록한 목록에서 상태들과 동작들, 보상들을 뽑아서 각각의 텐서에 넣는다. 할인된 보상들을 계산하고, 에피소드 도중에 정책망이 예측한 동작 확률들을 다시 계산해서 손실을 구하고, 그것을 역전파해서 신경망을 훈련한다. 그림 4.10은 이 과정에서 얻은 에피소드 길이들을 그린 그래프이다.

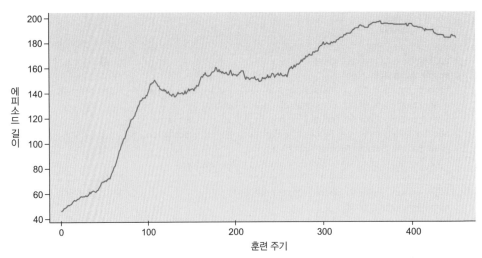

그림 4.10 CartPole에 대해 에이전트를 500회 훈련한 후 에피소드 길이들의 그래프로 그려 보았다. 개별 에피소드 길이들을 그대로 그린 것이 아니라, 매끄러운 그래프를 위해 구간이 50인 이동 평균들을 그렸음을 주의할 것.

그림 4.10을 보면 훈련이 진행됨에 따라 에피소드 길이가 점점 길어진다. 따라서 우리의 REINFORCE 에이전트가 CartPole 플레이 방법을 배웠다고 말해도 좋을 것이다. 이 예제의 장점 하나는 그냥 노트북에서 CPU만으로도 1분 이내에 에이전트를 훈련할 수 있다는 것이다. CartPole의 상태는 그냥 4차원 벡터 하나이고 정책망은 작은 층 두 개로 구성되므로, 이전에 Gridworld 플레이를 위해 만든 심층 Q 신경망보다 훈련에 시간이 덜 든다. OpenAI의 문서화에 따르면, 에피소드가 200 시간 단계 이상 지속된다면 에이전트가 게임을 "깼다"고 간주할 수 있다. 그림 4.10의 그래프는 190 정도에서 그쳤는데, 이는 이 그래프가 에피소드 길이의 이동 평균들을 그린 것이기 때문이다. 실제로는 200에 도달한 에피소드들이 많지만, 그 부근 에피소드들의 길이가 짧아서 평균이 내려갔다. 또한, 애초에 내부 루프가 에피소드 길이를 최대 200으로 제한했다는 점도 중요하다. `MAX_DUR`의 값을 더 크게 잡으면 에피소드 길이들이 더욱 늘 것이다.

4.4.5 이번 장의 결론

REINFORCE는 정책 함수를 효과적이고 아주 손쉽게 훈련하는 한 방법이다. 그러나 너무 단순한 감이 있다. CartPole처럼 상태 공간이 아주 작고 동작의 수도 아주 적은 간단한 게임에서는 REINFORCE가 잘 작동한다. 그러나 가능한 동작이 훨씬 많으면, 각 에피소드에서 그 동작들을 모두 강화했을 때 평균적으로 좋은 동작만 강화되리라고 기대하기가 어렵다. 다음 두 장에서는 에이전트를 훈련하는 좀 더 정교한 방법들을 살펴본다.

요약

- **확률**은 어떤 불확실한 과정이 산출하는 서로 다른 결과들에 확신도(해당 결과가 발생하리라고 얼마나 강하게 믿는지를 나타내는)를 배정하는 수단이다. 각각의 결과에는 [0,1] 구간의 확률이 배정되며, 그 확률들의 합은 1이다. 특정 결과의 발생 가능성이 다른 결과들보다 크다면 그 결과에는 더 높은 확률을 배정한다. 불확실한 과정에 관한 새로운 정보를 얻으면, 그에 따라 확률들을 조정할 수 있다.

- **확률분포**는 가능한 결과들에 배정한 확률들 전체를 특징짓는 수단이다. 하나의 확률분포는 $P: O \rightarrow [0,1]$, 즉 모든 가능한 결과를 [0,1] 구간의 실수로 사상하는 함수로 간주할 수 있다. 이때 모든 결과에 관한 이 함수의 합은 반드시 1이어야 한다.

- **퇴화 확률분포**는 항상 특정한 결과 하나만 추출되는(즉, 그 결과만 확률이 1이고 나머지 모든 결과의 확률은 0인) 확률분포이다.

- **조건부 확률**은 어떤 추가적인 정보가 주어졌을 때의 결과의 확률, 즉 다른 어떤 사건을 조건으로 하는 확률이다.

- **정책**은 상태를 동작으로 사상하는 함수 $\pi: S \rightarrow A$이다. 정책은 일반적으로 주어진 상태에서 가능한 모든 동작에 관한 확률분포를 산출하는 확률적 정책 함수 $\pi: P(A|S)$의 형태로 구현된다.

- **수익**은 하나의 에피소드 전체에 대해 환경이 제공한 보상들을 적절히 할인해서 합한 값이다.

- **정책 기울기 방법**은 강화학습 접근 방식의 하나로, 매개변수화된 함수를 정책 함수로 사용해서 정책을 직접 배우려 한다. 흔히 신경망을 정책 함수로 두고, 관측된 보상들에 기초해서 동작 확률들이 개선되도록 신경망을 훈련한다.

- **REINFORCE 알고리즘**은 정책 기울기 방법의 가장 간단한 예이다. 본질적으로 이 알고리즘은 (주어진 상태에서) 각 동작의 확률에 그 동작에 대한 보상을 곱한 값을 최대화하기 위해 동작의 확률을 보상의 크기에 비례해서 조정한다.

5

좀 더 어려운 문제 풀기:
행위자-비평자 모형

이번 장의 내용

- REINFORCE 알고리즘의 한계
- 표본 효율성 증대와 분산 감소를 위한 **비평자**
- 이익 함수를 이용한 수렴 가속
- 훈련 병렬화를 이용한 모형 훈련 가속

제4장에서는 단순한 형태의 정책 기울기 방법인 REINFORCE 알고리즘을 소개했다. 이 알고리즘은 간단한 CartPole 예제에는 잘 작동했지만, 좀 더 복잡한 환경의 강화학습에는 그리 잘 통하지 않는다. 한편, 제3장에서 소개한 심층 Q 신경망은 이산적인 동작 공간에서 상당히 효과적이지만, 엡실론 탐욕 같은 개별적인 정책 함수가 필요하다는 단점이 있다. 이번 장에서는 REINFORCE의 장점과 심층 Q 신경망의 장점을 합친 행위자-비평자(actor-critic)라는 알고리즘을 소개한다. 행위자-비평자(actor-critic) 모형은 여러 문제 영역에서 최고 수준의 성과를 낸 바 있다.

　　REINFORCE 알고리즘은 일반적으로 **일화적 알고리즘**(episodic algorithm)으로 구현된다. 이는 에이전트가 하나의 에피소드(일화) 전체를 끝낸 후에야 그 에피소드에서 수집한 보상들로 모형의 매개변수들을 갱신한다는 뜻이다.

그림 5.1 정책망은 상태를 받고 모든 가능한 동작의 확률분포를 돌려주는 함수이다. 향후 보상이 높을 가능성이 큰 동작일수록 높은 확률이 배정된다.

확률적 강화학습 접근 방식들에서 정책은 $\pi: S \rightarrow P(a)$, 즉 상태를 받고 동작들에 관한 확률분포를 돌려주는 하나의 함수임을 기억할 것이다(그림 5.1). 더 나은 동작일수록 더 높은 확률이 배정되므로, 그 확률분포에서 무작위로 동작을 추출(표집)하면 더 나은 동작이 더 자주 뽑힌다. 에피소드의 끝에서는 그 에피소드의 총 **수익**(return)을 계산한다. 본질적으로 이 수익은 에피소드 보상들의 가중합인데, 공식은 다음과 같다.

$$R = \sum_t \gamma_t \cdot r_t$$

여기서 γ_t는 시간에 따라 지수적으로 감소하는 할인 계수이다. 따라서 총 수익은 에피소드의 보상들에 시간에 따라 감소하는 할인 계수를 곱해서 모두 합한 것이다. 보상과 수익은 좀 더 나은 확률분포를 산출되도록 정책 함수를 개선하는 데 쓰인다. 예를 들어 어떤 한 상태에서 동작 1을 취해서 +10의 보상을 받았다면, 그 상태에서의 동작 1의 확률이 조금 더 높아진다. 반대로, 그 상태에서 동작 2를 취해서 –20의 보상을 받았다면 동작 2의 확률은 더 낮아진다. 이러한 학습을 위해 알고리즘이 최소화하는 손실함수는 다음과 같다.

$$손실 = -log(P(a|S)) \cdot R$$

우변은 "주어진 상태 S에서 동작 a의 확률의 로그에 수익 R을 곱한 값"에 음의 부호가 붙은 것이다. 따라서 이 손실을 최소화한다는 것은 그 로그 확률과 수익의 곱을 최대화하는 것에 해당한다. REINFORCE 알고리즘은 각 에피소드에서 동작들과 보상들을 수집하고 이 손실이 최소가 되도록 정책 함수의 매개변수들을 갱신하는 과정을 여러 번 반복함으로써, 보상이 큰 동작에 더 높은 확률을 배정하도록 정책 함수를 개선한다.

참고 확률에 로그를 적용하는 것은 0에서 1 사이의 확률값을 –∞에서 0 사이의 값으로 변환하기 위한 것일 뿐이다. 컴퓨터는 실수를 유한한 개수의 비트들로 표현하기 때문에, 아주 작은 확률(0에 가까운)이나 아주 큰 확률(1에 가까운)은 제대로 표현되지 않을 수 있다. 또한, 이 책에서는 활용하지 않지만, 로그는 곱셈을 덧셈으로 표현할 수 있다는 장점이 있다. 이 두 이유로, 개념적으로는 확률 자체에 관심을 두는 알고리즘과 기계학습 논문도 계산 과정에서는 이처럼 로그를 적용하는 경우가 대부분이다.

에피소드 전체를 표집하면 각 동작의 진정한 가치를 좀 더 잘 파악할 수 있다. 한 동작의 직접적인 효과에는 환경의 무작위성도 어느 정도 관여하므로, 그 자체로 동작의 가치를 평가하는 것은 바람직하지 않다. 그보다는, 그 동작을 시작으로 일어난 이후 과정 전체를 평가하는 것이 낫다. 이러한 에피소드 전체 표집 방법은 몬테카를로 접근 방식에 속한다. 그러나 이런 부류의 일화적 알고리즘이 모든 환경에 적합한 것은 아니다. 환경에 따라서는 점진적 방식 또는 **온라인**(online) 방식, 즉 환경에서 벌어지는 일과는 무관하게 일정한 간격으로 계속해서 매개변수들을 갱신하는 방식이 나을 수 있다. 이전에 보았듯이, 그런 비일화적 설정에서는 심층 Q 신경망이 온라인 학습 알고리즘으로서 잘 작동한다. 단, 학습의 효율과 안정성을 위해서는 경험 재현 기법을 사용해야 했다.

환경의 고유한 분산(variance) 때문에, 동작 하나마다 매개변수들을 갱신하는 완전한 온라인 학습은 다소 불안정하다. 예를 들어, 장기적으로는 좋은 결과로 이어지는 동작이라도 직접적인 결과는 나쁠 수 있다. 그 동작을 수행한 즉시 매개변수들을 갱신하면 그 동작이 필요 이상으로 부정적인 영향을 미치게 된다. 이를 완화하는 것이 경험 재현이다.

이번 장에서는 **분산 이익 행위자–비평자**(distributed advantage actor-critic, DA2C)라고 하는 또 다른 종류의 정책 기울기 방법을 소개한다. 이 방법은 심층 Q 신경망처럼 온라인 학습의 장점을 가지되, 경험 재현이 필요하지 않다. 게다가 동작들에 관한 확률분포에서 직접 동작을 선택한다는 정책 기울기 방법의 장점도 가지고 있다. 즉, 심층 Q 신경망처럼 개별적인 정책(엡실론 탐욕 등)을 따로 결정해야 하는 부담이 없다.

5.1 가치 함수와 정책 함수의 결합

Q 학습의 위력 중 하나는 환경에서 얻은 정보(보상)에서 직접 배운다는 것이다. 기본적으로 Q 학습 모형은 동작의 향후 보상을 예측하는 방법을 배우는데, 그런 향후 보상을 가치(value)라고 부른다. 예를 들어 핀볼 게임에 적용된 심층 Q 신경망은 두 가지 동작, 즉 왼쪽 패들 조작과 오른쪽 패들 조작의 가치를 배운다. 그 가치들을 동작 선택에 어떻게 활용하는지는 응용에 따라 다르겠지만, 대부분의 경우는 가치가 더 큰 동작을 선택한다.

정책 기울기 방법은 긍정적인 보상으로 이어지는 동작을 긍정적으로 강화하고 부정적인 보상으로 이어지는 동작을 부정적으로 강화한다는 점에서 **강화**[역주1]의 개념을 좀 더 직접적으

역주1 여기서 말하는 강화는 행동주의 학습이론의 강화 개념을 지칭하는 것으로 보인다. 행동주의 학습이론은 강화, 보상, 자극, 조건화(조건 형성) 등 강화학습의 여러 용어와 개념에 영향을 주었다.

로 반영한다. 정책 기울기 방법에서 정책 함수는 어떤 동작들이 더 나은지를 다소 암묵적인 방식으로 학습한다. 핀볼에서 왼쪽 패들로 공을 쳐올려서 큰 점수를 얻었다면, 그 동작이 긍정적으로 강화되어서 다음번에 게임이 비슷한 상태가 되었을 때 그 동작이 선택될 확률이 커진다.

다른 말로 하면, 심층 Q 신경망 같은 Q 학습 알고리즘들은 훈련 가능한 함수를 이용해서 주어진 상태에서의 한 동작의 가치를 직접적으로 모형화한다. 상태들과 보상들만 관찰하면 된다는 점에서 이는 대단히 직관적인 MDP(마르코프 결정 과정) 해법이다. 보상들을 예측하고 기대 보상이 가장 큰 동작을 선택한다는 것은 아주 자연스럽다. 그렇지만, 제4장에서 보았듯이 정책 자체를 직접 배우는 학습 방법(정책 기울기 방법 등)의 장점도 뚜렷하다. 동작들에 관한 조건부 확률분포 $P(a|S)$를 충실하게 근사할 수 있다면, 그로부터 직접 동작을 추출할 수 있다. 두 접근 방식 모두 나름의 장점이 있으므로, 누군가 그 둘을 결합한 방법을 만들어 낸 것은 당연한 일일 것이다.

누군가가 그런 결합된 가치-정책 학습 알고리즘을 만들어 낸 과정을 따라가 보자. 출발점은 정책망 학습 모형이다. 정책망 학습 모형의 안정성을 위해서는 다음 두 문제를 해결해야 한다.

- 갱신 빈도를 높여서 표본 효율성을 개선해야 한다.
- 모형 매개변수 갱신에 사용할 보상들의 분산을 줄여야 한다.

보상의 분산은 수집한 표본의 크기에 의존하므로(표본(sample)을 구성하는 견본(example)이 많을수록 분산이 작아지는 경향이 있다), 두 문제는 연관되어 있다. 결합된 가치-정책 알고리즘의 핵심은 가치 학습 모형을 이용해서 보상들(정책망의 훈련에 쓰이는)의 분산을 줄인다는 것이다. 좀 더 구체적으로, REINFORCE의 손실함수에는 에피소드에서 관측한 총 수익 R을 그대로 곱하지만, 가치-정책 알고리즘에서는 다음처럼 수익에서 하나의 '기준선(baseline)' 가치를 뺀 값을 곱한다.

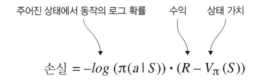

$$손실 = -log\,(\pi(a|S)) \cdot (R - V_\pi(S))$$

여기서 $V(S)$는 상태 S의 가치를 돌려주는 상태 가치 함수이다. 이것은 상태와 동작 모두의 함수인 동작 가치 함수와는 다른 것이다(단, 경우에 따라서는 동작 가치 함수를 대신 사용할 수도 있다). $V(S) - R$, 즉 상태 가치에서 수익을 뺀 값을 **이익**(advantage)이라고 부른다. 이 이익은 동작의 가치가 기대했던 것보다 얼마나 더 좋은지를 나타낸다.

참고 가치 함수(상태 가치 또는 동작 가치)는 암묵적으로 정책에 의존하므로 정책 π를 아래 첨자로 해서 $V_\pi(S)$라고 표기하는 것이 원칙이나, 앞 문단에서처럼 편의상 아래 첨자 π를 생략할 때도 많다. 그렇다고 정책이 가치에 미치는 영향을 잊어서는 안 된다. 예를 들어 항상 모든 동작을 같은 확률로 선택하는 무작위 정책을 사용하면 모든 상태의 가치가 거의 동일하게 낮게 나올 것이다.

이산적인 동작들과 작은 이산 상태 공간을 가진 Gridworld 게임에 대한 정책을 학습한다고 생각해 보자. 각 상태에 대해 그 상태를 방문한 이후 받은 보상들의 평균을 구하고, 그 평균들을 각 상태를 색인으로 하는 목록에 담아서 하나의 상태-가치 참조표를 만들 수 있을 것이다. 그러한 참조표도 상태에 대한 가치를 돌려주므로 하나의 $V(S)$이다. 어떤 상태에서 정책에 따라 동작 1을 선택해서 +10의 보상이 관측되었으며, 참조표에서 조회한 그 상태의 가치가 +4라고 하면, 그 상태에서 동작 1의 이익은 10 - 4 = +6이다. 이는 주어진 상태에서 동작 1을 선택했을 때의 보상이 그 상태에서의 기존 보상들로 예측한 기대 보상보다 상당히 크다는 뜻이다. 한편, 다른 어떤 상태에서 동작 1을 취해서 역시 +10을 얻었지만 해당 상태의 기대 가치가 +15라고 하면, 이익은 10 - 15 = -5가 된다. 비록 직접적인 보상이 크더라도, 이 상태에서는 이 동작이 상대적으로 나쁜 동작인 것이다.

실제 응용에서는 단순한 참조표 대신, 신경망처럼 주어진 상태에 대한 기대 보상들을 예측하도록 훈련할 수 있는 매개변수화된 모형을 사용한다. 이 접근 방식에서는 두 개의 신경망, 즉 정책 신경망과 상태 가치 신경망(또는 동작 가치 신경망)을 함께 훈련한다.

이런 종류의 알고리즘을 **행위자-비평자**(actor-critic)[역주2] 방법이라고 부르는데, 정책이 '행위자'이고(동작을 결정하는 단위라는 점에서) 가치 함수가 '비평자'이다(행위자의 동작이 얼마나 좋은지를 말해준다는 점에서). 수익이나 가치를 따로 사용하는 것이 아니라 이익(가치에서 수익을 뺀 값)을 정책 학습에 사용하므로, 이를 **이익 행위자-비평자**(advantage actor-critic) 방법이라고 부른다(그림 5.2).

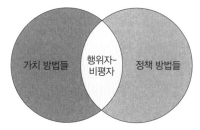

그림 5.2 Q 학습 알고리즘은 크게 동작 가치들을 배워서 동작을 선택하려 하는 가치 방법과 동작을 선택하는 정책 자체를 직접 배우려 하는 정책 방법(REINFORCE 등)으로 나뉜다. 그 둘의 교집합이 바로 행위자-비평자 방법이다.

[역주2] 사실 이 용어는 영화나 연극의 배우와 평론가에 대한 비유일 가능성이 크지만, 여기서는 소프트웨어 설계의 맥락에서(이를테면 UML 등) 좀 더 익숙한 용어인 행위자를 살려서 행위자와 비평자로 옮겼다.

지금까지 설명한 방법은 가치 함수를 기준선으로만 사용할 뿐 현재 상태에 기초해서 향후 상태의 가치를 예측하는 '부트스트래핑'을 적용하지는 않는다는 점에서 전정한 행위자–비평자 방법은 아니라고 볼 수도 있다. 부트스트래핑은 잠시 후에 만나게 될 것이다.

정책망의 손실함수는 에피소드 끝에서 수집된 보상들에 의존한다. 에피소드가 길어서 보상이 희소한 환경에서는, 온라인 학습 접근 방식을 곧이곧대로 따르면 학습이 거의 진행되지 않을 위험이 있다.

제3장에서 소개한 Gridworld에서 에이전트는 에피소드를 끝내는 동작을 제외한 모든 동작에서 –1의 보상을 받는다. 의미 있는 보상(+10 또는 –10)은 에피소드당 한 번만 주어지고 나머지 모든 동작의 보상이 –1이므로, 단순한 정책 기울기 방법은 승리 또는 패배에 결정적으로 기여한 동작을 충분히 강화하지 못한다. 반면 Q 신경망은 **부트스트래핑**bootstrapping 덕분에 보상이 희박해도 적절한 Q 가치들을 학습할 수 있다. 부트스트래핑은 예측 결과로부터 또 다른 결과를 예측하는 것을 말한다.

예를 들어 모레의 기온을 예측하는 한 가지 방법은 먼저 내일 기온을 예측하고 그로부터 모레의 기온을 예측하는 것이다(그림 5.3). 이것이 부트스트래핑의 예다. 첫 예측이 나쁘다면 둘째 예측은 더욱 나쁠 것이므로, 부트스트래핑은 **편향**(bias)의 근원이 된다. 여기서 편향은 어떤 대상(지금 예에서는 Q 가치)에 대한 예측이 그 참값과 얼마나 벗어났는지를 나타내는 체계적 오차(systemic error)이다. 한편, 예측값으로 또 다른 예측을 하면 일종의 자기 일관성(self-consistency)이 생겨서 **분산**(variance)이 낮아진다. 분산은 값들이 얼마나 "퍼져 있는지", 즉 얼마나 다양한지를 나타낸다. 온도의 예에서, 모레 기온을 내일 기온 예측값에 근거해서 예측한다면, 두 기온은 그리 다르지 않을(즉, 분산이 낮을) 것이다.

그림 5.3 (왼쪽에서 오른쪽으로) 원본 데이터가 기온 예측 모형에 입력된다. 모형은 그다음 날 기온을 예측한다. 예측 기온은 또 다른 예측 모형으로 입력되며, 그 모형은 2일 후 기온을 예측한다. 이 과정을 반복해서 더 먼 미래의 기온을 예측할 수 있지만, 오차가 누적되어서 미래로 갈수록 더욱 부정확해진다.

편향과 분산은 심층학습이나 심층 강화학습뿐만 아니라 모든 기계학습에서 중요한 개념이다(그림 5.4). 일반적으로 편향을 줄이면 분산이 커지고, 분산을 줄이면 편향이 커진다(그림 5.5). 예를 들어 내일과 모레의 기온을 예측해서 "이틀간 예상 기온은 20.1°C와 20.5°C입니다"라는 결과를 얻었다고 하자. 소수점 이하 한 자리까지 꽤나 정확한 예측이지만, 현재 기술로 기후를 완전히 정확하게 예측할 수는 없으므로 실제 기온이 이들과 정확히 일치하리라는 보장은 없다. 즉, 이 예측값들에는 체계적 오차(편향)가 존재한다. 이런 식으로 예측하는 대신

"이틀 간 예상 기온은 15~25°C와 18~27°C입니다"처럼 구체적인 기온 수치가 아니라 기온의 범위를 예측할 수도 있다. 다양한 값들을 예측한 것이므로 분산이 크지만, 실제 기온이 그 범위에 속할 가능성이 크므로 편향은 낮다. 알고리즘이 예측에 사용한 변수들에 과도한 가중치를 부여하지 않았다면 이런 분산이 큰 예측이 나올 것이다. 가중치가 과도하지 않다면 예측값이 특정 방향으로 치우치지 않을 것이며, 따라서 편향이 작아진다. 실제로, 기계학습 알고리즘들은 소위 **정칙화**(regularization) 항을 두어서 훈련 도중 매개변수들의 크기를 제한하는 기법을 흔히 사용한다. 정칙화 항은 너무 크거나 0보다 작은 매개변수들에 대한 벌점으로 작용해서 매개변수들의 분산을 줄이는 역할을 한다. 이러한 정칙화는 기계학습 모형의 과대적합을 완화하는 데 도움이 된다.

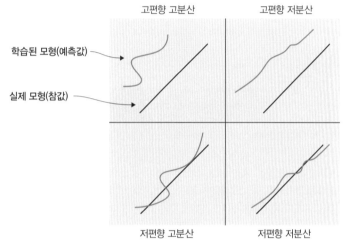

그림 5.4 편향 대 분산의 절충은 기계학습의 근본 개념 중 하나이다. 모든 기계학습 모형에는 참값 데이터 분포에 대한 체계적 오차가 어느 정도 존재하며, 분산도 어느 정도 존재한다. 모형의 분산을 줄이면 대신 편향이 커지고, 그 역도 마찬가지이다.

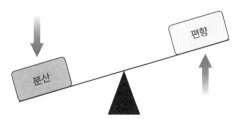

그림 5.5 편향과 분산의 절충. 모형의 복잡도를 높이면 편향이 줄지만, 대신 분산이 커진다. 반대로 분산을 줄이면 편향이 커진다.

잠재적으로 편향이 크고 분산이 작은 가치 예측과 잠재적으로 편향이 작고 분산이 큰 정책 예측을 결합한다면 편향과 분산이 둘 다 적당한, 따라서 온라인 학습 방식에서도 잘 작동하는 뭔가를 만들어 낼 수 있다. 그것이 바로 행위자-비평자 모형이다. 이제 비평자의 역할이 어느 정도 이해가 될 것이다. 행위자(정책망)가 동작을 취하면 비평자(상태 가치 신경망, 줄여서 가치망)는 그 동작이 좋았는지 나빴는지 말해 준다. 따라서 가끔씩만 보상 신호를 제공하는 환경에서도 행위자는 적절한 피드백을 받을 수 있다. 구현에서 비평자는 행위자의 손실함수의 한 항이 된다. Q 학습에서처럼 비평자는 환경이 제공하는 보상 신호들로부터 직접 배우지만, 그 보상들은 행위자가 취한 동작들에 의존한다. 따라서 행위자도 비평자에 영향을 미친다(비록 다소 간접적이지만). 이상의 구조가 그림 5.6에 나와 있다.

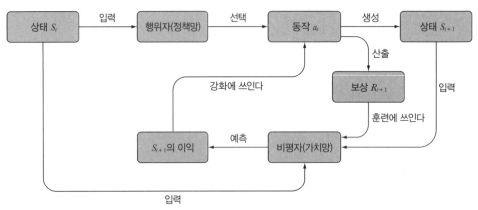

그림 5.6 행위자-비평자 모형의 개요. 제일 먼저 행위자(정책망)가 최선의 동작을 예측해서 실행한다. 그러면 환경의 새 상태가 만들어진다. 비평자(가치망)는 기존 상태와 새 상태의 가치를 계산해서 새 상태 S_{t+1}의 상대적 가치, 즉 '이익'을 계산한다. 이 이익은 행위자가 취한 동작을 강화하는 신호로 쓰인다.

　행위자는 부분적으로 비평자가 제공한 신호에 따라 훈련된다. 그렇다면, 익숙한 동작 가치 함수 대신 상태 가치 함수를 훈련에 사용하려면 어떻게 해야 할까? 동작 가치에서는 주어진 상태-동작 쌍의 기대 수익(할인된 향후 보상들의 합)을 계산해서 그 상태-동작 쌍이 바람직한 긍정적 보상으로 이어질지 아니면 나쁜 부정적 보상으로 이어질지(또는 그 중간의 어떤 보상으로 이어질지) 예측했다. 그런데 심층 Q 학습에서 심층 Q 신경망은 가능한 각 동작에 대해 개별적인 동작 가치를 돌려주므로, 엡실론 탐욕 같은 적절한 정책을 적용하면 상태 가치는 사실상 가장 큰 동작 가치에 해당한다. 즉, 상태 가치 함수는 각 동작의 동작 가치를 개별적으로 계산하는 것이 아니라 주어진 상태에서 가장 큰 동작 가치를 계산하는 함수이다.

5.2 분산 훈련

이번 장 도입부에서 언급했듯이, 이번 장의 목표는 분산 이익 행위자-비평자(DA2C)라는 모형을 구현하는 것이다. 지금까지는 분산 이익 행위자-비평자 중 '이익 행위자-비평자'를 개념적으로 살펴보았다. 이세부너는 '분산' 부분을 살펴보자.

거의 모든 심층학습 모형은 소위 **배치 훈련**(batch training)을 사용한다. 배치 훈련이란 전체 훈련 데이터 집합에서 무작위로 부분집합('배치')을 추출하고 그 부분집합 전체에 대한 손실함수를 계산해서 역전파와 경사 하강법을 실행하는 것을 말한다. 훈련 데이터의 견본(자료점)마다 개별적으로 역전파를 수행하면 기울기들의 분산이 너무 커지고 매개변수들이 최적의 값들로 수렴하지 않을 위험이 크다. 배치 훈련 방식에서는 하나의 데이터 배치(일괄 처리 단위)의 잡음이 평균화되기 때문에 모형의 매개변수들이 좀 더 안정적으로 갱신된다.

예를 들어 손으로 쓴 숫자를 인식하는 이미지 분류 모형을 훈련하는 경우, 이미지 하나씩 모형을 훈련하면 알고리즘은 배경 픽셀들이 숫자를 구성하는 전경 픽셀들만큼이나 중요하다고 생각할 위험이 생긴다. 신호가 다른 이미지들과 함께 평균화된 후에야 모형이 신호를 인식할 수 있다. 강화학습에도 같은 개념이 적용된다. 심층 Q 신경망에 경험 재현을 사용해야 했던 것도 같은 이유이다.

그런데 충분히 긴 경험 재현 목록은 대량의 메모리를 소모하기 때문에, 문제에 따라서는 충분히 긴 경험 재현 목록을 두는 것이 현실적으로 불가능할 수 있다. 경험 재현 기법은 강화학습 문제의 환경과 에이전트(학습 알고리즘)가 마르코프 결정 과정(MDP)의 엄격한 기준을 만족할 때만, 구체적으로 말하면 주어진 문제가 마르코프 성질을 지닐 때만 적용할 수 있다. 기억하겠지만, 마르코프 성질은 주어진 상태에 대한 최적의 동작을 그 이전 상태들을 전혀 참조하지 않고도 결정할 수 있다는 것이다. 다른 말로 하면, 이전에 방문한 상태들의 내역을 따로 관리할 필요가 없어야 한다. 그러나 단순한 게임에서는 그런 조건을 충족하기 쉽지만, 좀 더 복잡한 환경에서는 과거에 관한 데이터가 없으면 최적의 옵션을 선택하기 어려울 수 있다.

실제로, 여러 복잡한 게임에 대한 학습 알고리즘들은 장단기 기억망(long short-term memory, LSTM)이나 게이트 제어 순환 단위(gated recurrent unit, GRU) 같은 순환 신경망(recurrent neural network, RNN)을 이용해서 과거의 경험을 참조한다(그림 5.7). 순환 신경망은 자연어 처리(NLP)에 특히나 유용하다. 자연어 처리 응용에서 문장을 이해하거나 생성하려면 이전 단어 또는 문자들을 꼭 참조해야 하기 때문이다. 순환 신경망은 순차적인 데이터를 처리하도록 고안된 것이므로, 경험 재현 목록에 에피소드 전체의 경험을 담지 않는 한 경험 재현 기법은 순환 신경망과 잘 맞지 않는다.

그림 5.7 순환 신경망(RNN)의 개요. 출력을 그다음 단계의 입력으로 되먹임으로써 순차적인 데이터를 처리한다. 순환 신경망(의 한 층)에 새 입력 데이터와 함께 이전 단계의 출력이 입력된다. 그림에는 나와 있지 않지만, 전체적인 구조에 따라서는 출력의 복사본이 그다음 층으로 입력될 수도 있다. 순환 신경망은 데이터의 순차열을 다루므로, 경험 재현 목록의 경험 하나만으로는 활용할 수 없다.

심층 강화학습에서 경험 재현 없이 순환 신경망을 활용하는 한 가지 방법은 에이전트의 복사본 여러 개를 병렬로 실행하는 것이다. 이때 각 에이전트 복사본이 환경의 서로 다른 인스턴스를 사용하도록 한다. 이러한 다수의 독립적인 에이전트를 여러 CPU 프로세스에 분산시키고(그림 5.8), 에이전트들에서 다수의 경험을 수집해서 기울기들의 표본을 얻고, 그 기울기들을 평균화해서 분산이 낮은 평균 기울기를 얻는다. 이렇게 하면 경험 재현 없이 완전히 온라인 방식으로, 즉 상태들을 그때그때 한 번씩만 방문하는 식으로 알고리즘을 훈련할 수 있다.

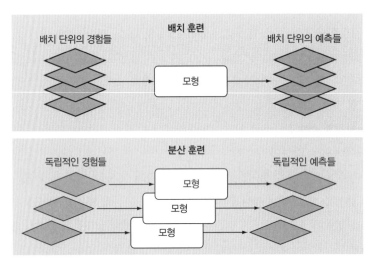

그림 5.8 심층학습 모형에 흔히 쓰이는 배치 훈련 방식에서는, 일단의 데이터 조각들을 묶은 하나의 배치를 모형에 입력하여 일단의 예측값들을 얻고, 그 예측값들로 손실값들을 구해서 그 평균 또는 합을 역전파와 모형 매개변수 갱신에 사용한다. 이렇게 하면 모든 경험에 걸쳐 있는 변이(분산)가 평균화된다. 반면, 지금 이야기하는 분산 훈련 방식에서는 이렇게 하는 대신 여러 개의 모형이 각자 개별 데이터로 예측값을 산출해서 기울기들을 계산하고, 그 기울기들을 합하거나 평균해서 매개변수들을 갱신한다.

현세대 데스크톱 컴퓨터와 노트북 컴퓨터는 코어^{core}가 여러 개인 CPU를 사용한다. CPU 코어는 개별적인 계산 처리 단위이므로, 하나의 계산 작업을 여러 조각으로 나누고 개별 코어에서 실행한 후 그 결과를 취합한다면 전체적인 계산이 극적으로 빨라진다. 운영체제는 CPU 또는 CPU 코어(이하 그냥 CPU)들을 가상의 프로세스와 스레드로 추상화한다. 하나의 프로세스는 자신만의 주소 공간(메모리 공간)을 가지며, 한 프로세스의 스레드들은 그 주소 공간을 공유한다. 병렬 계산은 크게 **다중 스레딩**(multithreading) 형태와 **다중 프로세싱**(multiprocessing) 형태로 나뉘는데, 다수의 계산이 진정으로 동시에 일어나는 것은 후자인 다중 프로세싱이다. 다중 프로세싱에서는 다수의 계산이 물리적으로 구분되는 다수의 실제 처리 단위(CPU 코어 또는 GPU 코어)들에서 동시에 실행된다.

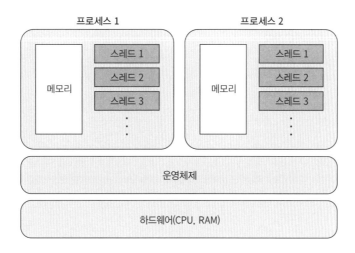

프로세스는 운영체제가 바탕 CPU 하드웨어를 추상화한 것이다. CPU가 두 개이면, 진정으로 동시에 돌릴 수 있는 프로세스는 두 개뿐이다. 그러나 운영체제는 그 이상의 프로세스를 제공하며, 여러 프로세스를 번갈아 실행함으로써 마치 그 프로세스들이 동시에 실행된 것처럼 보이게 한다. 각 프로세스는 자신만의 주소 공간을 가지며, 한 프로세스에 여러 개의 스레드를 둘 수 있다. 운영체제는 한 스레드가 외부 연산(입출력 등)의 완료를 기다리는 동안 다른 스레드를 실행함으로써 CPU 활용 효율을 높인다.

　다중 스레딩은 사람이 여러 작업을 동시에 진행하는 것과 비슷하다. 사람처럼 다중 스레딩 프로그램도 그냥 한 번에 한 가지 일만 할 수 있다. 단지 한 작업이 뭔가를 기다리는 동안 다른 작업으로 전환함으로써 여러 일을 동시에 처리하는 것처럼 보이는 것일 뿐이다. 즉, 다중 스레딩은 여러 작업을 진정으로 동시에 수행하는 수단이 아니라 그냥 소프트웨어 수준에서 여러 계산의 실행 효율을 높이는 메커니즘이다. 다중 스레딩은 입출력 연산(하드 디스크에서 데이터를 읽고 쓰는 등)이 많이 일어나는 작업에 아주 효과적이다. 데이터를 하드 디스크에서 RAM으로 읽어 들이는 작업은 CPU와 독립적으로 일어나므로, 운영체제는 놀고 있는 CPU를 다른 스레드의 작업에 할당한다. 입출력 연산이 끝나면 운영체제는 CPU를 다시 원래의 스레드에 배정한다.

　대체로 기계학습 모형의 훈련에는 입출력 연산이 필요하지 않다. 기계학습 모형의 훈련은 계산 속도에 제한을 받으므로, 훈련 성능에 도움이 되는 것은 다중 프로세싱을 통한 진정한 동시적 계산이다.

일반적으로 커다란 기계학습 모형은 그냥 성능 좋은 GPU들만 있으면 효율적으로 훈련할 수 있다. 그러나 때에 따라서는 여러 개의 CPU로 모형들을 분산하는 것이 더 나을 수 있다. 파이썬의 **multiprocessing** 라이브러리를 이용하면 다중 프로세싱 구현이 아주 간단해진다. PyTorch도 내부적으로 이 라이브러리를 사용하며, 모형의 매개변수들을 여러 프로세스가 공유하게 하는 메서드도 제공한다. 그럼 다중 프로세싱의 간단한 예를 보자.

다소 작위적이지만, 수열 0, 1, 2, 3, ... 64의 각 수를 제곱(2제곱)한다고 하자. 한 수의 제곱 계산은 수열의 다른 수와는 무관하므로, 제곱 계산을 여러 프로세스로 손쉽게 병렬화할 수 있다.

목록 5.1 간단한 다중 프로세싱 예제

```
import multiprocessing as mp
import numpy as np
def square(x):                                                    ❶
    return np.square(x)
x = np.arange(64)                                                 ❷
>>> print(x)
array([ 0,  1,  2,  3,  4,  5,  6,  7,  8,  9, 10, 11, 12, 13, 14, 15, 16,
       17, 18, 19, 20, 21, 22, 23, 24, 25, 26, 27, 28, 29, 30, 31, 32, 33,
       34, 35, 36, 37, 38, 39, 40, 41, 42, 43, 44, 45, 46, 47, 48, 49, 50,
       51, 52, 53, 54, 55, 56, 57, 58, 59, 60, 61, 62, 63])
>>> mp.cpu_count()
    8

pool = mp.Pool(8)                                                 ❸
squared = pool.map(square, [x[8*i:8*i+8] for i in range(8)])      ❹
>>> squared
[array([ 0,  1,  4,  9, 16, 25, 36, 49]),
 array([ 64,  81, 100, 121, 144, 169, 196, 225]),
 array([256, 289, 324, 361, 400, 441, 484, 529]),
 array([576, 625, 676, 729, 784, 841, 900, 961]),
 array([1024, 1089, 1156, 1225, 1296, 1369, 1444, 1521]),
 array([1600, 1681, 1764, 1849, 1936, 2025, 2116, 2209]),
 array([2304, 2401, 2500, 2601, 2704, 2809, 2916, 3025]),
 array([3136, 3249, 3364, 3481, 3600, 3721, 3844, 3969])]
```

❶ 이 함수는 하나의 배열을 받아서 배열의 각 성분을 제곱한다.

❷ 일련의 수들로 배열을 채운다.

❸ CPU 개수와 같은 프로세스 여덟 개짜리 다중 프로세싱 풀을 만든다.

❹ 풀의 map 메서드를 이용해서 square 함수를 목록의 각 배열에 적용하고 각 결과를 하나의 목록으로 취합한다.

이 함수는 우선 square라는 함수를 정의한다. 이 함수는 주어진 배열의 성분들을 제곱한 결과를 돌려준다. 여러 프로세스로 분산할 함수가 바로 이것이다. 다음으로, 0에서 63까지의 수들을 담은 배열을 만든다. 이 배열을 통째로 제곱하는 대신, 배열을 여덟 조각으로 나누고 그 조각들을 여덟 개의 프로세스에 분산시켜서 제곱한다. CPU가 여덟 개라고 할 때, 각 계산이 각 CPU에서 동시에 진행된다(그림 5.9).

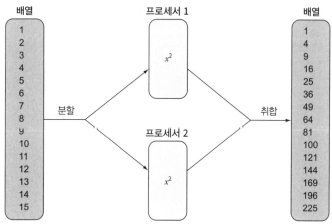

그림 5.9 간단한 다중 프로세싱 예제. 배열의 모든 수를 좀 더 효율적으로 제곱하고자 한다. 배열의 성분들을 하나씩 제곱하는 대신, 배열을 두 조각으로 나누고 두 프로세서에서 동시에 제곱한다. 그런 다음 그 결과를 다시 하나의 배열로 합친다.

시스템의 CPU 개수는 multiprocessing 라이브러리의 cpu_count 함수로 알 수 있다. 목록 5.1은 CPU가 8개인 예이다. 물리적 CPU가 네 개인 시스템이라도, 운영체제가 **하이퍼스레딩**hyperthreading이라는 기술을 통해 '가상' 프로세서들을 제공한다면 CPU 수는 물리적 CPU 수의 최대 두 배가 될 수 있다. 일부 프로세서 아키텍처가 지원하는 하이퍼스레딩은 하나의 물리적 처리 장치에서 두 개의 프로세스를 사실상 동시에 실행할 수 있는 성능 개선 기법이다. 병렬 처리 시 시스템의 CPU 수보다 많은 프로세스를 만들지 않는 것이 중요하다. 여분의 프로세스들은 사실상 스레드로 작용하며, 동시 실행을 흉내 내려면 CPU가 그 프로세스들 사이에서 빠르게 전환해야 한다.

목록 5.1은 mp.Pool(8)로 프로세스 8개짜리 풀을 만들고, pool.map을 이용해서 여덟 데이터 조각에 대해 각각 square 함수를 실행한다. 마지막 출력을 보면 실제로 모든 수가 제곱되었음을 알 수 있다. 프로세스들은 자신의 작업이 끝나는 즉시 실행의 흐름을 반환하므로, 최종 결과 목록(squared)에 있는 성분들의 순서가 원래 목록의 성분 순서와 부합하지는 않을 수 있다.

그런데 실제 분산 훈련을 위해서는 프로세서들의 실행 순서를 앞의 프로세스 풀 예제보다 좀 더 명시적으로 제어할 필요가 있다. 다음은 풀을 사용하지 않고 프로세스들을 직접 생성해서 제어하는 예이다.

목록 5.2 개별 프로세스를 명시적으로 시작하는 예

```python
def square(i, x, queue):
    print("In process {}".format(i,))
    queue.put(np.square(x))

processes = []                                          ❶
queue = mp.Queue()                                      ❷
x = np.arange(64)                                       ❸
for i in range(8):                                      ❹
    start_index = 8*i
    proc = mp.Process(target=square,args=(i,x[start_index:start_index+8], queue))
    proc.start()
    processes.append(proc)

for proc in processes:                                  ❺
    proc.join()

for proc in processes:                                  ❻
    proc.terminate()

results = []
while not queue.empty():                                ❼
    results.append(queue.get())
>>> results
[array([ 0,  1,  4,  9, 16, 25, 36, 49]),
 array([256, 289, 324, 361, 400, 441, 484, 529]),
 array([ 64,  81, 100, 121, 144, 169, 196, 225]),
 array([1600, 1681, 1764, 1849, 1936, 2025, 2116, 2209]),
 array([576, 625, 676, 729, 784, 841, 900, 961]),
 array([1024, 1089, 1156, 1225, 1296, 1369, 1444, 1521]),
 array([2304, 2401, 2500, 2601, 2704, 2809, 2916, 3025]),
 array([3136, 3249, 3364, 3481, 3600, 3721, 3844, 3969])]
```

❶ 각 프로세스의 참조를 담을 목록이다.

❷ 프로세스들이 공유할 다중 프로세싱 대기열을 만든다.

❸ 제곱할 수들을 목록에 채워 넣는다.

❹ 여덟 개의 프로세스에서 각각 square 함수를 실행한다. 각 프로세스는 서로 다른 데이터 조각을 처리한다.

❺ 모든 프로세스가 완료되길 기다린다.

❻ 모든 프로세스를 종료한다.

❼ 다중 프로세싱 대기열의 항목들을 최종 결과 목록에 넣는다.

Pool을 사용한 예제와 같은 일을 하는 예제이지만 이전보다 코드가 좀 길어졌다. 주된 차이는 프로세스들을 좀 더 명시적으로 제어한다는 점과 multiprocessing 라이브러리의 특별한 공유 가능 자료 구조를 이용해서 프로세스들이 데이터를 공유한다는 점이 다르다.

또한, square 함수도 조금 바뀌었다. 이제 square 함수는 제곱할 수들이 담긴 목록뿐만 아니라 프로세스 ID에 해당하는 정수(매개변수 i)와 프로세스 간 데이터 공유를 위한 대기열 객체(매개변수 queue)도 받는다. 함수는 제곱한 수들을 이 대기열에 집어넣는다. 나중에 이 대기열 객체에 대해 get 메서드를 호출해서 제곱들을 뽑아낸다.

square 함수를 정의한 다음에는 프로세스 인스턴스들을 담을 목록을 설정하고, 데이터 공유를 위한 대기열 객체를 생성하고, 이전 예제처럼 제곱할 수들의 목록을 만든다. 그런 다음 루프를 돌려서 프로세스 여덟 개를 생성하고 start 메서드로 각 프로세스를 시작한다. 또한, 이후에 참조하도록 프로세스 인스턴스를 목록에 담아 둔다. 프로세스들을 모두 시작한 후에는 또 다른 루프를 돌려서 프로세스 목록의 각 프로세스에 대해 join 메서드를 호출한다. 이 메서드는 해당 프로세스가 완료되길 기다린다. 모든 프로세스가 완료되면, 각 프로세스에 대해 terminate 메서드를 호출해서 프로세스 인스턴스를 파괴한다. 마지막으로, 대기열의 모든 성분을 최종 결과 목록에 넣고 화면에 출력한다.

최종 결과는 이전 예제와 비슷하되 순서가 좀 다른데, 이는 프로세스들이 반드시 그 시작 순서대로 실행되지는 않기 때문이다. 계산을 다수의 CPU에 분산하는 방법은 이 정도만 알면 충분할 것이다.

5.3 이익 행위자-비평자

계산을 여러 프로세스에 분산하는 방법을 배웠으니, 이제 다시 강화학습 문제로 돌아가자. 이번 절에서는 지금까지 배운 내용을 조합해서 완전한 분산 이익 행위자-비평자 모형을 만들어 본다. 빠른 훈련을 위해, 그리고 이 모형의 성과를 이전 장의 성과와 비교해 볼 수 있도록, 이번에도 CartPole 게임을 시험용 환경으로 사용한다. Pong 같은 좀 더 어려운 OpenAI Gym 게임들에 맞게 알고리즘을 수정하는 것도 그리 어렵지 않으니 시도해 보기 바란다. 원서 깃허브 저장소(http://mng.bz/JzKp)의 Chapter 5 디렉터리에 참고할 만한 구현 예가 있다.

앞에서는 행위자와 비평자를 개별적인 두 함수로 표현했지만, 실제로는 그 둘을 출력 '단자'가 두 개인 하나의 신경망으로 결합할 수 있다. 이번 절의 예제는 실제로 그러한 신경망을 사용한다. 보통의 신경망은 하나의 벡터를 돌려주지만, 이 이중 출력 신경망은 두 개의 벡터를 돌려준다. 하나는 정책을 위한 것이고 다른 하나는 가치를 위한 것이다. 가치를 계산하는 데 필요한 정보 중 일부는 주어진 정책에 따라 최선의 동작을 예측하는 데에도 유용하므로, 이처럼 정책 함수와 가치 함수가 매개변수들을 공유하게 하면 전체적인 처리 속도가 빨라진다. 이런 이중 출력 신경망이 너무 생소하게 느껴지는 독자라면 그냥 두 신경망을 따로 돌리는 식으로 구현해도 된다. 우선, 이 이익 행위자-비평자 알고리즘의 의사코드를 먼저 보자(목록 5.3).
잠시 후에 이것을 실제 파이썬 코드로 옮길 것이다.

목록 5.3 온라인 이익 행위자-비평자의 의사코드

```
gamma = 0.9
for i in epochs:                                            ❶
    state = environment.get_state()                         ❷
    value = critic(state)                                   ❸
    policy = actor(state)                                   ❹
    action = policy.sample()                                ❺
    next_state, reward = environment.take_action(action)
    value_next = critic(next_state)                         ❻
    advantage = reward + (gamma * value_next - value)       ❼
    loss = -1 * policy.logprob(action) * advantage          ❽
    minimize(loss)
```

❶ 일정 횟수로 훈련을 반복한다.

❷ 환경의 현재 상태를 얻는다.

❸ 상태의 가치를 예측한다.

❹ 상태의 동작들에 관한 확률분포를 예측한다.

❺ 정책의 동작 확률분포에 따라 동작 하나를 추출한다.

❻ 다음 상태의 가치를 예측한다.

❼ 보상에 다음 상태 가치와 현재 상태 가치의 차이를 더한 값을 이익으로 둔다.

❽ 계산된 이익에 기초해서 동작을 강화한다.

아주 단순화된 의사코드이지만, 이 알고리즘의 핵심을 잘 보여준다. 중요한 부분은 이익 계산
이다. 현재 상태에서 어떤 동작을 취해서 +10의 보상을 받았으며, 현재 상태의 예측 가치가 +5
이고 다음 상태의 예측 가치가 +7이라고 하자. 다음 상태의 예측은 현재 관측된 보상보다 덜
중요하므로, 다음 상태 가치에 할인 계수를 곱한다. 할인 계수가 0.9라고 하면 이득은 10+0.9
×7-5=10+(6.3-5)=10+1.3=+11.3이다. 이 예에서는 다음 상태 가치와 현재 상태 가치의 차이가
양수이므로, 해당 동작의 전체적인 가치가 높아진다. 따라서 그 동작이 좀 더 강화된다. 미래
의 상태에 대한 예측에 기초해서 현재 상태와 동작의 가치를 계산한다는 점에서 이러한 이익
계산은 **부트스트래핑** 효과를 낸다.

이번 예제가 환경으로 사용하는 CartPole은 일화적 게임이다. 따라서 에피소드 하나가 다
끝나야 갱신을 수행하는 완전한 몬테카를로 접근 방식을 사용한다면, 마지막 동작에 대한
value_next는 항상 0일 것이다(에피소드가 끝나면 다음 상태라는 것이 없으므로). 그런 경우 이익은
그냥 advantage = reward - value가 된다. 이것이 §5.1에서 언급한 기준선 가치이다. 완전한 이
익 공식 $A = r_{t+1} + \gamma v(s_{t+1}) - v(s_t)$는 온라인 학습 또는 **N-단계 학습**(N-step learning)에 쓰인다.

온라인(1-단계)　　　　　　　　　N-단계　　　　　　　　　몬테카를로

N-단계 학습은 에피소드의 개별 단계마다 학습을 진행하는 완전한 온라인 학습과 에피소드 전체가 끝나야 학습을 진행하는 몬테카를로 방식의 중간에 해당한다. 이름에서 짐작하듯이, N-단계 학습에서는 게임을 N개의 단계만큼 진행해서 누적한 보상들로 손실을 계산하고 역전파를 수행한다. 단계 수 N은 1에서 에피소드 최대 단계 수 사이의 정수로, 1이면 완전한 온라인 학습에 해당하고 에피소드 최대 단계 수이면 몬테카를로에 해당한다. 보통은 그 두 접근 방식의 장점을 모두 살릴 수 있을 만한 값으로 설정한다. 이번 장에서는 먼저 에피소드 전체에 대한 행위자–비평자 알고리즘을 살펴보고, 그런 다음 N을 10으로 둔 N-단계 학습 방식의 행위자–비평자 알고리즘을 논의한다.

그림 5.10은 행위자–비평자 알고리즘의 개요이다. 행위자–비평자 모형은 상태 가치와 동작 확률분포를 산출해야 한다. 동작 확률분포로 동작을 선택해서 보상을 받고, 그것을 상태 가치와 비교해서 이익을 계산한다. 궁극적으로 동작을 강화하고 모형을 훈련하는 데 사용하는 것은 바로 그 이익이다.

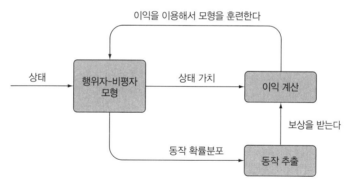

그림 5.10 행위자–비평자 모형은 상태 가치와 동작 확률분포를 산출한다. 그 둘로 이익을 계산한다. 보통의 Q 학습에서는 보상으로 모형을 훈련하지만, 행위자–비평자 알고리즘에서는 이익을 사용한다.

그럼 CartPole 플레이를 위한 행위자–비평자 모형을 실제로 구현해 보자. 다음은 전체적인 과정이다.

1. 행위자–비평자 모형을 이중 출력 신경망의 형태로 구축한다(원한다면 행위자와 비평자를 개별적인 신경망들로 둘 수도 있다). 이 모형은 CartPole 상태를 입력받는다. 이 상태는 하나의 4차원 실수 벡터이다. 행위자 출력 단자는 제4장 정책망의 출력과 동일하다. 즉, 이 단자

는 두 가지 동작에 관한 이산 확률분포에 해당하는 2차원 벡터를 출력한다. 비평자 출력 단자는 상태 가치에 해당하는 하나의 수치를 출력한다. 비평자를 $v(s)$로, 행위자를 $\pi(s)$로 표기하자. 기억하겠지만 이 $\pi(s)$는 가능한 동작들의 로그 확률들을 돌려주는데, 지금 예에서 가능한 동작은 두 가지(카트 좌 이동, 우 이동).

2. 에피소드 실행:

   a. 초매개변수 γ(할인 계수)를 정의한다.

   b. 새 에피소드를 시작한다.

   c. 현재 상태 s_t의 가치 $v(s_t)$를 계산해서 목록에 저장한다.

   d. 확률분포 $\pi(s_t)$를 계산해서 목록에 저장하고, 동작 a_t를 추출해서 실행한다. 새 상태 s_{t+1}과 보상 r_{t+1}을 얻고, 보상을 목록에 저장한다.

3. 훈련:

   a. 수익을 $R = 0$으로 초기화한다. 보상 목록을 거꾸로 훑으면서 수익 $R = r_i + \gamma R$을 계산한다.

   b. 행위자 손실 $-1\gamma_t \cdot (R - v(s_t)) \cdot \pi(a \mid s)$를 최소화한다.

   c. 비평자 손실 $(R - v)^2$을 최소화한다.

4. 전체 에피소드 횟수를 넘지 않았다면 3번부터 다시 반복한다.

목록 5.4는 이를 파이썬으로 구현한 것이다.

목록 5.4 CartPole 행위자-비평자 모형

```
import torch
from torch import nn
from torch import optim
import numpy as np
from torch.nn import functional as F
import gym
import torch.multiprocessing as mp                          ❶
class ActorCritic(nn.Module):                               ❷
    def __init__(self):
        super(ActorCritic, self).__init__()
        self.l1 = nn.Linear(4,25)
        self.l2 = nn.Linear(25,50)
        self.actor_lin1 = nn.Linear(50,2)
        self.l3 = nn.Linear(50,25)
        self.critic_lin1 = nn.Linear(25,1)
    def forward(self,x):
        x = F.normalize(x,dim=0)
```

```
        y = F.relu(self.l1(x))
        y = F.relu(self.l2(y))
        actor = F.log_softmax(self.actor_lin1(y),dim=0)    ❸
        c = F.relu(self.l3(y.detach()))
        critic = torch.tanh(self.critic_lin1(c))            ❹
        return actor, critic                                ❺
```

❶ PyTorch는 파이썬의 내장 multiprocessing 라이브러리를 감싼 모듈을 제공한다. API는 동일하다.

❷ 행위자와 비평자를 하나의 신경망으로 결합한 모형을 정의한다.

❸ 행위자는 두 가지 동작의 로그 확률들을 출력한다.

❹ 비평자는 -1에서 +1 사이의 수치 하나를 출력한다.

❺ 행위자의 출력과 비평자의 출력을 하나의 튜플에 담아서 돌려준다.

CartPole의 행위자-비평자 모형은 출력이 두 개라는 점만 빼면 상당히 단순한 신경망이다. 신경망은 먼저 주어진 입력을 정규화해서 모든 상태 가치가 같은 범위가 되게 한다. 입력은 두 개의 신경망 층을 거치는데, 둘 다 ReLU 활성화 함수를 사용하는 보통의 선형 신경망 층(줄여서 선형층)이다. 그런 다음에는 모형이 두 개의 경로로 갈라진다.

첫 경로는 행위자 출력으로 이어진다. 행위자는 층 2의 출력에 또 다른 선형층을 적용하고 결과에 log_softmax 함수를 적용한다. log_softmax는 수학적으로는 log(softmax(...)))와 같되, 두 함수를 따로 적용한 것보다 수치 안정성이 좋다(따로 적용하면 softmax의 확률들이 정밀도 부족으로 제대로 표현되지 않을 수 있다).

또 다른 경로는 비평자 출력으로 이어진다. 비평자는 층 2의 출력에 ReLU 선형층을 적용하는데, 그전에 y.detach를 호출해서 y 노드를 그래프에서 떼어냈기 때문에 비평자의 손실은 역전파되지 않는다(그림 5.11). 즉, 비평자는 층 1과 2의 가중치 갱신에 영향을 미치지 않으며, 행위자만 영향을 미친다. 이는 행위자와 비평자가 그 이전 층들의 가중치들을 서로 반대 방향으로 갱신하려 드는 사태를 피하기 위한 것이다. 이런 이중 출력 모형에서는 한 출력 단자를 이전 층들과 떼어내서 다른 쪽 출력이 갱신을 주도하게 만드는 것이 바람직할 때가 많다. 마지막으로, 비평자는 tanh 함수(쌍곡탄젠트 함수)를 활성화 함수로 사용하는 또 다른 선형층을 적용해서 (-1,1) 구간의 출력을 얻는다. 이 출력 구간은 보상이 +1과 -1인 CartPole과 아주 잘 맞는다.

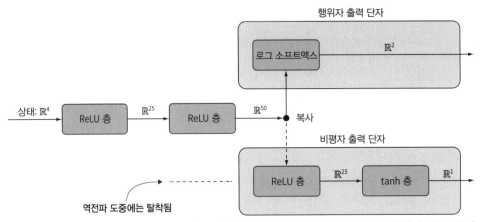

행위자 출력 단자

로그 소프트맥스 $\mathbb{R}^2$

상태: $\mathbb{R}^4$ ReLU 층 $\mathbb{R}^{25}$ ReLU 층 $\mathbb{R}^{50}$ 복사

비평자 출력 단자

ReLU 층 $\mathbb{R}^{25}$ tanh 층 $\mathbb{R}^1$

역전파 도중에는 탈착됨

그림 5.11 이중 출력 행위자-비평자 모형의 개요. 행위자와 비평자는 두 개의 ReLU 층을 공유한다. 두 ReLU 층의 출력은 행위자와 비평자로 복사된다. 행위자는 로그 소프트맥스를 적용해서 확률분포를 산출하고, 비평자는 ReLU와 tahn을 적용해서 (-1,1) 구간의 수치 하나를 산출한다. 파이썬 구현은 두 출력을 하나의 튜플로 합쳐서 반환한다. 역전파 시 비평자 출력 단자를 계산 그래프에서 떼어낸다는 점에 주의하기 바란다(점선으로 표시). 이는 비평자의 손실이 행위자나 이전 층들로 역전파되지 않게 하기 위한 것이다. 행위자의 손실만 모형의 앞쪽으로 역전파해야 한다.

다음은 이러한 행위자-비평자 모형의 훈련을 여러 프로세스로 분산하는 코드이다.

목록 5.5 훈련의 분산

```
MasterNode = ActorCritic()                                          ❶
MasterNode.share_memory()                                           ❷
processes = []                                                      ❸
params = {
    'epochs':1000,
    'n_workers':7,
}
counter = mp.Value('i',0)                                           ❹
for i in range(params['n_workers']):
    p = mp.Process(target=worker, args=(i,MasterNode,counter,params))  ❺
    p.start()
    processes.append(p)
for p in processes:                                                 ❻
    p.join()
for p in processes:                                                 ❼
    p.terminate()

print(counter.value,processes[1].exitcode)                          ❽
```

❶ 프로세스들이 공유할 전역 행위자-비평자 모형을 생성한다.

❷ share_memory 메서드는 프로세스들이 모형의 매개변수들을 각자 복사하는 것이 아니라 그대로 공유하게 만든다.

❸ 프로세스 인스턴스들을 담을 목록을 초기화한다.

❹ multiprocessing의 내장 공유 객체를 하나의 전역 공유 카운터로 사용한다. 'i'는 이 공유 객체의 데이터 형식이 정수(integer)라는 뜻이다.

❺ 새 프로세스를 띄워서 worker 함수를 실행한다.

❻ 모든 프로세스가 작업을 마치길 기다린다.

❼ 모든 프로세스를 종료한다.

❽ 전역 카운터의 값과 첫 프로세스의 종료 코드(별문제가 없었다면 0)를 출력한다.

전체적인 구조는 앞에서 본, 제곱 계산을 여러 프로세스에 분산하는 예제와 정확히 동일하다. square 함수 대신 CartPole 강화학습 알고리즘을 실행하는 worker라는 함수를 실행한다는 점이 다를 뿐이다.

worker 함수는 새 CartPole 환경에서 하나의 에이전트를 실행한다(목록 5.6).

목록 5.6 주 훈련 루프

```
def worker(t, worker_model, counter, params):
    worker_env = gym.make("CartPole-v1")
    worker_env.reset()
    worker_opt = optim.Adam(lr=1e-4,params=worker_model.parameters())    ❶
    worker_opt.zero_grad()
    for i in range(params['epochs']):
        worker_opt.zero_grad()
        values, logprobs, rewards = run_episode(worker_env,worker_model)  ❷
        actor_loss,critic_loss,eplen = update_params(worker_opt,values,   ❸
            logprobs,rewards)
        counter.value = counter.value + 1                                 ❹
```

❶ 각 프로세스는 자신만의 격리된 환경에서 에피소드를 실행하고 모형을 훈련하지만, 하나의 모형을 모든 프로세스가 공유한다.

❷ run_episode 함수는 에피소드를 실행해서 데이터를 수집한다.

❸ run_episode로 수집한 데이터로 매개변수들을 한 단계 갱신한다.

❹ counter는 모든 프로세스가 공유하는 전역 카운터이다.

각 프로세스는 각자의 환경에서 worker 함수를 실행한다. worker를 실행하는 각 '일꾼' 프로세스는 개별적인 CartPole 환경과 최적화기를 사용하되, 둘째 인수로 주어진 행위자-비평자 모형을 공유한다. 모형이 공유되므로, 모든 일꾼 프로세스는 동일한 매개변수 집합을 갱신한다. 이러한 구조가 그림 5.12에 개괄적으로 나타나 있다.

각 프로세스는 자신만의 주소 공간을 사용하므로, 모든 프로세스가 공유할 데이터는 반드시 함수의 인수를 통해 명시적으로 전달해야 한다. 이렇게 하면 버그도 방지된다.

목록 5.7은 각 프로세스가 행위자-비평자 모형으로 CartPole 환경의 한 에피소드를 실행하는 데 사용하는 run_episode 함수이다.

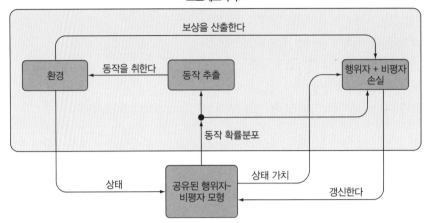

프로세스마다:

그림 5.12 각 프로세스는 공유된 모형을 이용해서 게임의 한 에피소드를 실행한다. 손실은 프로세스마다 따로 계산되지만, 그것으로 매개변수들을 갱신하는 행위자-비평자 모형 자체는 모든 프로세스가 공유한다.

목록 5.7 에피소드 실행

```
def run_episode(worker_env, worker_model):
    state = torch.from_numpy(worker_env.env.state).float()        ❶
    values, logprobs, rewards = [],[],[]                          ❷
    done = False
    j=0
    while (done == False):                                        ❸
        j+=1
        policy, value = worker_model(state)                       ❹
        values.append(value)
        logits = policy.view(-1)
        action_dist = torch.distributions.Categorical(logits=logits)
        action = action_dist.sample()                             ❺
        logprob_ = policy.view(-1)[action]
        logprobs.append(logprob_)
        state_, _, done, info = worker_env.step(action.detach().numpy())
        state = torch.from_numpy(state_).float()
        if done:                                                  ❻
            reward = -10
            worker_env.reset()
        else:
            reward = 1.0
        rewards.append(reward)
    return values, logprobs, rewards
```

❶ NumPy 배열 형태의 환경 상태를 PyTorch 텐서로 변환한다.

❷ 계산된 상태 가치(비평자), 로그 확률(행위자), 보상을 수집할 목록들을 초기화한다.

❸ 에피소드가 끝날 때까지 게임을 플레이한다.

❹ 상태 가치와 동작들에 관한 로그 확률들을 계산한다.

⑤ 행위자의 동작 로그 확률들을 이용해서 범주형 확률분포를 만들고 동작을 추출한다.

⑥ 이 동작에 의해 에피소드가 끝났다면 보상을 −10으로 설정하고 환경을 초기화한다.

run_episode 함수는 CartPole의 에피소드 하나를 실행하면서 비평자가 산출한 상태 가치들과 행위자가 산출한 동작 로그 확률들, 그리고 환경이 제공한 보상들을 수집해서 목록에 담는다. 이들은 이후 손실 계산에 쓰인다. 이것은 Q 학습이 아니라 행위자-비평자 알고리즘이므로, 엡실론 탐욕 같은 정책을 따로 선택해서 적용하는 것이 아니라 정책(행위자)에서 직접 동작을 선택한다. 특별히 더 설명할 것이 없으므로, 행위자-비평자 모형을 갱신하는 함수로 넘어가자.

목록 5.8 손실 계산 및 최소화

```
def update_params(worker_opt,values,logprobs,rewards,clc=0.1,gamma=0.95):
    rewards = torch.Tensor(rewards).flip(dims=(0,)).view(-1)          ❶
    logprobs = torch.stack(logprobs).flip(dims=(0,)).view(-1)
    values = torch.stack(values).flip(dims=(0,)).view(-1)
    Returns = []
    ret_ = torch.Tensor([0])
    for r in range(rewards.shape[0]):                                 ❷
        ret_ = rewards[r] + gamma * ret_
        Returns.append(ret_)
    Returns = torch.stack(Returns).view(-1)
    Returns = F.normalize(Returns,dim=0)
    actor_loss = -1*logprobs * (Returns - values.detach())           ❸
    critic_loss = torch.pow(values - Returns,2)                      ❹
    loss = actor_loss.sum() + clc*critic_loss.sum()                  ❺
    loss.backward()
    worker_opt.step()
    return actor_loss, critic_loss, len(rewards)
```

❶ 주어진 배열 rewards, logprobs, values를 뒤집고(성분들을 역순으로 정렬) .view(-1)을 호출해서 평평하게 만든다(호출하는 쪽에서 1차원 배열이 아닌 텐서를 넘겨주었을 수도 있으므로).

❷ 보상들을 차례로(원래 수집한 것과는 역순) 훑으면서 각 보상으로 수익을 계산해서 returns 배열에 넣는다.

❸ 행위자의 손실을 계산한다. 비평자의 손실이 역전파되지 않도록 values 노드를 계산 그래프에서 떼어낸다는 점도 주목하기 바란다.

❹ 비평자의 손실을 계산한다. 이 손실은 이 모형이 보상을 좀 더 잘 예측하게 만드는 효과를 낸다.

❺ 행위자의 손실과 비평자의 손실을 더해서 총 손실을 구하되, 비평자의 손실을 적절한 비율로 감소(할인)한다.

실제로 학습이 일어나는 곳이 이 update_params 함수이다. 이전에 본 알고리즘들과는 다른 분산 이익 행위자-비평자 모형이 특징을 모두 이곳에서 볼 수 있다. 이 함수는 우선 수집한 보상 목록, 로그 확률 목록, 상태 가치 목록을 PyTorch 텐서들로 변환한다. 그런 다음 성분들의 순서를 뒤집는데, 이는 가장 최근 동작을 가장 중요시하기 위해서이다. 또한, 각 텐서에 대해 .view(-1)을 호출해서 1차원 배열 형태로 만든다.

actor_loss는 이번 절에서 살펴본 수학 공식을 그대로 적용해서 계산한다. 보상을 그대로 사용하는 대신 이익(부트스트래핑이 없으므로 엄밀히 말하면 기준선 가치)을 사용해서 손실을 계산한 점이 다른 알고리즘들과 다르다. 또한, 이 과정에서 values 텐서를 계산 그래프에서 떼어낸다는 점도 중요하다. 이렇게 하지 않으면 비평자의 손실도 역전파되어 버린다. 비평자의 손실은 그냥 상태 가치와 수익의 제곱오차이다. 이 손실을 계산할 때는 values 텐서를 떼어내지 **않는다**(비평자 출력 단자가 갱신되도록). 두 손실을 합쳐서 총 손실을 구할 때는 비평자 손실에 0.1을 곱하는데, 이는 행위자가 비평자보다 더 빨리 배우게 하기 위한 것이다. 역전파와 최적화를 수행한 후 update_params 함수는 두 손실값과 rewards 텐서의 길이(이는 에피소드가 얼마나 오래 지속되었는지를 나타낸다)를 돌려준다. 이 반환값들은 훈련 진척 과정을 관리하는 용도로 쓰인다.

이 예제에서 각 일꾼 프로세스는 그냥 자신의 일정에 따라 독립적으로 에피소드를 실행해서 모형 매개변수들을 갱신한다. 즉, 공유된 모형 매개변수들은 **비동기적으로** 갱신된다. 이렇게 하지 않고 모든 프로세스가 에피소드를 마치길 기다렸다가 그 결과를 취합해서 매개변수들을 갱신하는 식의 동기적인 진행도 가능하지만, 구현이 좀 더 복잡하다. 그리고 이런 비동기적 접근 방식도 실제 응용에서 잘 작동한다.

이상의 구현을 이용해서 CPU 코어가 몇 개 되지 않는 소비자용 컴퓨터로 CartPole 에이전트를 훈련하는 데는 1분도 걸리지 않는다. 시간에 따른 손실값 변화를 그래프로 그려 보면 아쉽게도 감소 추세가 그리 뚜렷하게 나타나지 않는데, 이는 행위자와 비평자가 서로 경쟁하기 때문이다(그림 5.13). 비평자는 최선의 수익을 산출하려 한다(그리고 수익은 행위자가 선택한 동작들에 의존한다). 반면 행위자는 비평자의 기대를 깨려 한다. 행위자가 비평자보다 더 빠르게 개선되면 비평자의 손실이 커지고, 비평자가 더 빠르게 개선되면 행위자의 손실이 커진다. 즉, 둘 사이에는 어느 정도 대립 관계가 성립한다.

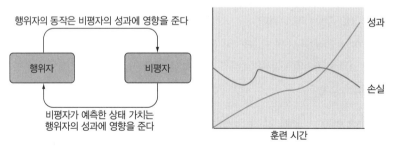

그림 5.13 행위자와 비평자는 어느 정도 대립한다. 행위자가 산출한 동작은 비평자의 손실에 영향을 주고, 비평자가 예측한 상태 가치는 수익 계산에 포함되므로 행위자의 훈련에 쓰이는 손실에 영향을 준다. 따라서 에이전트의 성과(성능)가 실제로 높아지긴 하지만 전체적인 손실 그래프는 다소 혼란스러운 형태가 된다.

이런 대립적 훈련은 강화학습뿐만 아니라 기계학습의 다른 여러 분야에서도 위력을 발휘하는 기법이다. 예를 들어 비지도학습 알고리즘의 하나인 GAN(generative adversarial network; 생성 대립망 또는 생성적 적대 신경망)은 행위자 및 비평자와 비슷하게 작동하는 두 모형을 이용해서 사실적인 표본을 생성하는 방법을 훈련 데이터로부터 학습한다. 대립적인 훈련이라는 주제는 이후에 다시 만나게 될 것이다. 이 책의 제8장에서는 이번 예제보다 정교한 대립적 모형을 구축해 본다.

이상의 논의에서 한 가지 기억할 것은, 대립적 모형을 사용할 때에는 손실값으로 모형의 품질이나 성능을 평가하는 것이 대체로 무의미하다는 점이다(단, 손실이 아예 0이 되거나 무한대로 발산한다면 뭔가 크게 잘못된 것이다). 손실보다는 실제 목적 자체를 평가할 필요가 있다. 지금 예에서는 에이전트가 CartPole 게임을 얼마나 잘 실행하는지를 평가해야 한다. 그림 5.14는 훈련 과정의 평균 에피소드 길이 그래프이다.

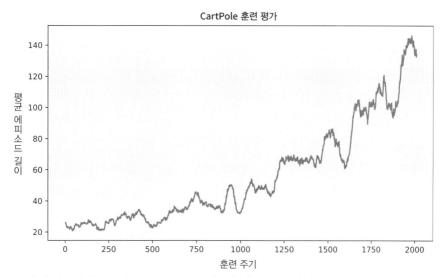

그림 5.14 훈련 반복에 따른 몬테카를로 분산 이익 행위자-비평자 모형의 평균 에피소드 길이. 훈련 시 비평자가 부트스트래핑을 하지 않는다는 점에서 이 모형은 진정한 행위자-비평자 모형이 아니라고 할 수 있다. 훈련 성과의 분산이 큰 것은 그 때문이다.

5.4 N-단계 행위자-비평자

앞의 예제에서는 분산 이익 행위자-비평자 모형을 완전한 몬테카를로 방식으로, 즉 에피소드를 다 마친 후에 매개변수들을 갱신하는 방식으로 훈련했다. CartPole 같은 간단한 게임에는 이런 방식도 잘 통하지만, 좀 더 복잡한 게임이라면 매개변수들을 더 자주 갱신할 필요가 있다. 이전에 소개했듯이, N-단계 학습은 게임을 N 단계 진행할 때마다 손실을 계산하고 매개변수들을 갱신한다. 이때 N의 값은 정하기 나름인데, 1로 두면 완전한 온라인 학습이 되고 아주 큰 값으로 두면 몬테카를로가 된다. 대부분의 문제에서 N의 적절한 값은 1과 아주 큰 값 사이의 어떤 값일 것이다.

몬테카를로 방식(에피소드 전체 단위)의 학습에서는 부트스트래핑 기법을 적용하지 않는데, 에피소드가 끝난 후에는 부트스트래핑의 여지가 없기 때문이다. 온라인 학습에는 부트스트래핑을 적용할 수 있지만(이전에 심층 Q 신경망에서 했듯이), 매 단계 부트스트래핑을 적용하면 편향이 커질 수 있다. 매개변수들이 바람직한 방향으로 갱신되고 있다면 그런 편향이 별문제가 되지 않지만, 편향 때문에 매개변수들이 최적의 방향에서 벗어나는 경우도 생길 수 있다.

이 때문에 대체로 N-단계 학습이 1-단계 학습(온라인 학습)보다 낫다. N-단계 학습에서는 비평자의 목푯값이 더 정확하기 때문에 비평자의 훈련이 좀 더 안정적이며, 그래서 비평자가 편향이 작은 상태 가치들을 산출한다. 부트스트래핑은 예측에 기반해서 또 다른 예측을 수행하는 것이므로, 예측을 하기 전에 최대한 많은 데이터를 모으는 것이 바람직하다. 그리고 애초에 부트스트래핑을 사용하는 것은 부트스트래핑이 표본 효율성을 개선해 주기 때문이다. 부트스트래핑을 이용하면 아주 많은 데이터(게임의 여러 프레임 등)를 보지 않고도 매개변수들을 바람직한 방향으로 갱신할 수 있다.

그럼 §5.3의 예제에 N-단계 학습을 적용해 보자. run_episode 함수만 고치면 된다. 에피소드를 다 실행한 후에 매개변수들을 갱신하는 것이 아니라 게임을 N 단계 진행할 때마다, 즉 동작을 N개 취할 때마다 갱신해야 한다. 에피소드가 N 단계 이전에 끝났다면, 마지막 수익은 이전의 몬테카를로 방식에서처럼 0으로 설정된다(게임이 끝나서 다음 상태라는 것이 없으므로). N 단계를 진행해도 에피소드가 끝나지 않았다면 마지막 상태 가치를 예상 수익(게임을 계속 진행했다면 받았을)으로 사용한다. 이 지점에서 부트스트래핑이 일어난다. 비평자가 그냥 주어진 상태로부터 향후 보상을 예측한다면 결국 실제 보상이 훈련 데이터로 쓰이게 되며, 그러면 부트스트래핑은 없는 것이다. 그러나 이번 예제에서는 비평자가 미래의 수익에 대한 자신의 예측에 기초해서 미래의 수익을 예측한다(훈련 데이터에 비평자 자신의 예측이 포함되어 있으므로). 이는 곧 부트스트래핑이다.

목록 5.9 CartPole N-단계 학습

```
def run_episode(worker_env, worker_model, N_steps=10):
    raw_state = np.array(worker_env.env.state)
    state = torch.from_numpy(raw_state).float()
    values, logprobs, rewards = [],[],[]
    done = False
    j=0
```

```
        G=torch.Tensor([0])                              ❶
        while (j < N_steps and done == False):           ❷
            j+=1
            policy, value = worker_model(state)
            values.append(value)
            logits = policy.view(-1)
            action_dist = torch.distributions.Categorical(logits=logits)
            action = action_dist.sample()
            logprob_ = policy.view(-1)[action]
            logprobs.append(logprob_)
            state_, _, done, info = worker_env.step(action.detach().numpy())
            state = torch.from_numpy(state_).float()
            if done:
                reward = -10
                worker_env.reset()
            else:                                         ❸
                reward = 1.0
                G = value.detach()
            rewards.append(reward)
        return values, logprobs, rewards, G
```

❶ 변수 G는 수익을 담는다. 처음에는 0으로 초기화한다.

❷ 게임을 N 단계만큼 또는 에피소드가 끝날 때까지 진행한다.

❸ 에피소드가 끝나지 않았다면 마지막 상태 가치를 수익으로 둔다.

이전과 달라진 부분은 while 루프의 종료 조건(N 단계 진행 시 종료)과 수익 설정이다. 만일 에피소드가 끝나지 않으면 마지막 상태 가치를 수익으로 둔다. 이에 의해 부트스트래핑이 일어난다. 이 새 run_episode 함수는 보상 G를 직접 돌려주므로, update_params 함수와 worker 함수도 이에 맞게 조금 수정해야 한다.

우선, update_params 함수의 정의에 G 매개변수를 추가하고 수익 설정 부분을 ret_ = G로 바꾼다.

```
def update_params(worker_opt,values,logprobs,rewards,G,clc=0.1,gamma=0.95):
    rewards = torch.Tensor(rewards).flip(dims=(0,)).view(-1)
    logprobs = torch.stack(logprobs).flip(dims=(0,)).view(-1)
    values = torch.stack(values).flip(dims=(0,)).view(-1)
    Returns = []
    ret_ = G
        ...
```

함수의 나머지 부분은 이전과 동일하므로 생략했다.

worker 함수는 run_episode 함수가 돌려준 G를 받아서 update_params에 넘겨주도록 수정한다.

```
def worker(t, worker_model, counter, params):
    worker_env = gym.make("CartPole-v1")
    worker_env.reset()
    worker_opt = optim.Adam(lr=1e-4,params=worker_model.parameters())
    worker_opt.zero_grad()
    for i in range(params['epochs']):
        worker_opt.zero_grad()
        values, logprobs, rewards, G = run_episode(worker_env,worker_model)
        actor_loss,critic_loss,eplen = update_params(worker_opt,values,
         logprobs, rewards, G)
        counter.value = counter.value + 1
```

이전처럼 훈련 알고리즘을 실행하면 이전보다 더 나은 성과를 얻을 수 있다. N-단계 학습이 놀라울 정도로 효율적임을 알게 될 것이다. 그림 5.15는 이 모형을 약 120회 훈련했을 때의 (필자의 컴퓨터로 45초 정도 걸렸다) 평균 에피소드 길이를 나타낸 그래프이다.

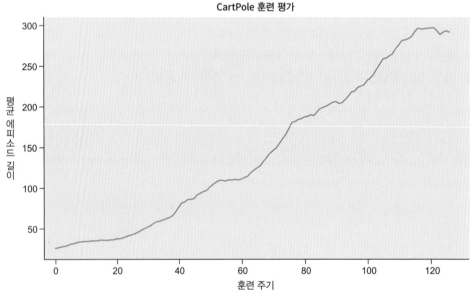

그림 5.15 훈련 반복에 따른 진정한 부트스트래핑 N-단계 분산 이익 행위자-비평자 모형의 평균 에피소드 길이. 몬테카를로 방식에 비해 길이들이 훨씬 고른데, 이는 부트스트래핑 덕분에 비평자가 좀 더 안정적으로 작용했기 때문이다.

그림 5.15를 보면 N-단계 학습에서는 평균 에피소드 길이가 훈련 주기 120회 이전에(시간으로는 단 45초 만에) 300 부근에 도달했다. 몬테카를로 방식은 훈련을 2,000회 반복해도 약 140이 최고였다(그림 5.14). 또한, 이 그래프가 몬테카를로의 그래프보다 훨씬 매끄럽다는 점도 주목하자. 부트스트래핑은 비평자의 분산을 줄여주며, 결과적으로 몬테카를로보다 학습이 훨씬 빠르다.

부트스트래핑의 효과를 구체적인 수치로 살펴보자. N-단계 학습으로 에피소드 1에서 세 개의 보상 [1,1,-1]을 얻었고 에피소드 2에서는 [1,1,1]을 얻었다고 하자. $\gamma = 0.99$일 때 에피소드 1의 총 수익은 0.01이고 에피소드 2의 총 수익은 1.99이다. 이처럼 수익이 수백 배 차이가 나는 것은 단지 훈련 초기의 에피소드의 무작위한 결과 때문일 뿐이다. 즉, 이 훈련 데이터는 편향이 아주 크다. 부트스트래핑을 적용하면 편향이 작아진다. 부트스트래핑 예측 수익은 두 에피소드 모두 1.0이다(상태들이 서로 비슷하다고 할 때). 이들을 이용해서 계산한 총 수익은 각각 0.99와 2.97인데, 부트스트래핑이 없을 때보다 그 차이가 훨씬 작다. 다음은 이상의 계산을 파이썬으로 실행하는 코드이다.

목록 5.10 부트스트래핑 유무에 따른 총 수익 변화

```
#가상의 에피소드 보상들
r1 = [1,1,-1]
r2 = [1,1,1]
R1,R2 = 0.0,0.0
#부트스트래핑이 없는 경우
for i in range(len(r1)-1,0,-1):
    R1 = r1[i] + 0.99*R1
for i in range(len(r2)-1,0,-1):
    R2 = r2[i] + 0.99*R2
print("No bootstrapping")
print(R1,R2)
#부트스트래핑이 있는 경우
R1,R2 = 1.0,1.0
for i in range(len(r1)-1,0,-1):
    R1 = r1[i] + 0.99*R1
for i in range(len(r2)-1,0,-1):
    R2 = r2[i] + 0.99*R2
print("With bootstrapping")
print(R1,R2)

#출력:
No bootstrapping
0.010000000000000009 1.99
With bootstrapping
0.9901 2.9701
```

이제 이번 장에서 배운 것을 정리해 보자. 제4장에서 본 보통의 정책 기울기 방법에서는 동작들에 관한 확률분포(최선의 동작에 더 높은 확률이 배정되는)를 산출하는 정책 함수만 훈련했다. 목푯값을 배우는 Q 학습과는 달리 정책 기울기 방법에서는 보상에 따라 동작의 확률을 높이거나 낮춤으로써 정책 함수를 직접 강화한다. 같은 동작이라도 보상이 극단적으로 다를 수 있기 때문에 훈련의 분산이 크다.

이번 장에서는 방금 말한 문제점을 완화하기 위해 비평자를 도입한 행위자-비평자 모형(구현상으로는 출력이 두 개인 하나의 신경망)을 소개했다. 비평자는 상태 가치를 직접 모형화함으로써 정책 함수 갱신들의 분산을 줄인다. 행위자(정책)가 취한 동작으로 아주 큰(또는 작은) 보상을 받아도, 비평자의 대립적인 효과 덕분에 매개변수들이 비정상적으로(그래서 학습을 망칠 정도로) 크게 갱신되지는 않는다. 이는 이익이라는 개념으로도 이어지는데, 이익에 기반한 행위자-비평자 모형은 수익(평균 보상들의 가중합)만으로 정책을 훈련하는 대신 동작이 비평자가 예상한 것보다 얼마나 나은지를 뜻하는 상대적 '이익'을 이용해서 정책을 훈련한다. 단순히 보상만 따진다면, 미래의 결과는 극과 극이라도 당장의 보상이 같은 두 동작을 동일하게 평가하는 우를 범하게 된다. 그러나 미래의 예측을 기준으로 동작을 평가하면, 당장의 보상이 같더라도 더 나은 결과로 이어지는 동작이 좀 더 강화된다.

다른 여러 심층학습 방법처럼 강화학습에도 효과적인 훈련을 위해서는 데이터를 일정한 단위로 묶어서 일괄 처리하는 배치 훈련 기법이 필요하다. 한 번에 견본 하나씩 사용해서 훈련을 진행하면 잡음이 너무 많이 섞이며, 훈련이 수렴하지 않을 가능성이 크다. 이전에 Q 학습에서는 경험 재현 목록에서 무작위로 일단의 경험을 추출해서 배치로 사용했다. 행위자-비평자에도 경험 재현 기법을 적용할 수 있지만, 그보다는 분산 훈련 방식이 더 많이 쓰인다(덧붙이자면, Q 학습도 분산 처리가 가능하다). 행위자-비평자 모형을 비롯한 강화학습 모형에 분산 훈련이 더 흔한 이유는, 이전 상태들을 유지하는 것이 목표 달성에 꼭 필요하거나 도움이 되는 경우 흔히 모형에 순환 신경망(RNN) 층을 두기 때문이다. 그런데 순환 신경망은 시간상으로 서로 연관된 견본들의 순차열을 요구하는 반면 경험 재현 기법은 서로 독립적인 경험들의 집합에 의존한다. 행위자-비평자 모형에 경험 재현 기법을 적용하기 위해 에피소드의 모든 경험을 하나의 경험 재현 목록에 담을 수도 있겠지만, 그러면 구현이 복잡해질 뿐이다. 그 대신 각 프로세스가 개별 환경에서 에피소드를 실행하도록 훈련을 분산하면 모형에 순환 신경망을 도입하기가 쉬워진다.

이번 장에서 다루지는 않았지만, 분산 훈련 외에도 온라인 행위자-비평자 알고리즘을 훈련하는 방법이 있다. 그냥 환경의 여러 인스턴스에 대해 모형을 실행하고, 각 환경의 상태들을 취합해 하나의 행위자-비평자 모형에 공급해서 각 환경에 대한 개별적인 예측을 산출하는 것이다. 환경 실행 비용이 크지 않을 때는 이것이 분산 훈련에 대한 유효한 대안이 된다. 그러나 환경을 실행하는 데 메모리와 CPU 자원이 많이 든다면, 하나의 프로세스에서 다수의 환경 인스턴스를 돌리는 비용이 너무 클 수 있다. 그럴 때는 분산 접근 방식이 낫다.

이번 장까지 우리는 오늘날의 강화학습에서 가장 근본적인 부분을 대부분 살펴보았다. 이제 여러분은 강화학습의 기본적인 수학적 틀인 마르코프 결정 과정(MDP)에 익숙할 것이며, Q

학습과 보통의 정책 기울기 방법, 그리고 행위자–비평자 모형을 직접 구현할 수 있을 것이다. 또한, 이제까지 배운 것을 강화학습의 다른 여러 문제에 응용하는 것도 그리 어렵지 않을 것이다.

이 책의 나머지 부분에서는 좀 더 발전된 강화학습 방법들을 살펴본다. 최신 강화학습 알고리즘을 여러분에게 최대한 직관적이고 명확하게 설명해 보겠다.

요약

- Q 하습 알고리즘은 주어진 상태와 동작의 할인된 보상을 예측하는 방법을 배운다.
- 정책 학습 방법은 주어진 상태의 동작 확률분포를 배운다.
- 행위자–비평자 모형은 Q 학습과 정책 학습의 장점을 결합한다.
- 이익 행위자–비평자 모형은 주어진 동작의 기대 가치와 실제로 관측된 보상을 비교해서 이익을 계산한다. 예를 들어 기대 보상이 –1이지만 실제로는 +10의 보상으로 이어지는 동작의 이익이 기대 보상이 +9이고 이후 +10의 보상으로 이어지는 동작의 이익보다 크다.
- 다중 프로세싱은 서로 독립적으로 동시에 실행되는 다수의 프로세서로 계산을 분산한다.
- 다중 스레딩은 여러 개의 작업을 빠르게 전환함으로써 그 작업들이 동시에 진행되는 것처럼 보이게 한다. 한 작업이 유휴 상태이면(예를 들어 파일 다운로드를 기다리는 등) 운영체제는 다른 작업에 CPU를 배정한다.
- 분산 훈련은 환경의 여러 인스턴스를 여러 프로세스에서 동시에 처리한다. 이 프로세스들은 하나의 심층 강화학습 모형을 공유한다. 각 시간 단계에서 프로세스들은 각자의 환경에서 손실을 계산해서 기울기들을 구한다. 그 기울기들을 합하거나 평균해서 공유 모형의 매개변수들을 갱신한다. 이렇게 하면 경험 재현 목록 없이도 미니배치 훈련을 실행할 수 있다.
- N-단계 학습은 완전한 온라인 학습(한 단계씩 훈련을 실행하는)과 완전한 몬테카를로 학습(에피소드를 끝낸 후에만 훈련을 실행하는)의 중간 형태이다. 따라서 N-단계 학습은 두 접근 방식의 장점들, 즉 온라인(1단계) 학습의 효율성과 몬테카를로(최대 단계) 학습의 정확성을 모두 가진다.

II

더 높은 곳을 향하여

제2부는 제1부에서 배운 심층 강화학습의 기본 지식을 바탕 삼아 좀 더 발전된 기법들을 살펴보고 좀 더 정교한 환경에 도전한다. 제2부의 장들은 서로 독립적이라서 아무 순서로 읽어도 된다. 그렇긴 하지만 대체로 내용의 복잡도가 증가하는 순으로 장들이 배치되어 있으므로, 제1부처럼 순서대로 읽는 게 나을 것이다.

제6장에서는 생물학의 개념들을 차용한, 신경망 훈련의 또 다른 틀을 소개한다. 좀 더 구체적으로 말하면, 제6장에서는 찰스 다윈의 진화론에서 말하는 자연선택을 기계학습에 적용한다.

제7장에서는 대부분의 강화학습 접근 방식이 환경의 상태를 그리 온전하게 표현하지 못한다는 점을 지적하고 완전한 확률분포를 모형화함으로써 이를 극복하는 방안을 소개한다. 제8장에서는 사람의 '호기심'에 해당하는 특성을 강화학습 에이전트에 부여하는 방법을 살펴본다. 제9장에서는 개별 강화학습 에이전트의 훈련에 관한 우리의 지식을 수십, 수백의 에이전트가 상호작용하는 상황으로 확장한다.

제10장에서는 다소 거칠지만 기호 추론의 형태로 기계학습 모형을 구현해 본다. 이 책의 주요 예제 프로젝트 중 마지막인 이 예제를 통해서 신경망의 내부 작동 방식을 조사하고 모형의 해석 가능성을 개선한다. 마지막으로, 제11장에서는 이 책의 핵심 개념들을 개괄하고 더 공부할 거리를 제시한다.

PART II
Above and beyond

6

또 다른 최적화 방법: 진화 알고리즘

이번 장의 내용

- 최적화 문제를 푸는 진화 알고리즘
- 이전 알고리즘들에 비한 진화 알고리즘의 장단점
- 역전파 없이 CartPole 게임 학습하기
- 진화 전략이 다른 진화 알고리즘보다 규모가변성이 좋은 이유

인공 신경망은 실제 뇌에서 적으나마 영감을 받아서 고안된 것이며, 합성곱 신경망은 동물의 시각(vision)에서도 영감을 얻었다. 기술과 공학 분야가 생물의 기관과 조직에서 영감을 얻어 발전한 예는 예전부터 많았다. 자연선택에 의한 진화 과정을 통해서 자연은 다양한 문제를 우아하고도 효율적으로 해결했다. 그런 만큼 사람들이 진화 자체를 컴퓨터에 적용해서 문제의 해법을 만들어 내려고 시도하는 것은 자연스러운 일이다. 차차 보겠지만, 진화로 문제를 푸는 것은 실제로 가능하며, 실제로 놀랄 만큼 잘 작동할 뿐만 아니라 구현하기도 그리 어렵지 않다.

자연의 생명체들은 진화를 통해서 그 생물학적 형질이 변하고 새로운 형질이 만들어지는데, 그 메커니즘은 간단하다. 생존과 번식에 유리한 형질을 가진 개체들이 살아남아서 자손을 남길 가능성이 크므로, 결과적으로 그 형질을 가진 개체들이 더 많아진다. 주어진 유전자(gene)가 개체의 생존에 얼마나 유리한지는 전적으로 그 환경에 의존하는데, 많은 경우 환경은 예측 불가능하고 동적이다. 다행히 강화학습을 위한 모의 진화 환경은 그보다 훨씬 간단하다. 일반적으로 그냥 신경망의 훈련을 위해 손실값이라는 수치 하나를 최대화 또는 최소화하면 된다.

이번 장에서는 진화 과정을 모의로 실행하는 알고리즘을 이용해서 강화학습을 위한 신경망을 역전파와 경사 하강법을 사용하지 않고도 훈련하는 방법을 살펴본다.

6.1 강화학습의 또 다른 접근 방식

앞에서 역전파를 사용하지 않는 것이 마치 장점인 것처럼 말했는데, 왜 그럴까? 심층 Q 학습에서는 Q 함수를 신경망으로 근사하며, 정책 기울기 방법 역시 정책 함수를 신경망으로 근사한다. 그림 6.1에서 보듯이 에이전트는 환경과 상호작용하면서 경험을 수집하고, 역전파를 이용해서 자신의 신경망의 정확도를(따라서 정책의 정확도를) 개선한다. 그런데 신경망을 안정적이고 효과적으로 훈련하려면 최적화 함수의 종류나 미니배치 크기, 학습 속도 같은 여러 초매개변수(hyperparameter)를 세심하게 선택하고 조율해야 한다. 심층 Q 신경망과 정책 기울기 알고리즘 모두 확률적 경사 하강법을 이용해서 훈련을 진행하는데, 이름에서 짐작하겠지만 확률적 경사 하강법은 확률적인, 다시 말해 "잡음 섞인" 기울기들에 의존한다. 이런 확률적 성격 때문에, 모형들이 반드시 성공적으로 학습한다는(즉, 충분히 좋은 국소 최적점 또는 전역 최적점으로 수렴한다는) 보장이 없다.

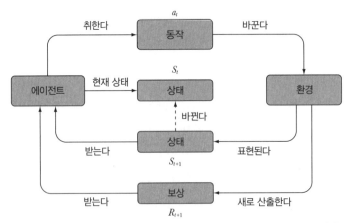

그림 6.1 이전에 설명한 알고리즘들에서 에이전트는 환경과 상호작용하면서 경험들을 수집하고 그 경험들에서 배운다. 이러한 과정을 에이전트가 충분히 학습할 때까지 거듭 반복한다.

환경과 신경망의 복잡도에 따라서는 그런 초매개변수들을 제대로 선택하는 것이 대단히 어려울 수 있다. 또한, 경사 하강법과 역전파를 적용하려면 모형이 미분 가능이어야 한다. 흥미롭고 유용하긴 하지만 미분 가능이 아니라서 경사 하강법으로 훈련하지 못하는 모형들이 실제로 존재한다.

에이전트 하나를 만들어서 학습시키는 대신, 진화론을 채용해서 자연선택으로 에이전트들을 진화시키면 어떨까? 즉, 매개변수(가중치)들이 서로 다른 여러 에이전트를 환경에 풀어 놓고 성과가 좋은 것들을 '교배'시켜서 부모의 좋은 형질들을 물려받은 새 에이전트들을 만들자는 것이다. 이런 생물학적 진화를 알고리즘을 이용해서 가상으로 실행할 수 있다. 그러면 초매개변수들을 조율하느라 고생하지 않아도 되고, 에이전트가 "제대로" 학습하는지 알기 위해 훈련 반복이 끝날 때까지 기다리지 않아도 된다. 그냥 이미 좋은 성과를 낸 에이전트들을 선택하기만 하면 된다(그림 6.2).

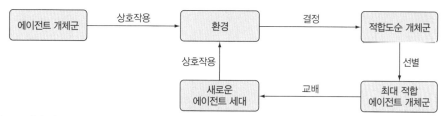

그림 6.2 진화 알고리즘은 경사 하강법 기반 최적화 기법과는 다르다. 진화 접근 방식에서는 다수의 에이전트를 경쟁시켜서 얻은 가장 나은 가중치들을 다음 세대의 에이전트들로 상속한다.

이런 부류의 알고리즘들에는 개별 에이전트의 학습 과정이 필요하지 않다. 이런 진화 알고리즘은 경사 하강법에 의존하지 않으며, 그래서 **기울기 무관 알고리즘**(gradient-free algorithm)이라고 부른다. 진화 알고리즘은 개별 에이전트를 어떤 목표 쪽으로 이끌지는 않지만, 그렇다고 모든 것을 전적으로 운에 맡기는 것도 아니다. 유명한 진화 생물학자 리처드 도킨스[Richard Dawkins]는 "자연선택은 전혀 무작위하지 않다"라고 말한 적이 있다. 최적의 에이전트를 구축하려는, 좀 더 정확하게는 **발견**(discover)하려는 진화 기반 강화학습 알고리즘 역시 전적으로 운에만 의존하지는 않는다. 형질이 다양한 개체(에이전트)들로 이루어진 개체군(population; 또는 군집)에서 적합도가 가장 높은 개체들을 선택함으로써 점점 더 나은 에이전트를 얻게 된다.

6.2 진화를 이용한 강화학습

이번 절에서는 진화 과정에서 적합도(fitness)가 어떤 역할을 하는지 살펴보고 '적자', 즉 적합도가 가장 큰 에이전트를 선택하는 방법도 논의한다. 그런 다음에는 그런 에이전트들을 교배해서 새 에이전트들을 생산하는 방법을 설명하고 거기에 변이를 도입하면 어떤 일이 생기는지도 이야기한다. 이러한 진화는 여러 세대에 걸쳐 일어나는 과정이다. 이번 절의 끝에서는 그러한 다세대 과정을 반영한 전체 훈련 루프를 제시한다.

6.2.1 진화론의 개요

정규 교육과정에서 배웠겠지만, 자연선택은 각 세대에서 "가장 적합한" 개체를 선택한다. 가장 적합한 개체 또는 최대 적합 개체('적자')는 곧 재생산(번식) 성공 확률이 가장 큰 개체이므로, 그런 개체들의 유전 정보가 이후 세대에 전해질 가능성이 가장 크다. 예를 들어 나무 열매를 따 먹기 좋은 형태의 부리를 가진 새들은 더 많은 열매를 따 먹을 것이며, 따라서 더 많은 자손을 남길 것이다. 그러면 그 부리 형태와 관련된 유전자가 더 많은 후손으로 전해진다. 그런데 "가장 적합한"이라는 개념은 환경에 상대적임을 잊어서는 안 된다. 예를 들어 북극곰은 북극의 얼음투성이 환경에 잘 적응하지만 아마존 열대우림에서는 살아남지 못할 것이다. 이를, 개체에 적합도 점수를 부여하는 목적함수 또는 적합도 함수를 환경이 결정한다고 해석할 수 있다. 적합도 함수는 환경 안에서 개체의 성과에 따라 적합도를 부여한다. 그리고 개체의 성과는 전적으로 유전 정보에 따라 결정된다.

생물학에서 변이(mutation)는 생명체의 특성을 아주 미세하게만 바꾼다. 두 세대 사이에 변이가 일어나도 세대를 구분하기가 어려울 정도이다. 그러나 그런 변이와 변화가 여러 세대에 걸쳐 누적되면 눈에 띄는 변화가 생긴다. 새 부리 진화의 예에서, 처음에는 한 개체군의 새들이 모두 부리가 비슷한 모습이었을 수 있다. 그러나 시간이 지나면서 무작위한 변이들이 개체군에 도입된다. 그러한 변이들의 대부분은 아마 새들에게 별 영향을 주지 않았을 것이며, 심지어는 생존과 번식에 해로운 변화를 일으켰을 수도 있다. 그러나 군집이 충분히 크고 세대가 충분히 많이 지나가면, 유익한 변화를 일으키는 변이들도 생기기 마련이다. 변이 덕분에 유리한 부리를 가진 새들은 다른 새들보다 먹이를 더 잘 구할 것이며, 따라서 자신의 유전자를 다음 세대로 전할 가능성이 크다. 결과적으로, 다음 세대에는 유리한 부리를 가진 새들이 많아진다.

진화 강화학습(evolutionary reinforcement learning)에서는 주어진 환경에서 더 높은 보상을 얻는 에이전트의 형질을 다음 세대로 전달한다. 여기서 **형질**(trait)은 곧 모형의 매개변수들(신경망의 가중치들) 또는 모형의 전체적인 구조이다. 강화학습 에이전트의 적합도는 에이전트를 환경에서 실행해서 얻을 기대 보상으로 계산할 수 있다.

예를 들어 에이전트 A와 에이전트 B가 아타리 게임 브레이크아웃을 플레이했는데 에이전트 A의 평균 점수는 500점이고 에이전트 B는 300점이라고 하자. 그러면 에이전트 A가 B보다 브레이크아웃 환경에 좀 더 적합하다고 할 수 있으며, 따라서 에이전트 A의 형질이 다음 세대에 좀 더 많이 전해지게 해야 한다(그림 6.3). 여기서 에이전트 A가 에이전트 B보다 좀 더 적합한 유일한 이유는 해당 모형 매개변수들이 환경에 좀 더 최적화되었다는 점뿐이며, 따라서 전해야 할 형질은 바로 모형 매개변수들이다.

진화 강화학습의 목적함수는 역전파 및 경사 하강법 기반 훈련의 것과 동일하다. 유일한 차이는 흔히 **유전 알고리즘**(genetic algorithm)이라고 부르는 진화 과정을 이용해서 모형(신경망)의 매개변수들을 최적화한다는 것이다

진화 과정은 상당히 간단하지만, 그래도 유전 알고리즘의 단계들을 자세히 살펴보기로 하자. Gridworld 게임의 에이전트로 쓰이는 신경망을 유전 알고리즘으로 훈련한다고 하겠다. 기억하겠지만, 신경망의 **훈련**(training)이란 신경망의 성능이 개선되도록 그 매개변수들을 거듭 갱신하는 것일 뿐이다. 또한, 신경망의 구조가 고정되어 있다고 할 때 신경망의 행동을 결정하는 것은 매개변수들뿐이라는 점도 기억하기 바란다. 따라서 신경망을 복사하려면 그 매개변수들만 복사하면 된다.

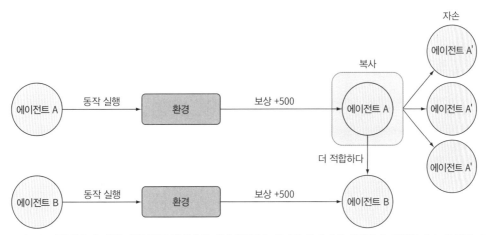

그림 6.3 강화학습에 대한 진화 접근 방식에서 에이전트들은 하나의 환경에서 경쟁한다. 적합도가 높은(보상이 더 큰) 에이전트가 자손(복사본)을 남길 가능성이 크다. 이런 과정을 여러 번 반복하면 적합도가 가장 높은 에이전트들만 남는다.

다음은 Gridworld 신경망을 유전 알고리즘으로 훈련하는 과정이다(그림 6.4 참고).

1. 무작위로 매개변수 벡터들을 만든다. 각 매개변수 벡터는 **개체**(individual)에 해당하고, 이들의 집합은 **개체군**에 해당한다. 초기 개체군의 크기(개체수)가 100이라고 하자.

2. 개체군의 각 개체로 신경망을 만들어서 Gridworld 게임을 실행한다. 그 보상으로 계산한 적합도를 해당 개체에 배정한다. 처음에 개체군을 무작위로 초기화했으므로, 모든 개체의 적합도가 그리 높지 않을 것이다. 그러나 (단지 운에 의해) 적합도가 꽤 높은 개체도 몇 개 있을 것이다.

3. 개체군에서 두 개체(부모)를 무작위로 선택하되 적합도가 높을수록 선택될 확률이 높게 만든다. 선택된 부모들로 하나의 '번식 개체군(breeding population)'을 만든다.

참고 다음 세대의 '부모'를 선택하는 방법은 다양하다. 하나는 본문에서처럼 적합도가 높을수록 더 잘 선택되게 하는 것, 즉 적합도들에 기초해서 확률분포를 만들고 거기서 부모를 추출하는 것이다. 이렇게 하면 적합도가 가장 높은 개체가 가장 자주 선택되긴 하지만, 적합도가 낮은 개체가 우연히 선택될 여지도 여전히 있다. 이는 개체군의 다양성을 유지하는 데 도움이 된다. 또 다른 방법은 그냥 개체들을 적합도순으로 정렬하고 상위 N개를 선택하는 것이다. 이외에도 성과가 좋은 개체를 선호하는 방법이면 어떤 것이라도 가능하지만, 각자 나름의 장단점이 있다. 특히, 최적의 개체들만 선택하면 개체군의 다양성이 감소한다는 점을 주의해야 한다. 이러한 최적 선택과 다양성 감소의 관계는 강화학습에서 탐험 대 활용의 절충과 비슷하다.

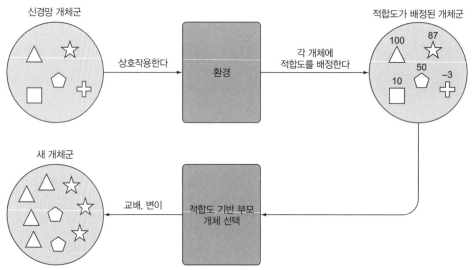

그림 6.4 강화학습을 위한 신경망의 유전 알고리즘 최적화. 초기 신경망(강화학습 에이전트) 개체군을 환경에서 시험해서 보상을 얻고, 각 개체에 보상에 따른 적합도를 배정한다. 그 적합도를 기준으로 부모 개체들을 선택해서 다음 세대의 개체군을 생산한다. 결과적으로 환경에 좀 더 적합한 개체들이 다음 세대로 이어진다. 유전자 다양성을 높이기 위해 교배 시 재조합과 변이를 적용한다.

4. 번식 개체군의 개체들을 '교배'(mating; 또는 짝짓기")해 '자손(offspring)'들을 생산해서, 원래의 개체군과 같은 크기(100개체)의 새 개체군을 만든다. 유전자 다양성을 위해, 교배 시 두 객체의 매개변수들을 섞는다(재조합). 예를 들어 한 개체가 [1 2 3]이고 다른 한 개체가 [4 5 6]이라고 할 때, 둘을 교배해서 [1 5 6]과 [4 2 3]을 얻는 식이다. 새 개체군이 다 찰 때까지 번식 개체군에서 두 개의 개체를 무작위로 추출해서 자손들을 생산한다. 이에 의해, '유전자' 다양성을 가진 최적의 새 개체군이 만들어진다.

5. 유전자 다양성을 더욱 높이기 위해, 새 개체군을 훑으면서 각 개체를 무작위로 변이시킨다. 여기서 변이는 그냥 매개변수 벡터의 일부 성분을 무작위로 변경하는 것이다. 예를 들어 매개변수 벡터가 이진 벡터라고 하면 무작위로 성분들을 뒤집으면(0에서 1로 또는 1

에서 0으로) 된다. 실수 벡터라면, 예를 들어 성분들에 가우스 잡음을 더하면 될 것이다. 변이 확률은 상당히 낮게 잡아야 한다. 그렇지 않으면 이미 좋은 개체들이 오히려 나빠질 수 있다.

6. 이제 재조합과 변이를 거친 새로운 개체군이 만들어졌다. 이상의 과정을 정해진 세대 수 N만큼, 진화가 **수렴**(convergence)할 때까지(즉, 개체군의 평균 적합도가 더 나아지지 않을 때까지) 반복한다.

6.2.2 간단한 진화 예제

진화를 강화학습 문제에 적용하는 본격적인 예제로 넘어가기 선에, 이해를 높기 위해 간단한 문제에 유전 알고리즘을 적용해 보자. 이번 예제에는 무작위 문자열들의 개체군을, "Hello World!" 같은 미리 정해진 목표 문자열이 나올 때까지 진화시킨다.

초기 문자열 개체군은 "gMIgSkybXZyP"나 "adlBOM XIrBH" 같은 무작위한 문자열들로 가득하다. 주어진 문자열이 목표 문자열과 얼마나 비슷한지 계산하는 함수를 이용해서 각 문자열의 적합도를 산출한다. 그런 다음, 적합도들에 비례하는 선택 확률로(즉, 적합도가 높을수록 더 잘 선택되도록) 부모들을 추출한다. 각 부모에 대해, 두 문자열을 **교차**(crossing) 또는 **재조합** (recombining)해서 두 개의 자손 문자열을 산출한다. 또한, 문자열의 몇 문자를 무작위로 변경하는 변이도 적용한다. 이러한 과정을 반복하면 목표 문자열과 아주 비슷한 문자열들이 우세한 개체군이 만들어질 것이다. 그리고 아마 목표 문자열과 정확히 일치하는 문자열도 나올 것이다(그러면 알고리즘을 종료한다). 이상의 문자열 진화 과정이 그림 6.5에 나와 있다.

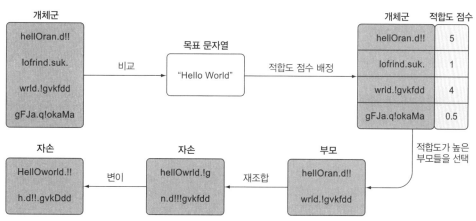

그림 6.5 일단의 무작위 문자열들을 목표 문자열 쪽으로 진화하는 유전 알고리즘의 주요 단계들을 나타낸 끈 그림. 무작위 문자열들의 개체군으로 시작해서, 각 문자열을 목표 문자열과 비교해 적합도를 계산한다. 목표 문자열과 비슷할수록 적합도가 높다. 적합도가 높은 두 문자열을 부모로 선택해 '교배'(재조합)해서 자손을 생산하고, 유전자 다양성을 위해 변이도 적용한다. 이처럼 부모를 선택해서 자손을 생산하는 과정을 다음 세대의 개체군(초기 개체군과 같은 크기)이 채워질 때까지 반복한다.

이 예제가 다소 실없긴 하지만, 아주 단순하면서도 유전 알고리즘을 설명하기에 적합하다. 그리고 이 예제의 개념들은 이번 장의 강화학습 문제에 그대로 적용된다. 이 예제의 구현 코드가 목록 6.1에서 6.4까지에 나와 있다.

목록 6.1은 개체를 나타내는 클래스와 무작위 문자열들로 초기 개체군을 만드는 함수를 정의한다. 또한, 두 문자열의 유사도를 계산하는 함수도 정의하는데, 이후 코드에서 이 함수가 적합도 계산 함수로 쓰인다.

목록 6.1 문자열 진화: 주요 정의와 초기화

```
import random
from matplotlib import pyplot as plt

alphabet = "abcdefghijklmnopqrstuvwxyzABCDEFGHIJKLMNOPQRSTUVWXYZ,.! "   ❶
target = "Hello World!"                                          ❷

class Individual:                                               ❸
    def __init__(self, string, fitness=0):
        self.string = string
        self.fitness = fitness

from difflib import SequenceMatcher

def similar(a, b):                                             ❹
    return SequenceMatcher(None, a, b).ratio()

def spawn_population(length=26,size=100):                      ❺
    pop = []
    for i in range(size):
        string = ''.join(random.choices(alphabet,k=length))
        individual = Individual(string)
        pop.append(individual)
    return pop
```

❶ 무작위 문자열을 구성하는 문자들.
❷ 이 목표 문자열이 나오도록 무작위 문자열 개체군을 진화시킨다.
❸ 개체를 대표하는 간단한 클래스.
❹ 두 문자열의 유사도를 계산한다. 이 유사도가 적합도 점수로 쓰인다.
❺ 무작위 문자열들로 초기 개체군을 만든다.

이 코드는 문자열 하나와 적합도 점수로 개체를 표현하는 Individual 클래스를 정의한다. 개체군을 초기화하는 spawn_population 함수는 영문 대소문자와 기호 몇 개로 이루어진 문자 집합에서 문자들을 무작위로 선택해서 만든 문자열들을 개체군 목록에 채운다. similar 함수는 파이썬 내장 모듈 SequenceMatcher를 이용해서 주어진 두 문자열의 유사도를 계산한다.

이 유사도는 진화 과정에서 개체의 적합도 점수로 쓰인다.

목록 6.2는 recombine 함수와 mutate 함수를 정의한다. 전자는 주어진 두 문자열을 재조합해서 두 개의 새 문자열을 산출하고, 후자는 주어진 문자열의 문자들을 무작위로 변경해서 변이를 일으킨다.

목록 6.2 문자열 진화: 재조합과 변이

```
def recombine(p1_, p2_):                    ❶
    p1 = p1_.string
    p2 = p2_.string
    child1 = []
    child2 = []
    cross_pt = random.randint(0,len(p1))
    child1.extend(p1[0:cross_pt])
    child1.extend(p2[cross_pt:])
    child2.extend(p2[0:cross_pt])
    child2.extend(p1[cross_pt:])
    c1 = Individual(''.join(child1))
    c2 = Individual(''.join(child2))
    return c1, c2

def mutate(x, mut_rate=0.01):               ❷
    new_x_ = []
    for char in x.string:
        if random.random() < mut_rate:
            new_x_.extend(random.choices(alphabet,k=1))
        else:
            new_x_.append(char)
    new_x = Individual(''.join(new_x_))
    return new_x
```

❶ 부모 문자열들을 재조합해서 두 자손 문자열을 만든다.

❷ 무작위로 문자들을 변경해서 변이를 일으킨다.

recombine 함수는 "hello there"와 "fog world" 같은 두 부모 문자열을 받고 각각 임의의 지점에서 두 조각으로 나눈 후 맞바꾸어 이어붙여서(즉, 부모 1의 조각 1과 부모 2의 조각 2를 붙이고 부모 1의 조각 2와 부모 2의 조각 1을 붙여서) 두 개의 자손 문자열을 만든다. 예를 들어 "hello there"와 "fog world"가 각각 빈칸 위치에서 분할된다면 "fog there"와 "hello world"가 나온다. 목표 문자열의 일부("hello" 등)를 가진 문자열과 목표 문자열의 또 다른 일부("world" 등)를 가진 문자열을 이런 식으로 교배한다면 우리가 원했던 목표 문자열이 만들어질 가능성이 있다.

변이를 적용하는 mutate는 "hellb" 같은 문자열을 받고, 각 문자를 낮은 비율(확률)로 변경한다(무작위한 문자로). 예를 들어 변이 확률이 0.2(20%)라고 하면, "hellb"의 다섯 문자 중 적어도 하나는 임의의 문자로 바뀔 가능성이 있다. 운이 좋다면 목표 문자열의 일부인 "hello"가 나올 것이다. 이러한 변이의 목적은 개체군에 새로운 정보(분산)를 도입하는 것이다. 재조합만으로 자손을 생산하면 모든 개체가 너무 빨리 서로 비슷해진다. 세대를 거치면서 다양성이 줄어든다는 것은 정보가 사라진다는 뜻이며, 그러면 그 어떤 개체도 목표 문자열에 도달하지 못할 위험이 있다. 변이가 이를 방지한다. 변이가 효과를 내려면 그 비율을 잘 설정해야 한다. 비율이 너무 높으면 최적 개체의 적합도가 훼손되고, 너무 낮으면 다양성이 떨어져서 목표 개체가 나타나지 않을 수 있다. 안타깝게도 이 변이 비율을 정하는 공식 같은 것은 없다. 경험적으로 시행착오를 거쳐서 조율해야 한다.

목록 6.3은 문자열 개체군을 훑으면서 각 개체에 적합도 점수를 배정하는 함수와 부모들을 선택해서 다음 세대의 개체군을 생산하는 함수를 정의한다.

목록 6.3 문자열 진화: 개체 평가 및 새 세대 생산

```
def evaluate_population(pop, target):                           ❶
    avg_fit = 0
    for i in range(len(pop)):
        fit = similar(pop[i].string, target)
        pop[i].fitness = fit
        avg_fit += fit
    avg_fit /= len(pop)
    return pop, avg_fit

def next_generation(pop, size=100, length=26, mut_rate=0.01):   ❷
    new_pop = []
    while len(new_pop) < size:
        parents = random.choices(pop,k=2, weights=[x.fitness for x in pop])
        offspring_ = recombine(parents[0],parents[1])
        child1 = mutate(offspring_[0], mut_rate=mut_rate)
        child2 = mutate(offspring_[1], mut_rate=mut_rate)
        offspring = [child1, child2]
        new_pop.extend(offspring)
    return new_pop
```

❶ 개체군의 각 개체에 적합도 점수를 배정한다.

❷ 재조합과 변이로 새 세대를 생산한다.

이 두 함수로 진화 과정이 완성된다. evaluate_population 함수는 개체군의 각 개체를 평가해서 적합도 점수를 배정한다. 적합도 점수의 구체적인 정의는 문제에 따라 다른데, 지금 예제에서는 그냥 주어진 문자열이 목표 문자열과 얼마나 비슷한지를 측정한 값이다. next_generation 함수는 현재 개체군에서 적합도가 높은 두 개체를 뽑아서 재조합으로 두 자손을 만들고 변이를 적용하는 과정을 새 개체군이 다 찰 때까지 반복한다.

목록 6.4는 이상의 클래스와 함수들을 이용해서 진화 과정을 반복하는 코드이다. 초기 개체군으로 시작해서 개체들의 적합도 점수를 배정하고, 그에 기초해서 새 세대의 개체군을 생성하는 과정을 최대 세대 수에 도달할 때까지 반복한다. 충분한 수의 세대를 거친다면 목표 문자열과 아주 비슷한 문자열들이 가득한 개체군이 만들어질 것이다.

목록 6.4 문자열 진화: 세대 반복 루프

```
num_generations = 150
population_size = 900
str_len = len(target)
mutation_rate = 0.00001                                              ❶

pop_fit = []
pop = spawn_population(size=population_size, length=str_len)         ❷
for gen in range(num_generations):
    pop, avg_fit = evaluate_population(pop, target)
    pop_fit.append(avg_fit)                                         ❸
    new_pop = next_generation(pop, size=population_size, length=str_len,
                              mut_rate=mutation_rate)
    pop = new_pop
```

❶ 변이 비율을 0.001%로 설정한다.

❷ 초기 무작위 개체군을 만든다.

❸ 세대별 개체군 평균 적합도를 수집한다.

진화 과정을 마치려면 통상적인 컴퓨터에서 몇 분 정도 걸릴 것이다. 루프가 끝난 후 개체군에서 적합도가 가장 높은 개체를 다음과 같이 확인해 보기 바란다.

```
>>> pop.sort(key=lambda x: x.fitness, reverse=True) #제 자리에서 적합도
                                                    #내림차순으로 정렬
>>> pop[0].string
"Hello World!"
```

필자의 경우에는 실제로 목표 문자열에 도달했다. 진화 과정에서 수집한 평균 적합도들을 그래프로 그려 보면 세대를 거듭하면서 적합도가 상승했음을 확인할 수 있다(그림 6.6). 사실 이번 예제는 진화 알고리즘으로 최적화하기가 그리 쉬운 문제가 아니었는데, 왜냐하면 문자열들의 공간이 연속적이 아니기 때문이다. 가장 작은 변화 단계가 문자 하나를 바꾸는 것이라서, 작고 점진적인 단계들을 따라 목표를 향해 진화를 매끄럽게 이어 나가기가 그리 쉽지 않다. 따라서, 만일 목표 문자열이 더 길다면 진화의 수렴에 훨씬 더 긴 시간과 자원이 필요할 것이다.

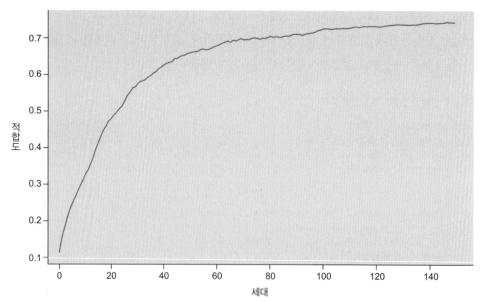

그림 6.6 세대에 대한 개체군 평균 적합도 그래프. 개체군 평균 적합도가 비교적 단조적으로 상승하다가 높은 수준을 유지한다. 이런 형태의 그래프가 바람직하다. 그래프의 요철이 심하다면 변이 비율이 너무 높거나 개체군이 너무 작기 때문일 수 있다. 그리고 적합도가 너무 빨리 상승해서 최적에 못 미치는 수준을 유지한다면 변이 비율이 너무 낮은 것일 수 있다.

이번 예제와는 달리 모형의 매개변수들이 실수이면 매개변수가 조금만 변해도 적합도가 개선될 수 있으며, 이 점을 활용해서 최적화의 속도를 높일 수 있다. 그러나 이산값 개체들을 최적화하기 어렵다고 해도 매개변수들이 이산적이면 미분할 수 없어서 보통의 경사 하강법과 역전파로는 최적화가 애초에 **불가능**하다는 점을 생각하면 진화 접근 방식은 여전히 유용하다.

6.3 CartPole을 위한 유전 알고리즘

그럼 이 진화 알고리즘을 좀 더 본격적인 강화학습 문제에 적용해 보자. 이번 예제에서는 CartPole 게임을 플레이하는 에이전트를 최적화하는 데 진화 과정을 적용한다. 제4장에서 보았듯이 CartPole 환경에서는 에이전트가 막대를 쓰러뜨리지 않고 균형을 오래 유지할수록 더 높은 보상을 받는다.

이전처럼, 에이전트를 정책 함수를 근사하는 하나의 신경망으로 구현한다. 기억하겠지만 정책 함수는 하나의 상태를 받아서 하나의 동작을 산출하는 형태와 동작들에 관한 하나의 확률분포를 산출하는데, 후자의 형태가 더 흔하다. 목록 6.5는 정책 함수를 근사하는 3층 신경망을 정의하는 예이다.

그림 6.7 에이전트를 시험할 환경으로 CartPole을 사용한다. 에이전트는 카트를 왼쪽이나 오른쪽으로 움직여서 막대의 균형을 잡는다. 막대를 쓰러뜨리지 않고 오래 유지할수록 높은 보상을 받는다.

목록 6.5 에이전트 정의

```
import numpy as np
import torch

def model(x,unpacked_params):
    l1,b1,l2,b2,l3,b3 = unpacked_params          ❶
    y = torch.nn.functional.linear(x,l1,b1)       ❷
    y = torch.relu(y)                             ❸
    y = torch.nn.functional.linear(y,l2,b2)
    y = torch.relu(y)
    y = torch.nn.functional.linear(y,l3,b3)
    y = torch.log_softmax(y,dim=0)                ❹
    return y
```

❶ 매개변수 벡터를 개별 층 행렬들로 분해한다.

❷ 치우침 항[역주1]이 있는 간단한 선형 은닉층.

❸ ReLU(정류 선형 단위) 활성화 함수.

❹ 마지막 층은 동작들에 관한 로그 확률분포를 출력한다.

목록 6.5의 model 함수는 3층 신경망을 정의한다. 처음 두 층은 ReLU 활성화 함수를 사용하고 마지막 층은 로그 소프트맥스 활성화 함수를 사용한다. 따라서 이 신경망의 최종 출력은 동작들에 관한 로그 확률분포이다. 이 함수의 첫 매개변수 x는 입력 상태이고, 둘째 매개변수 unpacked_params는 각 층에 쓰이는 매개변수 행렬들을 하나의 튜플로 묶은 것이다.

재조합과 변이 처리의 편의를 위해, 신경망 층들의 매개변수 행렬들을 1차원으로 "펼쳐서" 만든 벡터(1차 텐서)로 개체를 표현한다. 목록 6.6은 주어진 매개변수 행렬들로 그러한 매개변수 벡터를 만드는 함수이다.

역주1 치우침(bias) 또는 편의는 통계학의 편향(역시 bias)과는 다른 것으로, 간단하게만 말하면 입력과는 무관하게 출력에 무조건 추가되는 값이다.

목록 6.6 매개변수 벡터 변환

```
def unpack_params(params, layers=[(25,4),(10,25),(2,10)]):    ❶
    unpacked_params = []                                       ❷
    e = 0
    for i,l in enumerate(layers):                              ❸
        s,e = e,e+np.prod(l)
        weights = params[s:e].view(l)                          ❹
        s,e = e,e+l[0]
        bias = params[s:e]
        unpacked_params.extend([weights,bias])                 ❺
    return unpacked_params
```

❶ layers 매개변수는 각 층 행렬의 형태(차원들)를 정의한다.

❷ 행렬들을 펼쳐서 담을 벡터.

❸ 층들을 훑는다.

❹ 개별 층의 매개변수 행렬을 벡터로 만든다.

❺ 개별 층 벡터를 전체 매개변수 벡터에 추가한다.

unpack_params 함수의 매개변수 params는 평평한 매개변수 벡터이고 layers는 신경망 층들의 명세를 담은 목록이다. 이 함수는 그 매개변수 벡터에 담긴 수치들을 분할해서 신경망 층 행렬들과 치우침(bias) 벡터들을 만든다. layers의 기본값은 세 층의 행렬이 각각 25×4, 10×25, 2×10 행렬인(따라서 세 치우침 벡터는 각각 25, 10, 2차원인) 3층 신경망에 해당한다. 이 경우 params에는 총 4×25+25+10×25+10+2×10+2=407개의 매개변수가 들어 있어야 한다.

신경망 매개변수들로 이루어진 행렬들과 벡터들을 이처럼 하나의 평평한 벡터로 묶고 푸는 추가적인 과정을 도입한 것은 그 매개변수들 전체를 개체로 취급해서 재조합하고 변이하기 위해서이다. 그렇게 하면 전체적인 진화 과정이 앞에서 본 무작위 문자열 진화 예제만큼이나 간단해진다. 이렇게 하지 않고 신경망 각 층을 개별적인 유전자로 취급해서 다음 세대를 생산할 수도 있다. 이 경우는 같은 층의 매개변수들끼리만 재조합해야 할 것이다. 그러면 앞쪽 층이 뒤쪽 층의 정보로 오염되는 일을 피할 수 있다. 진화 접근 방식에 익숙해진다면 이런 '층별' 접근 방식을 직접 구현해 보길 권한다. 그냥 층별로 재조합과 변이를 적용하면 된다.

다음으로, 무작위로 개체군을 만드는 함수를 보자.

목록 6.7 개체군 초기화

```
def spawn_population(N=50,size=407):                 ❶
    pop = []
    for i in range(N):
        vec = torch.randn(size) / 2.0                ❷
        fit = 0
        p = {'params':vec, 'fitness':fit}            ❸
```

```
        pop.append(p)
    return pop
```

❶ N은 개체군의 크기(개체수)이고 size는 매개변수 벡터의 길이이다.

❷ 매개변수 벡터를 무작위로 초기화한다.

❸ 매개변수 벡터와 적합도 점수를 담은 사전 객체를 만든다.

이 함수에서 보듯이, 하나의 에이전트(개체)는 에이전트의 신경망을 정의하는 매개변수 벡터와 에이전트의 적합도 점수를 담은 간단한 파이썬 사전(dictionary) 객체이다.

　　이제 두 부모 에이전트를 재조합해서 두 개의 자손 에이전트를 생산하는 함수로 넘어가자.

목록 6.8 유전자 재조합

```
def recombine(x1,x2):                            ❶
    x1 = x1['params']                            ❷
    x2 = x2['params']
    l = x1.shape[0]
    split_pt = np.random.randint(l)              ❸
    child1 = torch.zeros(l)
    child2 = torch.zeros(l)
    child1[0:split_pt] = x1[0:split_pt]          ❹
    child1[split_pt:] = x2[split_pt:]
    child2[0:split_pt] = x2[0:split_pt]
    child2[split_pt:] = x1[split_pt:]
    c1 = {'params':child1, 'fitness': 0.0}       ❺
    c2 = {'params':child2, 'fitness': 0.0}
    return c1, c2
```

❶　x1과 x2는 부모 에이전트들을 나타내는 사전 객체들이다.

❷ 매개변수 벡터만 사용한다.

❸ 분할(교차) 지점을 무작위로 선택해서 매개변수 벡터를 두 조각으로 나눈다.

❹ 부모 1의 첫 조각과 부모 2의 둘째 조각으로 첫 자손의 매개변수 벡터를 얻는다.

❺ 새 매개변수 벡터와 적합도 점수 0으로 새 자식 에이전트를 만든다.

이 함수는 부모 역할을 할 두 에이전트를 받아서 두 자식 에이전트를 생산한다. 각 부모의 매개변수 벡터를 임의의 지점에서 분할해서, 부모 1의 첫 조각과 둘째 조각에 각각 부모 2의 둘째 조각과 첫 조각을 이어붙여서 두 개의 자손을 만든다. 이는 이전에 문자열들을 재조합했던 것과 정확히 같은 방식이다.

　　recombine 함수는 다음 세대 생산의 첫 단계에 해당한다. 목록 6.9는 둘째 단계, 즉 개체를 상당히 낮은 확률로 변이하는 과정을 수행하는 함수이다. 변이는 세대에 새로운 유전 정보를 도입하는 유일한 방법이다. 재조합은 이미 있는 정보를 뒤섞을 뿐이다.

목록 6.9 매개변수 벡터의 변이

```
def mutate(x, rate=0.01):                                               ❶
    x_ = x['params']
    num_to_change = int(rate * x_.shape[0])                             ❷
    idx = np.random.randint(low=0,high=x_.shape[0],size=(num_to_change,))
    x_[idx] = torch.randn(num_to_change) / 10.0                         ❸
    x['params'] = x_
    return x
```

❶ rate는 변이 비율이다. 기본값은 0.01(1%)이다.

❷ 변이 비율을 이용해서 변이를 적용할 성분의 수를 구한다.

❸ 매개변수 벡터에서 그만큼의 성분들을 무작위로 선택해서 무작위한 값으로 설정한다.

변이를 적용하는 절차는 문자열에 했던 것과 기본적으로 동일하다. 매개변수 벡터에서 무작위로 몇 개의 성분을 선택해서 무작위한 값을 설정하는 것일 뿐이다. 변이할 성분의 수는 변이 비율로 계산한다. 이 변이 비율을 잘 조율할 필요가 있다. 이 비율에 따라, 새로운 정보의 도입으로 기존 해법들이 개선될 수도 있고 충분히 좋은 기존 해법들이 망쳐질 수도 있다.

다음으로, 각 에이전트의 적합도를 계산하는 함수를 보자. 이 함수는 CartPole 환경에서 에이전트를 실제로 실행해서 그 성능을 평가한다.

목록 6.10 환경에서 에이전트를 시험

```
import gym
env = gym.make("CartPole-v0")

def test_model(agent):
    done = False
    state = torch.from_numpy(env.reset()).float()
    score = 0
    while not done:                                                     ❶
        params = unpack_params(agent['params'])
        probs = model(state,params)                                     ❷
        action = torch.distributions.Categorical(probs=probs).sample()  ❸
        state_, reward, done, info = env.step(action.item())
        state = torch.from_numpy(state_).float()
        score += 1                                                      ❹
    return score
```

❶ 한 에피소드가 끝날 때까지 반복한다.

❷ 에이전트의 매개변수 벡터로 신경망 모형을 정의한다.

❸ 신경망 모형이 산출하는 범주형 동작 확률분포에서 동작 하나를 추출한다.

❹ 막대를 쓰러뜨리지 않고 버틴 단계 수가 곧 점수이다.

test_model 함수는 주어진 **에이전트**(매개변수 벡터와 적합도 점수로 이루어진 하나의 사전 객체)로

CartPole 게임을 실행한다. 게임이 끝나면 그때까지 버틴 단계 수를 돌려준다. 오래 버틸수록 게임을 잘한 것이므로, 그 단계 수가 곧 점수이다. 이 점수를 적합도로 간주해서 부모를 선택하면 게임에 좀 더 적합한(즉, 막대의 균형을 더 오래 유지한) 에이전트들이 번성하게 된다.

목록 6.11은 개체군의 모든 에이전트를 평가해서 적합도 점수를 배정하는 함수이다.

목록 6.11 개체군의 모든 에이전트를 평가

```
def evaluate_population(pop):
    tot_fit = 0                           ❶
    lp = len(pop)
    for agent in pop:                     ❷
        score = test_model(agent)         ❸
        agent['fitness'] = score          ❹
        tot_fit += score
    avg_fit = tot_fit / lp
    return pop, avg_fit
```

❶ 이 개체군의 적합도 총합을 담을 변수. 개체군의 평균 적합도를 계산하는 데 쓰인다.

❷ 개체군의 각 개체를 처리한다.

❸ 개체를 환경에서 실행해서 점수를 얻는다.

❹ 그 점수를 개체의 적합도 점수로 배정한다.

evaluate_population 함수는 개체군을 훑으면서 각 개체로 test_model 함수를 호출해서 적합도를 평가한다.

이제 이 모든 것을 이용해서 다음 세대를 생산하는 함수를 보자. 목록 6.12의 next_generation 함수가 바로 그것이다. 이전의 문자열 진화 예제에서는 적합도 점수에 따른 확률에 기초해서 무작위로 부모를 선택했지만, 여기서는 다른 전략을 사용한다. 문자열 진화 예제에 사용한 **확률적 선택 메커니즘**은 정책 기울기 방법에서 동작을 선택하는 방법과 비슷하며, 경사 하강법이 적용되는 학습 문제들에서 잘 작동한다. 그러나 유전 알고리즘에서 이런 확률적 선택 전략을 사용하면 진화가 너무 빨리 수렴될 때가 많다. 경사 하강법 기반 방법들에 비해 유전 알고리즘에는 탐험이 더 많이 요구된다. 이번 예제에서는 **토너먼트식 선택**(tournament-style selection)이라고 부르는 선택 메커니즘을 사용한다(그림 6.8).

토너먼트식 선택에서는 전체 개체군에서 무작위로 한 부분집합을 추출하고, 그 부분집합의 최상위 두 개체를 부모로 사용한다. 이렇게 하면 개체군 전체의 최상위 두 에이전트만 너무 자주 선택되는 일 없이 적합도 높은 에이전트들이 선택된다.

추출할 부분집합의 크기를 **토너먼트 크기**라고 부른다. 이 크기에 따라 탐험과 활용의 비중이 달라진다. 이 크기를 개체군 크기와 같게 하면 항상 개체군의 최상위 두 개체만 선택되므로 활용만 일어난다. 그러면 유전자 다양성이 줄어들 위험이 있다. 반대로, 토너먼트 크기를 2

로 하면 적합도와 무관하게 무작위로 두 개체가 선택되어서 탐험만 일어난다. 그 양극단의 중간에서 적절한 균형점을 찾아야 한다.

토너먼트 크기를 어떤 고정된 값으로 둘 수도 있고 개체군 크기에 비례하는 값으로 둘 수도 있는데, 이번 예제에서는 후자를 사용한다. 실험 결과에 따르면 토너먼트 크기를 개체군 크기의 20%로 설정했을 때 상당히 좋은 결과가 나온다.

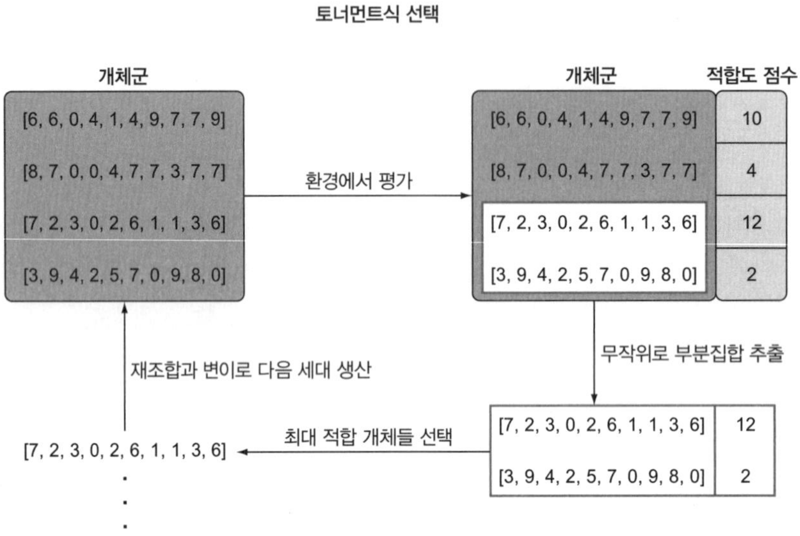

그림 6.8 토너먼트식 선택에서는 평소대로 개체군의 모든 개체의 적합도를 평가하되, 개체군에서 무작위로 부분집합을 뽑고 그 부분집합에서 최적의 두 개체를 부모로 삼아서 자손을 생산한다. 이 과정을 다음 세대 개체군이 채워질 때까지 반복한다.

목록 6.12 다음 세대 생산

```
def next_generation(pop,mut_rate=0.001,tournament_size=0.2):
    new_pop = []
    lp = len(pop)
    while len(new_pop) < len(pop):                           ❶
        rids = np.random.randint(low=0,high=lp,
                    size=(int(tournament_size*lp)))           ❷
        batch = np.array([[i,x['fitness']] for \
                    (i,x) in enumerate(pop) if i in rids])    ❸
        scores = batch[batch[:, 1].argsort()]                 ❹
        i0, i1 = int(scores[-1][0]),int(scores[-2][0])        ❺
        parent0,parent1 = pop[i0],pop[i1]
        offspring_ = recombine(parent0,parent1)               ❻
        child1 = mutate(offspring_[0], rate=mut_rate)         ❼
        child2 = mutate(offspring_[1], rate=mut_rate)
        offspring = [child1, child2]
        new_pop.extend(offspring)
    return new_pop
```

❶ 새 개체군이 채워질 때까지 반복한다.

❷ 전체 개체군 크기의 일정 비율을 부분집합의 크기로 둔다.

❸ 무작위로 생성한 색인들(rids)에 해당하는 개체들로 부분집합(batch)을 만든다.

❹ 부분집합의 개체들을 적합도순으로 정렬한다.

❺ 정렬된 부분집합의 마지막 개체가 곧 이 부분집합에서 최적의 개체이다. 최상위 두 개체를 부모로 선택한다.

❻ 재조합으로 자손들을 생산한다.

❼ 변이를 적용해서 다음 세대 개체군에 추가한다.

next_generation 함수는 먼저 무작위로 색인들을 생성하고, enumerate로 개체군의 색인들을 훑으면서 무작위 색인 목록에 해당 색인이 있는 개체들을 부분집합에 추가한다. 그런 다음 그 부분집합을 적합도 점수 오름차순으로 정렬해서 마지막 두 개체(적합도가 가장 큰 두 개체)를 선택하고, 재조합과 교배로 자손 개체들을 생산해서 새 개체군에 추가한다.

목록 6.13은 이상의 함수들을 이용해서 CartPole을 플레이하는 에이전트들을 진화시키는 코드이다. 변이 비율, 개체군 크기, 세대 수 같은 초매개변수들을 여러 가지로 변경해 가면서 시험해 보기 바란다.

목록 6.13 모형의 훈련

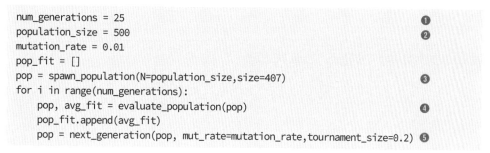

```
num_generations = 25                                                      ❶
population_size = 500                                                      ❷
mutation_rate = 0.01
pop_fit = []
pop = spawn_population(N=population_size,size=407)                         ❸
for i in range(num_generations):
    pop, avg_fit = evaluate_population(pop)                               ❹
    pop_fit.append(avg_fit)
    pop = next_generation(pop, mut_rate=mutation_rate,tournament_size=0.2) ❺
```

❶ 총 진화 세대 수.

❷ 개체군의 개체수.

❸ 개체군을 초기화한다.

❹ 개체군에 있는 개체들의 적합도를 평가한다.

❺ 다음 세대의 개체군을 생산한다.

첫 세대의 개체군은 무작위한 매개변수 벡터들로 이루어진다. 이 중에는 (순전히 운으로) 다른 것들보다 더 나은 개체들이 존재한다. 더 적합한 개체들을 더 높은 확률로 부모로 선택함으로써, 세대를 거듭할수록 더 나은 자손들이 개체군을 채우게 된다. 유전자 다양성을 유지하기 위해 자손 생성 시 약간의 변이를 적용한다. 진화가 충분히 진행되면 CartPole을 대단히 잘 플레이하는 개체들이 나타난다. 그림 6.9는 세대에 따른 개체군 평균 게임 점수 변화를 보여주는 그래프이다.

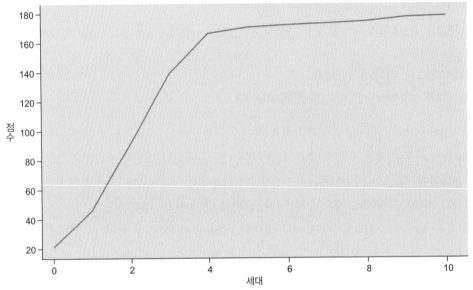

그림 6.9 세대에 따른 개체군 평균 게임 점수. CartPole을 플레이하는 에이전트들을 유전 알고리즘으로 훈련했다.

6.4 진화 알고리즘의 장단점

이번 장에서 구현한 알고리즘은 제5장까지 사용한 접근 방식들과는 조금 다르다. 대체로, 탐험에서 많은 것을 얻을 수 있는 문제에는 진화적 접근 방식이 낫다. 그러나 데이터를 수집하는 데 큰 비용이 드는 문제에서는 진화적 접근 방식이 비효율적이거나 적용이 아예 불가능하다. 이번 절에서는 경사 하강법 기반 방법들에 비한 진화 알고리즘의 장점과 단점을 살펴본다.

6.4.1 진화 알고리즘은 탐험이 강하게 작용한다

기울기 기반 접근 방식에 비한 기울기 무관 접근 방식의 한 가지 장점은 탐험이 더 많이 일어난다는 것이다. 심층 Q 신경망과 정책 기울기 방법은 경험을 수집하고 에이전트를 보상이 더 큰 쪽으로 이끈다는 전략을 사용한다. 이전에 논의했듯이, 이런 전략에서는 에이전트가 이미 파악한 동작들을 선호하고 새로운 상태들을 탐험하길 꺼리는 경향이 나타난다. 심층 Q 신경망에서는 엡실론 탐욕 전략을 이용해서, 즉 더 나은 동작을 알고 있더라도 가끔씩은 무작위로 동작을 선택해서 이런 문제를 완화한다. 비슷하게, 확률적 정책 기울기 방법은 모형이 산출한 동작 확률분포에서 확률적으로 동작을 추출함으로써 탐험을 보강한다.

반면 유전 알고리즘은 에이전트들을 의도적으로 특정 방향으로 이끌지 않는다. 그냥 무작위로 생성한 에이전트들을 진화시킬 뿐이다. 에이전트(개체)들을 무작위로 초기화하면 각자 다른 정책을 가진 에이전트들이 만들어질 것이므로, 탐험이 강하게 작용한다. 물론 진화 접근 방식에도 탐험 대 활용의 절충 문제는 존재한다. 변이 비율을 너무 낮게 잡으면 수렴이 너무 일찍 일어나서 개체군이 거의 동일한 개체들로 채워진다. 그렇긴 하지만, 경사 하강법 기반 알고리즘들에 비해 유전 알고리즘들이 적절한 수준의 탐험을 보장하기가 더 쉽다.

6.4.2 진화 알고리즘은 표집 비용이 아주 크다

이번 장의 코드에서 보았겠지만, 진화를 위해서는 세대마다 개체군의 모든 개체(예제의 경우 500개)를 환경에서 실제로 실행해서 적합도를 평가해야 한다. 즉, 개체군을 한 번 갱신하려면 사소하지 않은 계산 작업을 500회나 수행해야 하는 것이다. 한 에이전트의 가중치를 전략적으로 조정하는 경사 하강법 기반 방법들과는 달리, 진화 알고리즘은 다수의 에이전트들을 환경에 풀어놓고 재조합과 변이를 적용해서 더 나은 에이전트들이 나오길 기대한다. 이런 면에서, 진화 알고리즘은 심층 Q 신경망이나 정책 기울기 방법보다 **데이터 효율성**이 나쁘다고 할 수 있다.

개체군의 크기를 줄인다면 계산 비용을 낮출 수 있을 것이다. 그러나 개체군이 작다는 것은 부모로 선택할 개체들이 적다는 뜻이며, 따라서 덜 적합한 개체들이 다음 세대의 자손들을 남길 가능성이 커진다. 선택된 부모의 재조합으로 부모보다 나은 자손이 나오게 하려면 애초에 부모로 선택할 개체들이 많아야 한다. 또한, 실제 자연에서도 그렇듯이 변이는 대체로 적합도에 악영향을 미치며, 실제로 도움이 되는 변이는 아주 적다. 개체군이 크면 변이가 실제로 이득이 되는 사례도 많아진다.

데이터 수집 비용이 큰 문제에서는 데이터 효율성이 낮다는 점이 커다란 걸림돌이 된다. 로봇공학이나 자율주행차가 그런 예이다. 로봇이 한 에피소드의 데이터를 수집하는 데는 몇 분의 시간이 걸리는데, 이전 예제들에서 보았듯이 간단한 에이전트를 훈련하는 데에도 수백 회의 에피소드가 필요하며, 좀 더 복잡한 에이전트라면 수천 회가 필요할 수도 있다. 자율주행차가 자신의 상태 공간(즉, 실제 세상)을 충분히 탐험하려면 몇 에피소드가 필요할지 상상해 보기 바란다. 시간도 시간이지만, 물리적인 에이전트를 훈련하려면 비용이 훨씬 많이 든다. 예를 들어 로봇을 훈련하려면 로봇을 구입하고 유지보수하는 데 돈을 써야 한다. 그래서 사람들은 물리적인 본체 없이 에이전트를 훈련하는 수단을 고안했다.

6.4.3 시뮬레이터

방금 언급한 수단이 바로 시뮬레이터simulator이다. 값비싼 로봇을 사용하거나 각종 감지기(센서)를 자동차에 장착하는 대신, 컴퓨터 소프트웨어로 그런 비싼 환경을 흉내 냄으로써 훈련 비용을 획기적으로 줄일 수 있다. 예를 들어 자동차를 운전하는 자율주행 에이전트를 훈련한다면, 감지기들을 차에 장착해서 실제로 도로를 달리는 대신 그냥 소프트웨어 환경(이를테면 Grand Theft Auto 게임 같은)에서 가상의 자동차를 주행하면 된다. 에이전트가 보는 주변 환경의 이미지 픽셀들을 입력으로 사용해서 훈련을 진행함으로써, 에이전트가 목적지까지 안전하게 도달하는 방법을 배우게 한다.

시뮬레이터를 이용하면 비용뿐만 아니라 훈련 시간도 크게 줄어든다. 실제 세계보다 훨씬 빠르게 시뮬레이션 환경을 갱신할 수 있기 때문이다. 예를 들어 두 시간짜리 영화를 보고 내용을 이해하는 데는 기본적으로 두 시간이 걸린다. 집중력이 좋은 사람이라면 영화를 2배속 또는 3배속으로 돌려서 시청 시간을 한 시간 이내로 줄일 수 있을 것이다. 그러나 컴퓨터는 그보다도 훨씬 빨리 시청을 마칠 수 있다. 예를 들어 GPU가 8개 장착된 컴퓨터(클라우드 서비스에서 대여 가능)에서 ResNet-50(이미지 분류에서 그 성능이 입증된 심층학습 모형)은 초당 700장의 이미지를 처리한다. 두 시간짜리 초당 24프레임(할리우드 표준) 영화의 총 프레임 수는 172,800인데, 언급한 ResNet-50으로는 4분이면 끝난다. 그리고 한 프레임씩 걸러서 재생 속도를 두 배로 하면 처리 시간은 절반인 2분 정도로 줄어든다. 그리고 컴퓨터를 더 많이 투입해서 처리량을 더욱 높일 수 있다. 최근 한 강화학습 사례에서 OpenAI Five 봇들은 180년 분량의 Dota 2 게임 플레이를 하루 만에 처리했다. 다들 인정하겠지만 컴퓨터가 사람보다 처리 속도가 훨씬 빠른 것은 사실이며, 이는 시뮬레이터가 유용한 이유이기도 하다.

6.5 규모가변적 대안으로서의 진화 알고리즘

시뮬레이터가 있으면, 진화 알고리즘으로 표본을 수집하는 데 필요한 시간과 비용은 큰 문제가 되지 않는다. 사실, 경쟁력 있는 에이전트를 진화 알고리즘으로 얻는 게 경사 하강법 기반 접근 방식보다 오히려 더 빠를 수 있다. 이는 어느 정도 복잡한 모형의 경우 역전파로 기울기들을 계산하는 데 걸리는 시간이 상당히 길기 때문이다. 신경망의 복잡도에 따라 다르겠지만, 역전파 계산이 없으면 처리 속도가 두세 배 빨라진다. 경사 하강법 기반 접근 방식보다 훈련 속도가 빠르다는 점 외에도 진화 알고리즘의 장점이 더 있다. 바로, 병렬화에 의한 규모가변성(scalability)이 아주 좋다는 것이다. 그럼 이 점을 좀 더 자세히 살펴보자.

6.5.1 진화 알고리즘의 규모 확장

OpenAI가 발표한 논문 "Evolutionary Strategies as a Scalable Alternative to Reinforcement Learning"(Tim Salimans 외, 2017)은 더 많은 컴퓨터를 투입해서 에이전트들을 놀랄 만큼 빠르고 효율적으로 훈련한 방법을 설명한다. 논문에 따르면, CPU 코어가 18개인 컴퓨터 한 대로 인간형 로봇 에이전트가 3차원 환경에서 보행(걷기)을 배우는 데 11시간이 걸렸지만, 그런 컴퓨터를 80대(즉, 코어 1,440개) 투입하자 10분도 안 되어서 에이전트가 걷게 되었다.

컴퓨터를(그리고 돈을) 더 많이 투입하면 당연히 처리가 빨라지는 게 아닌가 생각할 수도 있지만, 꼭 그렇지는 않다. 진화 알고리즘이든 경사 하강법 기반 접근 방식이든, 규모(컴퓨터 수)를 늘려나가면 어느 지점부터는 성능이 별로 개선되지 않는다.

그럼 논문의 알고리즘에 어떤 특징이 있는지 간단히 살펴보자. **진화 알고리즘**(evolutionary algorithm)은 다양한 부류의 알고리즘을 포괄하는 용어이다. 생물학적 진화에서 영감을 받은, 그리고 큰 개체군에서 약간 더 나은 해법들을 선택하는 과정을 반복해서 해법을 최적화하는 전략을 사용하는 알고리즘들은 모두 진화 알고리즘에 속한다. 이번 장에서 CartPole 플레이에 사용한 것은 좀 더 구체적으로 **유전 알고리즘**(genetic algorithm)이라고 부르는 알고리즘인데, 자연에서 세대를 거듭하면서 재조합과 변이에 의해 개체들의 유전자가 점점 "갱신되는" 과정과 비슷하기 때문에 그런 이름이 붙었다.

이와는 다른 부류의 진화 알고리즘으로 **진화 전략**(evolutionary strategy, ES) 알고리즘이 있는데, 생명체의 진화와는 조금 다른 방식이다. 일반적인 의미의 진화 전략과 혼동을 피하기 위해 이 알고리즘을 'ES 알고리즘'이라고 부르기로 하자. 그림 6.10에 ES 알고리즘의 개요가 나와 있다.

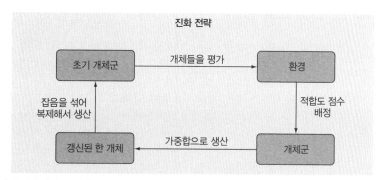

그림 6.10 진화 전략에서는 약간의 잡음을 섞어서 하나의 부모 개체를 복제해서 서로 조금씩 다른 자손들을 생산한다. 그 자손들을 환경에서 시험해서 적합도 점수들을 배정하고, 자손들의 가중합(적합도에 따른)으로 하나의 부모 개체를 생산한다.

ES 알고리즘으로 신경망을 훈련하는 과정은 이렇다. 우선 같은 크기의 잡음 벡터 e_i들을 여러 개 만든다. 이때 흔히 가우스 분포를 사용하는데, 평균 벡터가 μ이고 표준편차가 σ인 가우스 분포 $\mathcal{N}$에서 벡터 성분들을 추출하면 된다. 이를 공식으로 표현하면 $e_i \sim \mathcal{N}(\mu, \sigma)$이다. 다음으로, 초기 매개변수 θ_i를 이 잡음 벡터들로 변이해서 ($\theta'_i = \theta_i + e_i$) 일단의 매개변수 벡터들을 만든다. 이들이 초기 개체군의 개체들이다. 이제 개체군의 각 개체를 환경에서 평가해서 그 성과에 따라 적합도 점수를 배정하고, 그 개체들을 그림 6.11과 같이 적합도 함수에 비례하는 가중치로 가중합해서 새 개체들을 생산한다.

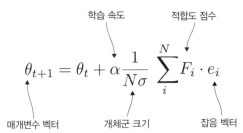

그림 6.11 ES 알고리즘의 각 시간 단계에서 기존 매개변수 벡터에 잡음 벡터들의 가중합을 더해서 새 매개변수 벡터를 얻는다. 이때 가중합의 가중치들은 적합도 점수에 비례한다.

이상의 ES 알고리즘은 교배(재조합) 과정이 없어서 이전에 구현한 유전 알고리즘보다 훨씬 간단하다. 변이(잡음 벡터들에 의한)만 일어날 뿐, 부모 개체들의 조각을 잘라 이어붙이는 재조합 과정은 없다. 그냥 간단한 가중합 계산만 수행하므로 구현이 쉽고 속도도 빠르다. 그리고 차차 보겠지만 이 접근 방식은 병렬화하기도 쉽다.

6.5.2 병렬 처리 대 직렬 처리

CartPole 플레이를 배우도록 에이전트를 유전 알고리즘으로 훈련할 때는 개체군의 각 에이전트가 CartPole의 한 에피소드를 완전히 플레이하게 해서 적합도를 평가했다. 한 에이전트가 에피소드를 끝내는 데 걸리는 시간이 평균 10초이고 개체군의 크기가 10이면, 개체군의 모든 에이전트를 하나씩 차례로 평가하는 데에는 5분이 걸린다. 이는 **직렬** 처리에 해당한다(그림 6.12).

일반적으로 진화 알고리즘의 한 반복에서 시간이 가장 오래 걸리는 작업은 에이전트의 적합도 평가이다. 그런데 환경에서 한 에이전트의 성과는 다른 에이전트들과는 독립적이다. 따라서 에이전트 1의 플레이가 끝날 때까지 기다렸다가 에이전트 2를 평가하는 식으로 나아갈 이유가 없다. 즉, 각 에이전트를 개별적인 환경에 집어넣어서 동시에 평가하면 된다. 앞의 예라면, 컴퓨터 10대로 10개의 에이전트를 동시에 실행하면 한 세대를 처리하는 데 30초 정도밖에 걸리지 않는다. 컴퓨터 한 대로 5분 걸린 것에 비하면 10배 빨라진 것이다. 이는 **병렬** 처리에 해당한다(그림 6.13).

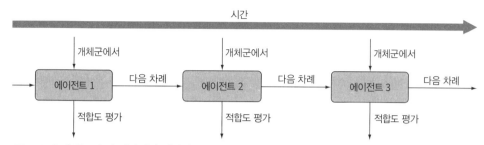

그림 6.12 훈련 루프의 한 반복에서 시간이 제일 오래 걸리는 일은 에이전트를 환경에서 실행해서(경우에 따라서는 여러 번) ⊥ 적합노를 병가하는 것이다. 이를 하나의 컴퓨터에서 실행한다면 모든 에이전트를 직렬로 처리해야 한다. 즉, 환경에서 한 에이전트의 실행을 마친 후에야 다음 에이전트로 넘어갈 수 있다. 이 경우 알고리즘 실행 시간은 에이전트 개수와 한 에이전트가 환경에서 실행을 마치는 데 걸리는 시간의 함수이다.

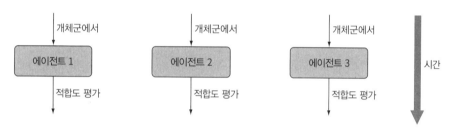

그림 6.13 여러 대의 컴퓨터를 사용할 수 있다면, 에이전트들을 개별 컴퓨터에서 따로 실행해서 적합도를 평가할 수 있다. 이렇게 하면 한 에이전트가 실행을 마칠 때까지 기다렸다가 다음 에이전트로 넘어갈 필요가 없다. 에이전트가 에피소드를 마치는 데 걸리는 시간이 길다면, 이런 병렬 처리로 전체적인 훈련 시간을 크게 절약할 수 있다. 이 경우 알고리즘 실행 시간은 개체군 크기(에이전트 개수)와는 무관하게 에이전트의 적합도를 평가하는 데 걸리는 시간만의 함수이다.

6.5.3 확장 효율성

이제 돈을 더 투자해서 더 많은 컴퓨터를 투입함으로써 처리 속도를 높일 수 있다. 앞의 예에서 우리는 10대(원래의 10배)의 컴퓨터를 투입해서 속도를 10배 높였다. 이를 두고 확장 효율성이 1.0이라고 말한다. 규모 확장 효율성(scaling efficiency), 줄여서 **확장 효율성**은 더 많은 자원을 투입했을 때 성능이 얼마나 개선되는지를 나타내는 용어로, 다음과 같이 정의된다.

$$\text{확장 효율성} = \frac{\text{자원 추가 후 성능 증가 비율}}{\text{자원 추가 비율}}$$

실제 업무에서 어떤 처리 과정의 확장 효율성이 실제로 1인 경우는 없다. 컴퓨터를 추가하면 반드시 추가적인 비용이 발생하기 때문에 효율성이 감소한다. 컴퓨터를 10배 늘려도 성능은 9배 밖에 늘지 않는 것이 현실적이다. 이 경우 확장 효율성은 0.9이다(이 정도도 상당히 좋은 것이다).

에이전트들을 병렬로 평가한다고 해도, 다음 세대를 생산하려면 모든 에이전트의 실행이 끝나길 기다려서 그 결과를 취합해야 한다. 즉, 병렬 처리 다음에 직렬 처리가 뒤따른다. 이는 **분산 컴퓨팅**(distributed computing)에서 흔히 볼 수 있는 패턴이다. 이 패턴에서는 흔히 마스터 노드 또는 **감독**(boss) 노드라고 부르는 하나의 프로세서가 '일꾼'(worker)'에 해당하는 여러 프로 세서에 작업을 배정하고, 그 결과들을 모아서 다음 단계로 넘어간다(그림 6.14).

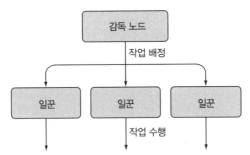

그림 6.14 분산 컴퓨팅의 일반적인 구조. 감독 노드는 일꾼 노드들에 작업을 배정한다. 일꾼 노드들은 자신의 작업을 수행해서 그 결과를 감독 노드에 보낸다(그림에는 표시되지 않음).

이 과정의 각 단계에서 컴퓨터들이 네트워크를 통해 통신하는 데 필요한 시간이 조금 소비 된다. 이는 한 대의 컴퓨터로 훈련을 실행할 때는 발생하지 않는 비용이다. 또한, 한 컴퓨터가 느리게 실행되면 다른 모든 컴퓨터는 그 컴퓨터를 기다려야 한다. 확장 효율성을 극대화하려 면 노드들 사이의 통신 비용을 줄여야 한다. 좀 더 구체적으로, 노드들이 데이터를 주고받는 횟수를 줄여야 하며 각 데이터의 크기도 줄여야 한다.

6.5.4 노드 간 통신

OpenAI의 연구자들은 각 노드가 다른 노드들에게 수치 하나만(벡터 전체가 아니라) 보내면 되 는, 그래서 감독 노드를 따로 둘 필요가 없는 교묘한 분산 컴퓨팅 전략을 개발했다. 이 전략 을 간단히 설명하면 이렇다. 먼저 모든 일꾼 노드를 동일한 부모 매개변수 벡터로 초기화한다. 각 일꾼 노드는 자신의 매개변수 벡터에 잡음 벡터를 추가한다. 이러면 모든 일꾼 노드가 조 금씩 다른 매개변수 벡터를 가지게 된다. 이제 각 일꾼 노드는 그 매개변수 벡터에 기초한 에 이전트로 환경을 실행해서 적합도 점수를 구하고, 그것을 다른 모든 일꾼 노드에 보낸다. 매 개변수 벡터가 아니라 수치 하나만 보내는 것임을 주목하자. 여기서 핵심은 모든 일꾼 노드가 동일한 난수 발생 종잣값(seed)들을 알고 있다는 것이다. 이 덕분에 각 일꾼 노드는 다른 일꾼 노드들이 사용한 잡음 벡터들을 재생성할 수 있으며, 따라서 다른 일꾼 노드들의 매개변수 벡터들을 복원할 수 있다.

난수 발생 종잣값을 공유하면 서로 다른 컴퓨터에서 매번 동일한 난수들을 생성할 수 있다. 목록 6.14의 코드는 비록 '난수', 즉 무작위한 수를 생성하지만, 종잣값이 고정되어 있기 때문에 어떤 컴퓨터에서든 실행할 때마다 항상 동일한 결과가 나온다.

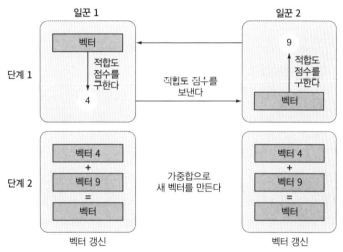

그림 6.15 OpenAI의 분산 ES 논문을 참고한 분산 처리 구조. 각 일꾼 노드(에이전트)는 부모 매개변수 벡터에 잡음을 추가해서 자식 매개변수 벡터를 만든다. 그런 다음 그 자식 매개변수 벡터의 적합도를 평가해서 그 적합도 점수를 다른 모든 일꾼 노드에 보낸다. 난수 발생 종잣값들을 공유하는 덕분에 벡터 전체를 보내지 않고도 각 일꾼 노드가 다른 모든 일꾼 노드의 매개변수 벡터들을 재생성할 수 있다. 마지막으로, 모든 자식 매개변수 벡터의 가중합으로 새 부모 벡터를 만들어서 같은 과정을 반복한다. 이때 가중합의 가중치들은 적합도 점수에 비례한다.

목록 6.14 난수 발생 종잣값 설정

```
import numpy as np
np.random.seed(10)
np.random.rand(4)
# 출력: array([0.77132064, 0.02075195, 0.63364823, 0.74880388])

np.random.seed(10)
np.random.rand(4)
# 출력: array([0.77132064, 0.02075195, 0.63364823, 0.74880388])
```

이런 종잣값 설정은 중요한 기법이다. 이 기법을 이용하면 난수가 관여하는 실험의 결과를 다른 연구자들도 재현할 수 있다. 종잣값을 명시적으로 지정하지 않으면, 대부분의 난수 발생 라이브러리는 시스템 시간이나 그 밖의 가변적인 값을 종잣값으로 사용해서 난수들을 발생한다(따라서 매번 다른 난수들이 나온다). 여러분이 어떤 새로운 강화학습 알고리즘을 고안했다고 하자. 다른 사람들도 여러분의 성과를 직접 확인해 보게 하려면, 여러분의 알고리즘이 다른 곳에서도 동일한 결과를 내게 하는 데 신경을 쓸 필요가 있다. 발표한 결과와는 다른 결과를 얻은 사람들은 여러분의 주장을 의심할 것이다. 이런 일을 피하려면 발표 시 알고리즘을 최대한 상세하게 서술하는 것이 중요하다. 이를테면 사용한 신경망의 구체적인 구조와 초매개변수 값들을 밝혀야 하며, 어쩌면 난수 발생 종잣값들도 명시해야 할 것이다. 물론, 알고리즘의 성능이 특정 난수 값들에 좌우되지 않을 정도로 견실한 알고리즘을 개발하는 것이 최선이긴 하겠지만 말이다.

6.5.5 선형 규모 확장

OpenAI 연구자들은 노드 간 통신 데이터의 양을 줄인 덕분에 노드들을 많이 추가해도 네트워크 통신 비용이 그리 많이 증가하지 않았다. 그래서 일꾼 노드 수천 개까지도 성능이 선형적으로 증가했다.

선형 규모 확장은 컴퓨터를 추가할 때마다 성능이 선형으로, 즉 컴퓨터 수에 정비례해서 증가하는 것을 말한다. 그림 6.16에서 보듯이, 이 경우 자원 대 성능 그래프가 직선(선형)이다.

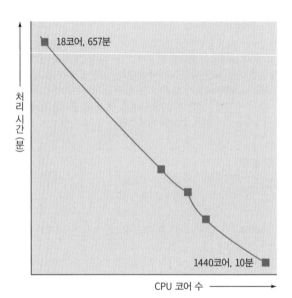

그림 6.16 OpenAI의 "Evolutionary Strategies as a Scalable Alternative to Reinforcement Learning" 논문에 나온 그림을 이 책에 맞게 재현한 그래프. 컴퓨팅 자원을 추가할수록 처리 시간이 일정하게 감소했음을 보여준다.

6.5.6 기울기 기반 접근 방식의 규모 확장

기울기 기반 접근 방식들도 다수의 컴퓨터로 훈련할 수 있다. 그러나 그런 접근 방식들은 ES 알고리즘들보다 규모가변성(확장 효율성)이 나쁘다. 현재, 기울기 기반 접근 방식에 대한 최고의 분산 훈련 방법은 각 일꾼 노드에서 에이전트를 실행하고 해당 기울기들을 다시 중앙 서버(감독 노드)에 보내서 취합하는 방식이다. 각 훈련 주기(갱신 주기)에서 기울기들을 중앙 서버로 보내서 처리해야 하므로 네트워크 통신량이 많고 중앙 서버의 처리 부담도 크다. 일꾼 노드를 늘리다 보면 네트워크 대역폭이 포화하며, 그때부터는 일꾼들을 더 추가해도 성능이 별로 개선되지 않는다(그림 6.17).

반면 ES 알고리즘에는 여전파가 필요하지 않으므로 기울기들을 중앙 서버에 보낼 필요도 없다. 그리고 OpenAI가 개발한 것과 비슷한 현명한 기법을 사용하면 벡터가 아니라 수치 하나만 보내도 된다.

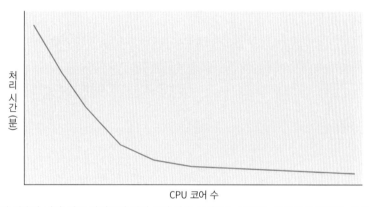

처리 시간(분)

CPU 코어 수

그림 6.17 현재 기울기 기반 접근 방식들의 확장 효율성을 보여주는 그래프. 한동안은 자원을 더 투입하면 성능이 선형으로 증가하지만, 네트워크가 포화하면서부터는 성능 향상이 점점 둔화된다.

요약

- 진화 알고리즘은 좀 더 강력한 강화학습 도구이다. 생물학적 진화에 영감을 받은 진화 알고리즘은 다음 과정을 반복한다.
  - 현재 세대의 개체군에서 최적의 개체들을 선택한다.
  - 그 개체들의 유전자를 섞어서 새 개체들을 생산한다.
  - 다양성을 위해 변이를 적용한다.
  - 변이된 새 개체들로 다음 세대의 개체군을 만든다.

- 진화 알고리즘은 기울기 기반 접근 방식보다 데이터를 더 많이 요구하며, 데이터 효율성이 낮다. 몇몇 상황에서는 이것이 문제가 되지 않는다(특히 시뮬레이터가 있는 경우).
- 기울기 기반 방법과는 달리 진화 알고리즘은 미분 불가능 함수를 최적화할 수 있다. 심지어 이산 함수도 가능하다.
- 진화 알고리즘의 한 부류인 ES(진화 전략) 알고리즘은 교배와 재조합(생물학적 진화에서 영감을 받은)에 의존하지 않는다. 대신 개체들에 잡음을 더하고 적합도에 따라 가중합해서 새 개체들을 만든다.

CHAPTER

7

모든 가능성의 탐색: 분포 심층 Q 신경망

이번 장의 내용

- 확률분포가 하나의 수치보다 나은 이유
- Q 가치들에 관한 확률분포 전체를 출력하도록 보통의 심층 Q 신경망을 확장
- 분포 방식의 심층 Q 신경망 구현
- 벨먼 방정식과 그 분포 버전
- 훈련 속도를 높이기 위한 우선순위 경험 재현

제3장에서 소개했듯이, Q 학습은 주어진 상태에서 어떤 동작의 가치를 평가하는 한 방법이다. 그 가치를 동작 가치 또는 Q 가치라고 부른다. 주어진 상태에서 모든 동작의 Q 가치를 구한 후에는 그중 가장 가치가 가장 높은 동작을 선택해서 환경을 변화한다. 이번 장에서는 동작 가치를 하나의 수치(점 추정값)로 평가하는 것이 아니라 모든 가능한 동작 가치에 관한 확률분포로 평가하도록 Q 학습을 확장한다. 이런 학습 방법을 **분포 Q 학습**(distributional Q-learning)이라고 부른다. 현재 최고 수준의 성과를 내는 강화학습 알고리즘들은 분포 Q 학습 알고리즘과 이 책에서 다루는 다른 여러 기법을 결합한 형태이다.

강화학습을 적용할 환경들은 대부분 어느 정도의 무작위성 또는 예측 불가능성을 가지고 있다. 즉, 같은 상태에서 같은 동작을 취해도 반드시 같은 보상이 나오지는 않는다. 보통의 Q 학습은 관측된 보상들의 잡음 섞인 평균(기댓값)을 배운다는 점에서 **기댓값 Q 학습**(expected-value Q-learning)이라고 불러도 될 것이다. 그러나 평균을 취하면 환경의 동역학에 관한 귀중한

정보가 사라진다. 경우에 따라서는, 관측된 보상들이 그냥 하나의 수치 주변으로 모여서 군집을 만드는 것 이상으로 복잡한 패턴을 가지고 있을지도 모른다. 주어진 하나의 상태-동작 쌍에 대해 서로 다른 보상 군집이 둘 이상일 수도 있다. 예를 들어, 같은 상태에서 같은 동작을 수행해도 어떨 때는 큰 양의 보상이 주어지고 어떨 때는 큰 음의 보상이 주어질 수도 있는 것이다. 이들을 그냥 평균하면 0에 가까운 값이 나올 뿐이며, 그런 평균값은 관측된 보상들의 특성을 제대로 말해주지 않는다.

분포 Q 학습은 관측된 보상들의 분포를 좀 더 정확하게 반영하려 한다. 이를 위해, 주어진 상태-동작 쌍에 대해 관측된 모든 보상을 기록해 둘 수도 있다. 그러나 그러면 메모리가 많이 필요하며, 상태 공간의 차원이 아주 높다면 계산량이 비현실적으로 많아질 수 있다. 따라서 어느 정도의 근사(approximation)가 필요하다. 이 문제는 잠시 후에 좀 더 이야기하고, 먼저 기대 가치 Q 학습의 문제점이 무엇이고 그것을 분포 Q 학습이 어떻게 해결하는지 살펴보자.

7.1 기댓값 Q 학습의 문제점

이 책에서 설명한 보통의 Q 학습, 즉 기댓값 Q 학습에는 결함이 있다. 이를 의료 관련 예제로 설명해 보겠다. 고혈압 환자에게 새로운 고혈압 치료약(혈압강하제)을 4주 동안 처방했을 때 어떤 효과가 있을지 예측하는 알고리즘을 만든다고 하자. 그런 알고리즘이 있다면 의사가 개별 환자에게 이 약을 처방할 것인지의 여부를 결정하는 데 도움이 될 것이다.

우선 필요한 것은 데이터이다. 이를 위해, 일단의 고혈압 환자들을 무작위로 실험군과 대조군에 배정해서 실험군의 환자(개체)들에게는 실제로 신약을 투약하고 대조군의 환자들에게는 위약(플라시보)을 투약한다(그림 7.1). 4주 동안 환자들에게 각각 실제 약과 위약을 투여해서 환자들의 혈압을 기록한다.

이런 식으로 데이터를 수집해서 실험군과 대조군의 혈압 변화 히스토그램들을 그려보면 위약과 비교해 신약이 실제로 효능이 있는지 확인할 수 있을 것이다. 그림 7.2에 그런 히스토그램의 예가 나와 있다.

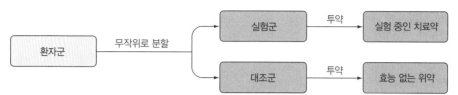

그림 7.1 신약의 무작위 대조 연구. 어떤 치료약의 효과를 위약(비활성 물질)과 비교한다. 치료약의 효과를 다른 요인들과 격리하기 위해, 환자들을 무작위로 실험군과 대조군으로 나눈다. 실험군은 실험 중인 신약을 받고, 대조군은 위약을 받는다. 일정 기간 투약을 진행하면서 결과를 측정해서, 실험군이 대조군보다 증세가 호전되었는지 본다.

그림 7.2의 대조군 혈압 변화량 히스토그램은 정규분포 곡선과 흡사하다. 분포의 중심은 -3.0mmHg인데, 이는 혈압이 거의 변하지 않았음을 뜻한다. 위약을 투약했으므로 당연한 결과일 것이다. 우리가 만들려는 알고리즘은 위약을 투약한 환자들의 기대 혈압 변화량이 평균 -3.0mmHg이라고(개별 환자들은 혈압이 그보다 더 크게 또는 더 작게 변했다고 해도) 예측해야 한다.

실험군의 히스토그램으로 넘어가자. 히스토그램을 보면 환자들이 두 그룹으로 나뉘었고 각 그룹의 혈압 변화량은 정규분포 형태이다. 봉우리(모드)가 두 개인 모습이라서 이런 분포를 이봉분포(bimodal distribution)라고 부른다. 오른쪽 모드는 중심이 -2.5mmHg이지만 왼쪽 모드는 중심이 -22.3mmHg인데, 이 정도면 혈압이 상당이 크게 떨어진 것이다. 사실 이는 기존의 그 어떤 혈압강하제보다도 큰 변화이다. 실험군에는 이 신약이 아주 잘 듣는 일단의 환자들이 존재한다.

여러분이 의사라면, 진료실에 들어온 고혈압 환자에게 이 신약을 처방하겠는가? 실험군 분포의 기댓값(평균)만 고려한다면, 환자의 혈압은 두 봉우리의 중간인 -13mmHg 정도만 떨어질 것이다. 이는 위약보다는 의미 있는 효과이나 기존의 여러 혈압강하제보다는 못하다. 실제로는 신약이 아주 잘 듣는 환자들이 꽤 있지만, 평균만 고려하면 이 신약은 별로 효과적이지 않은 것으로 보인다. 따라서 이 -13mmHg이라는 기댓값은 실험군 분포를 제대로 대표하지 못한다고 할 수 있다. 실제로 혈압이 -13mmHg 정도 떨어진 환자는 거의 없다. 환자들의 절반 정도는 신약에 전혀 반응하지 않았고, 나머지 절반 정도는 혈압이 상당히 크게 떨어졌다. 그 중간의 반응을 보인 환자는 아주 적다.

그림 7.3은 분포 전체를 고찰하는 것에 비해 기댓값만 고찰하는 것의 한계를 보여준다. 혈압 변화량의 기댓값만 고려해서(부작용 등 개별 환자와 관련된 세부 사항은 고려하지 않고) 기댓값이 가장 큰 약을 선택한다면 환자군 전체에 대해서는 최적의 결과를 얻겠지만 개별 환자 수준에서는 최적의 결과를 얻지 못할 것이다.

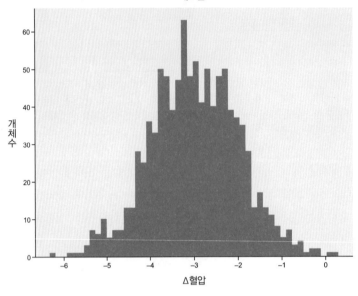

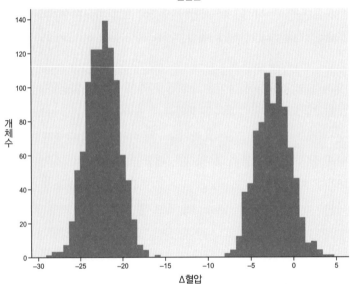

그림 7.2 모의 무작위 대조 연구에서 대조군과 실험군의 혈압 변화 히스토그램들. x축은 혈압 변화량, 즉 치료 전과 치료 후의 혈압 차이이다. 혈압을 낮추는 약이므로 음수가 나와야 좋은 것이다. y축은 해당 변화량을 보인 환자의 수이다. 대조군의 경우 -3mmHg의 막대가 가장 길다. 이는 혈압이 3mmHg 정도 떨어진 환자가 가장 많았다는 뜻이다. 실험군 히스토그램을 보면 환자들이 두 그룹으로 나뉘었다. 한 그룹은 혈압이 크게 떨어졌지만 다른 그룹은 변화가 없거나 아주 작다. 각 모드(최빈값)를 봉우리에 비유해서, 이처럼 모드가 두 개인 분포를 이봉분포라고 부른다.

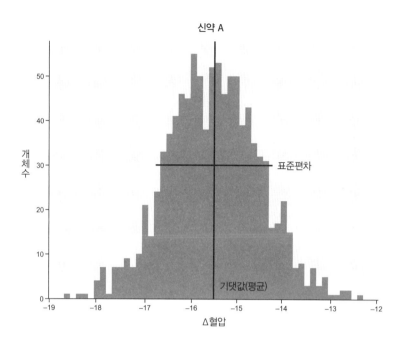

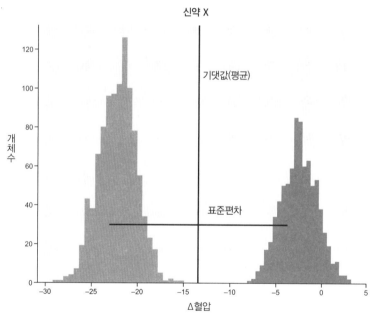

그림 7.3 신약 A와 신약 X의 비교. 평균적으로는 신약 A가 신약 X보다 혈압을 더 많이 떨어뜨린다(약 -15.5mmHg 대 -13mmHg). 표준편차도 신약 A가 더 작다. 그러나 신약 X에는 중심이 -22.5mmHg인 모드가 존재한다. 그리고 신약 X의 경우 실제 혈압 변화량이 평균 변화량 부근인 환자는 없다.

그런데 이것이 심층 강화학습과 무슨 관계일까? 핵심은 '기댓값'이다. 이제까지 배운 Q 학습은 시간에 따라 할인된 상태-동작 가치의 기댓값(평균)을 산출한다. 따라서 Q 학습도 앞에서 예로 든 이봉분포 신약 X의 평가와 관련된 문제점을 그대로 가지고 있다. 상태-동작 가치들의 확률분포 전체를 배우는 것이 그냥 기댓값만 배우는 것보다 훨씬 강력하다. 확률분포가 있으면 상태-동작 가치들의 모드가 여러 개인지, 분산은 어느 정도인지도 알 수 있다. 그림 7.4는 세 가지 동작의 동작 가치 분포를 나타낸 것이다. 이런 추가적인 정보가 있으면 위험을 고려한 정책, 즉 단지 기대 보상을 최대화하는 것만이 아니라 보상을 얻는 과정에서 발생할 수 있는 위험도 제어하는 정책을 사용할 수 있다.

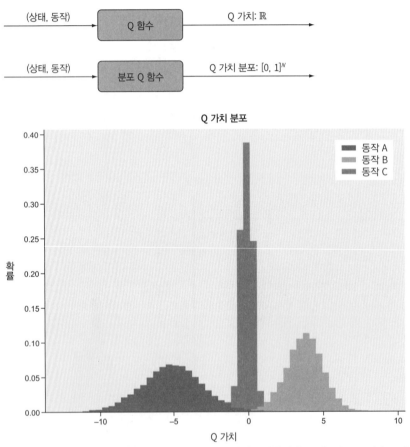

그림 7.4 위: 보통의 Q 함수는 상태-동작 쌍을 받아서 해당 Q 가치를 산출한다. 중간: 분포 Q 함수는 상태-동작 쌍을 받아서 모든 가능한 Q 가치에 관한 확률분포를 산출한다. 확률은 [0,1] 구간의 값이므로 이 함수는 모든 성분이 [0,1] 구간인 벡터를 출력한다. 또한, 이들은 하나의 확률분포를 이루므로 모든 성분의 합은 1이다. 아래: 어떤 상태에 대한 세 가지 동작에 대해 분포 Q 함수가 산출한 Q 가치 분포들의 예. 동작 A는 평균 -5의 보상으로 이어질 가능성이 크고 동작 B는 평균 +4의 보상으로 이어질 가능성이 크다.

실제로 분포 Q 학습의 위력을 말해주는 실험 연구가 있다. 연구자들은 심층 Q 학습 알고리즘의 인기 있는 변형 몇 가지(분포 심층 Q 학습도 포함해서) 중 가장 효과적인 것이 무엇인지, 그리고 그런 변형들의 어떤 조합이 가장 중요한지 조사했다(Hessel 외, "Rainbow: Combining Improvements in Deep Reinforcement Learning", 2017). 연구 결과에 따르면, 시험해 본 개별 변형 중 가장 효과적인 것은 바로 분포 심층 Q 학습이다. 연구자들은 또한 모든 기법을 조합해서 'Rainbow(무지개)' 심층 Q 신경망을 만들었는데, 이것이 모든 개별 변형보다 훨씬 더 효과적이었다. 그들은 Rainbow 심층 Q 신경망이 그런 좋은 성과를 낸 이유를 분석했는데, 이번 장의 분포 Q 학습과 제5장에서 다룬 N-단계 학습, 그리고 제7장에서 간략하게나마 소개할 우선순위 경험 재현(Prioritized Replay)이 Rainbow 알고리즘의 성능에 가장 중요한 요소임을 밝혀냈다.

이번 장에서는 주어진 상태에서 모든 가능한 상태-동작 가치에 관한 하나의 확률분포를 산출하는 분산 심층 Q 신경망(Dist-DQN이라고 줄여서 표기하기도 한다)을 구현하는 방법을 배운다. 제4장에서 심층 신경망을 동작들에 관한 확률분포를 직접 출력하는 정책 함수로 활용하는 방법을 이야기할 때 몇 가지 확률 개념을 살펴보았다. 여기서는 그런 개념들을 좀 더 심화한다. 분산 심층 Q 신경망을 구현하려면 그런 개념들을 잘 이해하는 것이 중요하다. 이번 장의 확률과 통계에 관한 논의가 처음에는 다소 학술적으로 느껴지겠지만, 구체적인 예제로 넘어가면 실제 구현에서 왜 그런 개념들이 필요한지 명확해질 것이다.

아마 이번 장이 이 책 전체에서 가장 읽기 어려운 장일 것이다. 단번에 이해하기 힘든 확률 개념들이 많이 등장할 뿐만 아니라, 수학 공식도 다른 장들보다 많이 나온다. 이번 장을 잘 넘기는 것은 여러분의 강화학습 공부에서 커다란 성취가 될 것이다. 이번 장에서 여러분은 기계학습과 강화학습의 여러 근본 주제를 새로 접하거나 복습할 것이며, 그럼으로써 기계학습과 강화학습을 좀 더 잘 이해하게 될 것이다.

7.2 다시 살펴보는 확률과 통계

확률론에 깔린 수학 자체는 일관되고 논란의 여지가 없다. 그러나 "공정한 동전을 던져서 앞면이 나올 확률은 0.5이다" 같은 자명한 문장이라도 그 해석에 많은 논쟁이 있었다. 이에 대한 해석은 크게 **빈도주의**(frequentism) 또는 **빈도론자**(frequentist) 해석과 **베이즈주의**(Bayesian) 해석으로 나뉜다.

빈도론자들은 동전의 앞면이 나올 확률이라는 것이 동전을 무한히 많이 던졌을 때 전체 시행 횟수 중 앞면이 나온 횟수의 비율이라고 간주한다. 동전을 몇 번만 던지면 앞면이 나오는 비율이 0.8 정도로 높을 수 있지만, 무한히 많이 던진다면 0.5로 수렴한다.

즉, 빈도주의에서 확률을 그냥 사건 또는 결과의 빈도이다. 동전 던지기의 경우 발생 가능한 결과는 앞면과 뒷면 두 가지이며, 각 결과의 확률은 무한대의 시행(동전 던지기) 횟수 중 해당 결과가 나온 횟수(빈도)의 비율이다. 확률값이 항상 0(한 번도 없음)과 1(항상) 사이고 모든 가능한 결과의 확률값들의 합이 반드시 1이어야 하는 것은 이 때문이다.

이러한 확률 해석은 간단하고도 직관적이지만 중요한 한계가 있다. 빈도주의 해석으로는 "홍길동 씨가 시의원에 당선될 확률은 얼마인가?" 같은 질문에 답하기가 어렵거나 사실상 불가능하다. 이론적으로나 실제로나 시의원 선거를 무한 번 시행할 수는 없기 때문이다. 이런 종류의 단발성(일회성) 사건에서는 빈도주의 확률이 통하지 않는다. 이런 상황을 다루려면 좀 더 강력한 틀이 필요한데, 베이즈주의 확률(이하 간단히 베이즈 확률)이 그런 틀을 제공한다.

베이즈주의의 틀에서 확률은 가능한 여러 결과에 관한 확신도 또는 믿음의 정도(degree of belief)를 나타낸다. 선거 같은 단발성 사건이라도 믿음을 가질 수 있으므로, 확률을 적용할 수 있다. 그리고 확신도는 해당 상황에 관한 정보의 양에 의존한다. 새로운 정보가 주어지면 확신도도 갱신된다(표 7.1).

표 7.1 빈도주의 확률 대 베이즈 확률

빈도주의	베이즈주의
확률은 개별 결과의 빈도이다.	확률은 확신도이다.
모형이 주어졌을 때 데이터의 확률을 계산한다.	데이터가 주어졌을 때 모형의 확률을 계산한다.
가설 검정을 사용한다.	매개변수 추정 또는 모형 비교를 사용한다.
계산하기 쉽다.	(대체로) 계산하기 어렵다.

확률의 기본적인 수학적 틀은 **표본공간**(sample space) Ω로 구성된다. 표본공간은 주어진 문제에 대한 모든 가능한 결과의 집합이다. 예를 들어 선거의 표본공간은 모든 유효한 선거 후보이다. 이 표본공간에 대해 확률분포 함수(또는 측도(measure) 함수) P: $\Omega \rightarrow [0,1]$이 존재할 수 있는데, 이 함수 P는 표본공간을 0에서 1 사이의 실수로 사상한다. 예를 들어 P(후보 A)는 후보 A가 당선될 확률에 해당하는 0에서 1 사이의 실수 하나를 돌려준다.

> **참고** 확률론은 여기서 설명하는 것보다 더 복잡한 주제이다. 확률론은 **측도론**(measure theory)이라고 하는 수학의 한 분야와 관련되는데, 이 책의 목적에서는 그 정도로 자세하게 이야기할 필요는 없다. 여기서는 그냥 심층 강화학습의 이해에 필요한 개념들을 비공식적이고 덜 엄밀하게(수학 공식들을 제시하긴 하지만) 소개한다.

확률분포에는 **지지집합**(support; 또는 받침)이라는 개념이 있다. 지지집합은 그냥 확률이 0이 아닌 결과들의 집합이다. 예를 들어 물체의 온도가 절대온도 0K보다 낮을 수는 없으므로, 어떤 물체의 온도가 K 단위로 음수일 확률은 0이다. 뒤집어서 말하면, 온도에 관한 확률분포의 지지집합은 0에서 양의 무한대까지이다. 일반적으로 불가능한 결과들은 관심 밖이므로, 표본공간의 한 부분집합인 지지집합을 그냥 표본공간과 같은 것으로 간주할 때가 많다.

7.2.1 사전분포와 사후분포

"후보가 네 명인 선거에서 각 후보의 당선 확률은?" 같은 질문을 받았다고 하자. 만일 질문자가 그 선거가 무슨 선거인지, 어떤 후보들이 나왔는지 말해주지 않았다면, 그냥 정보가 부족하다는 이유로 답변을 피하는 것이 합리적일 것이다. 그래도 끈질기게 답을 요구한다면, 그냥 후보가 네 명이므로 각 후보의 당선 확률은 ¼이라고 말하는 수밖에 없을 것이다. 이 답변은 후보들에 관한 **사전확률분포**(prior probability distribution)가 균등분포(모든 결과가 동일 확률인 분포)라고 가정한 것에 해당한다.

베이즈주의에서는 확률이 확신도(믿음의 정도)이고, 믿음은 항상 잠정적이다. 즉, 확신도는 새 정보가 주어지면 갱신된다. 따라서 사전확률분포, 줄여서 사전분포는 그냥 새로운 정보를 얻기 전의 확률분포이다. 새 정보(이를테면 후보의 약력 등)를 입수하면 사전분포가 갱신된다. 갱신된 확률분포를 **사후확률분포**(posterior probability distribution), 줄여서 사후분포라고 부른다. 사전분포와 사후분포의 구분은 문맥에 따라 달라진다. 또다시 새로운 정보를 받는다면, 그 전의 사후분포가 사전분포가 된다. 사전분포에서 사후분포로 넘어감에 따라 확신도가 갱신된다. 이런 식으로 확신도를 개선해 나가는 과정을 흔히 **베이즈 추론**(Bayesian inference)이라고 부른다.

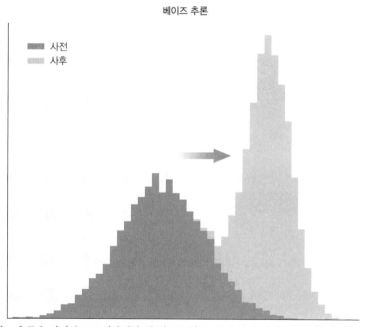

그림 7.5 베이즈 추론은 사전분포로 시작해서 새 정보를 받고, 그에 따라 사전분포를 좀 더 많은 정보에 근거한 분포, 즉 사후분포로 갱신해서 확신도를 개선하는 과정이다.

7.2.2 기댓값과 분산

확률분포로 알 수 있는 것이 많다. 무엇보다도, 발생 가능성이 가장 큰 하나의 결과를 알수 있다. 사람들은 흔히 그 결과가 분포의 **평균**(mean 또는 average)에 해당한다고 생각한다. 흔히 평균이라고 하면 모든 항목을 더한 합을 그 항목의 개수로 나눈 값을 떠올릴 것이다. 예를들어 미국 일리노이주 시카고시의 5일간 예상 기온이 [18, 21, 17, 17, 21]℃라고 할 때, 평균 예상 기온은 [18+21+17+17+21]/5=94/5=18.8℃이다.

그런데 무작위로 선택한 다섯 명의 사람에게 내일 시카고의 기온이 어떨 것 같냐고 물었더니 위의 기상 예보와 동일하게 [18, 21, 17, 17, 21]℃라고 예측했다고 하자. 내일 평균 기온은 앞에서처럼 기온들을 모두 더해서 그 개수(5)로 나누면 나온다. 그런데 다섯 사람 중 한 명이 기상학자임을 알게 되었다고 하자. 아마 그 기상학자는 다른 네 명보다 내일 기온을 더 정확하게 예측할 것이며, 따라서 평균 기온을 계산할 때 기상학자의 예측을 더 비중 있게 고려해야 할 것이다. 예를 들어 기상학자의 예측이 맞을 가능성을 60%로 두고 나머지 네 명의 예측이 맞을 가능성은 10%로 둔다고 하자(이때 0.6+04×0.10=1.0임에 주목). 이를 이용해서 예상 평균 기온을 계산하면 [(0.6×18)+0.1×(21+17+17+21)]=18.4℃이다. 이처럼 결과들을 그 비중(가중치)에 따라 합해서 구한 평균을 **가중평균**(weighted average)이라고 부른다.

내일 기온은 어떤 온도라도 가능하다. 즉, 모든 온도는 내일 기온 측정의 '가능한 결과'이다. 그러나 모든 온도의 발생 가능성이 동일하지는 않다. 따라서 각각의 가능한 온도에 그 확률(가중치)을 곱해서 평균을 구하는 것이 합당하다. 그 확률들의 합은 반드시 1이어야 한다. 모든 가중치가 같으면 가중평균은 보통의 평균과 같다. 확률분포의 확률들을 가중치들로 사용해서 구한 결과들의 가중평균은 확률분포의 **기댓값**(expectation)에 해당한다.

확률분포의 기댓값은 곧 그 확률분포의 '질량중심(center of mass)'이다. 질량중심이란 평균적으로 발생 가능성이 가장 큰 값이다. 표본공간 x에 대한 어떤 이산 확률분포 $P(x)$의 기댓값은 다음과 같이 정의된다.

표 7.2 확률분포의 기댓값

수식	파이썬

$\mathbb{E}[P] = \sum x \cdot P(x)$	```>>> x = np.array([1,2,3,4,5,6])```
	```>>> p = np.array([0.1,0.1,0.1,0.1,0.2,0.4])```
	```>>> def expected_value(x,p):```
	```>>> return x @ p```
	```>>> expected_value(x,p)```
	```4.4```

$\mathbb{E}$로 표기하는 기댓값 연산자(**연산자**는 그냥 **함수**의 다른 이름일 뿐이다)는 주어진 확률분포의 기댓값을 돌려주는 함수이다. 기댓값 연산자는 표본공간의 각 x에 그 확률 $P(x)$를 곱해서 모두 합한다.

파이썬에서 $P(x)$는 확률값들을 담은 NumPy 배열로 표현할 수 있다. 그 배열이 probs이고 결과들(표본공간)을 담은 또 다른 배열이 outcomes라고 할 때, 다음은 그 확률분포의 기댓값을 구하는 파이썬 코드이다.

```
>>> import numpy as np
>>> probs = np.array([0.6, 0.1, 0.1, 0.1, 0.1])
>>> outcomes = np.array([18, 21, 17, 17, 21])
>>> expected_value = 0.0
>>> for i in range(probs.shape[0]):
>>>     expected_value += probs[i] * outcomes[i]

>>> expected_value
18.4
```

그런데 루프를 돌려서 값들을 일일이 곱하는 대신 다음처럼 그냥 probs 배열과 outcomes 배열의 내적으로 가중평균을 계산하는 것도 가능하다. 애초에 내적의 정의가 두 배열의 성분들을 짝지어 곱해서 더하는 것이기 때문이다.

```
>>> expected_value = probs @ outcomes
>>> expected_value
18.4
```

'이산(discrete)'이라는 수식어가 붙은 이산 확률분포(줄여서 이산분포)는 해당 표본공간이 유한하다는, 다시 말해 발생 가능한 결과들의 수가 유한하다는 뜻이다. 예를 들어 동전 던지기의 결과는 두 가지뿐이다.

그러나 내일 기온은 임의의 실수(또는, 절대온도 켈빈 단위로 측정한다면 0 이상의 양의 실수)이며, 실수 또는 실수의 임의의 부분집합은 무한 집합이다. 예를 들어 실수 1.5에 소수를 덧붙여서 1.51, 1.511, ... 1.5111 등 무한히 많은 실수를 만들어 낼 수 있다. 이처럼 성분이 무한히 많은 표본공간에 관한 확률분포는 **연속 확률분포**(줄여서 연속분포)이다.

연속 확률분포는 특정한 한 결과의 확률을 말해주지 않는다. 가능한 결과가 무한히 많으므로, 가능한 결과의 확률을 모두 합해서 1이 되려면 개별 결과의 확률이 무한히 낮아야 한다. 따라서 개별 결과의 확률은 무의미하다. 대신 연속 확률분포는 특정 결과 주변의 **확률밀도**(probability density)를 말해준다. 확률밀도는 주어진 결과를 중심으로 한 작은 구간의 확률들의 합이다. 다른 식으로 말하면, 확률밀도는 그 결과가 해당 구간 안에 있을 확률이다. 이산분포와 연속분포의 차이가 그림 7.6에 나와 있다. 이 책은 이산분포만 다루므로, 연속분포에 관해서는 이 정도만 이야기하겠다.

확률분포에서 알 수 있는 또 다른 사항은 결과들이 "퍼져 있는 정도", 즉 **분산**이다. 뭔가에 대한 우리의 확신은 강할 수도 있고 약할 수도 있다. 그에 따라 해당 확률분포가 좁거나 넓어진다. 분산은 $Var(X) = \sigma^2 = \mathbb{E}[(X - \mu)^2]$으로 정의되는데, 여기서 $\mathbb{E}$는 앞에서 말한 기댓값 연산자이다. 이 분산 공식이 잘 외워지지 않아도 걱정할 필요는 없다. 예제에서는 그냥 NumPy의 내장 함수로 분산을 계산할 것이기 때문이다. 분산 $Var(X)$의 또 다른 표기인 σ^2에서 $\sigma^{시그마}$는 표준편차이다. 즉, 분산은 표준편차의 제곱이다. 분산 공식에서 $\mu^{뮤}$는 평균으로, 정의는 $\mu = \mathbb{E}[X]$이다. 여기서 X는 우리가 관심을 두는 결과들의 확률을 대표하는 **확률변수**(random variable)이다.

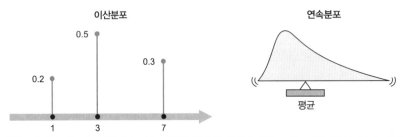

그림 7.6 왼쪽: 이산분포는 결과들의 NumPy 배열과 연관된 확률들의 NumPy 배열이라고 할 수 있다. 확률값들과 결괏값들의 수가 유한하다. 오른쪽: 연속분포는 무한히 많은 결과의 확률들을 나타낸다. y축은 확률밀도(주어진 결과가 작은 구간 안에 속할 확률)이다.

확률변수는 확률분포를 사용하는 또 다른 수단일 뿐이다. 확률변수에는 하나의 확률분포가 연관되며, 하나의 확률분포는 여러 개의 확률변수를 산출할 수 있다. 예를 들어 내일 기온에 관한 예측을 하나의 확률변수 T로 표현할 수 있다. 이를 확률변수라고 부르는 것은 그 값이 항상 결정론적으로 고정된 것이 아니라 어떤 확률분포에 따라 결정되기 때문이다. 확률변수는 수식 안에서 보통의 결정론적 변수처럼 사용할 수 있다. 단, 결정론적 변수에 확률변수를 더하면 새로운 확률변수가 나온다.

예를 들어 내일 기온이 오늘 기온에 약간의 무작위한 잡음을 더한 것이라고 가정한다면, 내일 기온을 $T = t_0 + e$라는 모형으로 표현할 수 있다. 여기서 e는 잡음에 해당하는 하나의 확률변수이다. 예를 들어 중심이 0이고 분산이 1인 **정규분포**(normal distribution; 또는 가우스 분포)를 이 잡음의 확률분포로 두면 될 것이다. 내일 기온 T는 결정론적인 변수 t_0에 확률변수를 더한 것이므로 확률변수이다. 이때 T의 확률분포는 여전히 분산이 1인 정규분포이다. 정규분포는 눈에 익은 종(bell) 모양의 곡선이다.

표 7.3은 흔히 쓰이는 분포 몇 가지를 정리한 것이다. 정규분포는 그 분산에 따라 넓거나 좁지만, 전반적인 형태는 동일하다. 반면 베타분포와 감마분포는 매개변수들에 따라 형태가 아주 다를 수 있다. 표에는 각각 두 가지 버전이 나와 있다. 확률변수는 X처럼 흔히 영문 대문자로 표기한다. 파이썬에서는 NumPy의 random 모듈을 이용해서 확률변수를 표현할 수 있다.

```
>>> t0 = 18.4
>>> T = lambda: t0 + np.random.randn(1)
>>> T()
array([18.94571853])
>>> T()
array([18.59060686])
```

표 7.3 흔히 쓰이는 확률분포

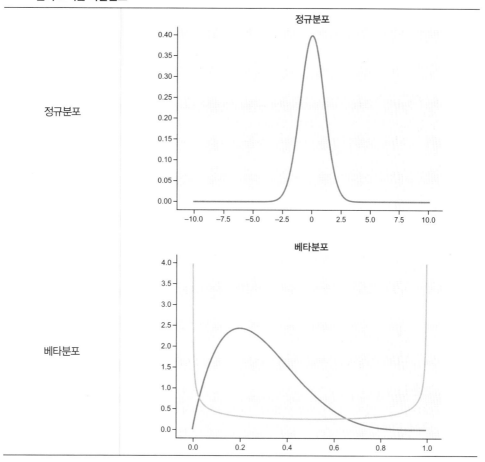

표 7.3 흔히 쓰이는 확률분포(계속)

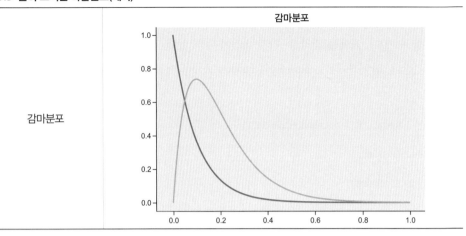

이 코드는 확률변수 T를, 인수를 받지 않는 하나의 익명 함수 T로 표현했다. 이 함수는 호출될 때마다 18.4에 작은 난수를 더해서 돌려준다. .randn(1)의 1은 이 확률변수의 분산이 1이라는 뜻이다. 즉, T는 대부분의 경우 18.4와의 차이가 1을 넘지 않는 값들을 돌려준다. 분산을 10으로 설정했다면 기온들의 차이가 더 커졌을 것이다. 일반적으로는 정보가 추가되면 분포의 분산이 줄어들지만, 새 정보 때문에 분산이 커질 수도 있다. 아주 의외의 사실을 알게 되어서 기존의 믿음이 흔들리는 경우에 그렇다.

7.3 벨먼 방정식

제1장에서 리처드 벨먼^{Richard Bellman}을 언급했다. 이번 절에서는 그의 이름을 딴 벨먼 방정식을 좀 더 자세히 살펴본다. 강화학습의 상당 부분이 이 벨먼 방정식에 기초하기 때문에, 강화학습 문헌들에서 벨먼 방정식을 자주 보게 된다. 단, 벨먼 방정식을 실제로 이해하지 못해도 강화학습을 위한 파이썬 코드를 작성하는 데에는 별 지장이 없으므로, 이번 절을 읽지 않고 그냥 §7.4로 넘어가도 된다. 이번 절은 배경 수학 지식에 관심이 있는 독자를 위한 것이다.

기억하겠지만, Q 함수는 주어진 상태–동작 쌍의 가치를 산출한다. 그리고 그 가치는 시간에 따라 할인된 보상들의 기대 가중합이다. 예를 들어 Gridworld 게임에서 Q 함수 $Q_\pi(s,a)$는 상태 s에서 동작 a를 취한 후 정책 π에 따라 계속해서 동작들을 취했을 때 받을 평균 보상(기대 보상)을 말해준다. 최적의 Q 함수, 즉 기대 보상을 완벽히 정확하게 예측하는 Q 함수를 $Q*$로 표기한다. Q 학습 과정에서 처음에는 무작위로 초기화한 Q 함수로 게임을 플레이한다. 그 함수는 Q 가치들을 아주 부정확하게 예측할 것이다. 그러나 보상에 따라 Q 함수를 갱신하는 과정을 거듭하면 Q 함수는 점차 최적의 Q^*에 가까워진다.

관측된 보상으로 Q 함수를 갱신할 때 사용하는 것이 바로 벨먼 방정식이다. Q 함수 갱신의 관점에서 벨먼 방정식을 정의하면 다음과 같다.

$$Q_\pi(s_t, a_t) \leftarrow r_t + \gamma \cdot V_\pi(s_{t+1}),$$

여기서 $V_\pi(s_{t+1}) = max[Q_\pi(s_{t+1}, a)]$이다.

즉, 현재 상태의 Q 가치 $Q_\pi(s_t, a)$를 다음 상태의 가치 $V_\pi(s_{t+1})$에 할인 계수 γ를 곱한 값을 관측된 보상 r_t에 더한 값으로 갱신해야 한다(공식의 왼쪽 화살표는 "우변의 값을 좌변의 변수에 배정한다"는 뜻이다). 다음 상태의 가치는 그냥 다음 상태에서 얻을 수 있는 최대의 Q 가치이다(가능한 동작마다 서로 다른 Q 가치를 얻으므로).

이 Q 함수를 신경망으로 근사하는 경우, 최적 Q 함수에 가까운 Q 함수를 학습하려면 벨먼 방정식의 좌변에 있는 예측된 $Q_\pi(s_t, a)$와 우변의 값의 오차가 최소가 되도록 신경망 매개변수들을 갱신해야 한다.

7.3.1 분포 벨먼 방정식

벨먼 방정식은 암묵적으로 환경이 결정론적이라고, 그래서 관측된 보상도 결정론적이라고(즉, 같은 상태에서 같은 동작을 취하면 항상 같은 보상이 나온다고) 가정한다. 그런데 이 가정이 항상 성립하지는 않는다. 사실 이 책의 예제들이 사용하는 모든 게임에는 어느 정도의 무작위성(불확실성)이 존재한다. 예를 들어 어떤 게임의 프레임들을 일부만 추출해서(하향표집) 입력으로 사용하는 경우, 원래는 서로 다른 두 상태가 그냥 동일한 상태로 에이전트에 입력될 수 있다. 그러면 관측된 보상에 어느 정도의 예측 불가능성이 생긴다.

환경에 불확실성이 존재한다는 사실을 반영하는 한 가지 방법은 결정론적 변수 r_t를 특정 확률분포와 연관된 확률변수 $R(s_t, a)$로 바꾸는 것이다. 한 상태가 다음 상태로 전이되는 과정에 어떤 무작위성이 존재한다면, Q 함수도 반드시 확률변수이어야 한다. 이 경우 벨먼 방정식을 다음과 같이 표현할 수 있다.

$$Q(s_t, a_t) \leftarrow \mathbb{E}[R(s_t, a)] + \gamma \cdot \mathbb{E}[Q(S_{t+1}, A_{t+1})]$$

환경의 상태가 확률적으로 전이하므로 Q 함수는 확률변수이다. 같은 상태에서 같은 동작을 취해도 그다음 상태가 항상 같지는 않으므로, 다음 상태들과 동작들에 관한 확률분포가 필요하다. 다음 상태-동작 쌍의 기대 Q 가치는 가능성이 가장 큰 다음 상태-동작 쌍에서 얻을 가능성이 가장 큰 Q 가치이다.

기댓값 연산자를 제거하면 완전한 분산 벨먼 방정식이 된다.

$$Z(s_t, a_t) \leftarrow R(s_t, a_t) + \gamma \cdot Z(S_{t+1}, A_{t+1})$$

하나의 가치를 돌려주는 보통의 Q 함수와 구분하기 위해 분포 Q 함수를 Z로 표기했다. 이후의 내용에서 이런 분포 Q 함수를 **가치 분포**(value distribution)라고 부르기도 한다. 원래의 벨먼 방정식으로 Q 학습을 진행하면 Q 함수는 이 가치 분포의 기댓값을 배우는 것에 그친다. 그러나 이번 장에서는 가치 분포를 돌려주는, 따라서 하나의 기댓값이 아니라 관측된 보상들의 분포를 배울 수 있는 좀 더 정교한 신경망을 살펴본다. 이번 장 앞부분에서 언급했듯이, 신경망이 하나의 기댓값이 아니라 분포 전체를 학습하게 하면 분포의 분산과 여러 모드를 참고해서 보상뿐만 아니라 '위험'도 고려하는 정책을 구현할 수 있다.

7.4 분포 Q 학습

앞에서 우리는 분포 심층 Q 신경망, 줄여서 분포 DQN(Dist-DQN)의 구현에 필요한 기본 개념들을 살펴보았다. 앞의 논의를 완전히 이해하지는 못해도 걱정할 필요는 없다. 예제 코드를 보면 차차 명확해질 것이다.

이번 장의 예제는 OpenAI Gym이 제공하는 아타리 게임 환경 중 가장 간단한 프리웨이^Freeway^(그림 7.7)를 플레이하는 에이전트이다. 상당히 간단한 환경이라서 평범한 노트북 컴퓨터로도 알고리즘을 훈련할 수 있다. 다른 장들과는 달리 여기서는 게임의 RAM 버전을 사용한다. OpenAI Gym의 게임 환경 목록(https://gym.openai.com/envs/#atari)을 보면 프리웨이 게임에 두 가지 버전이 있다. 여기서는 RAM 버전(이름에 -ram이 있는)을 사용한다.

프리웨이 게임은 닭을 상하로 조종해서 차도를 건너는 게임으로, 가능한 동작은 위로 이동(UP), 아래로 이동(DOWN), 가만히 있기(NO-OP) 세 가지이다. 닭이 차에 치이지 않고 차도 건너편에 도달하면 +1의 보상을 받는다. 제한된 시간 동안 세 마리의 치킨을 모두 건너편으로 보내야 하며, 그렇지 못하면 게임이 -1의 보상을 받는다.

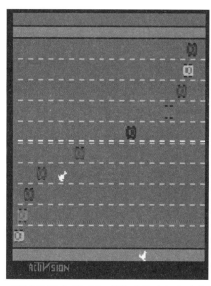

그림 7.7 아타리 게임 프리웨이의 화면. 목적은 차를 피해 닭을 움직여서 차도를 건너는 것이다.

이 책에서 아타리 게임을 환경으로 사용하는 다른 대부분의 예제는 게임 화면의 원본 픽셀들을 입력으로 해서 심층 강화학습 에이전트를 훈련하며, 이를 위해 합성곱 신경망을 사용한다. 그러나 이번 예제에서는 논의의 초점인 분포 DQN에 집중하기 위해, 그리고 훈련을 효율적으로 진행하기 위해 원본 픽셀 대신 압축된 게임 상태 표현을 사용한다(따라서 합성곱 신경망도 사용하지 않는다).

OpenAI Gym 게임들의 RAM 버전은 본질적으로 게임의 상태를 성분이 128개인 128차원 벡터로 압축해서 표현한다. 이 벡터에는 이를테면 각 게임 객체의 위치와 속도가 들어 있다. 128차원 벡터 정도면 조밀한 전결합(완전 연결) 신경망 층 몇 개로도 충분히 처리할 수 있다. 이번 장의 간단한 구현을 파악한 후에는 게임의 픽셀 버전에 도전해서 합성곱 신경망으로 분포 DQN을 구현해 보기 바란다.

7.4.1 파이썬의 확률분포 표현

§7.3을 건너뛴 독자라면, 분포 심층 Q 학습에서는 신경망으로 근사하려는 것이 주어진 상태-동작 쌍의 Q 가치 하나를 돌려주는 Q 함수 $Q_\pi(s,a)$가 아니라 상태-동작 쌍에 대한 Q 가치들의 확률변수에 해당하는 가치 분포 $Z_\pi(s,a)$를 근사하려는 것이라는 점만 기억하기 바란다. 결정론적인 결과를 하나의 **퇴화**(degenerate) 확률분포로 표현할 수 있다는 점에서, 이러한 확률적 공식화는 이전 장들에서 사용한 결정론적 알고리즘들까지도 포함한다. 퇴화 확률분포는 단하나의 결과에만 1의 확률이 배정된 분포이다(그림 7.8).

우선 파이썬에서 이산분포를 어떻게 표현하고 다루는지부터 살펴보자. 흔히 쓰이는 방법은 하나의 분포를 NumPy 배열 두 개로 표현하는 것이다. 한 배열은 발생 가능한 결과들을 담는다. 즉, 이 배열은 분포의 **지지집합**(support)이다. 다른 한 배열은 각 결과의 확률을 담는다. 따라서 두 배열은 길이가 같다. 이 지지집합 배열 또는 '지지 벡터(support vector)'와 확률 배열의 내적은 분포의 기댓값이다.

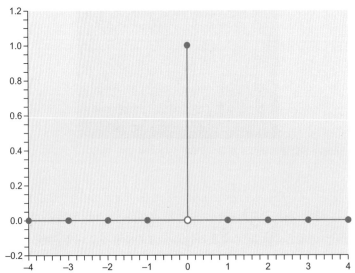

그림 7.8 한 결과의 확률만 1이고 나머지 모든 결과의 확률은 0인 퇴화 확률분포. 확률이 0이 아닌 결과들의 집합을 확률분포의 지지집합이라고 부른다. 퇴화 확률분포의 지지집합은 그 성분(지금 예에서는 값 0)이 하나이다.

그런데 가치 분포 $Z(s,a)$를 이런 식으로 다루려면 문제가 하나 있다. 바로, NumPy 배열은 크기가 유한하므로 유한한 개수의 결과들만 표현할 수 있다는 점이다. 보상들이 어떤 고정된 유한 구간을 벗어나지 않을 때도 있지만, 주식 시장처럼 보상의 값에 사실상 제한이 없는 경우도 있다. 배열 표현 방법에서는 표현 가능한 결괏값에 상한과 하한을 두는 수밖에 없다. 이 한계를 극복하는 방법이 논문 "Distributional Reinforcement Learning with Quantile Regression"(Dabney 외, 2017)에 나오는데, 이번 장 끝에서 논문의 방법을 간단히 소개하겠다.

이번 프리웨이 예제에서는 결과의 하한과 상한을 -10과 +10으로 정하기로 한다. **비단말**(nonterminal)에 해당하는 모든 시간 단계(즉, 게임 승리나 패배가 아닌 모든 상태)에서 에이전트는 -1의 보상을 받는다. 이러한 벌점은 에이전트가 시간을 너무 끌지 않게 하기 위한 것이다. 닭이 차도를 성공적으로 건너면 +10의 보상을 받고, 게임에서 지면(주어진 시간 내에 차도를 건너지 못하면) -10의 보상을 받는다. 닭이 차에 쳐도 게임이 끝나지는 않는다. 그냥 처음 위치로 되돌아갈 뿐이다.

이번 예제의 분포 DQN은 128차원 벡터로 표현된 상태를 받고 크기가 같은 세 개의 텐서를 돌려준다. 각 텐서는 주어진 입력 상태에 대한 각 동작(UP, DOWN, NO-OP)의 지지집합에 관한 확률분포이다. 지지집합의 성분이 51개이므로, 확률분포의 성분도 51개이다.

무작위로 초기화된 분포 DQN으로 시작해서 동작 UP을 취해서 -1의 보상을 받았다고 할 때, 이 보상으로 분포 DQN을 어떻게 갱신해야 할까? 목표 분포는 무엇이고 두 분포의 오차(손실)를 어떻게 계산할까? 간단하게만 말하면 이렇다. 다음 상태 s_{t+1}에 대해 분포 DQN이 돌려준 분포를 사전분포로 둔다. 그 분포를 관측된 보상 r_t로 갱신해서, 확률들이 그 r_t 쪽으로 재분포된 사후분포를 얻는다.

균등분포로 시작해서 보상 $r_t = -1$을 관측했다고 하면, 사후분포는 더 이상 균등분포가 아니지만 그래도 여전히 균등분포에 아주 가깝다(그림 7.9). 같은 상태에 대해 계속해서 $r_t = -1$의 보상만 관측된다면 분포는 -1을 중심으로 좁게 솟은 모습이 된다. 보통의 Q 학습에서는 향후 보상(미래의 보상)이 현재 상태의 가치에 미치는 영향을 할인 계수 $\gamma^{\text{감마}}$로 제어했다. 분포 Q 학습에서도 γ는 비슷한 용도로 쓰인다. 단, 이 경우 γ는 사전분포를 관측된 보상 쪽으로 어느 정도나 크게 갱신할 것인지를 제어한다(그림 7.10).

향후 보상들을 크게 할인한다면 사후분포는 최근 관측된 보상에 집중된다. 향후 보상들을 작게 할인하면 관측된 보상은 사전분포 $Z(S_{t+1}, A_{t+1})$를 조금만 갱신한다. 프리웨이 게임은 긍정적 보상이 희소하므로(꽤 많은 동작을 수행한 후에야 승리 보상을 얻을 수 있다), 사전분포가 조금만 갱신되도록 γ를 설정하는 것이 바람직하다.

목록 7.1은 초기 분포로 사용할 균등 이산분포를 설정하는 방법과 그것을 그래프로 표시하는 방법을 보여준다.

목록 7.1 NumPy로 이산 확률분포를 설정하는 예

```
import torch
import numpy as np
from matplotlib import pyplot as plt

vmin,vmax = -10.,10.              ❶
nsup=51                           ❷
support = np.linspace(vmin,vmax,nsup)  ❸
probs = np.ones(nsup)
probs /= probs.sum()
z3 = torch.from_numpy(probs).float()
plt.bar(support,probs)           ❹
```

❶ 분포 지지집합의 최솟값과 최댓값을 설정한다.

❷ 지지집합의 크기(성분 개수)를 설정한다.

❸ -10에서 +10까지의 수들이 균등하게 분산된 지지집합 텐서(지지 벡터)를 만든다.

❹ 지지집합과 확률 배열(probs)로 표현된 확률분포를 그래프로 그린다.

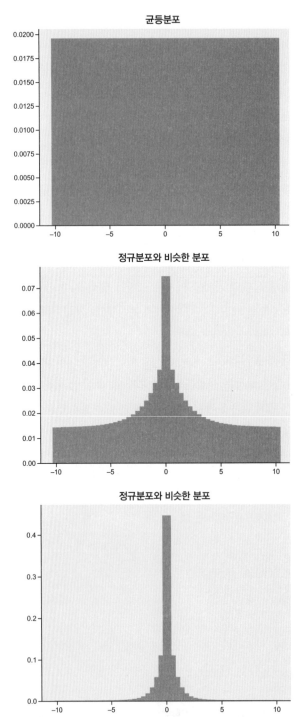

그림 7.9 이산분포를 관측된 보상에 기초해서 갱신하는 예. 갱신 과정은 사전분포를 추가 정보에 따라 사후분 포로 갱신하는 일종의 베이즈 추론에 해당한다. 처음에는 균등분포로 시작하지만(위), 보상 0을 관측 함에 따라 분포가 0을 중심으로 한 정규분포 비슷한 모습이 되며(중간), 보상 0을 더 많이 관측하면 0 을 중심으로 더욱더 좁은 모양의 분포로 변한다(아래).

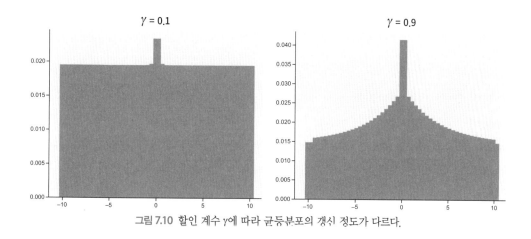

그림 7.10 할인 계수 γ에 따라 균등분포의 갱신 정도가 다르다.

그럼 확률분포를 갱신하는 방법으로 넘어가자. 보상 r과 지지 벡터(지지집합) support, 확률 배열 probs를 받고 해당 사후분포를 돌려주는 update_dist(r, support, probs)라는 함수를 만들고자 한다. 프리웨이 게임의 경우 분포의 지지집합은 –10에서 10까지의 값(기대 보상) 51개를 담은 벡터이다.

```
>>> support
array([-10. ,  -9.6,  -9.2,  -8.8,  -8.4,  -8. ,  -7.6,  -7.2,  -6.8,
        -6.4,  -6. ,  -5.6,  -5.2,  -4.8,  -4.4,  -4. ,  -3.6,  -3.2,
        -2.8,  -2.4,  -2. ,  -1.6,  -1.2,  -0.8,  -0.4,   0. ,   0.4,
         0.8,   1.2,   1.6,   2. ,   2.4,   2.8,   3.2,   3.6,   4. ,
         4.4,   4.8,   5.2,   5.6,   6. ,   6.4,   6.8,   7.2,   7.6,
         8. ,   8.4,   8.8,   9.2,   9.6,  10. ])
```

지지집합의 성분 중 주어진 보상 값에 가장 가까운 것을 찾아야 한다. 예를 들어 관측된 보상이 $r_i = -1$이라면, 이에 가장 가까운 지지 벡터 성분은 –1.2와 –0.8이다. 둘 중 한 성분을 정해서 그 색인을 파악한다. 이 지지 벡터는 상수이다. 즉, 훈련 과정 전체에서 전혀 갱신되지 않는다. 갱신되는 것은 해당 확률들뿐이다.

지지 벡터의 성분들은 모두 간격이 0.4이다. NumPy의 linspace 함수는 등차수열에 해당하는 벡터를 돌려준다. 이때 공차(간격)는 $\frac{v_{max} - v_{min}}{N-1}$으로 주어지는데, 분자의 두 항은 지지 벡터 성분들의 최댓값과 최솟값이고 N은 지지 벡터의 크기(성분 개수)이다. 이 공식에 최댓값 10과 최솟값 –10, 개수 $N = 51$을 대입하면 실제로 0.4가 나온다. 이 간격을 dz(delta Z를 줄인 것이다)로 표기하기로 하자. 주어진 보상에 가장 가까운 지지 벡터 성분의 색인이 b_j라고 할 때, 이 색인은 $b_j = \frac{r - v_{min}}{dz}$으로 주어진다. 그런데 이 b_j가 정수가 아닐 수도 있으므로, np.round(...)로 반올림해서 정수 색인을 얻는다. 예를 들어 관측된 보상이 $r_i = -2$이면 $b_j = \frac{-2 - (-10)}{0.4} = \frac{-2 + 10}{0.4} = 20$이다. 색인이 20인 지지 성분은 –2이다. 이 경우는 색인을 반올림할 필요도 없고, 관측된 보상이 지지 벡터 성분과 일치한다. 이 색인 20은 곧 확률 배열에서 지지 성분 20에 대응되는 확률값의 색인이다.

관측된 보상에 대응되는 지지 성분의 색인을 찾았다면, 그 성분 부근으로 확률질량을 재분포해서 확률분포를 갱신한다. 확률질량을 재분포할 때는 확률 총합이 1이 되게 하는 데 신경을 써야 한다. 그래야 유효한 확률분포가 되기 때문이다. 확률질량을 재분포하는 방법은 이렇다. 먼저, 보상에 해당하는 지지 성분의 좌, 우 성분의 확률질량에서 일정 부분을 떼어내서 보상에 해당하는 지지 성분의 확률질량에 더한다. 그런 다음, 그 좌, 우 성분 각각에 대해서도 마찬가지로 그 주변 성분들의 확률질량을 떼어서 더한다(그림 7.11). 이런 과정을 확률분포의 제일 왼쪽과 제일 오른쪽까지 반복한다. 이 과정에서, 주변 성분의 확률질량을 떼어내는 정도를 지수적으로 감소한다.

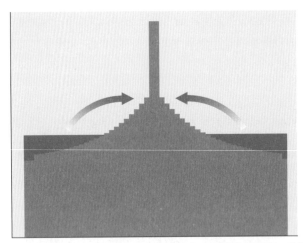

그림 7.11 update_dist 함수는 주변 성분들의 확률을 관측된 보상 값에 해당하는 성분 쪽으로 모아준다.

이러한 확률 재분포 작업을 수행하는 update_dist 함수가 목록 7.2에 나와 있다. 이 함수는 앞에서 언급한 보상과 지지 벡터 및 확률 배열(그리고 몇 가지 추가적인 매개변수들)을 받고 확률질량이 관측된 보상 쪽으로 재분포된 새 확률분포를 돌려준다.

목록 7.2 확률분포의 갱신

```
def update_dist(r,support,probs,lim=(-10.,10.),gamma=0.8):
    nsup = probs.shape[0]
    vmin,vmax = lim[0],lim[1]
    dz = (vmax-vmin)/(nsup-1.)          ❶
    bj = np.round((r-vmin)/dz)          ❷
    bj = int(np.clip(bj,0,nsup-1))      ❸
    m = probs.clone()
    j = 1
```

```
        for i in range(bj,1,-1):                    ❹
            m[i] += np.power(gamma,j) * m[i-1]
            j += 1
        j = 1
        for i in range(bj,nsup-1,1):                 ❺
            m[i] += np.power(gamma,j) * m[i+1]
            j += 1
        m /= m.sum()                                 ❻
        return m
```

❶ 지지 벡터의 간격(공차)을 구한다.

❷ 관측된 보상에 가장 가까운 지지 성분의 색인을 구한다.

❸ 유효한 범위의 색인이 되게 한다.

❹ 왼쪽 성분들의 확률 일부를 떼어온다.

❺ 오른쪽 성분들의 확률 일부를 떼어온다.

❻ 각 확률을 총합으로 나누어서 확률들의 합이 1이 되게 한다.

그럼 이 함수의 작동 과정을 따라가 보자. 목록 7.1에서 만든 균등분포 배열 probs가 초기 확률분포(셋째 매개변수)로 주어졌다고 가정한다.

```
>>> probs
array([0.01960784, 0.01960784, 0.01960784, 0.01960784, 0.01960784,
       0.01960784, 0.01960784, 0.01960784, 0.01960784, 0.01960784,
       0.01960784, 0.01960784, 0.01960784, 0.01960784, 0.01960784,
       0.01960784, 0.01960784, 0.01960784, 0.01960784, 0.01960784,
       0.01960784, 0.01960784, 0.01960784, 0.01960784, 0.01960784,
       0.01960784, 0.01960784, 0.01960784, 0.01960784, 0.01960784,
       0.01960784, 0.01960784, 0.01960784, 0.01960784, 0.01960784,
       0.01960784, 0.01960784, 0.01960784, 0.01960784, 0.01960784,
       0.01960784, 0.01960784, 0.01960784, 0.01960784, 0.01960784,
       0.01960784, 0.01960784, 0.01960784, 0.01960784, 0.01960784,
       0.01960784])
```

즉, 처음에는 모든 지지 성분의 확률이 약 0.2이다. 관측된 보상이 r_i=-1이면, 해당 지지 성분의 색인은 b_j≈22이다. 그러면 바로 왼쪽 성분과 오른쪽 성분의 색인은 21과 23이다. 이들의 확률이 각각 m_l과 m_r이라고 하자. m_l에 할인 계수 γ^j을 곱한 결과를 지지 성분의 확률에 더한다. 여기서 j는 1에서 시작해서 1씩 증가한다. 따라서 할인 계수는 γ^1, γ^2, . . . γ^j으로 지수적으로 감소한다. γ는 0과 1 사이의 값임을 기억할 것이다. 예를 들어 γ=0.5이면 할인 계수들은 0.5, 0.25, 0.125, 0.0625, ... 등으로 감소한다. 지지 성분의 확률과 그 좌, 우 성분들의 확률이 모두 0.02라고 할 때, 왼쪽 성분 확률에서 0.5×0.02=0.01을 취하고 오른쪽 성분에서도 마찬가지로 방식으로 0.5×0.02=0.01을 취해서 지지 성분의 확률에 더한다. 그러면 지지 성분의 확률은 0.01+0.01+0.02=0.04가 된다.

이제 색인이 21인 왼쪽 성분에 대해서도 같은 방식으로 색인 20과 색인 22의 확률들을 할인해서 더한다. 단, 이때는 할인 계수가 γ^2이므로 이전보다는 더 적은 비율로 확률을 떼어간다. 색인이 23인 오른쪽 성분도 마찬가지로 처리한다. 이런 식으로 좌, 우 성분에서 확률 일부를 떼어서 더하는 과정을 재귀적으로 반복한다. γ가 1에 가까운 값(이를테면 0.99)이면 상당한 확률질량이 r_i 부근으로 재분포된다.

목록 7.3은 이 update_dist 함수를 시험해 보는 코드이다. –1의 보상으로 균등분포를 갱신한다.

목록 7.3 하나의 관측값으로 확률질량을 재분포하는 예

```
ob_reward = -1
Z = torch.from_numpy(probs).float()
Z = update_dist(ob_reward,torch.from_numpy(support).float(),
                Z,lim=(vmin,vmax),gamma=0.1)
plt.bar(support,Z)
```

그림 7.12에서 보듯이, 확률분포가 전체적으로 균등하긴 하지만 –1 부근에 두드러진 '돌출부'가 있다. 이 돌출부 또는 봉우리의 크기와 형태는 할인 계수 γ에 따라 달라진다. 목록 7.3의 코드에서 gamma 매개변수의 값을 여러 가지로 변경해서 시험해 보기 바란다.

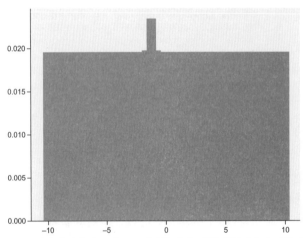

그림 7.12 균등 확률분포를 하나의 관측된 보상으로 갱신한 결과. 일부 확률질량이 관측된 보상에 해당하는 지지 성분 쪽으로 재분포되었다.

그럼 다양한 보상들로 확률분포를 갱신하면 어떤 모습의 확률분포가 나오는지 시험해 보자. (이 보상들은 그냥 임의로 만들어 낸 것이다. 프리웨이 게임에서 실제로 얻은 보상들은 아니다.) 보상들(ob_rewards)의 분포를 보면, 봉우리(모드)가 여러 개인 다봉분포가 나오리라고 짐작할 수 있다.

```
ob_rewards = [10,10,10,0,1,0,-10,-10,10,10]
for i in range(len(ob_rewards)):
    Z = update_dist(ob_rewards[i], torch.from_numpy(support).float(), Z, \
                    lim=(vmin,vmax), gamma=0.5)
plt.bar(support, Z)
```

그림 7.13에서 보듯이 실제로 봉우리가 여러 개인 분포가 되었다. 봉우리들은 다양한 보상들, 즉 10, 0, 1, -10에 대응된다. 가장 높은 봉우리(분포의 모드 또는 최빈값)는 10인데, 실제로 보상 배열을 보면 10이 제일 많다.

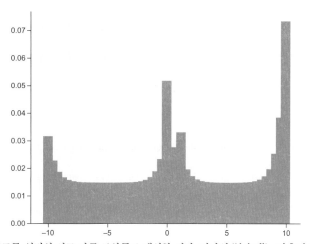

그림 7.13 균등분포를 일련의 서로 다른 보상들로 갱신한 결과. 각각의 '봉우리'는 관측된 보상에 대응된다.

다음으로, 균등 사전분포에서 출발해서 같은 보상을 여러 번 관측하면 어떤 모습이 되는지 살펴보자. 분산이 작아지고 분포가 좁아져야 마땅하다.

목록 7.5 같은 보상을 거듭 관측해서 분산이 줄어드는 예

```
ob_rewards = [5, 5, 5, 5, 5, 5, 5, 5, 5, 5, 5, 5, 5, 5, 5, 5, 5, 5, 5, 5]
for i in range(len(ob_rewards)):
    Z = update_dist(ob_rewards[i], torch.from_numpy(support).float(),
                    Z, lim=(vmin,vmax), gamma=0.7)
plt.bar(support, Z)
```

그림 7.14에서 보듯이 균등분포가 분산이 훨씬 작은, 5를 중심으로 한 정규분포 비슷한 분포로 바뀌었다. 이상의 실험으로 볼 때 update_dist 함수는 의도한 대로 잘 작동하는 것으로 보인다. 이번 예제에서 이 함수는 분포 DQN이 근사하고자 하는 목표 분포를 생성하는 데 쓰인다. 그럼 프리웨이 게임을 위한 분포 DQN을 구현해 보자.

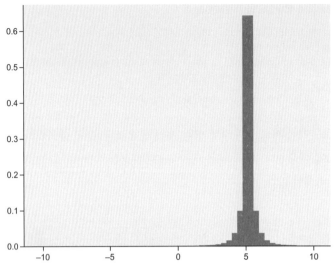

그림 7.14 균등분포를 동일한 보상을 여러 번 관측해서 갱신한 결과. 균등분포가 정규분포 비슷한 분포로 수렴했다.

7.4.2 분포 DQN의 구현

앞에서 잠깐 언급했듯이, 이 예제의 분포 DQN은 입력된 128차원 상태 벡터를 두 개의 조밀한 순방향 신경망 층으로 처리하고, 하나의 for 루프를 이용해서 마지막 층의 결과에 세 개의 행렬을 각각 곱해서 세 개의 분포 벡터를 얻는다. 마지막으로, 그 벡터들에 소프트맥스 함수를 적용해서 유효한 확률분포들을 얻는다. 즉, 전체적으로 이 분포 DQN은 출력 '단자'가 세 개인 하나의 순방향 신경망이다. 이 세 확률분포를 하나의 3×51 행렬에 담은 것이 이 분포 DQN의 최종 출력이다. 이 행렬의 각 행은 각 동작(UP, DOWN, NO-OP)의 확률분포이다. 그림 7.15에 이 분포 DQN의 전체적인 구조와 텐서 변환 과정이 나와 있다. 목록 7.6은 이 분포 DQN을 구현한 함수이다.

그림 7.15 분포 DQN은 128차원 상태 벡터를 받아서 51차원 확률분포 벡터 세 개를 산출한다. 그 세 벡터를 쌓아서 하나의 3×51 행렬을 만든다.

목록 7.6 분포 DQN을 구현한 함수

```
def dist_dqn(x,theta,aspace=3):                         ❶
    dim0,dim1,dim2,dim3 = 128,100,25,51                 ❷
    t1 = dim0*dim1
    t2 = dim2*dim1
    theta1 = theta[0:t1].reshape(dim0,dim1)             ❸
    theta2 = theta[t1:t1 + t2].reshape(dim1,dim2)
    l1 = x @ theta1                                     ❹
    l1 = torch.selu(l1)
    l2 = l1 @ theta2                                     ❺
    l2 = torch.selu(l2)
    l3 = []
    for i in range(aspace):                             ❻
        step = dim2*dim3
        theta5_dim = t1 + t2 + i * step
        theta5 = theta[theta5_dim:theta5_dim+step].reshape(dim2,dim3)
        l3_ = l2 @ theta5                               ❼
        l3.append(l3_)
    l3 = torch.stack(l3,dim=1)                          ❽
    l3 = torch.nn.functional.softmax(l3,dim=2)
    return l3.squeeze()
```

❶ x는 128차원 상태 벡터이고 theta는 신경망 매개변수 벡터, aspace는 동작 공간의 크기이다.

❷ 신경망 층의 차원들이다. theta의 매개변수들을 적절한 크기의 행렬로 꾸리는 데 쓰인다.

❸ theta의 첫 부분으로 첫 층의 행렬을 만든다.

❹ 이 계산의 우변은 B×128 텐서 곱하기 128×100 텐서, 좌변은 B×100 텐서이다(B는 배치 크기).

❺ 이 계산의 우변은 B×100 텐서 곱하기 100×25 텐서, 좌변은 B×25 텐서이다.

❻ 각 동작의 동작 가치 분포를 구한다.

❼ 이 계산의 우변은 B×25 텐서 곱하기 25×51 텐서, 좌변은 B×51 텐서이다.

❽ 마지막 층의 차원은 B×3×51이다.

이번 장의 예제는 경사 하강법을 직접 구현한다. 경사 하강법을 좀 더 쉽게 구현하기 위해, 여러 신경망 층 행렬을 하나의 매개변수 벡터로 합쳐서 사용한다. 위의 함수는 그러한 매개변수 벡터(theta)를 받아서 그 벡터의 성분들로 적절한 크기의 행렬들을 복원한다. 여러 개의 개별 항목들에 경사 하강법을 적용하는 것보다 이렇게 벡터 하나에 경사 하강법을 적용하는 것이 더 쉽다. 또한, 이번 예제는 제3장에서처럼 목표망을 따로 둔다. 따라서 그냥 theta의 복사본을 유지하고 그것을 동일한 dist_dqn 함수에 넘겨주기만 하면 된다.

이 예제의 신경망에서 주목할 또 다른 특징은 신경망의 출력 단자가 여러 개라는 것이다. 일반적으로 하나의 신경망은 하나의 결과를 출력하지만, 이번 예제에서는 세 동작의 확률분포에 해당하는 세 개의 벡터를 얻어야 한다. 이를 위해 dist_dqn은 for 루프로 동작 공간을 훑으면서 세 동작 각각에 대해 l2와 해당 매개변수(신경망 층 행렬)를 곱해서 세 개의 출력 벡터를 얻는다. 마지막으로, 함수는 그 세 벡터를 하나의 행렬로 합치고 소프트맥스를 적용해서 각 행이 유효한 확률분포가 되게 한 후, squeeze를 적용해 하나의 매개변수 벡터로 변환해서 돌려준다.

이제 이 분포 DQN의 출력과 보상, 동작을 받고 분포 DQN 훈련 시 목표로 삼을 목표 확률분포를 생성하는 함수로 넘어가자. 이 함수는 실제로 취한 동작에 연관된 분포만 앞에서 본 update_dist 함수를 사용해서 갱신한다. 제3장에서 배웠듯이, 게임이 종료 상태(말단 상태)에 도달한 경우에는 목표를 다르게 잡아야 한다. 종료 상태에서는 더 이상의 미래 상태가 없기 때문에, 관측된 보상이 곧 기대 보상이다. 따라서 벨먼 갱신 공식은 $Z(s_t, a_t) \leftarrow R(S_t, A_t)$로 단순화된다. 종료 상태에서는 하나의 보상만 관측되며 갱신할 사전분포라는 것이 없으므로, 목표 분포는 소위 **퇴화 분포**가 된다. 퇴화 확률분포를 줄인 퇴화 분포는 모든 확률질량이 하나의 결과에 몰려 있는 확률분포이다.

목록 7.7 목표 분포 계산

```
def get_target_dist(dist_batch,action_batch,reward_batch,support,
                    lim=(-10,10),gamma=0.8):
    nsup = support.shape[0]
    vmin,vmax = lim[0],lim[1]
    dz = (vmax-vmin)/(nsup-1.)
    target_dist_batch = dist_batch.clone()
    for i in range(dist_batch.shape[0]):                             ❶
        dist_full = dist_batch[i]
        action = int(action_batch[i].item())
        dist = dist_full[action]
        r = reward_batch[i]
        if r != -1:                                                 ❷
            target_dist = torch.zeros(nsup)
            bj = np.round((r-vmin)/dz)
            bj = int(np.clip(bj,0,nsup-1))
            target_dist[bj] = 1.
        else:                                                       ❸
            target_dist = update_dist(r,support,dist,lim=lim,gamma=gamma)
        target_dist_batch[i,action,:] = target_dist                 ❹

    return target_dist_batch
```

❶ 배치 크기만큼 반복한다.

❷ 보상이 -1이 아니면 종료 상태인 것이다. 그러면 목표 분포는 보상 값에 모든 확률질량이 집중된 퇴화 분포이다.

❸ 종료 상태가 아니면 목표 분포는 사전분포를 베이즈 추론 방식으로 갱신한 분포이다.

❹ 실제로 취한 동작의 분포만 갱신한다.

get_target_dist 함수는 $B \times 3 \times 51$ 텐서를 입력받아서 같은 크기의 텐서를 돌려주는데, 여기서 B는 배치batch의 크기(훈련 견본 개수)이다. 예를 들어 배치에 훈련 견본이 하나뿐이면 입력 데이터는 $1 \times 3 \times 51$이다. 만일 에이전트가 동작 1을 취해서 -1의 보상을 얻었다면, 함수는 입력 $1 \times 3 \times 51$ 텐서 중 동작 1의 확률분포에 해당하는 1×51 행렬 하나만 보상 -1로 갱신한 $1 \times 3 \times 51$ 텐서를 돌려준다. 만일 보상이 10이면 게임이 끝난 것이므로, 동작 1의 1×51 확률분포는 보상 10(색인 50)에 연관된 확률만 1이고 나머지는 모두 0인 퇴화 분포로 갱신된다.

7.5 확률분포의 비교

분포 DQN과 목표 분포 생성 함수를 갖추었으니, 이제 분포 DQN이 예측한 동작 가치 분포를 목표 분포와 비교해서 오차 또는 손실을 계산하는 함수를 만들어야 한다. 손실을 구한 다음에는 통상적인 방식으로 경사 하강법을 진행해서 분포 DQN의 매개변수들을 갱신한다(다음번에 좀 더 정확한 분포를 예측하도록). 두 스칼라 집합 또는 두 벡터 집합의 거리를 최소화하는 것이 목적일 때는 흔히 평균제곱오차(mean squared error, MSE)로 손실을 계산하지만, 두 확률분포의 차이를 계산하기에는 평균제곱오차가 그리 적합하지 않다. 확률분포들의 손실함수로 사용할 수 있는 함수는 여러 가지이다. 두 확률분포의 차이 또는 거리를 측정하는, 그리고 그 거리를 최소화하는 데 사용할 수 있는 것이면 어떤 함수라도 가능하다.

기계학습의 기본은 하나의 매개변수 모형(이를테면 신경망)을, 어떤 데이터 집합에서 얻은 경험적 데이터에 좀 더 가까운 데이터를 예측 또는 산출하도록 훈련하는 것이다. 확률적 접근 방식에서 신경망은 인위적인 합성 데이터를 생성하는 수단이라 할 수 있으며, 신경망을 훈련한다는 것은 어떤 경험적 데이터 집합에 가까운, 좀 더 사실적인 데이터를 산출하도록 매개변수들을 갱신하는 것에 해당한다. 이처럼 데이터를 생성하는 매개변수 모형을 **생성 모형**(generative model)이라고 부른다. 생성 모형 훈련의 목표는 모형이 어떤 훈련 데이터 집합(경험적 데이터 집합)에 아주 가까운 데이터를 생성하게 하는 것이다.

예를 들어 유명인의 얼굴 사진을 산출하는 생성 모형을 만든다고 하자(그림 7.16). 그러려면 훈련 데이터가 필요하다. 다행히, 윌 스미스나 브리트니 스피어스 같은 연예인을 비롯한 여러 유명인의 고화질 사진 수십만 장을 담은 CelebA라는 공개 데이터 집합이 있으니 그걸 사용하면 된다. 우리가 만들고자 하는 생성 모형을 P라고 하고, CelebA 같은 경험적 데이터 집합을 Q라고 하자.

그림 7.16 어떤 경험적 데이터 집합과 비슷한 표본을 생성할 확률이 최대화되도록 훈련한 확률적 모형은 하나의 생성 모형이 될 수 있다. 훈련 이전에는 생성 모형이 훈련 데이터 집합에서 취한 견본들에 낮은 확률을 부여한다. 그러나 각 훈련 주기에서 생성 모형의 매개변수들은 훈련 견본과 비슷한 데이터를 생성할 확률들이 커지도록 갱신된다. 훈련 주기를 충분히 반복하면 생성 모형은 경험적 데이터의 견본들에 높은 확률을 부여한다. 따라서 그 분포에서 데이터를 추출하면 경험적 데이터 집합과 비슷한 모습의 새로운 합성 데이터가 나온다.

데이터 집합 Q의 이미지들은 현실 세계에서 추출한 하나의 표본인데, 사람들이 찍었고 앞으로도 찍을 모든 이미지 집합에 비하면 아주 작은 표본일 뿐이다. 예를 들어 Q에는 윌 스미스의 이미지가 하나뿐일 수 있지만, 그 이미지와는 조금 다른 각도에서 윌 스미스를 찍은 또 다른 사진도 얼마든지 있을 것이며, 그런 사진들은 데이터 집합 Q의 일부가 될 수 있다. 그러나 윌 스미스 머리 위에 아기 코끼리가 올려져 있는 사진은, 불가능하지는 않겠지만 존재할 가능성이 작으므로(누가 자기 머리에 아기 코끼리를 올리겠는가?) 데이터 집합 Q의 일부일 가능성도 작다.

유명인마다 그 사진이 존재할 확률이 모두 같지는 않다. 이를 확률론의 어법으로 말한다면, 현실 세계에는 유명인 이미지들에 관한 하나의 확률분포가 존재한다. 유명인 사진들에 관한 이러한 진(true) 확률분포를 $Q(x)$로 표현할 수 있다. 여기서 x는 임의의 이미지이다. $Q(x)$는 그 이미지가 세상에 존재할 확률에 해당한다. x가 데이터 집합 Q에 있는 한 이미지라면, 그 이미지가 세상에 존재하는 것이 확실하므로 $Q(x) = 1.0$이다. 그러나 데이터 집합 Q에는 없지만 세상에 존재할 가능성이 있는 어떤 이미지라면 $Q(x)$는 0보다 크고 1보다 작은 어떤 값(이를테면 0.9)이다.

처음에 생성 모형 P를 무작위로 초기화하면, P는 그냥 백색 잡음(white noise) 같은 이미지를 산출할 뿐이다. 이러한 생성 모형을 하나의 확률변수로 간주할 수 있다. 모든 확률변수에는 확률분포가 연관된다. P의 확률분포를 $P(x)$로 표기하자. 이 확률분포는 특정한 이미지의 생성 확률을 말해준다. 처음에는 모든 이미지의 확률이 대체로 비슷할 것이며, 모든 확률의 합은 1이어야 하고 이미지들이 상당히 많으므로, 모든 이미지의 확률은 상당히 낮은 값일 것이다. 예를 들어 Q("윌 스미스 사진")은 1.0이지만 P("윌 스미스 사진")은 아주 작은 값이다.

데이터 집합 Q를 이용해서 그럴듯한 유명인 사진을 생성하도록 생성 모형 P를 훈련하려면 생성 모형이 데이터 집합 Q의 이미지들에 높은 확률을 부여하게 만들어야 할 뿐만 아니라 Q에는 없지만 Q에 속할 만한 다른 이미지들에도 높은 확률을 부여하게 해야 한다. 수식으로 표현하자면, 다음 비(ratio)를 최대화해야 한다.

$$LR = \frac{P(x)}{Q(x)}$$

이 비를 $P(x)$와 $Q(x)$의 **가능도비**(likelihood ratio, LR) 또는 우도비라고 말한다. 이 맥락에서 **가능도**는 곧 **확률**이다.

훈련되지 않은 P의 경우, Q에 존재하는 윌 스미스 이미지에 대한 가능도비는 다음처럼 상당히 낮을 것이다.

$$LR = \frac{P(x = 윌\ 스미스\ )}{Q(x = 윌\ 스미스\ )} = \frac{0.0001}{1.0} = 0.0001$$

이처럼 작은 초기의 가능도비를, 생성 모형의 매개변수들을 역전파와 경사 하강법으로 갱신해서 최대한 크게 만드는 것이 훈련의 목표이다. 즉, 이 가능도비가 바로 훈련 과정에서 최대화할 목적함수이다(구현상으로는 음의 가능도비를 최소화한다).

물론, 특정 이미지 하나의 가능도비만 최대화하는 것은 아니다. 생성 모형은 데이터 집합 Q의 모든 이미지에 관한 전체 확률을 최대화해야 한다. 여기서 전체 확률(total probability) 또는 전확률은 모든 견본(개별 이미지)의 확률을 곱한 것이다(A와 B가 같은 확률분포를 따르는 독립적인 결과들일 때, A와 B의 확률은 A의 확률에 B의 확률을 곱한 것이므로). 정리하자면, 확률적 생성 모형의 목적함수는 데이터 집합의 각 견본의 가능도비들을 모두 곱한 것이다. 표 7.4에 해당 수식이 나와 있다. 이전에도 언급했지만, 이런 수식은 그냥 바탕 개념을 설명하기 위한 것일 뿐이니 일일이 외우려 들 필요는 없다.

표 7.4 가능도비의 공식과 파이썬 구현

수식	파이썬
$LR = \prod_i \frac{P(x_i)}{Q(x_i)}$	```python\np = np.array([0.1,0.1])\nq = np.array([0.6,0.5])\ndef lr(p,q):\n return np.prod(p/q)\n```

그런데 이 목적함수를 그대로 구현하기에는 문제가 하나 있다. 다수의 작은 확률들을 모두 곱하면 더욱더 작은 확률이 나오는데, 컴퓨터에서 실수를 표현하는 데 쓰이는 부동소수점

형식의 정밀도는 유한하기 때문에 부정확한 결과가 나온다. 이런 수치 불안정성 문제를 피하기 위해 흔히 확률 대신 로그 확률(즉, 로그 가능도)을 사용한다. 0에서 1 사이의 확률에 로그를 씌우면 음의 무한대(확률 0에 해당)에서 0(확률 1에 해당) 사이의 값이 나오므로 부동소수점 표현의 정밀도 문제가 완화된다.

로그는 또한 곱셈을 덧셈으로 바꾸는 성질도 있다. 즉, $\log(ab) = \log(a) + \log(b)$이다. 컴퓨터에서 곱셈보다 덧셈이 수치 불안정성 문제가 훨씬 덜하므로 이는 좋은 성질이다. 표 7.5는 로그 가능도비의 공식과 코드이다. 표 7.4의 가능도비와는 달리 승산(곱셈)이 아니라 합산을 사용함을 주목하자.

표 7.5 로그 가능도비의 공식과 파이썬 구현

수식	파이썬

$LR = \sum_i \log\left(\dfrac{P(x_i)}{Q(x_i)}\right)$	```p = np.array([0.1,0.1])```
	```q = np.array([0.6,0.5])```
	```def lr(p,q):```
	``` return np.sum(np.log(p/q))```

가능도 공식보다 이 로그 가능도 공식이 컴퓨터로 계산하기에 좋다. 그런데 아직도 손볼 점이 있다. 우리가 원하는 로그 가능도비는 모든 가능도를 그대로 합한 것이 아니라 개별 견본의 비중에 따라 서로 다른 가중치를 적용해서 합한 것이어야 한다. 유명한 사람일수록 사진이 많이 찍혀서 데이터 집합에 그 사진이 존재할 가능성이 더 크다는 점을 생각하면, 예를 들어 윌 스미스 이미지에 대한 확률은 그보다 덜 유명한 배우의 이미지에 대한 확률보다 커야 한다. 다른 말로 하면, 우리의 모형은 현실 세계에 존재할 가능성이 더 큰 이미지에 대해 더 큰 가중치를 부여해야 한다. 그리고 경험적 데이터 집합 Q는 현실 세계를 반영한 하나의 표본이므로, 분포 $Q(x)$를 그러한 가중치로 사용하면 된다. 가중치를 도입한 로그 가능도비의 공식이 표 7.6에 나와 있다.

표 7.6 가중 로그 가능도비의 공식과 파이썬 구현

수식	파이썬

$LR = \sum_i Q(x_i) \cdot \log\left(\dfrac{P(x_i)}{Q(x_i)}\right)$	```p = np.array([0.1,0.1])```
	```q = np.array([0.6,0.5])```
	```def lr(p,q):```
	``` x = q * np.log(p/q)```
	``` x = np.sum(x)```
	``` return x```

이제 생성 모형이 산출한 이미지가 실제 이미지와 얼마나 비슷한지를 현실 세계에서 해당 이미지의 발생 확률에 기초한 가중합으로 평가하는 목적함수가 완성되었다.

그런데 아직도 작은 문제가 하나 남아 있다. 생성 모형이 최대한 진짜 같은 이미지를 생성하게 하려면 로그 가능도비가 가능한 한 커야 하며, 따라서 훈련 과정에서 이 목적함수가 최대가 되도록 매개변수들을 갱신해야 한다. 그런데 편의상, 그리고 관례상 대부분의 기계학습 소프트웨어나 문헌에서 목적함수는 오차나 손실에 해당하며, 따라서 목적함수를 최소화하는 쪽으로 훈련을 진행해야 한다. 다행히 해결책은 간단하다. 그냥 목적함수에 마이너스 부호를 붙이면 된다. 그러면 가능도비가 클수록 오차 또는 손실이 작아진다.

표 7.7 **쿨백-라이블러 발산**

수식	파이썬

$$D_{KL}(Q \| P) = -\sum_i Q(x_i) \cdot \log\left(\frac{P(x_i)}{Q(x_i)}\right)$$	```python
	p = np.array([0.1,0.1])
	q = np.array([0.6,0.5])
	def lr(p,q):
	    x = q * np.log(p/q)
	    x = -1 * np.sum(x)
	    return x
	``

표 7.7이 그러한 음의 로그 가능도비 목적함수인데, 좌변을 보면 LR 대신 $D_{KL}(Q \| P)$가 있다. 사실 우리가 방금 만든 이 음의 로그 가능도비는 모든 기계학습에서 아주 중요하게 쓰이는 목적함수인 **쿨백-라이블러 발산**(Kullback-Leibler divergence)이다. 줄여서 KL 발산이라고 부르고 흔히 D_{KL}로 표기하는 이 함수는 두 확률분포가 얼마나 다른지 말해준다는 점에서 확률분포들의 오차함수라고 할 수 있다.

기계학습에서는 확률 모형이 산출한 확률분포와 실측 데이터에 기초한 경험적 분포의 거리를 최소화하려는 때가 많은데, 그런 경우 이 KL 발산을 최소화하면 된다. 앞에서 보았듯이 KL 발산을 최소화하는 것은 곧 생성된 데이터와 경험적 데이터의 결합 로그 가능도비를 최대화하는 것이다. 여기서 한 가지 기억할 점은, KL 발산이 대칭이 아니라는 것이다. 즉, $D_{KL}(Q \| P) \neq D_{KL}(P \| Q)$이다. 사실 수식을 보면 이 점이 당연하다. KL 발산에는 비(ratio)가 관여하며, 1이 아닌(즉, 분자와 분모가 같지 않은) 모든 비는 그 역수와 같지 않다. 즉, $a = b$가 아닌 한 $\frac{a}{b} \neq \frac{b}{a}$이다.

KL 발산은 완벽한 목적함수이지만, 구현상의 편의를 위해 조금 단순화해서 사용하기로 한다. 비의 로그에 대해 $\log(a/b) = \log(a) - \log(b)$가 성립하므로, KL 발산 공식을 다음과 같이 표현할 수 있다.

$$D_{KL}(Q \| P) = -\Sigma_i Q(x) \cdot \log(P(x_i)) - \log(Q(x_i))$$

기계학습에서 최적화의 대상은 모형이다. 기계학습은 모형의 오차를 최소화하기 위해 모형의 매개변수들을 변경할 뿐이며, 경험적 분포 $Q(x)$는 훈련 과정에서 변하지 않는다. 따라서 우변 끝의 로그 Q 확률 항은 생략하고 가중 로그 확률만 남겨도 된다.

$$H(Q,P) = -\Sigma_i Q(x) \cdot \log(P(x_i))$$

이렇게 단순화한 버전을 교차 엔트로피 손실(cross-entropy loss) 함수라고 부르고 $H(Q,P)$로 표기한다. 이것이 이번 장의 예제에서 모형이 생성한 동작 가치 분포와 목표(경험적) 분포의 오차를 구하는 데 사용할 실제 손실함수이다.

목록 7.8은 이 교차 엔트로피 손실을 계산하는 파이썬 함수이다. 이 함수는 동작 가치 분포들의 배치를 받아서 목표 분포와의 오차(손실)를 계산한다.

목록 7.8 교차 엔트로피 손실함수

```
def lossfn(x,y):                           ❶
    loss = torch.Tensor([0.])
    loss.requires_grad=True
    for i in range(x.shape[0]):            ❷
        loss_ = -1 * torch.log(x[i].flatten(start_dim=0)) @
            y[i].flatten(start_dim=0)      ❸
        loss = loss + loss_
    return loss
```

❶ 예측 분포 x와 목표 분포 y 사이의 손실을 계산하는 함수

❷ 배치의 표본들을 차례로 처리한다.

❸ 세 동작 가치 분포를 하나의 벡터로 연결해서(flatten 메서드) 교차 엔트로피 손실을 계산한다.

lossfn 함수의 매개변수 x와 y는 예측 분포들과 목표 분포들을 담은 $B \times 3 \times 51$ 텐서들이다(B는 배치 크기). 루프를 돌려서 B개의 3×51 텐서들을 차례로 처리하되, 각 반복에서 예측 분포 3×51 텐서(행렬)와 목표 분포 3×51 텐서를 각각 평평하게 만들어서 두 153차원 벡터를 얻고, 그것들을 내적해서 교차 엔트로피 손실을 구한다. 각 벡터의 성분들을 일일이 곱하고 합해서 가중합을 구하는 대신 내적 연산자 @로 한 번에 계산한다는 점도 주목하기 바란다.

이 함수는 실제로 취한 동작에 해당하는 동작 가치 분포의 손실만 계산하는 것이 아니라 세 가지 동작 모두의 손실을 계산한다. 이 덕분에 분포 DQN은, 실행되지 않은 두 동작의 분포는 바꾸지 말아야 함을 배우게 된다. 분포 DQN은 실행된 동작의 동작 가치 분포만 갱신한다.

7.6 가상의 데이터에 대한 분포 DQN

그럼 이 분포 DQN이 목표 분포와 비슷한 분포를 생성하는 방법을 실제로 배울 수 있는지 확인하기 위해, 가상의 목표 분포로 분포 DQN을 훈련해 보자. 목록 7.9는 무작위로 초기화한 분포 DQN을 임의로 정한 두 보상으로 훈련하는 예이다.

목록 7.9 가상의 데이터로 분포 DQN을 시험하는 코드

```
aspace = 3                                                          ❶
tot_params = 128*100 + 25*100 + aspace*25*51                        ❷
theta = torch.randn(tot_params)/10.                                 ❸
theta.requires_grad=True
theta_2 = theta.detach().clone()                                    ❹

vmin,vmax= -10,10
gamma=0.9
lr = 0.00001
update_rate = 75                                                    ❺
support = torch.linspace(-10,10,51)
state = torch.randn(2,128)/10.                                      ❻
action_batch = torch.Tensor([0,2])                                  ❼
reward_batch = torch.Tensor([0,10])                                 ❽
losses = []
pred_batch = dist_dqn(state,theta,aspace=aspace)                    ❾
target_dist = get_target_dist(pred_batch,action_batch,reward_batch,
                              support, lim=(vmin,vmax),gamma=gamma)  ❿

plt.plot((target_dist.flatten(start_dim=1)[0].data.numpy()),color='red',
    label='target')
plt.plot((pred_batch.flatten(start_dim=1)[0].data.numpy()),color='green',
    label='pred')
plt.legend()
```

❶ 동작 공간의 크기는 3이다.

❷ 층들의 크기를 이용해서 분포 DQN의 전체 매개변수 개수를 구한다.

❸ 분포 DQN의 매개변수 벡터를 무작위로 초기화한다.

❹ 목표망으로 사용할 복사본을 만든다.

❺ 75단계마다 주 분포 DQN과 목표망의 매개변수 벡터들을 동기화한다.

❻ 시험을 위해 두 개의 상태를 무작위로 초기화한다.

❼ 가상의 동작 데이터를 만든다.

❽ 가상의 보상 데이터를 만든다.

❾ 예측 배치를 초기화한다.

❿ 목표 배치를 초기화한다.

이 코드는 가상의 두 훈련 견본을 이용해서 분포 DQN의 분포 학습 능력을 시험해 본다. 가상의 데이터는 첫 상태에서 동작 0을 취해서 보상을 받고 둘째 상태에서 동작 2를 취해서 보상 10을 받은(그래서 게임이 종료된) 상황에 해당한다. 이로부터 분포 DQN은 상태 1이 동작 0과 관련되고 상태 2가 동작 2와 관련됨을 배워야 하며, 그 동작들의 확률분포도 배워야 한다. 그림 7.17은 훈련되지 않은(무작위로 초기화된) 매개변수 벡터로 예측한 동작들의 분포와 목표 분포를 그린 것인데, 첫 견본의 보상을 관측한 후의 상황이다. 예측 분포는 아직 균등분포와 거의 같지만 목표 분포는 첫 견본에 언급된 동작 0의 확률이 아주 크게 나왔다. 훈련을 마치고 나면 예측 분포가 목표 분포와 거의 같은 모습이 되어야 한다.

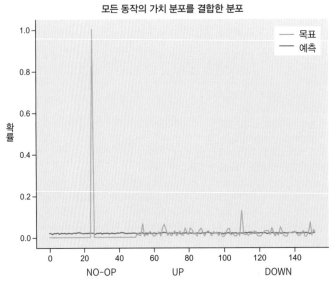

그림 7.17 훈련되지 않은 분포 DQN이 산출한 예측 동작 가치 분포와 목표 분포. 보상 하나를 관측한 후의 상황이다. 가능한 동작이 세 개이므로 동작 가치 분포도 세 개(모두 51차원 벡터)이지만, 예측 분포와 목표 분포 사이의 전반적인 적합도를 보여주기 위해 세 벡터를 하나의 벡터로 결합해서 표시했다. x축에서 처음 51개의 성분은 NO-OP 동작의 동작 가치 분포이고 그 다음 51개는 UP 동작의 분포, 마지막 51개는 DOWN 동작의 분포이다. 예측 분포는 세 동작 모두 완전히 평평한 균등분포의 형태이지만, 목표 분포는 동작 0에 두드러진 봉우리(모드)가 있고 다른 두 동작에도 어느 정도의 요철이 존재한다. 훈련의 목표는 예측 분포가 목표 분포와 비슷한 모습이 되게 하는 것이다.

목표망의 중요성은 보통의 심층 Q 신경망보다 분포 DQN에서 더욱 두드러진다. 목표망은 그냥 주 신경망의 복사본이되 주 신경망보다 조금 늦게 갱신된다는 점을 기억할 것이다. 목표망은 학습의 목표를 생성하는 데만 쓰이며, 훈련을 위한 경사 하강법은 주 신경망의 매개변수들만 사용해서 진행된다. 목표망이 없으면 경사 하강법으로 매개변수를 갱신할 때마다 목표 분포가 바뀌므로 훈련이 불안정해진다.

경사 하강법은 주 신경망이 목표 분포와 좀 더 가까운 분포를 산출하도록 그 매개변수들을 갱신하며, 일정 시간 단계 이후 그 매개변수들은 다시 목표망으로 복사된다. 만일 각 훈련 주기에서 매번 주 신경망의 매개변수들을 목표망에 복사한다면 여전히 목표 분포가 극적으로 변해서 훈련이 불안정해질 수 있다. 일정 간격으로 주 신경망의 매개변수들을 목표망에 복사하는 것은 이 때문이다. 그렇게 하면 주 신경망의 변화가 어느 정도 시간이 지난 후에야 목표 분포에 반영되므로 훈련 안정성이 크게 개선된다. 예제에서 목표망 갱신 간격을 제어하는 변수는 update_rate이다(목록 7.9). 시험 삼아 이 변수를 1로 설정해서 훈련을 진행해 보면, 목표 분포가 아주 엉뚱한 모습으로 망가지는 볼 수 있을 것이다. 목록 7.10은 지금까지 설명한 방식으로 분포 DQN을 훈련하는 코드이다.

목록 7.10 가상의 데이터로 분포 DQN을 훈련

```
for i in range(1000):
    reward_batch = torch.Tensor([0,8]) + torch.randn(2)/10.0       ❶
    pred_batch = dist_dqn(state,theta,aspace=aspace)               ❷
    pred_batch2 = dist_dqn(state,theta_2,aspace=aspace)            ❸
    target_dist = get_target_dist(pred_batch2,action_batch,reward_batch,
                            support, lim=(vmin,vmax),gamma=gamma)   ❹
    loss = lossfn(pred_batch,target_dist.detach())                 ❺
    losses.append(loss.item())
    loss.backward()
    # 경사 하강법
    with torch.no_grad():
        theta -= lr * theta.grad
    theta.requires_grad = True

    if i % update_rate == 0:                                        ❻
        theta_2 = theta.detach().clone()

fig,ax = plt.subplots(1,2)
ax[0].plot((target_dist.flatten(start_dim=1)[0].data.numpy()),color='red',
    label='target')
ax[0].plot((pred_batch.flatten(start_dim=1)[0].data.numpy()),color='green',
    label='pred')
ax[1].plot(losses)
```

❶ 과대적합을 방지하기 위해 보상들에 약간의 무작위 잡음을 추가한다.

❷ 분포 DQN의 주 신경망으로 분포를 예측한다.

❸ 분포 DQN의 목표망(가끔씩만 매개변수들이 갱신되는)으로 분포를 예측한다.

❹ 목표망이 예측한 분포를 이용해서 학습을 위한 목표 분포를 만든다.

❺ 목표 분포와 주 신경망의 예측 분포로 손실을 구한다.

❻ 일정 간격으로 주 신경망의 매개변수들을 목표망에 복사한다.

그림 7.18의 위 그래프는 훈련을 마친 분포 DQN의 예측 분포와 목표 분포를 그린 것인데, 두 분포가 구별이 안 될 정도로 흡사하다. 이는 분포 DQN이 목표 분포를 잘 배웠다는 뜻이다. 그림 7.18의 아래 그래프는 손실값들을 그린 것인데, 전체적으로는 손실이 감소하지만 주기적으로 손실이 크게 치솟은 모습을 볼 수 있다. 그 지점들은 주 신경망의 매개변수들을 목표망에 복사해서 갱신해서 목표 분포가 갑자기 변한 지점들이다. 이 그래프들 외에, 각 견본에 대해 학습된 각 동작의 분포도 그래프로 그려보면 재미있을 것이다. 목록 7.11에 그러한 그래프들을 생성하는 코드가 나와 있다.

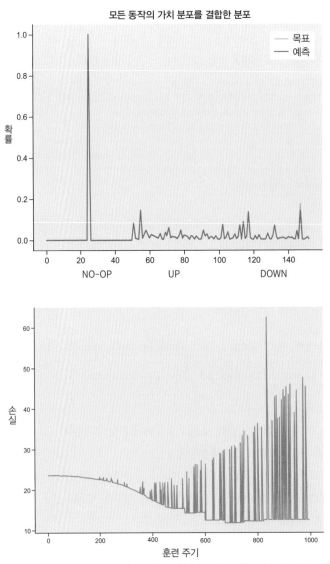

그림 7.18 위: 훈련 이후 세 동작의 동작 가치 분포들을 연결해서 그린 그래프. 아래: 훈련 시간에 따른 손실값. 기본적으로는 손실이 감소하지만, 주기적으로 손실이 급등하는 지점들이 있다.

목록 7.11 학습된 동작 가치 분포의 시각화

```
tpred = pred_batch
cs = ['gray','green','red']
num_batch = 2
labels = ['Action {}'.format(i,) for i in range(aspace)]
fig,ax = plt.subplots(nrows=num_batch,ncols=aspace)

for j in range(num_batch):                    ❶
    for i in range(tpred.shape[1]):           ❷
        ax[j,i].bar(support.data.numpy(),tpred[j,i,:].data.numpy(),
                label='Action {}'.format(i),alpha=0.9,color=cs[i])
```

❶ 배치의 각 견본('경험')에 대해 반복한다.

❷ 각 동작에 대해 반복한다.

그림 7.19에 이 코드로 생성한 그래프들이 나와 있다. 첫 견본(상태 1의 경험)에 대한 동작 0의 분포(윗줄 제일 왼쪽)는 보상 0에 모든 확률질량이 집중된 퇴화 분포이다. 이는 가상의 훈련 데이터에서 동작 0을 취해서 0의 보상을 받은 경험과 정확히 부합한다. 첫 견본에 대한 다른 두 동작의 분포는 두드러진 봉우리 없이 비교적 균등하다.[역주1] 둘째 견본(상태 2의 경험)에서는 동작 2(DOWN)의 분포가 10 부근으로 퇴화했는데, 역시 동작 2를 취해서 10의 보상을 얻은 경험을 잘 반영한다. 다른 두 동작의 분포는 여전히 비교적 고른 분포로 남아 있다.

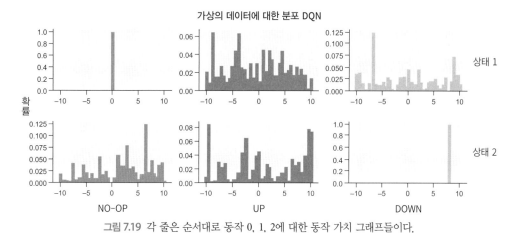

그림 7.19 각 줄은 순서대로 동작 0, 1, 2에 대한 동작 가치 그래프들이다.

지금까지 살펴본 가상의 분포 DQN 실험 예제는 아타리 프리웨이에 대한 분포 DQN의 훈련에 필요한 요소를 거의 다 갖추었다. 추가로 필요한 것은 함수 두 개뿐이다. 우선, OpenAI

[역주1] 다른 두 분포는 언뜻 보면 봉우리가 많아 보이지만, y축의 축척에 주목해야 한다. 두 분포 모두 모든 확률이 0에 가까운, 비교적 고른 분포이다.

Gym 환경이 돌려준 상태들을 분포 DQN에 맞게 전처리하는 함수가 필요하다. Gym 환경은 0에서 255 사이의 값들로 이루어진 128차원 NumPy 배열을 돌려주는데, 이것을 0에서 1 사이의 값들로 이루어진 PyTorch 텐서로 변환해야 한다.

또한, 예측된 동작 가치 분포에서 하나의 동작을 추출하는 정책 함수도 필요하다. 예전과는 달리 모든 동작의 확률분포 전체에 접근할 수 있으므로, 이제는 위험까지 고려하는 좀 더 정교한 동작 선택 정책을 구현할 수 있다. 그러나 이번 예제에서는 분포 DQN 자체에 집중하기 위해 그냥 보통의 Q 학습에서처럼 동작의 기대 가치에 기초해서 동작을 선택하는 간단한 정책을 사용한다.

목록 7.12 상태의 전처리와 동작 선택

```
def preproc_state(state):
    p_state = torch.from_numpy(state).unsqueeze(dim=0).float()
    p_state = torch.nn.functional.normalize(p_state,dim=1)          ❶
    return p_state

def get_action(dist,support):
    actions = []
    for b in range(dist.shape[0]):                                  ❷
        expectations = [support @ dist[b,a,:] for a in range(dist.shape[1])] ❸
        action = int(np.argmax(expectations))                       ❹
        actions.append(action)
    actions = torch.Tensor(actions).int()
    return actions
```

❶ 상태 값들을 0에서 1 사이로 정규화한다.

❷ 배치의 각 분포 집합에 대해 반복한다.

❸ 각 동작 가치 분포의 기댓값(동작의 기대 가치)을 계산한다.

❹ 기대 가치가 가장 큰 동작을 찾는다.

이전에 언급했듯이, 이산분포의 기댓값은 해당 지지 벡터와 확률 벡터의 내적으로 구할 수 있다. 코드는 세 동작 각각에 대해 동작 가치 분포의 기댓값, 즉 동작의 기대 가치를 내적으로 계산해서 최적의 동작을 선택한다. 이 코드에 익숙해진 후에는 좀 더 정교한 정책도 구현해 보기 바란다. 예를 들어 각 동작 가치 분포의 분산을 살펴보고 기댓값이 그 분포를 얼마나 잘 대표하는지까지 고려하는 정책을 만들 수도 있을 것이다.

7.7 분포 DQN을 이용한 아타리 프리웨이 학습

이제 아타리 프리웨이 게임을 플레이하도록 분포 DQN을 훈련하는 데 필요한 요소들이 거의 다 갖추어졌다. 학습 모형은 주된 분포 DQN과 훈련 안정화를 위한 목표망으로 구성된다. 훈련은 엡실론 탐욕 정책을 따른다. 즉, ε의 확률로 동작을 무작위로 선택하고 $1 - \varepsilon$의 확률로 get_action 함수로 기대 가치가 가장 큰 동작을 선택하되, 점차 ε을 줄여서 활용의 비율을 높인다.

또한, 이번 예제에서도 이전에 본 보통의 심층 Q 학습에서처럼 경험 재현 메커니즘을 사용한다. 단, 이번 예제의 경험 재현은 소위 **우선순위 경험 재현**(prioritized experience replay)의 간단한 형태에 해당한다. 보통의 경험 재현에서는 에이전트의 모든 경험을 고정 크기의 메모리 버퍼(경험 재현 목록)에 저장하되, 목록이 꽉 찬 경우 새 경험을 임의의 기존 경험에 덮어쓴다. 훈련 시에는 이 목록에서 무작위로 경험들을 추출해서 하나의 배치로 사용한다. 그런데 프리웨이처럼 거의 모든 상태에서 보상이 –1이고 +10이나 –10 같은 두드러진 보상은 가끔씩만 나오는 게임에서는 경험 재현 목록이 평범한 경험들로 가득하게 된다. 그런 평범한 경험들은 에이전트의 학습에 별로 도움이 되지 않는다. 게임 승리나 패배 같은 진정으로 유의미한 경험이 평범한 경험들에 묻혀서 희석되기 때문에 학습이 대단히 느려진다.

이 문제를 해결하기 위해, 게임이 패배나 승리 상태에 도달하면(즉, 보상이 –10이나 +10이면) 그 경험의 여러 복사본을 경험 재현 목록에 추가한다. 이렇게 하면 중요한 경험이 평범한 보상 –1 경험들로 희석되는 일을 피할 수 있다. 단순히 게임을 계속 이어나가는 동작이 아니라 게임의 승리나 패배라는 중요한 결과로 이어지는 동작을 에이전트가 배우게 하기 위해 좀 더 가치 있는 정보를 가진 경험에 더 높은 **우선순위**를 부여한다는 점에서, 이런 기법을 우선순위화된 경험 재현, 줄여서 우선순위 경험 재현이라고 부른다.

원서 깃허브 저장소(http://mng.bz/JzKp)의 Chapter 7 디렉터리를 보면 훈련 도중 게임의 실제 화면 프레임들을 디스크에 저장하는 코드와 동작 가치 분포의 실시간 변화를 저장하는 코드가 있다. 그 두 기록 데이터를 살펴보면 게임 플레이가 예측 분포에 어떻게 영향을 미치는지, 그리고 예측 분포가 게임 플레이에 어떻게 영향을 미치는지 파악할 수 있다. 지면 관계상 여기서는 해당 코드를 생략한다. 목록 7.13은 분포 DQN 훈련에 필요한 초매개변수들과 변수들을 초기화하는 코드이다.

목록 7.13 프리웨이 게임을 위한 분포 심층 Q 학습 알고리즘의 초기화 코드

```
import gym
from collections import deque
env = gym.make('Freeway-ram-v0')
aspace = 3
env.env.get_action_meanings()
```

```
vmin,vmax = -10,10
replay_size = 200
batch_size = 50
nsup = 51
dz = (vmax - vmin) / (nsup-1)
support = torch.linspace(vmin,vmax,nsup)

replay = deque(maxlen=replay_size)          ❶
lr = 0.0001                                  ❷
gamma = 0.1                                  ❸
epochs = 1300
eps = 0.20                                   ❹
eps_min = 0.05                               ❺
priority_level = 5                           ❻
update_freq = 25                             ❼

#DQN 매개변수 벡터를 초기화한다.
tot_params = 128*100 + 25*100 + aspace*25*51 ❽
theta = torch.randn(tot_params)/10.          ❾
theta.requires_grad=True
theta_2 = theta.detach().clone()             ❿

losses = []
cum_rewards = []                             ⓫
renders = []
state = preproc_state(env.reset())
```

❶ 경험 재현 목록으로 사용할 데크 자료 구조.

❷ 학습 속도.

❸ 할인 계수.

❹ 엡실론 탐욕 전략의 엡실론. 이 값으로 시작해서 점차 감소한다.

❺ 엡실론의 최솟값.

❻ 우선순위 경험 재현 기법을 위한 중요 경험 복사본 개수.

❼ 목표망 갱신 간격. 25 단계마다 주 신경망의 매개변수를 복사한다.

❽ 분포 DQN의 매개변수 개수.

❾ 분포 DQN의 매개변수들을 무작위로 초기화한다.

❿ 목표망의 매개변수들을 초기화한다.

⓫ 게임 승리(차도를 성공적으로 건너는 것) 시 1을 이 목록에 추가한다.

이 코드는 훈련 루프에 필요한 여러 변수와 자료 구조를 초기화한다. 이들은 앞에서 가상의 데이터로 분포 DQN을 시험했을 때과 거의 동일하다. 새로 등장한 항목으로는 우선순위 경험 재현을 위한 중요 경험 복사본 개수와 엡실론 탐욕 전략을 위한 엡실론의 초기치와 최솟값이 있다. 훈련 과정에서 엡실론 값을 점차 감소하되, 최솟값 미만으로 감소하지는 않는다.

목록 7.14 주 훈련 루프

```python
from random import shuffle
for i in range(epochs):
    pred = dist_dqn(state,theta,aspace=aspace)
    if i < replay_size or np.random.rand(1) < eps:        ❶
        action = np.random.randint(aspace)
    else:
        action = get_action(pred.unsqueeze(dim=0).detach(),support).item()
    state2, reward, done, info = env.step(action)          ❷
    state2 = preproc_state(state2)
    if reward == 1: cum_rewards.append(1)
    reward = 10 if reward == 1 else reward                 ❸
    reward = -10 if done else reward                       ❹
    reward = -1 if reward == 0 else reward                 ❺
    exp = (state,action,reward,state2)                     ❻
    replay.append(exp)                                     ❼

    if reward == 10:                                       ❽
        for e in range(priority_level):
            replay.append(exp)

    shuffle(replay)
    state = state2

    if len(replay) == replay_size:                         ❾
        indx = np.random.randint(low=0,high=len(replay),size=batch_size)
        exps = [replay[j] for j in indx]
        state_batch = torch.stack([ex[0] for ex in exps],dim=1).squeeze()
        action_batch = torch.Tensor([ex[1] for ex in exps])
        reward_batch = torch.Tensor([ex[2] for ex in exps])
        state2_batch = torch.stack([ex[3] for ex in exps],dim=1).squeeze()
        pred_batch = dist_dqn(state_batch.detach(),theta,aspace=aspace)
        pred2_batch = dist_dqn(state2_batch.detach(),theta_2,aspace=aspace)
        target_dist = get_target_dist(pred2_batch,action_batch,reward_batch,
                              support, lim=(vmin,vmax),gamma=gamma)
        loss = lossfn(pred_batch,target_dist.detach())
        losses.append(loss.item())
        loss.backward()
        with torch.no_grad():                              ❿
            theta -= lr * theta.grad
        theta.requires_grad = True

    if i % update_freq == 0:                               ⓫
        theta_2 = theta.detach().clone()

    if i > 100 and eps > eps_min:                          ⓬
        dec = 1./np.log2(i)
        dec /= 1e3
        eps -= dec

    if done:                                               ⓭
```

```
        state = preproc_state(env.reset())
        done = False
```

❶ 엡실론 탐욕 전략으로 동작을 선택한다.

❷ 선택된 동작을 환경에서 실행한다.

❸ 환경이 돌려준 보상이 1(차도를 성공적으로 건넜음)이면 +10으로 바꾼다.

❹ 게임이 끝났으면, 주어진 시간 동안 차도를 건너지 못한 것이므로 보상을 –10으로 바꾼다.

❺ 환경이 돌려준 보상이 0(게임이 계속 진행 중임)이면, 별 성과가 없는 동작에 대해 약간의 벌점을 가하는 취지로 보상을 –1로 바꾼다.

❻ 시작 상태, 관측된 보상, 취한 동작, 다음 상태를 튜플로 묶어서 하나의 경험을 만든다.

❼ 경험을 경험 재현 목록에 추가한다.

❽ 보상이 10이면 차도를 잘 건넌 것이므로, 이 경험을 증폭할 필요가 있다.

❾ 경험 재현 목록이 꽉 찼으면 훈련을 시작한다.

❿ 경사 하강법을 수행한다.

⓫ 목표망의 매개변수들을 주 신경망의 매개변수들로 동기화한다.

⓬ 엡실론을 점차 감소한다.

⓭ 게임이 끝났으면 환경을 초기화한다.

이 코드는 이전 장들에서 보통의 Q 학습에 사용한 것과 거의 같다. 유일한 차이는 하나의 Q 가치가 아니라 Q 가치들의 분포를 다룬다는 점과 중요한 경험에 더 높은 우선순위를 부여해서 경험 재현을 적용한다는 것이다. 손실값들의 그래프를 그려 보면 그림 7.20과 비슷한 모습이 나올 것이다.

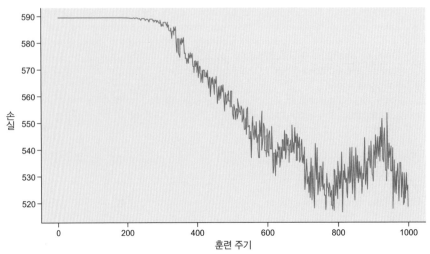

그림 7.20 아타리 게임 프리웨이를 위한 분포 DQN 훈련의 손실 그래프. 손실이 점차 감소하지만, 주기적으로 급등하는 지점들이 있다(목표망 갱신 때문이다).

그림 7.20의 손실 그래프는 대체로 하향 추세이지만, 주기적인 목표망 갱신 지점들에서 손실값이 급등한 모습을 볼 수 있다. 이는 가상의 데이터로 분포 DQN을 시험한 예제에서도 이런 현상이 있었다. 훈련이 끝난 후 cum_rewards 목록에는 여러 개의 1이 있는데(이를테면 [1, 1, 1, 1, 1, 1]), 각각의 1은 닭이 성공적으로 차도를 건넌 결과에 해당한다. 따라서 이 1들의 개수는 에이전트의 전반적인 성능을 말해준다. 1이 네 개 이상이면 에이전트가 잘 훈련된 것이다.

그림 7.21은 훈련 도중 게임의 한 프레임과 그에 대응되는 예측된 동작-가치 분포들을 나타낸 것이다(앞에서 언급했듯이, 이런 결과를 생성하는 코드는 원서 깃허브 저장소에 있다).

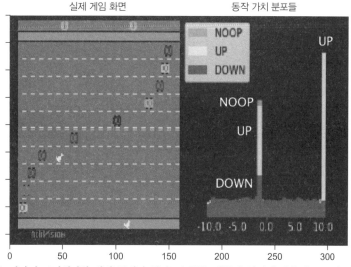

그림 7.21 왼쪽: 아타리 프리웨이의 실제 플레이 화면. 오른쪽: 왼쪽의 화면에 대응되는 동작 가치 분포들. 세 동작의 분포들을 하나로 겹쳐서 표시했다. 오른쪽 봉우리는 UP 동작에 대응되고 가운데 봉우리는 주로 NO-OP 동작에 대응된다. 오른쪽 봉우리가 더 높으므로 에이전트는 이 상태에서 UP 동작을 선택할 가능성이 크다. 화면을 보면 실제로 닭을 위로 움직이는 게 바람직하다. 잘 알아보기 어렵겠지만, 오른쪽 분포 그래프의 NO-OP 봉우리에 UP 동작의 봉우리가 겹쳐져 있다. 즉, UP 동작 가치 분포는 이봉분포이며, 이 상태에서 UP 동작을 선택하면 보상이 -1일 수도 있고 +10일 수도 있다. 그러나 +10 보상의 봉우리가 더 높으므로 +10이 나올 가능성이 더 크다.

그림 7.21에서 UP 동작의 동작 가치 분포는 이봉분포이다. -1에 봉우리가 하나 있고 +10에 더 높은 봉우리가 있다. 이 분포의 기댓값이 다른 동작들의 분포 기댓값보다 훨씬 크므로 에이전트는 높은 확률로 UP 동작을 선택한다.

그림 7.22는 여러분이 동작 가치 분포들을 좀 더 잘 파악할 수 있도록, 경험 재현 목록에 있는 학습된 분포들 몇 개를 나타낸 것이다. 분포 그래프들이 2행 3열로 배치되어 있는데, 각 행은 하나의 상태에 대한 세 동작의 동작 가치 분포들(차례대로 NO-OP, UP, DOWN)이다. 두 상태 모두 UP 동작의 기대 가치가 제일 크다. 두 UP 분포는 -1과 +10에 봉우리가 두드러진 이

봉분포이다. 다른 두 동작의 분포들은 분산이 좀 큰데, 이는 에이전트가 위로 이동하는 것이 좋은 선택임을 배움에 따라 다른 두 동작의 경험들이 점점 더 줄어들어서 분포가 그리 많이 갱신되지 않기 때문이다. 훈련 주기를 더 반복하면 두 동작의 분포도 -1로 수렴할 것이며, 어쩌면 -10에 작은 봉우리가 생길 수도 있다(엡실론 탐욕 전략에 따라 어느 정도는 무작위로 동작을 선택할 것이므로).

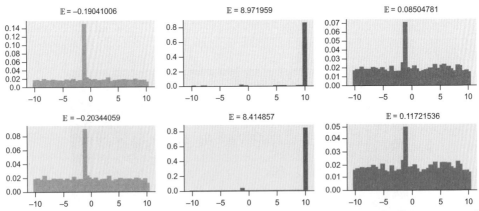

그림 7.22 각 행은 주어진 한 상태에서의 세 동작의 동작 가치 분포들이다. 각 분포 그래프에서 $\mathbb{E}$는 그 분포의 기댓값(가중평균)이다. 분포들이 대체로 비슷한 형태이지만 기댓값이 충분히 다르기 때문에 동작 선택 역시 충분히 다르다.

분포 Q 학습은 최근 몇 년 사이 강화학습 분야에서 일어난 가장 큰 혁신이며, 지금도 활발하게 연구되고 있다. 대체로 분포 DQN은 보통의 심층 Q 신경망보다 상당히 나은 성능을 보인다. 그냥 개별 가치가 아니라 가치 분포의 기댓값에 기초해서 동작을 선택한다는 점이 다를 뿐인데도 분포 DQN의 성능이 그렇게 뛰어난 이유는 아직 잘 파악되지 않았지만, 그래도 유망한 원인 몇 가지는 추측할 수 있다. 그중 하나로, 동시에 여러 가지 것을 예측하도록 신경망을 훈련하면 일반화 능력과 전반적인 성능이 개선된다는 연구 결과가 있다. 이번 예제의 분포 DQN은 하나의 동작 가치가 아니라 세 개의 확률분포를 예측하도록 훈련되었다. 그런 복합적인 과제를 부여한 덕분에 학습 알고리즘이 좀 더 견고한 추상들을 배우게 되었을 가능성이 있다.

앞에서도 언급했지만, 이번 예제의 분포 DQN 구현에는 한 가지 중요한 한계가 있다. 바로, 유한한 지지집합을 가진 이산 확률분포를 사용하기 때문에 아주 작은 범위(-10에서 +10)의 동작 가치들만 표현할 수 있다는 점이다. 범위를 더 늘리면 계산량도 커지며, 계산 자원을 무한히 늘릴 수는 없으므로 이 접근 방식으로는 임의로 큰 값이나 임의로 작은 값을 표현할 수 없다.

한 가지 해결책은 이번 예처럼 고정된 지지집합에 관한 가변적인 확률값들을 사용하는 대신, 확률값들을 고정하고 지지집합을 가변적으로 두는 것이다. 예를 들어 가능한 확률값들을 array([0.1, 0.2, 0.3, 0.4, 0.5, 0.6, 0.7, 0.8, 0.9])처럼 0.1에서 0.9까지 0.1 간격으로 고정하고, 신경망이 그 확률값들에 대한 지지집합들을 예측하게 한다. 다른 말로 하면, 이 기법에서 신경망은 확률이 각각 0.1, 0.2, 0.3, …인 결과들을 예측한다. 미리 고정된 확률들이 분포의 분위(percentile; 백분위)들에 대응된다는 점에서 이런 기법을 **분위 회귀**(quantile regression; 또는 분위수 회귀)라고 부른다(그림 7.23). 이 접근 방식에서 분포 DQN은 이를테면 50번째 분위 이하의 지지집합이 무엇인지를 배우게 된다.

그림 7.23 분위 회귀에서는 고정된 지지집합에 연관된 확률들을 배우는 대신 고정된 확률집합(분위들)에 대응되는 지지집합들을 배운다. 그림에서 확률 0.5와 연관된 1은 백분위 중 50번째 분위에 해당하며, 따라서 1은 이 표본의 중앙값(median)이다.

이러한 접근 방식에서는 이산 확률분포로도 임의의 동작 가치를 표현할 수 있다. 동작 가치를 어떤 고정된 범위로 제한할 필요 없이, 임의로 큰 가치나 임의로 작은 가치도 처리할 수 있다.

요약

- 분포 Q 학습은 보통의 Q 학습보다 성능이 뛰어나며, 위험까지 고려한 정책을 구현할 수 있다.
- 우선순위 경험 재현은 중요한(더 많은 정보를 제공하는) 경험을 경험 재현 목록에 더 많이 유지함으로써 학습을 가속한다.
- 벨먼 방정식은 Q 함수를 정교하게 갱신하는 수단으로 쓰인다.
- OpenAI Gym의 환경 중에는 RAM 버전을 제공하는 것들 있다. RAM 버전은 게임의 원본 화면 프레임들 대신 축약된 상태(개별 객체의 위치와 방향 등)를 제공하기 때문에 학습이 쉽다.

- 확률변수는 일단의 결과 중 하나를 관련 확률분포에 따라 추출할 수 있는 변수이다.
- 확률분포의 엔트로피는 그 분포에 담긴 정보의 양을 말해준다.
- 두 확률분포의 차이 또는 '손실'을 측정하는 수단으로 KL 발산과 교차 엔트로피가 있다.
- 확률분포의 지지집합은 확률이 0이 아닌 결과들의 집합이다.
- 분위 회귀는 확률들이 아니라 지지집합들을 학습함으로써 고도로 유연한 이산분포를 배우는 한 방법이다.

8

호기심 주도 탐험

이번 장의 내용

- 희소 보상 문제란?
- 내재적 보상으로서의 호기심
- OpenAI Gym의 슈퍼 마리오브라더스 환경
- PyTorch로 내재적 호기심 모듈 구현
- 보상 없이도 슈퍼 마리오브라더스를 성공적으로 플레이하도록 심층 Q 신경망 에이전트를 훈련하는 방법

지금까지 살펴본 심층 Q 학습과 정책 기울기 방법 등의 기본적인 강화학습 알고리즘들은 대체로 아주 좋은 성과를 내지만, 몇몇 환경에서는 끔찍할 만큼 나쁜 성과를 내기도 한다. 심층 강화학습 분야는 2013년 구글 딥마인드가 심층 Q 학습 알고리즘으로 훈련한 에이전트가 다수의 아타리 게임을 초인적인 수준으로 플레이할 정도로 좋은 성과를 낸 사건에서 시작되었다고 해도 과언이 아니다. 그런데 그 에이전트의 성과는 게임의 종류에 따라 차이가 아주 컸다. 그들의 심층 Q 신경망 에이전트는 브레이크아웃 게임에서 사람을 엄청난 차이로 뛰어넘는 점수를 얻었지만, 몬테수마의 복수(Montezuma's Revenge) 게임에서는 사람보다 훨씬 못한 점수를 얻었다. 에이전트는 첫 레벨도 통과하지 못했다.

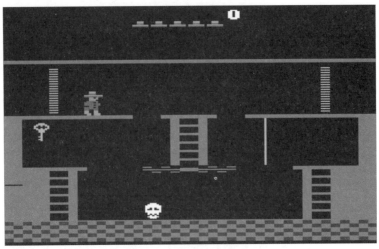

그림 8.1 몬테수마의 복수 게임의 한 화면. 보상을 얻으려면 에이전트는 여러 장애물을 통과해서 열쇠를 먹어야 한다.

> **참고** 심층 강화학습 분야가 주목받는 계기가 된 논문은 구글 딥마인드의 볼로디미르 므니[Volodymyr Mnih] 와 그 동료들이 작성한 "Human-level control through deep reinforcement learning"(2015)이다. 이 논 문은 상당히 읽기 쉬울 뿐만 아니라, 그들의 결과를 재현하는 데 필요한 세부 사항들도 제공한다.

같은 알고리즘으로도 이처럼 성과가 극과 극이 된 것은 환경이 다르기 때문일 수밖에 없 다. 어떤 차이일까? 딥마인드의 심층 Q 신경망은 플레이 도중 보상이 비교적 자주 주어지는, 그리고 장기적인 계획이 그리 필요하지 않은 게임들에서는 좋은 성과를 냈다. 그러나 보상이 드물게 주어지는 게임에서는 그렇지 못했다. 몬테수마의 복수에서 에이전트는 방(레벨)의 어딘 가에 있는 열쇠를 획득해야 보상을 받는데, 열쇠에 도달하려면 다양한 장애물과 적을 통과해 야 한다. 보통의 심층 Q 신경망(DQN) 에이전트는 훈련 초기에 동작을 사실상 무작위로 선택 해서 환경을 탐험한다. 운 좋게 좋은 동작을 선택해서 보상을 받으면 해당 동작이 강화된다. 그런데 몬테수마의 복수 게임에서 에이전트가 무작위로 동작을 선택해서 키를 획득할 가능성 은 거의 없다. 키를 먹지 못하면 보상도 없으므로, 에이전트는 아무것도 배우지 못한다.

이처럼 환경이 보상을 너무 드물게 제공하는 탓에 학습이 제대로 일어나지 않는 것을 가리 켜 **희소 보상 문제**(sparse reward problem)라고 부른다(그림 8.2). 동작들을 강화하기에 충분한 보 상 신호를 받지 못하면 에이전트는 학습할 수 없다.

우리가 자연에서 지능 시스템에 관해 배울 수 있는 유일한 사례는 동물이나 인간의 학습 이다. 실제로, 이 희소 보상 문제의 해결책을 모색하던 연구자들은 인간이 음식이나 번식 같 은 외재적인 보상(환경이 제공하는)을 최대화하기 위해 행동할 뿐만 아니라 내재적인 호기심을 충족하기 위해서도 행동한다는 점에 주목했다. 즉, 사물이 어떻게 작동하는지 이해하려는(그럼으로써 환경에 관한 불확실성을 줄이는) 것도 인간의 중요한 행동 동기이다.

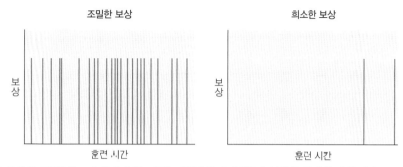

그림 8.2 보상이 조밀한(dense) 환경에서는 훈련 과정에서 에이전트가 보상을 상당히 자주 받으므로 동작들이 잘 강화된다. 그러나 보상이 희소한 환경에서는 다수의 부분 목표를 달성한 후에야 보상을 받기 때문에 보상 신호만으로는 에이전트가 뭔가를 배우기가 어렵거나 불가능하다.

이번 장에서는 인간의 지능에 관한 연구에서 비롯한 여러 원리를 이용해서 보상이 희소한 환경에서도 에이전트를 성공적으로 훈련하는 몇 가지 방법을 소개한다. 에이전트가 부분 목표(하위 목표)들을 달성하는 데 사용할 수 있는 기본적인 능력들을 갖추게 하는 데 호기심이 어떻게 작용하는지 살펴본다. 호기심이 있는 에이전트는 동적인 지형에서도 성공적으로 이동할 수 있으며, 그럼으로써 슈퍼 마리오브라더스 같은 좀 더 어려운 게임도 성공적으로 플레이할 수 있음을 알게 될 것이다.

> **참고** 원서 깃허브 저장소 http://mng.bz/JzKp의 Chapter 8 디렉터리에 이번 장의 예제 코드가 있다.

8.1 예측 부호화를 이용한 희소 보상 문제 해결

신경과학(뇌과학) 분야, 특히 계산 신경과학(computational neuroscience) 분야에는 신경계를 고수준에서 이해하기 위한 틀로 **예측 부호화 모형**(predictive coding model)이 있다. 이 모형에 따르면, 개별 뉴런에서부터 대규모 신경망까지 모든 수준의 신경계는 입력을 예측하려 하는, 그리고 그럼으로써 경험하리라고 기대한 것과 실제로 경험한 것 사이의 **예측 오차**(prediction error)를 최소화하려는 알고리즘을 실행한다. 예를 들어 일상생활에서 우리의 뇌는 환경에서 온 여러 감각 정보를 입력받고, 그 감각 정보가 어떻게 변화할 것인지 예측하도록 훈련된다. 다른 말로 하면, 뇌는 실제 원본 감각 데이터가 들어오기 전부터 그 감각 데이터를 예상하도록 훈련된다.

어떤 놀라운(예기치 못한) 일이 발생하면 예측 오차가 커지며, 그러면 나중에 그런 일이 생겨도 별로 놀라지 않도록 뇌의 어떤 매개변수들이 갱신된다. 예를 들어 처음 만난 사람과 이야기할 때 뇌는 끊임 없이 그 사람이 다음에 말할 단어를 예측하려 한다. 잘 모르는 사람과 대화하는 것이므로 그 예측의 오차는 평균적으로 비교적 높을 것이다. 그러나 그 사람과 친해지면 다음에 말할 단어를 상당히 잘 예측하게 된다. 여러분이 원하든 원치 않든, 여러분의 뇌는 자신의 예측 오차를 줄이려고 노력한다.

호기심은 환경의 불확실성을 줄이려는(그럼으로써 예측 오차를 줄이려는) 일종의 욕구이다. 예를 들어 웹에서 기계학습이라는 흥미로운 분야에 관한 글을 접하고 호기심이 생긴 사람이 이 책 같은 기계학습 서적을 읽는다고 하면, 그러한 호기심은 기계학습에 관한 불확실성을 줄이려는 의도에 기초한 것이라 할 수 있다.

강화학습 에이전트에 호기심을 주입하려는 초기 시도 중 하나는 예측 오차 메커니즘을 이용하는 접근 방식이었다. 그 접근 방식의 핵심은, 외재적인(즉, 환경이 제공하는) 보상을 최대화하는 것과 함께 에이전트가 취한 행동에 의해 환경이 어떤 상태로 변할지 예측하고 그 오차를 줄이는 것도 목표로 해서 에이전트를 훈련한다는 것이다. 전체 환경 중 에이전트가 비교적 잘 파악한 영역에서는 이러한 예측 오차가 비교적 낮을 것이다. 이러한 예측 오차를 또 다른 종류의 보상 신호로 삼아서 에이전트를 훈련하면 에이전트는 자신이 아직 가보지 않은 영역들을 좀 더 탐험하려 들 것이다. 예측 오차가 크다는 것은 환경이 에이전트가 예상한 것과는 상당히 다른 상태로 전이한다는 뜻이며, 예측 오차를 보상으로 삼으면 에이전트는 그런 예기치 못한 상태들이 더 자주 나오는 쪽으로 동작들을 선택하게 된다. 그림 8.3에 이러한 접근 방식의 기본적인 틀이 나와 있다.

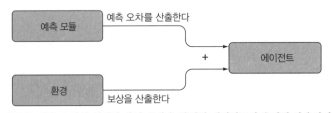

그림 8.3 예측 오차와 외재적 환경 보상을 합해서 에이전트의 훈련에 사용한다.

정리하자면, 이 접근 방식에서는 **내재적 보상**(intrinsic reward; 또는 내적 보상)에 해당하는 예측 오차와 외재적 보상(extrinsic reward)에 해당하는 환경 보상을 합한 것을 에이전트에 대한 보상 신호로 사용한다. 그러면 에이전트는 환경 보상을 최대화할 뿐만 아니라 환경에 관한 자신의 호기심도 충족하기 위해 행동하게 된다. 예측 오차를 산출하는 방법은 그림 8.4에 나와 있다.

내재적 보상은 환경 상태에 대한 예측 오차에 기초한다. 이 접근 방식이 처음에는 잘 작동했지만, 시간이 지나면서 소위 '잡음 많은 TV 문제'를 드러냈다. 간단히 말하면, 어느 정도의 무작위성이 항상 존재하는 환경에서는 에이전트의 예측 오차가 계속 높은 수준을 유지한다. 즉, 에이전트에게 내재적인 보상이 끊임없이 제공되어서 에이전트가 탐험에만 치중하게 된다. 이는 마치 사람이 무작위한(예측 불가능한) 잡음이 표시되는 TV 화면에서 눈을 떼지 못하는, 그리고 그로부터 아무것도 배우지 못하는 상황과 비슷하다(그림 8.5). 현실 세계에 실제로 그런 무작위성을 갖춘 환경이(예를 들어 바람에 흔들리는 나뭇잎들 등) 많다는 점에서, 이는 그냥 학술적인 문제가 아니라 실제로 해결해야 할 문제이다.

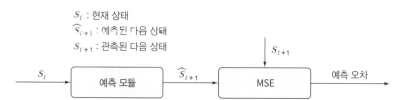

그림 8.4 예측 모듈은 현재 상태 s_t를(그리고 그림에는 없지만 a_t도) 받고 다음 상태 $\widehat{s}_{t+1}$을 예측한다(참고로, s 위의 기호를 모자 또는 햇^{hat}이라고 부른다. 예측값에는 이처럼 모자를 씌우는 것이 관례이다). 이 예측 다음 상태와 실제(관측된) 다음 상태를 MSE(평균제곱오차) 함수 또는 다른 어떤 오차함수에 입력해서 예측 오차를 산출한다.

그림 8.5 잡음 많은 TV 문제는 호기심을 가진 강화학습 에이전트가 잡음 많은 TV에 사로잡혀서 화면을 영원히 보고 있는 상황에 해당하는 이론적이자 현실적인 문제이다. 이 문제는 TV 화면의 백색 잡음 같은 환경의 무작위성(예측 불가능성)이 끊임없이 내재적 보상을 에이전트에 제공하기 때문에 발생한다.

예측 오차 접근 방식의 잠재력이 커 보이긴 하지만, 이런 잡음 많은 TV 문제가 커다란 걸림돌임도 분명하다. 한 가지 해결책은 예측 오차 자체가 아니라 예측 오차의 변화량에 주목하는 것이다. 에이전트의 동작에 의해 환경이 의외의 상태로 전이하면 예측 오차가 크게 치솟지만, 계속해서 의외의 상태로 전이한다면 예측 오차가 높아도 그 변화량은 0에 가까워진다. TV 화면에 비유하자면, 처음에는 호기심으로 화면의 잡음에 주목하지만 금세 싫증을 느끼는 것과 같다.

이 방식이 더 낫지만, 그래도 잠재적인 문제점이 있다. 에이전트가 야외에서 어떤 나무의 나뭇잎들이 바람에 흔들리는 모습을 본다고 하자. 나뭇잎들은 사실상 무작위하게 움직일 것이므로 예측 오차가 높다. 바람이 멈추면 잎이 움직이지 않으므로 예측 오차가 낮아진다. 다시 바람이 불기 시작하면 예측 오차도 다시 올라간다. 이런 상황이라면 예측 오차의 변화율을 사용한다고 해도 그 변화율이 바람(무작위성의 근원)에 따라 요동칠 것이므로, 결국은 잡음 많은 TV 문제가 발생한다. 이보다 좀 더 안정적인 어떤 방법이 필요하다.

우리가 원하는 방법은, 예측 오차 자체는 계속 사용하되, 환경의 중요하지 않은 무작위성이나 예측 불가능성에 크게 좌우되지 않는 어떤 것이다. 예측 오차 모듈이 "중요하지 않은" 무작위성을 무시하게 하려면 어떻게 해야 할까? 흔히 결과에 아무런 영향을 주지 않는 어떤 것에 대해 "중요하지 않다"라고 말한다. 그리고 때에 따라서는 우리가 제어할 수 없는 어떤 요인도 중요하지 않다고 간주한다. 나뭇잎은 바람이 불면 무작위로 움직이며, 에이전트의 동작에 영향을 받지는 않는다. 또한 나뭇잎들도 에이전트의 동작에 영향을 주지 않는다. 이러한 착안을 상태 예측 모듈과는 개별적인 모듈로 구현한다는 것이 이번 장의 큰 주제이다. 이번 장의 내용은 지금까지 논의한 문제들을 성공적으로 해결한, 디팍 파탁^{Deepak Pathak} 등의 2017년 논문 "Curiosity-driven Exploration by Self-supervised Prediction"에 서술, 구현된 착안에 기초한다.

이번 장은 이 논문을 비교적 충실하게 재현하는데, 이는 이 논문이 희소 보상 문제의 해결에 아주 크게 기여한 논문 중 하나이자 다양한 관련 연구로 이어진 논문이기 때문이다. 또한, 이 논문이 서술한 알고리즘은 이 분야의 여러 관련 알고리즘 중 구현하기가 가장 쉬운 알고리즘이기도 하다. 게다가 이 책의 목표 중 하나는 독자에게 강화학습의 기본 지식과 기법을 제공하는 데서 그치지 않고 독자 스스로 강화학습 논문을 읽고, 이해하고, 구현하는 능력을 갖추게 하는 것이다. 물론 이 분야의 논문 중에는 이 책에서는 다루지 않는 고등 수학을 요구하는 것들도 있지만, 주요 논문 중 다수는 기본적인 미적분, 대수학, 선형대수 정도만 요구한다(이 책을 여기까지 읽어 낸 독자라면 아마 그 정도의 수학 지식은 갖추었을 것이다). 진정한 장애물은 생소한 수학 표기법에 익숙해지는 것인데, 그런 장애물을 넘는 데 이번 장이 어느 정도 도움이 될 것이다. 진부한 표현이지만, 우리 필자들은 여러분에게 물고기를 주는 것이 아니라 물고기를 낚는 법을 가르치고자 한다.

8.2 역방향 동역학 예측

앞에서 우리는 예측 오차를 호기심이라는 내재적 보상의 신호로 사용한다는 착안을 살펴보았다. 앞에서 언급한 예측 오차 모듈은 상태와 동작을 받고 다음 상태의 예측을 돌려주는 하나의 함수 $f: (S_t, a_t) \rightarrow \hat{S}_{t+1}$로 구현된다(그림 8.6). 환경의 향후 상태, 즉 '순방향' 상태를 예측한다는 점에서 이를 **순방향 예측 모형**(forward-prediction model)이라고 부른다.

그런데 학습의 안정성을 위해서는 상태의 중요하지 않은 측면, 즉 사소하거나 제어 불가능한 잡음이 아니라 중요한 측면을 예측해야 한다. 이런 '중요하지 않음' 제약을 가하기 위해 **역방향 모형**(inverse model) $g:(S_t, S_{t+1}) \rightarrow \hat{a}_t$를 예측 모듈에 도입한다. 이 함수 g는 상태 S_t와 다음 상태 S_{t+1}을 받고 S_t에서 S_{t+1}로의 상태 전이를 유발한 동작을 예측한다(그림 8.7).

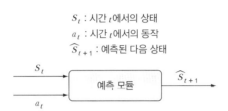

S_t : 시간 t에서의 상태
a_t : 시간 t에서의 동작
$\widehat{S}_{t+1}$: 예측된 다음 상태

그림 8.6 순방향 예측 모듈 함수 $f:(S_t, a_t) \rightarrow \hat{S}_{t+1}$ 현재 상태와 동작을 다음 상태 예측으로 사상한다.

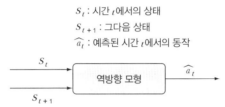

S_t : 시간 t에서의 상태
S_{t+1} : 그다음 상태
$\widehat{a}_t$: 예측된 시간 t에서의 동작

그림 8.7 역방향 모형은 연이은 두 상태를 받고 해당 전이를 유발한 동작을 예측한다.

그런데 이 역방향 모형은 그 자체로는 별 쓸모가 없다. 역방향 모형은 흔히 ϕ로 표기하는 **부호기 모형**(encoder model)이라는 또 다른 모형과 연결된다. 부호기 함수 $\phi:S_t \rightarrow \tilde{S}_t$는 하나의 상태를 받고 그것을 부호화한 또 다른 상태 $\tilde{S}_t$를 돌려주는데, 이 $\tilde{S}_t$는 원래의 상태 S_t보다 훨씬 낮은 차원의 상태이다(그림 8.8). 예를 들어 원 상태가 너비 차원, 높이 차원, 색상 채널 차원을 가진 RGB 화면 프레임이면, 부호기 ϕ는 그것을 하나의 저차원 벡터로 변환한다. 화면이 RGB 100×100픽셀이면 총 30,000개의 성분이 필요하다. 그 픽셀 중 다수는 중복이고 별로 유용하지 않으므로, 부호기는 이 상태를 이를테면 고수준 비중복 특징들을 담은 200차원 벡터로 부호화한다.

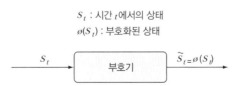

S_t : 시간 t에서의 상태
$\phi(S_t)$: 부호화된 상태

그림 8.8 부호기 모형은 RGB 배열 같은 고차원 상태 표현을 저차원 벡터로 부호화한다.

참고 $\tilde{S}_t$처럼 머리에 물결 기호(~; 틸더)가 있는 변수는 원래의 변수를 어떤 방식으로 변환한 버전을 나타낸다. 이때 원 변수와 변환된 변수는 차원이 다를 수 있다. 한편, $\hat{S}_t$처럼 머리에 모자(hat) 기호가 있는 변수는 어떤 변수의 근사 또는 예측값임을 나타내며, 원래의 변수와 차원이 같다.

부호기 모형은 역방향 모형을 통해 훈련된다. 이는 원래의 상태가 아니라 부호화된 상태를 순방향 모형 f와 역방향 모형 g의 입력으로 사용하기 때문이다. 즉, 이제 순방향 모형은 함수 $f : \phi(S_t) \times a_t \to \hat{\phi}(S_{t+1})$이다. 여기서 $\hat{\phi}(S_{t+1})$은 부호화된 상태의 예측이다. 그리고 역방향 모형은 $g : \phi(S_t) \times \hat{\phi}(S_{t+1}) \to \hat{a}_t$이다(그림 8.9). $P : a \times b \to c$라는 표기는 P가 하나의 쌍 (a, b)를 받고 그것을 어떤 새 객체 c로 변환하는 함수라는 뜻이다.

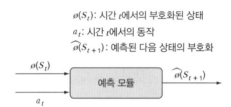

$\phi(S_t)$: 시간 t에서의 부호화된 상태
a_t: 시간 t에서의 동작
$\widehat{\phi}(S_{t+1})$: 예측된 다음 상태의 부호화

그림 8.9 순방향 예측 모형은 원 상태가 아니라 부호화된 상태를 사용한다. 부호화된 상태를 $\phi(S_t)$ 또는 $\tilde{S}_t$로 표기한다.

이 부호기 모형은 직접 훈련되지 않는다. 이것은 자동부호기(autoencoder오토인코더; 또는 자가부호기)와는 다른 것이다. 역방향 모형은 부호화된 상태들을 입력으로 해서, 한 상태에서 다음 상태로의 전이를 유발한 동작을 예측하려 한다. 그리고 자신의 오차를 자기 자신과 부호기 모형으로 역전파해서 예측 오차를 최소화하려 한다. 이를 통해서 부호기 모형은 역방향 모형이 동작을 좀 더 잘 예측할 수 있도록 상태들을 부호화하는 방법을 배우게 된다. 중요한 점은, 순방향 모형 역시 부호화된 상태들을 입력받지만, 순방향 모형에서 부호기 모형으로 역전파를 수행하지는 **않는다**는 점이다. 만일 역전파를 허용했다면 순방향 모형은 부호기 모형이 모든 상태를 하나의 고정된 출력으로 사상하게 만들 것이다(그것이 가장 예측하기 쉬우므로).

그림 8.10은 지금까지 설명한 해법의 전체적인 구조를 끈 그림으로 나타낸 것이다. 구성요소들의 순방향 패스와 역방향 패스(역전파) 모두 모형 매개변수들을 갱신한다. 다시 한번 말하지만, 역방향 모형의 오차는 부호기 모형까지 역전파되며, 부호기 모형은 오직 역방향 모형과 연동해서만 훈련된다. 따라서 구현 시 PyTorch의 detach 메서드를 이용해서 순방향 모형을 부호기에서 떼어내야 한다(순방향 모형의 오차가 부호기까지 역전파되지 않도록). 이 해법에서 부호기의 목적은 성능 개선을 위한 저차원 입력을 산출하는 것이 아니라, 동작 예측과 관련된 정보만 담은 표현을 이용해서 상태를 부호화하는 방법을 배우는 것이다. 다른 말로 하면, 부호기는 상태 중 무작위로 요동치며 에이전트의 동작에 영향을 주지 않는 측면들을 제거하는 역할

을 한다. 그러면 (적어도 이론적으로는) 잡음 많은 TV 문제가 해결된다.

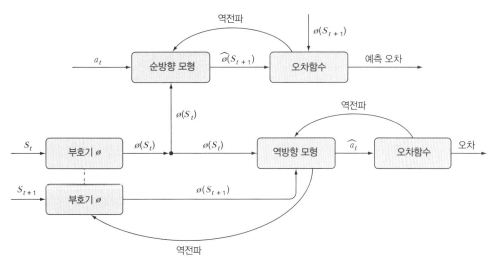

그림 8.10 내재적 호기심 모듈. 우선 부호기가 상태 S_t와 S_{t+1}을 각각 저차원 벡터 $\phi(S_t)$와 $\phi(S_{t+1})$로 부호화한다. 이 부호화된 상태들이 순방향 모형과 역방향 모듈에 입력된다. 역방향 모형의 오차가 부호기 모형까지 역전파됨을 주목하자. 즉, 부호기는 역방향 모형의 오차로 훈련된다. 반면 순방향 모형은 자신의 오차를 자신에게만 역전파할 뿐 부호기까지 역전파하지는 않는다. 이 덕분에 부호기는 상태 전이를 유발한 동작을 예측하는 데 유용한 상태 표현을 산출하는 방법만 배운다. 끈 그림에서 동그란 검은 점은 복사 연산을 뜻한다. 즉, 현재 상태에 대한 부호기의 출력은 순방향 모형과 역방향 모형에 각각 복사된다.

순방향 모형과 역방향 모형 모두, 하나의 상태 전이를 서술하는 완전한 데이터에 접근해야 한다. 즉, 두 모형 모두 튜플 (S_t, a_t, S_{t+1})이 필요하다. 이 문제는 제3장에 처음 소개한 경험 재현 기법을 사용하면 자연스레 해결된다. 경험 재현 목록에 저장하는 경험들이 바로 상태, 동작, 다음 상태의 튜플이다.

8.3 슈퍼 마리오브라더스 환경 설정

그림 8.10처럼 순방향 모형, 역방향 모형, 부호기 모형을 조합한 구조를 **내재적 호기심 모듈**(intrinsic curiosity module)이라고 부르고 짧게 ICM이라고 표기한다. ICM 구성요소들의 유일한 목적은 에이전트가 호기심을 가지고 환경을 탐험하게 만드는 내재적 보상을 산출하는 것이다. 즉, ICM은 환경에서 온 정보에 기초해서 새로운 내재적 보상 신호를 산출하는 역할만 한다. 따라서 ICM은 그 어떤 에이전트 모형 구현에도 적용할 수 있다. ICM은 모든 종류의 환경에서 사용할 수 있지만, 보상이 희소한 환경에서 가장 유용하다.

ICM을 이를테면 제5장의 분산 행위자–비평자 모형 같은 좀 더 진보된 모형에도 적용할 수 있지만, 여기서는 ICM 자체에 집중하기 위해 그냥 간단한 심층 Q 학습 모형을 사용하기로 한다. 에이전트를 시험할 환경으로는 슈퍼 마리오브라더스 게임을 사용한다.

사실 OpenAI Gym이 제공하는 슈퍼 마리오브라더스(Super Mario Bros.)[역주1] 환경에는 희소 보상 문제가 없다. OpenAI Gym 버전의 슈퍼 마리오브라더스는 레벨(스테이지) 진행에 따라 계속해서 보상이 주어진다. 그래도 슈퍼 마리오브라더스는 ICM을 시험해 보기에 좋은 환경인데, 왜냐하면 외재적(환경에 제공하는) 보상 신호를 "꺼버릴" 수 있기 때문이다. 즉, 에이전트가 호기심만으로 환경을 얼마나 잘 탐험하는지, 그리고 내재적 보상과 외재적 보상이 어떻게 관련되는지를 수월하게 파악할 수 있다.

슈퍼 마리오브라더스 환경의 한 시간 단계에서 에이전트는 12가지 서로 다른 동작 중 하나를 취한다. 가능한 동작에는 NO-OP 동작, 즉 아무것도 하지 않는 동작도 포함된다. 표 8.1에 모든 동작이 나와 있다.

표 8.1 슈퍼 마리오브라더스의 동작 공간

색인	동작
0	NO-OP (아무것도 하지 않음)
1	오른쪽으로 이동
2	오른쪽 + 점프
3	오른쪽 + 대시
4	오른쪽 + 점프 + 대시
5	점프
6	왼쪽으로 이동
7	왼쪽 + 점프
8	왼쪽 + 대시
9	왼쪽 + 점프 + 대시
10	아래로 이동
11	위로 이동

다음은 pip을 이용해서 슈퍼 마리오브라더스 환경을 설치하는 명령이다.

```
$ pip install gym-super-mario-bros
```

설치가 끝났다면, 일단은 그냥 무작위로 동작을 선택하는 에이전트로 환경을 시험해 보자.

[역주1] 참고로, 띄어쓰기가 다소 어색한 '슈퍼 마리오브라더스'라는 표기는 한국 닌텐도의 제품명을 따른 것이다.

OpenAI Gym의 기본적인 사용 방법은 제4장에서 설명했다. 다음은 슈퍼 마리오브라더스 환경의 인스턴스를 생성하고 무작위로 동작을 선택해서 에이전트를 움직이는 코드이다.

목록 8.1 슈퍼 마리오브라더스 환경 설정 및 시험

```
import gym
from nes_py.wrappers import JoypadSpace                                ❶
import gym_super_mario_bros
from gym_super_mario_bros.actions import SIMPLE_MOVEMENT, COMPLEX_MOVEMENT  ❷
env = gym_super_mario_bros.make('SuperMarioBros-v0')
env = JoypadSpace(env, COMPLEX_MOVEMENT)                               ❸

done = True
for step in range(2500):                                              ❹
    if done:
        state = env.reset()
    state, reward, done, info = env.step(env.action_space.sample())
    env.render()
env.close()
```

❶ 이 래퍼 모듈은 동작들을 조합해서 동작 공간의 크기를 줄인다.

❷ 도입할 수 있는 동작 공간은 두 종류인데, 하나는 동작이 다섯 개인 단순한 동작 공간이고 다른 하나는 동작이 12개인 복잡한 동작 공간이다.

❸ 12개의 서로 다른 동작으로 환경의 동작 공간을 만든다.

❹ 무작위로 동작을 취해서 환경을 시험해 본다.

별문제가 없다면 작은 창에 슈퍼 마리오브라더스 게임 화면이 표시된다. 에이전트가 동작을 무작위로 선택하기 때문에 마리오가 레벨을 거의 나아가지 못할 것이다. 이번 장 끝에는 적을 피하거나 밟아서 해치우고 장애물도 뛰어넘으면서 착실하게 전진할 정도로 잘 훈련된 에이전트를 만나게 된다. 오직 내재적 호기심에 기초한 보상만으로도 그런 훈련이 가능하다.

예제 코드는 OpenAI Gym 인터페이스를 이용해서 환경을 인스턴스화한다. 환경 객체 env의 주된 메서드는 step(…)이다. step 메서드는 실행할 동작의 색인에 해당하는 정수를 받는다. 다른 모든 OpenAI Gym 환경처럼 슈퍼 마리오브라더스 환경에서도 이 메서드는 다음 상태, 보상, 게임 종료 여부, 디버깅용 추가 정보를 돌려준다. 예제 코드에서 이들은 각각 state, reward, done, info에 배정된다. 슈퍼 마리오브라더스의 경우 state는 하나의 RGB 화면 프레임을 나타내는 240×256×3 NumPy 배열이다. reward는 −15에서 15 사이의 보상으로, 이 수치는 레벨 진척 정도에 따라 결정된다. done은 게임 종료 여부를 뜻하는 부울 변수이다. 마리오가 죽으면 게임이 끝난다. info 변수는 메타데이터를 담은 파이썬 사전 객체인데, 그 내용은 표 8.2와 같다.

표 8.2 한 동작을 취한 후 step 메서드가 돌려주는 info 변수에 담긴 메타데이터
  (출처: https://github.com/Kautenja/gym-super-mario-bros)

키	형식	설명
coins	int	수집한 동전 개수
flag_get	bool	마리오가 깃발이나 도끼에 도달했으면 True
life	int	남은 생명: {3, 2, 1}
score	int	누적된 게임 내 점수
stage	int	현재 스테이지: {1, ..., 4}
status	str	마리오의 상태: {'small', 'tall', 'fireball'}
time	int	남은 게임 내 시간
world	int	현재 세계: {1, ..., 8}
x_pos	int	현재 스테이지 안에서 마리오의 x 위치

이번 장의 예제는 메타데이터 중 x_pos 키만 사용한다. step 메서드를 호출해서 다음 상태를 얻는 것 외에, 언제라도 env.render("rgb_array")를 호출해서 그 상태를 조회할 수 있다. 에이 전트의 훈련을 위해 슈퍼 마리오브라더스 환경에 관해 알아야 할 것은 이상이 전부이다.

8.4 Q 신경망 전처리

슈퍼 마리오브라더스 환경의 원본 상태는 240×256×3 차원의 RGB 비디오 프레임인데, 이는 이번 예제의 목적에서 쓸데없이 높은 차원의 데이터이다. 이런 고차원 데이터를 사용해 봤자 계산 비용만 많이 들 뿐 이득이 없다. 훈련을 가속하기 위해, RGB 3채널 형식을 회색조 (grayscale)의 단일 채널 형식으로 바꾸고, 이미지 크기도 42×42로 축소한다.

목록 8.2 화면 축소 및 회색조 변환

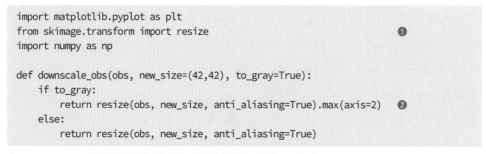

```python
import matplotlib.pyplot as plt
from skimage.transform import resize                                    ❶
import numpy as np

def downscale_obs(obs, new_size=(42,42), to_gray=True):
    if to_gray:
        return resize(obs, new_size, anti_aliasing=True).max(axis=2)    ❷
    else:
        return resize(obs, new_size, anti_aliasing=True)
```

❶ scikit-image 라이브러리에 이미지 크기를 줄이는 함수가 있다.

❷ 그냥 픽셀의 RGB 채널 중 제일 큰 값을 택한다. 이렇게 하면 대비(contrast)가 좋은 회색조 이미지 가 나온다.

downscale_obs 함수는 상태 배열(obs)과 새 이미지 크기를 나타내는 튜플, 그리고 회색조 변환 여부를 뜻하는 부울 값을 받는다. 기본적으로 회색조 변환이 바람직하므로, 마지막 매개변수의 기본값을 True로 설정해 두었다. 함수는 scikit-image 라이브러리의 resize 함수로 원본 상태의 크기를 변경한다. scikit-image는 다차원 배열 형태의 이미지를 다루는 데 아주 편리한 라이브러리이다. 아직 이 라이브러리를 설치하지 않았다면 지금 설치하기 바란다(https://scikit-image.org/에서 내려받을 수 있다).

원본 프레임과 축소된 프레임을 눈으로 확인하려면 다음처럼 matplotlib 라이브러리를 사용하면 된다.

```
>>> plt.imshow(env.render("rgb_array"))
>>> plt.imshow(downscale_obs(env.render("rgb_array")))
```

축소된 버전은 해상도가 낮아서 이미지가 상당히 흐릿해 보이지만, 그래도 게임을 플레이하는 데 필요한 시각적 정보는 충분하다.

그런데 각 시간 단계에서 하나의 42×42 프레임 형태의 게임 상태를 모형에 입력하지는 않는다. 대신, 게임의 최근 세 프레임을 모아서 만든 3×42×42 텐서를 입력으로 사용한다(그림 8.11). RGB 세 채널이 단일 채널 세 프레임으로 대체되었다고 생각해도 될 것이다. 이처럼 여러 프레임을 입력으로 사용하는 것은, 에이전트가 연속된 프레임들에서 게임 내 물체들의 속도 정보(이동 방향과 빠르기)를 파악하게 하기 위한 것이다. 물체의 위치만으로는 에이전트가 환경을 제대로 파악할 수 없다.

게임의 첫 시작에서는 첫 프레임밖에 없으므로, 그 프레임의 세 복사본으로 3×42×42 텐서를 만든다. 그리고 둘째 상태에서는 새 프레임 하나와 기존 프레임 두 개로 3×42×42 텐서를 만든다. 그 후부터는 가장 최근 프레임을 추가하고 가장 오래된 프레임을 제거하는 식으로 최근 세 프레임의 텐서를 갱신한다. 간단히 말해서, 게임 상태는 오른쪽에 새 프레임을 추가하면 왼쪽 끝에서 제일 오래된 프레임이 빠져나가는, 길이가 3인 선입선출(FIFO) 자료 구조에 해당한다. 파이썬의 내장 collections 라이브러리에는 이러한 상태 표현을 구현하기에 적합한 deque라는 자료 구조가 있다. maxlen 특성을 3으로 설정하면 우리가 원하는 상태 표현이 된다.

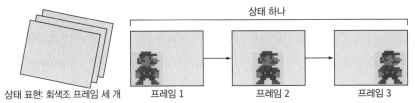

상태 표현: 회색조 프레임 세 개   프레임 1   프레임 2   프레임 3

그림 8.11 에이전트에 전달되는 하나의 상태는 게임의 최근 세 프레임으로 구성된다. 에이전트가 물체들의 위치 뿐만 아니라 그 이동 방향과 빠르기도 파악하려면 이처럼 여러 프레임의 정보가 필요하다.

원본 상태를 에이전트와 부호기 모형이 사용하는 형태로 변환하는 작업은 세 함수가 담당 한다. prepare_state 함수는 이미지를 축소하고, 회색조로 변환하고, NumPy 배열을 PyTorch 텐서로 변환하고, .unsqueeze() 메서드를 이용해서 배치 크기 정보를 추가한다. prepare_ multi_state 함수는 하나의 상태와 새 프레임을 받고 앞에서 말한 방식으로 상태를 갱신한다. 여기서 '상태'는 채널 수×너비×높이 차원의, 구체적으로는 3×42×42 차원의 텐서이다. 이 함 수는 훈련된 모형을 시험할 때만 쓰인다. 훈련 과정에서는 앞에서 언급한 deque 자료 구조를 이용해서 프레임들을 추가하고 제거한다. 마지막으로, prepare_initial_state 함수는 이전 프 레임들이 없는 게임 시작 시점에서 한 프레임을 복사해서 상태를 준비하는 함수이다.

목록 8.3 상태 준비

```
import torch
from torch import nn
from torch import optim
import torch.nn.functional as F
from collections import deque

def prepare_state(state):                            ❶
    return torch.from_numpy(downscale_obs(state, to_gray=True)).float() \
                        .unsqueeze(dim=0)

def prepare_multi_state(state1, state2):             ❷
    state1 = state1.clone()
    tmp = torch.from_numpy(downscale_obs(state2, to_gray=True)).float()
    state1[0][0] = state1[0][1]
    state1[0][1] = state1[0][2]
    state1[0][2] = tmp
    return state1

def prepare_initial_state(state,N=3):                ❸
    state_ = torch.from_numpy(downscale_obs(state, to_gray=True)).float()
    tmp = state_.repeat((N,1,1))
    return tmp.unsqueeze(dim=0)
```

❶ 프레임을 축소하고, 회색조로 변환하고, PyTorch 텐서로 변환하고, 마지막으로 배치(최근 프레임들) 차원을 추가한다.

❷ 3프레임 상태 state1의 제일 오래된 프레임을 제거하고 새 프레임(state2)을 추가한다.

❸ 주어진 프레임의 세 복사본으로 하나의 3프레임 상태를 만든다.

8.5 Q 신경망과 정책 함수 설정

앞에서 언급했듯이, 이번 예제의 에이전트는 간단한 심층 Q 신경망(DQN)이다. 기억하겠지만, DQN은 하나의 상태를 받고 동작 가치들을 산출한다. 다른 말로 하면, DQN은 주어진 상태에서 취할 수 있는 모든 동작의 기대 보상을 예측한다. 이번 예제에서 가능한 동작은 총 12개이므로 DQN의 출력층은 12차원 벡터를 산출한다. 이 12차원 벡터는 각 동작의 예측 가치를 담는다(첫 성분은 동작 0의 예측 가치, 둘째 성분은 동작 1의 예측 가치, 등등).

일반적으로 동작의 가치는 크기나 부호에 제한이 없다. 보상이 긍정적이냐 부정적이냐에 따라 가치는 양수이거나 음수이다. 이 슈퍼 마리오브라더스에서도 동작의 가치가 음수가 될 수 있으므로, 마지막 층에서는 그 어떤 활성화 함수도 적용하지 않는다. DQN의 입력은 배치 크기×3×42×42인데, 앞에서 말했듯이 3은 최근 프레임 개수이다.

DQN 자체는 네 개의 합성곱 층과 두 개의 선형층으로 구성된다. 네 합성곱 층과 첫 선형 층은 **지수 선형 단위**(exponential linear unit, ELU)를 활성화 함수로 사용한다. 마지막 층에는 활성화 함수가 없다. 이러한 구조가 그림 8.12에 나와 있다. 이 예제에 익숙해진 후에는, **장단기 기억**(long short-term memory, LSTM)이나 **게이트 제어 순환 단위**(gated recurrent unit, GRU)를 도입해서 에이전트가 좀 더 장기적인 패턴을 배우게 하는 것도 재미있을 것이다.

이 DQN은 주어진 상태에서 취할 수 있는 각 동작의 기대 보상(즉, 동작 가치 또는 Q 가치)을 예측하는 방법을 배운다. DQN이 산출한 동작 가치들은 다음 동작을 선택하는 데 쓰인다. 당연히 가치가 가장 높은 동작을 취하는 것이 바람직하지만, 초반에는 DQN의 예측이 그리 정확하지 않다. 따라서 동작 가치를 더 잘 예측하도록 DQN을 훈련하려면 초반에는 어느 정도의 탐험이 필요하다.

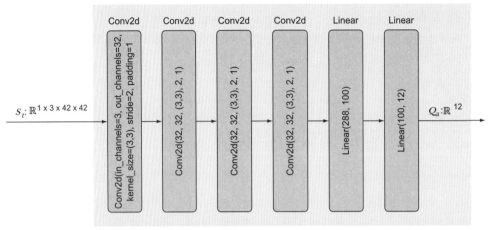

DQN

마지막 층(출력층)을 제외한 각 층의 출력에는 ELU 활성화 함수가 적용된다.

그림 8.12 이번 예제에서 사용할 DQN의 구조. 입력된 상태 텐서가 네 개의 2차원 합성곱 층과 두 개의 선형층을 통과한다. 처음 다섯 층은 ELU 활성화 함수를 적용하지만, 마지막 출력층은 활성화 함수를 적용하지 않는다. 이는 Q 가치들을 특정 규모나 범위로 제한하지 않고 원래 값 그대로 사용한 것이다.

에이전트의 탐험을 유발하는 방법으로는 ε의 확률로 무작위로 동작을 선택하고 $(1 - \varepsilon)$의 확률로는 가치가 제일 큰 동작을 취하는 엡실론 탐욕 전략을 이전에 소개했다. 흔히 ε을 0.1 같은 비교적 작은 확률로 설정하고, 훈련 과정에서 ε을 감소해서 탐험의 비율을 점차 줄이는 방법이 흔히 쓰인다.

또한, 소프트맥스 함수를 정책 함수로 사용해서 가치들을 확률적으로 표집하는 방법도 이야기했다. 소프트맥스 함수는 임의의 실숫값들로 이루어진 벡터를 받고 각 성분이 확률인, 그리고 모든 성분의 합이 1인 하나의 벡터(원래의 벡터와 같은 차원의)를 돌려준다. 즉, 소프트맥스 함수는 하나의 이산 확률분포를 산출한다. 입력 벡터가 동작 가치들이면, 소프트맥스의 출력은 그 동작 가치들에 비례하는, 동작들에 관한 이산분포에 해당한다. 이 확률분포로 동작을 표집하면 가치가 제일 큰 동작이 가장 자주 뽑히지만, 가끔은 가치가 작은 동작들도 뽑힌다. 이 접근 방식의 문제점은, 최선의 동작(동작 가치 기준으로)이 다른 동작들보다 좋지만 차이가 크지 않은 경우에는 나쁜 동작들이 비교적 자주 뽑힌다는 것이다. 다음은 PyTorch의 functional 모듈에 있는 softmax 함수를 이용해서 이 문제점을 보여주는 예이다.

```
>>> torch.nn.functional.softmax(th.Tensor([3.6, 4, 3, 2.9, 3.5]))
tensor([0.2251, 0.3358, 0.1235, 0.1118, 0.2037])
```

최선의 동작(색인 1)의 가치가 다른 동작들의 가치보다 조금만 크기 때문에 모든 동작의 확률이 비교적 높게 나왔다. 이런 경우 소프트맥스 정책은 그냥 균등분포에서 무작위로 동작을 추출하는 정책과 별로 다르지 않다. 이번 예제에서는 처음에는 소프트맥스 정책을 사용해서 탐험을 좀 더 장려하고, 일정 단계 이후에는 엡실론 탐욕 전략으로 전환해서 탐험도 조금 수행하되 주로는 최선의 동작을 선택하는 혼합 접근 방식을 사용한다.

목록 8.4 정책 함수 정의

```
def policy(qvalues, eps=None):                                    ❶
    if eps is not None:
        if torch.rand(1) < eps:
            return torch.randint(low=0,high=7,size=(1,))
        else:
            return torch.argmax(qvalues)
    else:
        return torch.multinomial(F.softmax(F.normalize(qvalues)),  ❷
                                 num_samples=1)
```

❶ policy 함수는 동작 가치들의 벡터와 엡실론 값을 받는다.

❷ 엡실론 값(eps 매개변수)이 없으면 소프트맥스 정책을 사용한다. softmax 함수로 얻은 확률분포에 multinomial 함수를 적용해서 하나의 동작을 추출한다.

DQN의 안정적인 학습을 위해서는 **경험 재현**(experience replay) 기법이 필요하다. 경사 하강법 기반 알고리즘으로 신경망을 훈련할 때, 훈련 견본들을 한 번에 하나씩 신경망에 입력하면 기울기들의 잡음 때문에 학습이 잘 일어나지 않는다. 학습을 안정화하려면 잡음 많은 기울기들의 평균을 취해야 하며, 그러려면 충분히 많은 견본들로 이루어진 배치[batch] 또는 미니배치 단위로 훈련을 진행해야 한다. 그런데 기본적으로 강화학습에서는 각각의 시간 단계에서 현재 상태에 관한 데이터만 주어질 뿐이다. 이를 극복하기 위해, 경험 재현 기법에서는 각 시간 단계의 '경험'을 경험 재현 목록 또는 경험 재현 '기억(memory)'에 담아 두고, 거기서 다수의 경험들을 추출해서 만든 배치로 훈련을 진행한다.

목록 8.5는 경험 재현 기법을 위한 클래스이다. 이 클래스는 경험들을 하나의 목록에 저장한다. 각 경험은 (S_t, a_t, r_t, S_{t+1}) 형태의 튜플이다. 이 클래스는 또한 경험 재현 목록에 새 경험을 추가하는 메서드와 경험 재현 목록에서 하나의 미니배치를 추출하는 메서드도 제공한다.

목록 8.5 경험 재현 구현

```
from random import shuffle
import torch
from torch import nn
from torch import optim
import torch.nn.functional as F

class ExperienceReplay:
    def __init__(self, N=500, batch_size=100):
```

```
            self.N = N                                        ❶
            self.batch_size = batch_size                      ❷
            self.memory = []
            self.counter = 0

        def add_memory(self, state1, action, reward, state2):
            self.counter +=1
            if self.counter % 500 == 0:                       ❸
                self.shuffle_memory()

            if len(self.memory) < self.N:                     ❹
                self.memory.append( (state1, action, reward, state2) )
            else:
                rand_index = np.random.randint(0,self.N-1)
                self.memory[rand_index] = (state1, action, reward, state2)

        def shuffle_memory(self):                             ❺
            shuffle(self.memory)

        def get_batch(self):                                  ❻
            if len(self.memory) < self.batch_size:
                batch_size = len(self.memory)
            else:
                batch_size = self.batch_size
            if len(self.memory) < 1:
                print("Error: No data in memory.")
                return None

            ind = np.random.choice(np.arange(len(self.memory)),  ❼
                                batch_size,replace=False)
            batch = [self.memory[i] for i in ind] #batch는 튜플들의 목록
            state1_batch = torch.stack([x[0].squeeze(dim=0) for x in batch],dim=0)
            action_batch = torch.Tensor([x[1] for x in batch]).long()
            reward_batch = torch.Tensor([x[2] for x in batch])
            state2_batch = torch.stack([x[3].squeeze(dim=0) for x in batch],dim=0)
            return state1_batch, action_batch, reward_batch, state2_batch
```

❶ N은 경험 재현 목록의 최대 크기이다.

❷ batch_size는 get_batch(...) 메서드가 돌려주는, 경험 재현 목록에서 추출한 배치의 크기(견본 개수)이다.

❸ 경험이 500개 추가될 때마다 목록을 뒤섞는다(배치가 좀 더 무작위하게 추출되게 하기 위해).

❹ 목록이 다 차지 않았으면 새 경험을 목록에 추가하고, 다 찾으면 임의의 기존 경험을 새 경험으로 대체한다.

❺ 파이썬 내장 shuffle 함수로 경험 재현 목록을 뒤섞는다.

❻ 경험 재현 목록에서 무작위로 표본(미니배치)을 추출한다.

❼ 배치 추출을 위한 색인들로 사용할 정수 난수 배열.

간단히 말해서 이 경험 재현 클래스는 경험 재현 목록에 그 관리 기능을 추가한 것이다. 이 클래스는 유한한 길이의 경험 재현 목록에 경험 튜플들을 추가하는 메서드와 목록에서 경험들을 추출하는 메서드를 제공한다. 경험들을 추출해서 하나의 배치를 돌려주는 get_batch(…) 메서드는 추출할 경험들의 색인에 해당하는 일단의 난수 정수들을 생성해서 그 색인들에 해당하는 경험들을 돌려준다. 단, 경험 튜플들의 배열 하나를 돌려주는 것이 아니라 경험 튜플을 구성하는 성분들의 배열을 따로 만들어서 돌려준다. 즉, 하나의 경험이 (S_t, a_t, r_t, S_{t+1})이라 할 때 이 메서드는 S_t 텐서, a_t 텐서 등을 개별적으로 돌려준다. 예를 들어 S_t 텐서는 배치 크기×3(채널 수)×42(높이)×42(너비) 차원이다. PyTorch의 stack(…) 함수는 주어진 목록에 담긴 텐서들을 모두 연결해서 만든 하나의 텐서를 돌려준다. 이 클래스는 또한 squeeze(…) 메서드와 unsqueeze(…) 메서드를 이용해서 크기가 1인 차원들을 제거하거나 추가한다.

이상으로 보통의 DQN을 구현하는 데 필요한 모든 요소가 갖추어졌다. 남은 것은 주 훈련 루프와 이번 장의 주제인 호기심 기반 탐험을 위한 ICM(내재적 호기심 모듈)이다. 그럼 ICM을 구현하는 방법부터 살펴보자.

8.6 ICM(내재적 호기심 모듈)

앞에서 설명했듯이, ICM은 세 개의 독립적인 신경망 모형으로 구성된다. 하나는 순방향 모형이고 다른 하나는 역방향 모형, 나머지 하나는 부호기 모형이다(그림 8.13). 순방향 모형은 주어진 현재 상태(부호화된)와 동작에 대한 다음 상태(부호화된)를 예측하도록 훈련된다. 역방향 모형은 주어진 일련의 두 상태(부호화된) $\phi(S_t)$와 $\phi(S_{t+1})$ 사이에서 취해진 동작을 예측하도록 훈련된다. 부호기 모형은 그냥 원본 3프레임 상태를 하나의 저차원 벡터로 변환하는 역할만 한다. 역방향 모형은 간접적으로 부호기를 훈련한다(부호기가 동작의 예측과 관련된 정보만 남도록 상태를 부호화하는 방법을 학습하게 하기 위해).

ICM 구성요소들의 입력 형식과 출력 형식이 그림 8.14에 나와 있다. 순방향 모형은 선형 층들로 이루어진 간단한 2층 신경망이다. 순방향 모형의 입력은 상태 $\phi(S)$와 동작 a_t를 연결한 것이다. 부호화된 상태 $\phi(S)$는 $B \times 288$ 텐서이고 동작 a_t는 $B \times 1$ 텐서이다. 여기서 B는 배치 크기이다. 동작 텐서의 각 행은 동작 색인(정수)들로 구성된다. 이 동작 색인 벡터의 각 동작 색인에 대해, 그 색인에 해당하는 성분만 1이고 다른 모든 성분은 0인 동작 원핫 벡터를 만든다. 전체 동작 가짓수가 12이므로 이 원핫 벡터는 12차원 벡터이다. 이런 원핫 벡터들로 이루어진 $B \times 12$차원 텐서를 $B \times 288$차원 상태 텐서에 연결한다. 이런 식으로 만들어 낸 $B \times (288+12) =$

$B \times 300$ 텐서가 순방향 모형의 입력이다. 순방향 모형의 마지막 층(출력층)을 제외한 층들은 정류 선형 단위(ReLU) 활성화 함수를 사용한다. 출력층에는 활성화 함수를 적용하지 않는다. 출력층은 하나의 $B \times 288$ 텐서를 산출한다.

그림 8.13 내재적 호기심 모듈(ICM)의 전반적인 구조. ICM은 세 개의 개별적인 신경망 모형으로 구성된다. 부호기 모형은 상태를 저차원 벡터로 부호화한다. 이 부호기 모형은 역방향 모형을 통해서 간접적으로 훈련된다. 역방향 모형은 주어진 두 상태 사이의 동작을 예측한다. 순방향 모형은 다음 상태(부호화된)를 예측한다. 순방향 모형의 예측 오차가 내재적 보상으로 쓰인다.

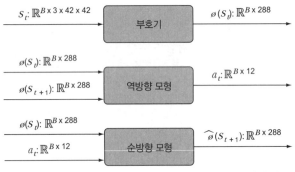

그림 8.14 ICM을 구성하는 모형들의 입력, 출력 형식 및 차원

역방향 모형도 선형층들로 이루어진 간단한 2층 신경망이다. 입력은 부호화된 두 상태 S_t와 S_{t+1}을 연결한 텐서로, 차원은 $B \times (288+288) = B \times 576$이다. 첫 층의 활성화 함수는 ReLU이고 둘째 층(출력층)의 활성화 함수는 소프트맥스이다. 출력층은 배치 크기만큼의 동작 이산분포들로 이루어진 $B \times 12$ 텐서를 산출한다. 역방향 모형은 동작 가치 이산분포와 실제로 취해진 동작의 원핫 벡터의 오차를 역전파해서 훈련한다.

부호기 모형은 네 개의 합성곱 층으로 구성되는데, 합성곱 층들의 구조는 심층 Q 신경망(§8.5)의 것들과 동일하다. 부호기의 합성곱 층들은 ELU(지수 선형 단위)를 활성화 함수로 사용한다. 마지막 합성곱 층의 출력을 평평하게 펼쳐서 만든 288차원 벡터가 이 모형의 최종 출력이다.

ICM 전체의 최종 출력은 순방향 모형의 예측 오차 하나이다(그림 8.15). ICM의 손실함수가 산출한 오차 수치를 DQN을 위한 내재적 보상 신호로 사용한다. 이 내재적 보상을 외재적 보상과 합한 $r_t = r_i + r_e$를 최종 보상으로 사용할 수도 있다. 더 나아가서, 두 보상에 개별적인 가중치를 곱해서 두 보상을 섞는 비율을 조정할 수도 있다.

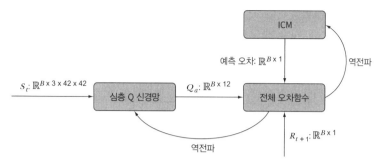

그림 8.15 심층 Q 신경망의 오차와 ICM의 오차를 결합한 전체 오차함수(손실함수)로 최적화를 수행해서 심층 Q 신경망의 매개변수들과 ICM의 매개변수들을 갱신한다. 심층 Q 신경망의 오차는 심층 Q 신경망이 예측한 Q 가치와 실제로 관측된 보상의 차이에 기초해서 계산한 값이다. 이 오차를 ICM의 예측 오차와 결합해서 새로운 보상 가치를 구한다.

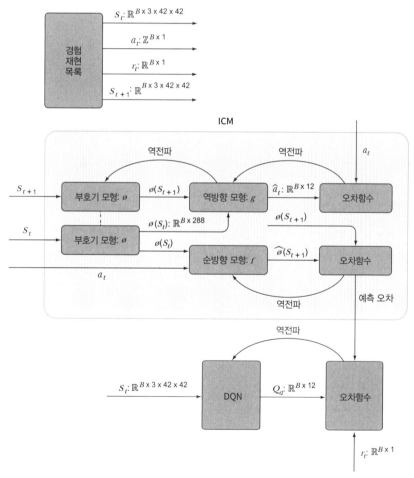

그림 8.16 ICM을 포함한 전체 알고리즘의 개요. 우선 경험 재현 목록에서 B개의 표본을 뽑아서 하나의 배치를 만든다. 그 배치를 ICM과 DQN에 입력한다. ICM의 예측 오차를 DQN의 오차와 결합해서 전체 오차를 구한다. DQN은 외재적 보상(환경이 제공한)뿐만 아니라 내재적 보상(예측 오차에 기초한)도 반영해서 동작 가치들을 예측하는 방법을 배운다.

그림 8.16은 ICM을 좀 더 상세히 보여주며, 에이전트 모형(DQN)과의 연동 방식도 보여준다. 그럼 ICM을 구성하는 모형들을 실제로 구현해 보자.

목록 8.6 ICM 구성요소들

```
class Phi(nn.Module):                                          ❶
    def __init__(self):
        super(Phi, self).__init__()
        self.conv1 = nn.Conv2d(3, 32, kernel_size=(3,3), stride=2, padding=1)
        self.conv2 = nn.Conv2d(32, 32, kernel_size=(3,3), stride=2, padding=1)
        self.conv3 = nn.Conv2d(32, 32, kernel_size=(3,3), stride=2, padding=1)
        self.conv4 = nn.Conv2d(32, 32, kernel_size=(3,3), stride=2, padding=1)

    def forward(self,x):
        x = F.normalize(x)
        y = F.elu(self.conv1(x))
        y = F.elu(self.conv2(y))
        y = F.elu(self.conv3(y))
        y = F.elu(self.conv4(y))  # 크기 [1, 32, 3, 3] 배치, 채널들, 3 x 3
        y = y.flatten(start_dim=1)  # 크기 N, 288
        return y

class Gnet(nn.Module):                                         ❷
    def __init__(self):
        super(Gnet, self).__init__()
        self.linear1 = nn.Linear(576,256)
        self.linear2 = nn.Linear(256,12)

    def forward(self, state1,state2):
        x = torch.cat( (state1, state2) ,dim=1)
        y = F.relu(self.linear1(x))
        y = self.linear2(y)
        y = F.softmax(y,dim=1)
        return y

class Fnet(nn.Module):                                         ❸
    def __init__(self):
        super(Fnet, self).__init__()
        self.linear1 = nn.Linear(300,256)
        self.linear2 = nn.Linear(256,288)

    def forward(self,state,action):
        action_ = torch.zeros(action.shape[0],12)              ❹
        indices = torch.stack( (torch.arange(action.shape[0]),
                             action.squeeze()), dim=0)
        indices = indices.tolist()
        action_[indices] = 1.
        x = torch.cat( (state,action_) ,dim=1)
        y = F.relu(self.linear1(x))
        y = self.linear2(y)
        return y
```

❶ Phi는 부호기 모형이다.

❷ Gnet은 역방향 모형이다.

❸ Fnet은 순방향 모형이다.

❹ 경험 재현 목록에 저장된 동작 색인을 원핫 벡터로 변환한다.

이 모형은 모두 그 구조가 비교적 간단하다. 상당히 평범한 모형들이지만, 셋을 조합하면 상당히 강력한 시스템이 만들어진다. 이제 심층 Q 신경망의 구현으로 넘어가자. 심층 Q 신경망 역시 그냥 합성곱 층 몇 개로 구성된 비교적 간단한 모형이다.

목록 8.7 심층 Q 신경망

```
class Qnetwork(nn.Module):
    def __init__(self):
        super(Qnetwork, self).__init__()
        self.conv1 = nn.Conv2d(in_channels=3, out_channels=32,
    kernel_size=(3,3), stride=2, padding=1)
        self.conv2 = nn.Conv2d(32, 32, kernel_size=(3,3), stride=2, padding=1)
        self.conv3 = nn.Conv2d(32, 32, kernel_size=(3,3), stride=2, padding=1)
        self.conv4 = nn.Conv2d(32, 32, kernel_size=(3,3), stride=2, padding=1)
        self.linear1 = nn.Linear(288,100)
        self.linear2 = nn.Linear(100,12)

    def forward(self,x):
        x = F.normalize(x)
        y = F.elu(self.conv1(x))
        y = F.elu(self.conv2(y))
        y = F.elu(self.conv3(y))
        y = F.elu(self.conv4(y))
        y = y.flatten(start_dim=2)
        y = y.view(y.shape[0], -1, 32)
        y = y.flatten(start_dim=1)
        y = F.elu(self.linear1(y))
        y = self.linear2(y)            ❶
        return y
```

❶ 출력은 B×12 텐서이다.

이제 ICM의 모형들과 심층 Q 신경망을 연결해 보겠다. 필요한 것은 하나의 튜플 (S_t, a_t, S_{t+1})을 받고 순방향 모형의 예측 오차와 역방향 모형의 오차를 돌려주는 함수이다. 순방향 모형의 오차는 모형 자신의 훈련을 위한 역전파에 쓰일 뿐만 아니라 DQN을 위한 내재적 보상으로도 쓰인다. 역방향 모형의 오차는 역방향 모형과 부호기 모형의 훈련을 위한 역전파에만 쓰인다. 그 함수를 정의하기 전에, 먼저 초매개변수들을 설정하고 모형들을 인스턴스화한다.

목록 8.8 초매개변수들과 모형 인스턴스화

```
params = {
    'batch_size':150,
    'beta':0.2,
    'lambda':0.1,
    'eta': 1.0,
    'gamma':0.2,
    'max_episode_len':100,
    'min_progress':15,
    'action_repeats':6,
    'frames_per_state':3
}
replay = ExperienceReplay(N=1000, batch_size=params['batch_size'])
Qmodel = Qnetwork()
encoder = Phi()
forward_model = Fnet()
inverse_model = Gnet()
forward_loss = nn.MSELoss(reduction='none')
inverse_loss = nn.CrossEntropyLoss(reduction='none')
qloss = nn.MSELoss()
all_model_params = list(Qmodel.parameters()) + list(encoder.parameters())  ❶
all_model_params += list(forward_model.parameters()) +
    list(inverse_model.parameters())
opt = optim.Adam(lr=0.001, params=all_model_params)
```

❶ 각 모형의 매개변수들을 하나의 목록에 추가해서, 하나의 최적화기로 모든 모형을 훈련한다.

이 코드는 여러 초매개변수를 하나의 사전 객체 params에 담는다. batch_size 등은 익숙하겠지만 몇몇 초매개변수는 설명이 좀 더 필요할 것이다. 초매개변수들은 차차 이야기하고, 우선 전체적인 손실함수(오차함수)부터 살펴보자.

네 모형(심층 Q 신경망과 ICM의 세 모형) 모두의 전체 손실함수는 다음과 같이 정의된다.

$$\text{전체 손실} = \lambda Q_{\text{손실}} + (1 - \beta)F_{\text{손실}} + \beta G_{\text{손실}}$$

즉, 전체 손실은 DQN 손실, 순방향 모형 손실, 역방향 모형 손실의 가중합이다. DQN 손실의 가중치 λ(params의 lambda)는 다른 모형들과는 독립적인 초매개변수이지만, 순방향 모형 손실과 역방향 모형 손실의 가중치 $1 - \beta$와 β는 하나의 초매개변수 β(params의 beta)로 규정되며 둘의 합이 1이라는 관계를 가진다. 전체 훈련 과정은 이 전체 손실함수의 최소화를 목적으로 한다. 각 훈련 주기에서 이 손실함수의 값이 네 모형 모두에 역전파된다.

max_episode_len과 min_progress는 각각 에피소드 최대 길이와 최소 진척도이다. 에피소드 길이가 max_episode_len이 될 때까지 마리오의 스테이지 진척도가 min_progress를 넘기지 못하면 환경을 초기화해서 다시 시작한다. 이들은 마리오가 한 장애물을 넘지 못하고 같은 동작을 반복하면서 무한정 시간을 허비하는 상황을 고려한 것이다.

action_repeats는 정책 함수가 선택한 동작을 반복하는 횟수이다. 즉, 한 훈련 주기에서 마리오는 같은 동작을 여러 번(기본값은 6회) 반복한다. 이는 DQN이 동작의 가치를 좀 더 빠르게 학습하는 데 도움이 된다. 동작 반복은 훈련 과정에만 적용된다. 훈련된 모형을 시험(추론)할 때는 선택된 동작을 한 번만 수행한다. gamma는 §3.2.4에서 소개한 할인 계수 γ이다. DQN 훈련 시 목푯값은 현재 보상 r_t가 아니라 r_t에 다음 상태에 대해 예측된 가장 큰 동작 가치를 더한 것인데, 이때 그 동작 가치에 바로 이 할인 계수가 곱해진다. 즉, 목푯값은 $r_t + \gamma \max(Q(S_{t+1}))$이다. 마지막으로, frames_per_state는 하나의 상태를 구성하는 프레임 수이다. 앞에서 설명했듯이 여기서는 3(최근 프레임 세 개)을 사용한다.

목록 8.9 손실함수와 환경 초기화 함수

```
def loss_fn(q_loss, inverse_loss, forward_loss):
    loss_ = (1 - params['beta']) * inverse_loss
    loss_ += params['beta'] * forward_loss
    loss_ = loss_.sum() / loss_.flatten().shape[0]
    loss = loss_ + params['lambda'] * q_loss
    return loss

def reset_env():
    """
    Reset the environment and return a new initial state
    """
    env.reset()
    state1 = prepare_initial_state(env.render('rgb_array'))
    return state1
```

다음으로, ICM의 구현을 보자.

목록 8.10 ICM 예측 오차 계산

```
def ICM(state1, action, state2, forward_scale=1., inverse_scale=1e4):
    state1_hat = encoder(state1)                                        ❶
    state2_hat = encoder(state2)
    state2_hat_pred = forward_model(state1_hat.detach(), action.detach())  ❷
    forward_pred_err = forward_scale * forward_loss(state2_hat_pred,
                            state2_hat.detach()).sum(dim=1).unsqueeze(dim=1)
    pred_action = inverse_model(state1_hat, state2_hat)                 ❸
    inverse_pred_err = inverse_scale * inverse_loss(pred_action,
                            action.detach().flatten()).unsqueeze(dim=1)
    return forward_pred_err, inverse_pred_err
```

❶ 부호기 모형을 이용해서 연속된 두 상태를 부호화한다.

❷ 부호화된 상태들로 순방향 모형을 실행한다. 단, 그 오차가 역전파되지 않도록 그래프에서 떼어낸다.

❸ 역방향 모형은 동작들에 관한 소프트맥스 확률분포를 돌려준다.

ICM 실행 시 노드들을 적절히 떼어내는 것이 대단히 중요함을 명심하기 바란다. PyTorch는 (그리고 다른 대부분의 기계학습 라이브러리에서) 내부적으로 계산 그래프를 구축하는데, 각각의 **연산**(계산)이 그래프의 노드이고 연산들에 입출력되는 텐서가 노드들을 연결하는 간선(edge)에 해당한다. 텐서에 대해 detach 메서드를 호출하면 그 텐서는 계산 그래프에서 분리되며, 그 뒤로는 그냥 보통의 수치 텐서 데이터로 취급된다. 텐서가 떼어지면 해당 간선을 통한 역전파도 더 이상 일어나지 않는다. 순방향 모형과 그 손실함수를 실행할 때 state1_hat 텐서와 state2_hat 텐서를 그래프에서 떼어내지 않으면 순방향 모형의 오차가 부호기 모형으로 역전파되어서 부호기 모형의 학습이 망쳐진다.

이제 실제 훈련 과정으로 넘어가자. 이 예제는 경험 재현 기법을 사용하므로, 훈련에 쓰이는 배치는 경험 재현 목록에서 추출한 표본이다. 우선, 경험 재현 목록에서 뽑은 배치로 ICM과 DQN의 오차들을 계산하는 과정을 하나의 함수로 정의해 둔다.

목록 8.11 경험 재현 기법을 이용한 미니배치 훈련

```
def minibatch_train(use_extrinsic=True):
    state1_batch, action_batch, reward_batch, state2_batch = replay.get_batch()
    action_batch = action_batch.view(action_batch.shape[0],1)           ❶
    reward_batch = reward_batch.view(reward_batch.shape[0],1)

    forward_pred_err, inverse_pred_err = \
        ICM(state1_batch, action_batch, state2_batch)                   ❷
    i_reward = (1. / params['eta']) * forward_pred_err                  ❸
    reward = i_reward.detach()                                          ❹
    if use_extrinsic:                                                   ❺
        reward += reward_batch
    qvals = Qmodel(state2_batch)                                        ❻
    reward += params['gamma'] * torch.max(qvals)
    reward_pred = Qmodel(state1_batch)
    reward_target = reward_pred.clone()
    indices = torch.stack( (torch.arange(action_batch.shape[0]),        ❼
                            action_batch.squeeze()), dim=0)
    indices = indices.tolist()
    reward_target[indices] = reward.squeeze()
    q_loss = 1e5 * qloss(F.normalize(reward_pred),
                         F.normalize(reward_target.detach()))
    return forward_pred_err, inverse_pred_err, q_loss
```

❶ 배치의 텐서들을 모형의 입력에 맞는 형태로 변환한다.

❷ ICM을 실행한다.

❸ 순방향 예측 오차에 비례 계수 eta를 곱한다.

❹ 보상들의 합산을 시작한다. i_reward 텐서를 반드시 그래프에서 떼어내야 한다.

❺ 부울 변수 use_extrinsic은 내재적 보상과 함께 외재적 보상도 사용할 것인지의 여부를 뜻한다.

❻ 다음 상태의 동작 가치들을 계산한다.

❼ action_batch는 동작 색인(정수)들의 텐서이다. 이를 해당 원핫 벡터들의 텐서로 변환한다.

이로써 주 훈련 루프에 필요한 모든 요소가 갖추어졌다. 목록 8.12에 관련 초기화 코드와 훈련 루프가 나와 있다. 일반적인 초기 설정들 외에, 초기화 부분에서는 prepare_initial_state 함수로 환경의 초기 상태를 설정한다. 초기 상태는 첫 프레임을 세 번 반복한 것이다. 또한 최근 프레임들을 담을 deque 객체도 초기화한다. maxlen 속성이 3으로 설정되므로, 이 deque 객체는 최대 세 개의 최근 프레임만 담게 된다. 루프 안에서는 이 deque 객체를 list 객체로 변환한 후 1×3×42×42차원 PyTorch 텐서로 변환해서 DQN에 입력한다.

목록 8.12 주 훈련 루프

```
epochs = 3500
env.reset()
state1 = prepare_initial_state(env.render('rgb_array'))
eps=0.15
losses = []
episode_length = 0
switch_to_eps_greedy = 1000
state_deque = deque(maxlen=params['frames_per_state'])
e_reward = 0.
last_x_pos = env.env.env._x_position                          ❶
ep_lengths = []

for i in range(epochs):
    opt.zero_grad()
    episode_length += 1
    q_val_pred = Qmodel(state1)                               ❷
    if i > switch_to_eps_greedy:                              ❸
        action = int(policy(q_val_pred,eps))
    else:
        action = int(policy(q_val_pred))
    for j in range(params['action_repeats']):                ❹
        state2, e_reward_, done, info = env.step(action)
        last_x_pos = info['x_pos']
        if done:
            state1 = reset_env()
            break
        e_reward += e_reward_
        state_deque.append(prepare_state(state2))
    state2 = torch.stack(list(state_deque),dim=1)            ❺
    replay.add_memory(state1, action, e_reward, state2)      ❻
    e_reward = 0
    if episode_length > params['max_episode_len']:           ❼
        if (info['x_pos'] - last_x_pos) < params['min_progress']:
            done = True
        else:
```

```
            last_x_pos = info['x_pos']
    if done:
        ep_lengths.append(info['x_pos'])
        state1 = reset_env()
        last_x_pos = env.env.env._x_position
        episode_length = 0
    else:
        state1 = state2
    if len(replay.memory) < params['batch_size']:
        continue
    forward_pred_err, inverse_pred_err, q_loss = \
                    minibatch_train(use_extrinsic=False)         ❽
    loss = loss_fn(q_loss, forward_pred_err, inverse_pred_err)   ❾
    loss_list = (q_loss.mean(), forward_pred_err.flatten().mean(),
                inverse_pred_err.flatten().mean())
    losses.append(loss_list)
    loss.backward()
    opt.step()
```

❶ 마리오의 마지막 x 위치. 스테이지 진척도 계산에 쓰인다.

❷ DQN을 실행(순방향 패스)해서 동작 가치들을 예측한다.

❸ 첫 1,000회 반복 후에는 엡실론 탐욕 정책으로 전환한다.

❹ 훈련을 가속화하기 위해, 정책 함수가 선택한 동작을 6회 반복한다.

❺ deque 객체를 PyTorch 텐서로 변환한다.

❻ 하나의 경험을 경험 재현 목록에 추가한다.

❼ 마리오가 스테이지를 충분히 나아가지 못했으면 게임을 초기화해서 다시 시작한다.

❽ 경험 재현 목록에서 뽑은 훈련 데이터 미니배치로 모형들을 실행해서 그 오차들을 얻는다.

❾ 전체 손실을 계산한다.

코드가 꽤 길긴 하지만, 사실은 아주 간단한 훈련 루프이다. 각 반복에서 코드는 하나의 상태를 준비해서 DQN에 입력하고, 동작 가치(Q 가치)들을 얻고, 정책 함수로 동작 하나를 선택하고, env.step(action) 메서드로 그 동작을 실행한다. 이로부터 다음 상태와 메타데이터를 얻고, 현재 상태와 동작, 보상, 다음 상태로 이루어진 튜플 (S_t, a_t, r_t, S_{t+1})을 만든다. 이것이 이번 훈련 주기에서 얻은 경험이다. 이 경험을 경험 재현 목록에 추가한다. 그런 다음에는 목록 8.11에서 정의한 minibatch_train 함수로 모형들의 손실들을 얻고, 그 손실들로 계산한 전체 손실을 역전파해서 모형들을 훈련한다.

이렇게 해서 슈퍼 마리오브라더스를 플레이하는 방법을 배우기 위한 DQN 및 ICM이 완성되었다. 필자의 경우 맥북 에어(GPU 없음)로 훈련을 5,000회 반복하는 데 약 30분이 걸렸다. use_extrinsic=False로 설정해서 minibatch_train을 호출했으므로 에이전트는 오직 내재적 보상만으로 훈련된다. 다음은 ICM의 모형들과 DQN의 손실들을 그래프로 그리는 코드이다. 손실들이 비슷한 축척으로 나타나게 하기 위해 로그를 씌웠다.

```
>>> losses_ = np.array(losses)
>>> plt.figure(figsize=(8,6))
>>> plt.plot(np.log(losses_[:,0]),label='Q loss')
>>> plt.plot(np.log(losses_[:,1]),label='Forward loss')
>>> plt.plot(np.log(losses_[:,2]),label='Inverse loss')
>>> plt.legend()
>>> plt.show()
```

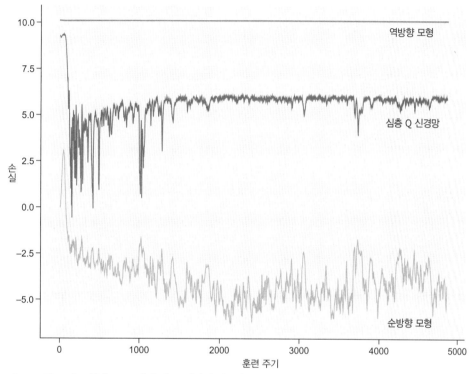

그림 8.17 ICM 세 모형과 DQN의 손실들. 하나의 지도학습 방식 신경망을 사용할 때와는 달리 손실들이 매끄럽게 감소하지는 않았다. 이는 DQN과 ICM이 대립해서 훈련되기 때문이다.

그림 8.17에서 보듯이, DQN의 손실은 처음에 확 떨어진 후 점차 증가하다가 같은 수준을 유지한다. 역방향 모형의 손실은 그냥 하나의 수평선처럼 보이지만, 확대해서 보면 아주 느리게 감소한다. use_extrinsic=True로 설정해서 외재적 보상도 훈련에 사용하면 손실 그래프가 좀 더 나은 모습이 된다. 훈련된 DQN으로 슈퍼 마리오브라더스를 실제로 실행해 보면, 마리오가 손실 그래프가 암시하는 것보다는 훨씬 나은 모습으로 움직임을 알 수 있을 것이다. 실제 성능에 비해 손실 그래프가 그리 좋지 않게 나오는 이유는 ICM과 DQN이 일종의 대립적인 동적 시스템으로 행동하기 때문이다. ICM의 순방향 모형은 자신의 예측 오차를 낮추려 하지만, DQN은 에이전트를 환경의 예측 불가능한 상태로 이끌어서 그 예측 오차를 높이려 한다(그림 8.18).

GAN, 즉 **생성 대립 신경망**(generative adversarial network; 또는 생성적 적대 신경망)에서 생성자와 판별자의 손실들을 그래프로 그려도 use_extrinsic=False일 때의 DQN과 순방향 모형의 손실들과 비슷한 모습이 나온다. 둘의 대립 때문에, 하나의 기계학습 모형을 훈련했을 때처럼 손실들이 매끄럽게 감소하는 모습은 나오지 않는다.

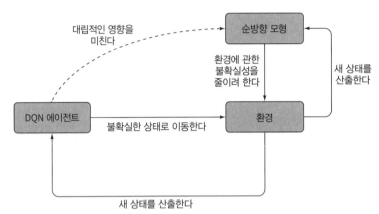

그림 8.18 DQN과 순방향 모형은 상충하는 목적함수를 최적화하려 한다. 따라서 둘은 하나의 대립 쌍을 형성한다.

전체적인 훈련 성과를 평가하는 좀 더 나은 방법은 훈련 반복에 따른 에피소드 길이(마리오의 스테이지 진척도에 해당)의 변화를 보는 것이다. 에이전트가 환경을 좀 더 효과적으로 나아가는 방법을 배움에 따라 에피소드 길이가 점점 길어져야 한다. 훈련 루프에서 에피소드가 끝날 때마다(즉, 에이전트가 죽거나 스테이지를 충분히 진행하지 못해서 done 변수가 True가 될 때마다) 현재의 info['x_pos']를 ep_lengths 목록에 추가한다. 훈련을 반복함에 따라 최대 에피소드 길이가 점점 길어져야 한다.

```
>>> plt.figure()
>>> plt.plot(np.array(ep_lengths), label='Episode length')
```

그림 8.19의 에피소드 길이 그래프를 보면, 처음에는 에피소드 길이(마리오의 최대 x 위치)가 150 정도지만 나중에는 500에 가까운 값도 나온다. 에피소드 길이가 대체로 증가하긴 하지만, 다소 무작위한 모습이다.

에피소드 길이 그래프를 보면 에이전트의 학습이 그리 나쁘지는 않은 것 같다. 그럼 마리오가 실제로 어떻게 움직이는지 눈으로 확인해 보자. OpenAI Gym의 인터페이스는 환경의 실제 화면을 창에 표시하는 메서드도 제공한다. 단, 이 메서드로 화면을 보려면 코드를 여러분의 컴퓨터에서 직접 실행해야 한다. 원격 호스트나 클라우드 VM에서 실행할 때는 화면을 볼 수 없다. 그런 경우 가장 쉬운 해결책은 게임을 실행하면서 각 화면 프레임을 NumPy 배열로 변환해서 파일로 저장하고, 나중에 그 파일을 동영상으로 변환해서 재생하는 것이다. 화면 프레임들이 renders 배열에 담겨 있다고 할 때, 다음은 그것을 MP4 형식의 동영상으로 변환해서 재생하는 예이다.

```
>>> import imageio;
>>> from IPython.display import Video;
>>> imageio.mimwrite('gameplay.mp4', renders, fps=30);
>>> Video('gameplay.mp4')
```

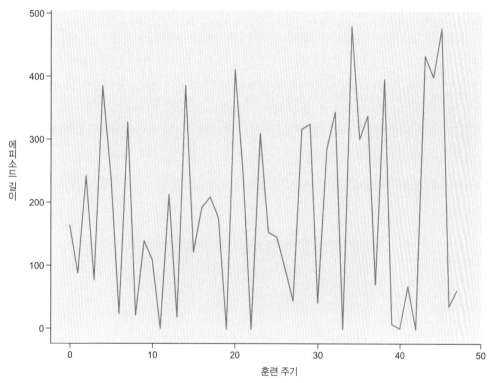

그림 8.19 x축은 훈련 주기이고 y축은 에피소드 길이이다. 훈련이 반복됨에 따라 최대 에피소드 길이가 점점 커져야 정상인데, 이 그래프는 실제로 그런 모습을 보여준다.

목록 8.13은 OpenAI Gym의 render 메서드를 이용해서 에이전트가 플레이하는 게임 화면을 실시간으로 표시하는 예이다.

목록 8.13 훈련된 에이전트로 게임 실행

```
eps=0.1
done = True
state_deque = deque(maxlen=params['frames_per_state'])
for step in range(5000):
    if done:
        env.reset()
        state1 = prepare_initial_state(env.render('rgb_array'))
    q_val_pred = Qmodel(state1)
    action = int(policy(q_val_pred,eps))
    state2, reward, done, info = env.step(action)
    state2 = prepare_multi_state(state1,state2)
    state1=state2
    env.render()
env.close()
```

주 훈련 루프를 이해한 독자라면 이 코드를 이해하는 데 어려움이 없을 것이다. 이 코드는 그냥 주 훈련 루프 중 DQN으로 동작을 선택해서 실행하는 부분을 가져온 것이다. 한 가지 주목할 점은, 지금은 훈련을 하는 것이 아니지만 그래도 엡실론 탐욕 전략(ϵ = 0.1)을 사용한다는 점이다. 추론 과정에서도, 마리오가 특정 지점을 벗어나지 못하는 일을 피하려면 에이전트에 약간의 무작위성을 부여하는 것이 좋다. 또한, 훈련 과정과는 달리 추론 과정에서는 정책 함수로 선택한 동작을 여섯 번이 아니라 한 번만 실행한다는 점도 주목하기 바란다. 훈련이 잘 이루어졌다면 그림 8.20처럼 마리오가 장애물을 멋지게 넘어서 착실하게 스테이지를 나아갈 것이다.

그림 8.20 내재적 보상만으로 훈련한 에이전트의 플레이 모습. 마리오가 구덩이를 멋지게 뛰어넘는다. 이 예는 외재적 보상 없이도 에이전트가 기본 기술들을 성공적으로 학습했음을 보여준다. 그냥 무작위로 환경을 탐험하는 접근 방식을 사용했다면 마리오가 장애물을 뛰어넘기는커녕 앞으로 잘 나아가지도 못했을 것이다.

필자들과 비슷한 성과를 얻은 독자들에게는 축하 인사를 보낸다. 그렇지 못한 독자라면 초매개변수들을 조정해 보기 바란다. 특히 학습 속도와 미니배치 크기, 최대 에피소드 길이, 최소 진척도를 잘 조율하면 훈련 성과가 달라질 것이다. 필자들의 경험에 따르면, 내재적 보상에 기초한 훈련의 성과는 언급한 초매개변수들에 민감하다. 훈련 반복 횟수도 조정해 보기 바란다. 5,000수기가 아주 긴 것은 아니며, 훈련을 더 많이 반복하면 좀 더 흥미로운 행동이 나올 것이다.

다른 환경에서 ICM 기반 DQN의 성과

이번 장에서는 ICM 기반 DQN 에이전트를 슈퍼 마리오브라더스라는 하나의 환경에서 훈련했는데, 다른 환경에서는 이 접근 방식이 어느 정도나 효과적일까? 유리 부르다[Yuri Burda] 등의 2018년 논문 "Large-Scale Study of Curiosity-Driven Learning"은 이 접근 방식을 다양한 환경에서 시험해서 보여주었다. 논문 저자들은 슈퍼 마리오브라더스를 비롯한 여러 게임에서 호기심 기반 보상으로 에이전트를 훈련했는데, 슈퍼 마리오브라더스의 경우 11번째 스테이지까지 나아갔으며, 퐁[Pong] 게임도 잘 플레이했다. 저자들이 사용한 ICM은 이번 장 예제의 것과 본질적으로 동일하다. 주된 차이점은, DQN 대신 **근위 정책 최적화**(proximal policy optimization, PPO)라는 좀 더 정교한 행위자-비평자 모형을 사용했다는 것이다.

같은 맥락에서 시도해 볼 만한 실험은 부호기 모형을 **무작위 투영**(random projection; 또는 확률 투영)으로 대체하는 것이다. 무작위 투영은 그냥 입력 데이터에 무작위로 초기화한 행렬을 곱하는 것이다(이는 곧 무작위로 초기화한 신경망을 훈련 없이 계속 사용하는 것에 해당한다). 부르다 등의 2018년 논문은 무작위 투영이 훈련된 부호기와 거의 같은 수준의 효과를 낸다는 점을 보여주었다.

8.7 그 밖의 내재적 보상 메커니즘들

이번 장에서는 보상이 희소한 환경에서 강화학습 에이전트의 학습을 방해하는 중요한 문제 하나를 소개하고, 그에 대한 해결책으로 에이전트에게 호기심을 부여하는 방안을 제시했다. 그리고 그 방안을 최근 강화학습 연구에서 아주 많이 인용되는 논문 중 하나인 파탁의 2017년 논문에 나온 접근 방식에 따라 구현해 보았다. 그 접근 방식을 따른 것은 단지 그것이 유명해서가 아니라, 새로운 개념을 너무 많이 소개하지 않고 이전 장들에서 배운 것들을 최대한 활용해서 구현할 수 있기 때문이다. 호기심 기반 학습(아직 이 학습 접근 방식을 가리키는 명칭 자체도 여러 가지이다)은 연구가 활발한 분야이며, 다른 대안들도 많이 있다. 그중 몇몇은 필자들이 보기에 ICM보다 낫다.

다른 흥미로운 방법 중 다수는 베이즈 추론과 정보 이론을 이용해서 호기심을 유발하는 참신한 메커니즘을 제시한다. 이번 장에서 사용한 예측 오차 접근 방식은 좀 더 광범위한 예측 오차 접근 방식의 한 구체적인 사례였을 뿐이다. 이런 부류의 기법들에 깔린 착안은 에이전트의 예측 오차를(다른 말로 하면, 환경에 관한 불확실성을) 줄이는 쪽으로 학습을 진행하되, 이를 위해 에이전트가 예기치 못한 상태에 처하도록 동작을 선택한다는 것이다.

또 다른 부류의 기법으로는 **권한강화**(empowerment; 또는 역량강화, 권한부여)가 있다. 이 전략은 예측 오차를 최소화함으로써 환경을 좀 더 예측 가능하게 만들려 하는 대신, 환경에 대한 에이전트의 통제권이 최대화되도록 에이전트를 최적화한다(그림 8.21). 이 분야의 주요 논문은 샤키르 모하메드[Shakir Mohamed]와 다닐루 지메네스 헤젠지[Danilo Jimenez Rezende]의 2015년 논문 "Variational Information Maximisation for Intrinsically Motivated Reinforcement Learning"이다. 환경에 관한 통제권을 최대화한다는 추상적인 개념을 수학적으로 엄밀하게 형식화하는 것이 가능한데, 여기서는 간단하게만 소개하고 넘어가겠다.

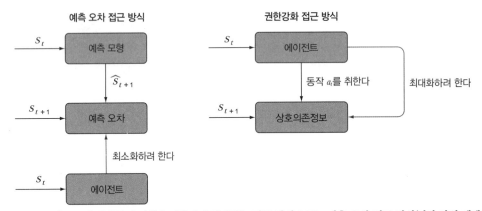

그림 8.21 희소 보상 문제를 호기심을 이용해서 해결하는 접근 방식으로는 예측 오차 접근 방식(이번 장의 예제가 여기에 속한다)과 권한강화 접근 방식이 있다. 권한강화 접근 방식은 주어진 상태와 그다음 상태 사이의 예측 오차를 최소화하는 대신 에이전트의 동작과 다음 상태의 상호의존정보(MI)를 최대화하려 한다. 에이전트의 동작과 다음 상태의 MI가 높다는 것은 에이전트가 다음 상태를 좀 더 높은 수준으로 통제한다는 뜻이다(다른 말로 하면, 에이전트는 어떤 동작을 취하면 환경이 어떻게 변할 것인지를 잘 안다). MI를 최대화함으로써 에이전트는 환경을 좀 더 잘 통제하는 방법을 배우게 된다.

통제권 최대화는 **상호의존정보**(mutual information, MI)라는 수량에 의존한다. 구체적인 수학 공식 없이 개념적으로만 말하자면, MI는 정보의 원천(정보원)으로서의 두 **확률변수**가 정보를 얼마나 공유하는지를 나타낸다. 또는, MI는 한 수량 x에 관한 불확실성이 또 다른 수량 y가 주어졌을 때 얼마나 줄어드는지를 나타낸다고도 할 수 있다.

정보 이론은 원래 현실 세계의 통신 작업과 관련된 문제들을 풀기 위해 개발되었다. 그런 문제 중 하나는 잡음 섞인 통신 채널에서 메시지가 최대한 깨지지 않고 전송되도록 메시지를 부호화하는 방식을 찾는 것이었다(그림 8.22). 원본 메시지 x를 잡음 많은 통신 채널을 통해(이를테면 무선 전파를 이용해서) 전달하되, 원본 메시지 x와 수신된 메시지 y의 상호의존정보를 최대화해야 한다고 하자. 그러려면 텍스트 문서일 수도 있는 어떤 메시지 x를 잡음 때문에 데이터가 손상될 확률이 최소화되는 무선 전파 패턴으로 부호화해야 한다. 그런 부호화 방법이 있다면, 상대방이 그 전파로부터 복원한 메시지 y가 원본 메시지와 아주 가깝다고 확신할 수 있다.

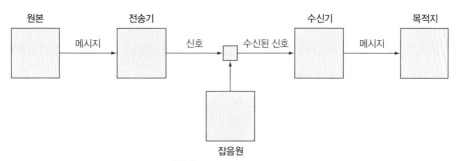

그림 8.22 정보 이론 분야는 클로드 섀넌[Claude Shannon]이 만들어 냈다. 본문에서 설명했듯이 정보 이론은 잡음 섞인 통신 채널을 통해 전달되는 메시지를 효율적이고 안정적으로 부호화하는 방법을 모색하는 과정에서 탄생했다. 목표는 원본 메시지와 수신 메시지의 상호의존정보가 최대화되도록 메시지를 부호화하는 것이다.

앞의 예에서는 x와 y가 둘 다 어떤 텍스트 메시지라고 가정했지만, x와 y의 정보 종류가 다를 수도 있다. 예를 들어 어떤 기업의 연간 주가 내역과 연간 수익의 상호의존정보를 구할 수도 있다. 즉, 처음에는 기업의 연간 수익을 아주 불확실하게 추정했지만, 그해의 주가 내역을 알고 나면 좀 더 연간 수익을 확실하게 추정할 수 있다. 1년간의 주가들을 알고 난 후 연간 수익을 추정했을 때 불확실성이 이전보다 크게 감소한다면, 연간 주가 내역과 연간 수익 사이의 MI가 높은 것이다.

주가와 수익은 서로 다른 수량이지만 그 단위(달러 등)는 같다. 이 역시 꼭 필요한 것은 아니다. 즉, 종류뿐만 아니라 단위도 다른 두 정보의 MI도 고찰할 수 있다. 좋은 예는 기온과 아이스크림 판매량 사이의 MI이다.

강화학습에서 에이전트 권한강화 접근 방식의 목적함수는 동작(또는 일련의 동작들)과 향후 상태(또는 상태들)의 MI의 최대화이다. 이 MI를 최대화한다는 것은, 에이전트가 취한 동작을 안다면 그 결과로 생긴 상태를 확실하게 알 수 있게 된다는 뜻이다. 다른 말로 하면, 에이전트는 자신이 어떤 동작을 취하면 환경이 어떤 상태로 변하는지를 잘 알게 되며, 따라서 에이전트는 환경을 높은 수준으로 통제하게 된다. 다른 말로 하면, 권한강화가 최대가 되면 통제권이(따라서 자유도가) 최대가 된다.

예측 오차 접근 방식은 예측 오차를 최소화함으로써 직접적으로 탐험을 유발한다. 반면, 권한강화 기법은 탐험을 유발한다고는 해도 그저 능력을 강화하는 수단으로서 간접적으로만 유발할 뿐이다. 예를 들어, 세상을 탐험하기 위해 세계 여행에 관심이 많은 세라라는 젊은이 가 있다고 하자. 여행을 함에 따라 세계에 관한 세라의 불확실성(예측 오차)이 줄어든다. 이와 대조적으로, 빌 게이츠는 사라만큼 세계 여행에 열정적이지는 않겠지만, 엄청난 부에서 비롯 한 통제권 덕분에 원한다면 언제든지 세계 어느 곳으로든 갈 수 있다.

권한강화 목적함수와 호기심 목적함수 둘 다 나름의 쓸모가 있다. 권한강화 기반 목적함 수는 외재적 보상 없이도 복잡한 능력(이를테면 로봇 작업이나 스포츠 게임에 필요한)을 획득하도 록 에이전트를 훈련하는 데 유용함이 입증되었다. 호기심 기반 목적함수는 대체로 탐험이 중 요한 환경(이를테면 스테이지를 끝까지 나아가는 것이 목표인 슈퍼 마리오브라더스 같은 게임)에 유용하 다. 어떤 경우이든, 이 두 목적함수는 차이점보다는 유사점이 더 많다.

요약

- 희소 보상 문제는 환경이 유용한 보상 신호를 아주 가끔만 산출하기 때문에 보통의 심 층 강화학습 에이전트가 학습에 곤란을 겪는 것을 말한다.

- 희소 보상 문제의 한 해결책은 인간이나 동물의 '호기심'에 해당하는 인위적인 보상 신호 를 만들어 내는 것이다.

- 호기심 모듈은 환경의 다음 상태가 얼마나 불확실한가에 기초해서 인위적인 보상을 산 출한다. 이에 의해 에이전트는 환경의 불확실한 영역을 탐험하게 된다.

- 내재적 호기심 모듈(ICM)은 순방향 예측 모형, 역방향 모형, 부호기라는 세 개의 개별적 인 신경망으로 구성된다.

- 부호기는 고차원 상태를 저차원 벡터로 부호화한다(잡음과 사소한 특징들은 제거하고 고수 준 특징들만 남겨서).

- 순방향 예측 모형은 다음 상태(부호화된)를 예측한다. 순방향 예측 모형의 오차가 호기심 보상으로 쓰인다.

- 역방향 모형은 연이은 두 상태(둘 다 부호화된)를 받고 두 상태 사이의 동작을 예측한다. 역방향 모형의 오차는 역방향 모형과 부호기의 훈련에 쓰인다.

- 권한강화는 호기심 기반 학습과 밀접히 관련된, 그러나 호기심 기반 학습 대신 사용할

수 있는 접근 방식이다. 권한강화에서 에이전트의 학습은 환경에 관한 에이전트의 통제권이 최대화되는 쪽으로 진행된다.

9

다중 에이전트 강화학습

이번 장의 내용

- 에이전트가 여럿인 상황에서 보통의 Q 학습이 실패하는 이유
- "차원의 저주"를 다중 에이전트로 해결하는 방법
- 다른 에이전트들을 인식하는 다중 에이전트 Q 학습 모형의 구현
- 평균장 근사를 이용한 다중 에이전트 Q 학습의 규모 확장
- 다중 에이전트 물리 시뮬레이션과 게임에서 수십 개의 에이전트를 DQN으로 제어하는 방법

지금까지 살펴본 강화학습 알고리즘들(Q 학습, 정책 기울기, 행위자-비평자 등)은 모두 하나의 환경 안에서 하나의 에이전트를 제어한다. 그런데 상호작용하는 다수의 에이전트를 제어해야 한다면 어떻게 해야 할까? 그런 설정의 가장 간단한 예는 2인용 게임의 두 플레이어를 강화학습 에이전트들로 구현하는 것이다. 그러나 그보다 훨씬 복잡한 상황도 있다. 예를 들어 교통 시뮬레이션 등에서는 수백, 수천 개의 에이전트가 상호작용하는 시스템을 모형화해야 한다. 이번 장에서는 지금까지 배운 것을 다중 에이전트 시나리오에 적용하는 방법을 살펴본다. 특히, 이번 장에서는 "Mean Field Multi-Agent Reinforcement Learning"(Yaodong Yang 외, 2018)이라는 논문에 처음 서술된 **평균장 Q 학습**(mean field Q-learning, MF-Q)이라는 알고리즘을 소개한다.

9.1 단일 에이전트에서 다중 에이전트로

게임에는 흔히 **NPC**(non-player character; 비 플레이어 캐릭터)라고 부르는 객체들이 존재한다. 이름에서 짐작하겠지만 NPC는 플레이어(강화학습의 경우 에이전트)가 직접 제어하지 않는 게임 내 캐릭터이다. 제8장에 나온 슈퍼 마리오브라더스 환경에도 다양한 NPC가 있다. 이 NPC들은 겉으로 드러나지 않는 게임 내 논리에 따라 제어되며, 주 플레이어 캐릭터와 자주 상호작용한다. 심층 Q 신경망(DQN) 에이전트의 관점에서 이 NPC들은 그냥 환경의 상태 안에 있는, 시간에 따라 변하는 픽셀 패턴들일 뿐이다. 우리의 DQN은 다른 플레이어의 동작을 직접 인식하지 않는다. NPC들은 학습하지 않으므로(정책 함수가 고정되어 있다) 이것이 문제가 되지는 않는다. 그러나, 이번 장에서 보겠지만, 단순한 NPC들이 아니라 학습하는 다수의 에이전트가 상호작용하는 환경을 다루어야 할 때도 있다(그림 9.1). 이를 위해서는 이 책에서 지금까지 배운 기본적인 강화학습의 틀을 조금 뜯어고쳐야 한다.

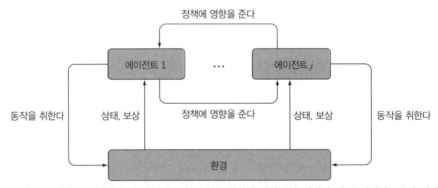

그림 9.1 다중 에이전트 설정에서 각 에이전트의 동작은 환경의 진화뿐만 아니라 다른 에이전트들의 정책에도 영향을 미친다. 이에 의해 에이전트들 사이에서 고도로 역동적인 상호작용이 벌어진다. 환경은 1에서 j까지의 에이전트들에게 상태와 보상을 제공하고, 에이전트들이 각자 자신의 정책에 따라 동작을 취한다. 각 에이전트의 동작은 환경뿐만 아니라 다른 에이전트의 정책에도 영향을 준다.

예를 들어 어떤 환경 안에서 상호작용하는 여러 에이전트의 동작을 심층 강화학습 알고리즘으로 제어한다고 하자. 다수의 플레이어가 팀 대항전을 펼치는 게임에서 한 팀의 여러 플레이어를 강화학습 알고리즘으로 제어해서 다른 팀들과 싸우게 하는 상황일 수도 있고, 경제학자들이 어떤 경제 모형 안에서 수천 명의 에이전트가 벌이는 경제 활동을 모형화하는 상황일 수도 있다. 이는 NPC들이 있는 환경에서 하나의 에이전트를 제어하는 것과는 다른 상황이다. NPC들과는 달리 에이전트들은 각자 학습을 진행하며, 그 학습은 다른 에이전트들에게 영향을 미치기 때문이다.

지금까지 배운 단일 에이전트 강화학습 방법을 다중 에이전트 설정으로 확장하는 가장 직접적인 방법은 그냥 DQN(또는 그와 비슷한 강화학습 알고리즘)의 여러 인스턴스로 여러 에이전트를 각각 제어하는 것이다. 이때 각 에이전트는 독립적으로 환경의 상태를 입력받아서 동작을 취한다. 제어할 에이전트들이 모두 같은 정책을 사용한다면(플레이어들이 동일한 다중 플레이어 게임 등에서는 이것이 합리적인 가정이다), 그냥 하나의 DQN 인스턴스(즉, 하나의 매개변수 집합)로 여러 에이전트를 모형화해도 된다.

이런 접근 방식을 **독립 Q 학습**(independent Q-learning, IQL 또는 IL-Q)이라고 부른다. 이 접근 방식도 어느 정도 잘 작동하지만, 에이전트들 사이의 상호작용이 각각의 의사결정에 영향을 미친다는 점을 반영하지 못한다. IQL 알고리즘에서 각 에이전트는 다른 에이전트들과 완전히 독립적이다. 각 에이전트는 다른 에이전트들이 자신에게 미치는 영향을 전혀 고려하지 않는다. 각 에이전트는 환경이 제공하는 상태를 입력받을 뿐이다. 그 상태에 다른 에이전트들의 정보도 포함되긴 하지만, 다른 에이전트들의 활동은 그저 잡음으로 간주될 뿐이다(다른 에이전트들의 행동은 잘해야 부분적으로만 예측 가능하다는 점에서). 그림 9.2에 IQL의 구조가 나와 있다.

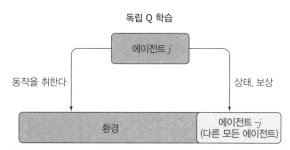

그림 9.2 독립 Q 학습에서 각 에이전트는 다른 에이전트의 동작을 직접 인식하지 않는다. 다른 에이전트들은 그냥 환경의 일부일 뿐이다. 이런 근사 때문에, 단일 에이전트 설정과는 달리 Q 학습의 수렴이 보장되지 않는다(다른 에이전트들 때문에 환경이 더 이상 시불변이 아니므로).

환경에 에이전트가 하나뿐인 보통의 Q 학습에서 Q 함수는 최적의 가치로 수렴하며, 따라서 에이전트는 최적의 정책 함수를 배울 수 있다(언젠가는 정책이 최적으로 수렴함이 수학적으로 보장된다). 이러한 수렴 보장은 단일 에이전트 설정에서 환경이 **시불변**(stationary)이기 때문에 생기는 성질이다. 여기서 환경이 시불변이라는 것은, 같은 상태에서 같은 동작을 취하면 항상 동일한 보상 분포가 산출된다는 뜻이다(그림 9.3). 그러나 다중 에이전트 설정에서는 한 에이전트가 받는 보상이 그 에이전트의 동작뿐만 아니라 다른 에이전트들의 동작에도 의존하기 때문에 이런 시불변성이 깨진다. 다중 에이전트 시나리오에서 모든 에이전트는 강화학습 에이전트이므로, 해당 정책이 환경의 변환에 따라 끊임없이 변한다. 이런 시변(nonstationary) 환경에서 IQL을 사용하면 수렴이 보장되지 않으며, 이 때문에 IQL의 학습 성능이 크게 떨어질 수 있다.

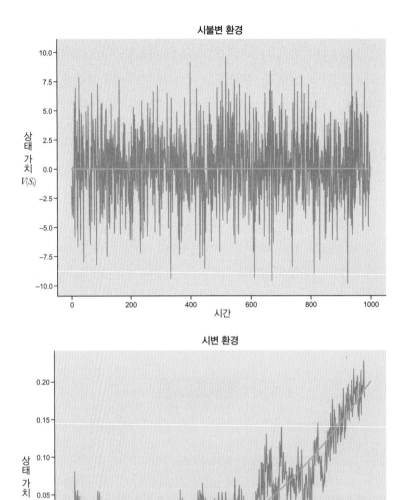

그림 9.3 시불변 환경에서, 주어진 한 상태 전이의 기대 가치(평균 가치)는 시간이 지나도 변하지 않는다(불변). 모든 상태 전이에는 어느 정도의 확률적 요소가 있어서 시계열(time-series) 그래프가 잡음이 섞인 모습이긴 하지만, 그래도 시계열의 평균은 상수이다. 시변 환경에서는 주어진 한 상태 전이의 기대 가치가 시간에 따라 변한다. 아래 그래프를 보면 실제로 시계열의 평균 또는 기준선이 시간에 따라 변한다. Q 함수는 상태-동작 쌍들의 기대 가치를 배우려 하며, 수렴은 상태-동작 가치들이 시불변일 때만 보장된다. 다중 에이전트 설정에서는 다른 에이전트들의 정책이 변하기 때문에 상태-동작 가치 기댓값이 시간에 따라 변하며, 따라서 수렴은 보장되지 않는다.

보통의 Q 함수는 상태-동작 쌍을 보상(하나의 실숫값)으로 사상하는 함수 $Q(s,a)$: $S \times A \rightarrow R$이다(그림 9.4). 다른 에이전트들의 동작에 관한 정보를 활용하도록 Q 함수를 개선하면 IQL의 문제점을 해결할 수 있을 것이다. 그런 Q 함수는 $Q_j(s,a_j,a_{-j})$: $S \times A_j \times A_{-j} \rightarrow R$로 표기할 수 있다. 이것은 j번째 에이전트를 위한 Q 함수로, 상태와 에이전트 j 자신의 동작, 그리고 다른 모든 에이전트의 동작들로 이루어진 하나의 튜플을 입력받는다(아래 첨자 $-j$는 "j가 아님"이라는 뜻이다. 즉, a_{-j}는 에이전트 j를 제외한 모든 에이전트의 동작들이다). 이런 종류의 Q 함수는 수렴을 보장한다. 즉, 이런 Q 함수는 언젠가는 최적의 가치와 정책 함수를 배우게 된다. 따라서 이런 Q 함수를 사용하면 보통의 IQL보다 학습 성과가 훨씬 좋다.

안타깝게도 이 새로운 Q 함수는 에이전트가 많으면 계산 비용이 비현실적으로 커진다. 이는 에이전트 수가 늘수록 결합 동작 공간 a_j의 크기가 지수적으로 증가하기 때문이다. 지금까지의 예제들에서 우리는 하나의 동작을 하나의 **원핫 벡터**로 표현했다. 이 원핫 벡터는 가능한 동작의 개수만큼의 성분들로 이루어지며, 주어진 동작에 해당하는 성분만 1이고 다른 모든 성분은 0이다. 예를 들어 *Gridworld* 환경의 동작 공간은 (상 이동, 하 이동, 좌 이동, 우 이동)이므로, 하나의 동작은 4차원(4성분) 원핫 벡터로 표현된다. [1,0,0,0]은 상 이동에 해당하고 [0,1,0,0]은 하 이동에 해당한다.

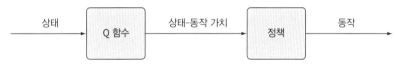

그림 9.4 Q 함수는 상태를 받고 상태-동작 가치(Q 가치)들을 산출한다. 정책 함수는 그 가치들을 이용해서 하나의 동작을 선택한다. 이렇게 하는 대신, 상태를 받고 동작들에 관한 확률분포를 돌려주는 정책 함수를 직접 훈련할 수도 있다.

정책 $\pi(s)$: $S \rightarrow A$는 하나의 상태를 받고 하나의 동작을 돌려주는 함수이다. 결정론적 정책 함수는 선택된 동작의 원핫 벡터를 돌려주고, 확률적 정책 함수는 모든 동작에 관한 확률분포(이를테면 [0.25,0.25,0.2,0.3] 등)를 돌려준다. 그런데 다중 에이전트 설정에서는 에이전트들의 동작들을 모호함 없이 표현하려면 모든 에이전트의 동작들의 모든 가능한 조합으로 이루어진 결합 동작 공간을 사용해야 한다. 예를 들어 에이전트마다 네 가지 동작이 가능한 *Gridworld* 환경에서 두 에이전트가 활동한다면, 결합 동작 공간은 $4^2 = 16$개의 성분으로 구성되며, 따라서 하나의 결합 동작을 표현하려면 16차원 원핫 벡터가 필요하다. 16이라는 수치는 각각 네 가지 동작을 취할 수 있는 두 에이전트의 모든 동작 조합([에이전트 1: 동작 1, 에이전트 2: 동작 1], [에이전트 1: 동작 1, 에이전트 2: 동작 2], [에이전트 1: 동작 1, 에이전트 2: 동작 3], ... 등등)의 수이다 (그림 9.5 참고).

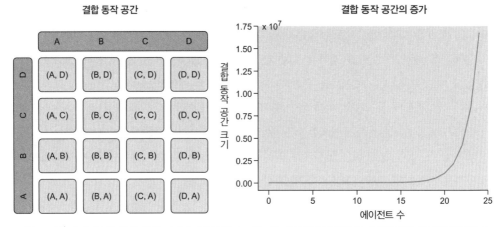

그림 9.5 한 에이전트의 동작 공간 크기가 4라고 하자. 이는 한 에이전트의 동작을 4차원 원핫 벡터로 표현할 수 있다는 뜻이다. 그런 에이전트가 둘이면, 둘의 결합 동작 공간의 크기는 4^2이다. 일반화해서, 에이전트가 N개이면 결합 동작 공간의 크기는 4^N이다. 그림의 왼쪽은 개별 동작 공간의 크기가 2인 두 에이전트의 결합 동작 공간이고 오른쪽은 에이전트 수에 따른 결합 동작 공간 크기의 그래프이다. 에이전트가 25개만 되어도 결합 동작 공간의 크기는 33,554,432가 된다. 이 정도로 높은 차원의 원핫 벡터들로 Q 함수나 정책 함수를 계산하는 것은 비현실적이다.

이러한 동작 조합의 수는 에이전트의 수에 따라 지수적으로 증가한다. 4동작 에이전트가 셋이면 원핫 벡터의 길이는 $4^3 = 64$가 된다. 일반화하자면, Gridworld에서 에이전트 N개의 동작들을 표현하려면 4^N차원 원핫 벡터가 필요하다. 좀 더 일반화해서, 임의의 환경에서 에이전트 N개의 결합 동작 벡터의 길이는 $|A|^N$이다. 여기서 $|A|$는 기본 동작 공간의 길이, 즉 가능한 동작의 개수이다. 이처럼 동작 공간이 지수적으로 커지기 때문에, 에이전트가 어느 정도 많으면 정책 함수를 계산하는 것이 비현실적으로 어려워진다. 어떤 알고리즘이든 비용의 지수적 증가는 바람직하지 않은 특성이다. 비용이 지수적으로 증가하는 알고리즘은 규모가변성이 아주 나쁘다. 결합 동작 공간의 이러한 지수적 증가는 단일 에이전트 설정에서는 없었던, **다중 에이전트 강화학습**(multi-agent reinforcement learning, MARL)에서 새로 생긴 중요한 문제이다. 그리고 이번 장에서 해결하고자 하는 것이 바로 이 문제이다.

9.2 이웃 Q 학습

동작과 결합 동작을 좀 더 효율적이고 간결하게 표현할 수 있다면 동작 공간이 비현실적으로 커지는 문제를 해결할 수 있을 것이다. 그러나 안타깝게도 결합 동작을 모호함 없이 더 간결하게 표현하는 방법은 없다. 다수의 에이전트가 취한 동작들을 하나의 정수로 표현하는 방법을 생각해 보기 바란다. 아무리 교묘한 방법을 동원해도, 에이전트 수가 증가함에 따라 표현의 길이는 지수적으로 늘어날 수밖에 없다.

그렇다면 MARL(다중 에이전트 강화학습)은 전혀 실용적이지 않을까? 앞에서 설명한 결합 동작 Q 함수의 엄격한 조건을 조금 느슨하게 하면 MARL을 좀 실용적으로 만들 수 있다. 한 가지 방법은, 대부분의 환경에서 에이전트는 자신의 근처에 있는 에이전트들에게만 영향을 받는다는 점을 활용하는 것이다. 즉, 환경의 **모든** 에이전트의 결합 동작을 사용할 필요가 없다. 같은 **이웃 영역**(neighborhood) 안에 있는 에이전트들의 결합 동작만 사용하면 된다. 이는 전체 결합 동작을 서로 겹치는, 그리고 전체 공간보다 훨씬 작은 다수의 부분공간(subspace)으로 분할하고, 부분공간마다 그 부분공간의 Q 가치들만 계산하는 것이라 할 수 있다(그림 9.6). 따라서 이런 기법을 **이웃 영역 Q 학습**(neighborhood Q-learning) 또는 **부분공간 Q 학습**(subspace Q-learning)이라고 불러도 좋을 것이다.

이웃 영역 MARL

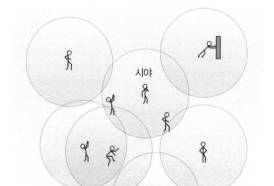

그림 9.6 이웃 영역 MARL에서 각 에이전트는 자신의 시야(field of view, FOV) 또는 이웃 영역에 있는 에이전트들만 볼 수 있다. 환경에 따라서는, 이처럼 부분만 봐도 에이전트가 환경에 관한 완전한 상태 정보를 얻을 수 있다.

이웃 영역의 크기를 제한하면 결합 동작 공간의 크기가 더 이상 지수적으로 증가하지 않는다. 예를 들어 각 에이전트가 네 가지 동작을 취할 수 있는 Gridworld 환경에서 에이전트 100개가 활동한다면, 전체 결합 동작 공간의 크기는 4^{100}이다. 이는 계산 비용 측면에서 '처리 불가능한(intractable)' 규모이다. 이 정도 차원의 벡터를 계산할 수 있는 컴퓨터는 없다(저장하는 것조차도 불가능하다). 그러나 전체 결합 동작 공간을 부분공간들로 분할하되 한 부분공간에 최대 3개의 에이전트만 포함되게 한다면, 결합 동작 원핫 벡터의 길이는 $4^3 = 64$가 된다. 단일 에이전트의 동작 원핫 벡터보다는 훨씬 길지만, 그래도 얼마든지 계산과 저장이 가능한 수준이다. 예를 들어 에이전트 1의 Q 가치들을 계산할 때는 세 에이전트(에이전트 1 및 에이전트 1과 가장 가까운 두 에이전트)의 동작들로 $4^3 = 64$성분 결합 동작 원핫 벡터를 만들면 된다. 이런 방식에서는 에이전트가 100개라고 해도 각 에이전트에 대해 그냥 64성분 결합 동작 벡터로 Q 가치들을 계산해서 동작을 선택할 수 있다.

그림 9.7 에이전트 j의 이웃 영역 Q 함수는 현재 상태와 이웃 영역(또는 시야) 안의 다른 에이전트들의 결합 동작 a_{-j}를 받고 Q 가치들을 산출한다. 정책 함수는 그 Q 가치들에 기초해서 동작을 선택한다.

목록 9.1은 이상의 이웃 영역 Q 함수를 파이썬 코드로 표현한 것이다.

목록 9.1 이웃 영역 Q 학습 의사코드: 버전 1

```
# ... 모든 에이전트의 동작을 무작위로 초기화한다 ...

for j in agents:                              ❶
    state = environment.get_state()           ❷
    neighbors = get_neighbors(j, num=3)       ❸
    joint_action = get_joint_action(neighbors) ❹
    q_values = Q(state, joint_action)         ❺
    j.action = policy(q_values)               ❻
    environment.take_action(j.action)
    reward = environment.get_reward()
```

❶ 환경의 각 에이전트에 대해:

❷ 환경의 현재 상태를 얻는다.

❸ 현재 에이전트(j)와 가장 가까운 에이전트(이웃 에이전트) 세 개를 찾는다.

❹ 이웃 에이전트들의 결합 동작을 구한다.

❺ 상태와 이웃 에이전트들의 결합 동작에 기초해서 현재 에이전트의 동작들의 Q 가치들을 구한다.

❻ 그 Q 가치들에 근거해서 하나의 동작을 선택한다.

목록 9.1의 의사코드에서 보듯이, 이웃 영역 Q 학습을 위해서는 현재 에이전트 j와 가장 가까운 이웃 에이전트들을 찾는 함수가 필요하며, 그 이웃 에이전트들의 결합 동작 표현을 산출하는 함수도 필요하다. 그런데 여기서 미묘한 문제가 하나 드러난다. 바로, 현재 에이전트의 동작을 선택하려면 다른 이웃 에이전트들의 동작을 알아야 하는데, 다른 이웃 에이전트들의 동작 역시 마찬가지 방식으로 선택되므로 일종의 무한 루프에 빠진다는 점이다.

이에 대한 해결책은, 목록 9.1의 루프에서 동작 가치들을 구하고 동작을 선택하는 부분을 다른 루프로 감싸서 여러 번 실행하는 것이다. 목록 9.2의 for m in range(M):이 바로 그런 루프인데, 여기서 M은 5와 같은 어떤 적당히 작은 값이다. 처음에 모든 에이전트의 동작을 무작위로 초기화했으므로, 첫 반복에서는 결합 동작들도 무작위할 것이다. 그러나 모든 에이전트가 자신의 Q 함수에 기초해서 동작을 취할 것이므로, 둘째 반복에서는 결합 동작들이 조금 덜 무작위해진다. 몇 번 더 반복하면 초기의 무작위성이 거의 다 희석될 것이다. 그런 다음에는 환경에서 각 에이전트의 동작을 실제로 수행한다.

목록 9.2 이웃 영역 Q 학습 의사코드: 버전 2

```
# ... 모든 에이전트의 동작을 무작위로 초기화한다 ...

for m in range(M):                                  ❶
    for j in agents:
        state = environment.get_state()
        neighbors = get_neighbors(j, num=3)
        joint_actions = get_joint_action(neighbors)
        q_values = Q(state, joint_actions)
        j.action = policy(q_values)

for j in agents:                                    ❷
    environment.take_action(j.action)
    reward = environment.get_reward()
```

❶ 결합 동작과 Q 가치들을 계산하는 과정을 여러 번 반복하면 초기의 무작위성이 점차 희석된다.

❷ 또 다른 루프를 돌려서, 앞의 루프에서 구한 각 에이전트의 동작을 실제로 수행한다.

목록 9.1과 9.2는 이웃 영역 Q 학습 구현의 기본적인 구조를 보여준다. 여기서 아직 구체적으로 이야기하지 않은 사항 하나는 이웃 에이전트들의 결합 동작 공간을 구축하는 방법이다. 결합 동작을 표현하는 벡터는 에이전트 동작 원핫 벡터들의 **외적**으로 구한다. 외적 연산을 표현하는 가장 간단한 방법은 보통의 벡터를 행렬로 '승격'하는 것이다. 예를 들어 동작 벡터가 4차원 벡터이면 그것을 4×1 행렬로 승격한다. PyTorch나 NumPy에서는 reshape라는 메서드로 텐서의 형태를 변경할 수 있다. 4차원 벡터의 경우 torch.Tensor([1,0,0,0]).reshape(1,4)처럼 하면 된다. 두 4차원 원핫 벡터를 하나는 1×4 행렬로, 다른 하나는 4×1 행렬로 승격한다고 하자. 이 둘을 곱하면 또 다른 행렬이 나온다. 기억하겠지만, 두 행렬의 곱은 그 차원이 왼쪽 행렬의 행 수와 오른쪽 행렬의 열 수로 결정되는 행렬이다. 따라서 곱하는 순서에 따라 결과 행렬의 차원이 달라진다. 1×4 행렬에 4×1 행렬을 곱한 결과는 1×1 행렬인데, 성분이 하나인 행렬이므로 결국 하나의 **스칼라**scalar이다. 이 스칼라값은 원래의 두 벡터의 **내적**에 해당한다.

반대로, 4×1 행렬에 1×4 행렬을 곱하면 4×4 행렬이 나온다. 이것은 두 벡터의 **외적**에 해당한다. 수식에서 외적 연산은 ⊗로 표기한다. 지금 예에서 4×1⊗1×4 = 4×4 행렬이다.

Gridworld의 두 에이전트가 각각 [0,0,0,1] 동작('우 이동')과 [0,0,1,0] 동작('좌 이동')을 취했다고 할 때, 해당 벡터들의 외적이 곧 두 동작의 결합 동작이다. 이를 NumPy로 표현하면 다음과 같다.[역주1]

```
>>> np.array([[0,0,0,1]]).T @ np.array([[0,1,0,0]])
array([[0, 0, 0, 0],
       [0, 0, 0, 0],
       [0, 0, 0, 0],
       [0, 1, 0, 0]])
```

결과는 성분이 16개인 4×4 행렬이다. 성분 16개는 §9.1에서 설명한 동작 조합 개수(4의 제곱)와 일치한다. 일반화하면, 두 벡터의 외적은 차원이 왼쪽 벡터 길이×오른쪽 벡터 길이인 행렬이다. 이러한 외적의 정의는 결합 동작 공간이 지수적으로 증가한다는 사실과 부합한다. 일반적으로 신경망 Q 함수의 입력은 벡터이므로 외적으로 구한 행렬을 벡터로 변환할 필요가 있다. 다음은 이를 NumPy로 표현한 예이다.

```
>>> z = np.array([[0,0,0,1]]).T @ np.array([[0,1,0,0]])
>>> z.flatten()
array([0, 0, 0, 0, 0, 0, 0, 0, 0, 0, 0, 0, 0, 1, 0, 0])
```

지금까지 설명에서 보았듯이, 이웃 영역 Q 학습 접근 방식이 보통의 Q 학습보다 아주 복잡하지는 않다. 그냥 에이전트와 가까운 이웃 에이전트들의 결합 동작 벡터를 추가로 입력하면 된다. 이제 MARL의 계산 비용 문제가 해결되었으니, MARL로 실제 문제를 하나 풀어보기로 하자.

9.3 1차원 이징 모형

이번 장에서는 1920년대 초에 물리학자 빌헬름 렌츠^{Wilhelm Lenz}와 그 제자 에른스트 이징^{Ernst Ising}이 처음 서술한 물리학 문제에 MARL을 적용한다. 그 문제가 무엇인지 간략하게나마 설명

[역주1] 결과 행렬에서 성분 1의 위치가 결합 동작 공간에서 두 동작의 조합에 해당하는 성분의 위치와 일치함을 주목하자(그림 9.5 참고). 즉, 두 동작을 부호화한 원핫 벡터들의 외적은 해당 결합 동작을 부호화한 '원핫 행렬'에 해당한다.

해 보겠다. 당시 물리학자들은 철 같은 자성 물질의 행동을 수학적 모형을 통해서 이해하고자 했다. 여러분의 손에 작은 쇳조각이 있다고 하자. 이 쇳조각은 수많은 철 원자가 금속결합(metallic bonding)으로 연결된 물체이다. 그리고 각각의 원자에는 양의 전하를 띤 양성자들과 전하가 없는 중성자들로 이루어진 핵과 핵 주위를 도는 전자들로 이루어진다. 다른 기본 입자들처럼 전자에는 **스핀**spin이라는 속성이 있다. 스핀에는 위, 아래 방향이 있다. 임의의 한 시점에서 전자는 위 스핀(spin-up) 또는 아래 스핀(spin-down) 중 하나이다(그림 9.8).

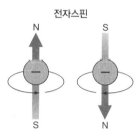

그림 9.8 전자는 원자의 핵 주위를 도는, 음의 전하를 띤 기본 입자이다. 전자에는 스핀이라는 속성이 있으며, 주어진 한 시점에서 전자는 위 스핀이거나 아래 스핀이다. 전자는 전하를 띠기 때문에 스핀에 의해 자기장이 만들어진다. 그리고 스핀의 방향은 그 자기장의 극(N 또는 S)의 방향을 결정한다.

스핀이라는 것을 전자의 자전에 비유할 수 있다. 스핀의 방향은 전자가 시계방향으로 도느냐 반시계방향으로 도느냐에 해당한다. 전자가 실제로 그렇게 자전을 하는 것은 아니지만, 지금 목적에서는 이렇게 생각하는 것이 이해에 도움이 된다. 전하를 가진 물체가 회전하면 자기장이 만들어진다. 예를 들어 고무풍선을 털 스웨터로 문질러서 정전기를 발생한 후 돌리면 하나의 풍선 자석이 된다(자력이 아주 약하긴 하지만). 전자 역시 전하와 스핀 때문에 자기장을 만든다. 즉, 각각의 전자는 아주 작은 자석이다. 그리고 모든 철 원자에는 전자가 있으므로, 만일 쇳조각의 모든 철 원자의 전자가 같은 방향으로 정렬되면(즉, 모두 위 스핀이거나 아래 스핀이면), 쇳조각 전체가 하나의 자석이 된다.

물리학자들은 전자들의 스핀 방향이 어떻게 정렬되는지, 특히 쇳조각의 온도가 그러한 정렬에 어떤 영향을 미치는지 연구했다. 자석을 달구어서 온도가 올라가면 전자들의 스핀 방향이 무작위로 바뀌어서 전자들의 정렬 상태가 흐트러지며, 그러면 자기장들이 서로 상쇄해서 자성이 사라진다. 물리학자들은 개별 원자가 자기장을 만든다는 점과 그러한 작은 자기장이 근처 원자에 영향을 미친다는 점을 알았다. 막대자석 두 개를 가지고 놀아본 적이 있는 독자는 극의 방향에 따라 두 막대자석이 딱 붙거나 서로 밀어낸다는 점을 알 것이다. 전자들도 마찬가지로 행동한다. 이웃한 전자들이 스핀 방향을 가능한 한 일치시키려 하리라고 예측하는 것은 합리적이다.

그런데 여기서 한 가지 복잡한 문제가 있다. 개별 원자들은 주변과 같은 방향으로 정렬하려는 경향이 있지만, 그런 정렬된 전자들이 충분히 많아지면 정렬이 불안정해진다는 것이다. 이는 정렬된 전자들의 수가 증가함에 따라 자기장이 증가해서 물질 안에 어떤 내부적인 압력이 생기기 때문이다. 그러면 물체의 모든 전자가 고르게 정렬되는 것이 아니라, 위 스핀 전자들만 있는 군집들과 아래 스핀 전자들만 있는 군집들이 형성되어서 물체 안에 공존하게 된다. 스핀 방향이 같은 전자들이 모인 군집을 **자기 구역**(magnetic domain)이라고 부른다. 예를 들어 100개의 위 스핀 전자들로 이루어진 자기 구역 바로 옆에 아래 스핀 전자들로 이루어진 자기 구역이 있을 수 있다. 정리하자면, 아주 국소적인 수준에서 전자들은 방향을 정렬함으로써 자신의 에너지를 최소화하지만, 그런 전자들이 아주 많으면 자기장이 너무 세져서 물리계의 전체 에너지가 증가하며, 그러면 전자들이 비교적 작은 자기 구역 안에서만 정렬되는 현상이 생긴다.

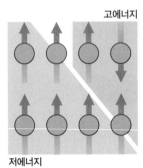

그림 9.9 서로 인접한 전자들은 스핀 방향을 정렬하려는 경향이 있다. 이는 스핀 방향이 다를 때보다 같을 때 에너지 구성이 더 낮으며, 모든 물리계는 더 낮은 에너지로 향하는(다른 모든 조건이 동일하다고 할 때) 경향이 있기 때문이다.

한 물질의 전자 수조[*] 개가 상호작용해서 생긴 복잡한 자기 구역들의 구성을 수학적으로 모형화하기란 대단히 어렵다. 상호작용의 수가 너무 많기 때문이다. 그래서 물리학자들은 한 원자가 오직 가장 가까운 이웃 전자들에게만 영향을 받는다는 가정을 도입해서 문제를 단순화했다. 그 가정은 이웃 영역 Q 학습의 가정과 정확히 동일하다. 그림 9.10은 전자들이 형성한 자기 구역들을 시각화한 것이다.

그림 9.10 이징 모형의 고해상도 표현. 각 픽셀은 하나의 전자를 나타낸다. 밝은 픽셀은 위 스핀, 어두운 픽셀은 아래 스핀을 뜻한다. 그림에서 보듯이, 같은 방향의 전자들이 일정한 자기 구역들을 형성하며, 방향이 반대인 자기 구역들이 서로 인접해 있다.

이러한 수많은 전자의 행동을 다중 에이전트 강화학습으로 모형화해서 대규모의 창발적 조직화를 관찰할 수 있다. 전자가 스핀 방향을 바꾸는 것을 '동작'으로 해석하고, 전자의 에너지를 '보상'으로 해석하면 된다. 자신의 스핀을 이웃 전자와 같은 방향으로 바꾼 선자에게는 긍정적 보상을 제공하고, 반대 방향으로 바꾼 전자에게는 부정적 보상을 제공한다. 모든 전자는 자신의 보상을 최대화하려 한다. 물리학의 관점에서 이는 전자가 자신의 에너지를 최소화하려는 경향에 해당한다. 따라서, 이러한 물리학자들이 물리학의 에너지 기반 모형으로 얻는 것과 동일한 결과를 다중 에이전트 강화학습으로 얻을 수 있다.

그런데 모든 전자가 자신의 보상을 최대화하려 한다면 결국은 모든 전자가 같은 방향으로 정렬해서 하나의 자석이 만들어질 뿐, 자기 구역들이 형성되지 않을 것이다. 앞에서 언급한 계 전체의 에너지 증가에 따른 제약을 흉내 내기 위해, MARL 모형에서는 처리 과정에 약간의 무작위성을 도입해서 충분히 많은 전자가 모두 같은 방향으로 정렬되는 일이 없게 한다(그림 9.11).

+	+	+	+	+	+	+	+	+	+
+	−	+	−	−	−	−	−	−	+
+	−	−	+	+	+	+	+	−	+
+	+	−	+	−	−	−	−	+	+
+	+	+	+	+	+	+	+	+	+

그림 9.11 전자스핀 방향들의 2차원 이징 모형. +는 위 스핀이고 −는 아래 스핀이다. 아래 스핀 전자들의 자기 구역이 위 스핀 전자들에 둘러싸여 있다.

차차 보겠지만, 물체의 온도가 전자들의 정렬에 미치는 영향도 탐험과 활용의 비율을 통해서 모형화할 수 있다. 탐험은 무작위로 동작을 선택하는 것인데, 이는 온도가 높으면 전자들이 무작위로 방향을 바꾸는 것과 아주 비슷하다.

전자스핀 행동의 모형화가 별로 중요한 예가 아닌 것 같겠지만, 전자들에 사용하는 기본적인 모형화 기법들은 유전공학이나 금융, 경제, 식물학, 사회학 등 다른 여러 분야의 문제에도 적용할 수 있다. 또한, 전자스핀 행동은 MARL을 시험해 보기에 가장 쉬운 예이다. 사실 이번 장에서 전자스핀을 선택한 주된 이유가 그것이다.

이징 모형을 만드는 데 필요한 것은 0이 아래 스핀을, 1이 위 스핀을 뜻하는 하나의 이진수 격자를 만드는 것뿐이다. 이 격자의 차원은 문제에 따라 임의로 정할 수 있다. 1차원 격자(벡터)일 수도 있고 2차원 격자(행렬)나 그보다 높은 차원의 텐서일 수도 있다.

먼저, 경험 재현이나 분산 알고리즘 같은 추가적인 메커니즘 없이도 구현할 수 있는 1차원 이징 모형부터 살펴보자. 사실 PyTorch의 내장 최적화 객체도 필요하지 않다. 경사 하강법을 코드 몇 줄로 직접 구현할 수 있다. 목록 9.3은 전자 격자를 초기화하는 함수와 보상을 구하는 함수이다.

목록 9.3 1차원 이징 모형: 격자 초기화와 보상 계산

```
import numpy as np
import torch
from matplotlib import pyplot as plt

def init_grid(size=(10,)):
    grid = torch.randn(*size)
    grid[grid > 0] = 1
    grid[grid <= 0] = 0
    grid = grid.byte()       ❶
    return grid

def get_reward(s,a):         ❷
    r = -1
    for i in s:
        if i == a:
            r += 0.9
    r *= 2.
    return r
```

❶ 무작위로 생성한 부동소수점 수들을 부호에 따라 0 또는 1로 변환하고, 그것들을 모아 하나의 바이트를 만든다. 이 바이트가 1차원 이진 격자에 해당한다.

❷ 이웃 전자들(이웃 영역 에이전트들)의 스핀을 현재 전자(현재 에이전트)의 스핀과 비교해서 방향이 같으면 보상을 증가한다.

목록 9.3의 첫 함수는 1차원 격자(벡터)를 무작위로 초기화한다. 먼저 표준정규분포에서 난수들을 뽑아서 음수이면 0, 양수이면 1로 바꾸고, 그 0들과 1들을 모아서 하나의 바이트를 만든다. 이것이 1차원 이진 격자이다. 표준정규분포에서 난수들을 추출했으므로 0들과 1들의 개수가 거의 같을 것이다. 다음은 이러한 1차원 이진 격자를 matplotlib 라이브러리를 이용해서 시각화하는 코드이다.

```
>>> size = (20,)
>>> grid = init_grid(size=size)
>>> grid
tensor([1, 0, 0, 0, 0, 1, 0, 0, 1, 0, 0, 1, 0, 0, 0, 1, 0, 1, 0, 0],
       dtype=torch.uint8)

>>> plt.imshow(np.expand_dims(grid,0))
```

그림 9.12는 필자가 얻은 결과인데. 밝은 바탕은 1이고 어두운 바탕은 0이다. plt.imshow는 행렬이나 3차원 텐서만 지원하므로, np.expand_dims(...) 함수를 이용해서 벡터에 단일항 차원을 추가했다.

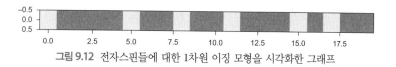

그림 9.12 전자스핀들에 대한 1차원 이징 모형을 시각화한 그래프

목록 9.3의 둘째 함수는 보상을 계산하는 함수이다. 이 함수는 이진수들의 목록 s와 하나의 이진수 a를 받고 s의 이진수들을 훑으면서 a와 값이 같으면 보상을 증가한다. 만일 s의 모든 이진수가 a와 같으면 보상이 최대가 된다. MARL 구현은 a를 현재 전자(에이전트)로 설정하고 s를 그 전자의 이웃 전자(이웃 영역 에이전트)들로 설정해서 이 함수를 호출한다. 1차원 격자의 경우 이웃 전자는 둘(현재 전자의 왼쪽, 오른쪽 전자)이다. 왼쪽 전자가 없는 제일 왼쪽 전자는 격자의 제일 오른쪽 전자를 자신의 왼쪽 이웃으로 사용한다. 마찬가지로 제일 오른쪽 전자는 제일 왼쪽 전자를 자신의 오른쪽 이웃으로 사용한다. 즉, 1차원 이진수 격자는 끝과 끝이 연결된 순환 격자이다.

격자의 각 성분(0 또는 1)은 전자의 스핀 방향이 아래인지 위인지를 나타낸다. 강화학습의 맥락에서 이 전자들은 환경에서 활동하는 **에이전트**들에 해당한다. 격자의 한 칸이 이진수라는 것은 에이전트의 동작이 두 종류(위 스핀 선택, 아래 스핀 선택)라는 뜻이다. 따라서 전자들의 활동은 이진 벡터를 입력받는 신경망으로 모형화할 수 있다. 신경망의 훈련에는 정책 기울기 방법 대신 Q 학습 알고리즘을 사용하기로 하겠다. 목록 9.4는 그러한 신경망의 매개변수들을 생성하는 함수이다.

목록 9.4 1차원 이징 모형: 신경망 매개변수 생성

```
def gen_params(N,size):                    ❶
    ret = []
    for i in range(N):
        vec = torch.randn(size) / 10.
        vec.requires_grad = True
        ret.append(vec)
    return ret
```

❶ 이 함수는 신경망에 사용할 매개변수 벡터들의 목록을 생성한다.

심층 Q 학습에서는 Q 함수를 신경망으로 모형화하므로, 신경망을 정의하는 매개변수들을 생성해야 한다. 이번 예제에서는 에이전트마다 개별적인 신경망을 사용하지만, 꼭 그렇게 해야 하는 것은 아니다. 이번 예제에서 모든 에이전트의 정책이 동일하므로, 하나의 신경망을 재사용해도 된다. 그러나 지금은 MARL의 기본을 보여주는 것이 목적이므로 그냥 에이전트마다 개별적인 신경망을 사용하겠다. 정책이 같은 에이전트들이 하나의 Q 함수를 공유하는 예제들은 나중에 나온다.

1차원 이징 모형은 아주 간단하기 때문에, PyTorch의 내장 신경망 층들을 사용하는 대신 관련된 모든 행렬 곱셈 연산을 직접 지정해서 신경망을 작성해도 별로 어렵지 않다. 목록 9.5는 Q 신경망(Q 함수)을 구현하는 파이썬 함수이다. 이 함수는 상태 벡터 하나와 매개변수 벡터를 받고, 매개변수 벡터에 담긴 매개변수들을 여러 개의 행렬로 만들어서 각각의 신경망 층으로 사용한다.

목록 9.5 1차원 이징 모형: Q 함수 구현

```
def qfunc(s,theta,layers=[(4,20),(20,2)],afn=torch.tanh):
    l1n = layers[0]
    l1s = np.prod(l1n)                              ❶
    theta_1 = theta[0:l1s].reshape(l1n)             ❷
    l2n = layers[1]
    l2s = np.prod(l2n)
    theta_2 = theta[l1s:l2s+l1s].reshape(l2n)
    bias = torch.ones((1,theta_1.shape[1]))
    l1 = s @ theta_1 + bias                         ❸
    l1 = torch.nn.functional.elu(l1)
    l2 = afn(l1 @ theta_2)                          ❹
    return l2.flatten()
```

❶ layers의 첫 튜플에 담긴 두 값을 곱한다. 이 수치는 신경망의 첫 층을 만들기 위해 theta 벡터에서 추출할 부분집합의 크기로 쓰인다.

❷ theta에서 신경망 첫 층에 필요한 성분들을 추출해서 하나의 행렬로 변환한다.

❸ 이것이 신경망 첫 층의 계산이다. 입력 s는 결합 동작 벡터(4×1 행렬)이다.

❹ 신경망 둘째 층(마지막 층)에는 이 함수의 한 매개변수인 afn이 가리키는 활성화 함수를 적용한다. afn의 기본값은 쌍곡탄젠트 함수에 해당하는 torch.tanh이다.

이 함수는 Q 함수를 하나의 간단한 2층 신경망으로 구현한다(그림 9.13). 함수의 첫 매개변수 s 는 이웃 상태들의 이진 벡터이고 둘째 매개변수 theta는 신경망 매개변수 벡터이다. 셋째 매개 변수 layers는 [(s1,s2),(s3,s4)...] 형태의 튜플 목록(list 객체)인데, 각 튜플은 신경망 각 층 의 매개변수 행렬의 차원(행 수와 열 수)을 나타낸다. 모든 Q 함수는 가능한 동작들의 Q 가치 들을 돌려준다. 지금 예의 경우 동작은 아래 스핀 선택과 위 스핀 선택 두 가지이다. 예를 들 어 이 함수가 [-1,1]을 돌려주었다는 것은 아래 스핀으로 스핀 방향을 바꾸었을 때의 보상이 -1이고 위 스핀으로 스핀 방향을 바꾸었을 때의 보상이 +1이라는 뜻이다.

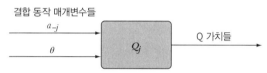

그림 9.13 에이전트 j에 대한 Q 함수는 매개변수 벡터와 이웃 에이전트들의 결합 동작 원핫 벡터를 받는다.

신경망 층들의 매개변수들을 하나의 매개변수 벡터에 담는 이유는, 이렇게 하면 여러 에이 전트의 여러 신경망 매개변수들을 벡터들의 목록에 쉽게 저장할 수 있기 때문이다. 매개변수 벡터의 매개변수들을 적절히 나누어서 신경망 각 층의 행렬을 복원하는 것은 해당 신경망 구 현(qfunc 함수)이 책임진다. 신경망의 마지막 출력에는 tanh 활성화 함수를 적용한다. 보상의 범위는 [-2,2]이고 tanh의 치역은 [-1,1]이므로, 보상이 +2인 경우 출력 Q 가치는 +1에 가까운 값이 된다. 이 Q 함수 구현을 이후 예제들에도 사용할 수 있도록, 활성화 함수를 생략 가능한 키워드 매개변수 afn으로 지정하게 했다. 목록 9.6은 환경(1차원 이진 격자)에서 상태 정보를 얻 는 데 관련된 몇 가지 보조 함수들이다.

목록 9.6 1차원 이징 모형: 환경의 상태 산출

```
def get_substate(b):                        ❶
    s = torch.zeros(2)
    if b > 0:                               ❷
        s[1] = 1
    else:
        s[0] = 1
    return s

def joint_state(s):                         ❸
    s1_ = get_substate(s[0])                ❹
    s2_ = get_substate(s[1])
```

```
    ret = (s1_.reshape(2,1) @ s2_.reshape(1,2)).flatten()    ❺
    return ret
```

❶ 하나의 이진수를 [0,1] 같은 원핫 부호화 동작 벡터로 변환한다.

❷ 입력이 0(아래 스핀)이면 동작 벡터는 [1,0]이고, 0이 아니면 동작 벡터는 [0,1]이다.

❸ s는 이진수 두 개의 벡터이다. s[0]은 왼쪽 이웃 전자의 스핀 방향, s[1]은 오른쪽 이웃 전자의 스핀 방향을 뜻한다.

❹ s의 각 성분의 동작 원핫 벡터를 얻는다.

❺ 외적을 이용해서 결합 동작 원핫 행렬을 만들고, 그것을 평탄화해서 하나의 벡터를 얻는다.

목록 9.6은 Q 함수에 입력할 상태 정보를 준비하는 데 필요한 두 보조 함수를 정의한다. get_ substate 함수는 주어진 이진수를 동작 원핫 벡터로 변환한다. 구체적으로, 동작 공간 [아래 스핀, 위 스핀]의 첫 동작인 아래 스핀을 뜻하는 0은 [1,0]이 되고, 둘째 동작인 위 스핀을 뜻 하는 1은 [0,1]이 된다. 전자스핀 격자는 각 에이전트의 스핀 방향을 나타내는 이진수들만으 로 구성되는데, Q 함수를 위한 이웃 에이전트 결합 동작 벡터를 구하려면 그 이진수들을 원 핫 벡터들로 변환해서 외적을 구해야 한다. 목록 9.7은 앞의 함수들을 이용해서 새 격자를 만 들고 일단의 매개변수 벡터들을 생성한다. 이 매개변수 벡터들은 격자에서 활동하는 일단의 에이전트들을 정의하는 데 쓰인다.

목록 9.7 1차원 이징 모형: 격자 초기화

```
plt.figure(figsize=(8,5))
size = (20,)                                             ❶
hid_layer = 20                                           ❷
params = gen_params(size[0],4*hid_layer+hid_layer*2)     ❸
grid = init_grid(size=size)
grid_ = grid.clone()                                     ❹
print(grid)
plt.imshow(np.expand_dims(grid,0))
```

❶ 격자의 길이. 격자는 성분이 20개인 벡터이다.

❷ 은닉층의 크기. Q 함수는 2층 신경망이므로 은닉층은 하나뿐이다.

❸ Q 함수(Q 신경망)의 매개변수들로 사용할 매개변수 벡터들을 생성한다.

❹ 격자의 복사본을 만든다(복사본을 만드는 이유는 나중에 주 훈련 루프에서 설명한다).

목록 9.7의 print(grid)는 이를테면 다음과 같은 텐서를 출력한다. 그리고 그림 9.14는 이 격자 텐서를 그래프로 시각화한 것이다(목록 9.7의 마지막 행). 격자가 무작위로 초기화되므로, 독자 의 결과는 조금 다를 것이다.

```
tensor([0, 0, 1, 0, 0, 1, 1, 0, 1, 0, 0, 1, 0, 0, 1, 0, 1, 0, 1, 0],
       dtype=torch.uint8)
```

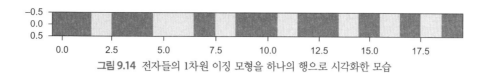

그림 9.14 전자들의 1차원 이징 모형을 하나의 행으로 시각화한 모습

그림 9.14의 결과는 위 스핀(1)들과 아래 스핀(0)들이 상당히 무작위하게 분포되었음을 보여준다. Q 함수를 훈련하면, **모든** 전자의 스핀이 같은 방향이 되지는 않겠지만, 같은 방향의 스핀들이 군집(자기 구역)을 형성할 것이다. 필요한 함수들을 모두 갖추었으니, 이제 주 훈련 루프로 넘어가자.

목록 9.8 1차원 이징 모형: 훈련 루프

```
epochs = 200
lr = 0.001                                              ❶
losses = [[] for i in range(size[0])]                   ❷
for i in range(epochs):
    for j in range(size[0]):                            ❸
        l = j - 1 if j - 1 >= 0 else size[0]-1          ❹
        r = j + 1 if j + 1 < size[0] else 0             ❺
        state_ = grid[[l,r]]                            ❻
        state = joint_state(state_)                     ❼
        qvals = qfunc(state.float().detach(),params[j],
        layers=[(4,hid_layer),(hid_layer,2)])
        qmax = torch.argmax(qvals,dim=0).detach().item()   ❽
        action = int(qmax)
        grid_[j] = action                               ❾
        reward = get_reward(state_.detach(),action)
        with torch.no_grad():                           ❿
            target = qvals.clone()
            target[action] = reward
        loss = torch.sum(torch.pow(qvals - target,2))
        losses[j].append(loss.detach().numpy())
        loss.backward()
        with torch.no_grad():                           ⓫
            params[j] = params[j] - lr * params[j].grad
        params[j].requires_grad = True
    with torch.no_grad():                               ⓬
        grid.data = grid_.data
```

❶ 학습 속도.

❷ 에이전트가 여럿이고 각자 개별적인 Q 함수를 사용하므로 손실값도 여러 개이다.

❸ 에이전트들을 하나씩 차례로 처리한다.

❹ 왼쪽 이웃을 얻는다. 현재 에이전트가 제일 왼쪽 에이전트이면 제일 오른쪽 에이전트를 선택한다.

❺ 오른쪽 이웃을 얻는다. 현재 에이전트가 제일 오른쪽 에이전트이면 제일 왼쪽 에이전트를 선택한다.

❻ state_는 왼쪽, 오른쪽 이웃의 스핀 방향에 해당하는 두 이진수로 구성된다.

❼ state는 왼쪽, 오른쪽 이웃의 결합 동작을 부호화한 원핫 벡터이다.

❽ 모든 에이전트는 Q 가치가 가장 큰 동작을 선택하는 정책을 사용한다.

❾ 선택된 동작을 주 격자 grid의 복사본인 grid_에서 수행한다. 모든 에이전트의 동작을 수행한 후에야 grid_을 주 격자 grid에 복사한다.

❿ 훈련의 목푯값은 선택된 동작의 Q 가치를 그 동작을 취해서 관측한 실제 보상으로 대체한 Q 가치 벡터이다.

⓫ 경사 하강법을 직접 실행한다.

⓬ 임시 격자 grid_의 내용을 주 격자 grid에 복사한다.

주 훈련 루프는 20개의 에이전트를 차례로 훑으면서, 각 에이전트에 대해 그 왼쪽, 오른쪽 이웃을 찾아서 결합 동작 벡터를 구하고 그것으로 두 동작(아래 스핀, 위 스핀)의 Q 가치들을 계산한다. 이 예제에서 1차원 이징 모형의 격자는 양 끝이 연결된 순환 격자이다. 따라서 제일 왼쪽 에이전트와 제일 오른쪽 에이전트에도 두 개의 이웃이 있다(그림 9.15).

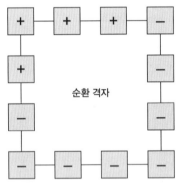

그림 9.15 1차원 이징 모형을 이진 벡터로 표현하긴 하지만, 실제로는 제일 왼쪽 전자가 제일 오른쪽 전자와 연결된 하나의 순환 격자이다.

이 구현은 에이전트마다 개별적인 매개변수 벡터로 Q 함수를 매개변수화한다. 즉, 각 에이전트는 개별적인 심층 Q 신경망으로 제어된다(2층 신경망이라서 '심층'이라고 하긴 좀 그렇지만). 사실 모든 에이전트가 동일한 정책(이웃과 최대한 같은 방향으로 스핀하는)을 사용하므로, 하나의 DQN으로 모든 에이전트를 제어하는 것도 가능하다. 이후의 예제들에서는 실제로 하나의 DQN을 사용한다. 그러나 각 에이전트를 개별적으로 모형화하는 것이 얼마나 간단한 일인지 보여주기 위해 이번 예제에서는 그냥 이런 식으로 구현했다. 에이전트마다 최적의 정책이 다를 수도 있는 환경이라면 물론 이번 예제처럼 에이전트마다 개별적인 DQN을 사용해야 한다.

그림 9.16은 목록 9.8의 훈련 루프를 도식화한 것이다. 이번 절의 주제에 집중하기 위해, 덜 중요한 사항 몇 가지를 단순화했다. 첫째로, 이전에는 탐험과 활용을 혼합한 정책(엡실론 탐욕

전략 등)을 사용했지만, 이번에는 활용에만 치중하는 탐욕적 정책을 사용했다. 즉, 에이전트는 매번 Q 가치가 가장 높은 동작을 선택한다. 보통은 어느 정도의 탐험이 필요하지만, 이번 문제는 아주 단순하기 때문에 탐욕적 접근 방식도 잘 작동한다. 다음 절에서는 정사각 격자에서 2차원 이징 모형을 처리하는데, 그때는 전자들의 실제 물리적 온도를 모형화하기 위한 온도 매개변수를 가진 소프트맥스 정책을 사용하므로 탐험이 어느 정도 발생한다.

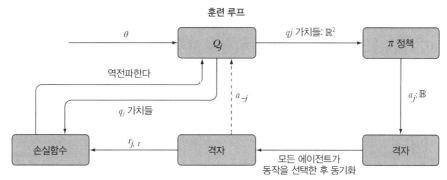

그림 9.16 주 훈련 루프의 끈 그림. 각 에이전트 j에 대해, 매개변수 벡터와 에이전트 j를 제외한 모든 에이전트의 결합 동작 벡터 a_{-j}를 해당 Q 함수에 입력해서 하나의 2성분 Q 가치 벡터를 얻는다. 그 벡터를 정책 함수에 입력하면 정책 함수는 하나의 동작(이진수)을 돌려준다. 그 동작을 격자의 복사본에서 수행한다. 이런 식으로 모든 에이전트의 동작을 수행한 후에는 격자 복사본의 내용을 주 격자에 복사한다. 각 에이전트에 대해 주 격자에서 보상을 구해서 손실함수에 입력하고, 손실값을 Q 함수로 역전파해서 매개변수 벡터를 갱신한다.

또한, 그냥 r_{t+1}(동작을 취한 후의 보상)을 그대로 목표 Q 가치로 사용했다는 점도 주목하자. 이전에는 향후 상태의 기대 가치를 할인한 항을 추가한 $r_{t+1} + \gamma V(S_{t+1})$을 목푯값으로 두었다. 여기서 $V(S_{t+1})$은 향후 상태 S_{t+1}에서 기대할 수 있는 최대 가치이고 γ는 할인 계수이다. 이 항이 제5장에서 이야기한 부트스트래핑 효과를 낸다. 다음 예제에서 2차원 이징 모형을 구현할 때는 이 항을 도입한다.

다음은 훈련 루프에서 얻은 손실값들을 시각화하는 코드이다.

```
>>> fig,ax = plt.subplots(2,1)
>>> for i in range(size[0]):
        ax[0].scatter(np.arange(len(losses[i])),losses[i])
>>> print(grid,grid.sum())
>>> ax[1].imshow(np.expand_dims(grid,0))
```

필자가 얻은 결과가 그림 9.17에 나와 있다. 그림의 위 그래프는 에이전트들의 에피소드별 손실 값들을 에이전트마다 다른 색상으로 표시한 것이다. 훈련 주기가 80 정도가 되면 모든 에이전트의 손실이 아주 낮은 값으로 수렴됨을 알 수 있다. 아래 그래프는 훈련 후의 1차원 이징 모형인데, 전자들이 단 세 개의 자기 구역으로 군집화되었다. 가운데의 밝은 부분은 스핀이 위 방향(1)인 전자(에이전트)들이고 그 양쪽은 스핀이 아래 방향(0)인 전자들이다. 초기의 무작위한 분포(그림 9.14)보다 훨씬 나은 모습이 되었다. 이 결과를 볼 때, 우리의 MARL 알고리즘이 1차원 이징 모형 문제를 잘 풀었다고 평가할 수 있다.

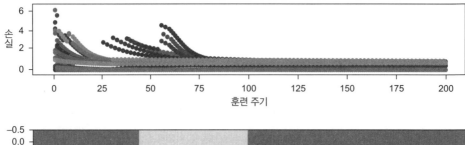

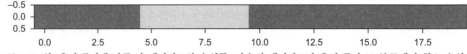

그림 9.17 위: 훈련 주기에 따른 각 에이전트의 손실들. 다수의 에이전트가 훈련 주기 30 부근에서 최소 손실로 수렴하고, 80 부근에서는 모든 에이전트가 최소 손실이 된다. 아래: 보상을 최대화한(즉, 에너지를 최소화한) 후의 1차원 이징 모형. 모든 전자가 스핀 방향이 같은 자기 구역들로 군집화되었다.

1차원 이징 모형은 그리 어렵지 않게 "풀었다". 그럼 좀 더 어려운 2차원 이징 모형에 도전해 보자. 다음 절에서는 앞의 예에서 두었던 몇 가지 단순화 가정들을 다시 고찰하고, **평균장 Q 학습**이라고 부르는 또 다른 이웃 영역 Q 학습 접근 방식을 소개한다.

9.4 평균장 Q 학습과 2차원 이징 모형

앞에서 보았듯이, 이웃 영역 Q 학습을 이용하면 1차원 이징 모형 문제를 상당히 빠르게 풀 수 있다. 이는 모든 에이전트의 결합 동작을 구하는 대신 좌, 우 두 에이전트의 결합 동작만 구한 덕분이다. 모든 에이전트의 결합 동작을 구한다면 결합 동작 벡터의 성분이 $2^{20} = 1{,}048{,}576$개나 되어서 계산이 사실상 불가능하지만, 좌, 우 두 에이전트만 사용하면 결합 동작 벡터가 $2^2 = 4$차원 벡터로 줄어들어서 계산이 아주 쉬워진다.

이런 접근 방식을 2차원 격자에 적용한다면, 주어진 에이전트와 가장 가까운 이웃 에이전트들은 여덟 개이므로 결합 동작 공간의 크기는 $2^8 = 256$이다. 256차원 벡터는 충분히 다룰수 있는 크기이지만, 예를 들어 20×20 격자에서 400개의 에이전트들에 대해 그런 계산을 수행하려면 비용이 상당히 커진다. 3차원 이징 모형의 경우 가장 가까운 이웃이 26개이므로 결합 동작 공간의 크기는 2^{26} = 67,108,864이다. 즉, 3차원 이상에서는 이웃 영역 접근 방식으로도 '처리 불가능' 수준의 계산 비용을 피할 수 없다.

이웃 영역 접근 방식이 전체 결합 동작 공간을 사용하는 것보다는 훨씬 낫지만, 환경이 복잡해지면 가장 가까운 이웃들의 결합 동작 공간도 처리 불가능한 수준으로 커진다. 따라서 에이전트에게 미치는 다른 에이전트들의 영향을 더욱더 단순화해서 근사할 필요가 있다. 이징 모형에 이웃 영역 접근 방식이 잘 통하는 이유는 한 전자의 스핀이 그 전자와 가장 가까운 이웃들의 자기장에 가장 크게 영향을 받기 때문이다. 자기장의 세기는 자기장 원점과의 거리의 제곱에 비례해서 감소하므로, 어느 정도 멀리 떨어진 전자의 영향은 무시해도 합당하다.

더 나아가서, 두 자석을 가까이 두었을 때 전체적인 자기장은 두 자기장의 합과 비슷하다는 점을 이용해서 이웃 전자들의 영향을 더욱 단순화할 수 있다(그림 9.18). 즉, 서로 다른 두 자석을 그 두 자석의 자기장들의 합에 해당하는 자기장을 가진 하나의 자석으로 근사할 수 있다. 전자 수준에서 이는 이웃 전자들 각각의 자기장이 한 전자의 스핀에 미치는 영향을 이웃 전자들의 결합된 자기장 하나로 근사할 수 있다는 뜻이다. 따라서, 이징 모형의 경우 이웃 전자마다 해당 동작 벡터로 Q 함수를 평가하는 대신 모든 이웃 전자 동작 벡터를 합한 하나의 동작 벡터로 Q 함수를 평가해도 비슷한 결과를 얻을 수 있다. 예를 들어 1차원 이징 모형에서 왼쪽 이웃 에이전트의 동작 벡터가 [1,0](아래 스핀)이고 오른쪽 이웃 에이전트의 동작 벡터가 [0,1](위 스핀)이면, Q 함수에는 그 둘의 합 [1,0] + [0,1] = [1,1]을 입력한다.

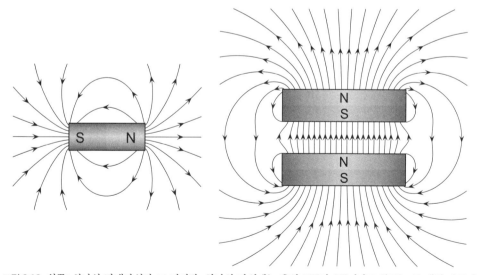

그림 9.18 왼쪽: 하나의 막대자석과 그 자기장. 하나의 자석에는 흔히 N극과 S극이라고 부르는 두 개의 자극이 있다. 오른쪽: 두 막대자석을 가까이 두면 자기장이 약간 더 복잡해진다. 전자의 스핀이 2차원이나 3차원 격자에서 행동하는 방식을 모형화할 때 중요한 것은 모든 이웃 전자의 전체적인 자기장이다. 개별 전자의 자기장을 일일이 고려할 필요는 없다.

기계학습 알고리즘들은 데이터를 [0,1] 같은 고정된 범위로 정규화할 때 더 나은 성능을 보인다. 부분적으로 이는 활성화 함수들의 출력 범위(소위 **공역**(codomain)이라고 부르는)가 제한적이며, 너무 크거나 너무 작은 입력들 때문에 그 범위가 '포화(saturation)'될 수 있기 때문이다. 예를 들어 tanh 함수의 공역(함수의 출력이 될 수 있는 값들의 범위)은 [-1,+1]이므로, 입력이 아주 크면 출력은 1에 아주 가깝다. 그런데 컴퓨터의 정밀도에는 한계가 있으므로, 아주 크지만 같지는 않은 두 입력에 대한 tanh의 두 출력이 그냥 동일한 1로 표현될 수 있다. 미리 입력들을 이를테면 [-1,1]로 정규화한다면, tanh는 두 입력에 대해 충분히 구별되는 출력들(이를테면 0.5와 0.6)을 돌려줄 것이다.

따라서 동작 벡터들의 합을 그대로 Q 함수에 입력하는 대신, 그 합을 동작 벡터들의 수로 나누어서 각 성분이 [0,1]의 범위로 정규화된 벡터를 입력하는 것이 바람직하다. 예를 들어 두 동작 벡터가 [1,0]과 [0,1]일 때 Q 함수의 입력은 ([1,0] + [0,1])/2 = [1,1]/2 = [0.5,0.5]이다. 이 정규화된 벡터에서 각 성분은 [0,1] 구간이고 모든 성분의 합은 1이다. 이는 확률분포의 조건과 부합한다. 즉, 이러한 동작 벡터 정규화는 곧 가장 가까운 이웃들의 동작들에 관한 하나의 확률분포를 계산하는 것에 해당하며, Q 함수는 이웃 동작 확률분포를 입력으로 삼아서 동작 가치들을 산출한다.

평균장 동작 벡터의 계산

평균장 동작 벡터는 흔히 다음 공식으로 계산한다.

$$a_{-j} = \frac{1}{N} \sum_{i=0}^{N} a_i$$

여기서 a_j는 에이전트 j의 모든 이웃 에이전트의 평균장 동작 벡터이고 a_i는 에이전트 j의 이웃 중 하나인 에이전트 i의 동작 벡터이다. N은 에이전트 j의 이웃 수이다. 이웃 동작 벡터들의 합을 이 N으로 나누므로, 모든 성분이 0에서 1사이로 정규화된다. 이 수식이 잘 이해되지 않는다면 잠시 후에 나오는 파이썬 코드를 참고하기 바란다.

이러한 접근 방식을 **평균장 근사**(mean field approximation)라고 부르고, 이를 Q 학습에 접용한 것을 **평균장 Q 학습**(mean field Q-learning, MF-Q)이라고 부른다. 개별 이웃 전자 자기장이 아니라 이웃 전자들의 평균 자기장을 사용한다는(그림 9.19) 것이 핵심인 이 접근 방식의 큰 장점은 평균장 벡터의 길이가 그냥 개별 동작 벡터의 길이와 같다는 점이다. 이웃 개수나 전체 에이전트 수와는 무관하다.

전자스핀 행동을 모형화하는 이징 모형의 경우 에이전트의 평균장 벡터는 그냥 2차원 벡터이다. 1차원 이징 모형이든, 2차원이나 그 이상의 이징 모형이든 마찬가지이다. 따라서 환경이 아무리 복잡하고 고차원이어도 이웃들의 영향을 비교적 간단하게 계산할 수 있다.

평균장 근사

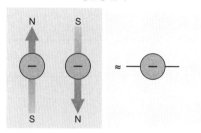

$$[0, 1] \otimes [1, 0] \quad \approx \quad [0.5, 0.5]$$

그림 9.19 두 전자스핀의 결합 동작은 개별 동삭 벡터들의 외적인 2×2 원핫 행렬(평탄화하면 4차원 원핫 벡터)이다. 평균장 접근 방식에서는 외적으로 구한 결합 동작 텐서를 사용하는 대신, 그냥 개별 동작 벡터들을 합하고 전자 개수로 나눈 '평균' 벡터를 사용한다. 스핀 방향이 각각 위와 아래인 두 전자가 주어졌을 때 평균장 근사 기법으로 구한 결합 동작 벡터는 [0.5,0.5]인데, 이는 스핀 방향이 50%의 확률로 위이거나 아래인 하나의 '가상' 전자에 해당한다.

그럼 2차원 이징 모형 문제를 평균장 Q 학습으로 풀어보자. 2차원 이징 모형은 전자들이 1차원 격자가 아니라 2차원 격자(즉, 하나의 행렬)에 배치된다는 점만 빼면 1차원 모형과 동일하다. 이 2차원 격자 역시 순환 격자이다. 즉, 제일 위 행은 제일 아래 행과 연결되고 제일 왼쪽 열은 제일 오른쪽 열과 연결된다. 예를 들어 왼쪽 상단 에이전트는 오른쪽 하단 에이전트와(또한, 오른쪽 상단 에이전트, 왼쪽 하단 에이전트 등등과) 이웃이다. 개념적으로 이 2차원 격자는 하나의 '구'를 형성한다(그림 9.20). 목록 9.9는 2차원 이징 모형을 위한 평균장 Q 학습의 정책 함수이다.

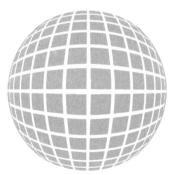

그림 9.20 2차원 이징 모형은 하나의 2차원 격자(행렬)로 표현되지만, 개념적으로는 네 가장자리가 서로 연결된 하나의 구에 해당한다. 즉, 한쪽 가장자리에 있는 에이전트는 그 반대쪽 가장자리의 에이전트와 이웃이다.

목록 9.9 평균장 Q 학습: 정책 함수

```
from collections import deque                                          ❶
from random import shuffle                                             ❷

def softmax_policy(qvals,temp=0.9):                                    ❸
    soft = torch.exp(qvals/temp) / torch.sum(torch.exp(qvals/temp))   ❹
    action = torch.multinomial(soft,1)                                ❺
    return action
```

❶ 최대 크기를 제한할 수 있는 deque 자료 구조를 경험 재현 목록으로 사용한다.

❷ shuffle 함수는 경험 재현 목록의 경험들을 뒤섞는 데 쓰인다.

❸ 이 정책 함수는 하나의 Q 가치 벡터를 받고 하나의 동작을 나타내는 정수 0(아래 스핀) 또는 1(위 스핀)을 돌려준다.

❹ 이것이 소프트맥스 함수의 정의이다.

❺ 앞의 소프트맥스 함수는 일단의 Q 가치들을 동작들에 관한 하나의 확률분포로 변환한다. PyTorch 의 multinomial 함수를 이용해서 그 확률분포에서 동작을 하나 추출한다(확률이 높은 동작일수록 더 자주 선택된다).

코드에서 보듯이, 2차원 이징 모형에 대한 정책은 소프트맥스 함수를 사용한다. 제2장에서 소개했듯이, 정책은 상태 공간을 동작 공간으로 사상하는 하나의 함수 $\pi: S \rightarrow A$이다. 다른 말로 하면 정책 함수는 상태 벡터를 받고 동작을 돌려준다. 제4장에서 우리는 신경망을 정책 함수로 두고 최선의 동작을 산출하도록 신경망을 훈련하는 방법을 살펴보았다. Q 학습에서는 정책 적용이 두 단계로 일어난다. 먼저 현재 상태에서 동작들의 가치(Q 가치)를 산출하고, 그런 다음 그 동작 가치들에 기초해서 동작을 결정한다. 즉, Q 학습에서 정책 함수는 Q 가치들을 받고 동작을 돌려주는 함수이다.

> **정의** 소프트맥스 함수의 정의는 다음과 같다.
>
> $$P_t(a) = \frac{\exp(q_t(a)/\tau)}{\sum_{i=1}^{n} \exp(q_t(i)/\tau)}$$
>
> 여기서 $P_t(a)$는 동작들에 관한 확률분포이고 $q_t(a)$ 는 Q 가치 벡터, $\tau^{타우}$는 온도 매개변수이다.

기억하겠지만, 소프트맥스 함수는 임의의 수치들로 이루어진 벡터를 '정규화'해서 하나의 확률 분포를 산출한다. 정규화된 벡터의 모든 성분의 합은 1이며, 각 성분의 크기는 정규화 이전의 크기에 비례한다(예를 들어 원래 벡터에서 가장 큰 성분은 변환된 후에도 가장 큰 확률값이 된다). 목록 9.9의 softmax_policy 함수가 내부적으로 정의하는 softmax는 입력 벡터와 함께 temp라는 매개변수도 받는데, 이것은 앞의 정의에 나온 수식의 τ에 해당하는 '온도(temperature)' 매개변수 이다.

온도가 높을수록 확률값들의 차이가 작아지고 온도가 낮을수록 차이가 증폭된다. 예를 들어 softmax([10,5,90], temp=100) == [0.2394, 0.2277, 0.5328]이지만 softmax([10,5,90], temp=0.1) = [0.0616, 0.0521, 0.8863]이다. 원래의 벡터에서 최대 성분 90은 둘째로 큰 성분 10의 9배이지만, 온도가 높을 때 90의 확률값 0.5328은 10의 확률값 0.2394의 두 배밖에 되지 않는다. 온도가 무한대에 접근하면 확률분포는 모든 확률이 동일한 균등분포가 된다. 반대로 온도가 0에 접근하면 확률분포는 모든 확률질량이 하나의 점에 집중된 **퇴화 분포**가 된다. 이러한 소프트맥스 함수를 사용하는 정책은 $\tau \to \infty$일 때는 완전히 무작위하게 동작을 선택하는 정책이 되고 $\tau \to 0$일 때는 argmax 함수(1차원 모형에서 사용한)와 같아진다.

이 매개변수를 '온도'라고 부르는 이유는, 소프트맥스 함수가 물리학에서 전자스핀들의 물리계처럼 온도가 그 행동에 영향을 미치는 물리계를 모형화하는 데 쓰이기 때문이다. 기계학습은 물리학에서도 영향을 많이 받았다(또한 물리학에 영향을 주었다). 이러한 확률분포를 물리학에서는 **볼츠만 분포**(Boltzmann distribution)라고 부른다. 영문 위키백과에 따르면, 볼츠만 분포는 "주어진 물리계가 특정 상태에 있을 확률을 그 상태의 에너지와 그 계의 온도의 함수로서 제공한다." 강화학습 학술 논문 중에는 소프트맥스 정책을 '볼츠만 정책'이라고 부르는 것들도 있는데, 이제는 그런 용어를 만나도 당황하지 않을 것이다.

지금 우리는 물리학 문제를 강화학습 알고리즘으로 풀고 있으므로, 소프트맥스 함수의 온도 매개변수는 실제로 우리가 모형화하려는 전자 물리계의 온도이다. 계의 온도를 아주 높게 설정하면 전자가 이웃들과 같은 방향으로 스핀하려는 경향보다 온도의 효과가 더 커서 전자들의 스핀이 무작위하게 결정된다. 계의 온도를 아주 낮게 설정하면 전자들이 스핀 방향을 바꾸려 하지 않기 때문에 역시 스핀 방향들이 무작위한 상태로 남게 된다. 목록 9.10은 2차원 격자에서 에이전트 j의 좌표를 찾는 함수와 이웃 전자들의 스핀 방향들에 기초해서 보상을 계산하는 함수이다.

목록 9.10 평균장 Q 학습: 좌표와 보상 계산

```
def get_coords(grid,j):                                   ❶
    x = int(np.floor(j / grid.shape[0]))                  ❷
    y = int(j - x * grid.shape[0])                        ❸
    return x,y

def get_reward_2d(action,action_mean):                    ❹
    r = (action*(action_mean-action/2)).sum()/action.sum() ❺
    return torch.tanh(5 * r)                              ❻
```

❶ 평탄화된 벡터에서의 색인을 2차원 격자의 해당 칸의 [x,y] 좌표로 변환한다.

❷ x 좌표를 구한다.

❸ y 좌표를 구한다.

❹ 2차원 격자의 보상을 계산하는 함수.

❺ 주어진 에이전트의 동작이 이웃들의 평균장 동작과 얼마나 다른지에 기초해서 보상을 계산한다.

❻ tanh 함수를 이용해서 보상을 [-1,+1] 구간으로 정규화한다.

2차원 격자의 에이전트를 [x,y] 좌표로 지칭하는 것은 다소 불편하다. 그보다는, 2차원 격자를 하나의 벡터로 평탄화해서 하나의 색인으로 에이전트를 지칭하는 것이 더 편리하다. 그러나 실제 계산을 위해서는 그러한 색인을 다시 [x,y] 좌표로 복원할 필요가 있다. get_coords 함수가 하는 일이 바로 그것이다. get_reward_2d 함수는 2차원 격자를 위한 보상 함수로, 주어진 동작 벡터와 평균장 벡터의 차이가 클수록 더 낮은 보상을 돌려준다. 예를 들어 평균장 벡터가 [0.25,0.75]이면, 동작 벡터가 [1,0]일 때의 보상은 동작 벡터가 [0,1]일 때의 보상보다 작다.

```
>>> get_reward_2d(torch.Tensor([1,0]),torch.Tensor([0.25, 0.75]))
tensor(-0.8483)

>>> get_reward_2d(torch.Tensor([0,1]),torch.Tensor([0.25, 0.75]))
tensor(0.8483)
```

목록 9.11은 에이전트의 가장 가까운 이웃들을 찾아서 평균장 동작 벡터를 구하는 함수이다.

목록 9.11 평균장 Q 학습: 평균장 동작 벡터 계산

```
def mean_action(grid,j):
    x,y = get_coords(grid,j)                              ❶
    action_mean = torch.zeros(2)                          ❷
    for i in [-1,0,1]:                                    ❸
        for k in [-1,0,1]:
            if i == k == 0:
                continue
            x_,y_ = x + i, y + k
            x_ = x_ if x_ >= 0 else grid.shape[0] - 1
            y_ = y_ if y_ >= 0 else grid.shape[1] - 1
            x_ = x_ if x_ < grid.shape[0] else 0
            y_ = y_ if y_ < grid.shape[1] else 0
            cur_n = grid[x_,y_]
            s = get_substate(cur_n)                       ❹
            action_mean += s
    action_mean /= action_mean.sum()                      ❺
    return action_mean
```

❶ 벡터화된 색인 *j*를 격자 좌표 [x,y]로 변환한다(원점 [0,0]은 왼쪽 상단).

❷ 이웃 동작 벡터들을 모두 더하고 정규화하는 데 사용할 벡터.

❸ 이중 루프를 돌려서 에이전트 *j*의 여덟 이웃을 찾는다.

❹ 각 이웃의 이진 스핀 방향을 원핫 동작 벡터로 변환한다.

❺ 이웃 동작 벡터들의 합을 정규화해서 확률분포로 만든다.

이 함수는 에이전트 색인 j(2차원 격자를 평탄화한 벡터의 정수 색인)를 받고 그 에이전트의 가장 가까운 여덟 이웃의 동작 벡터들을 합해서 정규화한 결과를 돌려준다. 이를 위해 주어진 색인에 해당하는 2차원 격자 좌표를 구하고, 거기에 $x, y \in \{-1, 0, 1\}$인 모든 $[x, y]$ 조합을 더해서 에이전트 j 주변의 여덟 이웃을 찾는다. 예를 들어 에이전트 j의 좌표가 $[5, 5]$이면 $[5, 5] + [1, 0] = [6, 5]$, $[5, 5] + [-1, 1] = [4, 6]$ 등등이다.

이제 2차원 이징 모형을 푸는 데 필요한 모든 함수가 완성되었다. init_grid 함수와 gen_params 함수는 이전 1차원 이징 모형 예제의 것을 그대로 사용한다. 그럼 이들을 이용해서 격자와 매개변수 벡터를 초기화해보자.

```
>>> size - (10,10)
>>> J = np.prod(size)
>>> hid_layer = 10
>>> layers = [(2,hid_layer),(hid_layer,2)]
>>> params = gen_params(1,2*hid_layer+hid_layer*2)
>>> grid = init_grid(size=size)
>>> grid_ = grid.clone()
>>> grid__ = grid.clone()
>>> plt.imshow(grid)
>>> print(grid.sum())
```

계산 시간을 줄이기 위해 여기서는 10×10 격자를 사용하지만, 여러분은 좀 더 큰 격자를 시도하기 바란다. 그림 9.21은 초기 격자의 모습인데, 스핀들이 무작위로 배치되었다. 여기에 MARL 알고리즘을 적용하면 전자들이 좀 더 잘 조직화될 것이다. 다시 코드로 돌아가서, 역시 계산 시간을 줄이기 위해 은닉층의 크기(hid_layer 변수)를 10으로 설정했다. 그리고 매개변수 벡터를 하나만 생성했다는 점도 주목하기 바란다. 모든 에이전트가 동일한 최적 정책을 사용하므로, 100개의 에이전트 모두를 하나의 DQN으로 제어한다. 격자를 초기화한 후에는 그 복사본을 생성하는데, 복사본을 두는 이유는 1차원 이징 모형에서와 동일하다.

이번 예제에서는 1차원 이징 모형 예제에서 단순화했던 요소들을 복원한다. 우선, 이번에는 경험 재현 기법을 적용한다. 이번 문제는 1차원 문제보다 풀기 어렵기 때문에 경험 재현이 필요하다. 경험들을 경험 재현 목록에 저장하고 거기서 미니배치를 추출해서 훈련해 사용하면 기울기들의 분산이 줄어들고 훈련이 안정화된다. 또한, 목표 Q 가치도 원래 대로 할인 계수를 도입해서 $r_{t+1} + \gamma V(S_{t+1})$로 설정한다. 따라서 한 훈련 주기에서 Q 가치들을 두 번 계산해야 한다. 한 번은 취할 동작을 결정하기 위해서이고 다른 한 번은 $V(S_{t+1})$을 구하기 위해서이다. 목록 9.12에 2차원 이징 모형의 주 훈련 루프가 나와 있다.

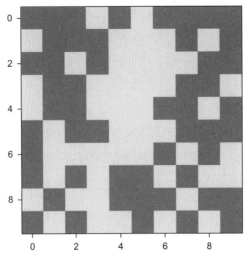

그림 9.21 무작위로 초기화된 2차원 이징 모형. 격자의 각 칸은 하나의 전자를 나타낸다. 밝은 칸은 스핀 방향이 위인 전자이고 어두운 칸은 스핀 방향이 아래인 전자이다.

목록 9.12 평균장 Q 학습: 주 훈련 루프

```
epochs = 75
lr = 0.0001
num_iter = 3                                    ❶
losses = [[] for i in range(size[0])]           ❷
replay_size = 50                                ❸
replay = deque(maxlen=replay_size)              ❹
batch_size = 10                                 ❺
gamma = 0.9                                      ❻
losses = [[] for i in range(J)]

for i in range(epochs):
    act_means = torch.zeros((J,2))              ❼
    q_next = torch.zeros(J)                     ❽
    for m in range(num_iter):                   ❾
        for j in range(J):                      ❿
            action_mean = mean_action(grid_,j).detach()
            act_means[j] = action_mean.clone()
            qvals = qfunc(action_mean.detach(),params[0],layers=layers)
            action = softmax_policy(qvals.detach(),temp=0.5)
            grid__[get_coords(grid_,j)] = action
            q_next[j] = torch.max(qvals).detach()
        grid_.data = grid__.data
    grid.data = grid_.data
    actions = torch.stack([get_substate(a.item())
                            for a in grid.flatten()])
    rewards = torch.stack([get_reward_2d(actions[j],act_means[j])
                            for j in range(J)])
    exp = (actions,rewards,act_means,q_next)     ⓫
```

```
        replay.append(exp)
        shuffle(replay)
        if len(replay) > batch_size:                                          ⑫
            ids = np.random.randint(low=0,high=len(replay),size=batch_size)    ⑬
            exps = [replay[idx] for idx in ids]
            for j in range(J):
                jacts = torch.stack([ex[0][j] for ex in exps]).detach()
                jrewards = torch.stack([ex[1][j] for ex in exps]).detach()
                jmeans = torch.stack([ex[2][j] for ex in exps]).detach()
                vs = torch.stack([ex[3][j] for ex in exps]).detach()
                qvals = torch.stack([
                            qfunc(jmeans[h].detach(),params[0],layers=layers)
                            for h in range(batch_size)])
                target = qvals.clone().detach()
                target[:,torch.argmax(jacts,dim=1)] = jrewards + gamma * vs
                loss = torch.sum(torch.pow(qvals - target.detach(),2))
                losses[j].append(loss.item())
                loss.backward()
                with torch.no_grad():
                    params[0] = params[0] - lr * params[0].grad
                params[0].requires_grad = True
```

❶ num_iter는 평균장 동작들에서 초기의 무작위성을 제거하기 위한 반복 횟수이다.

❷ 에이전트 손실값 목록들의 목록.

❸ replay_size는 경험 재현 목록의 최대 크기, 즉 목록에 담을 경험들의 최대 개수이다.

❹ 경험 재현 목록은 하나의 deque 자료 구조(기본적으로 최대 크기 제한이 있는 목록)이다.

❺ 배치 크기를 10으로 설정한다. 따라서 훈련 루프에서는 경험 재현 목록에서 10개의 경험을 무작 위로 뽑아서 훈련에 사용한다.

❻ 할인 계수.

❼ 이 목록에 모든 에이전트의 평균장 동작 벡터들을 저장한다.

❽ 이 목록에 다음 상태(동작을 취한 후의 상태)에 대한 Q 가치들을 저장한다.

❾ 평균장을 무작위로 초기화했으므로, 에이전트들을 몇 번 반복 실행해서 초기의 무작위성을 희석 한다.

❿ 격자의 모든 에이전트에 대해 반복한다.

⓫ 경험을 수집해서 경험 재현 목록에 추가한다.

⓬ 경험 재현 목록에 배치 크기 이상의 경험들이 쌓였으면 훈련을 시작한다.

⓭ 경험 재현 목록에서 무작위로 경험들을 추출하는 색인들로 사용할 일단의 정수 난수들을 생성한다.

꽤 긴 코드이지만, 1차원 이징 모형의 훈련 루프보다 아주 조금만 더 복잡할 뿐이다. 우선 주 목할 것은, 각 에이전트의 평균장은 그 이웃들에 의존하며 이웃들의 스핀은 무작위로 초기화 되므로, 처음에는 각 에이전트의 평균장이 무작위하다는 점이다. 수렴을 가속화하기 위해, 먼저 각 에이전트가 그러한 무작위한 평균장에 기초해서 동작을 선택하게 하고, 그 동작을 임시 격자 복사본 grid__에 저장한다. 임시 복사본을 사용하므로, 주 격자는 모든 에이전트의 동작이 결정되기 전까지는 변하지 않는다. 각 에이전트가 grid__에서 잠정적인 동작을 취한 후에는 grid__의 내용을 또 다른 격자 복사본 grid_(밑줄이 하나이다)에 복사한다. 이 복사본은 평균장들을 계산하는 데 쓰인다. 이 과정을 초매개변수 num_iter의 값만큼 반복하면 동작들이 Q 함수의 현재 버전에 기초해서 최적에 가까운 값으로 안정화된다. 그런 다음에는 주 격자를 갱신해서 모든 에이전트의 경험을 경험 재현 목록에 추가한다. 여기서 하나의 경험은 해당 에이전트의 동작, 보상, 평균장, q_next 값($V(S_{t+1})$)으로 구성된다.

경험 재현 목록에 배치 크기(batch_size)보다 많은 경험이 쌓이면 훈련을 시작한다. 우선 일단의 정수 난수들을 생성하고 그것들을 색인으로 사용해서 경험 재현 목록에서 무작위로 경험들을 추출한다. 그 경험들이 미니배치이다. 미니배치를 Q 신경망에 적용해서 구한 손실 값들로 경사 하강법을 적용해서 Q 함수(Q 신경망)의 매개변수들을 갱신한다. 그럼 두 가지 그래프로 훈련 성과를 확인해 보자.

```
>>> fig,ax = plt.subplots(2,1)
>>> ax[0].plot(np.array(losses).mean(axis=0))
>>> ax[1].imshow(grid)
```

그림 9.22는 필자가 얻은 결과인데, 우선 아래쪽 이징 모형 격자를 보면 거의 모든 전자가 스핀 방향을 주변과 일치시켰다. 위쪽 손실 그래프는 다소 잡음이 많은데, 이는 모든 에이전트를 하나의 DQN으로 모형화하다 보니 한 에이전트의 DQN 갱신을 다른 에이전트가 상쇄하기 때문이다. 하나의 DQN을 두고 여러 에이전트가 경쟁한 결과라고 생각하면 될 것이다. 각 에이전트가 자신의 이웃들과 정렬하려 하지만 각 이웃 역시 자신의 이웃들과 정렬하려다 보니 불안정성이 어느 정도 발생했다.

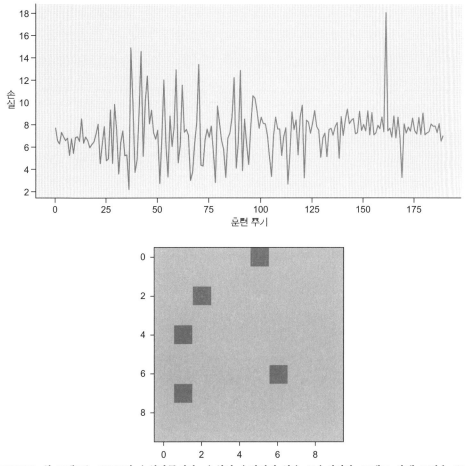

그림 9.22 위 그래프는 DQN의 손실값들이다. 손실이 수렴되지 않은 모습이지만, 그래도 아래 그림을 보면 DQN은 계의 에너지를 최소화하는(즉, 보상을 최대화하는) 방법을 배운 것이 확실하다.

다음 절에서는 MARL 기술을 한 단계 더 끌어올려서 좀 더 어려운 문제를 풀어본다. 한 게임에서 서로 경쟁하는 두 팀의 에이전트들을 훈련해 볼 것이다.

9.5 혼합 협조-경쟁 게임

이징 모형을 하나의 다중 플레이어 게임으로 간주할 때, 모든 에이전트의 목적이 같으며 모두가 같은 방향으로 정렬될 때 보상이 최대가 된다는 점에서 이징 모형은 협조적(협동적) 다중 플레이어 게임이라 할 수 있다. 반면 체스는 순수한 경쟁 게임이다. 체스는 한 플레이어가 이기면 다른 플레이어는 지게 되는 영합(제로섬) 게임이다. 한편, 농구나 축구 같은 팀 게임은 같은 팀의 선수들끼리는 협동하되 팀들은 경쟁한다는 점에서 **혼합 협조-경쟁 게임**(mixed cooperative-competitive game)에 해당한다. 이런 게임은 각 에이전트가 같은 팀의 다른 에이전트들과 협동해야 보상이 최대화된다는 점에서 협조 게임이지만, 한 팀이 이기면 다른 팀은 지므로 팀 수준에서는 경쟁 게임이다.

이번 절에서는 협조 게임, 경쟁 게임, 혼합 협조-경쟁 게임에서 다중 에이전트 강화학습 알고리즘을 시험하는 데 특화된, **MAgent**라는 오픈소스 Gridworld 기반 게임을 예제 환경으로 사용해서 혼합 협조-경쟁 게임을 설명한다. 이 예제에서 두 팀의 에이전트들은 Gridworld 격자를 이동하면서 상대 팀의 에이전트들을 공격한다. 각 에이전트에는 생명력에 해당하는 HP(health point)가 있다. 처음에는 HP가 1이지만, 상대 팀의 에이전트에게 공격당할 때마다 HP가 조금씩 깎인다. HP가 0이 된 에이전트는 "죽어서" 격자에서 제거된다. 에이전트들은 상대 팀의 에이전트를 공격하고 죽일 때마다 보상을 받는다.

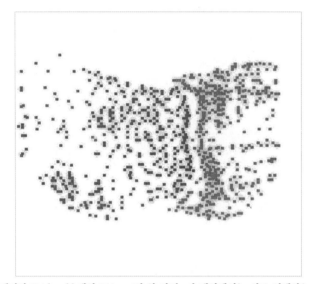

그림 9.23 다중 플레이어 Gridworld 게임 MAgent의 한 장면. 이 게임에서는 서로 경쟁하는 두 팀의 에이전트들이 Gridworld 위에서 전투를 벌인다. 목표는 상대 팀 에이전트들을 죽이는 것이다.

한 팀의 모든 에이전트는 목적이 같으므로 최적 정책도 같다. 따라서 한 팀의 모든 에이전트를 하나의 DQN으로 제어한다. 팀이 둘이므로 두 개의 DQN이 필요하다. 이러한 설정은 본질적으로 두 DQN의 전투에 해당하며, 그래서 서로 다른 신경망이나 알고리즘들의 우열을 가리는 데 아주 적합하다. 그러나 이번 예제에서는 혼합 협조-경쟁 게임 자체에 집중하기 위해 두 팀 모두 같은 종류의 DQN을 사용한다.

이번 예제를 실행하려면 MAgent 라이브러리를 설치해야 한다. https://github.com/geek-ai/MAgent에 설치 방법이 나와 있다. 다음의 내용은 독자가 이 라이브러리를 설치했으며 파이썬에서 import magent가 잘 실행된다고 가정한다. 목록 9.13은 MAgent 환경을 생성하는 코드이다.

목록 9.13 MAgent 환경 생성

```
import magent
import math
from scipy.spatial.distance import cityblock        ❶

map_size = 30
env = magent.GridWorld("battle", map_size=map_size)  ❷
env.set_render_dir("MAgent/build/render")            ❸

team1, team2 = env.get_handles()                     ❹
```

❶ scipy 패키지에서 cityblock 함수를 도입한다. 이 함수는 격자 위의 에이전트들 사이의 거리를 계산하는 데 쓰인다.

❷ "battle" 모드로 30×30 격자 환경을 생성한다.

❸ 화면들을 저장할 디렉터리를 설정한다(훈련을 마친 후 게임 진행 상황을 눈으로 보기 위해).

❹ 두 팀을 대표하는 객체들을 생성한다.

MAgent는 다양한 방식으로 커스텀화할 수 있지만, 여기서는 그냥 미리 만들어진 "battle" 모드를 사용한다. 이 모드에서는 두 팀의 에이전트들이 서로 싸운다. MAgent의 API는 OpenAI Gym의 것과 대체로 비슷하지만 몇 가지 중요한 차이가 있다. 우선, 각 팀의 '핸들'을 설정해야 한다. 앞의 예제에서 team1과 team2가 바로 두 팀의 핸들이다. 팀 핸들 객체는 그 팀과 관련된 메서드들과 속성들을 제공한다. 환경 객체 env의 메서드 중에는 이 핸들을 인수로 받는 것들이 많다. 예를 들어 env.get_pos(team1)은 팀 1에 속한 에이전트들의 좌표들을 담은 목록을 돌려준다.

에이전트들을 훈련하는 방법은 앞에서 2차원 이징 모형 문제를 풀 때 사용한 것과 같다. 이전처럼 소프트맥스 정책과 경험 재현 기법을 사용한다. 단, 이번에는 훈련할 DQN이 두 개이다. 또한, 죽은 에이전트가 격자에서 제거되므로 훈련 도중 에이전트 수가 변한다는 점도 고려해야 한다.

이징 모형에서 환경의 상태는 그냥 결합 동작 벡터일 뿐, 그 밖의 다른 상태 정보는 포함하지 않는다. 그러나 MAgent에서는 에이전트들의 위치와 HP도 상태에 포함된다. Q 함수는 $Q_j(s_j, a_j)$인데, 여기서 a_{-j}는 에이전트 j의 이웃 영역 또는 **시야**(field of view, FOV) 안에 있는 다른 에이전트들이다. 기본적으로 한 에이전트의 시야는 그 에이전트를 중심으로 한 13×13 격자이다. 이러한 시야를, 다른 에이전트가 존재하는 칸에 해당하는 성분을 1로 설정한 하나의 이진 행렬로 표현할 수 있다. 그런데 이 게임에서는 피아를 구별해야 하므로, 자기 팀의 이웃 에이전트들을 나타내는 시야 격자와 상대 팀의 이웃 에이전트들을 나타내는 시야 격자를 따로 두어야 한다. 계산의 편의를 위해, 그러한 두 시야 격자 행렬을 결합하고 평탄화해서 하나의 이진 벡터로 만든다. MAgent는 시야에 있는 에이전트들의 HP 정보도 제공하지만, 단순함을 위해 이번 예제에서는 HP를 사용하지 않는다.

환경을 생성한 다음에는 에이전트들을 초기화한다. 목록 9.14는 팀당 에이전트 수 등을 설정하고 격자에 각 팀의 에이전트들을 배치하는 코드이다.

목록 9.14 에이전트 초기화

```
hid_layer = 25
in_size = 359
act_space = 21
layers = [(in_size,hid_layer),(hid_layer,act_space)]
params = gen_params(2,in_size*hid_layer+hid_layer*act_space)     ❶
map_size = 30
width = height = map_size
n1 = n2 = 16                                                     ❷
gap = 1                                                          ❸
epochs = 100
replay_size = 70
batch_size = 25

side1 = int(math.sqrt(n1)) * 2
pos1 = []
for x in range(width//2 - gap - side1, width//2 - gap, 2):       ❹
    for y in range((height - side1)//2, (height - side1)//2 + side1, 2):
        pos1.append([x, y, 0])

side2 = int(math.sqrt(n2)) * 2
pos2 = []
for x in range(width//2 + gap, width//2 + gap + side2, 2):       ❺
    for y in range((height - side2)//2, (height - side2)//2 + side2, 2):
        pos2.append([x, y, 0])

env.reset()
env.add_agents(team1, method="custom", pos=pos1)                 ❻
env.add_agents(team2, method="custom", pos=pos2)
```

❶ 두 DQN의 매개변수 벡터들을 만든다.

❷ 한 팀의 에이전트 수는 16이다.

❸ 같은 팀의 에이전트들 사이의 초기 간격은 1이다.

❹ 팀 1의 에이전트들이 격자의 왼쪽에 배치되도록 위치들을 설정한다.

❺ 팀 2의 에이전트들을 격자의 오른쪽에 배치되도록 위치들을 설정한다.

❻ 팀 1의 에이전트들을 실제로 격자에 배치한다.

코드의 앞부분은 주요 초매개변수들이다. 계산 비용을 낮추기 위해, 30×30 크기의 격자에서 팀당 16개의 에이전트가 활동하게 설정했다. GPU가 있는 독자라면 격자를 더 키우고 에이전 트들을 더 많이 투입해 보기 바란다. 코드는 또한 목록 9.4의 gen_params 함수를 이용해서 두 DQN을 위한 매개변수 벡터 두 개를 초기화한다. 이번에도 그냥 간단한 2층 신경망을 DQN 으로 사용한다. 다음은 에이전트들이 배치된 격자를 시각화하는 명령이다.

```
>>> plt.imshow(env.get_global_minimap(30,30)[:,:,:].sum(axis=2))
```

팀 1은 왼쪽에, 팀 2는 오른쪽에 배치된다(그림 9.24). 처음에는 각 팀의 모든 에이전트가 한 칸 씩 띄어서 정사각형으로 배치되며, 팀과 팀 사이의 간격은 세 칸이다. 그림 9.25는 한 에이전 트의 동작 공간을 나타낸 것이다. 코드에서는 이 동작 공간을 하나의 21차원 벡터로 표현한 다. 목록 9.15는 주어진 에이전트의 이웃 에이전트들을 찾는 함수이다.

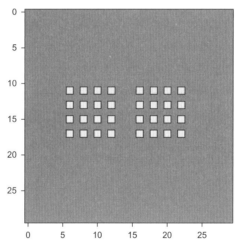

그림 9.24 MAgent 환경에서 두 팀의 초기 배치. 밝은 칸이 개별 에이전트이다.

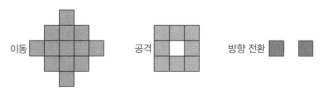

그림 9.25 MAgent 라이브러리의 에이전트 동작 공간. 각 에이전트는 주변 13개 칸 중 하나로 이동하거나, 인접 8칸의 다른 에이전트를 공격한다. 이번 예제에서 방향 전환은 사용하지 않으므로, 동작 공간의 크기 는 13 + 8 = 21이다.

목록 9.15 이웃 에이전트 찾기

```
def get_neighbors(j,pos_list,r=6):            ❶
    neighbors = []
    pos_j = pos_list[j]
    for i,pos in enumerate(pos_list):
        if i == j:
            continue
        dist = cityblock(pos,pos_j)
        if dist < r:
            neighbors.append(i)
    return neighbors
```

❶ 모든 에이전트의 [x,y] 위치가 담긴 pos_list를 받고, 에이전트 j의 시야에 있는(거리가 r 미만인) 에이전트들의 색인들을 담은 목록을 돌려준다.

각 에이전트의 평균장 동작 벡터를 구하려면 각 에이전트의 시야에 있는 이웃들을 알아야 한다. 예를 들어 팀 1의 5번 에이전트의 이웃들을 찾을 때는 그 에이전트의 색인 5와 팀 1의 에이전트 좌표 목록 env.get_pos(team1)으로 get_neighbors를 호출한다.

```
>>> get_neighbors(5,env.get_pos(team1))
[0, 1, 2, 4, 6, 7, 8, 9, 10, 13]
```

이 예의 경우 팀 1의 에이전트 5의 13×13 크기 시야에 10개의 다른 에이전트가 있다.

다음으로, 훈련에 필요한 몇 가지 보조 함수를 보자. 환경은 21가지 동작(그림 9.25)을 원핫 동작 벡터가 아니라 0에서 20까지의 정수 색인으로 입력받거나 반환한다. 따라서 원핫 동작 벡터를 정수 색인으로 변환하는 함수와 그 반대로 변환하는 함수가 필요하다. 또한, 주어진 에이전트 주변의 이웃 에이전트들에 대한 평균장 벡터를 구하는 함수도 있어야 한다.

목록 9.16 평균장 동작 벡터 계산

```
def get_onehot(a,l=21):                                     ❶
    x = torch.zeros(l)
    x[a] = 1
    return x

def get_scalar(v):                                          ❷
    return torch.argmax(v)

def get_mean_field(j,pos_list,act_list,r=7,l=21):           ❸
    neighbors = get_neighbors(j,pos_list,r=r)               ❹
    mean_field = torch.zeros(l)
    for k in neighbors:
        act_ = act_list[k]
        act = get_onehot(act_)
```

```
        mean_field += act
    tot = mean_field.sum()
    mean_field = mean_field / tot if tot > 0 else mean_field          ❺
    return mean_field
```

❶ 동작을 나타내는 정수 색인을 원핫 벡터로 변환한다.

❷ 동작 원핫 벡터를 정수 색인으로 변환한다.

❸ 에이전트 j의 평균장 동작 벡터를 구한다. pos_list는 한 팀의 에이전트 좌표 목록(env.get_
   pos(team1) 등)이고 l은 동작 공간의 크기이다.

❹ pos_list에서 모든 이웃 에이전트를 찾는다.

❺ 0으로 나누기를 피한다.

get_mean_field 함수는 get_neighbors 함수를 호출해서 에이전트 j의 모든 이웃 에이전트 색
인을 구한다. 그런 다음 그 색인들로 이웃 에이전트들을 훑으면서 에이전트 동작 벡터들을 모
두 더하고, 그 벡터를 이웃 에이전트 수로 나누어서 정규화한다. get_mean_field의 셋째 매개
변수 act_list는 에이전트들의 동작(정수)들을 담은 목록인데, 목록의 색인들이 pos_list와 일
치한다고 가정한다(즉, act_list의 i번째 항목과 pos_list의 i번째 항목은 같은 에이전트 i의 동작과
좌표이다). 매개변수 r은 에이전트 시야의 반지름에 해당한다. 현재 에이전트와의 거리가 r보다
작은 다른 에이전트는 시야에 있는 것으로 간주한다. l은 동작 공간의 크기로, 이번 예제에서
는 항상 21이다.

이징 모형 예제와는 달리 이번에는 에이전트의 동작을 선택하는 함수와 훈련을 수행하는
함수를 따로 둔다. 이는 이번 예제가 좀 더 복잡한 환경을 다루기 때문에 코드를 좀 더 모듈
화하기 위해서이다.

환경을 한 단계 실행한 다음에는 팀별로 모든 에이전트의 관측값을 한꺼번에 얻는다. 관
측값을 돌려주는 메서드는 env.get_observation(team1)이다. 이 메서드는 두 개의 텐서로 이
루어진 튜플을 돌려준다. 첫 텐서는 복합 고차 텐서이고(그림 9.26) 둘째 텐서는 추가 정보를 담
은 텐서인데 이번 예제에서는 사용하지 않는다. 이제부터 **관측 텐서**나 **상태**라는 용어는 모두
그림 9.26에 나온 첫 텐서를 뜻한다.

그림 9.26은 이 관측 텐서를 여러 조각(slice)으로 분할한 모습이다. 관측 텐서는 하나의
$N \times 13 \times 13 \times 7$ 텐서인데, 여기서 N은 에이전트 수(지금 예제에서 16)이다. 한 에이전트에 대한 관
측 텐서의 13×13 조각들은 시야에 있는 벽(조각 0), 팀 1 에이전트들(조각 1), 팀 1 에이전트들
의 HP들(조각 2) 등을 담고 있다. 이번 예제에서는 조각 1과 조각 4(시야에 있는 팀 1과 팀 2의 다
른 에이전트들)만 사용한다. 따라서 한 에이전트의 관측 텐서는 $13 \times 13 \times 2$이고, 이것을 평탄화해
서 하나의 338성분 상태 벡터로 만든다. 그런 다음 이 상태 벡터에 21차원 평균장 벡터를 연결
해서 338 + 21 = 359차원 벡터를 만든다. 이것이 Q 함수의 입력 벡터이다. 이러한 설정에는 제

7장에서 본 이중 출력 단자 신경망이 이상적이다. 즉, 한 출력 단자는 상태 벡터를 출력하고, 다른 출력 단자는 평균장 동작 벡터를 출력하게 하는 것이다. 그런 다음 이후의 층들에서 그 둘을 다시 결합해서 정보를 처리한다. 그러나 이번 예제에서는 단순함을 위해 그냥 보통의 신경망을 사용한다. 이중 출력 단자 구현은 독자의 숙제로 남기겠다. 목록 9.17은 주어진 관측값(이웃 에이전트들의 평균장)에 기초해서 에이전트의 동작을 선택하는 함수이다.

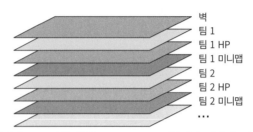

그림 9.26 관측 텐서의 구조. 관측 텐서는 $N \times 13 \times 13 \times 7$ 텐서인데, 여기서 N은 에이전트 수이다.

목록 9.17 동작 선택

```
def infer_acts(obs,param,layers,pos_list,acts,act_space=21,num_iter=5,temp=0.5):
    N = acts.shape[0]                                                    ❶
    mean_fields = torch.zeros(N,act_space)
    acts_ = acts.clone()                                                 ❷
    qvals = torch.zeros(N,act_space)

    for i in range(num_iter):                                            ❸
        for j in range(N):                                               ❹
            mean_fields[j] = get_mean_field(j,pos_list,acts_)

        for j in range(N):                                               ❺
            state = torch.cat((obs[j].flatten(),mean_fields[j]))
            qs = qfunc(state.detach(),param,layers=layers)
            qvals[j,:] = qs[:]
            acts_[j] = softmax_policy(qs.detach(),temp=temp)
    return acts_, mean_fields, qvals

def init_mean_field(N,act_space=21):                                     ❻
    mean_fields = torch.abs(torch.rand(N,act_space))
    for i in range(mean_fields.shape[0]):
        mean_fields[i] = mean_fields[i] / mean_fields[i].sum()
    return mean_fields
```

❶ 에이전트 수를 얻는다.

❷ 자리 변경을 피하기 위해 동작 벡터를 복제한다.

❸ 하나의 동작으로 수렴하도록 여러 번 반복한다.

❹ 에이전트들을 훑으면서 각 에이전트의 이웃 평균장 동작 벡터를 구한다.

❺ 평균장 동작 벡터들과 상태를 이용해서 Q 가치들을 구하고, 소프트맥스 정책에 따라 동작들을 선택한다.

❻ 평균장 벡터들을 무작위로 초기화한다.

infer_acts가 관측값을 얻은 후 각 에이전트의 동작을 선택하는 데 사용할 함수이다. 이 함수는 param과 layers로 정의되는 평균장 Q 함수로 Q 가치들을 얻고 소프트맥스 정책에 따라 각 에이전트의 동작을 선택한다. infer_acts 함수의 매개변수들을 간단히 설명하자면 다음과 같다.

- obs는 관측 텐서($N\times13\times13\times2$)이다.
- pos_list는 한 팀의 모든 에이전트의 좌표 목록이다(보통의 경우 env.get_pos(...)로 얻는다).
- acts는 한 팀의 모든 에이전트의 동작(정수 색인) 목록이다.
- num_iter는 동작 선택과 정책 갱신을 반복할 횟수이다.
- temp는 소프트맥스 정책의 온도 매개변수이다(탐험의 비율에 해당).

그리고 infer_acts 함수의 반환값들은 다음과 같다.

- acts_는 정책 함수로 선택한 에이전트 동작(정수 색인)들의 목록이다($N\times21$ 텐서).
- mean_fields_는 각 에이전트의 이웃 평균장 벡터들을 담은 목록이다($N\times21$ 텐서).
- qvals는 각 에이전트의 동작 Q 가치들을 담은 목록이다($N\times21$ 텐서).

마지막으로, 목록 9.18은 훈련의 한 주기를 수행하는 함수이다. 이 함수는 매개변수 벡터와 경험 재현 목록을 받고 미니배치 확률적 경사 하강법으로 DQN을 훈련한다.

목록 9.18 훈련 함수

```
def train(batch_size,replay,param,layers,J=64,gamma=0.5,lr=0.001):
    ids = np.random.randint(low=0,high=len(replay),size=batch_size)    ❶
    exps = [replay[idx] for idx in ids]                                ❷
    losses = []
    jobs = torch.stack([ex[0] for ex in exps]).detach()                ❸
    jacts = torch.stack([ex[1] for ex in exps]).detach()               ❹
    jrewards = torch.stack([ex[2] for ex in exps]).detach()            ❺
    jmeans = torch.stack([ex[3] for ex in exps]).detach()              ❻
    vs = torch.stack([ex[4] for ex in exps]).detach()                  ❼
    qs = []
    for h in range(batch_size):                                        ❽
        state = torch.cat((jobs[h].flatten(),jmeans[h]))
        qs.append(qfunc(state.detach(),param,layers=layers))           ❾
    qvals = torch.stack(qs)
```

```
target = qvals.clone().detach()
target[:,jacts] = jrewards + gamma * torch.max(vs,dim=1)[0]        ❿
loss = torch.sum(torch.pow(qvals - target.detach(),2))
losses.append(loss.detach().item())
loss.backward()
with torch.no_grad():                                              ⓫
    param = param - lr * param.grad
param.requires_grad = True
return np.array(losses).mean()
```

❶ 경험 재현 목록에서 배치를 추출하는 데 사용할 색인들을 무작위로 생성한다.

❷ 경험 재현 목록에서 무작위로 한 부분집합을 추출한다. 이것이 훈련을 위한 미니배치 데이터로 쓰인다.

❸ 미니배치의 모든 상태를 모아서 하나의 텐서를 만든다.

❹ 미니배치의 모든 동작을 모아서 하나의 텐서를 만든다.

❺ 미니배치의 모든 보상을 모아서 하나의 텐서를 만든다.

❻ 미니배치의 모든 평균장 동작 벡터를 모아서 하나의 텐서를 만든다.

❼ 미니배치의 모든 상태 가치를 모아서 하나의 텐서를 만든다.

❽ 미니배치의 각 견본('경험')에 대해 반복한다.

❾ 현재 경험으로 계산한 Q 가치를 Q 가치 목록에 추가한다.

❿ 목표 Q 가치를 계산한다.

⓫ 확률적 경사 하강법을 수행한다.

이 함수는 2차원 이징 모형에 대한 훈련 루프(목록 9.12)와 거의 비슷한 방식으로 경험 재현 기법을 적용한다. 단, 상태 정보가 좀 더 복잡하다.

train 함수는 경험 재현 목록에 저장된 경험들을 이용해서 하나의 신경망을 훈련한다. 입력 매개변수와 반환값들은 다음과 같다.

- 입력:

  - batch_size: 미니배치 크기(정수).

  - replay: 경험 재현 목록. 튜플 (obs_1_small, acts_1,rewards1,act_means1,qnext1) 들의 목록(파이썬 list 객체)이다.

  - param: 신경망 매개변수 벡터(PyTorch vector 객체).

  - layers: 신경망 층들의 형태를 정의하는 튜플들의 목록(파이썬 list 객체).

  - J: 이 팀의 에이전트 수(int).

  - gamma: 할인 계수([0,1] 구간의 float).

  - lr: 확률적 경사 하강법의 학습 속도(float).

- 반환값:

  – loss: 손실값(float)

지금까지 우리는 게임 환경과 두 팀의 에이전트들을 설정하고, 평균장 Q 학습으로 두 DQN을 훈련하는 데 필요한 함수들도 정의했다. 이제부터는 게임 플레이의 주 루프를 살펴본다. 꽤 긴 코드를 몇 부분으로 나누어서 설명할 것이다. 대부분은 이전에 본 예제들의 틀을 그대로 따르는 코드이므로 특별히 어려운 부분은 없을 것이다.

우선 경험 재현 목록 같은 주요 자료 구조를 초기화한다. 팀 1과 팀 2에 대해 개별적인 경험 재현 목록을 사용해야 한다. 사실 경험 재현 목록뿐만 아니라 다른 거의 모든 자료 구조도 팀 1과 팀 2에 대해 따로 두어야 한다.

목록 9.19 주요 자료 구조 초기화

```
N1 = env.get_num(team1)                                    ❶
N2 = env.get_num(team2)
step_ct = 0
acts_1 = torch.randint(low=0,high=act_space,size=(N1,))    ❷
acts_2 = torch.randint(low=0,high=act_space,size=(N2,))

replay1 = deque(maxlen=replay_size)                        ❸
replay2 = deque(maxlen=replay_size)

qnext1 = torch.zeros(N1)                                   ❹
qnext2 = torch.zeros(N2)

act_means1 = init_mean_field(N1,act_space)                 ❺
act_means2 = init_mean_field(N2,act_space)

rewards1 = torch.zeros(N1)                                 ❻
rewards2 = torch.zeros(N2)

losses1 = []
losses2 = []
```

❶ 각 팀의 에이전트 수를 설정한다.

❷ 모든 에이전트의 동작을 무작위로 초기화한다.

❸ deque 객체를 경험 재현 목록으로 사용한다.

❹ $Q(s')$(다음 상태 s'의 Q 가치)들을 담을 텐서들.

❺ 각 에이전트의 평균장 벡터들을 초기화한다.

❻ 각 에이전트의 보상을 담을 텐서들.

목록 9.19는 각 에이전트의 동작(정수 색인), 평균장 동작 벡터, 보상, 다음 상태 Q 가치들을 담는 변수들을 초기화한다. 훈련 과정에서는 이들을 하나의 튜플로 묶어 '경험'을 만들어서 경험 재현 목록에 추가한다. 목록 9.20은 주어진 팀의 에이전트들의 동작을 수행하는 함수와 해당 경험을 경험 재현 목록에 추가하는 함수이다.

목록 9.20 한 팀의 에이전트들을 실행하는 함수와 해당 경험들을 경험 재현 목록에 추가하는 함수

```
def team_step(team,param,acts,layers):
    obs = env.get_observation(team)                           ❶
    ids = env.get_agent_id(team)                              ❷
    obs_small = torch.from_numpy(obs[0][:,:,:,[1,4]])         ❸
    agent_pos = env.get_pos(team)                             ❹
    acts, act_means, qvals = infer_acts(obs_small,param,layers,  ❺
                                        agent_pos,acts)
    return acts, act_means, qvals, obs_small, ids

def add_to_replay(replay,obs_small, acts,rewards,act_means,qnext):  ❻
    for j in range(rewards.shape[0]):                         ❼
        exp = (obs_small[j], acts[j],rewards[j],act_means[j],qnext[j])
        replay.append(exp)

    return replay
```

❶ 주어진 팀의 관측 텐서(16×13×13×7 텐서)를 얻는다.

❷ 아직 살아 있는 에이전트들의 색인 목록을 얻는다.

❸ 관측 텐서에서 팀 1과 팀 2의 에이전트 위치를 담은 조각들을 추출한다.

❹ 주어진 팀의 에이전트 좌표들을 얻는다.

❺ DQN을 이용해서 에이전트의 다음 동작을 선택한다.

❻ 에이전트들의 경험을 경험 재현 목록에 추가하는 함수.

❼ 루프를 돌려서 각 에이전트의 경험을 추가한다.

훈련 루프의 한 반복에서 일어나는 대부분의 작업을 team_step 함수가 담당한다. 이 함수는 필요한 모든 데이터를 환경에서 얻은 후 각 에이전트에 대해 DQN를 실행해서 에이전트의 동작을 결정한다. add_to_replay 함수는 각 에이전트의 관측 텐서, 동작 텐서, 보상 텐서, 평균 장 동작 텐서, 다음 상태 Q 가치 텐서로 경험 튜플을 만들어서 경험 재현 목록에 추가한다.

이제 주 훈련 루프를 보자. 주 훈련 루프는 while 루프를 훈련 주기 수만큼 for 루프로 반복하는 형태이다. while 루프가 꽤 길기 때문에 여러 부분으로 잘라서 설명하겠다. 예제의 모든 코드가 원서 깃허브 저장소(http://mng.bz/JzKp)의 Chapter 9 디렉터리에 Jupyter Notebook 형태로 수록되어 있으니 활용하기 바란다. Jupyter Notebook 파일에는 본문에 나온 예제 코드 외에 시각화를 위한 코드도 있으며 주석도 좀 더 자세하다. 목록 9.21은 전체 루프의 앞부분이다.

목록 9.21 훈련 루프

```
for i in range(epochs):
    done = False
    while not done:                                                    ❶
        acts_1, act_means1, qvals1, obs_small_1, ids_1 = \
            team_step(team1,params[0],acts_1,layers)                   ❷
        env.set_action(team1, acts_1.detach().numpy().astype(np.int32)) ❸

        acts_2, act_means2, qvals2, obs_small_2, ids_2 = \
            team_step(team2,params[0],acts_2,layers)
        env.set_action(team2, acts_2.detach().numpy().astype(np.int32))

        done = env.step()                                              ❹

        _, _, qnext1, _, ids_1 = team_step(team1,params[0],acts_1,layers)  ❺
        _, _, qnext2, _, ids_2 = team_step(team2,params[0],acts_2,layers)

        env.render()                                                   ❻

        rewards1 = torch.from_numpy(env.get_reward(team1)).float()     ❼
        rewards2 = torch.from_numpy(env.get_reward(team2)).float()
```

❶ 게임이 끝날 때까지 반복한다.

❷ team_step 메서드로 환경 데이터를 수집하고 DQN을 이용해서 에이전트들의 동작을 선택한다.

❸ 선택된 동작들을 환경에서 수행한다.

❹ 환경을 한 단계 실행한다. 환경은 새 관측 텐서와 보상들을 생성한다.

❺ team_step을 다시 호출해서 환경의 다음 상태에 대한 Q 가치들을 얻는다.

❻ 환경을 렌더링한다(앞에서 설정한 디렉터리에 화면 프레임이 저장된다).

❼ 에이전트들의 보상들을 모아서 하나의 텐서를 만든다.

while 루프는 게임이 끝날 때까지 반복된다. 게임은 한 팀의 모든 에이전트가 죽으면 끝난다. 루프는 각 팀으로 team_step을 호출해서 동작들을 선택하고, 그 동작들로 환경을 한 단계 실행한다. 그런 다음 각 팀으로 team_step을 다시 호출해서 다음 상태의 Q 가치들을 얻고, 환경을 렌더링하고, 각 팀의 보상들을 계산한다. 다음으로, 목록 9.22는 경험 재현 목록을 갱신하고 훈련하는 코드이다.

목록 9.22 경험 재현 목록 갱신 및 훈련 진행(여전히 목록 9.21의 while 루프 내부임).

```
replay1 = add_to_replay(replay1, obs_small_1,
acts_1,rewards1,act_means1,qnext1)                                      ❶
replay2 = add_to_replay(replay2, obs_small_2,
acts_2,rewards2,act_means2,qnext2)
shuffle(replay1)                                                        ❷
shuffle(replay2)
```

```
            ids_1_ = list(zip(np.arange(ids_1.shape[0]),ids_1))          ❸
            ids_2_ = list(zip(np.arange(ids_2.shape[0]),ids_2))

            env.clear_dead()                                             ❹

            ids_1  = env.get_agent_id(team1)                             ❺
            ids_2  = env.get_agent_id(team2)

            ids_1_ = [i for (i,j) in ids_1_ if j in ids_1]               ❻
            ids_2_ = [i for (i,j) in ids_2_ if j in ids_2]

            acts_1 = acts_1[ids_1_]                                      ❼
            acts_2 = acts_2[ids_2_]

            step_ct += 1
            if step_ct > 250:
                break

        if len(replay1) > batch_size and len(replay2) > batch_size:      ❽
            loss1 = train(batch_size,replay1,params[0],layers=layers,J=N1)
            loss2 = train(batch_size,replay2,params[1],layers=layers,J=N1)
            losses1.append(loss1)
            losses2.append(loss2)
```

❶ 경험들을 경험 재현 목록에 추가한다.

❷ 경험 재현 목록을 뒤섞는다.

❸ zip을 이용해서 죽은 에이전트들의 색인들을 추출한다.

❹ 죽은 에이전트들을 격자에서 제거한다.

❺ 죽은 에이전트들이 제거된, 새로운 에이전트 색인 목록을 얻는다.

❻ 기존 색인 목록에서 아직 살아 있는 에이전트들의 색인들을 얻는다.

❼ 기존 동작 목록에서 아직 살아 있는 에이전트들의 동작들을 얻는다.

❽ 경험 재현 목록이 충분히 찼으면 훈련을 시작한다.

훈련 루프의 후반부에서는 모든 데이터를 튜플로 묶어서 경험 재현 목록에 추가하고, 경험 재
현 목록이 충분히 채워졌으면 train 함수를 호출해서 훈련을 진행한다. 이징 모형 예제와는
달리 MAgent에서는 시간이 지남에 따라 에이전트들이 죽어서 에이전트 수가 줄어든다. 그래
서 살아 있는 에이전트들로만 훈련을 진행하기 위한 자료 구조 관리 코드가 추가되었다.

격자가 작고 팀당 에이전트가 16개밖에 되지 않기 때문에, 그리 많지 않은 횟수로 훈련 루
프를 반복해도 에이전트들이 어느 정도의 전투 기술을 습득할 것이다. 훈련 과정에서 저장한
화면 프레임들을 재생하는 방법이 http://mng.bz/aRdz의 'Watch video' 섹션에 나와 있으니 참
고하기 바란다. 그림 9.27은 필자가 얻은 결과의 거의 마지막 장면인데, 한 팀이 다른 팀을 격
자의 한 구석으로 몰아붙였다.

그림 9.27 MAgent 전투 게임의 한 장면. 에이전트들을 평균장 Q 학습으로 훈련한 후의 결과이다. 한 팀의 에이전트들이 다른 팀의 에이전트들을 격자의 한 구석으로 몰아붙였다.

요약

- 보통의 Q 학습은 다중 에이전트 설정에서 잘 작동하지 않는다. 에이전트들이 각자 새로운 정책을 배우는 환경은 보통의 Q 학습이 가정하는 시불변 환경이 아니라 시변 환경이기 때문이다.

- 시변 환경에서는 보상들의 기댓값이 시간에 따라 변한다.

- 시변 환경을 다루기 위해서는 Q 함수가 다른 에이전트들의 결합 동작 공간에 접근해야 하는데, 이 결합 동작 공간의 크기는 에이전트의 수에 지수적으로 증가하기 때문에 에이전트 수가 조금만 많아도 계산 비용이 비현실적으로 커진다.

- 이웃 영역 Q 함수는 주어진 에이전트와 아주 가까운 이웃 에이전트들만 고려함으로써 지수적 증가 문제를 피한다. 그러나 이웃 에이전트들의 수가 많으면 여전히 계산 비용이 문제가 된다.

- 평균장 Q 학습(MF-Q)은 전체 결합 동작 공간 대신 평균 동작만 계산하기 때문에 계산 비용이 에이전트 수에 대해 선형적으로만 증가한다.

CHAPTER

10

해석 가능한 강화학습: 주의 모형과 관계 모형

이번 장의 내용

- 인기 있는 자가 주의 모형을 이용한 관계 기반 강화학습 알고리즘의 구현
- 강화학습 에이전트의 추론을 좀 더 잘 해석하기 위한 주의 맵 시각화
- 모형의 불변성과 등변성 추론
- 훈련 안정성 개선을 위한 이중 Q 학습

이 책을 여기까지 읽은 독자라면 심층학습과 강화학습의 조합이 예전에는 사람만 할 수 있다고 여겼던 여러 과제를 해결하는 강력한 수단임을 확신할 것이다. 심층학습은 복잡한 패턴과 데이터를 이해하고 추론할 수 있는 여러 강력한 학습 알고리즘들을 포괄하는 용어이고, 강화학습은 제어 문제를 푸는 데 사용하는 하나의 틀이다.

이 책 전반에서 우리는 강화학습 알고리즘을 시험해 보는 수단으로 게임을 사용했다. 게임을 이용하면 강화학습 알고리즘들을 고도로 통제된 설정 안에서 평가할 수 있다. 게임을 잘 플레이하는 방법을 배우는 강화학습 에이전트를 구축할 때는, 에이전트가 게임을 플레이하는 모습이나 간단한 측정치(게임 점수 등)만으로도 강화학습 알고리즘의 성능을 파악할 수 있다. 그러나 강화학습이 게임 플레이 학습에만 유용한 것은 아니며, 다른 응용 분야에서는 단순히 측정치들만으로는 강화학습 알고리즘을 제대로 평가할 수 없다. 알고리즘을 제대로 평가하려면 알고리즘이 **어떻게** 그런 결정을 내렸는지를 알아야 한다. 다른 말로 하면, 알고리즘의 행동을 설명 또는 해석할 수 있어야 한다.

그러한 설명성(explainability) 또는 해석성(interpretability)이 중요한 예는 의료 진단 시스템의 기계학습 알고리즘이다. 환자는 시스템이 자신에게 **왜** 이러저러한 질병이 있다고 진단했는지, 그리고 왜 이러저러한 치료제를 처방했는지 알 권리가 있다. 통상적인 심층 신경망을 훈련해서 놀라운 결과를 얻을 수 있긴 하지만, 신경망이 그런 결정을 내리는 과정을 외부에서 파악하기가 어려울 때가 많다.

이번 장에서는 이 문제에 어느 정도 해답을 줄 수 있는 새로운 부류의 심층학습 모형을 소개한다. 이 모형은 신경망의 설명성을 개선할 뿐만 아니라 많은 경우에서 그 성능까지도 개선한다. 이번 장에서 소개하는 새로운 부류의 모형은 바로 **주의 모형**(attention model)이다. 이 이름은 이 모형이 입력의 두드러진 측면들에만 **주의**를 집중한다는 점에서 붙인 것이다. 좀 더 구체적으로, 이번 장에서는 소위 **자가 주의 모형**(self-attention model, SAM)을 구축한다. 주의 모형의 일종인 자가 주의 모형은 입력의 어떤 측면에 주의를 집중할 것인지를 입력에서 스스로 배운다. 이런 형태의 주의 메커니즘은 **그래프 신경망**(graph neural network, GNN)이라고 부르는 신경망 부류와 밀접한 관련이 있다. 그래프 신경망은 그래프 형태로 조직화된 데이터에 작동하도록 특별히 고안된 신경망이다.

10.1 주의와 관계 편향을 이용한 기계학습 해석성 개선

네트워크라고도 부르는 **그래프**graph는 일단의 **노드**node들이 **간선**(edge)들로 연결된 형태의 자료 구조이다(그림 10.1). 그 어떤 형식의 데이터라도 노드가 될 수 있다. 예를 들어 인맥을 형성하는 사람들, 논문 인용 네트워크의 논문들, 고속도로로 연결된 도시들이 노드들이다. 심지어 이미지도 각 픽셀이 인접 픽셀들과 간선으로 연결된 그래프로 볼 수 있다. 그래프는 관계 구조를 가진 데이터를 표현하는 대단히 범용적인 자료 구조인데, 사실 실무에서 볼 수 있는 거의 모든 종류의 데이터에는 어떤 형태로든 관계 구조가 존재한다. **합성곱 신경망**(convolutional neural network, CNN)은 이미지 같은 격자 형태의 데이터를 처리하도록 설계되었고, **순환 신경망**(recurrent neural network)은 순차적인 데이터의 처리를 염두에 두고 설계되었다. 반면 그래프 신경망은 그래프로 표현할 수 있으면 어떤 데이터라도 처리할 수 있다는 점에서 다른 신경망들보다 더 범용적이다(그림 10.2). 그래프 신경망은 기계학습에 완전히 새로운 차원의 가능성을 열어 주는 유망한 기술이며, 현재 활발히 연구되고 있다.

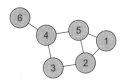

그림 10.1 간단한 그래프의 예. 그래프는 노드(그림의 숫자 있는 원)들과 간선(그림의 선분)들로 구성된다. 노드들을 잇는 간선은 그 노드들의 관계를 나타낸다. 데이터 중에는 이런 종류의 그래프로 자연스럽게 표현되는 것들이 많지만, 전통적인 신경망 구조는 이런 종류의 데이터를 처리하지 못한다. 반면 그래프 신경망(GNN)은 그래프 형태의 데이터를 직접 처리할 수 있다.

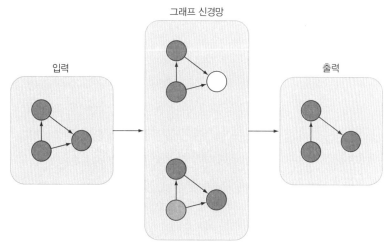

그림 10.2 그래프 신경망은 그래프를 직접 입력받고 노드들과 간선들을 처리해서 갱신된 그래프를 돌려준다. 지금 예에서 그래프 신경망은 아래 두 노드를 연결하는 간선을 제거하기로 결정했다. 이것은 추상적인 예이지만, 실제 응용에서 다루는 그래프에서는 노드가 어떤 실질적인 변수를 나타내고 간선은 그런 변수들 사이의 인과 방향을 나타낸다. 그런 경우 그래프 신경망은 변수들 사이의 인과 관계를 추론하는 방법을 배운다.

이번 장의 주제인 **자가 주의 모형**(SAM)으로도 그래프 신경망을 구축할 수 있지만, 명시적으로 그래프 형태를 띤 데이터를 다루는 방법을 이번 장에서 다루지는 않는다. 이번 장의 예제에서도 이전 장들처럼 이미지 데이터를 사용한다. 단, 자가 주의 모형을 이용해서 이미지에 있는 주요 특징들의 그래프 표현을 학습한다는 점이 이전과 다르다. 이번 장에서 SAM은 원본 이미지를 그래프 구조로 변환하는 역할을 한다고 할 수 있다. 그리고 원본 이미지 자체보다는 그래프 형태의 데이터가 해석하기 더 좋을 것이다. 예를 들어 농구를 하는 사람들의 이미지 다수로 SAM을 훈련하면 SAM은 사람과 공을 연관시키고 공과 바스켓을 연관시키는 방법을 배울지도 모른다. 다른 말로 하면, 이러한 훈련의 목표는 이미지에 있는 공, 바스켓, 사람을 각각의 노드로 인식하고 그 노드들을 적절한 간선으로 연결한 표현을 산출하는 방법을 배우게 만드는 것이다. 이미지 처리를 위한 기계학습 모형이 그런 종류의 표현을 산출한다면 합성곱 신경망 같은 기존 모형보다 모형의 작동 방식을 파악하기가 훨씬 수월할 것이다.

합성곱 신경망이나 순환 신경망, 주의 모형 등 서로 다른 신경망 구조들은 각자 다른 **귀납 편향**(inductive bias)을 가진다. 귀납 편향이 실제 관측과 부합하면 학습이 더 잘 일어날 수 있다. 데이터를 관찰해서 어떤 일반적인 패턴이나 규칙을 끌어내는 것을 **귀납 추론**(inductive reasoning)이라고 부른다. 반대로, 어떤 전제에서 시작해서 참으로 간주되는 논리적인 규칙들에 따라 확실한 결론에 이르는 추론 방식을 **연역 추론**(deductive reasoning)이라고 부른다. 수학 문제를 풀 때 흔히 하는 것이 연역 추론이다.

연역 추론의 대표적인 예는 "모든 행성은 둥글다. 지구는 행성이다. 따라서 지구는 둥글다." 같은 삼단논법이다. 전제가 참이고 전제에서 결론으로 이어지는 논리가 정확하다면, 결론은 반드시 참이라고 확신할 수 있다.

반면 귀납 추론으로는 오직 확률적인 결론만 얻을 수 있다. 체스 같은 게임을 할 때 하는 것이 귀납 추론이다. 체스에서 상대방이 둘 수를 연역적으로 추론할 수는 없다. 현재 주어진 증거들에 근거해서 귀납적으로 추론해야 한다. 귀납 편향은 그 어떤 데이터(증거)도 보지 않은 상태에서의 기대 또는 추측에 해당한다. 체스에서 상대방이 누구이든 항상 특정 오프닝에 따라 수를 둘 것이라고 기대하는 사람은 귀납 편향이 강한 것이다.

일상에서 편향이라는 단어는 편견이나 선입견과 연관되어서 다소 부정적인 의미로 쓰일 때가 많지만, 기계학습 모형에서는 편향이 꼭 필요하다. 사실 심층학습의 위력은 합성성(compositionality), 즉 복잡한 데이터를 위계적인 방식으로 점점 더 단순한 요소로 분해하는 능력에 대한 귀납 편향에서 비롯된다. 처리할 데이터가 격자 구조의 이미지임을 알고 있다면, 이미지의 국소적 특징들을 배우는 쪽으로 모형을 편향시킴으로써 학습 성과를 높일 수 있다. 합성곱 신경망이 바로 그러한 모형이다. 마찬가지로, 데이터가 관계적임을 알고 있다면, 관계 귀납 편향을 가진 신경망을 사용해서 학습 성과를 높일 수 있다.

10.1.1 불변성과 등변성

편향 또는 치우침은 학습하고자 하는 데이터의 구조에 관한 사전 지식이다. 편향이 실제 데이터와 잘 맞아떨어지면 학습이 훨씬 빠르게 일어난다. 그런데 편향 말고도 학습에 영향을 미치는 요인이 있다. 합성곱 신경망(CNN)은 국소 특징들을 배우는 쪽으로 치우쳤을 뿐만 아니라, 이동(translation)에 대한 **불변성**(invariance)도 가지고 있다. 입력을 변환해도 그 출력은 변하지 않는 함수를 가리켜 그 변환에 대해 불변이라고 말한다. 예를 들어 덧셈 함수는 입력들의 순서에 대해 불변이다. 즉, $add(x, y) = add(y, x)$이다(이런 불변성은 곧 수학에서 말하는 교환법칙에 해당한다). 반면 뺄셈은 입력들의 순서가 바뀌면 결과도 바뀐다. 일반화하면, 함수 $f(x)$와 변환 $g(x)$

가 있을 때 만일 $f(g(x)) = f(x)$이면 f는 g에 대해 불변이다. CNN이 이동에 대해 불변이라는 것은, 예를 들어 이미지 안의 어떤 물체를 상하좌우로 이동해도 CNN 분류기는 여전히 그것을 같은 물체로 분류한다는 뜻이다.(그림 10.3의 위).

그러나 이미지 안에서 물체의 위치를 검출하는 데 CNN을 사용한다면 더 이상 이동에 대해 불변이 아니다. 불변성과 밀접한 관련이 있는 개념으로 **등변성**(equivariance)이라는 것이 있다(그림 10.3의 아래). 변환 g에 대한 함수 f의 등변성은 $f(g(x)) = g(f(x))$로 정의된다. 즉, 등변성은 변환된 입력에 대한 출력이 원래 입력의 출력에 대한 변환과 동일하다는 성질이다. 안면 인식을 위한 CNN을 예로 들면, 등변성은 이미지 가운데에 있는 얼굴을 왼쪽 상단으로 이동해서 CNN에 입력했을 때의 결과가 원본 이미지를 CNN에 입력해서 얻은 결과를 왼쪽 상단으로 이동한 것과 같다는 것이다. 불변성과 등변성은 밀접히 관련된 개념이며 구분이 다소 미묘하기 때문에, 둘을 바꾸어 써도 뜻이 통할 때도 있다.

이상적으로 신경망 구조는 입력 데이터에 적용될 수 있는 다양한 변환에 대해 불변이어야 한다. 이미지 데이터의 경우 기계학습 모형은 이동, 회전, 매끄러운 변형(확장 또는 축소 등), 잡음에 불변인 것이 바람직하다. CNN은 이동에 대해서만 불변 또는 등변이며, 회전이나 매끄러운 변형에 대해 반드시 불변 또는 등변인 것은 아니다.

원하는 불변성을 얻으려면 **관계 모형**(relational model), 즉 물체들을 인식하고 그들 사이의 관계를 설정할 수 있는 모형이 필요하다. 예를 들어 탁자 위에 컵이 있는 이미지에서 컵을 인식하도록 CNN 모형을 훈련하는 것은 현재의 기술로 별로 어렵지 않다. 그러나 CNN은 회전에 대해 불변이 아니므로, 이미지를 90도로 회전해서 입력하면 CNN 모형은 컵을 인식하지 못할 것이다(훈련 데이터에 그런 회전된 이미지들이 없었다고 할 때). 하지만 (순수) 관계 모형은 관계 추론이 가능하므로 적어도 이론적으로는 이런 문제가 없다. 관계 모형은 "컵이 탁자 위에 있다"는 점을 배울 수 있으며, 이러한 관계 서술은 특정 시각에 의존하지 않는다. 따라서 관계 추론 능력을 갖춘 기계학습 모형은 객체들 사이의 강력하고 일반적인 관계를 모형화할 수 있다. 그리고 그런 모형이 될 수 있는 것이 바로 이번 장의 주제인 **주의 모형**(attention model)이다.

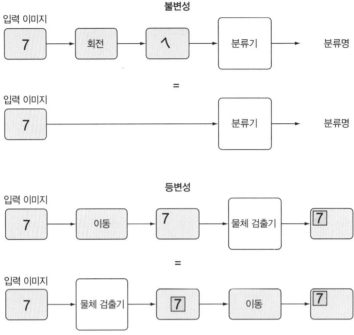

그림 10.3 불변성: 회전 불변성을 지닌 함수는 입력을 회전해도 출력이 변하지 않는다. 등변성: 이동 등변성을 지닌 함수는 이동된 입력에 대한 결과가 원래 입력에 대한 결과를 이동한 것과 같다.

10.2 주의 메커니즘을 이용한 관계 추론

관계 모형을 구현하는 방법은 다양하다. 우리가 원하는 것은 입력 이미지에 있는 물체(사물)들 사이의 관계를 파악할 수 있는 모형이다. 그리고 물체들 사이의 관계를 파악하려면 CNN처럼 '물체'에 해당하는 고수준 특징을 인식할 수 있어야 한다. 또한, 우리가 원하는 모형은 보통의 심층학습 모형처럼 합성성(조합 능력)을 갖추어야 한다. 즉, CNN처럼 층들을 추가함에 따라 점점 추상적인 특징들을 배울 수 있어야 한다. 그리고 가장 중요한 것은, 이 모든 일을 계산 비용 면에서 효율적으로 처리할 수 있어야 한다. 그래야 대량의 데이터로 관계 모형을 훈련할 수 있다.

자가 주의라고 부르는 일반적 모형이 이상의 모든 요구 조건을 충족한다. 단, 이 모형은 이 책에서 지금까지 소개한 다른 모형들보다는 규모가변성이 조금 떨어진다. 자가 주의라는 이름이 암시하듯이, 자가 주의 모형은 주의 메커니즘을 이용해서 입력 데이터의 특정 부분에 주의를 집중하는 방법을 배운다. 자가 주의 모형을 설명하기 전에, 먼저 일반적인 주의 모형부터 살펴보자.

10.2.1 주의 모형

주의 모형은 사람과 동물이 뭔가에 주의를 집중하는 행동에서 대략적이나마 영감을 받았다. 사람은 자신의 눈에 들어온 장면 전체를 세세하게 보지는 않는다. 우리는 시야를 빠르게 대충 훑으면서 현재 상황과 관련이 큰 부분에 의식적으로 초점을 둔다. 더 나아가서, 뭔가를 생각하고 추론할 때 인간의 뇌가 동시에 집중할 수 있는 항목은 몇 개 되지 않는다. 또한 인간은 자연스럽게 관계 추론을 수행하는 경향이 있다. 예를 들어 "철수는 영희보다 나이가 많다"나 "등 뒤에서 문이 닫혔다" 같은 문장은 세상의 특정 객체들의 속성이나 행동을 연관시킨다. 사실, 자연어 단어들은 일반적으로 다른 단어와 연관되어서만 의미를 전달한다. 많은 경우 어떤 절대적인 기준틀 같은 것은 없다. 인간은 사물을 자신이 알고 있는 다른 사물과 연관 지어서만 서술한다.

절대(비관계) 주의 모형은 입력 데이터에서 오직 중요한 부분만 추출하는 방법을 배우려 한다. 이는 인간의 시각 체계가 전체 시야에서 중요한 부분에만 초점을 두는 것과 비슷하다. 이는 효율성뿐만 아니라 해석성에도 도움이 된다(어떤 결정을 내릴 때 모형이 무엇에 주의를 돌리는지 알 수 있다는 점에서). 한편, 이번 장의 주제인 자가 주의 모형은 모형에 관계 추론 능력을 도입하는 한 수단이다. 반드시 데이터를 정제하는 것이 목표는 아니다.

아주 단순한 형태의 절대 주의 모형의 예는 입력 이미지에서 중요한 부분만 잘라내서 처리하는 이미지 분류기이다(그림 10.4). 이런 모형은 어떤 부분에 초점을 두어야 하는지를 배워야 하겠지만, 그것이 잘 된다면 모형이 분류를 위해 이미지의 어떤 부분을 사용하는지를 사람이 파악할 수 있으므로 해석성이 개선된다. 그러나 이러한 이미지 절단은 미분 불가능이기 때문에 통상적인 신경망으로는 이런 모형을 구현하기 어렵다. 예를 들어 28×28 이미지를 잘라낸다고 하면 모형은 추출할 직사각 부분 영역을 형성하는 정수 좌표들을 산출해야 하는데, 정숫값 함수는 비연속이라서 미분이 불가능하며, 미분 불가능 함수에 대해서는 경사 하강법 기반 훈련 알고리즘을 적용할 수 없다.

경사 하강법 대신 강화학습 알고리즘이나 제6장에서 소개한 유전 알고리즘으로 절대 주의 모형을 훈련할 수도 있을 것이다. 이미지 분류기에 대한 강화학습의 시나리오는 대략 이렇다. 모형은 정수 좌표들을 산출하고, 그 좌표들로 이미지를 자르고, 부분 영역들을 처리하고, 분류명을 산출한다. 분류명이 정확하면 긍정적 보상을, 그렇지 않으면 부정적 보상을 모형에 제공한다. 이런 시나리오라면 제4장에서 소개한, 미분 불가능 함수의 훈련을 위한 REINFORCE 알고리즘을 적용할 수 있을 것이다. 실제로 볼로디미르 므니 등이 쓴 논문 "Recurrent Models of Visual Attention"(2014)에 REINFORCE 알고리즘으로 절대 주의 모형을 훈련하는 절차가 나와 있다. 이처럼 미분 불가능한 주의 모형을 **강**(hard) 주의 모형이라고 부른다.

그림 10.4 절대 주의 모형의 예. 함수는 이미지의 부분 영역들을 한 번에 하나씩만 처리한다. 각 부분 영역이 전체 이미지보다 훨씬 작으므로, 이렇게 하면 계산 비용이 크게 줄어든다.

강 주의가 있으면 **약**(soft) 주의도 있을 거라고 짐작할 텐데, 정말로 있다. 약 주의는 미분 가능한 형태의 주의 메커니즘으로, 간단히 말하면 이미지에 필터를 적용해서 중요한 픽셀들만 남기는 것이다. 좀 더 구체적으로, 약 주의 메커니즘은 0에서 1 사이의 주의 가중치(attention weight)를 이미지의 각 픽셀에 곱한다(그림 10.5). 주의 값(attention value)이라고도 부르는 주의 가중치는 정수가 아니라 실수이므로, 이러한 형태의 주의 모형은 미분이 가능하다. 그러나 여전히 이미지 전체를 처리해야 하므로, 이미지의 일부를 처리하는 강 주의 모형보다는 덜 효율적이다.

자가 주의 모형(SAM)은 처리 과정이 이와는 상당히 다르고 더 복잡하다. SAM의 출력은 본질적으로 하나의 그래프인데, 한 노드와 연결되는 노드의 수에 제한이 있다는 점이 특징이다(이러한 연결 제한은 일부 관계에만 '주의'를 집중하는 것에 해당한다).

그림 10.5 약 주의 모형의 예. 모형은 개의 픽셀들만 남기고 나머지 픽셀들은 무시하는(0으로 설정해서) 방법을 배웠다. 강 주의 모형과는 달리 약 주의 모형은 전체 이미지를 처리해야 하므로 계산 비용이 높다.

10.2.2 관계 추론

자가 주의 모형을 자세히 설명하기 전에, 먼저 일반적인 **관계 추론 모형**(relational reasoning module)의 작동 방식을 간단하게나마 살펴보자. 기계학습 모형들은 대부분 벡터나 고차 텐서 형태의 데이터를 입력받는다. 자연어 처리 등에서는 그런 텐서들의 순차열(sequence)을 입력받기도 한다. 관계 추론을 설명하기에는 이미지 처리보다는 **자연어 처리**(natural language processing, NLP)가 더 쉬우므로, 이번 절에서는 자연어 처리의 예를 사용하겠다. 다음과 같이 간단한 영어 문장을 중국어로 번역하는 문제를 생각해 보자.

영어	중국어
I ate food.	我吃饭了

일반적으로 기계 번역 모형은 영어 문장의 각 단어 w_i를 고정 길이 원핫 벡터 w_i: $\mathbb{B}^n$ 으로 부호화한다. 이 벡터의 길이(차원) n은 사용 가능한 단어의 수, 즉 어휘의 크기에 해당한다. 예를 들어 $n = 10$이라는 것은 이 모형이 최대 열 종류의 단어를 처리할 수 있다는 뜻이다. 실제 기계 번역 시스템에서는 어휘가 이보다 훨씬 크다(이를테면 $n \approx 40000$). 영어(원본 언어)와 마찬가지로 중국어의 각 단어도 고정 길이 원핫 벡터로 부호화된다. 목표는 영어의 각 단어를 중국어 단어로 번역하는 번역 모형을 구축하는 것이다.

이러한 번역 과제에 대해 좋은 성과를 낸 첫 번째 해법은 순환 신경망(RNN)을 사용하는 것이었다. 순환 신경망은 입력 데이터를 저장 또는 '기억'하는 능력 덕분에 순차적인 데이터를 처리할 수 있다. 개괄적인 차원에서 순환 신경망은 자신의 내부 상태를 유지하며 각 입력으로 그 내부 상태를 갱신하는 하나의 함수이다(그림 10.6).

그림 10.6 순환 신경망(RNN)은 내부 상태를 유지하고 새 입력으로 내부 상태를 갱신하는 능력이 있다. 그 덕분에 시계열 데이터나 언어 문장 같은 순차적인 데이터를 모형화하는 것이 가능하다.

대부분의 RNN 기반 기계 번역 모형은 부호기 RNN과 복호기 RNN으로 구성된다. 부호기(encoder인코더)는 한 언어(지금 예에서 영어)의 단어들을 한 번에 하나씩 처리해서 내부 상태 벡터를 산출하고, 복호기(decoder디코더)는 그 내부 상태 벡터를 해독해서 다른 언어(지금 예에서 중국어)의 단어들을 한 번에 하나씩 출력한다. 그런데 이러한 RNN 기반 모형은 순차열 길이에 의존하는 내부 상태를 유지해야 해서 병렬화가 어렵다(그림 10.7). 순차열 길이가 입력과 출력마다 다르면 한 순차열 전체의 처리가 끝날 때까지 모든 병렬 처리 단위가 기다려야 하므로 병렬화의 이득이 크지 않다.

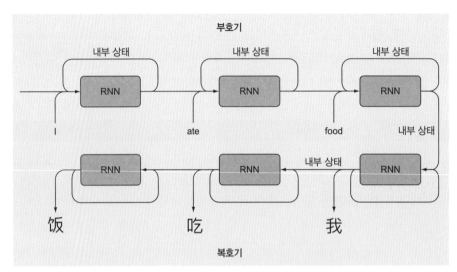

그림 10.7 RNN 기계 번역 모형의 구조. 두 RNN을 부호기와 복호기로 사용한다. 부호기 RNN은 입력 문장의 단어들을 입력받아서 처리하고, 문장이 끝나면 자신의 내부 상태를 복호기 RNN에 전달한다. 복호기 RNN은 문장이 완성될 때까지 대상 언어의 단어들을 출력한다.

애초에 언어가 순차적이므로 자연어 처리 모형이 제대로 작동하려면 어떤 형태로든 순환이 필요하다고 생각한 사람이 많았지만, 연구자들은 순환이 전혀 없으면서도 RNN보다 더 나은 성과를 보이며 병렬화하기도 아주 쉬운 비교적 간단한 주의 모형을 고안해 냈다. 병렬화가 쉽다는 것은 더 많은 데이터로 더 빨리 훈련을 마칠 수 있다는 것이다. 그것이 바로 최근 인기를 끌고 있는 **트랜스포머**transformer(변환기, 변형기) 모형이다. 트랜스포머는 이번 장의 주제인 자가 주의 메커니즘에 의존한다. 여기서 트랜스포머를 자세히 다루지는 않고, 그냥 기본적인 메커니즘만 간단하게 소개하겠다.

기본 착안은, 하나의 중국어 단어 c_i를 문맥(context)에 해당하는 영어 단어 e_i들의 가중합의 함수로 간주할 수 있다는 것이다. 여기서 문맥은 그냥 주어진 영어 단어 근처에 있는 단어들의 고정 크기 집합이다. 예를 들어 "My dog Max chased a squirrel up the tree and barked at it"이라는 문장에서 단어 'squirrel'의 문맥은 그 주변 단어들로 이루어진 "Max chased a squirrel up the tree"이다(즉, 해당 언어와 좌우 세 단어의 집합).

그림 10.7의 영어 문장 "I ate food"는 세 단어밖에 되지 않으므로 그 문장 전체가 문맥이다. 중국어 문장의 첫 단어는 세 영어 단어의 가중합을 입력으로 해서 번역 함수를 평가한 것

이다. 즉, $c_i = f(\Sigma a_i \cdot e_i)$이다. 여기서 c_i는 중국어 단어이고 문맥의 e_i는 영어 단어, a_i는 주의 가중치(주의 값)이다. 각 주의 가중치는 0에서 1 사이의 실수이고 모든 주의 가중치의 합은 1이다 ($\Sigma a_i = 1$). 번역 함수 f는 단순 순방향 신경망 같은 신경망으로 구현할 수 있다. 번역 품질을 높이려면 이 신경망의 매개변수들뿐만 아니라 주의 가중치 a_i들도 학습해야 한다. 주의 가중치들 자체는 다른 어떤 신경망으로 산출할 수 있다.

훈련을 마친 후 주의 가중치들을 조사해 보면 특정 영어 단어가 특정 중국어 단어로 번역될 때 어떤 영어 단어들에 주의가 집중되는지를 파악할 수 있다. 예를 들어 번역의 결과로 '나'를 뜻하는 중국어 단어 '我^워'가 산출되었다면, 아마 같은 뜻의 영어 단어 'I'에 높은 주의 가중치가 부여되고 다른 단어들에는 아주 낮은 주의 가중치가 부여되었을 것이다.

이러한 계산 과정은 크게 보아 **핵 회귀**(kernel regression)에 속한다. 좀 더 간단한 예로, 그림 10.8과 같은 훈련 데이터 집합이 있고 미지의 자료점(data point) x에 대해 모형이 적절한 y를 예측하도록 훈련한다고 하자. 이를 위한 접근 방식은 크게 **비매개변수적** 방법과 **매개변수적** 방법으로 나뉜다.

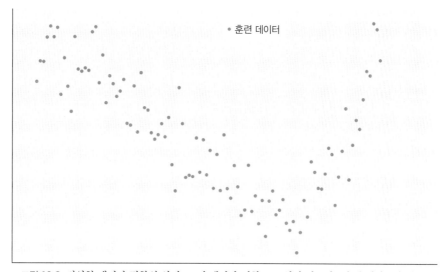

그림 10.8 비선형 데이터 집합의 산점도. 이 데이터 집합으로 회귀 알고리즘을 훈련하고자 한다.

고정된 개수의 조정 가능한 매개변수들이 있다는 점에서, 신경망은 **매개변수 모형**(parametric model, 또는 모수 모형)에 해당한다. 좀 더 간단한 예로, $f(x) = ax^3 + bx^2 + c$ 같은 다항식 함수는 세 매개변수 a, b, c가 있고 훈련을 통해 이 매개변수들의 값을 적절히 조정함으로써 함수를 특정 데이터 집합에 적합시킬 수 있다는 점에서 매개변수 모형이다.

비매개변수 모형(nonparametric model; 또는 비모수 모형)은 훈련 가능한 매개변수가 없거나 매개변수의 개수가 훈련 데이터에 따라 동적으로 변하는 모형이다. 핵 회귀 모형은 예측을 위한 비매개변수 모형의 예이다. 가장 간단한 형태의 핵 회귀는 그냥 주어진 입력 x 주변의 이웃 자료점 x_i들을 훈련 데이터 집합 X에서 찾고 그 자료점들의 평균에 해당하는 $y \in Y$를 돌려주는 것이다(그림 10.9).

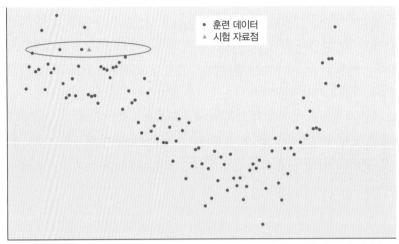

그림 10.9 x 성분이 주어졌을 때 해당 y 성분을 비매개변수 핵 회귀를 이용해서 예측하는 한 방법은 훈련 데이터에서 주어진 x와 가장 비슷한(즉, 가장 가까운) x 성분들을 찾고 해당 y 성분들의 평균을 취하는 것이다.

그런데 이 접근 방식에는 입력 x 부근에 있는 자료점들을 몇 개나 이웃 자료점으로 간주할 것인지를 사람이 결정해야 한다는 문제와 이웃 자료점들이 모두 동일한 비율로 결과에 기여한 다는 문제가 있다. 이상적으로는 이웃 자료점이 주어진 입력에 가까울수록, 즉 주어진 입력과 비슷할수록 예측 결과에 더 크게 기여해야 한다. 즉, 단순한 평균이 아니라 가중평균을 적용해야 한다. 이를 위해서는 입력 $x \in X$로부터 일단의 주의 가중치 $a \in A$들을 산출하는 어떤 함수 $f: X \to A$가 필요하다. 이 함수가 하는 일은 본질적으로 이번 장의 주의 모형이 하는 일과 동일하다. 이처럼 주의 모형의 개념은 그리 어렵지 않다. 어려운 것은 주의 가중치들을 효율적으로 계산하는 것이다.

정리하자면, **자가 주의 모형**은 일단의 객체들을 입력받고 각 객체가 다른 객체들과 어떻게 연관되는지를 주의 가중치 집합의 형태로 학습한다. 그래프 이론에서 하나의 그래프는 $G = (N, E)$로 서술되는데, 여기서 N은 노드들의 집합이고 E는 노드들을 연결하는 간선들의 집합이다. 노드 집합 N은 그냥 $\{0, 1, 2, 3, \ldots\}$처럼 노드 색인들의 집합일 수도 있고 실제로 어떤 데이터를 가진 노드 객체들의 집합일 수도 있다. 후자의 경우에는 노드 집합을 행렬 $N: \mathbb{R}^{n \times f}$로 표현할 수 있는데, 여기서 f는 특징(feature) 차원이다. 즉, 이 행렬의 각 행은 각 노드의 특징 벡터이다.

간선 집합 E는 **인접행렬**(adjacency matrix) $A{:}\mathbb{R}^{n\times n}$으로 표현할 수 있다. 이 행렬의 행과 열은 노드들이고, 행렬의 한 성분은 해당 행의 노드와 해당 열의 노드 사이의 관계의 세기(강도)를 나타낸다. 예를 들어 (2,3) 성분은 2번 노드와 3번 노드의 연결 세기이다. 이번 예제에서는 간선 연결 세기가 그냥 스칼라이지만, 실제 응용에서는 간선 자체가 또 다른 특징 벡터일 수도 있다.

그래프   노드 행렬   인접행렬

$N{:}\mathbb{R}^{4\times 4}$

$$
\begin{array}{cccc}
R & G & B & A \\
\end{array}
$$
$$
\begin{pmatrix}
168 & 72 & 50 & 0.5 \\
63 & 127 & 191 & 0.5 \\
236 & 236 & 69 & 0.5 \\
153 & 69 & 236 & 0.5
\end{pmatrix}
\begin{matrix} a \\ b \\ c \\ d \end{matrix}
$$

$A{:}\mathbb{B}^{4\times 4}$

$$
\begin{array}{cccc}
a & b & c & d \\
\end{array}
$$
$$
\begin{pmatrix}
1 & 1 & 0 & 0 \\
0 & 1 & 0 & 0 \\
0 & 1 & 1 & 1 \\
0 & 1 & 0 & 1
\end{pmatrix}
\begin{matrix} a \\ b \\ c \\ d \end{matrix}
$$

그림 10.10 그래프 구조를 노드 행렬과 인접행렬로 정량화할 수 있다. 가운데의 노드 행렬은 각 노드의 특징들을 담고 있다. 이 노드 행렬의 각 행은 각 노드의 특징 벡터에 해당한다. 예를 들어 화면 픽셀을 노드로 표현한다면, RGBA 성분들을 노드의 특징들로 사용하면 될 것이다. 오른쪽의 인접행렬은 노드들 사이의 간선(그래프의 연결 화살표)들을 부호화한 것으로, 그림의 예에서 인접행렬의 성분 (a, b)가 1이라는 것은 노드 a에서 노드 b로의 간선이 존재한다는 뜻이다.

자가 주의 모형은 주어진 노드 행렬 $N{:}\mathbb{R}^{n\times f}$의 모든 노드 쌍의 주의 가중치를 계산한다. 이 주의 가중치들은 간선 연결 세기들로 이루어진 간선 행렬 $E{:}\mathbb{R}^{n\times n}$을 형성한다. 간선 행렬을 만든 다음에는, 서로 연결된, 또는 "주의를 기울이는" 노드들의 특징들을 혼합해서 노드 집합을 갱신한다. 이를, 각 노드는 자신이 강하게 주의를 기울이는 다른 노드에 메시지를 보내고, 메시지를 받은 노드는 자신을 갱신한다고 생각할 수도 있다. 이러한 갱신 과정을 수행하는 단위를 **관계 모듈**(relational module)이라고 부르기로 하겠다(그림 10.11). 이러한 관계 모듈이 갱신한 노드 행렬을 또 다른 관계 모듈에 입력해서 노드 행렬을 더욱 갱신하기도 한다. 간선 행렬을 살펴보면 어떤 노드가 다른 어떤 노드에 주의를 기울이는지 파악할 수 있으며, 그러면 신경망이 어떤 식으로 추론을 진행하는지 짐작할 수 있다.

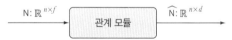

$N{:}\mathbb{R}^{n\times f}$ 관계 모듈 $\widehat{N}{:}\mathbb{R}^{n\times d}$

그림 10.11 관계 모듈은 노드 행렬 $N{:}\mathbb{R}^{n\times f}$를 처리해서 새로운, 갱신된 노드 행렬 $\widehat{N}{:}\mathbb{R}^{n\times d}$를 산출한다. 이때 새 노드 행렬의 노드 특징 벡터의 차원이 입력 노드 행렬의 것들과는 다를 수 있다.

자가 주의 번역 모형에서 한 언어의 각 단어는 다른 언어의 문맥에 있는 모든 단어에 주의를 기울이지만, 그 주의 가중치(간선 연결 세기)는 각각 다를 수 있다. 주의 가중치는 두 단어가 얼마나 강하게 연관되는지를 나타낸다. 따라서, 자가 주의 번역 모형의 주의 가중치들을 살펴보면, 중국어를 전혀 모르는 영어 사용자라도 번역된 중국어 단어가 주의를 강하게 기울이는 영어 문장의 문맥 단어들을 보고 그 중국어 단어의 의미를 짐작할 수 있다. 예를 들어 중국어 단어 吃츠가 "eat"에 강하게 주의를 기울이지만 다른 단어들에는 별로 주의를 기울이지 않는다면, 吃는 "eat"(먹다)라는 뜻일 가능성이 크다.

자가 주의 모형의 작동 방식은 NLP 언어 모형에서 좀 더 직관적으로 이해할 수 있지만, 이 책에서는 비디오 화면의 픽셀 같은 시각적 데이터에 대한 기계학습 모형을 주로 다룬다. 일반적으로 시각적 데이터는 관계 모형에 직접 입력할 수 있는 객체 집합 또는 노드 집합의 형태가 아니므로, 자가 주의 모형을 적용하려면 먼저 시각적 데이터를 적절한 객체 집합으로 변환할 필요가 있다. 일단의 픽셀들을 관계 객체 집합으로 변환하는 한 방법은 그냥 각 픽셀을 하나의 객체로 간주하는 것이다. 효율적인 계산을 위해, 그리고 이미지를 좀 더 의미 있는 객체들로 다루기 위해, 우선 원본 이미지를 몇 개의 합성곱 층으로 처리해서 $C \times H \times W$ 차원의 텐서를 얻는다. 여기서 C는 채널 수이고 H는 이미지 높이, W는 이미지 너비인데, 합성곱 연산들을 거쳤으므로 원본 이미지보다 높이와 너비가 작다. 이 텐서에서 C 차원은 하나의 객체를 대표한다. 즉, 하나의 객체는 C개의 색상 채널 값들로 이루어진 벡터이다. 그리고 그러한 객체들의 수는 총 $N = H \times W$개이다(그림 10.12).

원본 이미지들을 몇 개의 훈련된 CNN 층들로 처리하면, 그 결과(특징 맵)의 각 위치는 원본 이미지의 주요 특징들에 대응된다. 예를 들어 이미지의 물체들을 인식하도록 훈련된 CNN 층들로 이미지를 처리하면 물체들을 서술하는 특징 맵이 산출된다. 그 특징 맵을 관계 모듈에 입력하면 관계 모듈은 그 물체들의 관계를 파악한다. 각 CNN 층(합성곱 필터)은 각 공간적 위치의 구체적인 특징을 학습하므로, CNN 층들을 거친 특징 맵은 이미지 격자의 각 (x, y) 위치에 대해 학습된 모든 특징값으로 이루어진 벡터들로 구성된다. 이 특징 벡터들을 그래프의 노드들로 간주할 수 있다. 그러나 아직은 노드들 사이의 관계를 알지 못한다. 그 관계를 파악하는 것이 관계 모듈의 임무이다.

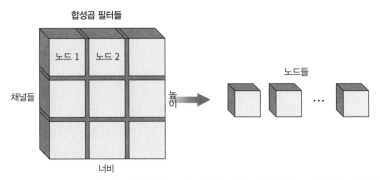

그림 10.12 합성곱 층들은 채널 수(필터 수)×너비×높이 형태의 텐서를 산출한다. 이 텐서를 채널 차원을 따라 한 조각씩 잘라서 노드 집합을 만든다. 이때 각 노드는 채널 수 C만큼의 성분들로 이루어진 벡터이고, 전체 노드 수 N은 너비 곱하기 높이이다. 이 노드들로 새 $N \times C$ 행렬을 만든다.

10.2.3 자가 주의 모형

관계 모듈을 만드는 방법은 여러 가지이지만, 여기서는 자가 주의 메커니즘을 이용해서 관계 모듈을 구축한다. 앞에서는 자가 주의 모형을 개념적으로만 설명했는데, 이제부터는 구현 세부 사항들을 이야기하겠다. 이번 절에서 구축하는 모형은 딥마인드의 비니시우스 잠발디[Vinicius Zambaldi] 등이 쓴 논문 "Deep reinforcement learning with relational inductive biases"(2019)에 서술된 것이다.

노드 행렬 $N: \mathbb{R}^{n \times f}$와 간선 행렬 $E: \mathbb{R}^{n \times n}$의 구성은 앞에서 이야기했고, 원본 이미지를 노드 행렬로 변환하는 문제도 언급했다. 그 밖에, 핵 회귀에서처럼 두 노드의 거리(또는 그 역인 '유사도')를 계산하는 방법이 필요하다. 두 벡터의 거리 또는 유사도를 계산하는 방법은 여러 가지이지만, 여기서는 흔히 쓰이는 방법인 **내적**(점곱이라고도 한다)을 이용해서 두 벡터의 유사도를 구한다.

길이가 같은 두 벡터의 내적은 두 벡터의 같은 위치 성분들을 곱해서 더한 것이다. 두 벡터의 내적을 $<a,b>$로 표기하고 $<a,b> = \sum a_i b_i$로 계산한다. 예를 들어 $a = (1,-2,3)$과 $b = (-1,5,-2)$의 내적은 $1 \times -1 + -2 \times 5 + 3 \times -2 = -1 - 10 - 6 = -17$이다. a 성분들과 b 성분들의 부호가 반대라서 내적이 음수가 되었는데, 이는 두 벡터가 상당히 다르다는 뜻이다. 반면 $a = (1,-2,3)$, $b = (2,-3,2)$일 때 $<a,b> = 14$인데, 성분들이 비슷해서 내적이 양수가 되었다. 이 예에서 보듯이 내적을 이용하면 두 벡터(노드 행렬의 노드들) 사이의 유사도를 간단하게 계산할 수 있다. 이처럼 내적에 기초한 주의를 **내적 주의**(dot product attention; 또는 점곱 주의)라고 부른다. 여기에 '비례'라는 말이 붙은 비례 내적 주의(scaled dot product attention)도 있는데, 이에 관해서는 나중에 이야기하겠다.

원본 이미지를 처리해서 노드 행렬 N을 만든 후에는, 이 행렬을 세 개의 개별 노드 행렬로 투영한다. 이들을 각각 **키**(key) 행렬, **질의**(query) 행렬, **값**(value) 행렬이라고 부른다. 2차원 자료점들에 대한 핵 회귀의 예에서 '질의'는 해당 y 성분을 예측하고자 하는 입력 x이고 '값'은 예측값 y이다. 질의 x로부터 값 y를 찾으려면 훈련 데이터 집합에서 x와 가장 가까운 x_i들을 찾아야 한다. 이들이 바로 '키'들이다. 정리하자면, 훈련 데이터 집합에서 질의와 가장 가까운 키들을 찾고, 그 키들에 대응되는 특징들을 평균해서 값을 구한다.

자가 주의 모형도 이와 동일한 방식으로 작동한다. 단, 자가 주의 모형에서는 질의들과 키들, 값들의 출처가 모두 같다. 그 출처는 바로 원래의 노드 행렬이다. 노드 행렬에 적절한 투영 행렬들을 각각 곱하면 질의 행렬, 키 행렬, 값 행렬이 나온다. 그리고 이 투영 행렬들은 모형의 다른 매개변수들처럼 훈련을 통해서 학습된다. 훈련 과정에서 투영 행렬들은 최적의 주의 가중치들이 계산되도록 질의 행렬, 키 행렬, 값 행렬을 산출하는 방법을 배우게 된다(그림 10.13).

이해를 돕기 위해, 이상의 설명을 한 쌍의 노드들에 적용해 보자. 노드 $a{:}\mathbb{R}^{10}$과 $b{:}\mathbb{R}^{10}$에 대한 자가 주의를 계산하려면, 먼저 이 노드들로 이루어진 노드 행렬에 세 개의 투영 행렬을 각각 곱해서 노드들을 새로운 공간으로 변환해야 한다. 노드 a는 각각 $a_Q = a^T Q$, $a_K = a^T K$, $a_V = a^T V$로 변환되는데, 여기서 위 첨자 T는 전치(transposition)를 뜻한다. 원래 행벡터였던 노드를 전치하면 열벡터가 된다. 예를 들어 a^T는 $\mathbb{R}^{1 \times 10}$ 벡터이다. 여기에 질의 행렬로의 투영 행렬 $Q{:}\mathbb{R}^{10 \times d}$를 곱하면 하나의 질의 벡터 $a_Q = a^T Q{:}\mathbb{R}^d$가 나온다. 여기서 d는 원래의 벡터 차원과 다를 수 있다. 즉, a_Q와 a_K, a_V가 이를테면 $\mathbb{R}^{20}$ 벡터일 수도 있는 것이다. 노드 b도 마찬가지로 변환해서 세 개의 열벡터를 얻는다. 앞에서 노드 a의 질의 벡터를 모든 키 벡터(a 것도 포함해서)와 비교해서(내적) 가장 가까운 키들을 찾는다. 아마도 각 객체는 자기 자신과 가장 비슷하겠지만, 객체들을 직접 비교하는 것이 아니라 키와 질의로 투영해서 비교하는 것이므로 반드시 그렇지는 않다.

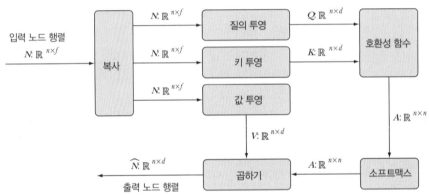

그림 10.13 자가 주의 기반 관계 모듈의 개요. 관계 모듈의 입력은 f성분 특징 벡터 형태의 노드 n개로 이루어진 노드 행렬 $N{:}\mathbb{R}^{n \times f}$이다. 관계 모듈은 이 행렬을 세 개의 투영 행렬로 각각 변환해서 질의 행렬, 키 행렬, 값 행렬을 만든다. 질의 행렬과 키 행렬은 호환성 함수의 입력이 된다. 호환성 함수(compatibility function)는 주어진 노드들이 서로 얼마나 호환되는지(즉, 얼마나 비슷한지)를 평가해서 정규화되지 않은 주의 가중치들의 행렬 $A{:}\mathbb{R}^{n \times n}$을 산출한다. 이 행렬의 행들을 소프트맥스 함수로 정규화해서 각 행의 성분들의 합이 1이 되게 한다. 값 행렬과 정규화된 주의 행렬을 곱해서 갱신된 노드 행렬 $\hat{N} = AV$를 얻는다. 이것이 관계 모듈의 출력이다. 흔히 이 출력을 하나 이상의 선형층들(그림에는 없음)에 통과시킨다.

객체 a의 질의 행렬과 키 행렬을 곱하면 정규화되지 않은 주의 가중치 $w_{a,a} = <a_Q, a_K>$가 나온다. 이 주의 가중치는 객체 a와 a 자신 사이의 자가 주의 세기를 나타내는 하나의 스칼라값이다. a와 b, b와 a, b와 b에 대해서도 같은 방식으로 주의 가중치를 계산하면 총 네 개의 주의 가중치가 생긴다. 그런데 이들은 아주 크거나 아주 작은 값일 수 있으므로, 소프트맥스 함수를 이용해서 모든 주의 가중치를 정규화한다. 기억하겠지만 소프트맥스 함수는 일단의 수치들(또는 하나의 벡터)을 받아서 각 수치가 [0,1] 구간이 되도록, 그리고 모든 수치의 합이 1이 되도록 수치들을 적절히 변환한다. 결과적으로 소프트맥스 함수는 하나의 이산 확률분포를 산출한다. 이러한 정규화 덕분에 모형은 오직 주어진 과제에 꼭 필요한 것에 대해서만 주의를 기울이게 된다. 정규화가 없다면 모형이 모든 것에 주의를 기울이기 쉬우며, 그러면 해석성이 전혀 개선되지 않는다.

정규화된 주의 가중치들을 구한 다음에는 그것들로 하나의 주의 가중치 행렬, 줄여서 주의 행렬을 만든다. 객체 집합이 객체 a와 b만으로 이루어진 지금의 간단한 예에서 주의 행렬은 2×2 행렬이다. 이 주의 행렬에 각 값 행렬을 곱하면 각 값이 해당 주의 가중치에 따라 증가 또는 감소한 행렬이 나온다. 그것이 새로운, 갱신된 노드 벡터이다. 정리하자면, 노드 행렬의 각 노드 벡터는 다른 노드와의 관계의 세기에 비례해서 갱신된다.

그런데 개별 벡터를 한 번에 하나씩 곱하는 대신 그냥 노드 행렬들을 통째로 곱해도 같은 결과가 나온다. 키와 질의를 곱해서 주의 가중치들을 얻고, 그 주의 가중치들을 정규화하고, 거기에 값 행렬을 곱해서 노드 행렬을 갱신하는 과정을 다음과 같은 효율적인 행렬 곱셈 공식으로 표현할 수 있다.

$$\hat{N} = \mathrm{softmax}(QK^T)\,V$$

여기서 $Q{:}\mathbb{R}^{n \times f}$, $K^T{:}\mathbb{R}^{f \times n}$, $V{:}\mathbb{R}^{n \times f}$는 각각 질의 행렬, 키 행렬의 전치, 값 행렬이고 n은 노드 개수, f는 노드 특징 벡터의 길이이다.

행렬 곱셈 법칙에 따라, QK^T는 하나의 $n \times n$ 행렬이다. 이것이 바로 앞에서 설명한 인접행렬이지만, 지금 문맥에서는 주의 가중치 행렬 또는 주의 행렬이라고 부르는 게 이해하기 쉬울 것이다. 이 행렬은 모든 노드 쌍의 주의의 세기를 나타낸다. 이 행렬의 각 행과 각 열은 각각의 노드에 해당하며, 예를 들어 (0, 1) 성분의 값이 크다는 것은 노드 0이 노드 1에 강하게 주의를 기울인다는 뜻이다. 이것을 소프트맥스로 정규화한 주의 가중치 행렬(인접행렬) $A = \mathrm{softmax}(QK^T){:}\mathbb{R}^{n \times n}$과 값 행렬을 곱하면 각 노드의 특징 벡터가 다른 노드와의 관계(주의 세기)에 따라 갱신된 새 노드 행렬 $\hat{N}{:}\mathbb{R}^{n \times f}$이 나온다. 이 갱신된 노드 행렬을 또 다른 선형층에 입력해서 노드 특징들을 학습하게 하고, 비선형 함수를 적용해서 좀 더 복잡한 특징을 배우게 할 수 있다. 이상의 절차 전체를 하나의 **관계 모듈** 또는 **관계 블록**(relational block)이라고 부른다. 이런 관계 모듈들을 직렬로 여러 개 연결함으로써 모형이 좀 더 고차원의 복잡한 관계를 학습하게 할 수 있다.

대부분의 심층학습 응용에서 신경망의 최종 출력은 작은 벡터이어야 한다. DQN의 Q 가치가 그러한 예이다. 자가 주의 모형의 경우, 입력을 하나 이상의 관계 모듈로 처리한 후 최댓값 풀링(max pooling)이나 평균값 풀링(average pooling) 같은 연산을 적용해서 결과 행렬을 하나의 벡터로 축약하면 될 것이다. 노드 행렬 $\mathcal{N}:\mathbb{R}^{n\times f}$의 행들에 대해 그러한 풀링 연산을 적용하면 하나의 f차원 벡터가 나온다. 그러한 벡터를 또 다른 선형층들로 처리해서 최종적으로 Q 가치들을 얻으면 된다.

10.3 MNIST 이미지 분류를 위한 자가 주의 모형 구현

강화학습 문제에 자가 주의 모형을 적용하는 방법으로 들어가기 전에, 좀 더 쉬운 과제로 MNIST 이미지들의 숫자 분류 문제를 자가 주의 모형으로 해결하는 예를 살펴보자. 유명한 MNIST 데이터 집합은 6만여 장의 필기 숫자 이미지들로 구성된다. 각 이미지는 28×28 픽셀 회색조 비트맵이며, 그 이미지에 담긴 숫자(0에서 9)가 분류명으로 배정되어 있다. 이 데이터 집합은 이미지를 입력했을 때 그 이미지에 담긴 숫자(분류명)를 정확히 예측하도록 기계학습 모형을 훈련하는 용도로 널리 쓰이고 있다.

이 데이터 집합은 학습하기가 아주 쉽다. 사실 간단한 1층 신경망(선형 모형)으로도 어느 정도 정확한 예측이 가능하다. 그리고 다층 CNN은 99% 부근의 정확도를 보인다. 현재 시점에서 MNIST 데이터 집합은 일종의 '온전성 검사(sanity check)'를 위한 것이라고 할 수 있다. 즉, 자신이 만든 모형이 뭔가를 배우긴 배우는지 확인하고 싶을 때 이 데이터 집합이 유용하다.

그런 취지에서, 일단 자가 주의 모형이 작동하긴 하는지를 MNIST 데이터 집합으로 확인해 보자. 나중에 자가 주의 모형을 게임 플레이 학습을 위한 심층 Q 신경망으로 사용할 것이다. 심층 Q 신경망과 이미지 분류 모형의 차이는 입출력 데이터의 종류뿐이다. 그 사이의 모든 것은 사실상 동일하다.

10.3.1 MNIST 데이터 변환

자가 주의 모형을 구축하기 전에, 먼저 MNIST 데이터 집합을 내려받고 그 이미지들을 자가 주의 모형에 맞는 형태로 변환할 필요가 있다. MNIST의 이미지들은 각 픽셀의 값이 0에서 255 사이의 정수인 회색조 픽셀 배열인데, 그 픽셀값들을 0과 1 사이의 실숫값으로 변환해야 한다. 그렇게 하지 않으면 훈련 도중 기울기들의 변화가 너무 커서 훈련이 불안정해진다. MNIST는 너무 쉽기 때문에, 이미지에 잡음을 추가하고 무작위로 이동, 회전해서 모형에 약간의 스트레스를 주기로 한다. 이는 이번 모형의 이동 불변성과 회전 불변성을 평가하는 데에도 도움이 된다. 목록 10.1에 이상의 전처리 작업을 수행하는 함수들이 나와 있다.

목록 10.1 전처리 함수들

```python
import numpy as np
from matplotlib import pyplot as plt
import torch
from torch import nn
import torchvision as TV

mnist_data = TV.datasets.MNIST("MNIST/", train=True, transform=None,
                    target_transform=None, download=True)      ❶
mnist_test = TV.datasets.MNIST("MNIST/", train=False, transform=None,
                    target_transform=None, download=True)      ❷


def add_spots(x,m=20,std=5,val=1):                             ❸
    mask = torch.zeros(x.shape)
    N = int(m + std * np.abs(np.random.randn()))
    ids = np.random.randint(np.prod(x.shape),size=N)
    mask.view(-1)[ids] = val
    return torch.clamp(x + mask,0,1)

def prepare_images(xt,maxtrans=6,rot=5,noise=10):              ❹
    out = torch.zeros(xt.shape)
    for i in range(xt.shape[0]):
        img = xt[i].unsqueeze(dim=0)
        img = TV.transforms.functional.to_pil_image(img)
        rand_rot = np.random.randint(-1*rot,rot,1) if rot > 0 else 0
        xtrans,ytrans = np.random.randint(-maxtrans,maxtrans,2)
        img = TV.transforms.functional.affine(img, rand_rot, (xtrans,ytrans),1,0)
        img = TV.transforms.functional.to_tensor(img).squeeze()
        if noise > 0:
            img = add_spots(img,m=noise)
        maxval = img.view(-1).max()
        if maxval > 0:
            img = img.float() / maxval
        else:
            img = img.float()
        out[i] = img
    return out
```

❶ MNIST 훈련 데이터 집합을 내려받아서 메모리에 적재한다.

❷ 검증을 위한 MNIST 시험 데이터 집합을 내려받아서 메모리에 적재한다.

❸ 이미지에 무작위로 점들(잡음)을 추가한다.

❹ 이미지를 무작위로 이동, 회전한다.

add_spots 함수는 주어진 이미지에 무작위 잡음을 추가한다. 이 함수를 호출하는 prepare_images 함수는 이미지 픽셀들을 0과 1 사이의 실숫값으로 정규화하고 무작위 잡음 추가, 이동, 회전을 적용해서 이미지를 변형한다.

그림 10.14는 MNIST의 한 원본 이미지와 그것을 무작위로 변형한 결과이다. 숫자 5가 위로 조금 이동했고, 몇 개의 점이 무작위로 추가되었다. 이런 이미지를 제대로 분류하려면 모형은 이동, 잡음, 회전에 불변인 특징들을 배워야 한다. prepare_images 함수에는 이미지의 변형 정도를 결정하는 매개변수들이 있으므로, 이들을 이용해서 학습의 난이도를 조정할 수 있다.

원본 이미지   변형된 이미지

그림 10.14 왼쪽: 숫자 '5'를 적은 원본 MNIST 이미지. 오른쪽: 원본을 오른쪽 위로 조금 이동하고 무작위 잡음을 추가한 버전.

10.3.2 관계 모듈

이제 관계 모듈을 살펴보자. 지금까지 이 책의 모든 예제는 주요 개념을 보여주기에 충분할 정도로 본격적이지만 전용 GPU가 없는 노트북에서도 충분히 실행할 수 있을 정도로 간단하게 설계된 것이다. 그러나 자가 주의 모형의 계산 요구량은 지금까지 살펴본 그 어떤 모형보다도 훨씬 크다. 이번 예제를 노트북에서 돌리는 것이 불가능하지는 않지만, 만일 CUDA를 지원하는 GPU가 장착된 컴퓨터를 사용한다면 훈련이 훨씬 빨리 끝날 것이다. 그런 여건이 안 된다면, 아마존의 SageMaker나 구글 클라우드, 구글 Colab(이 글을 쓰는 현재 무료이다)에서 클라우드 기반 Jupyter Notebook을 실행하는 방법도 있으니 살펴보기 바란다.

참고 이 책의 코드에는 GPU 활용에 필요한 부분(아주 사소긴 하지만)이 빠져 있다. 코드를 GPU에서 실행하는 방법은 원서 깃허브 저장소(http://mng.bz/JzKp)의 좀 더 완전한 예제 코드나 PyTorch 문서화(https://pytorch.org/docs/stable/notes/cuda.html)를 참고하기 바란다.

목록 10.2는 관계 모듈을 정의하는 클래스이다. 관계 모듈은 꽤 복잡한 하나의 신경망으로, 이미지 특징 추출을 위한 합성곱 층들 다음에 키 행렬, 질의 행렬, 값 행렬 곱셈을 위한 선형층들이 있는 구조이다.

목록 10.2 관계 모듈

```
class RelationalModule(torch.nn.Module):
    def __init__(self):
```

```
super(RelationalModule, self).__init__()
self.ch_in = 1
self.conv1_ch = 16                              ❶
self.conv2_ch = 20
self.conv3_ch = 24
self.conv4_ch = 30
self.H = 28                                     ❷
self.W = 28
self.node_size = 36                             ❸
self.lin_hid = 100
self.out_dim = 10
self.sp_coord_dim = 2
self.N = int(16**2)                             ❹

self.conv1 = nn.Conv2d(self.ch_in,self.conv1_ch,kernel_size=(4,4))
self.conv2 = nn.Conv2d(self.conv1_ch,self.conv2_ch,kernel_size=(4,4))
self.conv3 = nn.Conv2d(self.conv2_ch,self.conv3_ch,kernel_size=(4,4))
self.conv4 = nn.Conv2d(self.conv3_ch,self.conv4_ch,kernel_size=(4,4))

self.proj_shape = (self.conv4_ch+self.sp_coord_dim,self.node_size)   ❺
self.k_proj = nn.Linear(*self.proj_shape)
self.q_proj = nn.Linear(*self.proj_shape)
self.v_proj = nn.Linear(*self.proj_shape)

self.norm_shape = (self.N,self.node_size)
self.k_norm = nn.LayerNorm(self.norm_shape, elementwise_affine=True)❻
self.q_norm = nn.LayerNorm(self.norm_shape, elementwise_affine=True)
self.v_norm = nn.LayerNorm(self.norm_shape, elementwise_affine=True)

self.linear1 = nn.Linear(self.node_size, self.node_size)
self.norm1 = nn.LayerNorm([self.N,self.node_size],
    elementwise_affine=False)
self.linear2 = nn.Linear(self.node_size, self.out_dim)
```

❶ 각 합성곱 층의 채널 수.

❷ 입력 이미지의 너비(H)와 높이(W).

❸ 관계 모듈을 통과한 후의 노드 벡터 길이.

❹ 노드(객체) 개수. 이는 곧 합성곱 층들을 통과한 후의 픽셀 개수이다.

❺ 각 노드 벡터의 길이는 마지막 합성곱 층 출력의 채널 수에 공간 차원의 수 2를 더한 것이다.

❻ 층 정규화는 학습 안정성에 도움이 된다.

이 모형의 앞부분에는 원본 픽셀 데이터를 고수준 특징들로 변환하는 네 개의 합성곱 층이 있다. 이상적인 관계 모듈은 회전과 매끄러운 변형들에 대해 완전히 불변이어야 한다. 이 합성곱 층들은 이동에 대해서만 불변이므로, 모형은 회전과 변형들에 대해 덜 안정적이다. 그렇지만 합성곱 층들이 완전한 관계 모듈보다 계산이 더 효율적이므로, 실제 응용에서는 이처럼 합성곱 신경망으로 입력을 전처리하는 방법이 잘 통한다.

합성곱 층들 다음에는 노드 행렬을 고차원 특징 공간으로 투영하는 세 개의 선형층이 있다. 그다음에는 층 정규화를 위한 LayerNorm 층들과 최종 출력을 위한 두 선형층이 있는데, 이들에 관해서는 잠시 후에 좀 더 이야기하겠다. 전체적으로 구조가 꽤 복잡한데, 먼저 순방향 과정(순전파)을 자세히 살펴보자. 목록 10.3은 모형을 순방향으로 실행하는 함수이다.

목록 10.3 순방향 과정

```python
def forward(self,x):
    N, Cin, H, W = x.shape
    x = self.conv1(x)
    x = torch.relu(x)
    x = self.conv2(x)
    x = x.squeeze()
    x = torch.relu(x)
    x = self.conv3(x)
    x = torch.relu(x)
    x = self.conv4(x)
    x = torch.relu(x)

    _,_,cH,cW = x.shape
    xcoords = torch.arange(cW).repeat(cH,1).float() / cW          ❶
    ycoords = torch.arange(cH).repeat(cW,1).transpose(1,0).float() / cH
    spatial_coords = torch.stack([xcoords,ycoords],dim=0)
    spatial_coords = spatial_coords.unsqueeze(dim=0)
    spatial_coords = spatial_coords.repeat(N,1,1,1)
    x = torch.cat([x,spatial_coords],dim=1)
    x = x.permute(0,2,3,1)
    x = x.flatten(1,2)

    K = self.k_proj(x)                                           ❷
    K = self.k_norm(K)

    Q = self.q_proj(x)
    Q = self.q_norm(Q)

    V = self.v_proj(x)
    V = self.v_norm(V)
    A = torch.einsum('bfe,bge->bfg',Q,K)                         ❸
    A = A / np.sqrt(self.node_size)
    A = torch.nn.functional.softmax(A,dim=2)
    with torch.no_grad():
        self.att_map = A.clone()
    E = torch.einsum('bfc,bcd->bfd',A,V)                         ❹
    E = self.linear1(E)
    E = torch.relu(E)
    E = self.norm1(E)
    E = E.max(dim=1)[0]
    y = self.linear2(E)
```

```
        y = torch.nn.functional.log_softmax(y,dim=1)
        return y
```

❶ 각 노드의 (x, y) 좌표를 해당 특징 벡터에 추가하고 특징 벡터 성분들을 [0, 1] 구간으로 정규화한다.

❷ 입력 노드 행렬을 키 행렬, 질의 행렬, 값 행렬로 투영한다.

❸ 질의 행렬과 키 행렬을 배치 방식으로 곱한다.

❹ 주의 가중치 행렬과 값 행렬을 배치 방식으로 곱한다.

이 순방향 과정은 기본적으로 그림 10.13의 흐름을 그대로 옮긴 것이다. 이 함수에는 이 책의 다른 곳에서는 사용하지 않은, 그리고 아마 독자에게 생소할 코드가 포함되어 있다. 그중 하나는 PyTorch의 LayerNorm인데, 이름에서 짐작했겠지만 이 클래스는 layer normalization, 즉 **층 정규화**를 수행한다.

LayerNorm이 제공하는 층 정규화는 신경망을 정규화하는 데 흔히 쓰이는 두 방법 중 하나이다. 다른 한 방법은 **배치 정규화**(batch normalization)인데, 이를 위해 PyTorch는 BatchNorm1d, BatchNorm2d 같은 클래스를 제공한다. 정규화되지 않은 신경망의 문제는 각 층으로 들어가는 입력 값들의 크기와 범위가 층마다, 배치마다 크게 다를 수 있다는 것이다. 그러면 훈련 과정에서 기울기들의 분산이 커져서 학습이 불안정해지며, 결과적으로 훈련이 아주 느려진다. 신경망 정규화 기법들은 주요 계산 단계들에서 모든 입력을 다소 고정된 좁은 범위로 한정한다(평균과 분산이 어느 정도 일정해지도록). 그러면 기울기들이 안정화되어서 훈련이 훨씬 빨라진다.

이전에 논의했듯이, 보통의 순방향 모형들과는 달리 자가 주의 모형은(그리고 자가 주의 모형을 포함한 관계 모형 또는 그래프 모형은) 관계형 데이터에 대한 귀납 편향을 잘 활용한다. 그러나 자가 주의 모형의 계산 과정에는 소프트맥스 함수가 관여하기 때문에 훈련이 불안정해질 수 있다. 소프트맥스의 출력 범위(공역)는 아주 좁기 때문에, 입력들이 너무 크거나 작은 경우 출력들이 포화(saturation)하기 쉽다. 이런 문제를 완화하려면 정규화를 수행하는 층들을 도입해야 한다. 필자들의 실험에 따르면, LayerNorm 층들을 도입하니 훈련 성과가 예상대로 크게 개선되었다.

10.3.3 텐서 축약과 아인슈타인 표기법

torch.einsum 함수도 목록 10.3에서 처음 등장했다. einsum은 *Einstein summation*, 즉 **아인슈타인 합**을 줄인 것이다. **아인슈타인 표기법**(Einstein notation)이라고도 부르는 아인슈타인 합은 물리학자 알베르트 아인슈타인이 특정 종류의 텐서 연산들을 표현하기 위해 고안한 표기법이다. 이번 절에서 설명하는 텐서 연산들을 기존의 텐서 연산 표기법으로도 표현할 수 있지만,

아인슈타인 합을 이용하면 수식이 훨씬 간결해진다. 구현에서도, 보통의 텐서 연산자나 함수 대신 torch.einsum을 사용하면 코드의 가독성이 개선된다.

아인슈타인 합을 이해하려면 텐서(기계학습 구현의 관점에서는 그냥 다차원 배열)에 0개 이상의 차원들이 있으며 차원마다 그에 해당하는 색인으로 접근할 수 있다는 점을 떠올릴 필요가 있다. 스칼라(하나의 수)는 0차 텐서이고 벡터는 1차 텐서, 행렬은 2차 텐서, 등등인데, 여기서 0, 1, 2는 그 텐서의 차원 수, 다시 말하면 그 텐서의 개별 성분에 접근하는 데 필요한 색인의 개수이다. 1차 텐서인 벡터의 색인은 하나인데, 이는 벡터의 한 성분을 하나의 음이 아닌 정수 색인 값으로 지칭할 수 있기 때문이다. 2차 텐서인 행렬의 한 성분에 접근하려면 두 개의 색인(행의 위치와 열의 위치)이 필요하다. 3차원, 4차원 등 임의의 차원에서도 마찬가지이다.

이 책을 여기까지 읽은 독자라면 두 벡터의 내적이나 두 행렬의 곱셈, 벡터와 행렬의 곱셈 같은 연산들에도 익숙할 것이다. 이런 연산들을 임의의 차원으로 일반화한 것(이를테면 두 3차 텐서의 '곱셈' 등)을 **텐서 축약**(tensor contraction)이라고 부른다. 아인슈타인 합은 임의의 텐서 축약을 좀 더 쉽게 표현하고 계산하기 위한 표기법이다. 이번 장의 자가 주의 모형 예제에서는 두 3차 텐서를 축약해야 한다(나중에는 4차 텐서 축약도 나온다). 만일 이를 아인슈타인 합으로 처리하지 않는다면 3차 텐서를 행렬로 변환해서 행렬 곱셈을 수행한 후 그 결과를 다시 3차 텐서로 변환해야 한다. 그러면 공식이(그리고 코드도) 훨씬 복잡해진다.

다음은 두 행렬의 텐서 축약을 정의하는 일반식이다.

$$C_{i,k} = \sum_j A_{i,j} B_{j,k}$$

좌변의 '출력' $C_{i,k}$는 행렬 A:$i \times j$와 B:$j \times k$를 곱한 것이다(여기서 i, j, k는 각 차원의 크기). 두 행렬이 j를 공유함을 주목하기 바란다. 즉, 두 행렬을 곱하려면 왼쪽 행렬의 열 수와 오른쪽 행렬의 행 수가 같아야 한다. 위의 공식에 따르면, 예를 들어 $C_{0,0}$은 모든 j에 대한 $\sum A_{0,j} B_{j,0}$과 같다. 즉, C의 첫 성분은 A의 첫 행의 모든 성분을 B의 첫 열의 모든 성분과 각각 곱해서 합한 것이다. 좀 더 일반화하면, C의 각 성분은 두 텐서의 특정 **공유 색인**(shared index)을 따라 성분들을 곱해서 합한 것이다. 두 2차 텐서를 축약하는 경우 입력에는 총 네 개의 색인(각 텐서당 두 개)이 있지만 출력에는 색인이 두 개뿐이다. 즉, 두 개의 색인이 축약되어 사라진 것이다. 그래서 이러한 연산에 텐서 '축약'이라는 이름이 붙었다. 마찬가지로, 두 3차 텐서를 축약하면 4차 텐서가 나온다.

아인슈타인 합은 배치 행렬 곱셈, 즉 일련의 행렬들이 주어졌을 때 처음 두 행렬을 곱하고, 그다음 두 행렬을 곱하고, 등등으로 나아가는 곱셈을 표현하기에도 좋다.

텐서 축약의 이해를 돕기 위해 구체적인 예를 하나 보자. 다음 두 행렬을 아인슈타인 표기법을 이용해서 축약해 보겠다.

$$A = \begin{bmatrix} 1 & -2 & 4 \\ -5 & 9 & 3 \end{bmatrix}$$

$$B = \begin{bmatrix} -3 & -3 \\ 5 & 9 \\ 0 & 7 \end{bmatrix}$$

A는 2×3 행렬이고 B는 3×2 행렬이다. 임의의 행렬을 표기할 때는 각 차원(색인)을 영문 소문자로 표기한다. 예를 들어 $A{:}i×j$는 i개의 행과 j개의 열로 이루어진 행렬이고 $B{:}j×k$는 j개의 행과 k개의 열로 이루어진 행렬이다. 두 행렬이 공유하는 안쪽 색인 j에 대해 축약하면 $i×k$ 텐서가 나온다. 색인들은 어떤 소문자로 표기해도 되지만, 축약해서 없애려는 공유 색인을 같은 소문자로 표기하는 것이 알기 쉽다. 지금 예에서는 공유 색인 $j = 3$에 대해 두 텐서를 축약한다. 그러면 다음과 같은 형태의 $i×k$ 행렬(2×2 행렬)이 나온다.

$$C = \begin{bmatrix} x_{0,0} & x_{0,1} \\ x_{1,0} & x_{1,1} \end{bmatrix}$$

이 C의 성분 x들을 구하는 것이 텐서 축약 연산의 목표이다. 앞에서 본 텐서 축약 공식에 따라, $x_{0,0}$은 행렬 A의 행 0과 행렬 B의 열 0의 성분들을 곱해서 합한 것이다. 이는 벡터 $A_{0,j} = [1,-2,4]$와 벡터 $B_{j,0} = [-3,5,0]$T에 대해 색인 j를 훑으면서 각 성분 $A_{0,j}$와 $B_{j,0}$을 곱해서 합하는 것에 해당한다. 즉, $x_{0,0} = \Sigma A_{0,j} B_{j,0} = (1 \times -3) + (-2 \times 5) + (4 \times 0) = -3 - 10 = -13$이다. 이는 $x_{0,0}$ 하나를 구한 것일 뿐임을 주목하기 바란다. C의 모든 성분을 이런 식으로 구해야 한다. 물론 이런 계산을 우리가 손으로 직접 할 일은 없다. PyTorch 같은 라이브러리로 텐서 축약을 수행할 때 내부적으로 이런 일이 벌어진다는 점과, 이러한 연산 절차가 행렬뿐만 아니라 더 높은 차원의 텐서들로도 일반화된다는 점만 알아두면 될 것이다.

아인슈타인 표기법으로 텐서 축약을 표현할 때는, 이 연산이 공유 색인에 대한 합산임을 이미 알고 있다는 가정하에서 합산 기호 Σ를 생략한다. 즉, $C_{i,k} = \Sigma A_{i,j} B_{j,k}$를 그냥 $C_{i,k} = A_{i,j} B_{j,k}$로 표기한다.

다음은 배치 행렬 곱셈의 일반식이다.

$$C_{b,i,k} = \sum_j A_{b,i,j} B_{b,j,k}$$

여기서 b는 배치 차원, 즉 배치의 각 행렬에 접근하는 색인이다. 이 경우에도 공유 색인 j를 축약한다. 여기서는 하나의 공유 색인에 대해 축약을 적용하지만, 4차 이상의 텐서들을 사용할 때는 여러 개의 색인에 축약을 적용할 수도 있다.

목록 10.3에서 A = torch.einsum('bfe,bge->bfg',Q,K)는 행렬 Q들과 K들의 배치 행렬 곱셈을 수행한다. einsum 함수의 첫 인수는 축약할 텐서들이 어떤 것인지, 그리고 어떤 색인들에 대해 축약을 수행할 것인지를 나타내는 문자열이다. 'bfe,bge->bfg'에서 bfe는 첫 텐서 Q가 3차 텐서이고(문자가 세 개이므로) 그 색인들이 각각 b, f, e임을 뜻한다. 마찬가지로 bge는 둘째 텐서 K가 색인이 b, g, e인 3차 텐서임을 뜻한다. 그리고 -> 다음의 bfg는 출력 텐서의 차원과 색인들이다. 두 입력 텐서가 e를 공유하며 출력 텐서에는 e가 없음을 주목하자. 즉, 이 연산은 e 색인(노드 특징 차원)에 대한 텐서 축약이다. 이 문자열을 지정할 때 각 색인의 영문자는 임의로 정할 수 있다. 물론, 축약할 공유 색인에 대해 반드시 같은 문자를 사용해야 한다는 점을 주의해야 한다.

배치 행렬 곱셈을 거치면 정규화되지 않은 인접행렬이 나온다. 인접 가중치가 너무 크면 훈련에 방해가 되므로, A = A / np.sqrt(self.node_size)로 행렬의 성분들을 정규화한다. 이런 식으로 주의 가중치들을 비례시키는 것이 바로 §10.2.3에서 잠깐 언급한 비례 내적 주의이다.

Q 행렬과 K 행렬, V 행렬 자체는 마지막 합성곱 층의 출력으로부터 이전에 이야기했던 방식으로 얻는다. 마지막 합성곱 층의 출력은 배치×채널×높이×너비 크기의 4차 텐서인데, 각 픽셀 위치는 잠재적으로 노드 행렬의 노드 또는 객체가 될 것이므로, 이 출력의 너비 차원과 높이 차원을 합쳐서 하나의 차원(크기는 노드 개수 n, 즉 높이 곱하기 너비)으로 만든다. 그러면 노드 행렬[역주1] $N: b×c×n$이 나온다. b는 배치 크기, n은 노드 개수이다. 선형층 부분에서는 이 입력 노드 행렬을 각각 투영해서 Q 행렬과 K 행렬, V 행렬을 얻는데, 그 과정에서 각 텐서의 형태가 $N: b×n×c$로 바뀐다.

공간 차원들을 하나의 차원으로 합치면 노드들의 공간적 정렬 관계가 뒤섞이므로 신경망이 (원래의 이미지에서) 공간적으로 연관된 노드들을 찾는 데 어려움을 겪을 수 있다. 이 문제를 피하기 위해, 공간 차원들을 합치기 전에 각 노드의 위치 (x, y)에 해당하는 여분의 두 채널 차원을 추가한다. 정규화는 항상 도움이 되므로, 이미지 픽셀 좌표성분을 그대로 사용하는 대신 [0, 1] 구간으로 정규화한 좌표성분들을 사용했다.

공간 좌표를 각 노드의 특징 벡터 끝에 추가하면 공간 정보가 유지되지만, 이 좌표들은 외부 좌표계를 기준으로 한 절대 좌표들이기 때문에 관계 모듈에 꼭 필요한 몇 가지 공간 변환에 대한 불변성이 깨질 수 있다. 더 안정적인 방법은 다른 노드들을 기준으로 한 **상대** 좌표를 부호화하는 것이다. 그러면 공간 변환 불변성이 유지될 것이다. 그러나 이 접근 방식은 구현이 더 복잡하며, 그냥 절대 좌표를 사용해도 성능과 해석성이 꽤 좋게 나온다.

역주1 엄밀히 말하면 이것은 행렬(2차 텐서)이 아니라 b개(배치 크기)의 노드 행렬들로 이루어진 3차 텐서이지만, 배치 차원은 훈련 안정화를 위한 배치 훈련 기법을 구현하는 데 필요한 구현 세부사항일 뿐이고 실제로 의미 있는 연산은 행렬 연산이기 때문에 저자가 그냥 행렬이라고 표현한 것으로 보인다. 이 논의에서(그리고 이 책의 대부분에서) 배치 차원을 그냥 주요 연산을 감싼 하나의 외곽 루프로 생각하는 것이 이해에 도움이 될 것이다. 노드 '행렬'을 투영해서 Q '행렬'을 얻는다는 것은, 주어진 배치에 담긴 b개의 노드 행렬($c×n$ 텐서) 각각을 투영한 결과들(개별 Q 행렬)로 이루어진 하나의 배치(3차 텐서)를 얻는 것을 말한다.

그림 10.15는 입력 노드 행렬을 투영해서 세 가지 행렬(질의, 키, 값)을 얻는 과정을 나타낸 것이다. 그림에서 보듯이 입력 노드 행렬을 각각 세 선형층에 넣어서 세 행렬을 얻는데, 세 행렬은 그 채널 차원(지금부터는 **노드 특징 차원**이라고 부르기로 한다)이 원래의 노드 행렬과는 다를 수 있다.

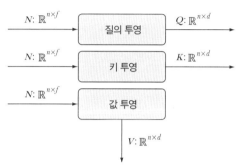

그림 10.15 자가 주의의 투영 단계. 입력 노드를 간단한 행렬 곱셈을 이용해서 다른(보통은 더 높은) 차원의 특징 공간으로 투영한다.

질의 행렬과 키 행렬을 곱하면 정규화되지 않은 주의 가중치 행렬 $A{:}b{\times}n{\times}n$이 나오는데, 앞에서처럼 b는 배치 크기, n은 노드 개수이다. 이 행렬의 각 행에 소프트맥스를 적용해서 각 행의 성분들의 합이 1이 되게 한다. 이렇게 하면 각 노드의 주의가 적은 수의 다른 노드들에만 집중되거나(높은 봉우리가 있는 분포) 다수의 노드에 퍼지게 된다(전체적으로 낮은 균등분포).

주의 행렬을 구한 다음에는 그것과 값 행렬을 곱해서 갱신된 노드 행렬을 얻는다. 새 노드 행렬의 각 노드는 다른 모든 노드와의 가중 결합이다. 예를 들어 노드 0이 노드 5와 노드 9에 강하게 주의를 돌리지만 다른 노드들은 무시한다면, 주의 행렬과 값 행렬을 곱해서 나온 새 노드 행렬에서 노드 0은 노드 5와 노드 9, 그리고 노드 0 자신의(일반적으로 노드는 자신에게도 주의를 기울이므로) 가중 결합이다. 이러한 일반적인 연산을, 각 노드가 자신과 연결된 다른 노드들에 메시지(자신의 특징 벡터)를 보내는 것에 비유해서 **메시지 전달**(message passing)이라고 부른다.

갱신된 노드 행렬을 구한 후에는 노드 차원에 대해 평균값 풀링이나 최댓값 풀링을 적용해서 행렬을 하나의 벡터로 축약한다. 그러면 이미지의 특징들을 서술하는 그래프 전체를 요약한 하나의 d차원 벡터가 나온다. 이 벡터를 이전에 심층 Q 신경망에서 했던 것처럼 몇 개의 신경망 층들로 처리해서 Q 가치들의 벡터들을 얻는다. 이처럼 관계 모듈 다음에 심층 Q 신경망이 있다는 점에서, 지금까지 설명한 모형을 관계 심층 Q 신경망(Rel-DQN)이라고 부른다.

10.3.4 관계 모듈의 훈련

목록 10.3의 끝부분을 보면 Q 학습에는 잘 쓰이지 않는 log_softmax 함수가 있다. 그런데 Q 학습은 잠시 제쳐두고, 우리의 관계 모듈이 MNIST 숫자들을 얼마나 잘 분리하는지, 특히 통상적인 비관계적 합성곱 신경망보다 나은지 확인해 보자. 관계 모듈은 단순한 장거리 관계를 모형화하는 능력을 갖추고 있으므로, 입력 이미지들의 변형이 심한 경우 그런 능력이 없는 합성곱 신경망보다 나은 성과를 내리라고 예상할 수 있다. 실제로 그런지 보자.

목록 10.4 MNIST 훈련 루프

```
agent = RelationalModule()                                      ❶
epochs = 1000
batch_size=300
lr = 1e-3
opt = torch.optim.Adam(params=agent.parameters(),lr=lr)
lossfn = nn.NLLLoss()
for i in range(epochs):
    opt.zero_grad()
    batch_ids = np.random.randint(0,60000,size=batch_size)      ❷
    xt = mnist_data.train_data[batch_ids].detach()
    xt = prepare_images(xt,rot=30).unsqueeze(dim=1)             ❸
    yt = mnist_data.train_labels[batch_ids].detach()
    pred = agent(xt)
    pred_labels = torch.argmax(pred,dim=1)                      ❹
    acc_ = 100.0 * (pred_labels == yt).sum() / batch_size       ❺
    correct = torch.zeros(batch_size,10)
    rows = torch.arange(batch_size).long()
    correct[[rows,yt.detach().long()]] = 1.
    loss = lossfn(pred,yt)
    loss.backward()
    opt.step()
```

❶ 관계 모듈 인스턴스를 생성한다.

❷ MNIST 데이터 집합에서 무작위로 이미지들을 선택해서 배치를 만든다.

❸ 배치의 이미지들을 이전에 정의한 prepare_images 함수로 변형한다. 최대 회전 각도를 30으로 설정하므로 이미지가 꽤 크게 변형될 것이다.

❹ 관계 모듈이 출력한 벡터에서 가장 큰 성분이 예측(분류) 결과이다.

❺ 이 배치에 대한 예측 정확도를 계산한다.

아주 직접적인 MNIST 분류기 훈련 코드이므로 별로 설명할 것이 없다. 시각화를 위해 손실값들을 저장하는 부분은 생략했는데, 원서 깃허브 저장소의 Chapter 10 디렉터리에 완전한 코드가 있으니 참고하기 바란다. 한 가지 주목할 점은 prepare_images를 호출할 때 최대 회전 각도를 30으로 설정한 것이다. 좌우로 30도 범위이므로, 이 정도면 이미지가 상당히 많이 변형될 것이다.

그림 10.16은 훈련을 1,000회 반복한 관계 모듈의 성과를 보여주는 그래프들이다(1,000회는 가능한 최대 정확도에 도달하기에는 좀 짧다). 그래프들이 꽤 그럴듯한 모습이지만, 훈련 데이터에 대한 성과일 뿐임을 주의하자.

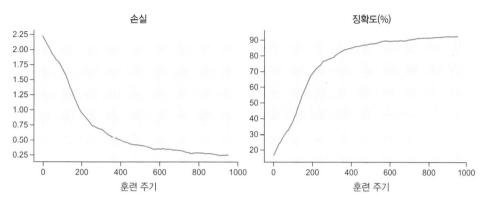

그림 10.16 MNIST 숫자 분류에 대한 관계 모듈의 훈련 과정에서 얻은 손실값과 정확도

이 모형의 진정한 성능을 파악하려면 모형이 본 적이 없는 이미지들로 시험해 보아야 한다. 목록 10.5는 훈련 데이터 집합에서 제외했던 500개의 견본으로 이 모형을 시험하는 코드이다.

목록 10.5 MNIST 시험 정확도

```
def test_acc(model,batch_size=500):
    acc = 0.
    batch_ids = np.random.randint(0,10000,size=batch_size)
    xt = mnist_test.test_data[batch_ids].detach()
    xt = prepare_images(xt,maxtrans=6,rot=30,noise=10).unsqueeze(dim=1)
    yt = mnist_test.test_labels[batch_ids].detach()
    preds = model(xt)
    pred_ind = torch.argmax(preds.detach(),dim=1)
    acc = (pred_ind == yt).sum().float() / batch_size
    return acc, xt, yt

acc2, xt2, yt2 = test_acc(agent)
print(acc2)
>>> 0.9460
```

단 1,000회로 훈련한 관계 모듈로 거의 95%에 달하는 정확도를 달성했다. 앞에서 언급했듯이, 배치 크기가 300인 훈련 데이터에 대해 훈련을 1,000회 반복하는 정도로는 가능한 최대 정확도에 도달하기 힘들다. 쓸만한 신경망들은 MNIST 데이터 집합(변형되지 않은)에 대해 98~99%의 분류 정확도를 보인다. 그러나 지금 최대 정확도에 도달하는 것이 우리의 목표는 아니다. 비슷한 수의 매개변수들로 이루어진 통상적인 합성곱 신경망보다 나은지만 확인하면 된다.

비교를 위해 88,252개의 훈련 가능 매개변수들로 이루어진 간단한 CNN의 성과를 측정해 보겠다. 우리의 관계 모듈은 매개변수가 85,228개이므로, 이 CNN이 매개변수가 3,000개 정도 더 많다. 매개변수 개수로만 보면 CNN이 약간 더 유리하다.

목록 10.6 MNIST 분류 성능 측정의 기준으로 삼을 합성곱 신경망

```
class CNN(torch.nn.Module):
    def __init__(self):
        super(CNN, self).__init__()
        self.conv1 = nn.Conv2d(1,10,kernel_size=(4,4))       ❶
        self.conv2 = nn.Conv2d(10,16,kernel_size=(4,4))
        self.conv3 = nn.Conv2d(16,24,kernel_size=(4,4))
        self.conv4 = nn.Conv2d(24,32,kernel_size=(4,4))
        self.maxpool1 = nn.MaxPool2d(kernel_size=(2,2))      ❷
        self.conv5 = nn.Conv2d(32,64,kernel_size=(4,4))
        self.lin1 = nn.Linear(256,128)
        self.out = nn.Linear(128,10)                         ❸
    def forward(self,x):
        x = self.conv1(x)
        x = nn.functional.relu(x)
        x = self.conv2(x)
        x = nn.functional.relu(x)
        x = self.maxpool1(x)
        x = self.conv3(x)
        x = nn.functional.relu(x)
        x = self.conv4(x)
        x = nn.functional.relu(x)
        x = self.conv5(x)
        x = nn.functional.relu(x)
        x = x.flatten(start_dim=1)
        x = self.lin1(x)
        x = nn.functional.relu(x)
        x = self.out(x)
        x = nn.functional.log_softmax(x,dim=1)               ❹
        return x
```

❶ 이 CNN 모형의 합성곱 층은 총 5개이다.

❷ 처음 네 합성곱 층에서는 MaxPool2d(2차원 최댓값 풀링)을 이용해서 차원 크기를 줄인다.

❸ 마지막 층은 합성곱 층들의 출력(행렬)을 평탄화해서 하나의 벡터를 산출하는 선형층이다.

❹ 마지막으로, 출력 벡터에 log_softmax 함수를 적용해서 이산분포를 만든다.

이 CNN의 훈련은 목록 10.4의 코드를 거의 그대로 사용해서 수행할 수 있다. 첫 행 agent = RelationalModule()을 agent = CNN()으로 바꾸면 된다. 필자의 경우 1,000회 반복에서 최대 정확도는 87.80%밖에 되지 않았다. 매개변수 개수가 비슷할 때 우리의 관계 모듈이 이 CNN 보다 나은 성과를 보인 것이다. 만일 변형의 수준을 더 높인다면(잡음을 더 추가하고, 더 크게 회전하고 등등) 정확도 차이가 더 벌어질 것이다. 앞에서 언급했듯이, 회전을 비롯한 변환들에 대한 이번 관계 모듈 구현의 불변성이 아주 좋지는 않다. 부분적으로 이는 상대 좌표가 아니라 절대 좌표를 특징 벡터에 포함했기 때문이다. 그렇긴 하지만 이미지에 있는 특징들 사이의 장거리 관계를 모형화하는 능력이 있기 때문에, 그런 능력이 없는(그냥 국소적 특징들만 계산하는) CNN보다는 좋은 성과를 낸다.

그런데 이번 장에서 관계 모듈을 소개하는 이유가 단지 몇몇 데이터 집합에 대해 더 나은 정확도를 보이기 때문은 아니다. 주된 이유는 전통적인 신경망 모형보다 해석성이 좋다는 것이다. 훈련을 마친 후 주의 가중치 행렬을 조사해서 노드들 사이의 관계의 세기를 살펴보면, 관계 모듈이 이미지를 분류하거나 Q 가치들을 예측할 때 입력의 어떤 부분을 사용했는지 파악할 수 있다. 그림 10.17이 그러한 예이다.

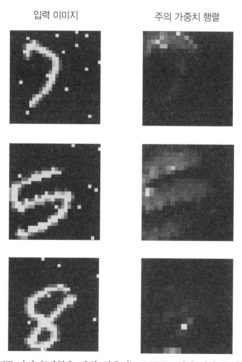

그림 10.17 왼쪽: 입력 MNIST 이미지(변형을 가한 이후임). 오른쪽: 해당 자가 주의 가중치들. 모형이 이미지의 어떤 부분에 주의를 집중했는지 알 수 있다.

관계 모듈은 att_map 속성에 주의 가중치 행렬들을 저장한다(목록 10.3 참고). matplotlib의 pyplot 모듈을 이용하면 그러한 '주의 맵(attention map)'을 간단하게 하나의 정사각 이미지로 변환해서 표시할 수 있다.

```
>>> plt.imshow(agent.att_map[0].max(dim=0)[0].view(16,16))
```

주의 맵의 형태는 $b \times n \times n$인데, 여기서 n은 노드 개수이다. 지금 예에서 노드 개수는 $16^2 = 256$이다. 원본 입력 이미지는 28×28이지만, 합성곱 층들을 거치면서 16×16으로 축소되었기 때문이다. 그림 10.17의 오른쪽 열에 나온 주의 맵을 보면 숫자의 대략적인 윤곽과 함께 특정 부분이 좀 더 강하게 강조되어 있다. 특히, 숫자 8에 대한 주의 맵을 보면 모형은 필획이 교차하는 지점에 주의를 강하게 집중했다. 모형은 8자의 중심에 해당하는 교차 지점과 8자의 제일 아랫부분에 집중한 덕분에 이 이미지를 8로 분류할 수 있었던 것으로 보인다. 또한, 세 경우 모두 원본 이미지에 추가된 잡음들에는 관계 모듈이 주의를 기울이지 않았다는 점도 주목할 만하다. 즉, 관계 모듈은 오직 이미지의 실제 숫자 부분에만 주의를 기울였다. 이는 이 모형이 신호와 잡음을 상당히 잘 분리하는 방법을 배웠음을 뜻한다.

10.4 다중 헤드 주의 모형과 관계 DQN

앞에서 관계 모듈이 MNIST 숫자 분류 과제를 잘 수행한다는 점과 주의 맵을 시각화하면 모형이 결정을 내리는 데 사용한 데이터를 좀 더 잘 파악할 수 있다는 점을 살펴보았다. 훈련된 주의 모형이 특정 이미지를 거듭 잘못 분류한다면, 해당 주의 맵을 살펴보고 모형이 어떤 잡음에 주의를 뺏겼는지 알아낼 수 있을 것이다.

그런데 지금까지 살펴본 자가 주의 모형의 한 가지 단점은 산출할 수 있는 데이터의 양에 제한이 심하다는 점이다. 이는 모형 후반부의 소프트맥스 때문이다. 입력 데이터가 수백, 수천 개의 노드로 구성된다고 해도, 소프트맥스 때문에 이 모형은 아주 적은 개수의 노드들에만 의미 있는 주의 가중치를 부여하며, 그래서 입력 데이터의 중요한 특징들을 제대로 학습하지 못할 수 있다. 소프트맥스는 관계들을 학습하는 쪽으로 모형을 치우치게 만드는 데 도움이 되지만, 대신 자가 주의 층들을 통과하는 데이터의 양을 제한한다.

자가 주의 층의 행동 방식을 근본적으로 바꾸지 않고도 자가 주의 층의 대역폭을 키울 수 있다면 좋을 것이다. 한 가지 방법은 주의 헤드^{head}(또는 주의 단자)를 여러 개 두고 각 헤드가 개별적인 주의 맵을 학습하게 하고, 나중에 그 주의 맵들을 통합하는 것이다(그림 10.18). 한 주의 헤드는 입력의 특정 영역 또는 특정 특징들에 초점을 두어 학습하고, 다른 주의 헤더는 또 다른 영역 또는 특징들에 초점을 두어 학습하는 식이다. 이렇게 하면 주의 층의 대역폭이 넓어지면서도 여전히 해석성과 관계 학습 능력은 사라지지 않는다. 실제로 이런 다중 헤드 주의(multi-head attention) 모형은 해석성을 더욱 개선하는데, 이는 각 주의 헤드 안에서 각 노드가 더 적은 수의 노드들에 주의를 집중할 수 있기 때문이다(주의가 다수의 노드에 흩어지는 것이 아니라). 덕분에 다중 헤드 주의 모형을 이용하면 어떤 노드들이 서로 강하게 연관되는지를 좀 더 잘 파악할 수 있다.

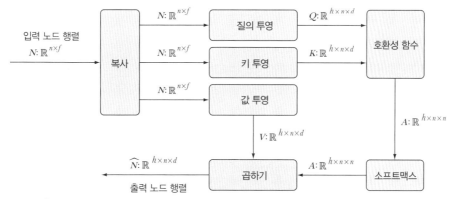

그림 10.18 다중 헤드 내적 주의 모형. 입력 전체에 대해 하나의 주의 행렬을 사용하는 대신, 입력의 서로 다른 부분에 주의를 기울이는 다수의 주의 행렬('헤드')들을 사용한다. 그림 10.13과의 유일한 차이는 질의 행렬, 투영 행렬, 값 행렬에 헤드 차원(h)이 추가되었다는 점이다.

다중 헤드 주의 메커니즘에서는 텐서들의 차수가 하나 증가해서, **배치×헤드×노드 개수 ×특징 개수** 형태의 4차 텐서들을 다룬다. 따라서 아인슈타인 표기법과 PyTorch einsum 함수의 장점이 더욱 잘 드러난다. MNIST에 대해서는 다중 헤드 주의가 딱히 유용하지 않은데, MNIST 데이터 집합은 애초에 입력 공간이 크지 않고 희소하기 때문에 하나의 주의 헤드로도 충분히 좋은 대역폭과 해석성을 얻을 수 있기 때문이다. 따라서 다중 헤드 주의 메커니즘의 효과를 실감하려면 MNIST보다 좀 더 복잡한 데이터를 다루어야 한다. 그러나 관계 모듈은 이 책에서 살펴본 모형 중 계산 비용이 가장 큰 모형이기 때문에, 강화학습의 해석성 개선에 대한 다중 헤드 주의 메커니즘과 관계 추론의 위력을 실감할 수 있으면서도 다루기가 최대한 간단한 환경을 예제 환경으로 사용하기로 한다.

그 환경은 다름 아닌 제3장에서 소개한 Gridworld이다. 단, 그때보다는 훨씬 복잡한 환경을 사용한다. 좀 더 구체적으로, 이번 절의 예제에서는 깃허브 https://github.com/maximecb/gym-minigrid에 있는 MiniGrid 라이브러리를 사용한다. OpenAI Gym과 호환되는 API를 제공하는 이 라이브러리에는 그 복잡도와 난이도가 서로 다른, 대단히 다양한 Gridworld 환경이 있다. 그 Gridworld 환경 중 일부는 가장 최신의 강화학습 알고리즘으로도 제대로 진행할 수 없을 정도로 어렵다(주로는 보상이 희소하기 때문이다). 이 라이브러리는 다음처럼 pip으로 설치할 수 있다.

```
$ pip install gym-minigrid
```

그림 10.19는 이번 예제에서 사용할 환경의 화면이다. 이 환경에서 에이전트는 열쇠까지 이동해서 열쇠를 집은 후 그것으로 문을 열고 목표 지점에 도달해야 한다. 그래야 비로소 긍정적 보상을 받게 된다. 보상을 받을 때까지 많은 단계를 거쳐야 하므로 이전에 언급한 희소 보상 문제가 발생한다. 따라서 제8장의 호기심 기반 학습이 적합하겠지만, 이번 절의 주제는 주의 모형이므로 호기심 기반 학습은 사용하지 않는다. 대신, 그냥 무작위로 동작을 선택하는 에이전트라도 언젠가는 목표에 도달할 수 있을 정도로 격자를 작게 설정한다. 격자가 더 큰 환경이라면 호기심 접근 방식이나 그와 관련된 접근 방식을 사용해야 할 것이다.

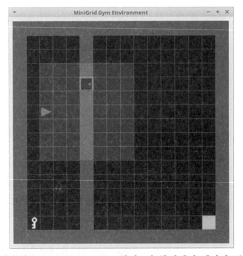

그림 10.19 예제 환경으로 사용할 MiniGrid-DoorKey 환경. 이 환경에서 에이전트(삼각형)는 열쇠를 집어서 문(흰 테두리와 작은 원이 있는 검은색 사각형)을 열고 목표 지점(밝은 사각형)으로 가야 한다. 환경 초기화 시 게임 객체들(에이전트와 열쇠, 문, 목표 지점)은 무작위로 배치되며, 에이전트는 시선 방향으로 일부 영역(삼각형 주변의 밝은 영역)만 볼 수 있다.

MiniGrid의 환경들에는 원래의 Gridworld에는 없는 또 다른 제약이 몇 가지 존재하는데, 그중 하나는 에이전트가 격자 전체를 보지 못하고 오직 자기 주변의 작은 영역만 볼 수 있다는 점이다. 또한, 에이전트가 그냥 상하좌우로 움직이는 것이 아니라 먼저 이동할 쪽으로 방향을 돌린 후 이동해야 한다는 제약도 있다. 환경에 대한 에이전트의 부분적 시야는 **자기중심적**(egocentric)이다. 즉, 에이전트는 오직 자신이 향한 쪽의 격자 칸들만 볼 수 있다. 따라서, 에이전트가 이동하지 않고 방향만 바꾸어도 시야가 달라진다. 환경이 제공하는 상태는 7×7×3 텐서이다. 앞의 7×7은 에이전트에게 보이는 격자 영역이고, 마지막 차원 3은 그 격자 영역의 각 위치에 있는 물체들을 부호화한다.

이 Gridworld 환경은 관계 모듈을 시험하기에 좋다. 왜냐하면, 에이전트가 플레이를 잘 하는 방법을 배우려면 열쇠가 어떻게 문과 연관되고 문이 어떻게 목표 도달과 연관되는지를 배워야 하기 때문이다. 이는 모두 일종의 관계 추론이다. 또 다른 이유는 게임 환경을 일단의 객체(노드)들의 그래프로 자연스럽게 표현할 수 있다는 점이다. MNIST의 이미지와는 달리, 이번에는 격자의 칸('픽셀')들에 실제로 게임 객체들이 존재한다. 따라서 분석 시 에이전트가 어떤 객체에 주의를 집중하는지를 좀 더 명확히 파악할 수 있다. 관계 모듈 덕분에 에이전트가 열쇠와 문, 목표 지점에 좀 더 강하게 주의를 집중한다면, 그리고 열쇠가 문과 관계가 있음을 배우게 되면 좋을 것이다. 그리고 에이전트가 실제로 그런 것들을 배운다면, 에이전트의 학습과 사람이 격자의 객체들을 관련짓는 방법을 배우는 것의 차이가 별로 크지 않다고 말할 수 있을 것이다.

이번 예제의 구현은 MNIST 예제를 최대한 재활용한다. 이번 모형도 관계 모듈과 심층 Q 신경망의 조합이나, 다중 헤드 주의 메커니즘을 사용한다는 점과 분류를 위한 log_softmax 대신 보통의 활성화 함수를 사용한다는 점이 다르다. 우선 다중 헤드 주의의 구현부터 살펴보자. 텐서의 차수가 높아지면 관련 연산들도 복잡해지기 때문에, PyTorch의 내장 einsum 함수를 확장하는 Einops라는 패키지를 활용하기로 한다. 이 패키지 역시 pip으로 간단히 설치할 수 있다.

```
$ pip install einops
```

이 패키지에서 중요한 함수는 rearrange와 reduce 두 개뿐인데, 여기서는 rearrange 함수만 사용한다. 기본적으로 rearrange는 고차 텐서의 형태(차원들)를 변경하는 함수인데, PyTorch 내장 함수들을 사용하는 것보다 더 편하고 쉽다. 무엇보다도, einsum처럼 문자열을 이용해서 변환을 지정할 수 있다. 다음은 텐서 차원들의 순서를 바꾸는 예이다.

```
>>> from einops import rearrange
>>> x = torch.randn(5,7,7,3)
>>> rearrange(x, "batch h w c -> batch c h w").shape
torch.Size([5, 3, 7, 7])
```

또한, 차원을 더 늘리는 것도 가능하다. 다음은 공간 차원 h 차원과 w를 하나의 N 차원(노드 개수)으로 축약한 텐서의 공간 차원들을 다시 복원하는 예이다.

```
>>> x = torch.randn(5,49,3)
>>> rearrange(x, "batch (h w) c -> batch h w c", h=7).shape
torch.Size([5, 7, 7, 3])
```

이 경우 rearrange는 입력 텐서의 둘째 차원 (h w)를 개별 h와 w로 분리한다. 한 차원을 둘로 분리하려면 두 차원의 크기를 알아야 하는데, 두 차원 중 하나만 지정하면(이 경우 h=7) 다른 차원의 크기는 rearrange가 원래 차원의 크기에서 유추한다.

다중 헤드 주의를 위한 주된 변경 사항은 초기 노드 행렬 $\mathcal{N}{:}\mathbb{R}^{b \times n \times f}$를 키 행렬, 질의 행렬, 값 행렬로 투영할 때 헤드 차원을 추가한다는 것이다. 즉, $Q,\ K,\ V$는 $\mathbb{R}^{b \times h \times n \times d}$ 텐서인데, 여기서 b는 배치 차원이고 h가 헤드 차원이다. 이번 예제에서 헤드의 수는 셋으로 둔다. 따라서 h = 3이다. 노드 개수는 $n = 7 \times 7 = 49$이고 노드 특징 벡터의 차원은 $d = 64$이다. 이 값들은 필자들이 시행착오를 거쳐 결정한 것인데, 이보다 더 큰 값들이나 작은 값들을 사용해도 될 것이다(학습 성과는 다를 수 있겠지만).

세 텐서를 얻은 다음에는 질의 텐서와 키 텐서를 곱해서 주의 텐서 $A{:}\mathbb{R}^{b \times h \times n \times n}$을 얻고, 그것을 소프트맥스로 정규화한다. 그런 다음 그 텐서의 마지막 n 차원으로 헤드 차원을 축약하고, 그 결과의 마지막 차원을 선형층으로 축약해서 갱신된 노드 텐서 $\mathcal{N}{:}\mathbb{R}^{b \times n \times d}$를 얻는다. 필요하다면 갱신된 노드 텐서를 또 다른 자가 주의 층에 입력해서 더욱 갱신할 수도 있지만, 여기서는 자가 주의 층 하나만 사용한다. 마지막으로, 갱신된 노드 텐서의 모든 노드를 하나의 벡터로 축약하고 몇 개의 선형층을 통과시켜서 최종 출력을 얻는다.

그럼 다중 헤드 주의 모형의 구현이 단일 헤드 주의 모형의 구현과 다른 부분만 먼저 살펴보자. 다중 헤드 주의 모형의 전체 코드는 잠시 후에 제시하겠다(목록 10.7). 우선, 다중 헤드 주의 모형을 위한 관계 모듈 클래스의 생성자에서 $Q,\ K,\ V$를 위한 선형층들을 만들 때, 마지막 차원을 주의 헤드 개수만큼 확장한 선형층 정의를 사용한다.

```
self.proj_shape = (self.conv4_ch+self.sp_coord_dim,self.n_heads * self.node_size)
self.k_proj = nn.Linear(*self.proj_shape)
self.q_proj = nn.Linear(*self.proj_shape)
self.v_proj = nn.Linear(*self.proj_shape)
```

보통의 선형층 세 개를 만드는 것은 단일 헤더 주의 모형과 같지만, 마지막 차원의 크기에 주의 헤드 개수를 곱했다는 점이 다르다. 이 투영 신경층들의 입력은 초기 노드 행렬들의 배치에 해당하는 텐서 $\mathcal{N}{:}\mathbb{R}^{b \times n \times c}$인데, 여기서 c 차원의 크기는 마지막 합성곱 층 출력의 채널 차원에 2(공간 정보 유지를 위한 두 공간 좌표)를 더한 것이다. 이 선형층들은 그 노드 텐서를 채널 차원에 대해 축약해서 질의, 키, 값 행렬 $Q,K,V{:}\mathbb{R}^{b \times n \times (h \times d)}$를 산출한다. 이를 위해, Einops의 rearrange 함수를 이용해서 마지막 차원을 헤드 차원과 d 차원으로 확장한다.

```
K = rearrange(self.k_proj(x), "b n (head d) -> b head n d",head=self.n_heads)
```

입력의 셋째 차원을 헤드 차원과 d 차원으로 분리함과 동시에, 헤드 차원이 배치 차원 바로 다음에 오도록 차원들의 순서도 조금 바꾸었음을 주목하자. Einops가 없었다면 코드가 훨씬 더 길고 읽기 어려웠을 것이다.

이번 예제의 또 다른 차이점은 호환성 함수(질의와 키의 유사도를 결정하는)로 내적 연산 대신 **가산적 주의**(additive attention)를 사용한다는 점이다(그림 10.20). 내적 주의 기법도 잘 작동하겠지만, 내적이 유일한 호환성 함수는 아님을 보여주기 위해 가산적 주의를 사용하기로 한다. 또한, 가산적 함수가 약간 더 안정적이고 표현력이 좋다.

그림 10.20 호환성 함수는 각 키 벡터와 질의 벡터의 유사도를 계산한다. 그 유사도들이 인접행렬(주의 행렬)이 된다.

내적 주의에서는 그냥 각 질의 벡터와 키 벡터의 내적으로 두 벡터의 호환성(유사도)을 측정한다. 두 벡터의 대응되는 성분들이 서로 비슷하면 그 내적은 큰 양수이고, 성분들이 다르면 내적이 0에 가깝거나 큰 음수가 된다. 따라서 내적 호환성 함수의 값은 음의 방향으로도, 양의 방향으로도 무한대이다. 이처럼 아주 크거나 작은 값들을 소프트맥스에 넣으면 값들이 쉽게 포화한다. 이 맥락에서 **포화**는, 소프트맥스의 입력 벡터에 다른 성분들보다 특히나 더 큰(또는 작은) 성분이 있으면 소프트맥스가 그 성분 하나에 모든 확률질량을 배정하고 다른 모든 성분에는 0의 확률을 배정한다는 뜻이다. 그러면 일부 값들에 대한 기울기들이 너무 크거나 작아서 훈련이 불안정해진다.

가산적 주의는 추가적인 매개변수들을 도입해서(따라서 계산 비용은 조금 증가한다) 이 문제를 해결한다. Q 텐서와 K 텐서를 그대로 곱하는 대신, 가산적 주의에서는 개별적인 선형층들에 통과시킨 후 그 결과들을 합하고, 활성화 함수를 적용하고, 그것을 또 다른 선형층에 통과시켜서 주의 행렬을 얻는다(그림 10.21). 이렇게 하면 Q와 K의 좀 더 복잡한 상호작용이 가능해지며, 그러면서도 수치적 불안정성의 위험은 별로 크지 않다. 곱셈에 비해 덧셈은 수치들의 차이를 그리 많이 증폭하지 않기 때문이다. 다음은 다중 헤드 주의 모형을 구현하는 MultiHeadRelationalModule 클래스의 생성자에서 가산적 주의를 위한 세 선형층을 정의하는 코드이다.

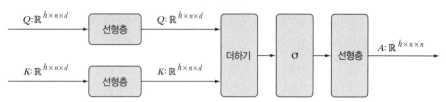

가산적 주의

그림 10.21 내적 주의의 한 대안인 가산적 주의. 수치 안정성이 개선되었다. 질의들과 키들을 그대로 곱하는 대신, 각각 다른 선형층에 통과시켜서 합한 후 비선형 함수를 적용하고 또 다른 선형층을 거쳐서 차원 크기를 변경한다.

```
self.k_lin = nn.Linear(self.node_size, self.N)
self.q_lin = nn.Linear(self.node_size, self.N)
self.a_lin = nn.Linear(self.N, self.N)
```

그리고 다음은 MultiHeadRelationalModule 클래스의 forward 메서드에서 가산적 주의를 위한 계산을 수행하는 부분이다.

```
A = torch.nn.functional.elu(self.q_lin(Q) + self.k_lin(K))
A = self.a_lin(A)
A = torch.nn.functional.softmax(A, dim=3)
```

첫 줄은 Q와 K를 각각 선형층에 통과시킨 결과들을 더한다. 둘째 줄은 합산 결과에 비선형 활성화 함수를 적용한다. 셋째 줄은 그것을 또 다른 선형층에 통과시키고 소프트맥스를 적용한다. 그 결과는 주의 텐서(주의 가중치 텐서)이다.

주의 텐서를 얻은 다음에는, 이전처럼 주의 텐서와 V 텐서를 마지막 n차원에 대해 축약해서 하나의 $b \times h \times n \times d$ 텐서를 얻는다. 이것이 다중 헤드 노드 행렬이다.

```
E = torch.einsum('bhfc,bhcd->bhfd',A,V)
```

그런데 자가 주의 관계 모듈의 최종 출력은 $b \times n \times d$ 형태의 갱신된 노드 행렬이어야 하므로, 헤드 차원과 d 차원을 결합하고 또 다른 선형층에 통과시켜서 마지막 차원(결합된)의 크기를 d로 축소해야 한다.

```
E = rearrange(E, 'b head n d -> b n (head d)')
E = self.linear1(E)
E = torch.relu(E)
E = self.norm1(E)
```

이제 $b \times n \times d$ 형태의 갱신된 노드 행렬이 만들어졌다. 이번 예제는 관계 모듈을 하나만 사용하므로, 이것이 최종적인 노드 행렬이다. 자가 주의 모형 전체의 최종 출력을 얻으려면 이 3차 텐서를 2차 텐서, 즉 벡터들의 배치로 변환해야 한다. 이를 위해 n 차원에 대해 최댓값 풀링을 적용하고, 그 결과를 마지막 선형층에 통과시켜서 Q 가치들을 구한다.

```
E = E.max(dim=1)[0]
y = self.linear2(E)
y = torch.nn.functional.elu(y)
```

이상으로 다중 헤드 주의 모형 구현의 주요 코드를 살펴보았다. 목록 10.7은 이들을 포함한, MultiHeadRelationalModule 클래스의 전체 코드이다.

목록 10.7 다중 헤드 관계 모듈

```
class MultiHeadRelationalModule(torch.nn.Module):
    def __init__(self):
        super(MultiHeadRelationalModule, self).__init__()
        self.conv1_ch = 16
        self.conv2_ch = 20
        self.conv3_ch = 24
        self.conv4_ch = 30
        self.H = 28
        self.W = 28
        self.node_size = 64
        self.lin_hid = 100
        self.out_dim = 5
        self.ch_in = 3
        self.sp_coord_dim = 2
        self.N = int(7**2)
        self.n_heads = 3

        self.conv1 = nn.Conv2d(self.ch_in,self.conv1_ch,
            kernel_size=(1,1), padding=0)                          ❶
        self.conv2 = nn.Conv2d(self.conv1_ch,self.conv2_ch,
            kernel_size=(1,1), padding=0)
        self.proj_shape = (self.conv2_ch+self.sp_coord_dim,
            self.n_heads*self.node_size)
        self.k_proj = nn.Linear(*self.proj_shape)
        self.q_proj = nn.Linear(*self.proj_shape)
        self.v_proj = nn.Linear(*self.proj_shape)

        self.k_lin = nn.Linear(self.node_size,self.N)             ❷
        self.q_lin = nn.Linear(self.node_size,self.N)
        self.a_lin = nn.Linear(self.N,self.N)

        self.node_shape = (self.n_heads, self.N,self.node_size)
        self.k_norm = nn.LayerNorm(self.node_shape, elementwise_affine=True)
        self.q_norm = nn.LayerNorm(self.node_shape, elementwise_affine=True)
```

```
        self.v_norm = nn.LayerNorm(self.node_shape, elementwise_affine=True)

        self.linear1 = nn.Linear(self.n_heads * self.node_size, self.node_size)
        self.norm1 = nn.LayerNorm([self.N,self.node_size],
            elementwise_affine=False)
        self.linear2 = nn.Linear(self.node_size, self.out_dim)

    def forward(self,x):
        N, Cin, H, W = x.shape
        x = self.conv1(x)
        x = torch.relu(x)
        x = self.conv2(x)
        x = torch.relu(x)
        with torch.no_grad():
            self.conv_map = x.clone()                                      ❸
        _,_,cH,cW = x.shape
        xcoords = torch.arange(cW).repeat(cH,1).float() / cW
        ycoords = torch.arange(cH).repeat(cW,1).transpose(1,0).float() / cH
        spatial_coords = torch.stack([xcoords,ycoords],dim=0)
        spatial_coords = spatial_coords.unsqueeze(dim=0)
        spatial_coords = spatial_coords.repeat(N,1,1,1)
        x = torch.cat([x,spatial_coords],dim=1)
        x = x.permute(0,2,3,1)
        x = x.flatten(1,2)
        K = rearrange(self.k_proj(x), "b n (head d) -> b head n d",
            head=self.n_heads)
        K = self.k_norm(K)
        Q = rearrange(self.q_proj(x), "b n (head d) -> b head n d",
            head=self.n_heads)
        Q = self.q_norm(Q)
        V = rearrange(self.v_proj(x), "b n (head d) -> b head n d",
            head=self.n_heads)
        V = self.v_norm(V)
        A = torch.nn.functional.elu(self.q_lin(Q) + self.k_lin(K))         ❹
        A = self.a_lin(A)
        A = torch.nn.functional.softmax(A,dim=3)
        with torch.no_grad():
            self.att_map = A.clone()                                       ❺
        E = torch.einsum('bhfc,bhcd->bhfd',A,V)                            ❻
        E = rearrange(E, 'b head n d -> b n (head d)')                     ❼
        E = self.linear1(E)
        E = torch.relu(E)
        E = self.norm1(E)
        E = E.max(dim=1)[0]
        y = self.linear2(E)
        y = torch.nn.functional.elu(y)
        return y
```

❶ 격자 위 객체들의 위치 정보를 보존하기 위해 1×1 합성곱 층을 사용한다.

❷ 가산적 주의를 위한 선형층들을 설정한다.

❸ 나중에 시각화에 사용하기 위해, 입력(합성곱 연산 적용 후의)의 복사본을 만들어 둔다.

❹ 가산적 주의.

❺ 나중에 시각화에 사용할 주의 가중치 복사본을 만들어 둔다.

❻ 주의 가중치 행렬과 노드 행렬을 배치 방식으로 곱해서 갱신된 노드 행렬을 얻는다.

❼ 헤드 차원과 d 차원(노드 특징들)을 합친다.

10.5 이중 Q 학습

이제 이 모형을 훈련할 차례이다. 이번 예제의 Gridworld 환경은 보상이 희소하므로 훈련 과정을 최대한 매끄럽게 만들 필요가 있다. 희소 보상 문제에 강한 오기심 기반 학습을 사용하지 않으므로 특히나 더 그렇다.

제3장에서 Q 학습을 소개할 때 훈련 안정화를 위한 목표망을 논의했는데, 혹시 기억나지 않는 독자를 위해 요약해 보겠다. 보통의 Q 학습에서는 목표 Q 가치를 다음과 같이 계산한다.

$$Q_{\text{new}} = r_t + \gamma \max(Q(s_{t+1}))$$

그런데 문제는, 예측이 목푯값과 가까워지도록 이 공식을 이용해서 DQN을 갱신할 때마다 $Q(s_{t+1})$이 변하며, 그러면 다음번에 Q 함수를 갱신할 때는 같은 상태에서도 목푯값 Q_{new}가 이전과 달라진다는 것이다. 그러면 훈련 과정에서 DQN이 '움직이는 목표'를 쫓아가는 상황이 되며, 결과적으로 훈련이 아주 불안정해지고 학습의 성과가 나빠진다. 훈련을 안정화하는 한 방법은 주 Q 함수의 복사본인 **목표** Q 함수 Q'을 도입해서, 앞의 목푯값 공식에서 원래의 Q 함수에 $Q'(s_{t+1})$을 대입한 다음과 같은 목푯값 갱신 공식을 사용하는 것이다.

$$Q_{\text{new}} = r_t + \gamma \max(Q'(s_{t+1}))$$

훈련 과정에서 주 Q 함수에만 역전파를 적용해서 훈련하되, 주기적으로(이를테면 훈련 주기 100회마다) 주 Q 함수의 매개변수들을 목표 Q 함수 Q'에 복사한다. 주 Q 함수가 움직이는 목표가 아니라 상대적으로 고정된(가끔만 갱신되는) 목표를 쫓아가므로 학습이 크게 안정화된다.

그런데 이렇게 해도 원 목푯값 갱신 공식의 문제점이 모두 사라지지는 않는다. 두 공식 모두 최댓값 함수(max)가 관여한다. 즉, 목푯값은 다음 상태에 대해 예측된 Q 가치 중 가장 큰 값에 의존한다. 이 때문에 에이전트가 동작들에 대한 Q 가치들을 과대평가할 여지가 생긴다. 이 문제는 특히 훈련 초기에 영향을 미친다. 예를 들어 훈련 초기에 DQN이 동작 1을 취한 후 동작 1에 엄청나게 큰 Q 가치가 연관됨을 배웠다면, 이후 과정에서도 계속해서 동작 1을 자주 선택하게 된다. 그러면 동작 1의 가치가 더욱 과대평가되어서 훈련이 불안정해지고 학습 성과가 나빠진다.

이 문제를 완화하고 Q 가치들을 좀 더 정확하게 예측하는 한 방법으로 이번 절에서는 이중 Q 학습(double Q-learning)을 제시한다. 차차 보겠지만, 이중 Q 학습은 동작 가치 평가와 동작 선택을 분리함으로써 앞에서 언급한 문제를 해결한다. 이중 Q 학습을 위한 **이중 심층 Q 신경망**(double deep Q-network, DDQN)은 목표망을 갖춘 보통의 심층 Q 신경망을 조금 수정한 형태의 신경망이다. 주 Q 신경망과 엡실론 탐욕 정책으로 동작을 선택한다는 것은 보통의 심층 Q 신경망과 같다. 그러나 목푯값 Q_{new}를 계산하는 방법이 조금 다르다. DDQN에서는 먼저 Q(주 Q 신경망)의 최대 인수, 즉 기대 가치가 가장 큰 동작의 색인을 얻는다. 예를 들어 $argmax(Q(s_{t+1})) = 2$라는 것은 주 Q 함수의 관점에서 다음 상태의 동작 가치들을 예측했을 때 동작 2에 대한 기대 가치가 가장 크다는 뜻이다. 이중 Q 학습에서는 이 색인에 해당하는 목표망 Q'의 기대 가치를 목푯값 계산에 사용한다.

$$a = argmax(Q(s_{t+1}))$$
$$x = Q'(s_{t+1})[a]$$
$$Q_{new} = r_t + \gamma x$$

목표망 Q'으로 산출한 Q 가치를 목푯값 갱신에 사용한다는 점은 이전과 같으나, Q'의 최대 Q 가치를 사용하는 것이 아니라 주 Q 신경망의 최대 Q 가치와 연관된 동작에 기반해서 Q 가치를 선택한다는 점이 다르다. 다음은 이를 코드로 표현한 것이다.

```
>>> state_batch, action_batch, reward_batch, state2_batch, done_batch = \
        get_minibatch(replay, batch_size)
>>> q_pred = GWagent(state_batch)
>>> astar = torch.argmax(q_pred,dim=1)
>>> qs = Tnet(state2_batch).gather(dim=1,index=astar.unsqueeze(dim=1)).squeeze()
>>> targets = get_qtarget_ddqn(qs.detach(),reward_batch.detach(),gamma,done_batch)
```

마지막 줄의 get_qtarget_ddqn 함수는 $Q_{new} = r_t + \gamma x$를 계산한다.

```
def get_qtarget_ddqn(qvals,r,df,done):
    targets = r + (1-done) * df * qvals
    return targets
```

마지막 매개변수 done은 게임 종료 여부를 뜻하는 부울값이다. 게임의 끝에서는 $Q(s_{t+1})$을 계산할 다음 상태라는 것이 없으므로 그냥 r_t를 목푯값으로 사용하는데, 코드에서도 done이 참이면 (1-done)이 0이 되어서 결국은 r만 남는다.

이상으로 훈련 안정성과 학습 성과를 개선하는 간단한 방법인 이중 Q 학습의 설명을 마치겠다.

10.6 훈련과 주의 시각화

이제 훈련 루프를 돌릴 준비가 거의 끝났다. 우선 몇 가지 보조 함수를 보자.

목록 10.8 기타 보조 함수들

```python
import gym
from gym_minigrid.minigrid import *
from gym_minigrid.wrappers import FullyObsWrapper, ImgObsWrapper
from skimage.transform import resize

def prepare_state(x):                                    ❶
    ns = torch.from_numpy(x).float().permute(2,0,1).unsqueeze(dim=0)#
    maxv = ns.flatten().max()
    ns = ns / maxv
    return ns

def get_minibatch(replay,size):                          ❷
    batch_ids = np.random.randint(0,len(replay),size)
    batch = [replay[x] for x in batch_ids] #튜플들의 목록
    state_batch = torch.cat([s for (s,a,r,s2,d) in batch],)
    action_batch = torch.Tensor([a for (s,a,r,s2,d) in batch]).long()
    reward_batch = torch.Tensor([r for (s,a,r,s2,d) in batch])
    state2_batch = torch.cat([s2 for (s,a,r,s2,d) in batch],dim=0)
    done_batch = torch.Tensor([d for (s,a,r,s2,d) in batch])
    return state_batch,action_batch,reward_batch,state2_batch, done_batch

def get_qtarget_ddqn(qvals,r,df,done):                   ❸
    targets = r + (1-done) * df * qvals
    return targets
```

❶ 상태 텐서를 정규화하고 PyTorch 텐서로 변환한다.

❷ 경험 재현 목록에서 무작위로 미니배치를 추출한다.

❸ 목표 Q 가치를 계산한다.

각각 상태 관측 텐서를 준비하는 함수, 미니배치를 만드는 함수, 목표 Q 가치를 계산하는 함수이다. 모두 이전에 논의한 내용이므로 더 설명할 필요는 없을 것이다.

목록 10.9는 훈련에 사용할 손실함수와 경험 재현 목록을 갱신하는 함수이다.

```
def lossfn(pred,targets,actions):                    ❶
    loss = torch.mean(torch.pow(targets.detach() - pred.gather(dim=1,
                      index=actions.unsqueeze(dim=1)).squeeze(),2),dim=0)
    return loss

def update_replay(replay,exp,replay_size):           ❷
    r = exp[2]
    N = 1
    if r > 0:
        N = 50
    for i in range(N):
        replay.append(exp)
    return replay

action_map = {                                       ❸
    0:0,
    1:1,
    2:2,
    3:3,
    4:5,
}
```

❶ 손실함수.

❷ 새 경험을 경험 재현 목록에 추가한다. 보상이 긍정적이면 경험의 복사본 50개를 추가한다.

❸ DQN의 출력을 동작 색인에 대응시키는 맵

update_replay 함수는 새 경험을 경험 재현 목록에 추가한다(이미 목록이 꽉 차 있으면 무작위로 기존 경험이 새 경험으로 대체된다). 경험의 보상이 긍정적(양수)이면 경험의 복사본 50개를 추가하는데, 이는 이 환경의 긍정적 보상이 희소하기 때문이다. 보상이 긍정적인 경험은 에이전트의 학습에 중요한 단서가 되므로, 이처럼 여러 개 추가해서 경험 재현 목록에 중요한 경험들이 많아지게 한다.

MiniGrid의 모든 환경은 일곱 가지 동작을 지원한다. 그러나 이번 예제의 환경은 일곱 동작 중 다섯 가지만 사용한다. 다섯 동작의 색인들은 중간에 4가 빠진 {0,1,2,3,5}라서, DQN이 출력하는 0, 1, 2, 3, 4를 action_map을 이용해서 실제 동작 색인에 대응시킨다.

MiniGrid의 동작 식별자와 해당 동작 색인은 다음과 같다.

```
[<Actions.left: 0>,
 <Actions.right: 1>,
 <Actions.forward: 2>,
 <Actions.pickup: 3>,
 <Actions.drop: 4>,
 <Actions.toggle: 5>,
 <Actions.done: 6>]
```

마지막으로, 목록 10.10은 이번 예제의 주 훈련 루프이다.

목록 10.10 **주 훈련 루프**

```
from collections import deque
env = ImgObsWrapper(gym.make('MiniGrid-DoorKey-5x5-v0'))          ❶
state = prepare_state(env.reset())
GWagent = MultiHeadRelationalModule()                            ❷
Tnet = MultiHeadRelationalModule()                               ❸
maxsteps = 400                                                   ❹
env.max_steps = maxsteps
env.env.max_steps = maxsteps

epochs = 50000
replay_size = 9000
batch_size = 50
lr = 0.0005
gamma = 0.99
replay = deque(maxlen=replay_size)                               ❺
opt = torch.optim.Adam(params=GWagent.parameters(),lr=lr)
eps = 0.5
update_freq = 100
for i in range(epochs):
    pred = GWagent(state)
    action = int(torch.argmax(pred).detach().numpy())
    if np.random.rand() < eps:                                  ❻
        action = int(torch.randint(0,5,size=(1,)).squeeze())
    action_d = action_map[action]
    state2, reward, done, info = env.step(action_d)
    reward = -0.01 if reward == 0 else reward                   ❼
    state2 = prepare_state(state2)
    exp = (state,action,reward,state2,done)

    replay = update_replay(replay,exp,replay_size)
    if done:
        state = prepare_state(env.reset())
    else:
        state = state2
    if len(replay) > batch_size:

        opt.zero_grad()

        state_batch,action_batch,reward_batch,state2_batch,done_batch = \
            get_minibatch(replay,batch_size)

        q_pred = GWagent(state_batch).cpu()
        astar = torch.argmax(q_pred,dim=1)
        qs = Tnet(state2_batch).gather(dim=1,index=astar.unsqueeze(dim=1)).squeeze()

        targets = get_qtarget_ddqn(qs.detach(),reward_batch.detach(),
```

```
                          gamma,done_batch)

        loss = lossfn(q_pred,targets.detach(),action_batch)
        loss.backward()
        torch.nn.utils.clip_grad_norm_(GWagent.parameters(), max_norm=1.0) ❽
        opt.step()
    if i % update_freq == 0:                                               ❾
        Tnet.load_state_dict(GWagent.state_dict())
```

❶ 환경을 설정한다.

❷ 다중 헤드 자가 주의 모형의 주 심층 Q 신경망을 만든다.

❸ 목표망을 만든다.

❹ 에이전트가 이번 에피소드를 포기할 때까지의 최대 단계 수를 설정한다.

❺ 경험 재현 목록을 초기화한다.

❻ 엡실론 탐욕 정책으로 동작을 선택한다.

❼ 이 동작으로 게임이 종료되지 않았으면 작은 크기의 부정적 보상을 제공한다.

❽ 너무 큰 기울기가 나오지 않도록 기울기를 일정 범위로 제한한다.

❾ 100단계마다 주 DQN으로 목표 DQN을 갱신한다.

훈련을 10,000회 정도 반복하면 이 자가 주의 이중 DQN 강화학습 알고리즘은 MiniGrid 게임을 상당히 잘 플레이한다. 그러나 최대 정확도를 달성하려면 훈련을 50,000회는 반복해야 할 것이다.

그림 10.22는 로그 손실값 그래프와 평균 에피소드 길이 그래프이다. 평균 에피소드 길이 그래프에서 보듯이, 에이전트의 학습이 진척됨에 따라 목표 지점에 도달하기까지의 단계 수가 점점 적어진다.

훈련된 알고리즘을 실행해 보면, 알고리즘이 최대 단계 수 이내로 목표 지점에 도달하는 에피소드가 94% 이상일 것이다. 실행 도중 화면 프레임들을 기록했다가 재생하면, 에이전트가 게임 플레이하는 방법을 정말로 알고 플레이하는 것처럼 움직이는 모습을 볼 수 있을 것이다. 본문의 코드에서는 간결함을 위해 화면 프레임 녹화 코드를 비롯한 여러 보조 코드를 생략했는데, 원서 깃허브 저장소에 전체 코드가 있으니 참고하기 바란다.

로그 손실값

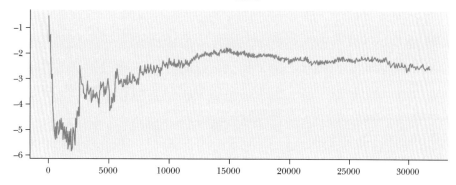

평균 에피소드 길이

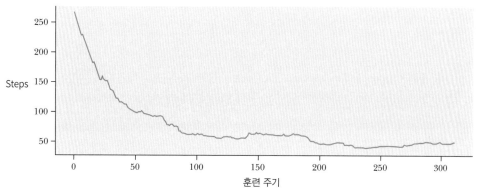

훈련 주기

그림 10.22 위: 훈련 과정의 로그 손실값 그래프. 초반에 손실값이 급격히 떨어졌다가 얼마간 조금 증가한 후
아주 천천히 감소했다. 아래: 평균 에피소드 길이 그래프. 손실값 그래프보다는 이 그래프가 학습
성과를 좀 더 직관적으로 보여준다. 훈련이 진행되면서 에이전트가 게임을 깨는 데 걸린 단계 수가
점점 감소했다.

10.6.1 최대 엔트로피 학습

이번 예제는 엡실론이 0.5인 엡실론 탐욕 정책을 사용한다. 따라서 에이전트는 50%의 경우에
무작위로 동작을 선택한다. 엡실론을 다르게 설정해서 실험해 보았지만 0.5 정도에서 최고의
성과가 나왔다. 0.01 정도에서 시작해서 0.1, 0.2, …, 0.95까지 엡실론을 증가해 가면서 에이전
트를 훈련하면 훈련 성과 그래프가 뒤집힌 U자 형태가 될 것이다. 엡실론이 너무 작으면 탐험
이 부족해서 학습이 잘 안 되고, 반대로 엡실론이 너무 크면 활용이 부족해서 역시 학습이 잘
안 된다.

절반의 경우에 무작위로 동작을 선택하는 데도 에이전트가 좋은 성과를 내는 이유는 무엇
일까? 학습 성과가 감소하기 직전까지 엡실론 값을 최대한 끌어올려서 학습을 진행하는 것은

최대 엔트로피 원리에 기초한 **최대 엔트로피 학습**(maximum entropy learning)에 해당한다.

에이전트가 사용하는 정책의 '엔트로피'는 정책이 보이는 행동의 무작위성 또는 '무질서도'에 해당한다. 성능이 떨어지기 직전까지 엔트로피를 최대화하면 학습 성과와 일반화가 개선된다는 점이 밝혀졌다. 뒤집어서 생각하면, 무작위로 동작을 선택하는 비율이 높음에도 에이전트가 좋은 성과를 낸다는 것은 에이전트의 정책은 무작위 변환에 대해 견고하다는 뜻이며, 따라서 좀 더 어려운 환경에도 잘 대처할 수 있을 것이다.

10.6.2 커리큘럼 학습

이번 예제의 에이전트는 격자가 5×5밖에 되지 않는 MiniGrid 환경에서 활동한다. 격자가 아주 작기 때문에, 완전히 무작위로 동작을 선택해도 목표를 달성할 가능성이 있다. MiniGrid는 16×16 등 좀 더 큰 환경들도 제공하는데, 그런 환경들에서는 우연히 목표에 도달할 가능성이 거의 없다. 호기심 기반 학습 대신(또는 호기심 기반 학습과 연동해서) 사용할 수 있는 대안으로 **커리큘럼 학습**(curriculum learning)이라는 것이 있다. 커리큘럼 학습에서는 먼저 문제의 쉬운 버전으로 에이전트를 훈련한 후 그보다 조금 어려운 버전으로 나아가는 식으로 학습의 난도를 높여나간다. 그러다 보면 보통의 방식으로는 해법을 배우기 어려운 문제도 풀 수 있게 된다. 이번 예제의 경우라면, 16×16 격자에 바로 도전하는 대신 먼저 5×5 격자에서 최고의 정확도가 나올 때까지 훈련하고, 그런 다음 6×6을 훈련하고, 그런 다음 8×8을 훈련하는 식으로 나아가서 16×16 격자에 도전하는 형태가 될 것이다.

10.6.3 주의 가중치 시각화

이번 장의 예제들은 관계 DQN을 이용하면 비교적 어려운 Gridworld 환경도 에이전트가 성공적으로 학습할 수 있음을 보여주었다. 그러나 사실 이보다 훨씬 단순한 DQN으로도 비슷한 성과를 낼 수 있다. 하지만 관계 추론 능력을 갖춘 주의 모형의 장점이 학습 성능만은 아니다. 주의 모형의 또 다른 장점은 해석성 또는 설명성이다. 주의 가중치들을 시각화하면 에이전트가 게임을 플레이하는 과정에서 무엇에 초점을 두었는지를 파악할 수 있다. 실제로 주의 가중치들을 살펴보면, 예상한 대로의 결과도 있지만 의외의 결과도 있을 것이다.

주의 가중치 시각화를 위해 주의 모형 클래스는 순전파를 실행할 때마다 주의 가중치들의 복사본을 저장해 둔다. 주의 모형 클래스의 인스턴스가 GWagent라고 할 때, GWagent.att_map 속성으로 그 복사본들에 접근할 수 있다. 이 속성은 **배치**×**헤드**×**높이**×**너비** 텐서를 돌려준다. 다음은 주의 가중치 시각화 방법을 보여주는 코드로, 환경을 초기화한 후 모형을 한 단계 실행해서 주의 가중치들을 저장하고, 특정 주의 헤드를 선택하고, 특정 노드를 선택하고, 해당 주의 가중치 텐서를 7×7 텐서로 변환한 결과를 plt.imshow로 화면에 표시한다.

```
>>> state_ = env.reset()
>>> state = prepare_state(state_)
>>> GWagent(state)
>>> plt.imshow(env.render('rgb_array'))
>>> plt.imshow(state[0].permute(1,2,0).detach().numpy())
>>> head, node = 2, 26
>>> plt.imshow(GWagent.att_map[0][head][node].view(7,7))
```

이런 식으로 열쇠 노드와 문 노드, 에이전트 노드의 주의 가중치들을 살펴보면 그 객체들 사이의 관계를 볼 수 있다. 앞에서 주의 가중치 텐서를 7×7 텐서로 바꾼 이유는 에이전트에게 주어지는 상태(에이전트의 시야에 해당)가 7×7 텐서이기 때문이다. 주의 가중치 텐서와 상태의 규모가 같기 때문에, 시야에 있는 특정 객체와 그에 해당하는 주의 가중치가 일대일로 대응된다. 이렇게 하지 않았다면 이 객체에 해당하는 주의 가중치가 어떤 것인지 찾기가 더 어려웠을 것이다. 그림 10.23은 무작위로 초기화된 격자 전체와 에이전트에게 주어지는 상태를 나타낸 것이다.

전체 시야

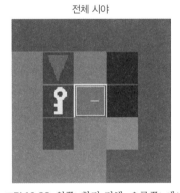

부분 (상태) 시야

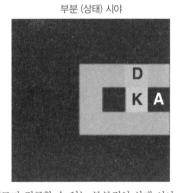

그림 10.23 왼쪽: 환경 전체. 오른쪽: 에이전트가 접근할 수 있는 부분적인 상태 시야.

앞의 코드에서 plt.imshow는 각 노드를 그 종류에 따라 다른 색으로 표시하는데, 지면의 그림으로는 구분이 어려울 것이므로 오른쪽 그림에 각 노드의 종류를 영문자로 표시해 두었다. A는 에이전트, K는 열쇠, D는 문이다. 그리고 밝은 칸은 빈 공간(이동 가능한 노드)이고 검은 칸은 벽이다. 에이전트의 부분 시야는 항상 7×7인데 이번 예제에서 게임의 전체 격자가 5×5밖에 되지 않으므로, 부분 시야에는 빈칸이 몇 개 포함된다.

그림 10.24는 에이전트, 열쇠, 문의 주의 가중치들을 주의 헤드별로 시각화한 것이다. 이상하게도 헤드 1은 그 어떤 게임 객체에도 주의를 기울이지 않고 그냥 빈칸에 초점을 두었다. 이 그림은 49개의 노드 중 세 개의 주의 가중치들만 나타낸 것이지만, 다른 노드들의 주의 가중치들을 살펴봐도 역시 이와 비슷하다. 주의 헤드 1은 아무 데도 주의를 기울이지 않거나 적은 수의 격자 칸에만 주의를 기울인다.

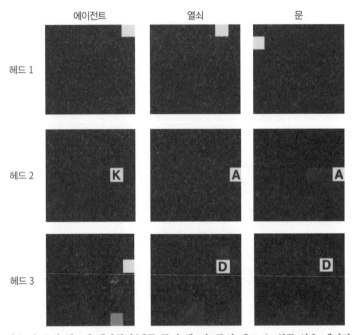

그림 10.24 각 행은 각 주의 헤드에 해당한다(예를 들어 행 1은 주의 헤드 1). 왼쪽 열은 에이전트의 자가 주의 가중치들을 나타낸 것으로, 에이전트 노드가 주로 어떤 노드들에 주의를 기울이는지를 보여준다. 가운데 열은 열쇠의 자가 주의 가중치들로, 열쇠 노드가 주로 어떤 노드들에 주의를 기울이는지 보여준다. 오른쪽 열은 문 노드의 자가 주의 가중치들이다.

주의 헤드들이 각자 환경의 특정한 측면에 대해 특수화된다고 생각하면 이러한 결과가 그리 놀라운 일이 아닐 수 있다. 즉, 어쩌면 주의 헤드 1은 환경의 한 작은 영역에 있는 지형지물의 방향과 위치를 파악하는 데 집중하는 것일 수도 있다. 단 몇 개의 격자 칸들로도 이런 것이 가능하다는 점은 인상적이다.

주의 헤드 2와 3(그림 10.24의 행 2와 행 3)은 좀 더 흥미롭고 우리의 예상과 잘 맞는다. 우선 헤드 2부터 보자. 에이전트 노드의 주의 가중치들은 에이전트가 열쇠(K)에 주의를 집중하며 다른 것들에는 전혀 무관심함을 보여준다. 에피소드 초반에서 에이전트가 열쇠부터 먹어야 한다는 점을 생각하면 이는 바람직한 일이다. 그리고 열쇠 노드 역시 에이전트(A)에 집중한다. 이는 에이전트와 열쇠 사이에 양방향 관계가 존재함을 암시한다. 문(D)도 에이전트에 가장 강하게 주의를 집중하지만, 열쇠 노드와 그 옆 빈칸에도 약간의 주의를 기울인다.

다음으로 주의 헤드 3을 보면, 에이전트는 주변의 몇몇 빈칸에 주의를 기울인다. 아마 에이전트 자신의 방향과 위치를 파악하려는 것일 것이다. 열쇠는 문에 주의를 집중하며, 문은 자기 자신에 집중한다.

정리하자면, 이 주의 가중치들은 에이전트가 열쇠와 연관되고 열쇠가 문과 연관됨을 보여준다. 만일 목표 지점이 부분 시야 안에 있다면 문과 목표 지점의 관계도 볼 수 있었을 것이다. 주의가 희소하다는 점, 즉 주의가 적은 수의 노드에만 집중된다는 점이 흥미롭다. 대체로 각 노드는 하나의 노드에만 강하게 주의를 돌린다(종종 몇 개의 노드에 약하게 주의를 집중하는 경우도 있지만).

MiniGrid를 포함한 Gridworld 환경에서는 상태를 이산적인 객체들로 분할하기가 쉽다. 그러나 아타리 게임들처럼 상태가 커다란 RGB 픽셀 배열인 환경도 많이 있다. 그런 경우 주의의 대상은 픽셀들의 집합이기 때문에, 주의 가중치들을 시각화했을 때 특정 주의 가중치가 비디오 프레임의 어떤 객체에 대응되는지 알아내기가 쉽지 않다. 그래도 관계 모듈이 결정을 내릴 때 어떤 이미지의 어떤 부분을 사용했는지는 파악할 수 있다. 그림 10.25는 이번 예제와 비슷한 다중 헤드 주의 모형으로 에일리언Alien이라는 아타리 게임을 학습한 실험(소스 코드는 제시하지 않겠다)에서 얻은 데이터를 시각화한 것인데, 모형이 게임의 주요 객체들에 초점을 두었음을 알 수 있다.

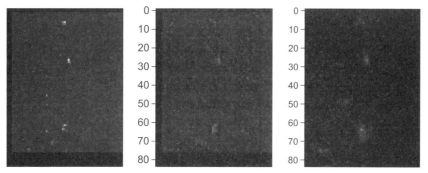

그림 10.25 왼쪽: DQN에 입력된 상태(비디오 프레임을 전처리한 결과). 중간: 원본 비디오 프레임. 오른쪽: 주의 맵. 게임에서 가장 중요한 객체들인 플레이어 캐릭터(화면 정중앙에서 조금 위)와 외계 괴물(화면 하단 중앙), 보너스 아이템(화면 상단)에 주의가 집중되었다.

자가 주의 메커니즘을 이용한 관계 모듈은 기계학습의 강력한 도구이며, 강화학습 에이전트 훈련 시 에이전트가 어떻게 결정을 내리는지 알고 싶을 때 특히나 유용하다. 앞에서 논의했듯이 자가 주의는 그래프에서 노드들이 메시지를 전달하는 한 메커니즘이며, 크게는 그래프 신경망(graph neural networks, GNN) 분야에 속한다. 그래프 신경망의 구현 방법은 여러 가지이지만, 이번 장의 주제에서 가장 중요한 방법은 소위 **그래프 주의망**(graph attention network)이다. 그래프 주의망은 이번 장의 예제들이 사용한 것과 동일한 자가 주의 메커니즘을 사용하되, 좀 더 일반적인 그래프 형태의 데이터에 대해 작동하는 능력을 갖추고 있다.

요약

- 그래프 신경망은 그래프 형태의 데이터에 작동하는 신경망 모형이다. 그래프는 일단의 객체들과 객체들 사이의 관계들로 이루어진 자료 구조로, 객체를 노드라고 부르고 객체들 사이의 관계를 간선이라고 부른다. 친구, 동료, 친인척 등으로 이루어진 인맥이 그래프의 좋은 예인데, 이때 각 노드는 각 개인이고 각 간선은 두 개인의 관계를 나타낸다.

- 인접행렬 $A: N \times N$은 그래프의 모든 가능한 노드 쌍의 연결 관계를 나타낸 행렬이다. 여기서 N은 그래프의 노드 개수이다.

- 메시지 전달은 한 노드의 이웃 노드들의 정보를 취합해서 노드 특징들을 반복적으로 갱신하는 알고리즘이다.

- 귀납 편향은 어떤 데이터 집합에 관한 사전 지식을 뜻한다. 기계학습에서 귀납 편향은 모형이 특정 종류의 패턴을 배우도록 제약하는 용도로 쓰인다. 예를 들어 이번 장에서는 에이전트가 객체들 사이의 관계를 배우도록 귀납 편향을 사용했다.

- 함수 f와 변환 g에 대해 만일 $f(g(x)) = f(x)$이면, 즉 변환을 거친 입력에 대한 함수의 출력이 원래의 입력에 대한 출력과 같으면, "f가 g에 대해 불변이다(또는 불변성을 가진다)"라고 말한다.

- 함수 f와 변환 g에 대해 만일 $f(g(x)) = g(f(x))$이면, 즉 변환을 거친 입력에 대한 함수의 출력이 원래 입력에 대한 출력을 변환한 것과 같으면, "f가 g에 대해 등변이다(또는 등변성을 가진다)"라고 말한다.

- 주의 모형은 모형이 입력 데이터의 한 부분집합에만 주의를 집중하게 함으로써 학습 성과를 높일 뿐만 아니라 해석성도 개선한다. 모형이 어느 부분에 집중하도록 훈련되었는지 조사해 보면 모형의 의사결정 과정을 좀 더 잘 이해할 수 있다.

- 자가 주의 모형은 단지 모형이 입력의 특정 부분에 주의를 집중하게 하는 것을 넘어, 객체(노드)들 사이의 주의 관계들을 배우게 한다. 주의 가중치들을 노드들 사이의 연결 세기로 간주할 수 있으므로, 이러한 자가 주의 모형은 자연스럽게 그래프 신경망의 형태로 이어진다.

- 다중 헤드 주의 모형은 다수의 개별적인 주의 메커니즘들로 입력의 서로 다른 영역에 주의를 기울인다. 이 덕분에 주의 가중치들이 주는 해석성을 유지하면서도 모형 안에서 흐르는 정보의 대역폭을 키울 수 있다.

- 추론의 한 형태인 관계 추론은 어떤 절대적인 기준계에 의존하지 않고 객체들 사이의 관계에 기초해서 추론을 수행한다. 예를 들어 책은 위치 10에 있고 책상은 위치 8에 있다고 말하는 대신, 책이 책상 위에 있다고 말하는 것이 관계 추론이다.

- 두 벡터의 내적은 하나의 스칼라값이다.

- 두 벡터의 외적은 하나의 행렬이다.

- 아인슈나인 합 또는 아인슈타인 표기법을 이용하면 텐서 축약이라고 부르는 일반화된 텐서 대 텐서 연산을 텐서 색인 명명 방식에 기초한 간결한 구문으로 표현할 수 있다.

- 이중 Q 학습은 동작 선택과 동작 가치 갱신을 분리함으로써 훈련을 안정화한다.

11

결론: 돌아보기와 내다보기

이 책의 마지막 장인 이번 장에서는 지금까지 배운 것을 돌아보고, 필자들이 생각하기에 독자가 꼭 기억해야 할 주요 기법과 개념을 되짚는다. 이 책에서 우리는 **강화학습**의 기초를 다양한 예제와 함께 설명했다. 여기까지 읽은 독자라면 이 책에서 다루지 않은 다른 여러 알고리즘과 기법도 그리 어렵지 않게 이해하고 구현할 수 있을 것이다.

이 책은 **심층 강화학습**의 근본 개념들과 기법들에 관한 하나의 **강좌**(course)에 해당한다. 이 책이 상세한 교과서나 참고서는 아니다. 즉, 심층 강화학습에 관해 알아야 할 모든 것이 이 책에 나오지는 않는다. 사실 우리 필자들은 책에서 무엇을 뺄지 결정하느라 애를 많이 먹었다. 심층 강화학습 분야에는 우리가 이 책에 포함하고 싶었지만 눈물을 머금고 생략한 흥미로운 주제가 많이 있으며, '업계 표준'에 해당하지만 이 책 같은 예제 프로젝트 중심의 입문서에 포함하기가 적당치 않은 주제들도 있다.

심층 강화학습을 계속 파고들 독자를 위해, 이번 장의 후반부(§11.2)에서는 심층 강화학습의 몇 가지 고급 주제와 기법, 알고리즘을 소개한다. 이들 대부분은 이 책의 독자에게 생소할 고등 수학을 요구하기 때문에 본문에서는 다루지 않았다. 지면 관계상, 그리고 책의 성격상 그런 수학 내용까지 설명하기는 현실적으로 불가능했다.

11.1 핵심 정리

이름에서 짐작하겠지만 심층 강화학습은 심층학습과 강화학습의 조합이다. 강화학습은 **제어 과제**를 풀기 위한 하나의 틀인데, 이 틀에서 **에이전트**는 주어진 환경 안에서 다양한 동작을 수행하고 그에 대한 긍정적 보상 또는 부정적 보상을 받는다. **환경**은 에이전트가 활동하는 하나의 세계이다. 에이전트는 환경의 상태를 완전히 파악할 수도 있고 상태의 일부분에만 접근할 수도 있다. 후자를 **부분 관측 가능성**(partial observability)이라고 부른다. 환경은 이산적인 시간 단계들에서 어떤 동적인 규칙에 따라 진화한다. 각 시간 단계에서 에이전트는 하나의 동작을 수행하며, 그 동작은 환경의 다음 상태에 영향을 미칠 수 있다. 동작을 취한 후 에이전트는 보상 신호의 형태로 피드백을 받는다. 이러한 과정을 수학적으로 형식화한 것을 **마르코프 결정 과정**(MDP)이라고 부른다.

MDP의 수학적 구조는 환경이 가질 수 있는 상태들의 집합 S와 에이전트가 취할 수 있는 동작들의 집합 A로 구성된다. 에이전트가 취할 수 있는 동작들은 환경의 특정 상태에 따라 다를 수 있다. 그리고 **보상 신호**를 산출하는 **보상 함수** $R(s_t, a_t, s_{t+1})$이 있다. 이 함수는 현재 상태에서 다음 상태로의 전이와 에이전트의 동작에 기초해서 보상을 계산한다. 환경은 결정론적으로 진화할 수도 있고 확률적으로 진화할 수도 있는데, 두 경우 모두 에이전트는 환경의 동적 규칙에 관해 아무것도 모른 상태에서 활동을 시작한다. 따라서 에이전트의 관점에서 모든 상태 전이는 확률적으로 서술되어야 한다.

이러한 틀에서, 에이전트가 현재 상태에서 취한 동작을 조건으로 한, 다음 상태 s_{t+1}들에 관한 조건부 확률분포 $\Pr(s_{t+1}|s_t, a_t)$를 상정할 수 있다. 에이전트는 어떠한 정책 π를 이용해서 동작을 선택한다. 정책은 현재 상태 s_t를 동작들에 관한 확률분포로 사상한다. 즉, π는 하나의 $S \rightarrow \Pr(A)$ 사상이다. 에이전트의 목표는 제한된 시간 안에서 누적 보상이 최대가 되도록 적절한 동작들을 취하는 것이다. 이때 각 보상은 시간이 지남에 따라 점차 감소한다. 이처럼 시간에 따라 "할인된" 보상을 **수익**이라고 부르는데, 흔히 G나 R로 표기한다. 주어진 시간 단계 t에서의 수익 G_t는 다음과 같이 정의된다.

$$G_t = \sum_t \gamma^t r_t$$

즉, 수익 G_t는 에피소드가 끝날 때까지(일화적 환경의 경우) 또는 수익이 0으로 수렴할 때까지(비일화적 환경의 경우) 각 시간 단계의 할인된 보상을 모두 합한 것이다. 할인 계수 γ는 (0,1) 구간의 실숫값으로, 수익들이 얼마나 빨리 수렴하는지(즉, 시간이 지날수록 수익이 얼마나 크게 할인되는지) 결정한다. 할인 계수가 1에 가까우면 미래의 수익들이 즉각적인 보상보다 별로 작지 않고

(따라서 제한 시간이 긴 환경에 바람직하다), 할인 계수가 0에 가까우면 수익이 급격히 감소한다(따라서 제한 시간이 짧은 환경에 바람직하다).

이러한 기본적인 MDP의 틀에서 유도된 개념으로 **가치 함수**가 있다. 가치 함수는 상태 또는 상태-동작 쌍(특정 상태에서 수행한 특정 동작)에 가치를 배정한다. 전자를 **상태 가치 함수**(또는 그냥 가치 함수)라고 부르고 후자를 **동작 가치 함수** 또는 **Q 함수**라고 부른다. 한 상태의 가치는 에이전트가 그 상태에서 시작해서 어떤 정책 π에 따라 에피소드의 끝까지 일련의 동작들을 취할 때의 총 기대 수익이다. 따라서 가치 함수들은 암묵적으로 정책에 의존한다. 어떤 상태에서 에이전트가 적절한 정책에 따라 동작들을 수행해서 게임의 승리에 가까워진다면, 그 상태에는 높은 가치가 배정된다. 상태 가치 함수를 $V_\pi(s)$로 표기하는데, 아래 첨자 π는 이 함수가 정책에 의존함을 뜻한다. 그리고 상태-동작 쌍에 대한 가치 함수인 Q 함수는 $Q_\pi(s,a)$로 표기한다. 두 경우 모두, 편의상 아래 첨자 π를 생략할 때가 많다.

함수 $Q_\pi(s,a)$는 상태 s에서의 동작 a에 대한 기대 수익을 말해주는 일종의 블랙박스일 뿐, 이 함수 내부에서 계산이 어떤 식으로 일어나는지는 우리가 (아직) 완전하게 알지 못한다. 내부 작동 방식을 그저 추정 또는 근사할 수 있을 뿐이다. 다른 추정 방법도 있지만, 이 책에서는 가치 함수와 정책 함수를 **신경망**을 이용해서 추정한다. $Q_\pi(s,a)$를 신경망으로 추정할 때는 신경망을 훈련해서 기대 보상을 예측하게 한다. 가치 함수는 다음과 같은 점화식(재귀 관계식)으로 정의되고 근사된다.

$$V_\pi(s) = r_t + \gamma V_\pi(s')$$

여기서 s'은 다음 상태, 즉 s_{t+1}이다. 예를 들어 Gridworld에서 에이전트가 목표 타일에 도달하면 보상은 +10이고 구덩이에 빠지면 보상은 -10이다. 그 외의 모든 경우에는 -1의 보상을 받는다. 에이전트가 목표 타일에서 두 단계 떨어진 상태라고 하자. 승리 상태(종료 상태)의 가치는 $V_\pi(s_3) = 10$이다. 할인 계수가 $\gamma = 0.9$라고 할 때, 승리 상태 바로 이전 상태의 가치는 $V_\pi(s_2) = r_2 + 0.9V_\pi(s_3) = -1 + 9 = 8$이고 그 이전 상태(현재 상태)의 가치는 $V_\pi(s_1) = r_1 + 0.9V_\pi(s_2) = -1 + 0.8 \times 8 = 5.4$이다. 이 예에서 보듯이, 승리 상태에서 멀수록 가치가 낮아진다.

이러한 구조에서 강화학습 에이전트를 훈련한다는 것은 가치들을 좀 더 잘 예측하도록 신경망을 훈련하는 것에 해당한다. 또는, 동작을 선택하는 정책 함수 자체를 신경망으로 직접 근사할 수도 있다. 두 경우 모두 신경망의 훈련은 동작을 취해서 얻은 실제 보상과 신경망이 예측한 보상의 오차를 신경망 매개변수(가중치)들로 역전파함으로써 일어난다. 신경망으로 가치 함수를 근사하는 접근 방식과 정책 함수를 근사하는 접근 방식 둘 다 나름의 장단점이 있지만, 정책과 가치 함수를 동시에 배우는 **행위자-비평자 알고리즘**도 흔히 쓰인다. 이 경우 행위자는 정책이고 비평자는 가치 함수이다.

11.2 심층 강화학습 분야의 미개척 주제들

방금 살펴본 마르코프 결정 과정의 틀과 가치 함수 및 정책 함수는 제2장에서 제5장까지의 내용을 요약한 것이다. 제6장부터는 보상이 희소해서 학습이 어려운 환경과 다수의 에이전트가 상호작용하는 환경에서도 가치 함수와 정책 함수를 성공적으로 학습하기 위한 좀 더 정교한 기법들을 소개했다. 그 밖에도 여러 흥미로운 기법들이 있지만, 안타깝게도 지면의 제약 때문에 본문에서 소개하지 못했다. 이번 절에서는 여러분이 관심 있게 살펴볼 만한 심층 강화학습의 다른 영역들을 간략하게나마 소개한다. 이들은 필자들이 생각하기에 살펴볼 가치가 있는, 그리고 독자 여러분이 스스로 깊게 파보았으면 하는 주제들이다.

11.2.1 우선순위 경험 재현

우선순위 경험 재현은 제7장에서 같은 경험의 복사본 여러 개를 경험 재현 목록에 추가하는 (승리 상태로 이어지는 중요한 경험을 좀 더 강조하기 위해) 기법을 설명하면서 간단하게만 언급했다. 승리에 대한 보상은 드물게 주어지므로, 에이전트는 승리 상태에 도달한 경험에서 반드시 뭔가를 배워야 한다. 그래서 이 책의 예제들에서는 승리 상태에 도달한 경험의 복사본을 여러 개 경험 재현 목록에 추가함으로써 각 훈련 주기에 승리 경험이 어느 정도 많이 포함되게 했다. 사실 이는 경험이 가진 정보의 양에 기초해서 경험들에 우선순위를 부여하는 우선순위 경험 재현의 그리 세련되지 않은 버전이라 할 수 있다.

일반적으로 **우선순위 경험 재현**이라는 용어는 2015년에 발표된 톰 샤울$^{Tom\ Schaul}$ 등의 2015년 논문 "Prioritized Experience Replay"에 소개된 특정한 구현을 지칭한다. 논문의 구현은 좀 더 정교한 방식으로 경험들을 우선순위화한다. 이 책의 접근 방식과는 달리 그 구현은 모든 경험을 한 번씩만 저장한다. 단, 경험 재현 목록에서 미니배치를 추출할 때 경험들을 완전히 무작위로(즉, 균등분포에 따라) 선택하는 대신 중요한(정보의 양이 많은) 경험들을 우선으로 선택함으로써 우선순위 개념을 적용한다. 이때 단지 승리 상태로 이어졌다고 해서 중요한 경험으로 간주하지는 않는다. 심층 Q 신경망의 예측 보상 오차가 커야 중요한 경험으로 간주된다. 본질적으로 논문의 모형은 가장 "놀라운" 경험들로 이루어진 미니배치로 훈련된다. 그러나 훈련이 진행되면서 놀라운 경험은 점점 덜 놀라운 경험으로 변하며, 그에 따라 우선순위도 계속해서 재조정된다. 이런 메커니즘 덕분에 저자들은 모형의 훈련 성과가 크게 향상되는 결과를 얻을 수 있었다. 이런 종류의 우선순위 경험 재현은 가치 기반 강화학습에서 표준적으로 쓰이는 기법으로 자리 잡았다. 그러나 정책 기반 강화학습은 여전히 병렬화된 다중 에이전트 및 다중 환경에 의존하는 경향이 있다.

11.2.2 근위 정책 최적화(PPO)

이 책의 예제들은 대부분 Q 함수를 심층 신경망으로 근사하는 **심층 Q 신경망**(DQN)을 구현한다. 이 책에서 정책 방법(정책을 직접 학습하는 접근 방식)을 사용하지 않은 데에는 그럴만한 이유가 있다. 사실 제4장과 제5장에서 구현한 (심층) 정책 함수는 다소 투박하며, 예제들에 쓰인 것보다 더 복잡한 환경에는 잘 통하지 않는다. 문제는 정책 함수 자체가 아니라 훈련 알고리즘에 있다. 우리가 사용한 단순한 REINFORCE 알고리즘은 상당히 불안정하다. 동작마다 보상이 크게 차이가 나면 REINFORCE 알고리즘은 안정적인 결과로 수렴되지 않는다. 좀 더 매끄럽고 크기가 제한된 갱신량들로 정책망을 갱신하는 훈련 알고리즘이 필요하다.

정책 방법들을 위한 진보된 훈련 알고리즘으로 **근위 정책 최적화**(proximal policy optimization, PPO)가 있다. 이 알고리즘은 OpenAI의 존 슐먼$^{John Schulman}$ 등이 2017년에 논문 "Proximal Policy Optimization Algorithms"에서 소개했다. 이 책에서 PPO를 다루지 않은 것은, 알고리즘 자체는 비교적 간단하지만 그 작동 방식을 제대로 이해하려면 입문서에 해당하는 이 책의 범위를 넘는 고급 수학 지식이 필요하기 때문이다. 그냥 목표망을 도입하거나 이중 Q 학습을 구현하는 등의 비교적 직관적인 방법으로도 심층 Q 신경망의 학습을 충분히 안정화할 수 있다. 이것이 이 책에서 정책을 직접 학습하는 접근 방식보다 가치 함수를 학습함으로써 정책을 개선하는 접근 방식에 초점을 둔 주된 이유이다. 그러나 가치 함수를 학습하는 것보다 정책 함수를 학습하는 것이 더 나은 경우도 많다는 점을 기억하기 바란다. 예를 들어 동작 공간이 연속인 환경에서는 정책 방법이 더 낫다. 그런 환경에서는 가능한 동작이 무한히 많은데, 무한히 많은 동작의 Q 가치들을 돌려주는 DQN을 만들 수는 없다.

11.2.3 위계적 강화학습과 옵션 프레임워크

어린아이가 걸음마를 배울 때 각각의 근섬유를 언제, 얼마나 오래 활성화할지 생각하지는 않는다. 마찬가지로, 회사원이 업무 사항을 동료들과 논의하면서 자신의 주장을 상대에게 이해시키려 할 때 개별 단어의 발음에 일일이 신경 쓰지는 않는다. 사람의 행동은 개별 근육의 운동에서 고수준 계획에 이르기까지 다양한 추상 수준들로 구성된다. 이는 하나의 소설이 여러 장(챕터)으로 구성되고, 각 장이 여러 문단으로 구성되고, 각 문단이 여러 문장으로, 각 문장이 여러 단어로 구성되는 것과 비슷하다. 일반적으로 소설가는 먼저 다음 장이 대체로 어떻게 흘러갈 것인지 결정한 후에 문장들을 작성한다.

이 책에서 구현한 모든 에이전트는, 비유하자면 소설가가 개별 글자를 타이핑하는 수준에서 행동한다. 그보다 높은 수준에서 사고하지는 못한다. 이 문제를 해결하는 한 접근 방식으로 **위계적 강화학습**(hierarchical reinforcement learning; 또는 계통적 강화학습)이 있다. 이 접근 방식에서 에이전트는 저수준 동작들의 조합으로 이루어진 고수준 동작을 결정할 수 있다. Gridworld에 위계적 강화학습을 적용한다면, 에이전트는 각 단계에서 개별 동작을 결정하는 대신 먼저 격자를 전체적으로 파악하고 좀 더 고차원의 동작 수순을 결정할 것이다. 이를 통해서 에이전트는 예를 들어 "계속 위로 간다"나 "장애물을 우회한다" 같은 재사용 가능한(서로 다른 게임 상태들에 적용할 수 있는) 동작 수순을 배울 수 있다.

강화학습 분야에서 심층학습 기법이 성공을 거둔 주된 이유는, 심층 신경망이 복잡한 고차원 상태를 저차원에서 더 높은 차원의 위계구조(계통구조)로 표현하는 능력을 갖추고 있기 때문이다. 위계적 강화학습의 목표는 상태뿐만 아니라 **동작들도** 위계적으로 표현하는 것이다. 위계적 강화학습을 구현하는 방법은 여러 가지인데, 인기 있는 접근 방식으로 **옵션 프레임워크**(options framework)라는 것이 있다.

Gridworld에서 에이전트의 기본 동작은 상, 하, 좌, 우 이동이다. 각 동작은 한 시간 단계 동안만 지속된다. 옵션 프레임워크에서는 기본 동작이 아니라 '옵션'을 고려한다. 하나의 옵션은 **옵션 정책**(option policy)과 **종료 조건**(termination condition), 그리고 **입력 집합**(input set)으로 구성된다. 옵션 정책은 보통의 정책처럼 상태를 받고 동작들에 관한 확률분포를 돌려준다. 입력 집합은 상태들의 한 부분집합이다. 에이전트가 옵션의 입력 집합에 속하는 한 상태에 처하면 옵션의 정책을 실행해서 동작을 수행한다. 이를 종료 조건이 충족될 때까지 반복한다. 종료 조건이 충족되면 에이전트는 같은 옵션을 계속 사용하거나 다른 옵션으로 전환한다. 옵션 정책들은 이 책의 예제들에서 정책 함수로 사용한 크고 깊은 하나의 신경망(정책망)보다 훨씬 간단한 형태일 수 있다. 이런 고수준 옵션들을 적절히 선택한다면, 개별 기본 동작을 매번 계산 비용이 높은 심층 신경망으로 결정할 필요가 없어서 전체적인 효율성이 증가한다.

11.2.4 모형 기반 계획 수립

본문에서 설명했듯이, 강화학습에서 **모형**이라는 개념은 문맥에 따라 두 가지 의미로 쓰인다. 문맥에 따라서는 모형이 신경망 같은 어떤 근사 함수를 뜻한다. 본문에서 종종 신경망을 그냥 모형이라고 부른 것은 신경망이 가치 함수나 정책 함수를 근사 또는 '모형화(modeling)'하기 때문이다.

그러나 **모형 기반**(model-based) 학습이나 **모형 없는**(model-free) 학습 같은 용어에 나오는 모형은 의미가 좀 다르다. 두 경우 모두 실제로 신경망을 가치 함수나 정책의 한 모형으로 사용하긴 하지만, '모형 기반'이나 '모형 없는'의 모형은 가치 함수나 정책 함수가 아니라 환경 자체의 동역학(동적 규칙)을 근사하는 모형이다. 모형 없는 학습은 말 그대로 모형이 없는 학습이다. 이 접근 방식은 환경 자체의 작동 방식을 배우는 것에는 관심이 없다. 그냥 보상을 정확하게 예측하는 방법을 배우는 데 집중한다. 반대로 모형 기반 학습은 환경 자체의 작동 방식을 배우려 한다. 비유하자면, 모형 없는 학습은 사과가 땅에 떨어지는 것은 중력 때문이라는 점을 아는 정도로만 만족하고 그냥 떨어지는 사과를 잘 받는 데 집중하는 반면, 모형 기반 학습은 중력 법칙 자체를 근사하려 한다.

이 책의 예제들은 대부분 모형 없는 학습 접근 방식에 해당한다. 예제들에서 보았듯이 모형 없는 DQN도 아주 잘 작동한다. 특히 호기심 기반 학습 같은 고급 기법들을 도입하면 더욱 잘 작동한다. 그렇다면 환경의 모형을 명시적으로 학습할 필요는 무엇일까? 답은 계획 수립 능력이다. 명시적이고 정확한 **환경 모형**이 있으면 에이전트는 눈앞의 상태에 대한 동작을 결정하는 수준을 넘어서 좀 더 장기적인 계획을 수립할 수 있다. 에이전트는 환경 모형으로 몇 시간 단계 이후의 미래를 예측해서, 지금 상태에서 취하는 동작의 장기적인 결과를 평가한다. 에이전트가 좀 더 먼 미래를 예측할 수 있으면 표집 효율성이 증가해서 학습이 빨라진다. 이는 앞에서 논의한 위계적 강화학습과 연관된다. 단, 모형 기반 접근 방식이 곧 위계적 강화학습은 아니다. 위계적 강화학습은 환경 모형이 없어도 가능하기 때문이다. 그러나 환경 모형이 있으면 에이전트는 어떤 고수준 목표를 달성하기 위해 일련의 기본 동작들을 계획할 수 있다.

환경 모형을 학습하는 가장 간단한 방법은 그냥 개별적인 심층학습 모듈을 도입해서 미래의 상태들을 예측하는 것이다. 제8장의 **호기심 기반 학습**에서 비슷한 방법을 사용했다. 단, 제8장에서는 미래를 예측하고 환경을 모형화하기 위해서가 아니라 예상외의 상태들을 탐색하기 위해 개별 모듈을 도입했다. 그러나 상태 s_t를 받고 다음 상태 s_{t+1}의 예측을 산출하는 모형 $M(s_t)$를 둔다면, 예측된 다음 상태를 입력으로 해서 그다음 상태 s_{t+2}를 예측할 수 있으며, 이를 반복함으로써 먼 미래도 예측할 수 있다. 얼마나 먼 미래까지 예측할 것인지는 환경의 본질적인 무작위성과 모형의 정확도에 따라 다르지만, 그냥 향후 몇 시간 단계 정도만 정확하게 예측할 수 있어도 대단히 유용할 것이다.

11.2.5 몬테카를로 트리 검색(MCTS)

게임 중에는 가능한 동작의 수와 게임의 길이가 유한한 것들이 많다. 체스, 바둑, 틱택토 등이 그런 예이다. IBM이 체스 플레이용으로 개발한 딥블루$^{Deep\ Blue}$ 알고리즘은 사실 기계학습을 전혀 사용하지 않았다. 본질적으로 딥블루는 가능한 체스 수들로 이루어진 게임 트리를 효율적으로 검색(탐색)하는 알고리즘이다. 3×3 격자에 두 플레이어가 O와 X를 번갈아 두는 틱택토(삼목)를 생각해 보자. 각 플레이어의 목표는 상대보다 먼저 격자의 한 행이나 한 열, 또는 대각선 세 칸을 자신의 토큰(O 또는 X)으로 채우는 것이다.

이 게임은 아주 단순하기 때문에 기계적으로 트리 검색을 수행해서 최선의 수를 두는 것이 가능하다. 상대방이 먼저 한 수를 둔 상황을 생각해 보자. 3×3 게임판에서 플레이어 1이 토큰을 둘 수 있는 칸은 9개이며, 그다음에 플레이어 2가 둘 수 있는 칸은 8개, 그다음에 플레이어 1이 둘 수 있는 칸은 7개, 등등으로 이어진다. 즉, 가능한 수순의 개수(게임 트리의 말단 노드 수)는 9×8×7× ... ×1이다. 이는 상당히 큰 수이지만, 컴퓨터로 탐색하기 불가능할 정도로 크지는 않다. 모든 수순을 검색하는 접근 방식을 사용하는 경우, 먼저 두는 플레이어는 절대로 지지 않는다(이기거나 적어도 비긴다).

체스 같은 게임은 게임 트리가 이보다 훨씬 크기 때문에 모든 수를 탐색하는 전수조사법은 바람직하지 않다. 따라서 가능한 수들을 줄여서 게임 트리를 작게 만들어야 한다. 딥블루는 전수조사법보다는 효율적이지만 '학습'의 요소는 전혀 없는 트리 검색 알고리즘을 사용했다. 딥블루는 그냥 가능한 수순들을 검색해서 승리 상태에 도달하는 수순을 따를 뿐이었다.

몬테카를로 트리 검색은 전수조사법과는 다른 방식의 트리 검색 알고리즘이다. 몬테카를로 트리 검색은 **모든** 가능한 동작을 고려하는 대신, 그 동작들의 한 부분집합을 무작위로 추출하고 그 집합으로부터 트리를 확장한다. 딥마인드가 바둑용으로 개발한 알파고^{AlphaGo} 알고리즘은 트리 검색 대상이 될 동작들을 심층 신경망으로 선택한다. 또한, 선택된 수들의 가치를 평가하는 데에도 심층 신경망을 사용한다. 따라서 알파고는 전통적인 트리 검색의 장점과 심층 신경망의 장점을 모두 취한 형태라 할 수 있다. 요즘 체스나 바둑 수준의 복잡한 게임들에서 최고의 성과를 내는 알고리즘들은 대부분 이런 종류의 혼합 알고리즘이다.

11.3 마치며

여기까지 읽은 독자에게 감사의 인사를 보낸다. 독자가 이 책으로 심층 강화학습을 충분히 배웠길 진심으로 희망한다.

수학, 심층학습, PyTorch

부록 A는 이 책에서 다루는 심층학습 개념과 관련 수학, 그리고 PyTorch로 심층학습 모형을 구현하는 방법을 간략히 정리한 것이다. 이해를 돕기 위해, 유명한 MNIST 데이터 집합의 필기 숫자 이미지들을 분류하는 심층학습 모형을 PyTorch로 구현하는 예제도 제시한다.

인공 신경망의 일종인 **심층 신경망**(deep neural network)은 본질적으로 하나의 함수인데, 이 함수 자체는 비교적 간단하기 때문에 벡터와 행렬을 알면 그리 어렵지 않게 이해할 수 있다. 그러나 심층 신경망을 **훈련**하는 알고리즘을 이해하려면 미적분, 특히 미분(도함수)을 알아야 한다. 심층학습은 심층 신경망을 사용하므로, 심층학습의 기초를 이해하려면 벡터와 행렬을 곱하는 방법과 다변수 함수의 미분 방법을 알아야 한다. 이 두 가지를 부록의 처음 두 절(§A.1과 §A.2)에서 살펴본다. **이론 기계학습**(theoretical machine learning)은 기계학습 알고리즘들의 성질과 행동을 엄밀하게 연구하고 새로운 접근 방식과 알고리즘을 고안하는 분야를 말한다. 이론 기계학습에는 다양한 수학 분야를 아우르는 대학원 수준의 고급 수학이 관여하는데, 대부분 이 책의 범위를 넘는 주제들이다. 이 책은 엄밀한 증명 기반 수학이 아니라, 그냥 필자들이 의도한 실용적인 목적을 달성하는 데 필요한 비공식적인(informal) 수학만 사용한다.

A.1 선형대수

선형대수학線型代數學(linear algebra)은 선형 변환을 연구하는 수학의 한 분야이다. **선형 변환**(linear transformation) 또는 **일차 변환**은 두 입력의 합을 변환한 것이 두 입력을 개별적으로 변환한 후 합한 것과 같다는 성질을 충족하는 변환이다. 즉, T가 하나의 변환일 때 만일 $T(a + b) = T(a) + T(b)$이면 T는 선형 변환이다. 선형 변환은 또한 $T(ab) = aT(b)$라는 성질도 충족한다. 이처럼 덧셈이나 곱셈을 선형 변환 이전에 적용하든 이후에 적용하든 결과가 같은 것을 일컬어, 선형 변환이 덧셈 연산과 곱셈 연산을 "보존한다"라고 말한다.

비유적으로 말하자면, 선형 변환에는 소위 "규모의 경제"가 적용되지 않는다. 예를 들어 금액(화폐 단위)을 석유 같은 다른 어떤 자원으로 바꾸는 변환이 있다고 하자. 석유 1배럴의 가격이 \$100라고 하면, 돈을 주고 석유를 사는 것은 $T(\$100) = 1$배럴이라는 변환에 해당한다. 만일 석유를 아무리 많이 사도 석유상이 값을 깎아주지 않는다면 T는 선형 변환이고, 대량 구매 시 할인이 적용되면 T는 비선형 변환이다.

선형 변환을 미적분(§A.2)과 연관 지어서 이해할 수도 있다. 변환은 어떤 입력 x를 어떤 출력 y로 사상寫像(mapping)하는 함수이다. 일반적으로, 특정 입력 x보다 조금 작거나 큰 값을 변환에 입력하면 그에 해당하는 특정 출력 y보다 조금 작거나 큰 값이 나올 것이다. 다른 말로 하면, 특정 입력 x의 **이웃**(neighborhood; 또는 이웃 영역)에 있는 값들을 입력하면 해당 출력 y의 이웃에 있는 값들이 나온다. 여기서 '이웃'은 x(또는 y)와 임의로 가까운 점들의 집합이다. $f(x) = 2x + 1$ 같은 단변수 함수에서 이웃 영역은 하나의 구간(interval)이다. 예를 들어 입력 $x = 2$의 이웃에는 2.000001이나 1.999999처럼 2와 임의로 가까운 점들이 있다.

한 점에서 함수의 미분은 그 점 부근의 출력 이웃 구간 크기와 입력 이웃 구간 크기의 비이다. 선형 변환에서는 모든 점에서 출력 이웃 구간과 입력 이웃 구간의 비가 항상 같지만, 비선형 변환에서는 그 비가 가변적이다.

선형 변환을 흔히 **행렬**로 표현한다. 행렬은 수들을 직사각형으로 배열한 것이다. 선형 변환을 표현하는 행렬은 해당 다변수 선형 함수의 계수들로 구성된다. 이를 공식으로 표현하면 다음과 같다.

$$f_x(x,y) = Ax + By$$
$$f_y(x,y) = Cx + Dy$$

이 두 공식은 개별적인 두 함수를 표현한 것이 아니라 2차원 점 (x,y)를 또 다른 2차원 점 (x',y')으로 사상하는 하나의 함수를 표현한 것이다. A, B, C, D는 그 함수의 계수들이다. x'을 구할 때는 f_x를 사용하고 y'을 구할 때는 f_y를 사용한다. 이들을 다음처럼 하나의 공식으로 표현할 수도 있다.

$$f(x,y) = (Ax + By,\ Cx + Dy)$$

이렇게 표현하면 함수의 출력이 하나의 2차원 좌표 쌍 또는 2차원 벡터임이 분명해진다. 그러나 어떤 표기법을 사용하든, 출력의 x 성분과 y 성분의 계산이 서로 독립적이라는 점을 기억할 필요가 있다.

수학에서 **벡터**^{vector}라는 개념은 대단히 일반적이고 추상적이지만, 기계학습에서 말하는 벡터는 그냥 수들의 1차원 배열이다. 앞의 선형 변환은 2차원 벡터(성분이 2개인 벡터)를 또 다른 2차원 벡터로 변환한다. 이러한 변환에는 네 개의 데이터 조각, 즉 네 개의 계수가 필요하다. $Ax + By$ 같은 선형 변환과는 조금 다른, $Ax + By + C$처럼 상수가 추가된 변환이 있다. 이를 **어파인**^{affine} 변환(또는 아핀 변환)이라고 부른다. 일반적으로 기계학습에 실제로 쓰이는 것은 선형 변환이 아니라 어파인 변환이지만, 심층학습 알고리즘의 기본을 이해하는 데에는 선형 변환으로도 충분하므로 이 부록에서 어파인 변환은 다루지 않는다.

행렬을 이용하면 선형 변환의 계수들을 손쉽게 다룰 수 있다. 다음은 앞의 네 계수를 2×2 행렬로 표현한 것이다.

$$\begin{bmatrix} A & B \\ C & D \end{bmatrix}$$

이제 이 행렬을 이용해서 선형 변환을 표현할 수 있다. 다음처럼 행렬 다음에 입력 벡터를 붙이면(곱셈) 된다.

$$F = \begin{bmatrix} A & B \\ C & D \end{bmatrix} \begin{bmatrix} x \\ y \end{bmatrix}$$

즉, 선형 변환 F는 계수 행렬에 입력 열벡터(열이 하나인 행렬)를 곱한 것이다. 이 곱셈의 결과는 하나의 열벡터이며, 열벡터의 첫 성분이 x'이고 둘째 성분이 y'이다. 실제로 행렬 벡터 곱셈을 수행해 보면 앞의 공식들로 구한 것과 동일한 결과가 나온다. 지금 예에서는 계수 행렬이 정방 행렬, 즉 행의 수와 열의 수가 같은 정사각형 모양의 행렬이지만, 변환에 따라서는 계수 행렬이 정방 행렬이 아닌 직사각 행렬일 수 있다.

제2장에서 소개하는 끈 그림에서는 이러한 선형 변환을 다음과 같이 하나의 상자로 표시한다.

상자로 들어오는 끈과 나가는 끈에 표기된 n과 m은 각각 입력 벡터와 출력 벡터의 차원(성분 개수)이다. 한 벡터가 왼쪽에서 상자로 들어가면 오른쪽에서 새로운 벡터가 나온다고 생각하면 될 것이다. 여기까지가 이 책에 나오는 대부분의 심층학습 알고리즘들을 이해하는 데 필요한 기본적인 선형대수이다. 더 알아야 할 것이 있는 경우에는 해당 장에서 따로 소개한다.

A.2 미적분

미적분학(calculus)은 이름 그대로 미분과 적분을 연구하는 분야이다. 심층학습에서는 대부분의 경우 **미분**만 필요하다. **미분**은 함수의 도함수를 구하는 절차 또는 그러한 도함수를 뜻한다.[역주1]

미분 또는 도함수의 개념은 §A.1에서 이미 언급했다. 한 점 주변의 입력 구간 크기에 대한 출력 구간 크기의 비가 곧 미분에 해당한다. 여기서 중요한 점은, 이 구간들에는 방향이 있어서 그 크기가 양수이거나 음수일 수 있다는 것이다. 따라서 두 구간 크기의 비 역시 양수이거나 음수일 수 있다.

예를 들어 함수 $f(x) = x^2$을 생각해 보자. 점 x의 이웃 구간을 $(x - \varepsilon, x + \varepsilon)$으로 표현할 수 있는데, 여기서 ε엡실론은 임의로 작은 값이다. 구체적인 예로 $x = 3$이고 $\varepsilon = 0.1$일 때 이웃 구간은 $(2.9, 3.1)$이다. 이 구간의 크기는 $3.1 - 2.9 = +0.2$인데, 크기가 양수이므로 이 구간은 양의 방향이다. 이 입력 이웃 구간은 $f(2.9) = 8.41$과 $f(3.1) = 9.61$로 사상된다. 즉, 출력 구간은 $(8.41, 9.61)$이고 그 크기(그리고 방향)는 $9.61 - 8.41 = +1.2$이다. 두 크기 모두 양수이므로 그 비 $\frac{df}{dx} = \frac{1.2}{0.2} = 6$도 양수이다. 그리고 이 6이 바로 $x = 3$에서의 함수 f의 미분이다.

앞 문단에 나온 수식에서 보듯이, 입력 변수 x에 대한 함수 f의 미분을 df/dx로 표기한다. 이것은 우리가 흔히 아는 분수가 아니라 그냥 하나의 표기임을 주의하자. 미분을 구할 때 구간들의 양 끝을 모두 사용할 필요는 없다. ε이 작은 값인 한, 그냥 구간의 한쪽만 사용해도 된다. 즉, x의 이웃 구간을 그냥 $(x, x + \varepsilon)$으로 정의할 수 있으며, 이 경우 ε이 곧 입력 구간의 크기이다. 그리고 출력 구간의 크기는 $f(x + \varepsilon) - f(x)$이다.

역주1 특별히 혼동할 여지가 없는 한, 이 부록과 본문에서 도함수를 얻는 절차로서의 미분(differentiation), 그렇게 얻은 도함수 (derivative), 그리고 특정 점에서 도함수를 평가한 결과로서의 미분계수(differential coefficient)를 모두 '미분'으로 칭한다. 이 들은 엄밀히 말하면 각자 다른 개념이지만, 많은 경우 문맥으로 구분할 수 있다. (예를 들어 "미분한다"를 "도함수한다"로 오 해할 일은 없을 것이다.)

그런데 앞에서처럼 구체적인 수치로 구한 미분은 사실 미분의 근삿값일 뿐이다. 미분의 참 값을 구하려면 구간이 무한히 작아야 한다. 즉, ε은 하나의 고정된 수치가 아니라 무한히 0에 가까워지는 극한값이어야 한다. 다른 식으로 표현하면, ε은 딱 0은 아니지만 수 체계의 다른 어떤 수보다도 0에 가까운 수이다. 이런 수는 구체적인 수치로 표현할 수 없고 기호로 표현해 야 한다. 즉, 이제 미분은 대수학(algebra) 문제가 된다. 다음은 미분을 대수학으로 유도하는 과 정이다.

$$f(x) = x^2 \tag{1}$$

$$\frac{df}{dx} = \frac{f(x + \varepsilon) - f(x)}{\varepsilon} \tag{2}$$

$$= \frac{(x + \varepsilon)^2 - x^2}{\varepsilon} \tag{3}$$

$$= \frac{x^2 + 2x\varepsilon + \varepsilon^2 - x^2}{\varepsilon} \tag{4}$$

$$= \frac{\varepsilon(2x + \varepsilon)}{\varepsilon} \tag{5}$$

$$= 2x + \varepsilon \tag{6}$$

$$2x \approx 2x + \varepsilon \tag{7}$$

이 공식들에서 ε은 무한소(infinitesimal), 즉 무한히 작은 수이다. 따라서 입력 구간과 출력 구간 도 무한히 작다. 앞의 유도 과정에서 보듯이 둘의 비는 $2x + \varepsilon$인데, ε이 무한소이므로 $2x + \varepsilon$은 $2x$에 무한히 가깝다. 이것이 함수 $f(x) = x^2$의 진짜(근사가 아닌) 미분이다. 구간들에 부호(방향) 가 있으므로 비에도 부호가 있음을 기억할 것이다. 즉, 함수는 주어진 입력이 얼마나 다른 값 으로 변하는지 말해준다면, 함수의 미분은 그 변화의 방향이 어느 쪽인지 말해준다고 할 수 있다. 이 모든 것의 타당성을 제공하는 고급 수학도 많이 있지만(비표준 해석학 또는 매끄러운 무 한소 해석학을 보라), 실용적인 목적에서는 이 정도만 알면 된다.

미분이 심층학습에서 중요한 이유는 무엇일까? 대부분의 기계학습 알고리즘에는 함수의 **최적화**가 관여한다. 여기서 함수의 최적화란 모든 가능한 입력에 대해 최대 또는 최소의 출력 이 나오는 특정한 입력 자료점(data point)들을 찾는 것을 말한다. $f(x)$를 최적화한다는 것은 모 든 가능한 x 값 중 $f(x)$가 최대 또는 최소인 x를 찾는 것이다. 일반적으로, 함수 f의 값(출력)이 최소가 되는 x를 argmin($f(x)$)로 표기한다(최대는 argmax). 일반적으로 기계학습 모형에는 손실함수(또는 오차함수, 비용함수)라는 것이 있다. 입력 벡터, 목표 벡터, 매개변수 벡터가 주어졌을 때, 손실함수는 모형(다수의 매개변수들로 정의되는)이 입력에 대해 예측한 출력이 관측된 실제 출력(목푯값)과 얼마나 다른지를 나타내는 값을 돌려준다. 기계학습 알고리즘의 목적은 이 손실함수가 최소가 되는 매개변수 집합을 찾는 것이다. 손실함수를 최소화하는 방법은 여러 가지이고 그중에는 미분에 의존하지 않는 것도 있지만, 대부분의 경우 미분에 기초한 손실함수 최적화 방법이 가장 효과적이고 효율적이다.

선형 변환의 미분(도함수)은 상수지만, 심층학습 모형은 비선형이라서(심층 신경망은 덧셈이나 스칼라 곱셈을 보존하지 않는다) 그 미분이 상수가 아니다. 즉, 심층 신경망이 입력 자료점을 출력 자료점으로 변환할 때 그 변환의 크기나 방향이 입력 자료점마다 다를 수 있다. 비선형 함수의 미분은 함수의 곡선이 어느 방향으로 구부러지는지 말해준다. 다른 말로 하면, 한 점에서 함수의 미분은 그 점에서의 함수의 기울기에 해당한다. 따라서, 미분을 이용하면 함수의 곡선을 따라 아래로 내려갈 수 있으며, 그러다 보면 함수의 최솟점에 다다를 가능성이 있다. 그런데 심층 신경망 같은 다변수 함수는 미분이 하나가 아니다. 다변수 함수에는 입력 성분(독립변수) 개수만큼의 편미분(편도함수)이 있으며, 각 편미분은 해당 입력 성분에 대한 함수의 기울기를 말해준다. 결론적으로, 심층 신경망의 매개변수들에 대한 손실함수의 편미분들을 이용하면 손실함수가 최소가 되는 매개변수들을 찾을 수 있다.

함수 최소화에 미분 정보를 활용하는 방법을 간단한 합성 함수의 예로 살펴보자. 최소화할 함수는 다음과 같다.

$$f(x) = \log(x^4 + x^3 + 2)$$

그림 A.1은 이 함수의 그래프이다. 그래프에서 보듯이 이 함수는 x가 -1 부근일 때 최소가 된다. x에 대한 이 함수의 미분을 구하고자 한다. 이 함수는 하나의 다항식을 로그로 "감싼" 형태의 합성 함수이며, 합성함수의 미분을 구하려면 연쇄법칙이 필요하다. 이 함수에는 '계곡'이 하나뿐이므로 최솟점도 하나이다. 그러나 일반적으로 심층학습 모형을 서술하는 함수는 이보다 차수가 훨씬 높고 수많은 개별 함수가 겹겹이 합성된 형태라서 하나의 전역 최솟점이 있는 것이 아니라 다수의 국소 최솟점(극솟점)이 있을 가능성이 크다. 이상적으로는 함수 전체에서 가장 낮은 점인 전역 최솟점을 구하는 것이 좋다. 전역 최솟점과 국소 최솟점 모두, 그 점에서는 함수의 기울기(미분)가 0이다. 함수들 중에는 그러한 최솟점을 대수학을 이용해서 명시적으로 구할 수 있는 것도 있지만(지금 예가 그렇다), 일반적으로 심층학습 모형은 그런 대수적 계산으로 최소점을 구하기에는 너무 복잡하기 때문에 반복적인 방법을 이용해서 최솟점에 다가가는 수밖에 없다.

미적분학의 연쇄법칙(chain rule)은 합성 함수의 미분을 여러 조각으로 분해해서 푸는 데 쓰이는 법칙이다. 심층학습과 관련해서 **역전파**(backpropagation)라는 말을 들어 보았을 텐데, 기본적으로 역전파는 신경망에 연쇄법칙을 적용하되 계산의 효율성을 위해 몇 가지 요령을 추가한 기법이다. 연쇄법칙을 적용하기 위해, 지금 예의 함수를 다음과 같이 두 개의 함수로 표기해 보자.

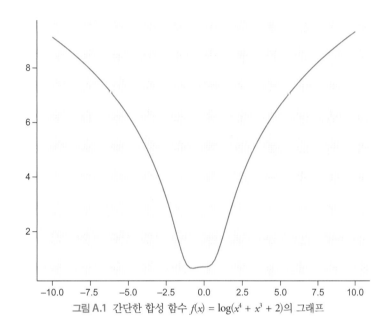

그림 **A.1** 간단한 합성 함수 $f(x) = \log(x^4 + x^3 + 2)$의 그래프

$$h(x) = x^4 + x^3 + 2$$
$$f(x) = \log(h(x))$$

우리가 원하는 것은 x에 대한 미분인 df/dx지만, 이를 구하려면 먼저 '바깥쪽' 함수 $f(x) = \log(h(x))$의 미분 df/dh부터 구해야 한다. 자연로그의 미분은 다음과 같이 주어진다.

$$\frac{d}{dh}\log h(x) = \frac{1}{h(x)}$$

그리고 안쪽 함수 $h(x)$의 미분은 다음과 같다.

$$\frac{d}{dx}(x^4 + x^3 + 2) = 4x^3 + 3x^2$$

연쇄법칙에 의해 다음이 성립한다.

$$\frac{df}{dx} = \frac{df}{dh} \cdot \frac{dh}{dx}$$

즉, 바깥쪽 함수(자연로그)의 미분(그 함수 자신의 입력에 대한)에 안쪽 함수(다항식)의 x에 대한 미분을 곱하면 우리가 원하는 미분 df/dx가 나온다. 그럼 실제 미분들을 대입해서 df/dx를 구해 보자.

$$\frac{df}{dx} = \frac{1}{h(x)} \cdot \frac{dh}{dx}$$

$$\frac{df}{dx} = \frac{1}{x^4 + x^3 + 2} \cdot (4x^3 + 3x^2)$$

$$\frac{df}{dx} = \frac{4x^3 + 3x^2}{x^4 + x^3 + 2}$$

좌변을 0으로 두고 정리하면 $4x^2 + 3x = 0$이라는 이차방정식을 얻을 수 있다. 이 방정식의 해는 $x = 0$과 $x = -3/4 = -0.75$인데, 이들은 원래의 합성 함수의 기울기가 0이 되는 지점들이다. $f(0) = 0.693147$보다 $f(-0.75) = 0.638971$이 조금 더 작으므로, $x = -0.75$가 전역 최솟점이다.

앞에서는 미분을 대수적으로 구했지만, 실제 응용에서는 **경사 하강법**(gradient descent)이라는 반복적인 알고리즘을 이용해서 함수의 최솟점을 근사한다. 개념은 간단하다. 먼저 무작위로 정한 x를 출발점으로 삼고, 그 점에서 함수를 미분해서 기울기를 얻는다. 그런 다음 그 기울기를 이용해서 x를 일정 크기의 단계만큼 갱신한다. 갱신된 새 x는 다음과 같이 정의된다.

$$x_{new} = x_{old} - \alpha \frac{df}{dx}$$

여기서 α는 방금 언급한 단계 크기(step size)인데, 학습이 얼마나 빠르게 일어나는지에 영향을 미치기 때문에 흔히 학습 속도(learning rate)라고 부른다. 이런 갱신 단계를 반복해서 기울기를('경사') 따라 내려가면('하강') 결국에는 전역 또는 국소 최솟점에 도달한다. 목록 A.1은 이번 예제 함수에 대한 경사 하강법을 구현한 코드이다.

목록 A.1 경사 하강법

```
import numpy as np

def f(x):                              ❶
    return np.log(np.power(x,4) + np.power(x,3) + 2)
```

```
def dfdx(x):                    ❷
    return (4*np.power(x,3) + 3*np.power(x,2)) / f(x)

x = -9.41                       ❸
lr = 0.001                      ❹
epochs = 5000                   ❺
for i in range(epochs):
    deriv = dfdx(x)             ❻
    x = x - lr * deriv          ❼
```

❶ 예제 함수.

❷ 미분(도함수).

❸ 무작위 출발점.

❹ 학습 속도(단계 크기).

❺ 최적화 단계 반복 횟수.

❻ 현재 점의 미분을 계산한다.

❼ 현재 점을 갱신한다.

for 루프를 벗어났을 때 x는 -0.750000000882165인데, 이는 앞에서 대수적으로 구한 -0.75에 아주 가까운 근삿값이다. 심층 신경망의 훈련에 쓰이는 경사 하강법도 이상의 간단한 반복 과정과 본질적으로 동일하다. 단, 심층 신경망은 다변수 합성 함수라서 편미분을 사용해야 한다. 편미분을 사용한다고 해도 보통의 미분을 사용할 때보다 많이 복잡하지는 않다.

다변수 함수 $f(x,y) = x^4 + y^2$을 생각해 보자. 입력 변수가 둘이므로 이 함수의 미분은 하나가 아니다. x나 y에 대해 각각 편미분을 구할 수 있는데, 다변수 함수의 모든 변수에 대한 편미분을 하나의 벡터에 넣은 것을 가리켜 **기울기**(gradient)라고 부르고, 델^{del} 연산자라고도 하는 나블라^{nabla} 기호 ∇로 표기한다. 예를 들어 $\nabla f(x) = [df/dx, df/dy]$이다.^{역주2} f의 x에 대한 편미분 df/dx를 구할 때는 나머지 변수들(지금 예에서는 y 하나)을 그냥 상수로 두고 평소대로 함수를 미분한다. y에 대한 편미분도 마찬가지이다. 지금 예에서 $df/dx = 4x^3$이고 $df/dy = 2y$이다. 따라서 기울기(편미분들의 벡터)는 $\nabla f(x) = [4x^3, 2y]$이다. 경사 하강법은 이 기울기에 따라 점 (x, y)를 이동해 가면서 심층 신경망 오차함수의 최솟점을 찾는다.

역주2 일반적으로 편미분은 $\partial f/\partial x$처럼 d 대신 ∂를 이용해서 표기한다. 지금은 보통의 미분(단변수 함수의 미분)에 대한 논의를 연장해서 편미분을 설명하는 중이므로 편미분을 그냥 d로 표기했다. 본문에는 ∂를 사용한 표기가 나온다. 또한, 본문에서 편미분을 그냥 미분이라고 칭하는 경우도 있음을 기억하기 바란다.

A.3 심층학습

심층 신경망은 합성 함수를 구성하는 단순 함수들을 각각의 **층**(layer)으로 표현하고 그 층들을 차례로 연결한 것이다. 각 층의 함수는 하나의 행렬 곱셈 다음에 비선형 **활성화 함수**를 적용한 형태이다. 가장 흔히 쓰이는 활성화 함수는 x가 음수이면 0을, 그렇지 않으면 x 자신을 돌려주는 $f(x) = \max(0, x)$이다.[역주3]

다음은 간단한 심층 신경망의 구조이다.

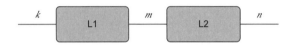

이 그림에서 데이터는 왼쪽에서 오른쪽으로 흐른다. k, m, n은 입력 또는 출력 벡터의 차원이다. 즉, k차원 벡터가 L1 함수(층)에 입력되고, L1 함수는 m차원 벡터를 출력하고, 그것이 L2 함수에 입력되고, 마지막으로 L2 함수는 n차원 벡터를 출력한다.

한 L 함수를 확대하면 다음과 같은 모습이다.

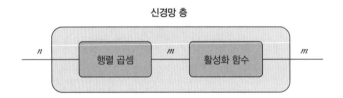

이 그림에서 보듯이, 일반적으로 하나의 신경망 층은 두 부분으로 구성된다. 하나는 행렬 곱셈이고 다른 하나는 활성화 함수이다. 신경망 층은 입력된 n차원 벡터에 가중치 행렬(신경망의 매개변수들에 해당)을 곱해서 m차원 벡터를 산출한다. 행렬의 형태에 따라서는 출력 차원 m이 n(입력 차원)과는 다를 수 있다. 그 m차원 벡터에 비선형 활성화 함수를 적용해서 층의 출력을 산출하는데, 이 경우에는 벡터의 차원이 변하지 않는다.

심층 신경망은 이런 층들을 여러 개 겹친 것이다. 각 층의 가중치 행렬들은 신경망이 모형화하는 함수의 매개변수들에 해당한다. 이 가중치 행렬들에 경사 하강법을 적용해서 가중치들을 갱신하는(손실함수가 최소가 되도록) 것이 바로 신경망의 훈련이다. 다음은 간단한 2층 신경망을 NumPy로 정의하는 파이썬 코드이다.

역주3 본문에(그리고 여러 심층학습 문헌에) 나오는 ReLU(rectified linear unit; 정류 선형 단위)가 바로 이것이다.

목록 A.2 간단한 신경망

```
def nn(x,w1,w2):
    l1 = x @ w1                 ❶
    l1 = np.maximum(0,l1)       ❷
    l2 = l1 @ w2
    l2 = np.maximum(0,l2)
    return l2

w1 = np.random.randn(784,200)   ❸
w2 = np.random.randn(200,10)
x = np.random.randn(784)        ❹
nn(x,w1,w2)

#출력:
array([326.24915523,   0.       ,   0.       , 301.0265272 ,
       188.47784869,   0.       ,   0.       ,   0.       ,
         0.       ,   0.       ])
```

❶ 행렬 곱셈.

❷ 비선형 활성화 함수.

❸ 가중치(매개변수) 행렬. 처음에는 무작위로 초기화한다.

❹ 무작위 입력 벡터.

PyTorch를 이용하면 이와 동일한 신경망을 좀 더 간결한 코드로 정의할 수 있고 기울기 계산도 자동으로 진행되어서 편하다. 그럼 그 방법을 살펴보자.

A.4 PyTorch

앞에서 설명했듯이, 복잡한 함수의 최솟점은 경사 하강법으로 찾을 수 있다. 그런데 그러려면 기울기를 계산해야 한다. 간단한 함수라면 종이와 연필로 기울기를 직접 구할 수 있지만, 심층학습 모형에서는 그렇게 하기가 사실상 불가능하다. 다행히 **자동 미분**(automatic differentiation) 기능을 제공하는 라이브러리를 사용하면 간단히 해결되는데, PyTorch도 그런 라이브러리 중 하나이다.

　PyTorch를 이용해서 정의하는 연산들은 하나의 **계산 그래프**(computational graph)를 형성한다. 계산 그래프는 앞에서 본 끈 그림과 비슷하게 여러 계산 과정을 입력과 출력으로 연결한 것이다. PyTorch는 내부적으로 연산들의 계산 그래프를 만들고 연쇄법칙을 이용해서 자동으로 기울기를 계산해 준다. PyTorch의 API는 NumPy와 아주 비슷하기 때문에, NumPy로 만든 코드를 손쉽게 PyTorch용 코드로 이식할 수 있다. 사실 대부분의 경우 그냥 numpy를 torch로 바꾸기만 하면 된다. 그럼 앞에서 NumPy로 만든 2층 신경망을 PyTorch로 이식해 보자.

목록 A.3 PyTorch 신경망

```
import torch

def nn(x,w1,w2):
    l1 = x @ w1                                    ❶
    l1 = torch.relu(l1)                            ❷
    l2 = l1 @ w2
    return l2

w1 = torch.randn(784,200,requires_grad=True)       ❸
w2 = torch.randn(200,10,requires_grad=True)
x = torch.randn(784)
```

❶ 행렬 곱셈.

❷ 비선형 활성화 함수.

❸ 가중치(매개변수) 행렬. 기울기들이 자동으로 계산된다.

이전의 NumPy 버전과 거의 동일한 코드이다. 함수 nn에서 제일 먼저 눈에 띄는 차이점은 np.maximum 대신 torch.relu를 사용했다는 것인데, 수학적으로 둘은 동일한 함수이다. 그리고 마지막 층(l2)에 대해서는 활성화 함수를 지정하지 않았는데, 그 이유는 차차 알게 될 것이다. 또한, 가중치 행렬들을 초기화할 때 requires_grad=True를 지정했다는 점도 주목하기 바란다. 이 옵션은 이 행렬이 훈련 가능한 매개변수들이므로 내부적으로 기울기들을 계산하라고 PyTorch에게 말해주는 역할을 한다. 반면 x는 훈련 가능한 매개변수가 아니라 그냥 입력값이라서 requires_grad=True를 지정하지 않았다. 이 신경망을 유명한 MNIST 데이터 집합으로 훈련해 보자. 이 데이터 집합에는 사람들이 0에서 9까지의 숫자를 손으로 쓴 이미지들이 들어 있다. 그림 A.2가 한 예이다.

그림 A.2 필기 숫자 이미지들로 이루어진 MNIST 데이터 집합의 한 이미지

MNIST의 한 이미지를 입력했을 때 그 이미지에 담긴 숫자를 예측(분류)하도록 이 신경망을 훈련하고자 한다. PyTorch와 함께 설치되는 TorchVision 라이브러리를 이용하면 MNIST 데이터 집합을 손쉽게 내려받아서 바로 사용할 수 있다.

목록 A.4 신경망을 이용한 MNIST 이미지 분류

```
import torchvision as TV
mnist_data = TV.datasets.MNIST("MNIST", train=True, download=False)        ❶

lr = 0.001
epochs = 2000
batch_size = 100
lossfn = torch.nn.CrossEntropyLoss()                                        ❷
for i in range(epochs):
    rid = np.random.randint(0,mnist_data.train_data.shape[0],size=batch_size)❸
    x = mnist_data.train_data[rid].float().flatten(start_dim=1)             ❹
    x /= x.max()                                                           ❺
    pred = nn(x,w1,w2)                                                      ❻
    target = mnist_data.train_labels[rid]                                  ❼
    loss = lossfn(pred,target)                                             ❽
    loss.backward()                                                        ❾
    with torch.no_grad():                                                  ❿
        w1 -= lr * w1.grad                                                 ⓫
        w2 -= lr * w2.grad
```

❶ MNIST 데이터 집합을 내려받아서 적재한다.

❷ 손실함수를 설정한다.

❸ 배치 추출을 위해 색인들을 무작위로 설정한다.

❹ 그 색인들로 MNIST 데이터 집합의 한 부분집합을 추출하고, 그 부분집합의 각 28×28픽셀 이미지를 784차원 벡터로 평탄화한다.

❺ 각 벡터를 정규화한다(모든 성분이 0에서 1 사이의 값이 되도록).

❻ 신경망으로 배치의 각 이미지를 분류한다.

❼ 이미지들의 실제 분류명(숫자)들을 얻는다.

❽ 손실을 계산한다.

❾ 역전파를 진행한다.

❿ 이 블록에 대해서는 PyTorch가 기울기들을 계산하지 않게 한다.

⓫ 매개변수 행렬들에 대해 경사 하강법을 적용한다.

신경망의 훈련이 잘 진행되었는지는 손실값들을 보면 알 수 있다. 손실함수 그래프가 시간에 따라 감소하는 형태라면 훈련이 잘된 것이다(그림 A.3). 이 코드로 훈련한 신경망으로 MNIST의 이미지들을 분류할 때의 정확도는 약 70%이다. 이 코드는 앞에서 본 간단한 로그 함수 $f(x)$ = $\log(x4 + x3 + 2)$에 대한 코드와 정확히 동일한 방식으로 경사 하강법을 적용하지만, 관련된 대부분의 계산을 PyTorch가 처리하기 때문에 코드가 훨씬 간결하다. 신경망 매개변수들의 기

울기는 입력 데이터에 의존하므로, 무작위로 선택한 이미지들을 입력해서 신경망을 "순방향으로" 실행할 때마다 서로 다른 기울기가 나온다. PyTorch는 내부적으로 그 기울기들을 추적(저장 및 갱신)한다. 이후 마지막 출력에 대해 backward 메서드를 호출하면 backward는 자동 미분을 이용해서, requires_grad=True가 지정된 모든 PyTorch 변수들에 대한 기울기들을 계산한다. 루프의 끝 부분에서는 두 층에 경사 하강법을 적용해서 가중치들을 갱신하는데, 이 계산에 대해서는 PyTorch가 기울기들을 추적할 필요가 없으므로 해당 두 줄의 코드를 torch.no_grad() 문맥으로 감쌌다.

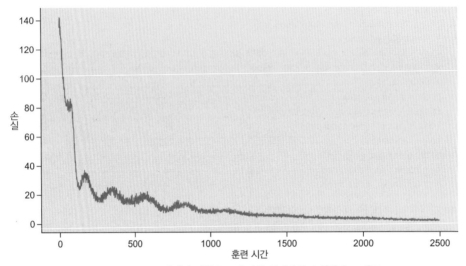

그림 A.3 MNIST 데이터 집합으로 훈련한 신경망의 손실함수 그래프

좀 더 정교한 방식으로 경사 하강법을 적용하면 이 신경망의 정확도를 95% 이상으로 높일 수 있다. 목록 A.4는 경사 하강법의 한 변형인 **확률적 경사 하강법**(stochastic gradient descent, SGD)을 적용한 예인데, **확률적**이라는 문구는 데이터 집합에서 부분집합을 무작위로, 즉 확률적으로 추출(표집)하고 그에 기초해서 기울기들을 계산하기 때문에 붙은 것이다. 그런 식으로 구한 기울기는 전체 데이터 집합에 대한 기울기의 잡음 섞인 추정값에 해당한다.

PyTorch는 다양한 최적화기(optimizer)를 제공하는데, 그중에는 확률적 경사 하강법을 구현한 것들도 있다. 가장 인기 있는 것은 SGD를 좀 더 정교하게 만든 버전인 Adam[역주4] 알고리즘을 구현한 Adam이다.

[역주4] 참고로 Adam은 adaptive moment(적응적 적률)를 줄인 것이다.

목록 A.5 Adam 최적화기

```
mnist_data = TV.datasets.MNIST("MNIST", train=True, download=False)

lr = 0.001
epochs = 5000
batch_size = 500
lossfn = torch.nn.CrossEntropyLoss()                      ❶
optim = torch.optim.Adam(params=[w1,w2],lr=lr)            ❷
for i in range(epochs):
    rid = np.random.randint(0,mnist_data.train_data.shape[0],size=batch_size)
    x = mnist_data.train_data[rid].float().flatten(start_dim=1)
    x /= x.max()
    pred = nn(x,w1,w2)
    target = mnist_data.train_labels[rid]
    loss = lossfn(pred,target)
    loss.backward()                                       ❸
    optim.step()                                          ❹
    optim.zero_grad()                                     ❺
```

❶ 손실함수를 설정한다.

❷ Adam 최적화기를 설정한다.

❸ 역전파를 진행한다.

❹ 매개변수들을 갱신한다.

❺ 기울기들을 초기화한다.

그림 A.4에서 보듯이, Adam 최적화기를 이용하면 손실함수 그래프가 훨씬 매끄러워지고, 신경망 이미지 분류기의 정확도가 크게 개선된다.

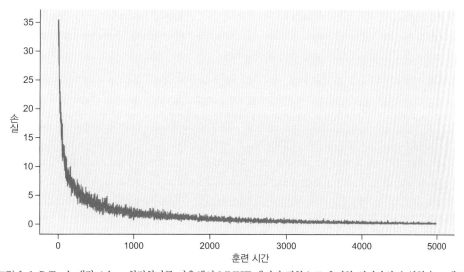

그림 A.4 PyTorch 내장 Adam 최적화기를 이용해서 MNIST 데이터 집합으로 훈련한 신경망의 손실함수 그래프

참고문헌

우리(두 필자)는 이 책의 내용과 관련된 프로젝트나 논문을 본문에서 충실하게 밝히는 데 최선을 다했다. 그러나 명시적으로 인용하기가 마땅치 않은 문헌과 데이터도 많다. 예를 들어 이 책에는 끈 그림이 많이 나오는데, 우리는 끈 그림을 다양한 논문과 문헌(그중에는 [Coecke, Kissinger, 2017] 같은 양자역학 서적도 있다)에서 배웠지만 딱히 하나의 출처를 제시하기는 힘들었다. 이 참고문헌 목록은 그런 문헌들을 비롯해 이 책을 쓰면서 우리가 직간접적으로 참고했거나 우리에게 영향을 준 문헌들을 나열한 것이다. 기본적으로 이 참고문헌 목록은 그런 유용한 문헌들의 저자들에게 공을 돌리기 위한 것이지만, 심층 강화학습 및 관련 분야를 좀 더 깊고 넓게 공부하려는 독자에게도 유용할 것이다.

- Andrew, A.M. 1998. "Reinforcement learning: An introduction." *Kybernetes* 27. https://doi.org/10.1108/k.1998.27.9.1093.3.

- Battaglia, P.W., J.B. Hamrick, V. Bapst, A. Sanchez-Gonzalez, V. Zambaldi, M. Malinowski, A. Tacchetti 외. 2018. "Relational inductive biases, deep learning, and graph networks." http://arxiv.org/abs/1806.01261.

- Bellemare, M.G., Y. Naddaf, J. Veness, M. Bowling. 2013. "The arcade learning environment: An evaluation platform for general agents." *Journal of Artificial Intelligence Research* 47:253–279. https://doi.org/10.1613/jair.3912.

- Bonchi, F., J. Holland, R. Piedeleu, P. Sobociński, F. Zanasi. 2019. "Diagrammatic algebra: From linear to concurrent systems." *Proceedings of the ACM on Programming Languages* 3:1–28. https://doi.org/10.1145/3290338.

- Bonchi, F., R. Piedeleu, P. Sobocinski, F. Zanasi. 2019. "Graphical affine algebra." *2019 34th Annual ACM/IEEE Symposium on Logic in Computer Science.* https://doi.org/10.1109/LICS.2019.8785877.

- Brockman, G., V. Cheung, L. Pettersson, J. Schneider, J. Schulman, J. Tang, W. Zaremba. 2016. "OpenAI Gym." http://arxiv.org/abs/1606.01540.

- Coecke, B., A. Kissinger. 2017. *Picturing Quantum Processes: A First Course in Quantum Theory and Diagrammatic Reasoning.* Cambridge University Press.

- Hessel, M., J. Modayil, H. Van Hasselt, T. Schaul, G. Ostrovski, W. Dabney, D. Horgan 외. 2018. "Rainbow: Combining improvements in deep reinforcement learning." *32nd AAAI Conference on Artificial Intelligence, AAAI 2018*, 3215-3222.

- Kaiser, L., M. Babaeizadeh, P. Milos, B. Osinski, R.H. Campbell, K. Czechowski, D. Erhan 외. 2019. "Model-based reinforcement learning for Atari." http://arxiv.org/abs/1903.00374.

- Kulkarni, T.D., K.R. Narasimhan, A. Saeedi, J.B. Tenenbaum. 2016. "Hierarchical deep reinforcement learning: Integrating temporal abstraction and intrinsic motivation." *Advances in Neural Information Processing Systems 29* (NIPS 2016): 3682-3690.

- Kumar, N.M. 2018. "Empowerment-driven exploration using mutual information estimation." http://arxiv.org/abs/1810.05533.

- Mnih, V., A.P. Badia, L. Mirza, A. Graves, T. Harley, T.P. Lillicrap, D. Silver 외. 2016. "Asynchronous methods for deep reinforcement learning." *33rd International Conference on Machine Learning* (ICML 2016) 4:2850-2869.

- Mnih, V., K. Kavukcuoglu, D. Silver, A.A. Rusu, J. Veness, M.G. Bellemare, A. Graves 외. (2015). "Human-level control through deep reinforcement learning." *Nature* 518:529-533. https://doi.org/10.1038/nature14236.

- Mott, A., D. Zoran, M. Chrzanowski, D. Wierstra, D.J. Rezende. 2019. "Towards interpretable reinforcement learning using attention augmented agents." http://arxiv.org/abs/1906.02500.

- Mousavi, S.S., M. Schukat, E. Howley. 2018. "Deep reinforcement learning: An overview." *Lecture Notes in Networks and Systems* 16:426-440. https://doi.org/10.1007/978-3-319-56991-8_32.

- Nardelli, N., P. Kohli, G. Synnaeve, P.H.S. Torr, Z. Lin, N. Usunier. 2019. "Value propagation networks." *7th International Conference on Learning Representations*, ICLR 2019). http://arxiv.org/abs/1805.11199.

- Oh, J., S. Singh, H. Lee. 2017. "Value prediction network." I. Guyon, U.V. Luxburg, S. Bengio, H. Wallach, R. Fergus, S. Vishwanathan, R. Garnett (엮음), *Advances in Neural Information Processing Systems 30* (NIPS 2017): 6119-6129. http://papers.nips.cc/paper/7192-value-prediction-network.pdf.

- Pathak, D., P. Agrawal, A.A. Efros, T. Darrell. 2017. "Curiosity-driven exploration by self-supervised prediction." *2017 IEEE Conference on Computer Vision and Pattern Recognition Workshops (CVPRW)*, 488-489. https://doi.org/10.1109/CVPRW.2017.70.

- Salimans, T., J. Ho, X. Chen, S. Sidor, I. Sutskever. 2017. "Evolution strategies as a scalable alternative to reinforcement learning." http://arxiv.org/abs/1703.03864.

- Schaul, T., J. Quan, I. Antonoglou, D. Silver. 2016. "Prioritized experience replay." *4th International Conference on Learning Representations, ICLR 2016—Conference Track Proceedings.* http://arxiv.org/abs/1511.05952.

- Schulman, J., F. Wolski, P. Dhariwal, A. Radford, O. Klimov. 2017. "Proximal policy optimization algorithms." http://arxiv.org/abs/1707.06347.

- Silver, D. 2015. "Lecture 1: Introduction to Reinforcement Learning Outline." http://www0.cs.ucl.ac.uk/staff/d.silver/web/Teaching_files/intro_RL.pdf.

- Spivak, D., R. Kent. 2011. "Ologs: a categorical framework for knowledge representation." https://arxiv.org/abs/1102.1889.

- Stolle, M., D. Precup. 2002. "Learning options in reinforcement learning." *Lecture Notes in Computer Science (Including Subseries Lecture Notes in Artificial Intelligence and Lecture Notes in Bioinformatics)* 2371:212-223. https://doi.org/10.1007/3-540-45622-8_16.

- Vaswani, A., N. Shazeer, N. Parmar, J. Uszkoreit, L. Jones, A.N. Gomez, L. Kaiser 외. 2017. "Attention is all you need." *31st Conference on Neural Information Processing Systems (NIPS 2017).* http://papers.nips.cc/paper/7181-attention-is-all-you-need.pdf.

- Weng, L. 2018. "Attention? Attention!" *Lil' Log* (2018년 6월 24일). https://lilianweng.github.io/lil-log/2018/06/24/attention-attention.html.

- Wu, Z., S. Pan, F. Chen, G. Long, C. Zhang, P.S. Yu. 2019. "A comprehensive survey on graph neural networks." http://arxiv.org/abs/1901.00596.

- Yang, Y., R. Luo, M. Li, M. Zhou, W. Zhang, J. Wang. 2018. "Mean field multi-agent reinforcement learning." *35th International Conference on Machine Learning (ICML 2018)* 12:8869-8886.

- Zambaldi, V., D. Raposo, A. Santoro, V. Bapst, Y. Li, I. Babuschkin, K. Tuyls 외. 2018. "Relational deep reinforcement learning." http://arxiv.org/abs/1806.01830.

- Zambaldi, V., D. Raposo, A. Santoro, V. Bapst, Y. Li, I. Babuschkin, K. Tuyls 외. 2019. "Deep reinforcement learning with relational inductive biases." *7th International Conference on Learning Representations, ICLR 2019).*

- Zhang, Z., P. Cui, W. Zhu. 2018. "Deep learning on graphs: A survey." http://arxiv.org/abs/1812.04202.

- Zhou, M., Y. Chen, Y. Wen, Y. Yang, Y. Su, W. Zhang, D Zhang 외. 2019. "Factorized Q-learning for large-scale multi-agent systems." https://doi.org/10.1145/3356464.3357707.

- Ziegel, E.R. 2003. "The elements of statistical learning." *Technometrics* 45. https://doi.org/10.1198/tech.2003.s770.

찾아보기